世界传世藏书

【图文珍藏版】

中外未解之谜

王书利⊙主编

第二册

线装书局

第三章　历史未解之谜

第一节　古代技艺之谜

罗刹王尸体之谜

《罗摩衍那》是举世闻名的印度史诗。主人公罗摩王与古代斯里兰卡国王罗婆那的激烈战斗，构成了全史诗情节的高峰。按照传统的说法，罗婆那战死后即举行了火葬，但是近年来有人却提出了不同的看法，认为罗婆那的尸体在将近3000年后仍然完好无损地保存在拉加拉山峰的石窟中。

泰国马拉瓦德教团的教士特玛难陀是位学识广博和威望甚高的佛教界元老。据他考证，罗婆那的尸体是采用了科学的药物处理办法后保存下来的。大量的史料表明，古代斯里兰卡和埃及的关系极其密切，两国不仅有频繁的文化交往，而且还通过海路发展商业贸易。特玛难陀借用西方考古学者对埃及金字塔中至今保存完好的法老及其王后的木乃伊卓有成效的研究成果，断言《罗摩衍那》中的罗刹王——罗婆那当政时期，人们就通晓了这门学问，即"斯里兰卡从埃及那里学会了使用化学药物长期保存尸体的方法"。

特玛难陀称，为了供人瞻仰，罗婆那阵亡后，尸体停放在一座山丘上。葬礼自然是按照国殡规模进行的，还邀请了许多友好国家的元首。罗婆那的兄弟毗湿那、正宫皇后曼都陀哩，姊姊特哩查达前来凭吊。当时埃及国王斐罗也来吊丧，他卑称"罗摩森瓦加"以示臣服于罗摩。而某些西方学者因为对梵文确切含义不甚理解，而将"罗摩森瓦加"读作"罗摩森"，这时由于不理解"瓦加"两字的意思，如同称呼乔治五世一样也将埃及国王斐罗称为"罗摩五世"。

事实上，当时埃及国王甘当罗摩的藩属，此与"罗摩森瓦加"的原意相吻合。在前来吊唁的埃及国王一行中，有对保存尸体造诣颇深的专业人员，他们遵照罗摩的命令，在罗刹国的协助下，通过科学处理使罗婆那的尸体存留于后世。他们选用一种特殊的裹尸布，按照传统的礼仪将尸体安置在经过一番装饰的山洞里。罗婆那的尸体存在于两山之间被茂密的森林包围的山洞中，要想涉足那块经常有凶猛的野兽和毒蛇出没的地方极其困难。据特玛难陀的叙述，有一次他在迷途中确实到过那里。那时天色已晚，四周一片漆黑，只见从山洞里发出一道神秘的光。他判断这种极像镭的放射线来自罗婆那的尸体，事后，他向斯里兰卡政府呈送了一份调查报告的副本，指出这具尸体可能停放在山洞中的祭坛上，周围或许还有其他东西。

特玛难陀的关于罗婆那尸体这一新的研究动态立即在斯里兰卡引起了轰动，并引起东方考古界和史学界有关人士的关注。遗憾的是由于某种原因并没有受到当地政府的重视。

按照印度的传统说法，罗婆那死后是火葬的，这显然是基于蚁蛭所创作的史诗《罗摩衍那》中的故事。但是在其他东南亚国家传世的《罗摩衍那》版本却不相同。

印度尼西亚出版的《罗摩衍那》记述道——

"在罗摩的密集的'箭雨'袭击下，罗婆那只好退却，不料陷入不知名的两山间峡谷中。他越陷越深，突然觉得好像被鳄鱼束缚了手脚。尽管他拼命挣脱，但无济于事。终于自食恶果，走向世界末日……"这里没有提及火葬问题。

泰国出版的《罗摩衍那》这样记述道——

"有一次，罗摩闪电般地将'帕拉赫马拉特拉'（一种投掷物）向罗婆那胸膛投去。罗婆那倒在地上，临死前微睁开眼睛，自感末日来临，想起叫其弟威毗湿那来解救，这时神猴河努曼未费吹灰之力便置他于死地……"这里同样没有提及火葬。

在泰米尔文日报《靳达摩尼》上，斯里兰卡著名的考古学家 V. M. 苏伯拉赫孟耶撰文支持特玛难陀的说法。他写道："湖的附近确实存在罗婆那的尸体。罗婆那酷爱音乐，每当月圆日依稀传来阵阵的琵琶声和松子油的芳香。罗婆那又是湿婆神信徒，每天都要烧香祷告。"在谈及罗婆那的木乃伊终究会大白于天下时，他说："关键的问题是，洞口有块巨石，只要想法将它搬掉就能进去了，不过这块巨石好像具有神奇的魔力，搬掉它并不容易。"

特玛难陀发表在僧伽罗文日报《塔瓦斯》的文章也绘声绘色地描述道："山巅有一处地道，沿地道往前走可见一湖泊，湖对岸便是罗婆那石窟，至今未曾有人知晓。石窟中很可能还有殉葬的服饰、金银、钻石、珍珠以及其他珠宝，由于器物发光而使洞中能见度很高。"

印度那格普尔大学副校长、著名考古学家江沙卡尔教授从斯里兰卡实地勘察回来后，用马拉文写作了一部专著，也断言罗婆那的尸体至今仍保存在斯里兰卡。

此外，还应当注意到远在蚁蛭写作史诗《罗摩衍那》之前，罗摩衍那的故事便在南印度、越南、泰国、马来西亚等一些国家和地区传播。而蚁蛭在史诗中所描写罗婆那被火葬的情景,大抵与当时北印度盛行的这种殡仪习俗有关。至今那里每当印度教徒举行罗摩胜利庆典时,都要进行火烧罗婆那的有趣表演。

虽然争议依然存在,但各国学者对罗婆那尸体之谜的深入探讨,将为研究古代南亚历史增添极其重要的考古资料。

希腊新石器文化源自何方

近年的研究结果表明,新石器文化首先出现在西亚,距今已有9000到1.1万年,它经历了无陶和有陶两个发展阶段。欧洲新石器文化的发生比西亚晚,希腊的新石器文化出现在距今9000年左右。于是,希腊的新石器文化是从西亚输入的说法便不胫而走,为许多人接受。

理由很简单:希腊位居南欧,紧邻西亚,无论文化输出还是输入,二者都极方便;希腊没有新石器文化中几种主要动植物的野生品种;希腊新石器文化的农具同西亚的先人所用的一样。

位于帖撒利的阿吉萨遗址,是希腊最早的前陶新石器时期居地。此地已发掘的地区长约80米,已清理出6个深约0.3~0.6米的椭圆形坑穴。坑穴中有洞,可能用以立木支棚。这些坑穴是当时人的居所和库房。

在帖撒利的新石器前陶阶段遗址还有塞斯科罗、阿希利昂、索福利、耶迪基等地。塞斯科罗遗址的居所与阿吉萨的大体相同,只是有的坑穴是四边形的。这些居所的样式不同于东方。比如,耶利哥的房子是用泥坯垒成的。哈希拉的房屋为石基、泥坯墙。住所的结构如此不同,确实非常引人注意。

在养殖业和种植业方面,帖撒利这些居民与西亚的农人比较相近。这几个遗址都以农业为主,主要的农作物有大麦、小麦、谷类、扁豆等,饲养山羊、绵羊、牛、猪。这些动植物中,大麦和小麦可能引种自西亚,但其他品种极可能是土生土长的。

如此看来,希腊新石器文化前陶阶段的地区性特点不容忽视,希腊新石器文化源自西亚之说,理由似乎并不那么充足。对希腊新石器文化源头之探索,还有一个地方使人扑朔迷离,那就是位于伯罗奔尼撒半岛东北部的福朗荷提遗址。

该址地层中文化遗存起自距今2.5万多年前的旧石器时代晚期,持续到距今5000年前的新石器时代之末,其间几乎从未中断。在约公元前1.2万年前到1万年的地层中,出土了大量黑曜石工具。

据考察,这些黑曜石来自距此地海路有150公里之遥的米洛斯岛。当时的猎人和采集者的猎获物和收获中,除了大量赤鹿以外,还有野山羊、野生燕麦和大麦及几种豆类,后来又猎获野猪。中石器时代,此地居民大多以捕鱼为生。公元前7000年左右,这里发生了突变。居址的文化层次没有中断的迹像,但这些地层中的遗物却与先前大不相同。绵羊、山羊的骨头大量出现。这些动物不像是野生的,而是经过驯养的;还出现了可能是家种的小麦和大麦;新的工具也纷纷问世,装有把柄的斧子、燧石刀、磨石等为前所未有。

这一切表明,福朗荷提的居民已经开始从事动物饲养和农业生产,进入了无陶新石器阶段。待到公元前 6000 年,福朗荷提地区进入了新石器时代有陶阶段。这时,人们有了定居的家屋,形成了小村落。人们饲养绵羊和山羊,种植大麦、小麦,使用密色燧石和黑曜石制成的镰刀、刮削器、箭头等器具。他们的陶器很粗糙,石质器皿仍没有被丢弃。人们的生活水平提高了,更喜欢打扮自己,大量制造装饰品,如垂饰和有孔小珠等等,还有人像和动物像。

而且,此地的墓葬更值得注意。一方面,新石器时代的墓葬通常与中石器时代采用相同的形式,葬地似乎很随便地分布在居地之内(洞内或沿岸),并无专门的地方;另一方面,在新石器时代的后一阶段,出现了同西亚某些地方相同的二次埋葬方式,即先将尸体暴露或暂时埋葬,让软组织腐烂,然后把骨头捆扎成束放到他的最后葬处。总而言之,福朗荷提新石器时代遗址在主要方面属东地中海早期村落农业公社类型。

从文化层次看,这一遗址自旧石器时代末到中石器时代,确实没有受到外来干预;新石器文化的出现尽管有些突然,但也是从无陶到有陶阶段,整个文化系统是连续未断的。

那么,福朗荷提的文化系统是否自始至终完全是土生土长的呢?在中石器时代航海术已很高明的福朗荷提居民,难道不会向更远的地方寻求更好的生活吗?西亚的农耕畜牧业文化长足扩展到希腊不也是十分可能的么?谁能说福朗荷提新石器文化没有自己的根?谁又能说,西亚的农业文化主宰了福朗荷提的居民?福朗荷提遗址文化系统的连续性,是不是希腊的典型模式或绝无仅有?南希腊的新石器文化真的是突然出现的吗?

再从年代上看,也有小小的疑团。据测定,塞浦路斯的新石器前陶遗址霍罗基蒂亚其年代为公元前 6020 年;克里特的克诺索斯前陶文化层定年为公元前 6100 年;而帖撒利的几个前陶阶段遗址的年代均在公元前 7000 年;福朗荷提的同期文化层年代却在公元前 7000 年,或稍晚些时日。

那么,怎么解释这些年代与新石器前陶阶段发生发展的地区关系呢?由东而西吗?从南至北吗?抑或反之?希腊的新石器文化到底源自何方?

总之,对于上述问题,人们一时还难以回答。

二进制的发明与《周易》有关吗

莱布尼茨是德国自然科学家、数学家、唯心主义哲学家,出身于大学教授家庭。早年曾就读于莱比锡大学,担任过外交官、宫廷顾问、图书馆馆长等职务,是柏林科学院的第一任院长。曾旅居法、英、荷等国，与当时欧洲著名科学家和哲学家如惠更斯、牛顿、霍布斯、斯宾诺莎等都有交往，同牛顿并称为微积分的创造人。

他改进了帕斯卡的加法器，设计并制造了一种手摇的演算机，提出了他认为是和中国"先天八卦"相吻合的二进制，影响到后代计算技术的发展。

在逻辑学上，他最先提出充足理由律，并用数学方法研究有关的逻辑问题，是数理逻辑的先驱。

在哲学上，他早年曾受笛卡尔、霍布斯、斯宾诺莎等人的影响，倾向于机械唯物主义，后建立自己客观唯心主义体系的单子论。认为世界上一切事物都是单子所构成，各种单子具有不同程度的"知觉"。最低级的单子只有一种"微知觉"，即模糊昏暗的"知觉"，如无生命的东西；高级的单子则具有"反省的知觉"。一切事物根据单子高低的不同，形成一个连续发展的系列，表现为从低级向高级的过渡，而系列的顶点，最高级的单子，就是上帝；其他单子都是由上帝创造和支配，上帝预先安排整个世界各种单子和谐协调，他称之为前定和谐。

在认识论上，他反对洛克的经验论，认为认识不是来自外界事物，而是先验的，是心灵自身所固有的潜在观念的显现。他把真理分为必然真理和偶然真理。其唯心主义体系中含有一些辩证法因素，马克思主义经典作家对此曾加以肯定，如列宁说："莱布尼茨通过神学而接近了物质和运动的不可分割的（并且是普遍的、绝对的）联系的原则"（《列宁全集》第38卷第427页）。莱布尼茨的主要著作有《人类理智新论》《神正论》《单子论》等。

关于莱布尼茨发明二进制与《周易》有关与否，至今仍众说纷纭，主要有以下几种观点：一种认为《周易》中含有二进制数学思想，最近推行一种二进位 Baee2 数学，以二进位法厘定64个六爻卦的方法，因每卦由六条线组成，把0代表阴，1代表阳，从而算出每卦的次序。

持这种观点的人认为，《易经》为西方科学家所认识，便是由莱布尼茨开始的。《中国科学技术史》的作者、英国剑桥大学的李约瑟曾经对莱布尼茨的生平作了深入的研究，认定二进制数学的起源应追溯到八卦，追溯到《易经》。李约瑟认为，莱布尼茨的创造是受到了东方这些古老图书的启示而完成的。

传说莱布尼茨年轻的时候，曾游历巴黎，在那里发明了对数表，顿觉自负，恰好一个曾经到过中国传教的教士带了一轴名为《伏羲六十四卦方位图》，以拉丁文翻译的画卷送给他。莱布尼茨对此非常感兴趣，披阅之余，经常对它苦思冥想，终于有一天豁然开朗，想到建立二进制，并把自己的数学发明弃置一旁，大赞东方人的智慧。他以二进位数学阐明六十四卦的奥义：八卦中——一两个符号及其排列方法，可以贯通等差级数、等比级数、二元式（二进位）、二项式定理、逻辑数学以及音响、电磁波、连锁反应等原理。

另一种意见认为，17 世纪末叶，莱布尼茨与在华传教士闵明我、白进等人的通信联系中知道了《周易》和八卦图。莱布尼茨将其与他在 1666 年发明的二进制法相比较后，惊异地发现两者之间的思想和数学表达方式有着惊人的共同之处，他做梦也不曾想到，他的得意发明会在 3000 年前的伏羲先天八卦图中早就有所表达。钦佩激动之余，莱布尼茨写信给当时的中国皇帝康熙，要求加入中国籍。不知由于中国方面的原因，还是德国的优厚知识分子政策，以至于使莱布尼茨改变了主意，这件事终于没能实现。要不，创立微积分的这一近代数学史上

莱布尼茨

的里程碑可就树立在中国了。后来他还是在法兰克福创立了一所中国学院，直到二战时才被毁。

还有一种意见认为，莱布尼茨发明二进制与《周易》无关。这种观点认为，《周易》卦序与二进制数学丝毫没有关系，甚至宋代邵雍所创制的六十四卦方图和圆图，有学者指出，它"不能算二进制数学"，它们"只不过可以译成二进制数码，却并不蕴涵二进制算法"。

中国学者郭书春在 1987 年 11 月 17 日《科技日报》著文认为只要列出莱布尼茨发明二进制与其和传教士白进的交往时间表，就可真相大白——

1679 年 3 月 15 日，莱布尼茨的《二进位数学》初稿脱稿。

1696 年，莱布尼茨重新关注二进制问题，设计了一枚二进制表为背面的纪念章图案送给奥古斯特大公。他还向赴中国的传教士介绍了二进制原理。

1697 年，莱布尼茨开始与在中国的法国传教士白进交往。

1701 年 2 月 15 日，莱布尼茨写信给白进，详细说明了二进制原理，白进收到信后才发现中国的六十四卦图与二进制有共同点。

1701 年 11 月 4 日，他从北京给莱布尼茨写了一封长信，转告他这个发现，1703 年 4 月 1 日，莱布尼茨才收到这封信，他欣慰异常，并立即复信指出，白进将六十四卦图与自己的二进制联系在一起，使得中国人千年以来不可理解之谜得到了解答。

4 月 7 日，莱布尼茨决定将他修改补充的论文《关于仅用 0 与 1 两个记号的二进制算

术的说明,并附其应用及据此解释古代中国伏羲图的探讨》再送巴黎科学院,要求公开发表。自此,二进制公之于众。

然而,白进和莱布尼茨都没有搞清楚,他们所说的"伏羲六十四卦图",既不是《周易》中,更不是伏羲创造的,而是北宋哲学家邵雍搞的。邵雍的排列,与二进制有共同点,但尚不能说是完整的二进制。

这些说法究竟是耶,非耶,至今还是一个谜。

拉丁字母表产生之谜

英国人说,中国古代科学技术上的三大发明,即火药、指南针和印刷术传入欧洲后,为地理大发现和其后的产业革命,提供了重要的不可缺少的条件,促进了历史的演变。我们说,像中国的三大发明一样,拉丁字母表是罗马文明对世界文化的一大贡献。

拉丁字母表的产生,罗马人不仅把拉丁语和拉丁文化普及到当时多民族的意大利全境,而且加速了此后罗马帝国境内各民族的罗马化进程。进入中世纪以后,拉丁字母表不仅被罗曼语族各国的语言(意大利语、西班牙语、法语和罗马尼亚语)以及日耳曼语族的某些语言(英语、德语等)所承袭,而且也为斯拉夫语族的天主教各国(波兰、捷克、克罗地亚等)所利用。

由于拉丁字母表比其他语言文字的字母表具有更多的优点,我国现行的拼音文字便借用了拉丁字母。此外,医学和生物学的科学术语大都用拉丁字母表示。

然而,拉丁文不是古代最早的文字,拉丁字母表亦不是世界上最早的字母表。拉丁字母表的诞生离不开东方文化的哺育。

众所周知,世界上有6种最古老的文字,即:西亚的楔形文字、埃及的象形文字、克里特线形文字、印度的哈拉巴文字、中国的甲骨文和中南美洲的玛雅文字。但这些文字不是字母文字,字母文字的出现较晚。

按古希腊人和罗马人的看法,有5个民族可能是字母表的创制者,即:腓尼基人、埃及人、亚述人、克里特人和希伯来人。所以说,最早的文字和字母表,绝大多数产生在东方。在古代,各大文明地区之间尽管比较闭塞,但也绝对不是"东方是东方,西方是西方,彼此从来无来往"。拉丁字母表的产生就是证明。

根据威廉·库里坎的研究,最早的字母系统见于叙利亚海岸的古代乌加里特。这个乌加里特字母表定年为公元前1400年左右,用的是30个楔形符号。最早的线形字母表是腓尼基字母表。这种字母始见于比布罗斯的阿希拉姆国王的石棺上面。该字母定年虽有不同说法(公元前13世纪,或前11世纪,或前10世纪,或约前975年),但一般学者倾向约公元前975年。以此推知,约公元前1200年,22个字母的腓尼基字母表似乎已经产生了。

至公元前 9 世纪中期，希腊人从居住在希腊各地的希腊商人那里学会了腓尼基字母。在克诺索斯的一个克里特几何形墓中发现了公元前 900 年的腓尼基铭文。这证明，那时的腓尼基人与爱琴地区的希腊人已有文化交往。

希腊字母表来自腓尼基字母表，而希腊字母本身又分为东部和西部两个变体，其中东部变体的爱奥尼亚字母通行于希腊、小亚细亚及临近岛屿。雅典用的是爱奥尼亚字母。至公元前 4 世纪中期，爱奥尼亚字母取代其他字母，成为 24 个字母的古典希腊字母表。

关于拉丁字母表的产生历来众说纷纭，莫衷一是，但归纳起来，不外乎两种见解。

一种见解认为，希腊字母诸分支中有两个最大的分支：一是西里尔字母，9 世纪时圣西里尔（约 826～869 年）和圣美多迪乌（约 815～885 年）根据安色尔体希腊文所创制；另一个是埃特鲁斯坎字母，产生于公元前 9 世纪或前 8 世纪初，通用于意大利中部的托斯卡纳人中，传留有许多铭文，但大都未被释读。西里尔字母后变为操俄语、乌克兰语、保加利亚语和白俄罗斯语等诸民族的文字。同时，埃特鲁斯坎字母表则发展成拉丁字母表。

起初，罗马人从 26 个字母的埃特鲁斯坎字母表中借用了 21 个字母。公元前 1 世纪，随着罗马对希腊的征服，Y、Z 两个字母被吸收进拉丁字母表。J、V 两个字母是中世纪时代发明的，那以前，书写时用 I、U 代替之。最后，从罗曼语中增加 w，这样便形成了 26 个字母的拉丁字母表。按照这种说法，古典的拉丁字母表当直接来自埃特鲁斯坎字母表，其受希腊字母表的影响则是间接的。

另一种意见认为，最初的拉丁字母表有 20 个字母（ABCDEF – HIKLMNOPQRSTVX），直接来自坎帕尼亚的库迈城的希腊字母表。该城是希腊优卑亚岛卡尔奇斯城的殖民地。拉丁字母表之所以有此种起源说，是因为某些拉丁字母的古老形式与库迈字母表的相对应的字母形式非常相似。

鉴于上述分歧和当今证据的匮乏，拉丁字母表产生的两种可能性均不能排除。不过，埃特鲁斯坎文字的释读必将使人们耳目一新。

印加人文字谜团

印加人究竟有没有文字？这是史学界长期以来争论不休的一个问题。

1200 年左右，自诩为太阳子孙的印加部落，以库斯科盆地为中心，相继征服了邻近部落和氏族，在高原上建立了强大的印加国。到 15 世纪，印加国的疆域已包括今天秘鲁、厄瓜多尔、玻利维亚全部、智利的大部、哥伦比亚南部和阿根廷北部。人口达 600 万，全国有统一的语言——克丘亚语。

随着社会生产力发展，印加社会逐渐产生阶级分化，处于社会塔尖的是印加王，以太阳神化身自诩，拥有至高无上的权力和财富。王位世袭，实行长子继承制。宗教祭司和世俗贵族是统治阶级主要组成部分，他们不从事生产劳动，但享有种种特权。村社农民、战俘、贵族家仆、王室工匠等处在社会最底层。

整个国家土地分为三部分："印加田"、"太阳田"、"村社田"，分别归王室、祭司和村社所有。印加农民必须无偿地耕种"印加田"和"太阳田"，同时还强制性地被征去服各种劳役，可见印加王国已确立起奴隶制统治。

在印加社会中，手工业和农业的分工已日渐明显，农业发展水平较高，栽培的农作物多达40多种，仅玉米就有好几十个品种。为防止水土流失，印加人还在山坡上用石块垒起层层地堰，开辟出平整的梯田，至今在秘鲁安第斯山区的一些山坡上仍保留着印加时代遗留下来的用巨石砌成的梯田。

不仅如此，印加人的手工业艺术更是精美无比。他们用棉花或羊驼毛在织布机上织布，并能编织出各种式样的色泽鲜艳的动植物图案和几何图形。陶制器具造型生动，富有表现力，印加人劳动、祭典、打仗、生活等场景均在器皿上神采飞扬地再现出来。

此外，印加人还擅长金属工艺，能开采和冶炼铜、锡、金、银等矿石，掌握了青铜合金的冶炼技术，用含锡量不同的青铜合金，熔铸成斧、镰、刀、狼牙棒头和外科手术刀等。他们的巧夺天工的金属工艺甚至到了能以假乱真的地步，据说1533年西班牙殖民主义者打进库斯科的印加王御花园时，竟把点缀园景的金花、银花误以为鲜花，当用手去摘取时才发现是人工雕镂的。

既然印加文化如此丰富，如此瑰丽，而且已进入有阶级的社会，那么它到底有没有自己的文字呢？有些专家坚持认为，印加人有自己的文字。那么这些文字又是怎样的呢？各派说法不一。

有的说印加人画在布板或其他织物上的一幅图画就是他们的秘密文字。据最早入侵印加王国的西班牙人叙述，在库斯科太阳神庙附近有一幢叫做"普金坎查"的房屋，屋内珍藏着不少画在粗布上的画，且都装在金框中。除印加王和专职的保管员外其他人都不得靠近这些画，西班牙总督托莱多说他亲眼看到过那些布画，上面画着各种人像和奇异符号。后来西班牙殖民者抢走了用黄金制作的镜框，焚毁了全部图画，从而这些"秘密文字"也就因此化作灰烬了。

有的认为目前发现的画在古板上组成堡垒形状的一排排四边形是印加人的文字。还有的专家认为，印加陶器上那些类似豆子的符号是他们的文字，只是尚未破译出来而已。

1980 年 5 月英国工程师威廉·伯恩斯·格林经过整整七年考察,写了题为《介绍印加人的秘密文字代号》一文,提出如下观点,即印加文字由 16 个辅音和 5 个元音组成,这种秘密文字是美洲最早的象形文字和表意文字之一。然而这些观点并不为史学界、考古学界专家与学者所接受。

大多数人认为,印加人没有自己的文字,而且迄今为止确实也没有找到确凿证据证明印加人有过文字。参加过征服印加王国的西班牙编年史学家佩德罗·西埃萨说,印加人当时用十进位的结绳记事法来记账、统计人口、记载军事和历史传说。后来大量的考古发现也证实了这一点。

印加人用结绳记事的方法来储存和传递信息,如果一定要说是文字,那么"结绳文字"就是印加人的文字。这种结绳记事被印加人称为"基普"。记事的绳目前已发现不少,最长的一条有 250 米,是 1981 年 1 月 9 日在秘鲁利马少拉帕斯村发掘出来的。

记事绳一般用羊驼毛或骆马毛编结而成,主绳两侧系着成排、形状如麦穗的细绳,多的达上百条,细绳上涂着各种颜色,或再拴上更细的绳子。不同颜色表示不同的事物,红色为士兵,黑色为时日,黄、白、褐色分别代表金、银、马铃薯。细绳上打上各种不同的结,结的形状和位置表示具体的数字,离主绳最远的结是个位,然后是十位、百位、千位,万是印加人知道的最大的数,代表它的结也最靠近主绳。印加人就是这样借助绳的颜色、结的形状与位置及大小来记载当时所发生的各种重要事件和自然现象。

印加王通过原始邮政系统传递记事绳,以此了解各地的收成、治安等情况。在印加王国有专门掌管和运用"基普"的官员,官名为"基普卡马约",一般均为贵族和贵族子弟。他们经常陪同印加王使臣去各地巡游,负责监督税收和人口统计,实际为王室的会计兼秘书。他们依据记事绳向国王汇报情况。在印加王国为贵族子弟设立的学校里,教师还专门传授结绳记事的知识和方法。

印加人究竟有没有自己的文字?至今没有一个定论。印加王国是西班牙殖民主义者入侵美洲前最主要的文化中心,在印加文化中占重要地位的巍峨雄壮的巨石建筑群和纵贯南美洲的石砌大道,令当今建筑师都赞叹不已,然而这一切都是在没有文字的情况下完成的,这又实在令人难以置信,看来印加人有没有文字这个问题还得讨论下去。

谁是图书的开山祖

图书,即书籍、期刊、画册、图片等出版物的总称。据有关材料统计,当今世界,美国的图书出版发行量占据世界第一。图书是人们汲取知识、贮藏精神财富的宝地,那么,这块土地的"开拓者"是谁呢?至今众说纷纭,莫衷一是。

古代两河流域是人类文明的最早发源地之一。1889～1900 年,美国考古学家在伊拉克境内尼普尔(Nippur)的一个寺庙废墟附近发掘出许多泥版书,内容包括关于神庙的记载、献给巴比伦国神的赞美歌、祈祷文及苏美尔人的神话等等。另外,从古代埃及的许多皇宫和寺庙的废墟中发掘出的大量历史遗迹和文物可以推断,在古代埃及曾有过数量不少的泥版图书。

这种泥版图书,是用木棒在泥版上写书,而后放在火上烧制而成。据说在名为尼尼微的地方,曾发现亚述巴尼布王的一个图书馆,那里全是陶土烧成的书,共有 3 万块字板。每一种书都是散开的,只得在每块陶板上刻上书名和号数,才能查阅。

图书馆的印记上有这样的记载:"亚述巴尼布王,战士们的王,诸民族的王,西西利亚国的王,Nepo 神给予他聪敏的耳和锐敏的眼,使他能发现服务于前代诸王的本国著作者的著作。为了尊崇理智之神 Neko,我收集了这些书版,命令把抄写本制成,并把我的名字刻在上面,存于我的宫中。"

这些书,有的是泥版,还有的是砖刻,年代大约在公元前 650 年前。据载,这种书都是一些平的或稍突起的泥版,版幅约为 20×30 厘米,是用削尖的杆在泥版上划上字以后,在火里烧成的。

1986 年 10 月 7 日的《人民日报》曾经报道,伊拉克的考古学家从巴比伦古城希帕尔发掘出来的萨马斯神庙里发现了一座世界上最古老的图书馆,"在图书馆的石头架子上,存放着近千块楔形文字泥版,它们按内容分为宗教、经文、地理记述和语法课本等几部分。经专家们鉴定,保存在这座图书馆里的一部分楔形文字泥版始于公元前 11 世纪。据历史资料记载,希帕尔市建于公元前 2000 年。"

蜡版书的出现,有人说在希腊荷马以前,可以肯定是由罗马人发明的,一直沿用到 19 世纪初叶。据载,蜡书是先用黄杨木和其他木材做成小木版,在木板中心挖出一个长方形的槽,用以盛放黄色或黑色的蜡,内侧上下两角(相当于近代书的订口位置)凿有小孔,然后用绳穿过小孔,把许多木板串连起来,便成了一本小书。最近与最后的两板上不涂蜡,以保护里面的蜡书不至于磨坏,大概这便是书籍封面的最初形式了。

蜡版的书写工具是用金属作成的针,叫 Stylus,也有用象牙和骨头做的。这种针,一端是尖的,用以在蜡版上划字;另一端是圆的,用以修改写错的字,与橡皮有同样作用。蜡版的底版,除木制以外,也有用金属和象牙做的。这种图书显然是十分精致的了。蜡版可以反复使用,多用作通信和记事。但蜡版上书写的字迹容易受磨而变得模糊,而且由于材料和工具的原因,不便于工整地缮写,一般都是草书,所以古代的蜡版,字迹是很不容易辨认的。

蜡版的使用者也颇为广泛,学生、僧侣、诗人、商人都用以记事、写诗和记账。在庞贝城曾经发现过有某银行家的家里所藏的蜡版书。这个城市早在 2000 年前的一次火山喷发中被湮没了。

纸草是古代埃及的主要书写材料。公元前 28 世纪,埃及即已出现纸草古写卷。纸草并非是纸,而是生长在尼罗河岸沼泽地上的一种芦苇,一般茎高五六尺,有的比人还高。纸草制纸并不像后来的纤维造纸,而是用针把纸草茎部破成愈宽愈好的薄片,顺着平铺好,然后再横着平铺一层,如此纵横交错之后,再用尼罗河河水润湿,用木槌捶打,在太阳光下晒干,最后用骨头、象牙或贝壳打磨光整。这样做成的纸,可按不同质地划分成不同等级。最好的纸称为"圣纸",最差的一种称为"商人纸"。

当时用的笔是把芦管削尖,并使它一端裂开(犹如近代钢笔尖的裂缝),以利于墨水下流。墨水是用比较黏稠的煤烟、水和胶混合制成的。一旦写错,就用海绵擦去或用舌头舔掉。传说在 Caligula 皇帝殿前经常举行的吟诗赛中,未获胜的不幸诗人,应该把自己的作品用舌头舔掉。

这种纸草制成的纸,质地很脆,不能折叠,所以只能粘成长条,成为几米或 30~40 米的长卷,卷在一根两端雕刻有棋子状的花样装饰的木棒上。这正是西洋人称书为卷(Volume)的起源。目前,在法国巴黎国家图书馆收藏的普里斯纸草书卷(Prises Papyrus)是公认的一部公元前约 2880 年写成的埃及最古老的图书。

另外,还有以树叶和树皮作为书写材料做成的图书。据说在古代印度,整部的书是用椰树叶做成的,把树叶的边压平,切成一定的形式来写书。拉丁人用树皮的里层 Liber 来抄书,因而称书为 Liber,后来英文的 Library(图书馆)和法文的 Litrairie(书店)等就是从这个字演变而来的。

泥版书、蜡版书、纸草书、树叶和树皮书,一个接着一个排队向我们走来,那么,究竟谁是图书的开山祖呢?看来问题的解答还有待于新资料的发现和作进一步的研究。

古代典籍留存之谜

古代希腊和罗马创造了光辉灿烂的文化。在长达 10 多个世纪的漫长岁月里,希腊、罗马出现了众多的文化名人,他们勤奋创作,著述甚丰,给后人留下了无比珍贵的精神财富。当今天我们怀着激动而崇敬的心情拜读古典大师们的作品时,脑海中不禁会涌现出一个这样的问题:一两千多年前写成的典籍是怎么保存流传至今的呢?

在古希腊罗马时代,没有纸,也没有印刷术,字是作者用羽毛或芦管当笔蘸墨水写在羊皮纸上,然后装帧成册的。谁要想得到一本书,一般的办法就是抄。当时的富贵之家,都有抄书的奴隶,因此书籍得以广泛流传。

可是 476 年西罗马帝国灭亡后情形就大不一样了。在原先帝国广袤土地上取代罗马人统治的是被称为"蛮族"的日耳曼人,他们都是些目不识丁的武夫,丝毫不知道羊皮纸典籍有何价值,肆意毁坏。

在那种兵荒马乱的年代,多少名贵的书籍或付之一炬,或散佚殆尽。待社会初步安定以后,势力盘踞整个欧洲的基督教会一方面为实行愚民政策,另一方面为排斥异端,更是对希腊罗马典籍进行大规模有组织的摧残与毁坏。

早在 391 年,亚历山大的大主教提阿非罗下令将世界闻名的亚历山大图书馆烧毁,该图书馆历史悠久,建于公元前 3 世纪,藏有几十万册古典珍本。

教会一再发布读书禁令,教皇格利哥里一世宣扬"不学无术是信仰虔诚之母",鼓吹"知识服从信仰",认为与基督教信仰无关的知识非但无用,反而有害。他任职期间不仅颁布过禁读令,而且下令烧掉罗马城内巴拉丁小丘上一座藏书十分丰富的古罗马图书馆。教会人士和神学家还将大批羊皮纸书籍的原文刮掉,再在上面写有关基督教的东西。这样也毁灭了大批古书,还使部分古书错讹百出。此外有许多羊皮纸书则长年累月堆在禁室,蛛网尘封,虫蛀霉烂。

从公元 6 世纪到 10 世纪的欧洲黑暗时代,希腊罗马长期积聚起来的书籍宝库,经过无数次兵燹、劫掠、焚毁、刮削、虫蛀、霉烂,造成的损失是无法估算的。

尽管如此,多数古代希腊罗马羊皮纸典籍还是保存流传下来了,成为今天世界文化宝库中一笔极为珍贵的财富。那么,这些古籍是如何获得劫后余生的呢?

有一种意见认为,尽管基督教会是毁灭希腊罗马古籍的罪魁祸首,然而在保存古籍方面,它也有一份不能抹杀的功绩。这首先要归功于修道院的抄录修士。

在 6 世纪的黑暗时代,东哥特王的宠臣、罗马贵族后人加斯奥多勒斯在自己开设的修道院中首创誊写室,专门抄录古典作品。圣本笃修会的创始人本尼狄克起草的会规规定,抄书是修士们的日课,并说只有日夜抄写,才能得到上帝的宽宥。

从此,抄录制度在西欧各地修道院迅速普及,不仅抄写数量颇大,而且质量亦为上乘,稿本完整,字迹工整,装饰精美。不仅修道院抄书藏书,连教皇也大力收集古典书籍。罗马教廷图书馆始创于 4 世纪,但 13 世纪的动乱使藏书散佚大半。15 世纪,教廷在梵蒂冈重新建立了大型图书馆,该馆至今还是古代希腊罗马手稿的重要收藏中心。

教会人士为什么重视抄写和收集异教典籍——希腊罗马古书呢? 对此人们有不同看法。

一种意见认为古典书本中有基督教可以吸收改造的东西,而且通过这种吸收改造,基督教思想更有力量。他们举例证明,托马斯·阿奎那就是在吸收了亚里士多德的思想后才成为经院哲学集大成者的。此外,托勒密的天文学地心说也被教会用来证明上帝创造和主宰一切。

另一种意见则认为基督教不是铁板一块,内部常有异端出现。他们热心于希腊罗马古籍的收集、整理与阅读，以创立自己的学说。

还有一种意见认为，10 世纪以后，随着欧洲工商业城市的发展，人们对古典医学、数学、天文学、地理学、生物学、工艺学知识的需求不可阻遏，教会作为知识阶层，不能无动于衷，到底哪种说法更有道理，人们只能见仁见智了。

通过修士们的抄录和教会收集保存和流传下来的古籍确实不少。有人说，修士们把 6 世纪以来可以见到的羊皮古籍都抄下来了，并认为保存至今的希腊罗马古书基本上是经他们抄写流传下来的。

这种说法值得怀疑，因为第一，有不少古籍早在日耳曼人攻占罗马城之前就佚亡或流失到外邦去了；第二，有些书，由于犯禁而没有抄写，或者即使抄了又被刮掉、销毁；第三，不少书在抄成后又散失了。此外，由于羊皮纸来之不易，也有把库存古籍刮掉抄教会书籍的。因此，除了教会以外，是不是还有其他保存羊皮纸典籍的途径呢？

有的学者将保存希腊罗马羊皮纸典籍的头功归于阿拉伯人。自 7 世纪开始，阿拉伯人在长达几个世纪的扩张过程中，攻占了地中海沿岸大片原属希腊罗马统治的区域，直接接收了大量珍贵的希腊罗马古籍。而且阿拉伯统治者实行开明的文化政策，尽量搜罗各国书籍，甚至不惜动用军队劫书。

9 世纪，哈里发马蒙在巴格达建立了宏大的图书馆，并且将搜集到手的古书译成阿拉伯文。这些书到 12 世纪以后又流回欧洲并被译成拉丁文。当时的译书中心主要是刚刚把阿拉伯人赶走的西班牙的托利多，其次是接近阿拉伯世界的西西里。一时间，阿拉伯人的作品迅速流行开来。后来，欧洲人将希腊古书直接译成拉丁文（罗马典籍原来是拉丁文写的，无须翻译）。有人估计，阿拉伯人搜集的希腊古书比欧洲修道院保存的还要多，特别是医学和自然科学方面的著作。这些后来都陆续译成了拉丁文在欧洲流行。

还有人认为拜占庭才是希腊古文献的最大保存者。在西欧黑暗时代，大量羊皮纸典籍遭毁，而拜占庭保存并收进了无数古代书籍。当时的拜占庭皇帝君士坦丁七世大力提倡学术与艺术。拜占庭的藏书后来虽然在 1204 年与 1453 年遭到十字军和土耳其两次劫掠，但其时西欧黑暗时代已经过去，拜占庭散失的典籍又流回到了欧洲。所以有人把拜占庭称为古典文化的保存者，并且认为如果不是拜占庭，今天的人们将无法看到荷马、柏拉图、索福克勒斯甚至亚里士多德的伟大作品。

上面种种说法都有一些道理，但都不是最后结论。现存的古代典籍究竟是怎么保存流传下来的，人们尚难确切断定。

胡拉夫厦宫壁画作者是谁

胡拉夫厦宫殿是苏联特别引人注目的、闻名于世的考古遗迹。1937 年，苏联著名考古学家 B·A.希希金首先发现了这一古迹。在那里有着布哈拉·胡达特王朝的壮丽宫殿，而最令人感兴趣的是那些充分反映了当时风土人情的壁画。宫殿的红厅、东厅和西厅三个大厅里都保留着不少壁画杰作。

坐落在胡拉夫厦的布哈拉·胡达特王朝的宫殿，建造在围有高墙的城寨内部，拥有许多房间，其中红厅是一座 80 米长、12 米宽的大厅，厅中壁画从离地 80 公分的地方开始，向上一直绘制到与天花板相接处。

壁画分上下两段，上段已经模糊不清。下段绘制的是骑象打猎的图像，每头象上骑两人，正在与老虎猛兽或有翼怪兽搏斗；骑在象上的御者和士兵，肩披轻飘长衣，头戴如同王冠一般的华丽装饰品。

东厅是一座长约 17 米、宽 11.5 米半的大厅，壁上全是壁画，虽然破损严重，但仍能看出身穿甲胄的战士骑马交战的场面。南厅的壁画则是描绘着正式谒见时的热闹场景。所有的三厅壁画皆形象逼真，给人以活龙活现的感觉。

那么，胡拉夫厦宫殿的壁画作者是谁？其制作的年代如何呢？由于缺少较为可靠的文献记录，人们观察的角度和依据的事实又不同，所以对这些问题存在着较大的分歧。前苏联中亚地区的考古发掘工作，从相当早就开始进行了。大约在 1866 年的帝俄时代，俄国就曾派调查团到过锡尔河下游的奇姆肯特，在旧撒马尔罕遗址上，开始了对阿夫拉谢布地区的发掘，至今仍在进行。

1986 年，这里发现了宫殿遗址上的壁画；此外，在邦其肯特等附近一带，也陆续发现了许多幅壁画。其中胡拉夫厦的壁画是首先从沙漠中发现的。从这些地方的壁画来看，有不少相同之处，具有明显的文化类同现象。因此，有的学者认为布哈拉·胡达特宫殿是 3 世纪开始营建的，也有的认为是 6 世纪才开始建造的。作者绝不可能是一个人，而是一个艺术团体，这些人既具有很高的艺术涵养，又具备多方面的操作技能，他们广泛地活跃在前苏联的中亚地区。

有的学者指出，胡拉夫厦宫殿壁画的创作年代在 8 世纪左右，其证据是宫殿内除了大量壁画外，还有不少造型各异的泥塑装饰，经对这些壁画和泥塑的综合研究，证明其制作年代在 8 世纪左右。

有人根据 783 年在胡拉夫厦宫殿里发生的一起刺杀本雅特王的疑案，推测壁画也有可能是外人所作。据说有一天，本雅特王正在胡拉夫厦宫的一间宫室里与近臣们宴欢的时候，突然一群骑士奔驰而来，直奔宴室，不动声色地砍掉了本雅特王的脑袋，据认为这些人是奉当时巴格达的哈里发·阿尔·马哈戴伊之命前来行刺本雅特王的。可见当时王朝对外联系十分频繁，而这种交往必然会反映在文化艺术上。

还有的学者认为，胡拉夫厦的繁荣是在 10 世纪左右，不久就逐渐被掩埋在红沙漠之下了。因此,有理由认为壁画的制成当在 10 世纪左右,这从壁画所反映出的政治、军事、狩猎、交往、娱乐等内容便可得到证实,这只有在一个王朝的繁荣时期才有可能。至于宫殿壁画的作者,有可能是民间艺人的杰作。

尽管前苏联考古学家考察发掘胡拉夫厦宫殿已有百余年了,但由于当时历史记载和参考资料的贫乏,致使对于宫殿壁画的制作年代及其作者究竟是谁等问题,一直没有结论,缺少有说服力的意见,也使得某些推测、看法未免牵强附会、难以服众。

非洲原始岩画作者之谜

非洲是世界文明的发源地之一,从 18 世纪起,人们在这块古老大陆的山地、悬崖峭壁上发现了许许多多史前原始岩画,这些岩画多以表现动物为主,有野牛、角马、条纹羚羊、斑驴……

虽然画得十分粗糙,但个个形象栩栩如生,非洲岩画是非常典型的原始部族岩画,它虽然不如欧洲岩画发生得那样早,但要比大洋洲的远为古老,而且它不像欧洲岩画只集中在法国、西班牙,而是分布极为广泛,在阿尔及利亚、埃塞俄比亚、埃及、安哥拉、莫桑比克、肯尼亚、博茨瓦纳等十多个国家都保留了这种原始的艺术作品,更引人注目的是它数量之多、流传之广,仅撒哈拉地区就有 3 万个岩画遗址被发现,半数在塔西里,时间上经历了上万年。最早发现非洲岩画是在 1721 年,要比欧洲原始岩画早发现 150 多年。当时委内瑞拉一个葡萄牙人旅游团到莫桑比克旅游观光,一个偶

非洲原始岩画

然机会,旅游团成员在岩壁上发现了第一幅画着动物的岩画,他们当即就向里斯本皇家美术学院作了报告。

1752 年,由 E·A.弗雷德里克率领的非洲探险队在非洲东海岸鱼河两岸又发现了好几幅岩画。

1790 ~ 1791 年由格罗夫纳率领的远征队在非洲土地上发现了更多的岩画。令人惊喜不已的是,人们又在阿尔及利亚东部找到一座巨大的颜料库。它位于撒哈拉沙漠中一条长 800 公里、宽 50 ~ 60 公里的恩阿哲尔山脉,那里蕴藏着丰富的红砂土矿藏就是岩画的主要颜料。在这片广阔山区,一个法国探险队在 1956 年竟发现了一万多幅作品。

根据这些岩画所反映的内容，科学家们推断在撒哈拉地区变成沙漠以前，这里曾生息过旧石器和新石器时代的人们，他们以猎取大型水栖动物为谋生手段，也放牧羊群。大量考古资料证实，非洲在公元前8000年至前2000年是地质学上寒武纪的潮湿期，那时撒哈拉地区还是一片布满热带植物、适于狩猎的草原，而不是沙漠，这正是产生狩猎艺术的重要土壤。

非洲岩画的发现无疑对研究世界原始文化有着重要意义，它使我们能以此了解、考察非洲原始部族的审美意识的起源以及原始艺术的特征，更能从岩画中了解当时非洲原始部族的生活和社会形态。

那么这些原始岩画究竟出自谁家之手呢？

世界考古学界围绕岩画作者主要分成两大派。一派认为岩画是非洲本土产物，它自成体系，不超越非洲边界。这一派中绝大多数认为是当地土著布须曼人创作的，如世界著名学者与考古家亚历山大·R.威尔科克斯、H.布勒伊、C·K.库克等，其中亚历山大认为撒哈拉地区是布须曼人的文化中心，非洲岩画就发生在这个中心地区，而后向四周传播，北至塔西里，东北至西班牙，南至非洲中部、南部，东至埃及。不少专家指出，岩画中表现的非洲土著居民臀部高耸的形象正是非洲一些部族的人种特征，这是欧洲史前岩画中不可能有的。至于非洲岩画与欧洲岩画在岩画题材问题上有雷同之处，这不足为理由。因为狩猎艺术遍于整个地球，生活方式的一致性给狩猎艺术题材甚至表现方法带来某些相似性。

这一派中的库克认为是非洲许多原始居民在漫长历史时期中共同完成的，在其《南非岩画艺术》一书中他提出，撒哈拉人的岩画作于5000年前，霍恩人的作于4000年前，肯尼亚人岩画作于1500年前，南非人岩画作于6000年前。

画家兼旅行家克里斯蒂则认为岩画是已经灭绝的霍屯督人的作品。

而另一派主要是欧洲学者，则坚持认为非洲史前岩画是外来文化传播的产物，有的干脆说是欧洲史前岩画复制品。他们认为在公元前5万年左右，首批欧洲移民尼安德特人来到非洲，400年后克罗马侬人大批移居非洲，正是作为欧洲史前岩画创造者的他们，把岩画带到了非洲，此外他们还以在非洲北部发现欧洲旧石器时代的克罗马侬人和卡普新石器时代的人种类型以及布须曼人丝毫不懂透视法为依据，但是这一观点缺乏足够的事实作有力证明。

虽然西班牙东部、北非、撒哈拉、埃及等地区岩画确有相似之处，一些考古学家也因此推想在遥远年代的狩猎者及狩猎艺术家，是从地中海漂泊到好望角去的，当他们漫游到当时还是绿色而富饶的撒哈拉及东非大平原时，找到了理想的狩猎区，而后到达山区高原时就停止前进了，于是在那里创作了许多最早的非洲岩画。然而这些只是他们没经证实的主观猜测和臆想。

至于说布须曼人不懂得透视法，这不能证明岩画就不是他们的作品。因为已灭绝的布须曼画家也可能具有后来的布须曼人所没有的岩画知识和技巧。这种知识与技巧是秘密传授的，只有极少数人才能掌握，所以后来的布须曼人看不懂前人所画的岩画并不足怪。何况因不少岩画日久天长已模糊不清，后来者也难以辨认了，以人种学观点作依据就更是一种缺乏说服力的种族偏见。

还有个别学者认为要弄清岩画究竟是非洲本土的古老艺术还是外界文化的辐射很难，而且也没什么重要意义，他们以为任何伟大艺术都是"国际性的"，想把任何艺术都贴上民族的标签是很困难的。非洲岩画如同世界其他地区的画廊一样，兼容诸多民族及其原始宗教派别的艺术。

上述观点哪一种正确呢？伴随非洲国家的振兴，相信将会有更多的非洲学者、科学家来发表他们的看法。

古人文身之谜

文身，就是用刀、针等锐器在身体的不同部位刻出花纹或符号，并涂以颜色，使之成为永久性的有色饰纹。由于涂料以黑色为主，如墨行文，故称文身。

古人文身的部位，因地区与民族而异，或全身，或局部，一般在面、胸、臂、背、腿、腹等处。古人文身的图案也因民族在信仰、爱好、习俗等方面的差异而不同，主要有"鸟兽"、"花草"、"树木"、"龙蛇"、"星辰"及一些几何图形等。

文身产生于人类蒙昧时期，是一种极为古老的习俗。这习俗也曾盛行于世界各国，如澳大利亚的阿兰达人、阿内特人，新西兰的毛利人、巴希亚人，南北美洲的印第安人，南美的海达人，印度南部的图达人，日本的阿伊努人等，以至于古代的欧洲人，都盛行过文身习俗。我国包括汉族在内的大多数民族，如黎、傣、基诺、布朗、独龙、高山等族也都一度风行文身习俗。古人为何会有文身的习俗，对此众说纷纭，至今仍是个未解之谜。

美饰说。出于对美的追求与装饰而文身。解放前海南岛的黎族妇女都要文身，不文身的妇女视为容貌不美和民族的叛逆者，活着要受人歧视，死后还要用木炭文身后才能入棺埋葬。文身后，父母还要设宴庆贺祖先给予女儿的美丽容貌。在台湾高山族的泰雅人也认为纹面是一种最讲究的装饰，身体刺纹的部位不长毛，不生皱纹，能保持青春的美。

在我国历史上，唐、宋、元、明各朝都盛行文身，不仅市井青少年爱好此道，就是工匠、船户、农民、文士中亦有不少文身者，据段成式《酉阳杂俎》记载，在唐代，文身者所刺的花样品种繁多，包括动物、山水、花卉、庭院、沙门天王、古人诗句等等。

一般来讲，尚武之人多刺龙蛇猛兽以增其英武；文人学士多刺山水诗词以示风雅。宋代文身者的组织称文体社，它以邀请高明工匠进行文身和相互比赛，品评所刺花纹为乐。

《水浒传》中的史进因肩臂胸膛刺有九条龙而获"九纹龙"的绰号，浪子燕青因在"一身雪练也似白肉"上刺了遍体花绣而受到江湖好汉们的称赞。直到今天，我们还能偶尔见到一些人在手臂上刺着梅花、小兔或文字。如今，作为化妆术一部分的擦胭脂、涂口红、染指甲、割眼皮等等，溯其根源，同古代文身的习俗是颇有关系的。

记功与尊荣说。台湾少数民族文身习俗中，一般都规定，对本氏族作出了贡献的男女，才有文身的资格，而且所刺花纹的部位、图案是根据贡献大小来定的。正因为文身记录了一个人贡献的大小，故文身到后来就发展成为显示一个人社会地位的标志，且文身也成了区分贵贱贫富的分界线。

《后汉书·东夷列传》中就记有：倭国人"文身，以其纹左右，大小别尊卑之差"。南美洲查科地区的印第安人，有的部落贵族妇女只在手臂上刺花纹，而在面孔上刺花纹的妇女则表示其社会地位低下。

吸引说。文身与性的吸引、婚恋有关。解放前，黎族有这样一个习俗，只有经过文身，才有婚配的资格，而且黎族妇女在婚姻的不同阶段要依次纹饰身体的不同部位，年龄、图案都有相应的规矩，不能改变。

巫术说。文身的产生与原始社会生活的一切方面都充满巫术与原始宗教图腾崇拜相关。图腾是原始的宗教形式，古代人们认为自己的氏族与某种动物、植物或无生物有亲属或其他的特殊关系，因此，它们就把它视为自己的祖先或保护神，对此顶礼膜拜。并且，还把它刺在身上，作为护身符，以此来避邪与求得神灵的保佑。在有文身习俗的民族中，一般都这样认为，文身不仅是一种成人与美的标志，同时又认为还可用以避邪。如我国台湾少数民族中的排湾族，他们传说其头目是蛇生或太阳卵所生的，蛇与太阳就成了他们的图腾对象，他们文身时刺以蛇纹或太阳纹，希望其灵魂能常附于自身，从而受到其庇护。另外，许多民族在文身时，都要祭祖先与神灵，如黎族妇女在文身时，要杀鸡摆酒祭祀祖先，将受纹者的名字报告祖先，以祈求平安无恙。

标志说。此说包含了上述诸说的原理内核，认为文身是氏族与图腾、成年与情爱、尊贵与卑贱的标志。如台湾的高山族不仅把文身作为一种装饰，而且更重要的是作为成年的标志。男子十四五岁参加过打猎即可文身，女子从十三四岁也可文身。文身后就表示已获得成年资格，并且男子在某些部位文身又是其勇敢能干的标志，女孩把自己设计的图案纹刺在身上，显示其智慧与能干。

以上各家的观点都各有其道理，但究竟什么是古人文身的谜底，还有待于继续探讨。

古罗马人为何爱看角斗士表演

角斗士表演是古罗马人所酷爱的一项娱乐,这是一种野蛮残酷的血腥娱乐。奴隶主驱使受过专门训练的角斗士,手持剑、匕首和三叉戟,在角斗场上互相拼死格斗,或者强迫角斗士与饥饿的猛兽厮杀,以博得观众的娱悦。

为了延长角斗的时间并增添角斗的花样,角斗士还要戴上各种防备用具。有的披戴盔甲、护面罩、护胸,有的拿着盾牌,使角斗士不至于很快丧命而无戏可看。不过他们身体的大部分要裸露出来,让观众清楚地看到出血,以从中取乐。

古罗马人爱好观看角斗士表演。角斗士一出场,他们先观看他的身材、举止、装备和架势,然后欣赏厮杀双方的技艺。当一方被击败时,就由有地位的人或是女巫、贞女做手势;如果大拇指向上,那么败者还可活命;如果大拇指朝下,败者就要被当场杀掉。角斗结束后,有专人检查被打死的角斗士,用烧红的铁棍刺,如果还活着就用大铁锤敲死。古罗马角斗士表演的规模越来越大,后来出现了骑马乘车角斗,甚至再现一场大规模的海战。古罗马各地角斗风气很盛,每个较大的城市都建有角斗场,大的甚至能容纳 5 万观众,不知有多少人死在那里。

古罗马人为什么爱好观看这种极其残忍的娱乐?各种解释说法不一。据说这种做法是罗马人从邻近民族伊达拉里亚人那里学来的。有的学者认为角斗与祭祀和宗教活动有关。古罗马人相信死者可以用血来赎罪,因而在葬礼上人们要杀战俘和奴隶祭祀祖先。

古罗马历史上记载的第一次角斗是在公元前 264 年,罗马贵族马可·白鲁斯特和狄西墨·白鲁斯特兄弟在父亲的葬礼上,让三对角斗士相互厮杀以作纪念。公元前 65 年,恺撒为父亲举行葬礼,用了 640 名角斗士表演,还让他们与猛兽搏斗。公元前 46 年,他又为死去的女儿举行了一次角斗。

因为是为了纪念亡故的亲人,在角斗中宗教仪式的成分较明显。试验角斗士是否真死的人打扮得像信使神墨丘利,拖尸体的人都模仿阴间的鬼怪。由此看来,古罗马人举行角斗与追念先祖有关。

另外一种看法则强调角斗与政治活动的关系。古罗马人的政治活动主要有三种场所:元老院、浴场和角斗场。元老院与政治活动的关系不用多说。当时有些浴场规模很大,除浴池外还有议事的场所和图书馆。再者是角斗场,角斗士表演与政治活动关系密切。

有野心的贵族常常举办角斗讨好罗马平民,以争取更多的人支持他们。如在庞培古城遗址有一个广告上写道:"营造使策列阿家的角斗士定于 5 月 31 日在庞培城举行角斗,届时并表演斗兽。"

角斗还是贵族们相互竞争以赢得声望和政治资本的一种手段。每一次表演都是贵族们"炫耀社会地位的大屠杀"。有一个叫塞玛修斯的贵族为了搞一次大规模的角斗求助于朋友,弄到了所需的猛兽和角斗士,但就在角斗前一天的晚上,29名角斗士互相勒死了。这使得他的政治地位岌岌可危而气急败坏。因而奥古斯都皇帝限制角斗以限制罗马贵族笼络平民。

还有一种看法认为,角斗的盛行与古罗马人尚武斗勇的风气有关。古罗马人长时期内一直致力于对外扩张。罗马帝国最兴盛时控制了整个地中海地区,势力范围扩及欧亚非三洲,统辖的地区有5000多万人。因为长年在外打仗,罗马的军纪很严厉,盛行"十丁抽一法",即一支军队作战不力,就要在十人中抽出一人当众杀死。

古罗马帝国时期曾经有过200年的和平。为了在和平时期保持罗马人的尚武精神和战斗传统,就要制造人为的战争作为公共娱乐培养嗜血的风气。这是在古罗马角斗盛行的原因。甚至一些皇帝也兴致不减地亲自披挂上阵,尼禄和康茂德都这样做过。

因为角斗是尚武的表现,有些武艺高强的角斗士成为很有影响的人物,好像今天的体育明星。有时在古罗马的公共建筑物上画有真人大小的角斗士画像。在庞培遗址还发现一个用黏土做的奶瓶上也有角斗士像,象征着希望婴儿能吮吸到角斗士的力量和勇气。甚至个别获胜的角斗士成为少女们争夺的对象。有些出身高贵的妇女也出于对角斗的喜爱自己上角斗场格斗。在和平时期,战争演变成为一种以残酷、暴力、流血和死亡的方式反复进行的表演,以此来维护秩序。角斗成为战争、纪律和死亡的副产品。

这种角斗士表演在古罗马一直延续到6世纪,直至有一次一位富有同情心的基督教徒冲进正在厮杀的角斗场,高举双手大声疾呼停止这种野蛮的行为。自此以后,角斗才逐渐在古罗马绝迹。

中美洲印第安人赛球之谜

在欧洲人入侵之前的美洲,特别是在中部美洲所有大的文明中心都建有球场,印第安人在这里经常举行球赛。那么,印第安人为什么要举行这种活动呢?

赛球是一种锻炼身体、提高身体素质的体育活动,还是类似中世纪欧洲神裁法的一种手段,抑或是一种严肃的土著宗教礼拜仪式?长期以来,这是一个引起人们强烈兴趣的问题。

在中部美洲的托尔蒂克、阿兹特克和玛雅文化区,球赛活动十分流行。例如,在所有玛雅人的古典城市都建有一个或几个球场。现今在尤卡坦半岛的奇钦伊察,还保留有一个全墨西哥最大的土著人球场。所述的场地长95米,宽25米。球场两侧各有一堵高达

8 米的墙壁,在墙中央上方各有一个大石圈,在墙下方建有两座供观众站立观看比赛的平台。有的球场旁边还有一个洗蒸汽浴的简易设施。

据史料记载,在印第安人的球赛中有两队参加,每队有 7 人。球员服饰都非常华丽,他们戴着饰有彩色羽毛的头盔,腰间扎着宽腰带,右腿绑有护膝。球员应把球投入石圈内。球是用热带森林中采集的橡胶制成的。赛球时,禁止球员用双手或双脚触球,而只能用背、双膝或臀部击球。球员应不让球落地。由于比赛规则过分严格,所以球很难投入石圈,一般说来,获胜的球队是少犯规的队,也就是说,其球员极力不让球落地、出界或触手等等。欧洲人征服美洲后不久,西班牙人曾参加过许多次这样的球赛。因此,今天我们才得以了解其中某些细节。

那么,印第安人赛球的目的是什么呢?据研究,在托尔蒂克人和阿兹特克人中并不存在什么体育精神,赛球不是为了锻炼身体,或者表现球艺或灵巧,因此看来它并不是一种体育活动。众所周知,在美洲印第安人社会生活中,宗教一直占有主导地位,他们的政治经济和军事活动,直到日常生活,都是同宗教密不可分的。我们由此可以推测,印第安人的球赛也许同他们的宗教思想及其礼拜仪式有关。关于这个问题,我们以玛雅宗教与球赛关系作为探讨的实例。

玛雅宗教具有强烈的二元论倾向:善与恶之间的斗争永恒地影响到人类的命运。善神产生雷鸣、闪电和雨水,使得玉米结果和丰收;而恶神则带来死亡和破坏,它们造成干旱、飓风和战争、毁坏玉米,使人饥饿、痛苦和贫穷。玛雅的古抄本就描绘了这两种力量的斗争:雨神恰克看来在守护幼树;而在其后面,死神阿普切则走来要折断树木。

在这种宗教二元论思想的影响下,古代玛雅人通过各种手段和利用各种机会,祈求善神恩赐生命、健康和福祉。玛雅人在比赛中把球员分成两队,这象征着神学中的二元倾向,通过他们的竞争,而显示出善与恶之间斗争的结果。由此看来,玛雅人赛球可能与这种宗教二元论思想有关。

然而,有人认为古印第安人球赛类似中世纪欧洲的神裁法,通过这种比赛,神可以表明他的意旨,所以这种球赛既具有浓厚的宗教色彩,又具有竞争性。这样,在赛球时球员都须极其小心谨慎。在比赛前夕,两个球队都必须进行祈祷,球员们祈求神灵保佑他们赢球。

与此同时,他们又通过巫术,试图赋予各种比赛用品以神奇的力量,其中包括他们的服饰、手套、护膝、护背。球场上的石圈也是球员祈祷的对象;而用橡胶制成的球更是祈求的目标,球员祈求它们以神力为己队效劳。比赛后,胜利者先是用失败者的鲜血把球洗干净然后,他们把橡胶球烧掉,以献给自己的神灵。

因此,失败者不仅是输球者,而且还要按照神的意旨,献出自己的生命,作为祭礼神灵的牺牲品。目前,这种见解已为许多人所接受。

但是,关于球赛的结果,还存在另一种说法。在宗教神学思想感召下,胜利者自觉自愿地做牺牲品,把自己的躯体献给神灵,从而让自己的灵魂升到天堂。

无论如何,印第安人的球赛同其宗教思想和礼拜仪式是有密切的关系的;但是,后者如何影响和作用于前者,球赛的结果对于双方球员的命运有何影响? 这还是一个有待深入探讨的问题。

印刷术西传之谜

我国印刷术发明后,就逐渐向国外传播。首先是朝鲜、日本和东南亚诸国,之后又通过伊朗、埃及传及欧洲,这西传的经过颇为曲折,而且时间长达 800 年之久,我国在 7 世纪已经发明了印刷术,而欧洲正式开始采用是在 14 世纪末,这是什么原因呢? 为什么印刷术不像造纸术、养蚕那样通过"丝绸之路"迅速传到西方呢? 长期以来一直是中外文化交流史上的一个谜,流行着不同说法。

1. 维吾尔传播说

英国学者李约瑟在《中国科学史》一书中认为,"印刷术西传之举,可能是由维吾尔人在蒙古时期完成的……如果印刷术由东方传到西方的过程中有过那么一个中间环节的话,既熟悉雕版印刷又熟悉活字印刷的维吾尔人极有机会在这种传播中起重要作用。"

9 世纪,回纥人维吾尔族居住在甘肃西部和新疆东部,这里当时处于中西交通的枢纽地带,是东西方文化交流的通道。1902 ~ 1907 年,在吐鲁番的古代遗迹中,发现了大量的印刷品的残页和碎片。

对这些印刷遗物的分析表明,约在 13 世纪和 14 世纪的时候,回纥人的印刷工业曾经相当发达,而且,回纥人的印刷术是源于宋朝和元朝的。1907 年的敦煌千佛洞发现的回纥人的木活字,是世界上现存最早的活字。这完全是按王桢的方法制造的。回纥人也曾大量印刷书籍,随着书籍的流传,把我国的印刷术也传到了中东一带,直至埃及,并经由那里影响到欧洲。

2. 波斯传播说

波斯(今伊朗)是我国印刷术西传的另一中继站。元太祖成吉思汗在 1221 年攻占波斯,也把汉、蒙等民族的文化带到了波斯。这以后,波斯逐渐成为东西方文化交流的通道。但是由于宗教的原因,波斯的印刷事业没有得到很好的发展,伊斯兰教徒认为,真主像是不能印刷的。

1294 年,伊尔汗国曾在波斯的首都塔布里兹,用雕版印刷术印刷,发行过一种纸币,纸币是仿照元朝的"至元宝钞"用汉字和阿拉伯文两种文字印的,这显然是效仿中国的印刷术。可是,这次纸币的发行引起了很大的骚动,仅发行三天就以失败告终。此后阿拉伯的文献就再没有从事印刷的记载。由于阿拉伯世界对于印刷不感兴趣,因而延迟了印刷术迅速向西方传播的过程。

但是,印刷术的优越性还是吸引了一些阿拉伯人。在 19 世纪末,埃及发现了 50 张阿拉伯文印刷纸片,其中有《可兰经》残页。据西方学者断定,这些印刷品是 900 ~ 1350 年之间的产物。

这段时期,埃及地区正处于伊朗统治之下,这是阿拉伯地区有人从事印刷的铁证。波斯著名的历史学家拉施德在其 1310 年完成了名著《世界史》中,也有关于中国的印刷术的详细描述。波斯的印刷品和拉施德的名著都曾经流传到欧洲,这对于欧洲人认识印刷的意义、作用和方法是有帮助的。

3. 十字军传播说

从 1096 年到 1270 年,欧洲发动了 8 次十字军东征,十字军把中国的印刷品如纸牌、版画陆续带到欧洲,丰富了欧洲人对印刷的认识。

从 13 世纪中叶到 14 世纪中叶,许多欧洲人到中国,回去后写书谈到中国纸币的情况。意大利旅游家马可·波罗,曾于 1275 年到 1295 年留居中国,归国时带去了元朝的纸币,并在他的《游记》中有详细的记载。

欧洲一名学者曾经讲过,欧洲雕版书籍几乎在一切方面都和中国的模式完全相像,"我们只能认为,欧洲雕版书的印刷方法也一定是严格按照中国的样品复制的,把这些样品书带到欧洲来的是早期去过中国的人,只是他们的姓名没有能够流传到今天而已。"

"14 世纪末,德国的纽伦堡已能够印出宗教版画,意大利威尼斯也成了一个印刷圣像的中心,那些来过中国并且看到过中国雕版印刷的欧洲人则是在中国居留期间,直接从中国印刷者那里学会这项与欧洲传统迥异不同的技术的。"

4. 俄罗斯传播说

13 世纪中叶到 14 世纪中叶,中国的北面俄罗斯也为蒙古人所统治,印刷术有可能先传入俄罗斯,再由俄罗斯传入欧洲,因为俄罗斯货币中有印有颜色的皮革或毛皮的皮币,这当然是仿照大汗印的纸币。

16 世纪西班牙史学家刚柴丰说过:"中国人懂得并使用印刷术,比谷腾堡要早 500 多年。"他推测这个发明,是经过俄国与莫斯科或经过红海与阿拉伯传到德国。"

5. 蒙古军队传播说

元朝初年,由于连年战争,蒙古军许多懂得雕版印刷的工人,与所到之处的群众、部队都有接触。于是,诸如版画、符咒、纸牌、纸币一类的印刷品随之传入,使得这些地方的一些城市,成为推行雕版印刷活动的活跃地方,对欧洲出现印刷术带来了不可估量的影响。

中国印刷术究竟如何西传的,这一争论方兴未艾,犹如哥伦布发现新大陆,使得世界政治地图重新划定一样,印刷术西传的"新大陆"也一定能找到。

埃及玻璃何时传入中国

在世界科技发展史上,最早制造玻璃的民族是埃及人。据说在上古以前,埃及人采用苏打做溶剂的方法从沙中提金,偶然发现了制造玻璃的方法。那时埃及人制造玻璃的原料是一种含钠和钙的硅酸盐类的自然物——通常取之于苏打和石灰石,比现代玻璃含有更多的铁和铝的氧化物,以及氧化锰、碱,另外还常有少许的镁。

埃及人最早制造的玻璃器皿是乳色玻璃,它是用埃及被称为雪花石膏的方解石精制而成,具有乳白色的半透明性质。到了公元前 1580 至公元前 1314 年的埃及十八王朝时,埃及已拥有许多玻璃工匠,能制造出各种透明和半透明的玻璃器皿和珠子。

中国古代最早出现的玻璃并非国内制作,而是由埃及辗转引进,这是科技史研究者已经达成的共识。但是,古埃及的玻璃是在何时传入中国的呢? 在这一问题上存在着一些不同的看法。

有一种说法认为是在公元前 1001 ~ 公元前 947 年的周穆王时期传入的。据《十洲记》记载,西胡曾经向周穆王进献被誉为"白玉之精"的玉杯。这种杯又称作夜光常满杯,一直被误认为是用祁连山玉(即酒泉玉)所制造。但穆王的夜光杯,即使不是完全透明的玻璃杯,也很像是用埃及乳色玻璃所造的雪花石膏杯,而祁连山玉多以绿玉为主。

古籍所载的夜光常满杯,以"白玉之精"这样崇高的称颂来衡量,和祁连山玉这种碌玉实不相称。因此其来源应当是个遥远的文明古国,这样的文明古国,当时只有以生产雪花石膏和玻璃著称的埃及才有可能。

据此他们认为在公元前 10 世纪,由居住在中国西北的伊朗语系民族进献的夜光杯,应是埃及用雪花石膏制成的乳色玻璃杯。

但不少学者怀疑此说只是一种假托和猜测。他们认为,近年来考古发掘提供的实物表明,南方沿海地区自公元前 5 世纪以来,到三四世纪一直是中国玻璃制造的重要基地。广州至少在公元前 2 世纪起,即已拥有自己的玻璃制造业,它的兴起很可能和印度有过技术上的交流。因为埃及玻璃要远销中国,不论陆路或海道,必须经过南亚次大陆,因此中国最初知道埃及玻璃,都从印度运入。

这些事实表明,埃及玻璃制品大致从公元前 2 世纪便已开始流入中国,一直持续到五、六世纪。个别的可能早在公元前 6 世纪,已有精制的埃及玻璃珠流入长沙了,因为在属于前五六世纪年代的长沙楚墓中已发现了埃及的蜻蜓眼式玻璃珠。从北方运进中国的玻璃大都经过帕格曼，由南方输入的玻璃大都由南印度、中南半岛诸国转运。

如果说在埃及玻璃何时传入这一问题上尚难达到比较一致的结论，那么在由此引出的埃及玻璃制造技术何时传来这一问题，同样存在着相异的见解。

一种长久流传的说法认为是在 5 世纪上半叶由大月氏输入中国。持这一说法的人认为，《魏书》卷 102《大月氏传》曾经记载，在北魏太武帝（424～452 年）时，有个自称"能铸石为五色玻璃"的大月氏商人来到北魏首都平城（山西大同），在那里烧炼玻璃，获得了光泽胜过西方玻璃的成绩，并建造了一座可容百人的玻璃宫。由于大月氏玻璃工匠传授了制造五色玻璃的技术，使得当时的中国北方有能力成批生产彩色玻璃。这个精通玻璃制造法并贩运玻璃制品的大月氏商人，大约正好来自亚洲南部的玻璃制造中心塔克希拉，那里由于素来与古埃及的玻璃制造业交流技术，一直在玻璃制造方面处于领先地位。

与此不同的一种见解是，还在 3 世纪时我国南方与非洲有直接交通的交州、广州沿海一带已首先从埃及引进了先进的玻璃制造技术。东晋著名的炼丹术家葛洪在《抱朴子·内篇》中已提到了仿造埃及玻璃碗，使玻璃制品进入日用器皿领域。

交、广两州的设置在 3 世纪初，三国孙吴统治交州，225 年始分交州为交、广二州，从这以后，两地便开始有仿造埃及水晶碗的工场了。两州与埃及之间的贸易十分频繁，很早就接触到埃及透明玻璃的制作技术，因而很快便研究出埃及玻璃之所以比其他地区的制品精巧，首先取决于五种成分的配制。这五种成分就是硅土、苏打、石灰、镁和氧化铝，都有一定的配制比例。这与现代科学对埃及古玻璃的鉴定结果是相一致的。

埃及玻璃碗由于它的耐高温性能，比中国玻璃碗更能适应骤冷骤热的要求，因而在当时具有更多的实用价值。广州玻璃制作业通过吸收先进的埃及工艺，便能按照埃及玻璃的配方，制造出本国生产的单色或多色透明玻璃碗。

这一创举，使中国南方的玻璃制造业大步向前推进，远远超过了北方黄河流域的传统玻璃制造业。不过这种工艺上的突破和创新，受到了地理上和行业上的严重局限。埃及水晶玻璃制作技术传入广州以后，因销路不广而很快失传了。直到 18 世纪乾隆年间，这种制作方法才再次由欧洲天主教士传入宫廷。

由此看来，在古埃及玻璃及其制作工艺何时传入中国问题上要达成比较一致的结论，还有待于考古发掘的新发现及科学研究的进一步努力。

古印第安天文学之谜

15 世纪末以前，美洲的历史是独立发展的。远在西欧殖民主义者侵入美洲之前，印第安人就已创造出了十分灿烂的文明——堪与世界优秀文化媲美的玛雅文化、阿斯特克文化和印加文化,尤为突出的是他们惊人的天文成就。

印第安人对天文的知识可追溯到遥远的过去。文森特·马姆斯牧罗姆的一篇文章,记叙了这样一个事实:

大约在3351年前的某一天,伊萨帕的一位祭司发现,在没有任何一种竖在地上的东西的情况下,地面上竟出现了投影。于是,这位细心的祭司记下了发生这一奇怪现象的日子,并且继续留心观察并计算天数。

260天以后,这种现象再次发生。从此,最初的历法产生了,在这种历法中,每年分为13个月,每月20天,全年260天。这就是所谓的宗教历法。至今在危地马拉的一些偏僻山区,土著居民仍然使用这种独特的历法。

居住在墨西哥和中美洲的玛雅人,继承了伊萨帕人发明的历法,结合自己长期对太阳和星辰的观测,发明了他们的历法。他们有四种不同的历法:

第一种是玛雅历法(即宗教历法);

第二种为太阳历,每年18个月,每月20天,外加5天("无名月")作为"忌日",共365天,这是他们日常生活的常用历法;

第三种是每一金星年为584天的金星历;

第四种是每年为385天零8小时的太阳历。

玛雅人在没有沙漏和滴漏等原始计时工具,更没有现代天文望远镜和其他先进的光学仪器的情况下,借助于特殊的方法,即已较准确地预测出了日食和月食的时间,掌握了月亮、金星运行周期。他们计算出每一金星年为584天的结论,同现代科学家们计算的583.92天相比较,每年误差仅72分钟。

尤为令人惊叹不已的是,玛雅人把造型艺术与天文学知识浑然一体、巧妙地结合在一座座金字塔上。例如:墨西哥维拉克鲁斯地区的七层壁龛金字塔,其有365个方形壁龛,每龛代表一天。在尤卡坦半岛北部的库库尔坎金字塔,四面各有91级台阶,加上通往最高处圣堂的一级正好是365级,与全年天数相符。在石阶两旁朝北的两个边墙下端刻成巨型蛇头,每年春分和秋分,在夕阳的照射下,出现"蛇影奇观"。

据墨西哥天文和考古工作者说,库库尔坎金字塔坐南朝北而偏西17度,春分和秋分是一年中仅有的昼夜均分的两天,太阳向正西方向落下,便形成了奇妙的蛇影。玛雅人把蛇影的出现看做是羽蛇神降临大地,春分出现时,带来雨水,开始耕地播种,而当秋分时,则雨季结束。就这样,玛雅人不仅把他们丰富的天文知识结合到建筑艺术中,而且还巧妙地将它同宗教信仰结合起来,并为农业生产服务。

稍晚时候崛起的阿斯特克文化又继承玛雅人丰富的天文遗产。如为纪念他们传说中的"第五个太阳"而建的,以"众神之城"而闻名的牧奥蒂华坎城,考古学家们对该城最高的建筑太阳金字塔进行考察后认为该金字塔象征着"通往新世界的天路之航标"。居住在南美安第斯山区的印第安土著居民基多人,在很远古的年代,就经过观察,认定基多城北的卡史贝一带是太阳每年两次跨越南北半球的"太阳之路",并且设立了标记。后来,经过法国和厄瓜多尔两国的科学家的测定,证明赤道的方位就在"太阳之路"的附近。

自誉为太阳子孙的印加人给许多星体和星座起了名字,并从观察天体中总结出自然界的规律。印加人有太阳年和太阴年的概念。他们的太阳年每年分为 12 个月,每月 30 天,每年另加 5 天;而他们的太阴年则为每年 354 天。前印加时期的蒂亚瓦纳科文化,有一座以石造建筑而闻名的"太阳门"。整个建筑是用一块重达百吨的巨石雕成的,高 2.5 米,宽达 4.5 米,中央凿一门洞,门楣上有一些精美的、神秘的人形浮雕,有传说中安第斯世界造物主比拉科查像,以及其他各种图案花纹和符号等。据说每年 9 月 21 日黎明的第一道光总是准确地从太阳门中央射入。但是这座太阳门却给我们留下了许多不解之谜,如当时的人们用什么方法雕刻这样巨大的石料,在没有轮式运输工具的条件下,它是怎样经过坎坷的山路运到广场并被竖立起来的,至今还得不到满意的解答。

此外,门楣上的图案又代表着什么呢? 有人认为那些符号可能是一种当时的历法,但它又是一种什么样的历法呢?

在纳斯卡地区,有一片长达 60 公里、宽约 2 公里的石碛平原,墨色石块砌成宽窄不一的线条纵横其间。这些线条有的是三角形、方形、平行四边形、梯形,有的像螺纹、方格等各种形状,同时尚有一百多个动植物图案穿插其间,且每隔一定距离重复出现。这就是被世人称为"世界第八奇迹"的纳斯卡地画。它们的用途是什么,至今仍是一个谜。

有人推算其可能和天文观测有关,是至今世界上最大的历法图。1941 年第一个研究纳斯卡画的保罗·科索克博士说,他发现了"世界上最大的天文学书籍"。许多科学家认为,地画是古代印第安人描绘的一幅巨型天文历法图,地画中的动物图像可能是各种不同星群形状的复制图,而那些长短不一、形状各异的线条则代表星辰运行的轨迹。

总之,古代印第安人的天文学充满着无穷的奥秘。虽然有些人将他们的天文学成就与外星人的启示联系在一起,但他们神奇的天文学成就是如何取得的,至今仍是一个难解之谜。

养蚕技术西传之谜

中国是世界上最早养蚕的国家。据史料记载中国用蚕丝织造衣物已有近 5000 年历史。中国的丝绸很早就享誉海外,受到中亚、西亚和欧洲人的喜爱。

在历史上,外国商人来往于东西方之间贩运中国生产的丝绸,逐渐形成了沟通欧亚大陆的"丝绸之路"。后来中国的养蚕技术传到了西方,大约在 4 世纪时传到了中亚、西亚。6世纪传到了东罗马人建立的拜占庭帝国。

关于养蚕技术西传的经过历来说法不一。古代中国的养蚕技术对外严格保密,因而其西传过程也染上一些神秘色彩。

据拜占庭历史学家普洛科庇阿斯在《查士丁尼战史》中记载,有几个印度和尚在6世纪时来到拜占庭首都君士坦丁堡。当时波斯商人以高价在那里出售丝绸,居间牟取暴利。这些印度和尚向查士丁尼皇帝献策,说他们有办法让拜占庭不再向波斯和其他国家购买丝绸。他们曾在一个叫赛林达(大约是新疆一带)的地方住了很久,发现产丝的是一种虫,丝从虫的口中吐出。要从该国带走虫是不可能的,但是有可能把虫产的卵带来孵化。查士丁尼答应事后重赏他们。后来印度和尚果然取来虫卵,依法孵化,得到许多虫,以桑叶喂养,于是拜占庭境内能养蚕缫丝。

与此相类似的还有一则波斯人为查士丁尼取来蚕种的史料。7世纪时另一位拜占庭历史学家梯俄方内斯记载,皇帝召见曾在中国住过的波斯人,他们答应为查士丁尼寻找蚕种。他们绕道南高加索地区去中国,过了两年,大约在553或554年左右,带着蚕种返回拜占庭。蚕种是藏在空心手杖中带来的。

在他们的指导下,拜占庭成功地养出了蚕,并结出了蚕茧。至此,拜占庭帝国首次使用在西方生长的蚕所吐的丝作为纺织丝绸的原料。在英国历史学家吉本所著的《罗马帝国衰亡史》中也记述了与此相同的故事。

对这两则蚕种西传的史料,历来都有学者表示怀疑。蚕卵放在空心手杖中藏一年多,这在养蚕技术上是说不通的。中国学者雷海宗从另一方面对这些史料持否定态度。

他认为,"中国向来对养蚕法没有保守过秘密,日本和所有远东国家的养蚕技术,都传自中国。至于拜占庭在6世纪中期如何由中国学得此术,在当时中国并未注意及此,也无人主动地向外传播养蚕法。少数人编造这样一个故事,一方面是故意神秘其说,以便抬高蚕桑的地位,另一方面是贼喊捉贼,这是他们自己一个不可告人的秘密的无意反射,因为他们学得养蚕术后,立即定为国家的秘密,禁止外传,以便拜占庭政府可以垄断。欧洲的历史学家不假思索地传播了1400年。"

与养蚕技术西传有关的还有玄奘在《大唐西域记》中记载的一个故事。在今天新疆的和田(旧称于阗)古代有一个叫瞿萨旦那的国家。该国向东国(中国)求取蚕种,但是东国国王秘而不赐,还严令边关禁止蚕桑种子出口。于是,瞿萨旦那王想出一个巧妙的办法,以卑言厚礼向东国公主求婚,获得了允准。

迎娶公主时,瞿萨旦那王告诉迎娶公主的专使说,你告诉东国公主,我国没有丝棉,她可以把蚕桑种子带来,将来为自己做衣服。公主听了专使的话,就秘密地弄了一些蚕桑种子,放在自己的帽子里。

到了边关,官员虽然仔细搜查,但始终不敢检查公主的帽子。蚕桑种子就这样到了瞿萨旦那,当地人开始养蚕。刚开始时,桑叶不够,蚕还要吃些杂树叶子,但不几年就桑树成林,蚕宝遍地。公主还刻石为制,严令保护蚕桑,不许损伤。

这个故事还见之于藏文的《于阗日记》。这本书把东国称为中国,娶公主者是于阗王尉迟舍耶。1900年,英国考古学家斯坦因在于阗丹丹乌里克遗址中挖到一块古代画板。画板上共画了4个人,中央绘着一个盛装的贵妇,头戴高冕;右侧画着一个人拿着一台纺车;左侧地上放着一个盛满蚕茧的篮子,有一个侍女,手指着贵妇的高冕。这块画板上画的就是玄奘所记东国公主秘密带蚕茧种子过关的故事。

从内地向新疆传播蚕桑是养蚕技术西传的第一站。至于养蚕技术到底是如何传到西方的,至今仍未有定论。

地动仪工作原理之谜

候风地动仪是汉代科学家张衡的传世杰作。张衡所处的东汉时代,地震比较频繁。据《后汉书·五行志》中记载,自汉和帝永元四年(公元92年)到汉安帝延光四年(公元125年)的30多年间,共发生了26次大的地震,地震区有时大到几十个郡,引起地裂山崩、江河泛滥、房屋倒塌,造成了巨大的损失。张衡对地震有不少亲身体验,为了掌握全国的地震动态,他经过长年研究,终于在阳嘉元年(公元132年)发明了候风地动仪——世界上第一架地震仪。汉永和三年(公元138年)二月初三日,地动仪朝向西北方向的钢球突然落了下来,落进仪器下面的蟾蜍口中。可是,当时洛阳的居民谁也没有感觉到地震。几天后,陇西(今甘肃)的驿者日夜奔驰来到京师报告:陇西地震,二郡山崩(震级约为6.5级),而陇西正好就在洛阳的西北方向。此事消除了人们的怀疑,称他的候风地动仪"验之以事,合契若神",时人"皆服其妙"。

地动仪

1700多年前,地动仪却神秘地消失了。长期以来,它的外观和工作原理成为人们心中的谜团,而《后汉书·张衡传》中对地动仪的记载也只有区区196个字,"……以精铜铸成,圆径八尺,合盖隆起,形似酒尊,饰以篆文山龟鸟兽之形。中有都柱,傍行八道,施关发机。外有八龙,首衔铜丸,下有蟾蜍,张口承之……"根据这一史料,中外科学家一直试图复原它。

19 世纪末,日本和英国的科学家曾先后绘制出地动仪的复原模型,而中国的地动仪模型,则是中国历史博物馆科技文物专家王振铎于 1951 年根据史书的记载所复原的,其工作原理是"直立杆"。

所谓"直立杆",就是将一个尖脚棒槌直立起来,遇到地震便会倒下。在复原模型中,这个棒槌站立在大尊中央,周围对称地设有八套杠杆机构,棒槌倒向哪方,就会砸开哪边的机关,与这个机关相对应的龙嘴里的球就会掉下来。可以说,王振铎先生的这台地动仪的复原模型,成了中国古代科技文化的象征物,在当时家喻户晓。

虽然候风地动仪被成功复原,但是几十年来,国内外地震学界却一直对它的科学性表示怀疑,认为史书记载中的地动仪"中有都柱"不能理解成"倒立摆"。因为整个地动仪是座高大的铜樽,高度超过 2 米,最大直径 1.8 米,专家推测,如此巨大的铜樽其本身重量应该达到两吨左右,无论如何也与那条轻盈无根的棒槌搭配不上,更何况"倒立摆"也没有足够的灵敏度。

20 世纪 70 年代后,国内外的专家学者又相继提出了六种新的地动仪复原模型,但学术界一致认为这些都属于概念模型,根本无法检测地震。直到 2005 年,经过中国地震学家和考古学家的多方研究,通过大量理论计算和科学实验,终于宣布,失传千年的张衡地动仪的复原工作取得了重大进展,不但成功地实现了地动仪的科学复原,而且新的复原模型已经具备了真正的测震功能。

严谨的科学研究证实,地动仪的工作原理应该是"悬垂摆原理"而非"倒立摆原理",即地动仪是利用了悬挂柱体的惯性来测震的,而非当今历史教科书所说的在仪器底部简单地竖立一根直立杆。这个原理的科学性得到了专家的明确肯定。

在研究过程中,专家们把资料的考证和利用扩大到《续汉书》《后汉纪》等古代文献,虽然这些相关文献的总字数也不过 231 个,但这些资料还是为他们提供了复原工作所需要的更加充分的史料根据。在研制过程中,专家们还采用了一些新技术、新方法,如利用了唐山、越南、云南等 4 次实际地震资料,通过计算机的控制,在振动台上实现了相当于当年陇西地震在洛阳极其微弱的地面振动,用这种运动信号对振动台上的复原模型进行检验和改进。结果表明,新模型对地震的反应良好,对非地震的人为干扰一直未出现过误触发。

专家表示,新模型对 4 次实际地震事件已经实现了良好的验震反应,迈出了从概念模型到科学仪器的关键性一步,研究工作突破了古代科学仪器复原的传统模式,是一次重大的跨越。但目前的复原只是阶段性成果,整个工作还没有结束,内部结构需要优化,外观造型也需要征求公众意见,以便进一步完善,实现整体的统一。

"红崖天书"之谜

"红岩对白岩、金银十八抬、谁人识得破、雷打岩去抬秤来",在贵州省安顺地区关岭布依族苗族自治县的关索岭下,有一些少数民族的村寨,至今还流传着这么一首动听的

红崖天书

歌谣,歌中所唱到的"红岩"就是位于关岭县东部晒甲山上的一座浅红色山崖。在长约百米的崖壁北端一处平整崖面上,在长 10 米、高 6 米的范围内,有一些形如古文字的铁红色神秘符号书写在浅红色的岩面上,它们排列错落有致,文字大小不一,大者如人,小者如斗,非凿非刻,似篆非隶,不知经历了多少风雨侵蚀,它的颜色一直未曾剥落。因为多少年以来无人知晓它们的来历,所以被当地人称之为"红崖天书"。

清朝年间,曾有贪心的人为了拓印天书而毁坏了岩面,那时的"红崖天书"原本就因为自然侵蚀而失去了本来面目,再加上日后的一些天灾人祸,所以如今的"红崖天书"只剩下了几个笔画的模糊残迹,为破译天书的工作带来了极大的困难。虽然众多的专家学者都曾前往那里一探究竟,但直到今天仍没有人能够给它一个确切的定论。

20 世纪初,很多学者凭借着几乎风化剥蚀殆尽的红崖古迹做出"红崖天书其实是自然石花"的判断。自然石花就是天然形成的石头花纹,是经过天然风化而形成的剥落损蚀痕迹。那么"红崖天书"到底是一种文字还是一种图画? 这些难以辨认的图形符号究竟是否蕴涵着某些信息?

有人认为,"红崖天书"可能是诸葛亮南征时期的记功碑,也有人认为它是古代少数民族遗留下来的文字。各种说法莫衷一是,但始终都没有人能够拿出令人信服的理由和依据来证实自己的观点。这其中一个非常重要的原因是因为关于"红崖天书"的摹本出现比较晚,而且现存于世的各种摹本鱼龙混杂、真伪难辨,早期的摹本又无法真实再现红崖天书的真迹,因此关于红崖天书的研究始终无法展开。不过,虽然大自然的侵蚀使得神秘莫测的"红崖天书"只剩下几个残缺不全的字,但一些研

究者依然凭借这几个残缺不全的字发现了"红崖天书"的秘密。

首先是对"红崖天书"众多的各种摹本进行分析,确认了原迹摹本作为依据。接着从古文字、绘画方面找出其中与历史事件和人物相联系的基本特征,并反复研究《中国篆书大辞典》《古文字通典》等七部字典,将"红崖天书"中每个字从古到今的演变过程查找清楚。最终研究者发现,在"红崖天书"中有两个紧贴在一起的符号,与中国古代用天干地支表示纪年的"丙戌"二字非常一致,因此决定从"丙戌"这个年代入手,先进行断代研究,确定了时间段后,再从这个时间段中找寻史料与天书中的图文进行对照,逐步揭开"红崖天书"之谜。

据专家推测,天书出现的年代至少是明嘉靖1546年以前,因为这一年,有关"红崖天书"文字记载的诗歌《咏红崖》才第一次出现,而在此之前的所有史书和地方志上,对于"红崖天书"这样很有名气的奇特碑文,居然没有丝毫记载,因此专家做出大胆的推断,"红崖天书"的出现是在明朝时期。

经过分析,"红崖天书"中的"允"字就是明建文帝朱允炆的"允",而"丙戌年"也就是公元1406年。据此分析,"红崖天书"可能与建文帝遁逃云贵有关。因为永乐四年,也就是公元1406年,明朝的统治阶级发生了一场剧变:明朝开国皇帝朱元璋的孙子朱允炆,也就是建文帝,只做了4年的皇帝,就被他的叔叔燕王朱棣夺取了皇位。至于建文帝的下落,在明史中只记载了"宫中火起,帝不知所踪"寥寥数语。

专家推测,从"红崖天书"中所反映出的内容来看,建文帝很可能逃到了贵州。那么,红崖天书上的奇怪文字符号所记载的真与建文帝有关吗?带着这样的疑问,有研究者从随后对"红崖天书"摹本的考证中,又找到了许多令人兴奋的证据和推论,进一步确立了"红崖天书"是明朝初年建文帝所写的说法,并揭开了许多不为人知的谜团,例如确认了清代瞿鸿锡摹本为真迹摹本;"红崖天书"的文字为汉字系统,全书应自右至左直排阅读;全书图文并茂,一字一图,局部如此,整体亦如此。其内容则是明初逊国建文皇帝所颁的一道讨伐燕王朱棣篡位的"伐燕诏檄"。全文直译为:燕反之心,迫朕逊国。叛逆残忍,金川门破。杀戮尸横,罄竹难书,大明日月无光,成囚杀之地。须降伏燕魔,作阶下囚。丙戌(年)甲天下之凤皇(御制)。

"红崖天书"的破译在海内外学术界都引起了强烈的反响,很多学者表示认同这个说法,认为此说法确实令人信服。

"天启大爆炸"是何人所为

公元1626年5月30日(明熹宗天启六年五月初六日巳时)上午10点左右,北京城西南王恭厂一带发生了一场惊天动地的大爆炸。据记载,这场爆炸将方圆23里之内全部夷为平地,其惨烈与诡秘,世所罕见,至今众说不一。

根据历史资料可以还原当时的情形。那天天空晴好,四周安静,忽然之间,轰然巨响,浓烟隆隆滚过,爆炸声震撼天地。京城百姓震惊之余,只见京城西南角涌起一片铺天盖地的黑雾,不久,又是一声惊爆,天崩地裂,天地间漆黑一片,东至顺成门大街,北至刑部街,万余间房屋建筑变成一片瓦砾,两万余居民非死即伤,断臂者、折足者、破头者无数,尸骸遍地,秽气熏天,满眼狼藉,其情形惨不忍睹。举国上下,陷入了一场空前的大灾难之中。不久,只见南天上一股气冲入苍穹,天上的气团有的像乱丝,有的像灵芝,五颜六色,奇形怪状,许久才渐渐散去。

发生爆炸时,明熹宗皇帝朱由校正在乾清宫用早膳,突然,他发现大殿震动起来,不知发生了什么事,赶忙带着内侍逃出了大殿,向建极殿躲避。藏在殿内墙角的一张大桌子下,才躲过此劫。

这场大爆炸迅速传遍了全国,从王公贵族到普通百姓都惊骇不已,人心惶惶。当时,国家政治腐败,宦官专权,忠奸不分,因此,很多大臣认为这场大爆炸是上天对皇帝的警告,所以,纷纷上书,要求熹宗匡正时弊,重振朝纲。皇帝一看群情激愤,不得不下了一道"罪己诏",表示要"痛加省修",同时还下旨从国库拨出黄金一万两以救济灾民。

这场大爆炸是怎样发生的?是天灾?是人为?它不像一般的炸药爆炸,在爆炸之前没有任何征兆。而且还有种种诡异现象。

其一,事先征兆异常。据《东林始末》记载,发生爆炸的前几天,也就是五月初二夜里,前门楼角出现团团青色的"鬼火",飘忽不定,不一会儿,又聚在一起形成一大团。《天变杂记》中记载,后宰门有一座火神庙,有一天早晨,忽然听到从庙内传出音乐声,声音一会儿粗,一会儿细。守门的内侍刚要进去查看,忽然有个大火球一样的东西腾空而起,很快,东城发出了震天的爆炸声。这鬼火、火球和大爆炸有什么联系呢?

其二,人群失踪。据史料记载,当时有一位新任的总兵拜客回来,刚走到元宏寺大街,突然听到一声巨响。总兵和他的 7 个跟班,莫名其妙连人带马消失得无影无踪了。另外,还有西会馆的塾师和学生共 36 人,也是在爆炸发生之后都没有了踪影。还有,当时承恩街上有人抬着八抬大轿正走着,巨响之后,大轿被打破在大街上,而轿中女客和 8 个轿夫均不知去向。更为奇怪的是,菜市口有个姓周的人,正同 6 个人说话,巨响后,头颅突然飞出去,躯体倒地,而近旁的 6 个人却安然无恙。

其三,石狮卷空,碎尸落地。爆炸之时,许多大树被连根拔起,飘落于远处。石驸马大街有一尊千斤重的大石狮子,几十人都推不动,居然被一卷而起,落在 10 里外的顺成门外,猪马牛羊、鸡鸭鹅狗更是纷纷被卷入云霄,后又从天空落下。

其四,裸体奇闻。据史料记载,因为爆炸这次遇难者,不论男女,不论死活,也不管是在家还是在路上，很多人衣服鞋帽尽被刮去，全为裸体。《天变邸抄》记述："所伤俱赤身，寸丝不挂，不知何故？"据《国榷》记载："震后，有人告，衣服俱飘至西山，挂于树梢，昌平县校场衣服成堆，人家器皿、衣服、首饰、银钱俱有。户部张凤奎使长班往验，果然。"真是咄咄怪事。

那为什么会突然发生这么大的爆炸事件呢？至今仍然没有一个合理的解释。有人说明代自永乐年起火器制造就有了很大发展，火药大都由王恭厂制造，可见王恭厂当时是作为工部制造、储存火药的火药库。有可能是火药库爆炸引起了这场灾难，后来又被人夸大记述，所以出现了现在的面目。又有人认为，这个 300 多年前发生的事件其谜底与不明飞行物有关。三位美国科学家提出这是一个由反物质组成的陨石，意外地闯入太阳系，才导致了这场灾难。不过，仍有许多科学家持反对意见。假定是反物质，那么记载中的"不焚寸木"又怎么解释呢？看来历史谜底的彻底解开还需要时间。

第二节　历史文化之谜

汉字起源

自从有了仓颉造字的古老传说，历代中国研究者便一直致力于揭开汉字的起源之谜，特别是在 100 多年前甲骨文的发现，人们离答案似乎越来越近了。

关于汉字的起源，中国古代文献上有种种说法，如"结绳"、"八卦"、"图画"、"书契"等，古书上还普遍记载有黄帝史官仓颉造字的传说。不过现代研究者认为，成系统的文字工具不可能完全由一个人创造出来，所以即便上古时期的确有仓颉这个人，他也应该是文字的整理者或颁布者，而并非创造者。

最近几十年，中国的考古学家先后发现并公布了一系列比殷墟甲骨文年代更早、与汉字起源有关的资料，例如原始社会晚期及有史社会早期出现在陶器上面的刻画或彩绘符号，还有少量刻写在甲骨、玉器、石器等上面的符号。

殷墟时期所反映出来的商代文字不仅表现在字的数量多，材料丰富，还突出地表现在文字的造字方式已经形成了自己的特点和规律。从构形的文化内涵上来考察，这些成熟较早的字形所取材的对象与当初人们的社会生活相当贴近，具有很强的现实性的特征。同时，这些字形所描写的内容涉及了人和自然的各个层面，因而还具有构形来源广泛性的特征。商代文字基本字的结体特征可分为四大类：取人体和人的某一部分形体特征为构字的基础；以劳动创造物和劳动对象为构字的基础；取禽兽和家畜类形象为构字的基础；取自然物象为构字的基础。因此可以说，汉字在殷商时期已经成为一套比较成熟、系统的工具,它的起源年代一定是早于商代的。

从考古发掘的出土文字资料来看,中国至少在虞夏时期已经有了正式的文字。如近年在我国山西襄汾陶寺遗址出土的一件扁陶壶上,就发现有毛笔朱书的"文"字。这些符号都属于早期文字系统中的基本构形,可惜这样的出土文字信息迄今仍然还很稀少。

不过,通过以往的一些研究,研究者已经初步确定,汉字体系的正式形成应该是在中原地区。汉字是独立起源的一种文字体系,不依存于任何一种外族文字而存在,但它的起源不是单一的,而是经过了多元的、长期的磨合。大概在进入夏纪年之际,先民们在广泛吸收、运用早期符号的经验基础上,创造性地发明了用来记录语言的文字符号系统。在那个时代,汉字体系便较快地成熟起来。

神秘的双墩文化

双墩遗址位于安徽蚌埠市小蚌埠镇双墩村北侧。坐落在距淮河4公里左右的一个台地上,是在1985年的全国文物大普查中被发现的。双墩村是以村中两个高大的风土堆命名的。专家们起初只是为了调查这两个风土堆才来到这里的,在经过考察确定这"双墩"是一个早期的墓葬之后,专家们对此地发生了兴趣,并在当地百姓的指引下于墩子北边200米的地方找到了双墩遗址所坐落的台地。当时地表上的文化遗物非常丰富,有陶片,也有动物的骨骼,还有一些残破的石器等。专家们

双墩文化

根据陶片标本所显示的特征推断,这些文化遗物遗存年代非常久远,应该是新石器时期的东西。

根据对出土遗物及其刻画符号的分析,专家们一致认定,作为一处聚落遗址,距今7000年前的双墩氏族存在着多种经济结构。当时,双墩一带温暖湿润,双墩人定居于水泽之畔的台地上,附近丘陵台地林莽丛生,动植物资源繁多。出土的农业生产工具和籼、粳稻壳印痕表明,双墩人早在7000年前就已经开始发展农业,并饲养家猪,同时还进行捕捞、渔猎、采集的生产活动——这些在双墩人的经济生活中占有相当大的比重。此外,当时的双墩人也已经有了制陶业与石器、骨角器的制作,以及养蚕、缝织等手工生产。

此外,与同时期其他文化的遗迹相比较,双墩遗址出土的大量陶器从形状、纹饰等方面都具有鲜明的特色。出土数量较多的陶釜,不仅形状不同于相同时期南方的腰沿釜和北方的尖底釜,而且其硕大的支脚采用仿男性生殖器的形状,十分罕见。盛储器中小口罐球腹肩部装有对称牛鼻形或鸟首形耳系,碗的形体特大,矮圈足内多发现刻画符号,豆

的喇叭座矮小等,这些特点在已被发现的同时期文化遗迹中均不常见。

专家们特别指出,遗址出土的 600 余件种类繁多的刻画符号,在同时期国内外文化遗存中十分罕见,是一个惊人的发现。符号大都刻画在器底部位,内容包括日月、山川、动植物、房屋等写实类,狩猎、捕鱼、网鸟、种植、养蚕、编织、饲养家畜等生产与生活类,记事与记数类等,反映了生产、生活、宗教、艺术等广泛的内涵,构成了双墩文化遗存极其重要的内容。刻画符号分为单体符号、复合符号和组合符号,特别是不少符号的反复出现,使用频率较高,具有明显的记事性质和一定的表意功能与可解释性。从与同时期其他遗存的刻画符号相比较,以及从文明形成的特殊规律来看,双墩刻画符号是中国文字起源的重要源头之一,这一发现对于探索中国文字乃至人类文字的起源具有十分重要的意义。特别是定远侯家寨遗址出土的遗物及刻画符号,与双墩遗址文化内涵一致,并且有一定的年代跨度,说明不同遗址在一定地域范围内已经形成了同一种文化,具有淮河流域独特的地域性文化特征,具备了考古学文化命名的基本要素。因此,双墩遗址正式被学界命名为双墩文化。

双墩遗址的发现与研究表明,早在 7000 多年前,我国淮河中游地区就已显露出早期文明的曙光,为中国新石器时代文化谱系和中国文字起源的研究注入了新内容,证明双墩遗址在中国古代文明起源中具有重要地位和巨大的影响。

"江永女书"起源之谜

"女书"又名"女字",是世界上一种独一无二的女性文字符号体系,也是世界上发现的唯一一种女性文字。千百年来,作为只在湖南省江永县及其近邻一带的道县、江华瑶族自治县的大瑶山和广西部分地区的妇女之间流行、传承的神秘文字,它靠母传女、老传少,一代代传下来,所以又名江永女书。

女书是人类历史上一个独特而神奇的文化现象,也是一个植根甚古、牵涉面颇广、信息含量十分丰富的文化现象。女书文字的特点是书写呈长菱形,字体秀丽娟细,造型奇特,也被称为"蚊形字"。

女书文字是江永土话基础上的妇女群体语,一般人认为它属于汉文异形字,但对于它是否属于"汉字文化圈",研究者则颇有分歧。有人以"女书"有近半数字符是从汉字蜕变而来为据,认定它是借源于方块汉字的一种"变异"的系统再生文字。也有人认为,笔画及其组合结构的异同,是判定不同文字之间有无源流关系的直接依据。而"女书"与汉字楷书相比,基本笔画不同,笔画结构和语言功能都迥异有别,而且"女书"中遗存的象形字、会意字均与甲骨系文字大相径庭,因此"女书"文字的源头绝非普通汉字。至于关于女书的起源,无论是民间还是学术界,至今都有不同的说法。

有人认为,当地妇女赛祠的花山庙兴起在清代中期,结合目前发现最早的女书实物,因此推测女书起源于明末清初。

有人以"女书"中存在与壮、瑶等民族织锦上的编织符号类同的字符为依据,认为女字的构成源于百越记事符号。

有人根据"女书"中大量与出土刻画符号、彩陶图案相类似的字符,认为其起源的时间、空间可追溯到新石器时代的仰韶文化,形成于秦始皇统一中国文字之后。

有人依据"女书"文字与原始古夷文的基本笔画、造字法类同,认为它是舜帝时代的官方文字。

有人根据甲骨文和金文借字在女书字汇明显存在的特征,认为女书是一种与甲骨文有密切关系的商代古文字的变种。

也有人认为象形字、会意字是文字体系中最早产生的文化现象,是文字创造者所处生活环境和社会文化的直接反映。根据女书象形字、会意字构成中反映的文身习俗、"干栏"住宅建筑特色、稻作文化及鸟图腾文化等现象,因此认定现代女书是古越文字的遗留和演变。

与汉字不同的是,女书是一种标音文字,每一个字所代表的都是一个音。在研究者目前搜集到的近2000个女书字符中,所有字符只有点、竖、斜、弧四种笔画,可采用当地方言土语吟诵或咏唱。女书的字形虽然参考汉字,但两者并没有必然的关系。而且,由于女书除了日常用作书写以外,也可以当成花纹编在衣服或布带上,所以字形或多或少也有所迁就,变成弯弯的形状。

女书作品绝大部分为歌体,其载体分纸、书、扇、巾四大类,无论哪种承载方式都十分讲究形式美。如写在纸张上的女书,纸张的四角多配有花纹;写于纸扇上的女书,多插绘花鸟图案;而织绣在巾帕花带和服饰上的女书,则是精美的女红工艺品。虽然载体不同,但字体秀丽娟细,造型奇特,古意盎然,其内容多是描写当地妇女的生活,还用来通信、记事、结交姐妹、新娘回门贺三朝等,文体多为七字韵文。每逢节日,女人们便聚在一起,吟诵女书作品。因为女书没有规范的教材,没有正规的教师和学校,全凭世代女人用手抄写,而江永女书作为妇女的贴身、隐私物品往往是人死书焚或随葬,所以至今无法找到流传三代以上或更早的作品。因而,女书究竟产生于何时,其真正的渊源何在,女书与甲骨文的关系,女书与瑶族的关系等,一直是众说纷纭,至今没有定论。

"三皇五帝"到底是谁

许多人知道"三皇五帝"都是缘于小学课本中的那句"自从盘古开天地,三皇五帝到如今",然而,"三皇五帝"究竟是哪几位人物,恐怕没有几个人能真正说清楚。

最早出现三皇总名的文献是《吕氏春秋》，而三皇的分名最早则出自《史记·始皇本纪》中，当时的丞相李斯曾在奏议中提到："古有天皇，有地皇，有泰皇，泰皇最贵。"而《春秋纬·命历序》中则以为三皇是天皇、地皇和人皇，用人皇取代了泰皇之位。到了宋代，罗苹注《路史》时引用了孔衍的《春秋后语》力图调解这个矛盾，认为泰皇就是人皇。但到了汉代，学术界又对三皇之说出现了至少四种不同的说法。班固等编撰《白虎通》以伏羲、神农、燧人或伏羲、神农、祝融为三皇；《春秋纬运斗枢》以伏羲、神农、女娲为三皇；晋代皇甫谧的《帝王世纪》以伏羲、神农、黄帝为三皇；唐代司马贞的《史记·补三皇本纪》以伏羲、女娲、神农为三皇；清代的《尚书大传》以燧人、伏羲、神农为三皇等。

在这四种意见中，伏羲和神农是各家所共同确认的。将女娲列入三皇，是因为这位传说中的奇女子"补苍天"、"立四极"，而且还"抟黄土做人，剧务力不暇供，乃引绳於泥中，举以为人"，创造了人类，因此她被列为三皇，似乎理所当然。而祝融，《山海经》中说他"绝地通天"，分人神之界，自然可为三皇之一。此外，汉朝的纬书中称三皇为天皇、地皇、人皇，是三位天神。后来在道教中又将三皇分初、中、后三组：初三皇具人形；中三皇则人面蛇身或龙身；后三皇中的后天皇人首蛇身，即伏羲，后地皇人首蛇身，即女娲，后人皇牛首人身，即神农。但在我国第一部上古历史文件和部分追述古代事迹的汇编成书《尚书》中，却提出三皇是伏羲、神农、黄帝的观点，也因为《尚书》一书的影响力，所以这种说法得到了极大推广。

三皇无定论，自古如此。那么五帝又是指哪些人呢？五帝之说形成于周秦之际，但五帝的组合，自古以来也有着不同的说法。《世本》《大戴记》《史记·五帝本纪》列黄帝、颛顼、帝喾、唐尧、虞舜为五帝；而《礼记·月令》以太昊（伏羲）、炎帝（神农）、黄帝、少昊、颛顼为五帝；《尚书序》和《帝王世纪》则视少昊、颛顼、高辛（帝喾）、唐尧、虞舜为五帝。此外，又有把五方天神合称为五帝的神话。东汉王逸注《楚辞·惜诵》中的"五帝"为五方神，即东方太昊、南方炎帝、西方少昊、北方颛顼、中央黄帝，东汉的郑玄还提出"五帝为六人"之说；而唐贾公彦疏《周礼·天官》"祀五帝"，为东方青帝灵威仰、南方赤帝赤熛怒、中央黄帝含枢纽、西方白帝白招拒、北方黑帝叶光纪。

至于到底哪种说法最有根据，还要先来逐一看看他们的历史和功绩。根据《国语·晋语》中所说，黄帝、炎帝同出生于少典，而少典到底是国名还是父名，至今众说不一。但中华民族既然被称为炎黄子孙，那么炎、黄二帝被列入五帝应该不成问题。

《史记·五帝本纪》中说："黄帝者，少典之子，姓公孙，名曰轩辕。"《龙鱼河图》中说"天遣玄女下援黄帝兵信神符，制伏蚩尤……以制八方"。在早期部落之间的战争中，黄帝对于中华民族的形成是有很大功绩的，《史记正义》说："黄帝以前，未有衣裳屋宇，及黄帝造屋宇，制衣服，营殡葬，万民故免存亡之难……教民江湖破泽山林原隰皆收采禁捕以时,用之有节,令得其利也。"

至于炎帝,也为少典之子,据说与黄帝是兄弟,但《帝王世纪》却认为炎、黄之间隔了八位皇帝,500年有余,显然这种兄弟之说不足以使人信服。炎帝对古老的农业生产作出了很大的贡献,班固说他"教民耕农,故号曰神农氏"。

颛顼号高阳氏,司马迁说他是黄帝次子昌意的后代,"静渊以有谋,疏通而知事;养材以任地,载时以象天"。他始建中央(国家)统治机构,设立九州,规范宗教事务,始以民事纪官;教民耕种,创制历法,定婚姻,制嫁娶,整顿社会秩序,平共工,征九黎,定三苗,初步完成了华夏的统一。

帝喾高辛氏,是黄帝长子玄嚣的孙子,其伯祖父颛顼在位时被立为族子。《帝王纪》说他"年十五而佐颛顼,三十登位"。《五帝本纪》说他"生而神灵,自言其名,普施利物,不於其身。聪以知远,明以察微,顺天之意,知民之急。仁而威,惠而信,修身而天下服。取地之财而节用之,抚教万民而利海之。"

帝尧,是帝喾高辛氏的儿子,名放勋,号陶唐。司马迁说他"命羲、和,敬顺昊天,数法日月星辰,敬受民时"。对于以农业立国的中华民族来说,制定历法,授民以时,在古代这比什么都重要。帝尧也因此受到了民间百姓的特别推崇。

帝舜,姓姚,名重华,尧帝的女婿,因建国于虞,故称为虞舜或有虞氏。性至孝。尧用之,使摄位30年,后受禅为天子,都于蒲阪(今山西省永济县)。舜将天下分为十二州,以河道确定各州的边界,他自己每5年巡视天下一次,其余时间让各地君长到京城朝见。他在位48年,于南巡途中崩于苍梧之野,以身殉职,也是令人难以忘怀的。

五帝之说中,最复杂的是太昊和少昊。太昊姓风,传说为古代东夷族的首领。春秋时期,在济水流域的许多小国如任、宿、须句、颛臾等,都是太昊的后代。亦有说太昊即伏羲氏。少昊名契,号金天氏,传说也为东夷族。自崔述以来,一般认为少昊为太昊之后,近人根据《世本》中所记载的"少昊,黄帝之子,名契",认为少昊即契,而契亦传为帝喾之子,因此认为太昊即帝喾,二人均为殷人祖先。

根据以上资料来看,他们似乎都有资格列入五帝,不过民间还是以"太昊、炎帝、黄帝、少昊、颛顼为五帝"的说法最为流行,意指东、西、南、北、中五个方位的天神,东方太昊,南方炎帝,西方少昊,北方颛顼,中央黄帝。

其实,三皇五帝传说的分歧,是我国多民族发展的产物,它曲折地反映了民族融合的进步趋势。早在进入文明时代之前,在祖国辽阔的土地上,就形成了华夏族、苗族以及当时被华夏族称之为蛮、夷、戎、狄等许多兄弟民族。说华夏民族为炎黄之后,这实际上反映了华夏民族是由以炎帝、黄帝为代表的两个有血缘亲属关系的氏族经过长期发展而成的。

"人文初祖"伏羲氏之谜

伏羲又作宓羲、庖牺、包牺、伏戏,亦称牺皇、皇羲、太昊,史记中称伏羲,是中华民族人文始祖。伏羲所处的时代约为旧石器时代中晚期,相传他还是中国医药的鼻祖之一。与其妹女娲成婚,生儿育女,成为人类的始祖。又相传他是古代东夷部落的杰出首领。伏羲根据天地间阴阳变化之理,创制八卦,即以八种简单却寓意深刻的符号来概括天地之间的万事万物。此外,他还模仿自然界中的蜘蛛结网而制成网罟,用于捕鱼打猎。那么,伏羲和女娲到底是不是兄妹关系呢? 如果是兄妹又何以要结成夫妻?

在民间的神话传说中,伏羲长得人首蛇身,故有"龙的传人"之说。有学者指出:"伏羲出生于蛇系氏族,并且以蛇为尊。在他的画像中,他一般都是穿着树叶或鹿皮制成的衣服,身上还有蛇的鳞身或花纹,这正是蛇系氏的族徽或图腾标志。"

在中国古代传说中,伏羲是雷神的儿子,他的出生带有强烈的神话色彩。

一位生活在"华胥之国"的姑娘,有一天到雷泽之地去游玩,偶尔看到了一个巨大的脚印,便好奇地踩了一下,于是受感而孕,生下一个儿子,取名伏羲。雷泽中的脚印其实是雷神留下的,这位雷神长着龙的身子、人的头。据《山海经·海内东经》中记载:"雷泽中有雷神,龙身而人头,鼓其腹。"因此,伏羲本来就是一个龙身(蛇身)人首的"龙种"。他也是人祖女娲的哥哥。在清朝梁玉绳的《汉书人表考》卷二引《春秋世谱》:"华胥生男为伏羲,女子为女娲。"这也从一个侧面证实了伏羲和女娲的兄妹关系。

唐代李冗的《独异志·卷下》曾记载:"昔宇宙初开之时,只有女娲兄妹二人,在昆仑山,而天下未有人民。议以为夫妇,又自羞耻。兄即与妹上昆仑山,咒曰:'天若遣我兄妹二人为夫妇,而烟悉合,若不,使烟散。'于烟即合,二人即结为夫妇。"此说即为伏羲女娲繁衍人类的传说。

但是近代有学者经研究后认为,女娲与伏羲虽然同属于大伏羲氏族,但却与伏羲分属于两个不同的支系,伏羲姓风,女娲姓凤。他们虽然以兄妹相称,但却并非同胞兄妹。早在燧人氏时期,各民族部落就有明确的规定,有血缘关系的同族男女不得为婚。古史中伏羲、女娲兄妹成婚实属神话传说。

除了人祖外,伏羲还是一个统治一方的帝君。公元前7724年,长江、黄河两大流域数百个部落联合罢免了燧人氏的最后一位大酋长,推举伏羲为帝。伏羲以木德王天下,立都于榆中,正式建立伏羲女娲政权,帝号罗奉。在《淮南子·时则训》中有记载:"东方之极,自碣石山,过朝鲜,贯大人之国,东至日出之次,榑木之地,青土树木之野,太昊、句芒之所司者万二千里。"东汉高诱又注:"太昊,伏羲氏,东方木德之帝也,句芒,木神。"伏羲在五帝中为东方天帝,此即其神职。

伏羲氏是中国文献记载中出现最早的智者之一,他对事物有着敏锐的观察力,对土地有着深厚的感情,同时他又拥有着超人的智能。伏羲为人类文明进步作出的最大贡献是始画八卦。上古时期,孟津东部有一条图河与黄河相接,龙马负图即出于此河,《汉书·孔安国传》曰:"龙马者,天地之精,其为形也,马身而龙鳞,故谓之龙马,龙马赤纹绿色,高八尺五寸,类骆有翼,蹈水不没,圣人在位,负图出于孟河之中焉。"伏羲氏依龙马之图画出了以干、兑、离、震、巽、坎、艮、坤为内容的卦图,后人称为伏羲八卦图。伏羲氏仰观象于天,俯察法于地,用阴阳八卦来解释天地万物的演化规律和人伦秩序。

八卦可以推演出许多事物的变化,预卜事物的发展。八卦是人类文明的瑰宝,是宇宙间的一个高级"信息库"。早在 17 世纪,德国大数学家莱布尼兹创立了"中国学院",研究八卦,并根据八卦的"两仪,四象,八卦,十六,三十二,六十四卦",发明了二进位记数和当地欧洲先进的计算机。八卦中包含的"二进法",现在广泛地应用于生物及电子学中。它的许多奥妙神奇之处,至今还正在研究和探讨之中。

此外,伏羲氏还造书契、正婚姻、教渔猎,结束了人们茹毛饮血、结绳记事的蒙昧历史,开创了中华文明,被奉为中华民族的"人根之祖"、"人文之祖"。

罗奉十八年(甲午,公元前 7707 年),伏羲病逝于桐柏鸡公山(今河南信阳市南 80 公里),终年 68 岁,遗体安葬在盘古山(今河南驻马店市确山县盘古镇),尊号羲皇,后又被世人追尊为泰皇、人皇。

女娲补天与陨石雨有关

中国自古以来就有许多神话传说流传于世,对于这些传说,很多人都持不相信的态度,但也有一些上了年纪的老人却相信:"传说十有八九都是真的。"的确,某些史前事件虽以民间传说或神话的形式存在,但实际上却存在着事实依据。黑海的水下考古探测就曾发现圣经之中记载的"世纪大洪水"确有事实依据。"大禹治水"虽无准确的文字记载,但这个神话的事实被普遍认为是治理古代水患。那么,比大禹治水更为古老的一个神话——"女娲补天"是否也存在着某种事实基础呢?近日,有研究者提出,女娲补天的神话实际上可能是远古时代的一次陨石雨灾害。这种说法究竟有没有事实依据呢?

女娲补天

研究者称,近年来,他们在研究白洋淀流域区的历史地貌时发现,从任丘、河间到保定、望都一带,向西偏北的方向延伸,一直到完县、满城附近,存在大量特殊的地貌现象——碟形洼地及其群体。那么,这种碟形洼地是怎么形成的? 它和女娲补天的传说又有着怎样的联系呢?

研究者利用近百年前出版的顺直地形图和航空照片等,使用计算机数字技术将现代地形和人工地物层层剥去,仅保留原始的自然地貌景象。将这种洼地的复原图与形成年代相近的国内外其他地区的陨石撞击坑进行对比后发现,白洋淀地区碟形洼地和其群体是史前规模巨大的陨石雨撞击后,在近代冲积平原上留下的遗迹。依据地质地貌方法对近代陨石撞击的研究,他们推测,这次撞击发生的地域非常广,从晋北一直到冀中,甚至可能延伸到渤海湾附近。发生的时间大概在史前的某一时刻,最有可能是距今 4000 ~ 5000 年间。

研究者推测当时的情景可能是这样的:一颗小型彗星进入地球轨道,在山西北部的上空冲入大气层并在高空爆炸。在一个极短的时间内,落入从晋北到冀中这一广大地区,形成规模宏大的陨石雨,在平原地区形成了大量的撞击坑。后经地面流水的侵蚀和先民的改造,多个较大的撞击坑群最终形成了白洋淀,其余的较小者形成了积水洼地,逐渐成为了该地区主要的居民点。部分这种洼地被地表水冲蚀破坏,但是河床间的高地上保留了大量的撞击坑遗迹,这就是今天研究者所发现的"碟形洼地群"。

根据这次规模巨大的陨石雨撞击事件,再参考女娲补天传说的内容,研究者发现其描述与实际发生的撞击事件极为相似。最早记载女娲补天的是《淮南子》和《览冥训》。这两部著作中对女娲补天的神话是这样描写的:在远古时代,"四极废,九州裂,天不兼复,地不周载;火炼炎而不灭,水浩洋而不息",意思是说,天塌地裂,大火延烧,洪水泛滥,飞禽作孽,走兽横行。在百姓哀号、冤魂遍野之际,一位叫女娲的女神挺身而出,她"炼五色石以补苍天,断鳌足以立四极,杀黑龙以济冀州,积芦灰以止淫水。苍天补,四极正,淫水固,冀州平,蛟虫死,颛民生",从而帮助人们战胜了这一重大的自然灾害。

而文中描述的"四极废,九州裂,天不兼复,地不周载",据研究者分析,完全应当是一次小型天体爆炸后形成的大规模陨石雨撞击地球的全过程,而"火炼炎而不灭"则是巨大撞击、爆炸及其后在地面上引起的火灾;至于"水浩洋而不息",研究者分析,如果小型天体是一颗彗星,其成分主要是陨冰,而陨冰融化后形成大量的地表水,自然会产生洪水泛滥的结果。而其后书中对女娲所作所为的描述,正是灾害平息之后河北平原的景象。神话依据上古时代的传说编撰于东汉年间,冀州当然就应当是古代河北省一带,而女娲补天遗迹的地理分布位置,恰恰位于研究者提出的撞击区的南部和西部附近。

此外,学者通过对古代气候变化的研究也证实了这一说法。天外来物的撞击灾害可能会对地球形成巨大的破坏,其中重要的是对古代气候的影响。地质学家们研究了全新世气候的变化规律,发现有多次重要的降温事件。在距今 8500 年到 3000 年前后,全新世的大暖期是新石器古人类文明发展的一个重要阶段,但此期间也是一个气候剧烈波动的时期。其中距今 4000 多年前的一次降温事件,被称为"小冰期",其事件影响十分巨大,这一时间也是中原文明发展的一个最重要的时刻。地质学家们在使用环境演化高分辨率分析(10～100 年时间尺度)的方法研究全新世古环境等问题时提出,在距今 4800～4200 年间有一次降温事件,事件的结果导致了古文化的变迁,并认为在蒙、辽、冀地区繁盛的红山文化突然衰落和小河沿文化发展的低谷也可能与这一事件有关。女娲补天传说中的这次撞击对应了古气候学家的研究结果——距今 4800～4200 年间的降温事件,正是由于陨石雨的撞击而引发的。

研究者称,这次对白洋淀地区碟形洼地群的研究,不仅在时间上与古环境专家们提出的全新世降温事件一致,而且从地理位置上来讲,也与历史地理学家提出的河北平原古文化空缺区不谋而合。这也同时解释了为什么白洋淀地区在新石器时代晚期留下了一个古文化的空缺区,答案就是这里发生了巨大的灾害。

我们知道,自然环境对早期人类发展的影响极为重要,各种文化区的分界,往往都是自然地理环境的分界线。但是,研究者在研究这一问题时发现,河北平原的中部,即白洋淀地区既不是山脉纵横,也不是荒漠分布,应当是一个十分适合远古人类生存和繁衍的湖塘和洼淀地区,但在新石器时代晚期却留下了一个古文化的空缺区。考古学家的研究表明,相当于仰韶文化时代的新石器时代晚期文化非常缺少,而较之更晚的龙山文化遗迹几乎是空白。实际上,《中国自然地理》一书中早已经提出,"不论是新石器时代或是商周以至春秋时代,(河北)平原的中部都存在着一片极为广阔的空无聚落的地区"。

除此以外,历史文献《春秋》和《左传》等编绘的春秋时代各诸侯国的形势图圈出的古文化空缺区,与使用上述历史地貌方法划出的撞击区完全重合,这显然不是偶然的。这一地区主要是白洋淀流域和向西北和东南延长的范围,说明这一地区经济、文化的开发大大晚于周边地区,比较合理的解释是巨大的灾害造成地理环境的恶化,甚至更有可能是先民心理的创伤和由此造成的禁忌等,巨大的撞击灾害来临后,造成了大量人员的死亡和外迁,使当地繁盛的古文化从此中断。灾害过后的若干年,又逐渐形成了新的古代文化,并由此诞生了"女娲补天"的神话传说。

生肖文化的起源之谜

十二生肖,即人们所生年份的十二生相:它由十二种动物同十二地支相搭配,组成了子鼠、丑牛、寅虎、卯兔、辰龙、巳蛇、午马、未羊、申猴、酉鸡、戌狗、亥猪一系列年份。哪年出生的人,哪种动物即是他的属相。生肖是华夏民族古老的纪年法,作为一种古老的民俗文化,有关十二生肖的起源,历代学者众说纷纭。有人认为生肖与地支同源,可以追溯到史前的传说时代,《史记》中所载黄帝"建造甲子以命岁"、"大挠作甲子"就是这类说法的反映,学者们认为这里所说的甲子就是指十二生肖。

那么,生肖这种民俗文化到底是如何形成的? 又为何一定要用十二种动物作代表呢?

专家们经研究后认为,十二生肖的出现是人们崇拜动物与记录年份的神秘融合。

十二生肖起源于古人对动物的崇拜。人是万物之灵、世界的主宰,人与动物共存于这个世界上。人在长期的生活实践中,经过对动物的接触观察,发现了动物的许多特殊功能,如力大无穷、凶猛异常、一飞冲天、奔跑迅速等,这些动物的特性令人们羡慕不已,而且经过驯化的动物还能够接受人的指挥,理解人的意图,并能代替人做许多事情,这更使得人们对动物产生了某种认同感,并进一步认为某些人和某些动物之间存在着某种神秘的联系。

因为动物与人类的生活息息相关,因此原始人逐渐对动物产生了崇拜心理,与此同时,也产生了大量与动物相关的神话,并相信自己的祖先也是由某种动物演化而来的。如《诗经》中有"天命玄鸟,降而生商"的诗句,意思是说商朝的祖先起源于玄鸟。据《史记·殷本纪》载,商朝的先祖名叫契,他的母亲因为吃了玄鸟的卵才生下了他。这种以飞禽作为部族先祖的观念在我国北方及世界许多地方广泛地存在。在汉代的画像中,把传说中的人类祖先伏羲、女娲画成了人头蛇身。中国古籍《山海经》中所记录的许许多多的神,也多是半人半兽的形体,如在《北山经》中记载的:"有兽焉,其状如豹而长足、人首而牛耳。一目,名曰诸犍,善咤,行则衔其尾,居则蟠其尾。"这种以半人半兽为内容的神话故事,说明了远古人类崇拜动物的心理是普遍存在的,他们相信人是从某种动物转变来的。由此可见,崇拜动物是十二生肖起源的直接原因。

十二生肖是一种纪年方法,清代学者赵翼认为它最早源于我国北方的游牧民族。他在《陔余丛考》中说:"盖北俗初无所谓子丑寅之十二辰,但以鼠牛虎兔之类分纪岁时,浸寻流传于中国,遂相沿不废耳。"这种用动物纪年的方法,后来同于支纪年法融合,产生了十二生肖说。

据史籍记载,我国的干支纪年法早在传说中的尧舜时代就已经有了,而以十二种动物与地支对应作为人的属相方法最早见于东汉王充的《论衡·物势篇》中有"寅,木也,其禽,虎也。戌,土也,其禽,犬也。……午,马也。子,鼠也,酉,鸡也。卯,兔也。……亥,豕也。未,羊也。丑,牛也。……巳,蛇也。申,猴也"的记载,在《论衡·言毒篇》中还有"辰为龙,巳为蛇。辰、巳之位在东南"的记载,《四讳篇》中也有"子之禽鼠,卯之兽兔"的记载。到南北朝时期,十二生肖已普遍流行:于二民间。《周书·宇文护传》中曾记载了宇文护的母亲写给他的信，信中说："昔在武川镇生汝兄弟，大者属鼠，次者属兔，汝身属蛇。"可见当时的人已经开始用属相记录出生的时间了。南朝《南齐书·五行志》中也已经有具体的按人出生的年份称属某种动物的记载。南朝陈国的诗人沈炯曾创作了一首十二属相诗："鼠迹生尘案，牛羊暮下来。虎哺坐空谷，兔月向窗开。龙隰远青翠，蛇柳近徘徊。马兰方远摘，羊负始春栽。猴栗羞芳果，鸡砧引清杯。狗其怀物外，猪蠡窗悠哉。"此诗明显是按十二地支所配动物的顺序写成的，说明十二生肖当时已为人们所熟悉。因为十二生肖纪年法最早见于东汉的文献资料中，因此有学者认为，十二生肖至多也只有2000多年的历史。

但是，也有研究者认为，十二生肖说在汉代以前就已经出现。关于十二生肖的记载，在现有文献资料中以《诗经》为最早。《诗经·小雅·吉日》中有"吉日庚午，即差我马"的句子，意思是庚午吉日时辰好，是跃马出猎的好日子，这是将午与马相对应的例子。可见在春秋前后，地支与十二种动物的对应关系就已经确立并开始流传。

到了宋代，学者朱熹对于十二生肖的起源说又产生了不同看法。他认为，采用十二地支和十二种动物是记录一天十二个时辰的，十二生肖选择和排列是根据动物一天中最活跃的时间来确定的，例如：到了半夜子时，是老鼠最活跃的时刻；丑时，牛在反刍；寅时，老虎到处游荡，此时最凶猛；午时阳气最盛，是天马行空的时候；酉时，鸡归窝；戌时，狗守夜；亥时，猪鼾睡。朱熹的观点虽然有牵强附会的地方，但从古人对动物特点的认识中来发掘十二生肖的起源，这种做法依然是可取的。

此外，明代的王守仁从阴阳学的角度也提出了自己的看法。他发现，十二生肖动物的排列存在着一种规律，其中鼠、虎、龙、猴、狗都各有五个脚趾，加上马是单蹄，都是奇数属阳；牛、兔、羊、鸡、猪都是双趾，实偶数属阴；蛇虽无足，但舌分两叉，也是偶数，这样十二生肖的动物就正好是按足趾数目的奇偶相间排列的。

当然，无论哪种学说、哪种观点，有一个事实是，十二生肖的产生是与记时密不可分的，而数字"十二"则正是劳动人民经过长期的实践总结出来的。

十二地支为子、丑、寅、卯、辰、巳、午、未、申、酉、戌、亥。根据月亮的圆缺，一年分为十二个月，把一天分为十二个时辰。地球围绕太阳运转一年，在一年的不同时期，从地球上观察太阳，好像太阳在星空中穿行一样，太阳运行的轨迹称为黄道。中国古代劳动人民通过对天体的不断观察，终于发现了木星围绕太阳运行一周的时间约为十二年的规律。《山海经》中曾有这样的记载："共工生后土，后土生噎鸣，噎鸣生岁十有二。""噎鸣"是人名，他应该是一位研究天文的学者，其职责就是观察木星运动，以十二年为一周期来计数年的数目，在观察的过程中，他极有可能采用十二地支的符号来表示不同的年份。总之，"十二"这个数字是来自古代人民对天文、地理的观察经验，并用十二个文字符号来表示。

大量的事实证明，生肖文化的产生是人类发展到一定阶段的产物，它的出现是人类对动物、对时间认识的结果。

中国人姓氏的由来

所谓姓氏，是姓与氏的合称。

据史料记载，我国的姓起源于母系社会，氏则起源于父系社会。姓是族号，氏是姓的分支。在夏、商、周三代之前，姓氏分而为二，男子称氏，女子称姓。氏是用来区分人贵贱的，贱者有名无氏。姓是用来区别婚姻的，因此有同姓、异姓、庶姓的区别。氏同而姓不同的，可以通婚；姓同而氏不同的，不可通婚。三代之后，姓氏合而为一，都是用来区别婚姻的，不再用来区别贵贱，取代氏来区别贵贱的则是"郡望"，即是否世代居住在某地而为当地所仰望来判定。秦汉以后，姓、氏就不再分开，或称姓，或称氏，或兼称姓氏。到司马迁著《史记》时，姓和氏已合而为一。

至于姓氏的产生，专家认为与古代的图腾崇拜有关。古代的氏族部落都是以血缘关系组成的，这些氏族认为自己起源于某种动物或植物，于是就崇拜它，进而发展成为"图腾"文化。而人们所崇拜的这个图腾，就是这个氏族的姓，如熊、马、牛、龙、梅、林等。因此，姓在当时可以说是全族共有的符号标志，也是全家族的族号。如周代在初期分封诸侯时，那些诸侯国君大部分都姓姬，不是姬姓家族的人，根本不许姓姬。

随着同姓贵族后世子孙的繁衍，居住地区也日益分散，同姓的氏族便出现了不同的分支，于是每个分支又各有称号作为其标志，这个分支的称号就是"氏"。例如"姬"是周代祖先的姓，后来姬姓下面又分为孟氏、季氏、孙氏、游氏等。由于当时的人都用是否有"氏"来区别贵贱，而贵贱之势变幻无定，因此"氏"是可变的，而且变化很大，比如春秋时楚国的伍子晋，原来以"伍"为氏，但他在吴国被杀之后，他的儿子逃到了齐国，由贵到贱，于是改为"王孙"氏了。

我国到底有多少姓氏，至今尚未有一个精确的统计。人们常说"百家姓"，其实姓在明朝时就已有3000多个了。我国姓氏的来历，几千年来变化很多，说法不一，那么，这么多的姓氏都是从何而来的呢？

在我国古代的一些书籍中，自黄帝时期便有了姓氏的记载，而研究姓氏学问的著作也很多，例如宋代的郑樵就在《通志·氏族略》中，将姓氏的来源归纳了32类之多，现代学者将它们归纳起来，大概有以下几种类型：

1.在母系氏族社会，以母亲为姓。传说上古时代神农氏的母亲叫女登，所以那时许多姓都是女字旁，如：姬、姜、妫、姒等。

2.以出生地居住地为姓。传说上古代虞舜出生于姚墟,便以姚为姓。春秋时代齐国的公族大夫分别住在东郭、南郭、西郭、北郭,于是便以东郭、南郭等为姓;而关大夫住在西门,便以西门为姓。

3.以古国名为姓。虞、夏、商朝都有个汪芒国,汪芒的后代便姓汪。商朝在泾渭之间有个阮国,其后代便姓阮。

4.以封地为姓。被封到赵城的,其后代便姓赵;被封于翁地的,其后代便姓翁;周武王的侄子被他封到邢国为邢侯,其后代便姓邢。

5.以官职为姓。古代有五官,即司徒、司马、司空、司士、司寇,他们的后代便以这些官职为姓。

6.天子赐氏,以谥号为姓。周穆王死了一个宠姬,为了表示哀痛,便赐她的后代姓痛;周惠王死后追谥为惠,他的后代便姓惠。

7.以祖辈的字为姓。郑国公子偃,字子游,其子孙便姓游;鲁孝公的儿子子驱,字子臧,其后代便姓臧。

8.以神话中的传说为姓。传说舜时有一位负责宣达帝命的官员是龙的后代,其子孙便以龙为姓,而神仙中有个青鸟公,后人便有姓青鸟的。

9.因避讳或某种原因改姓。战国时代齐襄王法章的后代本姓田,后来齐国被秦所灭,其子孙不敢姓田而改为姓法。到了汉代时,因为汉明帝忌讳一个"庄"字,于是所有姓庄的人便都改姓为"严"。

随着历史的发展,民族的复杂化,有些姓则是民族语言的译音,比如匈奴首领单于的子孙就有不少姓单于的。

干支纪年法是否起源于中国

在中国古代的历法中,甲、乙、丙、丁、戊、己、庚、辛、壬、癸被称为"十天干";子、丑、寅、卯、辰、巳、午、未、申、酉、戌、亥被叫做"十二地支"。早在公元前2697年,于中华始祖黄帝建国时,命大挠氏探察天地之气机,探究金木水火土五行,始作十天干及十二地支。大约在战国末年,依据各国史官长期积累下来的材料编成的史书《世本》中曾有记载:"容成作历,大挠作甲子。"《尚书正义》解释说:"二人皆黄帝之臣,盖自黄帝以来,始用甲子纪日,每六十日而甲子一周。"十干和十二支按固定的顺序依次相配,天干在前,地支在后,天干由甲起,地支由子起,阳干配阳支,阴干配阴支(阳干不配阴支,阴干不配阳支),共有60个组合,称为"六十甲子",进而衍生了干支纪法。从段墟出土的甲骨文来看,天干地支在我国古代主要用于纪日,此外还曾用来纪月、纪年、纪时等。

至于干支纪法的起源,梁启超在《国文语原解》中认为,天干地支这22个字,颇为"奇异复杂而不可思议"。他主张干支应与罗马、腓尼基和希腊文的字母等同起来看待,并在《饮冰室合集》中从字形和读音上揭示彼此间的联系,认为中西自古以来的字形与读音,屡经变迁,"若从两方面尽搜罗其异形异音而校合之,安此二十二文,非即腓尼基之二十二母乎"?按梁启超的观点,中国古代干支纪法的发明,似乎与腓尼基的二十二字母有关联。

然而,郭沫若在《甲骨文字研究·释干支》中却提出了不同的看法。他认为,以往人们对干支的解释都是望文生义的臆测,"十天干"纯属十进位记数法的自然发生,其中多半是殷人所创制。至于"十二地支",则起源于古巴比伦,在比较过中国古代的十二辰和古巴比伦的十二宫后,郭沫若指出,中国古代的十二辰和十二地支都是从古巴比伦的黄道十二宫演变而来的。至于其传入中国的途径,郭沫若也作了大胆的推测,称也许商民族"本自西北远来,来时即挟有由巴比伦所传授之星历知识,入中土后而沿用之",或者"商室本发源于东方,其星历知识乃由西来之商贾或牧民所输入"。

对于郭、梁二人的干支外来说,后世又有学者从我国上古的夏代帝王世系和商代汤王以下所有帝王的名字中,探究十天干中的字已被用于名号这一特有现象,来进行反驳。陈遵妫在《中国天文学史》中指出,"在4000多年前的夏代,可能已有干支产生了"。

郑文光在所著《中国天文学源流》一书中认为,十天干起源于我国古代伏羲和"生十日"的神话传说,是十进位法概念在纪时中的反映,应当产生于渔猎时代的原始社会;《山海经·大荒西经》中记载,"有女子方浴月,帝俊妻常羲生月十有二,些始浴之",而"十二地支"就是由月亮之母、帝俊妻常羲"生月十有二"的神话传说演变而来的,产生于殷商之前,后逐渐演变为十二辰。据此,郑文光推断:"十二支宜乎是夏人的创作。"

杜石然等则在编著的《中国科学技术史稿》一书中认为,夏代时已有十天干纪日法,商代在夏代天干纪日的基础上,进一步使用地支纪法,从而把十天干和十二地支配合在一起形成了后来的干支纪日法。

龙的起源之谜

龙是中国传说中的一种善变化、能兴云雨、利万物的神异动物,为众鳞虫之长,更是龙、凤、麒麟、龟四灵之首。古籍记述其形象多不一致,一说为细长有四足,马首蛇尾;一说为身披鳞甲,头有须角,五爪。《本草纲目》则称"龙有九似",为兼备各种动物之所长的异类。其名甚多,有鳞之龙叫蛟龙,有翼之龙叫应龙,有角之龙叫虬龙,无角之龙叫螭龙,无足之龙叫烛龙,除此之外还有黄龙、青龙、赤龙、白龙、乌龙、金龙等。传说中的龙都能显能隐,能细能粗,能短能长。春分登天,秋分潜渊,呼风唤雨,无所不能。它们之中有好有坏,有善有恶。以黄龙象征黄帝,中国古人以龙为尊。但传说中,也不乏屠龙、斗龙的记载,如女娲杀黑龙、大禹斩蟊龙、李冰父子伏孽龙、周处除蛟龙等。在神话中是海底世界主宰的龙王,在民间是祥瑞的象征。到封建时代时,龙又嬗变为皇权的象征,帝王都自称是"真龙天子。"考古专家认为,早期的龙就是一条头上长角的蛇,是一种纯粹的爬行动物;而有些人则认为,龙在最初形成时,龙头很像猪,龙身则与蛇身相同;还有人指出,龙是由鳄鱼蜕变而成的;汉代学者王充就曾指出,龙的角像鹿,头如驼,眼睛如兔,颈如蛇,腹似蜃,鳞如鲤,爪似鹰,掌如虎,耳朵像牛。著名学者闻一多先生对龙也有独到的见解,他认为龙是由蛇与其他多种动物综合形成的,它以蛇身为基础,融入了马的鬃毛、牛的尾巴、鹿的角、狗的爪、鱼的鳞和须……

进入现代社会以来,众多的专家学者对龙的起源进行了深入的探索。1987年,考古学家在河南濮阳西水坡的一处距今6500年左右的古墓中,发现了墓主身旁有一具用白色蚌壳摆塑的"龙"的图案。在甘肃也出土过绘有鲵纹的彩陶,在东北的辽河流域发现过距今5000年的玉"龙",山西出土过带有"蟠龙纹"的彩陶。当然,这种"龙"与今天我们见到的龙形象还有很大的差距。那么,龙的这种形象究竟是如何形成演变和发展的呢?

有专家认为,龙的起源与图腾崇拜有一定的联系。图腾是原始社会中一个氏族的标志,又称为族徽。在氏族社会中,人们往往相信自己的祖先是一种特定的动物、植物或其他无生命的东西,这种物种就成为氏族祖先的象征和保护神。据古代文献记载,中国不少氏族曾以龙为图腾,如远古的黄帝、炎帝的氏族,共工氏、祝融氏、尧、舜、禹的氏族,以及吴、越等氏族。但是,这些文献成书较晚,均属后人的追述,在文献产生时,龙的观念就已经形成,因而不可避免地在记述上会有附会和渲染加工的可能性。

虽然古代氏族的图腾传说在后世往往变成了神话故事,但其中还是留下了一些蛛丝马迹。据有关专家考证,这些所谓的龙图腾,实际上是与后来的龙形象相近的蛇、鳄、蜥蜴等动物,这些动物在氏族的祭祀中,不仅被赋予了神圣的意义,而且在形态上也被神化了。在漫长的远古岁月中,动物图腾形象与其他原始宗教中动物崇拜形象融和在一起,形成了原始的龙的形象。

约公元前21世纪,中国产生了第一个国家政权——夏王朝,夏之后是商王朝。商的国势强大,空前繁荣,文化在商代出现了空前的融和。商王朝非常重视宗教与巫术,也就十分重视宗教活动中必不可少的礼器——青铜器的铸造。青铜器作为沟通天地的礼器,本身就具有十分重要的宗教意义,而青铜器上的纹饰就更加凸现出了浓郁的宗教色彩,即通过各种象征性的纹饰,向人们展示应崇拜的神灵,求其保护,免受怪物的侵害。在这种纹饰中,原龙纹成为了主要的部分。

"龙"在商代形成的一个突出标志是龙开始有了角。当然这时龙角的形状还不固定,有的如长颈鹿,角呈锥形;有的如绵羊,角向后卷;也有的如花冠,还有的似羚羊,此外还有前卷形、虎耳形、螺旋形等各种形状。商代以前的龙并没有角,在商代龙却生出角来,其中原因,同样在于商代人们对"角"的崇拜。除了上述的图腾崇拜以外,有的专家认为,龙的起源可能与原始社会的宗教和巫术有关。

对动物和自然现象的崇拜,在当时的巫术活动中是极为重要的一项内容。原始人类往往把狩猎的成功与失败、是否遭到猛兽的危害与主宰自然界的神联系起来,看做是神意志的表达,而这些动物就成了神意志的体现,并由此产生了原始人的献祭活动,即在狩猎归来后,先要以猎获动物的一部分祭神,对神的赐予表示感谢,然后人们才能食用。

这种献祭活动由最初的简单形式逐渐演化成一种庄严的仪式,并且广泛地应用于各种需要向神祈求的事项,如部族成员疾病、死亡,部族之间的冲突,狩猎、耕种采集、迁徙等。仪式上除了以动物作为祭物外,还要使用大量的祭器和礼器。在这些祭器和礼器上,原始人类以极为虔诚的心情,绘出或刻出他们所崇敬的各种自然形象,如日、月、山、川、云、动植物等。这些彩绘或雕刻虽然是一种摹拟,但不少摹拟特别是对动物的摹拟进行了夸张,在夸张中体现了创造者的宗教观念。因此,这些由摹拟而形成的图案、饰纹或雕刻不仅与原形动物有了某种差别,而且还具有了神圣的宗教含义。正是在这种具有宗教性的动物形象中,出现了最初的带有龙特征的动物纹饰,专家们把这种纹饰称为原龙纹。

人类最初的经济活动是狩猎,因而动物是人类在自然界中最感兴趣的对象。原始人要靠捕捉到动物果腹,还要躲避那些对自己生命构成威胁的凶猛动物的袭击。在这个过程中,原始人对某些动物的体态,如鳄、鲵、蛇、鸟及某些昆虫等,以及这些动物奇异的能力,如可以翱翔于天空、潜游于水底,可以无足而行,可以蛰伏而居等,再加上古人对大多数的自然现象无法作出合理的解释,于是便希望自己民族的图腾具备风雨雷电那样的力量,进而产生了崇拜和幻想,于是将许多动物的特点都集中在龙身上,龙就渐渐成了驼头、蛇脖、鹿角、龟眼、鱼鳞、虎掌、鹰爪、牛耳的样子。

中国风水学的起源与发展

风水学又称堪舆学,顾名思义,风就是空气,一种流动的空气;水就是各种水资源,包括江河湖海及雨露。

风水学说的应用和起源应该是从有了人类就开始在应用研究。早在原始时代,人类就已经认识到了环境对人类的重要影响。我们的祖先选择地方建设房屋,是以安全、避寒、防热为主要前提,所以多选择在地势较高、隐蔽,不易受洪水、猛兽袭击的山洞作为规避场所,而且洞口都朝向南方。这样做的目的一是利于人们接受阳光的照射,二是为了躲避冬天凛冽的西北风。有的人为了免受风雨、寒冷的侵袭,便在与自然环境的斗争中学会了观察山川江河的姿态、树木土石的变化以及风雨气象的转变,选择风力向阳的地方居住,这些应该说纯粹是先人们生活经验的积累。随着生产力的发展,人类逐渐走出了山林,而到依山傍水的平坦地带聚居,慢慢形成了村落与城镇。这一时期,风水学还处于一种原始的萌芽状态。后人渐渐地把这些生活经验与阴阳五行、八卦九星结合在一起,历经千年的流传、修正,一步步完善,并在风水应用实践中,经过长期的、地域广阔的验证,使风水学的理论得以实践应用,经历了一个由简单到复杂,由迷信到科学,由宗教到美学的过程,逐步演变成一门玄妙精深的专门学问。

风水学突出了风水对人体的作用,认为风太大的地方不宜人居住,而空气不流通的地方也不宜居住,没有水的地方不适宜人居住,而水泛滥成灾的地方则更不适宜居住。从这个意义上讲,风水学其实就是研究人类居住环境的一门学问,主要分为形势派和理气派两个派系。形势派又称峦头派,为唐代著名风水家杨筠松所创,在江西一带盛行,主要以山川的起止为主体,以龙、穴、沙、水相配合而进行勘察。理气派又称理法派,以河洛理数为理论基础,从时间和空间上考察人体与地理、气候、地极磁波的变化关系,据说是由一位游方僧人所创的,在福建比较盛行。

随着人类文明的进一步发展,人类更加深刻地认识到了环境对人体的作用。到了先秦时期,风水学已经作为一种学说问世。秦代风水家朱仙桃所著的《搜山记》,是目前流传下来最早的风水学著作。据文献记载,在秦始皇之前就有相宅活动。《尚书·召诏序》中说:"成王在丰,欲宅邑,使召公先相宅。"先秦的贤君盘庚、周公在相地实践中都曾作过重大贡献。此时的先秦相宅逐渐发展成为一种术数,没有什么禁忌,也没有那么多迷信色彩。

到了汉代,风水学开始带有迷信色彩,方位、上坟等都有各种禁忌,墓上装饰有避邪用的石人、石兽、镇墓文。例如,在湖北省江陵凤凰山墓出土的镇墓文就有"江陵承敢告地下函"、"死人归阴,生人归阳"之语。

三国两晋南北朝时期,风水学理论逐渐得到完善,并且出现了管辂、郭璞这样的风水名家。郭璞所著的《葬书》更被后人推崇为风水理论的经典,而郭璞本人也被后人尊为风水学的祖师。而魏晋时期的管辂是三国时的平原术士,因占墓灵验而闻名天下,现在流传的《管氏地理指蒙》就是托名于管辂而作。据说南朝的宋明帝是个最讲忌讳的皇帝,宫内搬床、修墙,必先祭神祈祷。他听说萧道成的祖墓有五色云气,竟然暗中派人在其坟墓的四角钉上铁钉。而在南齐时期,衡阳地方也有一个怪俗,山民生病,就被认为先人为祸,必须挖祖坟、洗尸身,洗骨除病。

到了隋、唐、宋时期,风水学理论得到了进一步的发展,江西的形势派和福建的理气派就是在此时形成的。形势派的创始人杨筠松所著的《疑龙经》《撼龙经》《葬法倒杖》

《青囊序》等，为风水学理论的进一步发展奠定了坚实的基础，这些著作一直被风水研究者视为至宝。风水学在形势与理气两派的基础上又分为四个派别，即八宅派、玄空派、杨公派、过路阴阳派。八宅派是以八卦为依据，将家宅分为八部分：东四宅与西四宅，再配合人的命卦来选择住宅，属形势派；杨公派也属形势派，注重"龙、沙、水、向、穴"，也就是"寻龙、觅水、观沙、立向、定穴"；玄空派主要以洛书九星为根本，外取自然环境的山水实物为依据，结合三元运气之说，运用排龙立穴、飞星布局和收山出煞等数术运算方法，属理气派；过路阴阳派虽也属于形势派，但同时又掺杂了一些理气派的东西，比较注重表象的作用，其经典教材的内容大部分以口诀为主。

据说隋朝宰相杨恭仁移祖坟时，就请了五批风水师前往相地；唐朝时，一般有文化的人都懂得风水；而宋时老百姓更是普遍讲究风水，《朱子家礼》中曾记载，百姓家里死了人，三月而葬，先把地形选好，再择日开茔。

明清时期是风水学的鼎盛时期，各种风水著作如雨后春笋般地出现，甚至到了泛滥的程度，其中以吴鼐的《阳宅撮要》、赵玉材的《地理五诀》、蒋大鸿的《地理辩证》较为有名。

新中国成立以后，风水学在理论上受到沉重的打击，并且受国情的影响发展缓慢，但在人们的生活实践中却还在不断地被运用。

风水学中的科学成分，现在已被越来越多的有识之士所认同，特别是在改革开放之后，随着中国与国际的接轨，人们精神水平和物质水平的提高，更加深了对风水学的理解和重视。因此，风水学这一古老的文化也重新焕发出了新的活力，正逐步走出国门，走向世界。

中国饮食文化之谜

饮食文化起源于烹制熟食。最早有关"烹饪"的文字，记载于2700年前的《周易·鼎》中："以木撰火，烹饪也。"这里的"木"，指树枝柴草；"撰"的原意是风，此处引申为顺风点火；"烹"是煮的意思，"饪"指食物成熟，又指生熟的程度，为熟食的通称，其意思是，把食物原料放在顺风点燃的柴草上炊熟。

人类最初的饮食方式，同一般动物并无多大区别，还不知烹饪为何物，获得食物时，也只是一味地生吞活剥而已，所以才有了"茹毛饮血"这个词汇。《礼记·礼运》说："昔者先王未有宫室，冬则居营窟，夏则居橧巢。未有火化，食草木之食，鸟兽之肉，饮其血，茹其毛。"《淮南子·修务训》中也说："古者民茹草饮水，采树木之实，食赢蛇之肉，时多疾病毒伤之害。"

"茹毛饮血"的生活方式既然有害于健康，人类自然并不甘愿长久如此，所以当他们认识了火以后，就跨入了一个新的饮食时代，这便是火食时代。掌握了用火技能的人类，接着又发明了取火和保存火种的方法，这样就有了光明，有了温暖，也有了熟食。人类最早使用的是天然火，包括火山熔岩火、枯木自然火、闪电雷击和陨石落地所燃之火等。

因为史前时代最早用火的确凿证据至今还未找到，所以人类开始用火的年代目前尚不能确定。但是在周口店北京人洞穴遗址中，考古学家曾发现过原始人用火的遗迹，考古发掘见到厚达 4~6 米的灰烬层，中间夹杂着一些烧裂的石块和烧焦的兽骨，还有烧过的朴树籽，这显然是原始人遗留下来的"厨房"垃圾，也是明确的用火证据。据考证，其年代在距今 50 万年以前。

在火成为必不可少的生产生活资料以后，人类又发明了一些人工取火的方法，可以创造出火种来。在中国的文化传说中，流传最广的人工取火故事便是燧人氏"钻木取火"的传说：上古之间人们因生食而伤胃生疾，于是便"有圣人作，钻燧取火以化腥臊，而民说之，使王天下，号之曰燧人氏"。

因为有了火，人类的日常饮食中熟食的比重逐渐增加，火熟的方式也逐渐由简单向复杂演进，烹饪技艺也逐渐发展和完善起来。

人类最早的烹饪方法是把植物的根茎、果实和兽类的可食部分放在篝火中或用树枝串起来烧烤，甚至还进一步发明了"炮"法，即用黏泥包住食物后隔火烤熟。这种直接用火加热的方法，在中国饮食文化的记载中曾是人类早期的熟食方法。直到现代，我国的饮食文化中仍然有用这种方法制出的美味佳肴。

中国陶器大约创始于距今 1 万年前，在我国的南方和北方都发现了将近有 1 万年历史的破碎陶器，而且多是所谓夹沙陶器。早期的夹沙陶器多为敞口圜底的样式，都可以称为釜。陶釜的发明在烹饪史上具有非常重要的意义，后来的釜不论质料和造型产生过多少次的变化，它们煮食的原理却没有改变。更重要的是，许多其他类型的炊器几乎都是在釜的基础上发展改进而成的。例如陶甑，就是在有了釜之后才会出现的蒸器。

在长江下游三角洲地区出土的马家浜文化和崧泽文化遗迹都表明，当时那里的居民都曾用甑蒸食。考古学家更在著名的河姆渡文化遗址中发现了迄今所知年代最早的陶甑，其年代为公元前 4000 年前后。从目前的发现看，新石器时代的陶甑出土地点多集中在黄河中游和长江中游地区，这似乎表明华中地区史前居民的饭食和粥食的比重，可能要大大超过其他地区。值得一提的是，蒸法是东方烹饪术中所特有的技法，它的创立已有不下 6000 年的历史，而西方古时的烹饪则无蒸法，直到现在欧洲人也极少使用蒸法。

此外，考古学家还发现，在史前时代火食普及过程中起过重要作用的陶器，不光只有釜甑之类，还有陶鼎以及炉与灶。

鼎可以说又是一种兼作食器的重要炊具，它是一种三足器，使用比较方便，与圜底的釜相比,显然更为实用。在7000年前的黄河中下游地区,原始陶鼎的使用已经相当普遍,几个最早的农耕文化共同体都以鼎类器皿作为饮食器具,鼎的造型和制法都有惊人的相似之处。

而新石器时代的炉多以陶土塑成,与陶器一样入窑烧制。据专家考证,生活在仰韶文化和龙山文化时期的人类显然比较喜爱用陶炉烹饪。与火灶相比,陶炉就是一种活动的灶,机动性较大,但火灶作为固定建筑,其重要性远在陶炉之上。火灶多为凹下地面的灶坑,或者称为火塘。生活在关中地区仰韶文化时期的人类,当时已经有了稳固的定居传统,一座座简陋的房屋聚合成村落,人们按一定的社会和家族规范生活于其间。这些或大或小的住所,既是卧室兼餐厅,同时又是厨房,没有更多的设备,但几乎无一例外的都有一座灶坑,再就是不多的几件陶器。

此外,考古学家在仰韶文化遗址中发现了海水煮盐的文物,这说明在新石器时期先民已开始食盐。作为最早的调味品,盐和梅子、香草都是当时人类曾经使用过的烹饪调料,这标志着中国古代烹饪术的正式诞生,是中国饮食文化中浓墨重彩的一笔。

围棋起源之谜

围棋,在我国古代称为弈,在整个古代棋类中可以说是棋之鼻祖,是我国古人所喜爱的娱乐竞技活动,同时也是人类历史上最悠久的一种棋戏,相传已有4000多年的历史。围棋蕴涵着古代哲学中一元生两仪、两仪生四象、四象生八卦、天圆地方、十九农节气、三百六十周天之数等含义,其变化丰富,意蕴深远,魅力无穷,也正因为如此,所以围棋的起源之谜一直都是专家学者们长期研究的课题。

围棋

《大英百科全书》中称围棋起源于公元前2356年左右的中国,《美国百科全书》则记载中国人于公元前2300年发明了围棋。《中国大百科全书》中关于围棋的记述为:"传说起源于公元前2000多年的古代中国,是世界上最古老的棋类游戏之一,约在隋唐时传入日本,19世纪时传入欧洲。"

看起来,围棋的起源之地在中国,这似乎已经是世界公认的事实。但是,日本的松井明夫在其《围棋三百年史》一书的"发端"一篇中却提出:"围棋与象棋有它们共同的祖先,就是中亚细亚的一种'盘戏'。它流传于西方成为国际象棋,流传于东方而受到中国天文及其他科学的影响,改良成为十六道的围棋。"这种说法是否有其实际的根据呢?

回顾历史，从《左传》《论语》《孟子》等书中人们很容易了解到，围棋在我国春秋和战国时期已经广为流行，甚至出现了诸侯列国都知道的围棋高手。众所周知，当时的中国与西域各国还没有建交，直至西汉时张骞出使西域，中国才和中亚细亚诸国有了文化交流。而那时，围棋在中国已经有了很久的历史了。那么，围棋究竟是谁发明创造的呢？

据战国时的赵国史书《世本》所言"尧造围棋丹朱善之"，也就是说围棋是上古时的帝王尧所创造的。晋代的张华也在《博物志》中说："尧造围棋，以教子丹朱。或云舜以子商均愚，故作围棋以教之。"就是说，不光是尧造围棋教子，舜也曾因为觉得儿子商均不甚聪慧，而制作围棋教导儿子。宋代罗泌的《路史·后记》中则写得更为详细："帝尧陶唐氏，初娶富宜氏，曰女皇，生朱鸷狠、娟克。兄弟嚚张讼，嫚游而朋淫。帝悲之，为制弈棋，以闲其情。"意思是说，尧娶妻富宜氏，生下儿子丹朱。丹朱虽然是圣人之子，但却自小性情乖戾，长大后又嗜好游玩，不务正业，尧很难过，特地制作了围棋，以净化其性情。

唐朝人皮日休在其《原弈》一书中则说，围棋始于战国，是纵横家们的创造。他的根据是：围棋"有害诈争伪之道"。

其实，这两种说法都不过是推测而已。尧、舜是传说中的人物，他们当时所处的原始公社时期，社会生产力极低，恐怕难以创作这种复杂的文化活动，但这种说法也从一个侧面反映了围棋在中国的起源之早。吴清源先生曾说，围棋最早是占卜的工具，这个说法也有道理。古代只有君王才能占卜算卦，根据八卦的规律组合推算。所以传说尧发明了围棋是有这个道理的，他用占卜的工具发明了围棋。中国的传统文化中阴阳是很重要的内容，围棋是"棋有白黑，阴阳分也"，里面充满了对立统一、阴阳调和的内容。所以围棋是古代人们对自然界阴阳之理、变化之道的一个抽象反映，是古代人们对自然和社会的一种理解模式。

至于皮日休所提出的围棋源于战国一说，则更不足为信。因为早在春秋时，孔子和孟子就已经提到围棋了。《论语》中有一句非常有名的话："饱食终日，无所用心，难矣哉！不有博弈者乎？为之犹贤乎已。"意思是说，整天吃得饱饱的，一点也不肯动脑筋，这样的人可真是无聊啊！不是有下棋之类的游戏吗？玩玩这些也好啊！孟子也说："世俗所谓不孝者五，惰其四肢，不顾父母之养，一不孝也；博弈好饮酒，不顾父母之养，二不孝也。"孟子认为，一个人不孝敬父母，第一是懒惰不养父母，第二就是好下棋饮酒，不管父母。这说明在春秋时代，围棋已经相当普遍和发达了，不然圣人们也不会用围棋作比喻来说明道理。既然春秋时的围棋已然发展到这个程度了，那么它的发明时间肯定还要更早。

到秦灭六国一统天下之时，有关围棋的活动便鲜有记载了。《西京杂记》卷三曾有西汉初年"杜陵杜夫子善弈棋，为天下第一人"的记述，但这类记载同样是寥寥无几，这大概是由于当时围棋的发展仍然比较缓慢的缘故。这种"博行于世而弈独绝"的状况一直延续到了东汉初年,直至东汉中晚期,围棋活动才又逐渐盛行起来。非但如此,因为汉魏之间几百年频繁的战争所致,所以当时的围棋也成为培养军事人才的重要工具。东汉的马融在《围棋赋》中就曾写道:"三尺之局兮,为战斗场;陈聚士卒兮,两敌相当。"俨然是将围棋视为小战场,把下围棋当做了用兵作战。而当时的许多著名军事家,像三国时的曹操、孙策、陆逊等都是疆场和棋枰这样大小两个战场上的佼佼者。著名的文学团体"建安七子"之一的王粲,除了以诗赋之名著称于世外,还是一个围棋高手。据说他有着惊人的记忆力,对围棋的盘式、招法等都了然于胸,能将看过的"局坏"之棋重新摆出而不错一子。

20世纪50年代,考古学家在河北望都1号东汉墓中发现了一件石质围棋盘,此棋局呈正方形,盘下有四足,局面纵横各17道,为汉魏时期围棋棋盘的形制提供了形象的实物资料。

在我国甘肃水昌县鸳鸯池出土的原始社会末期的陶罐,其中不少绘有黑色、红色甚至彩色的条纹图案,线条均匀,纵横交错,格子齐整,形状很像现在的围棋盘,但纵横线条只有10~12道,而不是现在的19道,所以被考古学家称之为棋盘纹图案。

1. 在湖南省湘阴县挖掘出的一座唐代古墓中,考古学家发现随葬品里有围棋盘一件,大小呈正方形,纵横各15道。

2. 在内蒙发掘的一座辽代古墓里,曾挖出围棋方桌,高10厘米,边长40厘米,桌上画有长宽各30厘米的围棋盘。棋盘纵横各13道,布有黑子71枚,白子73枚,共144枚。另有黑子8枚,白子3枚空放着。考古学家推测,想必是墓主人生前嗜好下棋,因此在下葬时便将这一盘残局一同带到九泉之下琢磨去了。

3. 虽然这些出土文物只是众多考古新发现中的几件古物,但足以说明围棋在我国的原始社会时期就已具雏形,纵横交错的棋盘图形已经基本形成。而且从出土棋盘的10、13、15……直至今天通用的19道线的发展过程来看,围棋不可能是某一个人在某一天里突然创造出的奇迹,而是经过了由简单到复杂、棋子由少到多、招法由单一到多样的发展变化过程,时间跨越数千年,集聚了无数围棋爱好者的智慧和经验,逐渐被改进,被丰富,最后才形成今天这种规模。从这个意义上来讲,我国广大的劳动人民才是围棋真正的创造者。

中国酿酒始祖之谜

在中华民族悠久的历史中,很多事物都走在世界的前列,酒也是一样,有着它自身的光辉篇章。在我国,由谷物粮食酿造的酒一直处于优势地位,而果酒所占的份额很小,因此,酿酒的起源问题主要是探讨谷物酿酒的起源。

说到中国酒的酿造历史,可以追溯到上古时期。《史记·殷本纪》中就有关于纣王"以酒为池,悬肉为林","为长夜之饮"的记载,《诗经》中也有"十月获稻、为此春酒"和"为此春酒,以介眉寿"的诗句,这些史料都表明,我国的酒之兴起起码已有 5000 年的历史了。

据考古学家考证,在近代出土的新石器时代的陶器制品中,已有了专用的酒器,这说明在原始社会,我国的酿酒之风已很盛行。以后经过夏、商两代,饮酒的器具也越来越多。在出土的商殷文物中,青铜酒器占有相当大的比重,说明当时饮酒的风气确实很盛。

自此之后的文字记载中,关于酒起源的记载虽然不多,但关于酒的记述却不胜枚举。

在古代,往往将酿酒的起源归于某某人的发明,把这些人说成是酿酒的祖宗,由于影响非常大,以致在后世形成了正统的观点,其中最盛行的有四种说法。

一说为"上天造酒"。素有"诗仙"之称的李白曾留下"天若不爱酒,酒星不在天"的诗句;东汉末年的孔融,在《与曹操论酒禁书》中也有"天垂酒星之耀,地列酒泉之郡"之说;被誉为"鬼才"的诗人李贺,在《秦王饮酒》一诗中同样有"龙头泻酒邀酒星"的诗句。此外如"吾爱李太白,身是酒星魂"、"仰酒旗之景曜"、"拟酒旗于元象……囚酒星于天岳"等诗句,俱都出现有"酒星"或"酒旗"这样的词句。据专家考证,这里所说的"酒旗"并不是古代酒店招徕客人时悬挂在外面的标志,而是指天上的酒旗星座。

古代酒器

关于酒旗星座,《晋书》中是这样记载的:"轩辕右角南三星曰酒旗,酒官之旗也,主宴飨饮食。"轩辕,是我国的古星名,共 17 颗星,其中 112 颗属狮子星座。大名鼎鼎的酒旗三星呈"一"字形排列,南边紧挨着二十八星宿的柳宿 8 颗星。不过,因为酒旗三星的亮度太小或距离太远,所以即使是在晴朗的夜晚,人的肉眼也很难辨认出它。

酒旗星的发现,最早见于《周礼》一书中,距今已有近 3000 年的历史;而二十八星宿的说法,始于殷代而确立于周代。在当时科学仪器极其简陋的情况下,人们能够观察到这几颗肉眼难以分辨的"酒旗星",并留下了种种关于酒旗星的记载,这不能不说是我国古代的天文史上的一个奇迹,同时也说明酒在当时的社会活动与日常生活中,确实占有相当重要的位置。

一说为"猿猴造酒"。在我国的许多典籍中都有明确的记载。明代文人李日华在他的著述中记载："黄山多猿猱，春夏采杂花果于石洼中，酝酿成酒，香气溢发，闻数百步。野樵深入者或得偷饮之，不可多，多即减酒痕，觉之，众猱伺得人，必嬲死之。"人偷喝了猿猴酿造的酒，便遭到了群猿的攻击，可见，这种猿酒是偷饮不得的。

以上记录表明，人们在广东和广西都曾发现过猿猴"造"的酒。无论"猿猴造酒说"是否真实可信，这些不同时代、不同人的记载，起码可以证明这样的事实，即在猿猴的聚居处，多有类似酒的东西被发现。至于这些"酒"是怎样产生的，是纯属生物学适应的本能性活动？还是猿猴有意识、有计划的生产活动？都是值得专家学者们深入研究的课题。对于这一现象，目前最合理的解释就是酒的特殊生成原理被猿猴无意中发现并利用了。

众所周知，酒是一种发酵食品，是由一种叫酵母菌的微生物分解糖类而产生的。酵母菌是一种分布极其广泛的菌类，在广袤的大自然原野中，尤其在一些含糖分较高的水果中，这种酵母菌更容易繁衍滋长。而含糖的水果，正是猿猴的重要食品。当成熟的野果坠落下来后，由于受到果皮上或空气中酵母菌的作用而生成酒，是一种自然现象。猿猴在水果成熟的季节，收贮大量水果藏于石洼中，堆积的水果受自然界中酵母菌的作用而发酵，在石洼中将具有"酒"特质的液体析出。由于这样的变化并未影响水果的食用，而且析出的液体还有一种特别的香味，所以猿猴便在习以为常中不自觉地造出酒来。当然，从猿猴最初尝到发酵的野果到酿造成酒，究竟经历了一个多么漫长的过程，则是谁也无法说清的事情了。

除了以上两种说法之外，还有"仪狄造酒说"和"杜康造酒说"。

仪狄，在古籍《世本》《吕氏春秋》《战国策》中都认为他是夏禹时代的人，至于他到底是司酒造业的"工匠"，还是夏禹手下的臣属，都没有确凿的史料可考。公元前2世纪的史书《吕氏春秋》中曾有"仪狄作酒"的语句。汉代的刘向所编辑的《战国策》则进一步说明："昔者，帝女令仪狄作酒而美，进之禹，禹饮而甘之，曰：'后世必有饮酒而亡之国者。'遂疏仪狄而绝旨酒。"这段记载的大意是：夏禹的女人命令仪狄去监造酿酒，仪狄经过一番努力，做出来的酒味道很好，于是奉献给夏禹品尝。夏禹喝了之后，觉得的确很美好。可是这位被后世人奉为"圣明之君"的夏禹，却认为后世一定会有因为饮酒无度而误国的君王。因此不但没有奖励造酒有功的仪狄，反而对他不再信任和重用，从此疏远了他，自己也从此和美酒绝了缘。这段记载流传于世的后果是，一些人对夏禹倍加尊崇，推他为廉洁开明的君主；因为"禹恶旨酒"，竟使仪狄在人们眼中成了一个诌媚进奉的小人，这大概也是修史者所始料未及的。

从这些记录来看，仪狄似乎真的是酒的创始人，但有的古籍中也有与此记录相矛盾的说法。例如孔子八世孙孔鲋,说帝尧、帝舜都是饮酒量很大的君王。黄帝、尧、舜,其年代都早于夏禹,如果连他们都善饮酒,那么他们当时所饮的酒又是谁酿造的呢?可见说夏禹的臣属仪狄"始作酒醪"是不大确切的。郭沫若曾说:"相传禹臣仪狄开始造酒,这是指比原始社会时代的酒更甘美浓烈的旨酒。"学界也有一种说法叫"酒之所兴,肇自上皇,成于仪狄",意思是说,自上古三皇五帝的时候,就有各种各样造酒的方法流行于民间,是仪狄将这些造酒的方法归纳总结出来,始之流传于后世的。事实上,用粮食酿酒无论是从程序还是工艺上来说都是很复杂的事,单凭个人力量是难以完成的。如果说仪狄是位善酿美酒的匠人、大师,或是监督酿酒的官员,他总结了前人的经验,完善了酿造的方法,终于酿出了质地优良的酒醪,这样的解释似乎更加合情合理。

至于"杜康造酒说",则在民间最有根基。有一种说法是,杜康"有饭不尽,委之空桑,郁结成味,久蓄气芳,本出于代,不由奇方。"意思是说,杜康将未吃完的剩饭放置在桑园的树洞里,剩饭在洞中发酵后,有芳香的气味传出,这就是酒的做法,并无什么奇异的办法。魏武帝乐府曾曰:"何以解忧,唯有杜康。"自此之后,民间认为酒就是杜康所创的说法似乎更多了。

杜康在历史上确有其人。古籍中如《世本》《吕氏春秋》《战国策》《说文解字》等书,对杜康都有过记载。据民间传说和历史资料记载,杜康又名少康,夏朝人,是中国历史上第一个奴隶制国家夏朝的第五位国王。据《史记·夏本纪》及其他历史文献记载,在夏朝第四位国王帝相在位的时候,发生了一次政变,帝相被杀,那时帝相的妻子后缗氏已身怀有孕,逃到娘家"虞"这个地方,生下了儿子,因希望他能像爷爷仲康一样有所作为,所以,取名少康。这里环绕一泉,草木丛生,名曰"杜康泉"。县志中说"俗传杜康取此水造酒……乡民谓此水至今有酒味"。而此泉沿着沟底流淌,最后汇入白水河,被人们称为"杜康河"。"杜康泉"旁边有一个土坡,传说就是杜康的埋骨之地。据县志记载,每年的正月二十一,乡民们都要带上供品到这里来祭祀。

酒实际上是起源于中国古代的劳动人民在经年累月的劳动实践中所积累并掌握的造酒方法,经过有知识、有远见的"智者"归纳总结,后代人按照先祖传下来的办法一代一代地相袭相循,流传至今的,后世专家也多认同这个说法,认为此说是比较接近实际,也是合乎唯物主义认识论的。

中国茶文化的起源

茶叶,是劳动的生产物,是一种饮料。茶文化就是以茶为载体,并通过这个载体来传播各种文化,是茶与文化的有机融合。茶文化是中华传统优秀文化的组成部分,其内容十分丰富,包含有茶叶专著、茶叶期刊、茶与诗词、茶与歌舞、茶与小说、茶与美术、茶与婚礼、茶与祭祀、茶与禅教、茶与楹联、茶与谚语、茶事掌故、茶与故事、饮茶习俗、茶艺表演、陶瓷茶具、茶馆茶楼、冲泡技艺、茶食茶疗、茶事博览和茶事旅游等21个方面。

饮茶在中国历史上有很长的记录，已经无法确切地查明到底是在什么年代了，但是大致的时代是有说法的，并且也可以找到证据显示。

饮茶的发源时间大致可以分为三种说法：

一说源于洪荒之时。唐代陆羽所著的《茶经》中有云："茶之为饮，发乎神农氏。"在中国的文化发展史上，往往是把一切与农业、植物相关的事物起源最终都归结于神农氏，而中国饮茶起源于神农的说法也因民间传说而衍生出不同的观点。有人认为茶是神农在野外以釜锅煮水时，刚好有几片叶子飘进锅中，煮好的水，其色微黄，喝入口中生津止渴、提神醒脑，以神农过去尝百草的经验，判断它是一种药而发现的，这是有关中国饮茶起源最普遍的说法。另有说法则是从语音上加以附会，说是神农有个水晶肚子，由外观可得见食物在胃肠中蠕动的情形，当他尝茶时，发现茶在肚内到处流动，查来查去，把肠胃洗涤得干干净净，因此神农称这种植物为"查"，再转成"茶"字，而成为茶的起源。

一说是在西周时期。晋代的常璩在《华阳国志·巴志》中记载："周武王伐纣，实得巴蜀之师……茶蜜……皆纳贡之。"这一记载表明在周武王伐纣时，巴国就已经将茶和其他珍贵土特产作为贡品纳贡于周武王了。而且《华阳国志》中还记载了当时已经出现的人工栽培的茶园。

还有一说为秦汉时期。西汉的王褒在《僮约》中曾有"烹茶尽具"、"武阳买茶"的字句，经专家考证，这个"茶"就是今天的茶。在近年发现的长沙马王堆西汉墓中，考古学家曾发现了陪葬清册中有"槚一笥"的竹简文和木刻文，"槚"是茶的一个别名，据《尔雅》说，早采者为茶，晚取者为茗，舜和槚则是苦茶。这一发现也说明当时湖南的饮茶之风颇盛。

除了饮茶的发源时间之外，饮茶的发明方式也是茶文化研究中一个重要的课题。迄今为止，关于这一问题共有以下几种说法：

祭品说：这一说法认为茶与一些其他的植物最早是作为祭品用的，后来有人尝之发现食而无害，便"由祭品，而菜食，而药用"，最终成为饮料。

药物说：这一说法认为茶"最初是作为药用进入人类社会的"。《神农百草经》中曾写道："神农尝百草，日遇七十二毒，得茶而解之"。

食物说："古者民茹草饮水"，"民以食为天"，这些记载表明，"食在先"符合人类社会的进化规律。

同步说：这一说法认为，最初利用茶的方式方法，可能是作为口嚼的食料，也可能作为烤煮的食物，同时也逐渐为药料饮用。

显而易见,在这几种说法中,"同步说"是把前面的三种说法加在一起,因而成为了最保险、最恰当的解释。

由于茶在中国有着悠久的历史,所以很多人都认为饮茶就是中国人首创的,世界上其他地方的饮茶习惯、种植茶叶的习惯都是直接或间接地从中国传过去的。但是也有人能够找到证据指出,饮茶的习惯不仅仅是中国人发明的,在世界上的其他一些地方也是饮茶的发源地,例如印度、非洲等。对这一点的探求往往集中在茶树的发源地的研究上来。1823年,一个英国侵略军的少校在印度发现了野生的大茶树,从而有人开始认定茶的发源地在印度。中国当然也有野生大茶树的记载,都集中在西南地区,记载中也包含了甘肃、湖南的个别地区。而国内茶树的最早原产地究竟在哪里,也在学界引起了争论。

有人认为,我国西南部是茶树的原产地和茶叶发源地。清代的顾炎武在《日知录》中记载:"自秦人取蜀以后,始有茗饮之事。"言下之意是,秦人在入蜀前,今天四川一带的人就已经开始饮茶了。而四川就在我国的西南部。

有人则认为,云南的西双版纳一代是茶树的发源地。这一带是植物的王国,有原生的茶树种类存在是完全可能的,但是这一说法似乎并不具备很强的说服力,因为茶树是可以原生的,而茶则是活化劳动的成果。

此外,还有"川东鄂西说"。陆羽的《茶经》中曾提到:"其巴山峡川,有两人合抱者。"巴山峡川即今天的川东鄂西。不过,虽然这里出现了如此出众的茶树,但是否有人曾将其制成了茶叶,至今还没有确切证据。

其实,在远古时期我国肯定不止一个地方有自然起源的茶树存在,关键的问题是,有茶树的地方是否就一定就能够发展出饮茶的习俗来?就像前面所说的"茶之为饮,发乎神农氏"之说,那么,当初神农氏发明茶叶时是在我国的哪一地带活动的?看来,唯有求得"茶树原生地"与"神农活动地"的交集,中国茶文化的起源之谜才会最终有个确切的答案。

重走"茶马古道"

茶马古道是指存在于我国西南地区,以马帮为主要交通工具的民间国际商贸通道,是我国西南民族经济文化交流的走廊。

茶马古道起源于唐宋时期的"茶马互市"。最初,饮茶在中原各地是最为常见的生活习惯,而在藏族同胞中却尚未形成饮茶的习惯。虽然在唐太宗时期文成公主下嫁给藏王松赞干布时就带来了大批茶叶,其后亦有茶叶进入藏区,然而其清新明目、健脾养胃、祛劳提神的功效却并非人人皆知,因而饮茶的习惯在当时还不曾普及,全民饮茶当推至后期,当然也是从官至民。唐代作家李肇在《国史补》中写道:唐朝使者常鲁公出使吐蕃,常在篷中烹茶,吐蕃赞普见后问道"此为何物"?常鲁公答:"此为解渴去烦之物,名'茶'。"赞普细察后,笑曰"吾亦存焉",遂令从人取出大筐,常鲁公观之,果为茶耳,皆为徽、闽、川之良物,然赞普不能用。后,常鲁公示之,且言其妙,至此,赞普饮之,藏胞亦然。由此可见,当时吐蕃势力强大,虽然存有大量的从外地搜罗或他人赠送作为珍贵礼物的茶叶,但除了极少赞普饮用外,常人大都不知道如何饮用,而从常鲁公在民间传以饮用之术后,藏民渐渐开始形成了饮茶的习惯,茶文化自此开始进入藏区。

茶马古道

　　当时四川、云南是我国茶叶的主产区,"天全边茶"享誉蜀中。与此同时,和川蜀地区毗邻的青藏地区的人民也对茶叶十分渴求,在汉文史料中多有藏人"嗜茶如命"、"艰于粒食"、"以茶为命"、"如不得茶、非病即死"之类的记载,甚至还有"汉家饭果腹、藏家茶饱肚"、"宁可三日无食、不可一日无茶"的说法,但由于青藏地区属于高寒气候,茶叶在那里根本无法种植,因此只能将川滇地区的茶叶作为供饮的来源。再加上中原地区马匹稀少,且体弱质差,而地处高原地段的西藏康巴正好盛产良马,这种出产与需求的互补,终于促使两个伟大的民族走到了一起,于是在唐玄宗时期便诞生了"茶马互市"。这样,藏区和川滇边地出产的骡马、毛皮、药材等和川滇及内地出产的茶叶、布匹、盐和日用器皿等,在横断山区的高山深谷间南来北往,流动不息,并随着社会经济的发展而日趋繁荣,形成一条延续至今的"茶马古道"。

　　"茶马互市"的兴起,无疑促进了藏汉经济的交往。唐朝在许多地方都设置了"茶马司",作为市场的管理机构。自宋代开始,朝廷常与辽、金交战,所需军马更多,朝廷便将茶马交易作为一种政治手段,用以笼络并控制西北各民族。当时,朝廷将茶叶的销售分为官茶和商茶,前者由政府机构采购交易,后者由茶商向户部纳税交易,但须限定数量和地域。明清两代也大体沿袭了这种旧制,直到清代晚期才将茶叶贸易向民间开放。

　　茶马古道分川藏、滇藏两条路线。四川古称"天府",是中国茶的原产地。早在两千多年前的西汉时期,四川已将茶作为商品进行贸易。当时,蜀郡的商人们常以本地特产与大渡河外的牦(旄)牛夷邛、莋等部交换牦牛、莋马等物,茶作为蜀之特产也在交换物之中。这一时期进行商贸交换的道路古称"牦(旄)牛道",它可算是最早的"茶马古道"。其路线是:由成都出发,经临邛(邛崃)、雅安、严道(荥经),逾大相岭,至旄牛县(汉源),然后过飞越岭、化林坪至沈村(西汉沈黎郡郡治地),渡大渡河,经磨西,至木雅草原(今康定县新都桥、塔工一带）的牦牛王部中心，这就是今天人们所说的川藏茶马古道。

云南最早产茶的地方是普洱，所以早期销往西藏的茶都是普洱茶，后来藏人称它为"扎你"，意思是旧茶。后来，下关开始产茶，藏人称下关茶为"扎丝"，意思为新茶。随着人们对云南普洱茶的认识，自唐朝初期开始便将普洱茶作为商品行销到内地和西藏，由此而首先形成了历史上第一条起自普洱，经下关、丽江而至西藏，靠人背马驮"以马易茶"的"茶马大道"，也就是滇藏茶马古道。它的形成与发展，基于普洱茶的优异品质和藏民嗜茶的习俗。茶，对于藏族人民来说，可谓与粮食、水、火同等重要。因为，茶的"通得"、"疏滞腻"、"散寒"、"蓉牛羊毒"等功效，正是以肉类和乳制品为主要食物的藏族人民生活所必需的。为了获得普洱茶，藏民们在这条古道上靠人背马驮，翻越雪山，漂流金沙江，跋涉丛林；走迪庆、过丽江，经大理、景东等地而到普洱，行程数千里，以藏区的马匹、乳品、药等换取普洱茶。

到了明清时期，人们还以云南普洱为中心，向国内外辐射出四条"茶马大道"。

普洱至昆明的"官马大道"。历史上的普洱贡茶经此道送往昆明而后转送就城，自长江下游而来的客商，以及省内滇中、滇东地区的客商和本省官员到普洱，均走此道。

普洱至澜沧的"旱季茶马大道"。自普洱起运茶叶，经思茅糯扎渡过澜沧至澜沧县，再至勐连县而后到缅甸。

普洱至越南莱州的"茶马大道"。自普洱起运，经江城县而至越南莱州，然后转运至欧洲。

普洱至打洛的"茶马大道"。这条大道是"官马大道"的延伸，自普洱经思茅、车里、佛海至打洛，然后至缅甸景栋。

中原茶叶的优异品质，使得茶马古道上经常响彻着往来不绝的马帮铃声，这一切共同构建了中国茶叶和茶马古道的辉煌历史。

中医的"身世"之谜

中国是医药文化发祥最早的国家之一，从文明的曙光开始耀照亚细亚大地之时，遍及神州大地的史前文化火种，由点到面连接起来，形成燎原之势，逐渐融合在文明时代的光华之中。中国医药学的文明史从此便开始了。

中医并不是指中国的医学，而仅指中国的传统医学，人们习惯上把汉族的医学称为中医。此外，中国传统医学还应包括藏医、蒙医、壮医、彝医等。中医实际上是一套以阴阳五行为说理工具，以经络、脏腑、气血为形态功能基础，以七情六欲为病因，以阴阳失调、邪正相争为发病的主要矛盾的独特理论体系，其治疗过程和方法包括药物的内服外敷、针灸、推拿、气功等多种丰富多彩的手段，以及体现中医整体观点，包含理、法、方、药的"辨证论治"临床治疗原则。中医在日本被称为汉医或东洋医学,在朝鲜、越南被称为东医,目前中医已成为这些国家具有其民族特点的传统医学。

因为中医的悠久历史和博大精深,所以中医的起源一直是医学界一个颇具争议的问题,建国后出版的中医史著作大都把人类的生活实践作为医学的唯一起源,而把"医源于圣"、"医源于巫"、"医源于动物本能"等学术观点斥为荒诞不经的谬说。于是,医学起源于实践、劳动创造医学的结论最终成为国内中医史界对中医起源的正统解释,并且写入了各种中医史的教材。

但是现代有学者提出,只单纯地把劳动实践作为中医的唯一起源,实际上并不能完满圆融地解释中医的起源问题。的确,劳动创造了人类,也创造了文明和历史,生活实践是人类社会活动的基础。医药知识来源于人类的劳动实践,人类在与疾病斗争的实践中产生了医学,但是医学的起源是一个漫长的过程,最早的医学知识是如何产生的、医学经验和知识是如何传承和发展的、医学理论的形成和总结是如何进行的等这些问题,如果仅仅用人类劳动实践的理论恐怕是无法解释清楚的。

研究者认为,"医源于实践"、"医源于圣"、"医源于巫"、"医源于动物本能"等观点毫无例外地都只是表述了中医起源过程的某一侧面,都带有各执一偏的局限性,但是如果我们能从整体的层次和发展的视角进行反思,却可以发现,上述的各种见解之间都有着一定的内在联系,实际上它们共同解释了中医的起源。

原始人类与动物同样具有求生和自我保护的本能,从而产生了某种自我治疗的行为。这种无意识的动物本能随着人类的逐渐进化而慢慢过渡成为有意识的主动行为,随着人类不断的劳动实践而得到持续的积累,最终成为了原始性的医学经验。

原始人类思维活动的发展成熟,使得人类开始通过观察思考的方法来认识医学经验和客观事实中的某些联系,并且在劳动和实践中进一步加以深化,医学经验也逐渐开始知识化和系统化。而在这个过程中,巫术的产生和发展起到了十分重要的作用,在当时代表最高知识层的巫觋不仅是神和人之间的媒介,也是医疗技术的主要掌握者和应用者。虽然巫觋把医学知识和宗教信仰结合在一起的初衷,可能只是作为巫术的实用工具,但不可否认的是,这在客观上的确促进了医学经验和医学知识的总结和提高。正是巫觋集中了早期的医学知识而将其理论化和系统化,从而形成了最初的医学。

在这之后,医学知识在人类与疾病斗争的实践中持续积累并不断丰富,同时也出现了一些具有创造才能的杰出人物,他们总结医学经验,阐述医学知识,并寻找更有效的治疗手段和方法,极大地推动了医学的发展。医学在广泛和深入的社会实践中不断地得到传承和发展,并逐渐与巫术相分离,最后终于确立了自己的独立地位。

至此,专家认为,"医源于实践"、"医源于圣"、"医源于巫"、"医源于动物本能"等观点从不同的侧面说明了中医的起源。因此,各种观点的综合才是对中医起源问题的合理解释。

古代的五刑创制于何时

我国是一个有着悠久历史和古老文明的国度。在远古的唐尧时期已有五刑的雏形,据《尚书·舜典》记载,舜任命皋陶主管司法,专门执掌五刑,他对皋陶说:"汝作士,五刑有服。"到公元前21世纪的夏代,以五刑为主刑的法律制度逐渐完善。至周朝已统一实行墨、劓、腓、宫、大辟五种刑罚。根据犯罪事实,区别情况适用刺墨、割鼻、砍脚、破坏生殖器、死刑。秦、汉两个朝代,沿袭周朝以前的五刑制度。隋、唐之后,随着封建社会生产力的发展,刑法上以笞、杖、徒、流、死的新五刑代替了墨、劓、腓、宫、死的旧五刑。即抽鞭子、打脊仗、关徒刑、刺配和死刑。当然每个刑种当中还分为数个刑级,以《隋书·刑法志》五刑中的"徒"为例,分5个等级:判一年徒刑的加鞭60笞10;二年徒刑加鞭20笞20;三年徒加鞭80笞30;四年徒加鞭90笞40;五年徒加鞭100笞50。鞭笞均为主刑的附加刑。以死刑为例分3等:绞、斩(分为斩首、斩腰)、凌迟。这种新五刑一直为梁、元、明、清各封建王朝所沿袭,可谓解五刑一贯制了。

到了汉朝,汉武帝废除百家,独尊儒术,把五刑中的每一种刑罚都赋予了封建主义的伦理内容。东汉班固著的《四虎·五刑解》中阐释,古代五刑的伦理基础是"五行说"。中华民族的祖先认为,天地间万物的本源都是由金、木、水、火、土五种物质元素构成的。两种元素相克适用于刑法,就会产生五刑中的一种刑罚。所谓水火相克,水必灭火,于是便确立了死刑。土与水相克,水来土掩,便确立了宫刑,即割除或者破坏生殖器。金与木相克,金必刻木,确立了墨刑或劓刑,用刀断肢体、刻肌肤等。

对于生活在今日的青年人来说。五刑已成为遥远的历史,只能从现在法制史的课本上了解它,但是对于有志于研究法制史的人们来说,他们一定会知道关于五刑的创制问题,至今法学界仍有很大争议。一种观点是"五刑始于兵。"他们认为,原始社会末期,部落之间发生频繁战争,加速了强胜的氏族的权力集中和社会分层,成为形成国家的契机。有战争就会有俘虏,出于仇视敌对部落,奴役俘虏,于是便开始有了以断肢体、刻肌肤的肉刑,进而形成了五刑制度。还有一种观点是"五刑始于三苗。"他们认为,原始时苗族是一较大民族,生息繁衍于长江中游以南地域,当时苗族的农业比较先进,其部落联盟酋长为炎帝,也叫神农氏。后来炎帝所属的长江以南部落与轩辕黄帝所属的江北部落会合在一起,构成了中华民族。苗族把五刑也带过来了。还有一种说法是夏禹讨伐三苗时,从三苗那里学来了墨、劓、腓、宫等刑罚,此后,夏、商沿袭。这些虽说都是学术争鸣,但也说明五刑始于何时何地仍然是个难解之谜。

"万岁"称呼由来之谜

"万岁"这两个字是中国人非常熟悉的称呼,在封建社会里,这两个字是皇帝的代名词,是一种与最高统治者画等号的威仪,是中国封建专制主义在形式上的一种表现。千百年来,老百姓呼喊"万岁"的声音在中国的历史文化氛围中,可谓是声震寰宇,不绝于耳。

据史书记载,"万岁"原本是从喜悦、赞美、感激、祝愿等情感中迸发出来的欢呼。《战国策·齐策》中记载,孟尝君遣门下食客冯谖,前往封邑薛,收取债息。冯到薛后"使吏召诸民当偿者,悉来合券"得钱十万。有不能还息者"因烧其券,民称万岁"。《史记·廉颇蔺相如列传》记载,蔺相如奉和氏之璧入秦,"秦王大喜,传以示美人及左右,左右皆呼万岁"。可见此时的"万岁",只是一种欢呼。那么,它最终是如何演变成皇帝的专用称谓的呢?

有学者认为,在秦汉以前,中国历史上并没有"万岁"这一称谓,直到秦汉以后,臣民们才开始直呼至尊无上的皇帝为"万岁",而第一个享受这种至尊称谓的人就是汉高祖刘邦。如史籍中记载的,刘邦临朝时,"殿上群臣皆呼万岁"。而为了显示出"万岁"这种称呼的至尊地位,与之相辅的一套礼仪也在刘邦统治时期形成了。它是由汉初名臣叔孙通草创的,以后经历代帝王的御用礼官不断沿袭、补充、修订,形成了后来朝拜"万岁"的大套繁文缛节。正如唐代魏征所说:"终藉叔孙礼,方知皇帝尊。"叔孙通制定朝仪后,"自诸侯王以下莫不振恐肃敬"、"无敢欢欢失礼者",使刘邦因此感到"吾乃今日知为皇帝之贵也"。所以,"万岁"成为皇帝的专称,与中国封建专制制度的确立密切相关。

但也有学者认为,"万岁"一词成为最高封建统治者的专用称谓,始于汉武帝刘彻,是汉武帝精心炮制的政治谎言的产物。

众所周知,汉武帝刘彻罢黜百家独尊儒术,而儒家则将"万岁"定于皇帝一人。据《汉书》记载,汉元封元年春正月(公元前110年),武帝行幸缑氏,诏曰:"朕用事华山,至于中岳……翌日亲登嵩高,御史乘属,在庙旁吏卒咸闻呼万岁者三。登礼罔不答。"东汉末年的史学家荀悦曾注释说:"万岁,山神称之也。"就是说神灵也向武帝高呼"万岁",后来人们向皇帝"三呼万岁"即源于此。15年后,即汉太始三年二月(公元前94年),武帝又称自己"幸琅邪,礼日成山。登之罘,浮大海。山呼万岁"。

从此,"万岁"一词便归于皇帝一人所用,若他人使用,则成了僭越谋逆。据《后汉书·韩棱传》记载,汉和帝统治时期,大将军窦宪因挫破匈奴,威震天下,奉诏回长安,"及宪至,尚书以下议欲拜之,伏称万岁,棱正色曰:'夫上交不谄,下交不黩,礼无人臣称万岁之制。'议者皆断而止。"这说明此时称皇帝为"万岁"的封建制度已经确立了。

第三节　皇家宗室之谜

尼禄纵火焚烧了罗马城吗

尼禄,古罗马帝国皇帝,54 年登基,是罗马最神秘的皇帝之一。关于尼禄的传闻很多,他早期的统治是很仁慈的,罗马甚至相当鼎盛,但从 59 年起他变得残暴无比,曾有传言说 64 年的罗马大火是由他操纵的。大火连烧了 7 天,市内 14 个行政区只有 4 个区没被波及,数千人丧生。火灾以后,尼禄用猛兽咬死许多被怀疑是纵火犯的基督徒。

那罗马城的这场大火究竟是不是尼禄放的呢？他为什么要纵火？古今史学家对此意见很不一致。

古罗马位于意大利南部那不勒斯附近。始建于公元前 6 世纪,曾有一段时期经济十分繁荣,成为欧洲的政治、文化、经济和贸易中心,直到 64 年 7 月 18 日被一场大火变成了废墟。

这场大火迅速蔓延,全城 14 个区被烧毁了整整 10 个区,其中 3 个区化为焦土,其他各区只剩下断瓦残垣。在罗马城历史上这是被记入史册的一次空前的大灾难。大火吞噬掉了无数生命财产,许多宏伟壮丽的宫殿、神庙和公共建筑物被付之一炬,同时遭到这场浩劫的还有在无数战争中掠夺来的金银财宝、艺术珍品以及不朽的古老文献原稿。

按照当时流行的说法,是暴君尼禄下令制造的这场大火。尼禄在罗马历史上以残暴著称。他幼年丧父,由母亲亚格里皮娜抚养长大。亚格里皮娜阴险,好权势。54 年她毒死尼禄的父亲克劳狄,将年仅 17 岁的尼禄推上了皇帝宝座。

受母亲的影响,尼禄性情残忍凶暴,生活骄奢无度,放荡不羁,经常在宫廷中举办各种盛大的庆典和宴会,宫女时常被命令佩戴着贵重的装饰品裸体跳舞。作为君主的尼禄整日不理朝政,只顾肆意挥霍金钱,纵情享乐。他还常以多才多艺的大艺术家自诩,扮成诗人、歌手、乐师乃至角斗士亲自登台表演,甚至还在希腊率领罗马演出队参加各种表演比赛,并以此为荣。不久之后,罗马国库渐渐耗损殆尽。尼禄为了满足自己的私欲,下令增加赋税,任意搜刮,甚至以"侮辱尊敬法"等莫须有的罪名没收、掠夺富人的财产,试图扭转国库危机。

可即便如此,尼禄为什么要放火烧城呢？

古罗马史家塔西佗认为是尼禄放火焚烧罗马城的,他在著作中写道:"因为火是从埃米里乌斯区提盖里努斯的房屋那里开始的,这种种迹象都表明尼禄是在想取得建立一座以他的名字命名的新首都的荣誉。"他还描写道:"当大火吞噬城市时,没有人敢去救火,因为许多人不断发出威胁不许人们去救火，还有一些人竟公然到处投火把。他们喊着说，他们是奉命这样做的。"古史家苏埃托尼乌斯的说法则更详尽："他以不喜欢难看的旧建筑和曲折狭窄的旧街道为借口，竟然如此公开地点着了这座城市，以致几位前任的执政官在他们自己的庄园上发现尼禄的侍从拿着麻屑和火把时，竟然不敢拿捕他们。而在他特别想占用的黄金房屋附近的一些谷仓，是先用作战器摧毁后才付之一炬的，因为它们的墙壁是石头的。"

传闻说尼禄纵火焚烧罗马古城，仅仅是因为对简陋的旧城感到厌烦或是为了一观火光冲天的景致而取乐。据说当时他登上自己的舞台（一说为花园的塔楼），看着烧成一片火海的罗马，在七弦琴的伴奏下，一边观赏肆虐的大火造成的恐怖情景，一边高声吟诵有关古希腊特洛伊城毁灭的诗篇。他甚至在罗马城遭受重创之后不久，就在帕拉丁山下修建了"黄金之屋"。这座"金屋"里的陈列，不仅有金堆玉砌的宫廷建筑中常见的装饰，而且有林苑、田园、水榭、浴池和动物园，以让人领略其特有的湖光水色、林木幽邃的风景。黄金、宝石和珍珠把整个宫殿内部装饰得富丽堂皇，餐厅的天花板用象牙镶边，管中喷出股股香水。在浴池里则是海水和泉水的混合物。尼禄看到这座豪华别致的建筑物时，赞叹说："这才像个人住的地方。"传说尼禄还想建立一座以他的名字来命名的新首都。

为了消除群众对他的不满情绪，尼禄便找别人当他的替罪羊。他下令逮捕那些所谓的"第一批受迫害的基督徒"，并说他们就是纵火嫌疑犯。尼禄企图通过这种暴行转移人们的视线，使人们憎恨那些所谓的"纵火犯"。

前苏联学者科瓦略夫则持反对意见，他认为这场大火并不是尼禄放的。他认为，"人民中间传说，城市的被烧是出于尼禄的意思，他仿佛是不满意旧的罗马并想把它消灭以便建造一个新的罗马。另一个说法是，烧掉城市是为了使元首能够欣赏大火的场面并鼓舞他创造一个伟大的艺术品。显而易见，这些说法都与事实不符，而火灾则是偶然发生的。特别应当指出，火灾是在七月中满月的日子开始的，而在那样的日子里，它的'美学'效果是不怎么好的。"

繁华的古罗马城在顷刻间化为乌有，这不能不令人扼腕叹息。这场大火究竟是不是尼禄所为？至今还是一个难解的悬案。

是否真的有圆桌武士

在古老的西方一直流传着武士的传说，那便是亚瑟王（King Arthur）和他的圆桌武士。在大多数人的心目中，亚瑟王及其所率领的圆桌骑士团的武士，是世界上的坚忍忠勇志士的代表，是维护文明、抵制蛮强人侵的英雄。

亚瑟王是英格兰传说中的国王，圆桌骑士团的首领，一位近乎神话般的传奇人物。

他在罗马帝国瓦解之后,率领圆桌骑士团统一了不列颠群岛,被后人尊称为亚瑟王。关于亚瑟王的传奇故事,最初如何诞生,源自何处,皆无从查考。究竟亚瑟王是不是以某位历史人物作为原型塑造出来的虚构角色也不得而知。如果确实存在亚瑟王这个人物,据推测他所生活的年代大概是公元500年左右,其间是一段50年左右(符合所知的各亚瑟王版本)的时期。

公元800年左右,威尔斯的修士撰写了一本《布灵顿人的历史》一书,书中首次记载"亚瑟"这个名字,描述他领导威尔斯人抵抗从泰晤士河中游入侵的萨克森人。

那么为什么称这些武士为"圆桌武士"呢?"圆桌"这一词又是从何而来呢?

亚瑟王迎娶妻子时其父赠予亚瑟王一张可容150人(一说50人)的圆桌(一说Merlin所制造)。亚瑟王率领的圆桌骑士据说是128人(还有32、24人等版本)。其中有一个"Siege Perilous"(危险席),只有注定获得圣杯的(一说品行完全没有污点的)骑士才可以安坐该席而不丧命。

从此之后,亚瑟王宫廷的正中央一直放置着这台圆桌,这圆桌象征了蔓延到全国各地的荣耀和王权,如同国王加冕时手握的宝球一样重要。但圆桌的含义要比宝球更加深远。任何在圆桌周围坐着的武士都不会觉得地位比别人低,不会觉得委屈。圆桌是嫉妒、贪图权力与高位的解药,而中古时代战争与动乱正源于上述种种人类缺点。但是亚瑟王也规定,只有最杰出的"威猛无比、本事极大"的武士才能成为圆桌武士。

多年之后,曾有一位精通木工的专家对这台圆桌很好奇,并对圆桌做了认真检查,推断这台圆桌大概是14世纪制成的。他的看法也得到了碳-14年代测定法的证实,断定圆桌用的大约是14世纪30年代所砍伐的树木制成。所以,如果这张桌子不是亚瑟王所制,又会是谁制这张桌子的呢?有人认为英王爱德华一世的可能性最大,他当政年代是1272~1307年。

不管亚瑟王及其武士是否曾经坐过这张圆桌,它的存在不再仅为单纯的家具之用,更成为亚瑟王及其武士忠勇坚毅的一种象征。真正的圆桌抑或早已灰飞烟灭,抑或至今尚存在某个不为人知的偏僻角落,而传奇的武士们则将千古流芳。

亚历山大大帝是被毒死的吗

公元前323年,伟大的征服者亚历山大大帝(公元前356~公元前323年)正处于权力的鼎盛时期。他以巴比伦作为根据地,准备进攻阿拉伯半岛,吞并整个古波斯帝国。在他征服世界的宏伟计划中,这一次行动显得至关重要。

就在进攻尚未开始的前几天,亚历山大大帝在晚宴上与朋友们尽情畅饮,可是当天深夜,他忽然病倒了。仅仅12天之后,亚历山大大帝便与世长辞。这不仅让人费解,一向强壮且非常年轻的亚历山大怎么会忽然离世，是谁，或者是什么，杀死了这位伟大的军事家？

亚历山大大帝

让我们回到亚历山大大帝的童年时代。公元前 356 年，亚历山大出生于马其顿王国，是国王菲利普的爱子。那个时期，马其顿王国以其险峻的地形和强大的军事力量而远近闻名。亚历山大从父亲菲利普国王身上继承了独特的军事思想，从他的老师、哲学家亚里士多德那里萌发了对世界的好奇心以及探索未知的动力。亚历山大似乎生来就注定要成为一名好勇斗狠的战士，他喜欢和朋友们一起打猎、饮酒，更喜欢筹划战争。20 岁那年，父亲菲利普国王被人暗杀，亚历山大继承王位，从此，他开始了征服世界的历程。不久，他就击败了阿富汗的地区头领，很快又对印度半岛上的王侯展开了猛烈进攻……在仅仅 10 多年的时间里，亚历山大就建立起了一个面积超过 200 万平方英里的帝国。

尽管亚历山大大帝拥有无可比拟的军事天才和超乎寻常的号召力，但同时他也是一个粗暴残忍、喜怒无常的人，而且长期大量酗酒给他的身体造成了严重的伤害。首先是从性格上渐渐显现的：他开始变得越来越偏执，缺乏自我保护意识，比年轻时更加热衷于冒险。他曾经在醉酒之后，下令焚烧了伊朗的波斯波利斯城，也曾在一怒之下杀死对他有救命之恩的好朋友。可以说，在亚历山大的性格中，没有"克制"这个词。

那这样看来，亚历山大的死是不是与过量饮酒有关呢？直到现在一直没有定论，有关亚历山大的死因有以下几种说法：

一是与毒药有关。在一本记述亚历山大罗曼史的书中提到了这个毒杀阴谋。书中还有一处鲜为人知的细节，甚至还说在那次晚宴上，有一部分人预先已经知道他将被毒死，然而竟然没有一个人站出来制止。难道很多人都盼望亚历山大大帝早些死亡吗？

二是与高烧有关。这一说法来源于皇家日记，其中记载着亚历山大死于疾病中的高烧。

那么，哪一种说法更加可信呢？大多数历史学家认为，疾病中高烧致死的记录是虚构的，目的是为了掩人耳目。

而有关亚历山大被下毒谋杀的传闻在其死后 20 多年里一直广泛流传。为了调查毒药谋杀的真实性，格利弗侦探前往希腊北部的奥林匹斯山中——亚历山大的故乡古马其顿。调查期间，一位名叫安提帕特的马其顿地区的地方长官被列入怀疑人的范围，他可能是毒药谋杀计划的策划者。他被怀疑的原因是当时他刚被亚历山大解职，可能因担心自己性命不保而暗杀亚历山大。那么，亚历山大会不会因此而成为这个垂死挣扎的马其顿家族的牺牲品呢？要知道，马其顿贵族素来以血腥暴力著称，这是一个充满了家族仇恨、谋杀和暴力的世界，血腥甚至可以称得上是一种时尚。

据说，亚历山大在宴会上喝酒不到半小时就感到不舒服，出现呕吐现象，腹部感到剧痛，说话困难，身体逐渐变虚弱。那亚历山大的这种反应究竟是什么毒药引起的呢？有的早期历史学家曾认为是希腊人熟知的番木鳖碱。可是，毒药学家认为不然，因为番木鳖碱的中毒症状很典型：肌肉收缩、下颌僵硬、眼睛凸出、后背弓起。而且误食后只需四五个小时，中毒者就会死亡，而亚历山大却是在 2 天之后去世的，与事实不符。

可是，格利弗侦探并不完全相信这种观点，因为亚历山大的父亲菲利普死于剑下，毒药并不是马其顿人所钟爱的武器。

不过，细心的毒药专家在查找了 25 种古希腊毒药之后，其中一种叫白菟葵的毒性植物引起了注意。这种毒性植物在马其顿很常见，根部蕴涵着有毒成分。这难道就是杀害亚历山大大帝的凶手？菟葵在当时也被小剂量地用作药品，用来清洗肠胃，并作为泻药帮助人体排泄，最重要的是，它具有治疗精神疾病的作用，但如果剂量过大，就变成了一种毒药。这成了破案的另一条线索。

这一发现令格利弗侦探感到震惊。因为据他所知，亚历山大在死前曾服用过这种药。

除了在各场战役中受过各种伤外，亚历山大的精神也受到过严重的打击。他在死前 8 个月，失去了最亲密的朋友赫法斯蒂昂。赫法斯蒂昂从少年时代起就跟随亚历山大，他不仅是亚历山大的得力干将，更是他精神上的依靠。亚历山大曾对众人说，赫法斯蒂昂爱护的不是作为国王的我，而是我这个人。赫法斯蒂昂死后，亚历山大难过至极，下令为他的好友建造一座巨大的陵墓。沉重的打击使亚历山大患上了精神疾病，而治疗精神疾病的药物，白菟葵是其中的一种。

因此，如果亚历山大为了急于恢复健康而不断服用白菟葵的话，很可能会送命。他很年轻，年轻人通常急躁，他会急着离开病床，因为他心里还有很多宏大的计划在等待实现。当时亚历山大和医生一定都很着急，于是他服用了过量的药物，并酿成了最后的悲剧。

如果真是这样，那么对于一个仅花了 10 年时间就建立起一个庞大帝国的人来说，这无疑是一个可悲的结局。在他制定的宏大战略里，他还要率领大军去攻打罗马和欧洲，如果他能再活 10 年，很难想象西方世界的历史会发生怎样的改变。

不过，这只是一种猜测，亚历山大大帝究竟死于何因，至今并无定论。

亚历山大大帝英魂何在

亚历山大大帝(公元前 356～公元前 323 年)以 33 岁的年纪忽然病逝,给后世人留下了种种谜团。而在他死后,有关他的故事依然是疑点重重。

亚历山大死后,他的部下托勒密将军(后来成为埃及国王)用灵车把他的遗体运往埃及,葬于亚历山大城,并为他建造了一座富丽堂皇的陵墓。可是到了公元 3 世纪,有关陵墓之事,不知为什么却变得悄然无息了。陵墓是否建成? 建在哪里? 它是什么样子? 这些问题没有人能够回答。

按照古希腊的习俗,创建城市的国王死后一般都要埋葬在城市中心。因而有的考古学家分析认为,亚历山大大帝的陵墓很可能在位于城市东部的皇宫区。也有人认为,陵墓应该在两条街道的交叉点上。近年来,波兰考古学家玛丽亚·贝尔纳德对当地出土的古陶灯进行了一番研究后发现,古人在制作陶灯时,在边上绘制了古代亚历山大城的模型。因此她对陵墓的位置作了一个有趣的推测。她认为在模型中有一个圆锥形的建筑物可能就是亚历山大陵墓。因为,奥古斯丁皇帝的陵墓就是尖顶圆锥形建筑。这种墓形很可能模仿的就是亚历山大陵墓。

据有关图书上记载,亚历山大死前曾有一些预兆。在行军路上,一个巫师曾经预言他在巴比伦会遭遇不幸,劝他不要去,这让他心神不宁。为了避免不幸,他最终还是绕过了巴比伦。可是,随后当他乘坐游船时,帽子却被风刮到了古亚述国王的墓上,他认为十分不吉利,急忙命水手前去取回。可是那个去取帽子的水手回来时竟把帽子戴在自己头上,这让亚历山大更为恼火。这些巧合给他造成了严重的心理压力。当然这些都是传言,亚历山大的死因至今尚无结论,再加上由于亚历山大城的衰败,亚历山大大帝的陵墓再也找不到了。

正是这种种难解的疑团,更让考古学者兴趣盎然,他们费尽力气寻找,甚至找到了亚历山大的父亲菲利普国王的陵墓。

20 世纪 70 年代,研究古代马斯顿历史的考古学家安德罗尼克斯发现了菲利普国王的陵墓。大殿中央停放着高大的大理石石墩,上面设有镶着宝石的、沉重的瓶状墓饰。国王的遗体安放其中,周围是一些珠宝金器、王权标志、战盔等物品,闪耀着璀璨的光芒。其中有五个用象牙雕刻的雕像,制作相当精美,特别引人注目。这五个雕像是国王的一家:腓力二世本人、他的妻子、儿子亚历山大和腓力二世的父母。这个发现在考古界引起了轰动,被认为是 20 世纪考古中最伟大的发现。

但是令人感到遗憾的早,迄今仍没有找到亚历山大大帝的那座藏满珍宝的坟墓。

恺撒大帝的死亡预兆

恺撒大帝,全名为盖乌斯·尤利乌斯·恺撒(公元前102～公元前44年)。恺撒出身高贵,父亲曾任行政长官。恺撒受过良好的教育,从少年时代起,就学习过修辞学和演说术,从政初期曾是民主派领袖,反对贵族派。在年轻时曾历任财务官、监察官、祭司长和大法官等官职。公元前60年与庞培、克拉苏结成三头同盟,共同统治罗马共和国,史称"前三巨头"。

恺撒一生的确充满了矛盾和悲剧色彩:他交友广泛,仗义疏财,宽容政敌,不计前嫌,可最终却被自己的部下和最亲近的朋友所谋害;他身经百战,在枪林弹雨中毫发未损,却在和平时代以"神圣不可侵犯"之躯,死于乱刀之下;他生前多次拒绝帝王的称号,最后却被当做暴君诛杀,而死后他的名字又被西方帝王用作头衔。

这些神秘的巧合让恺撒大帝不仅在生前,其死后更引起世人的关注。

公元前68年～公元前61年期间,恺撒大帝成功地征服了高卢地区。然而,恺撒取得的巨大胜利引了起罗马元老院中那些政敌们的惊慌,他们命令恺撒独自回返罗马。对于政敌想致他于死地的意图,恺撒心知肚明,但他还是跨越鲁比肯河回到了罗马,并与元老院所属部队交战4年之久,最终大获全胜,被任命为终身独裁。

恺撒大帝

恺撒执政时期,逐渐走向军事独裁,这引起了部分固守罗马共和传统元老贵族的不满,他们不是为了人民的自由,而是为了他们自己的利益,组织起一个阴谋集团谋杀恺撒。而恺撒对于这一切都有预兆。

在恺撒大帝被刺前夕,曾有一位预言家警告他说,这个月会有灾难,劝他不要外出。而且在他被刺前一晚上,他的妻子曾做过一个可怕的噩梦,梦中恺撒惨死。醒来后,妻子请求恺撒取消第二天的行动,不要去元老院开会。

种种迹象都表明,恺撒的生命正在受到威胁。然而,让人费解的是,公元前44年3月15日,恺撒在去元老院开会时竟然撤去了自己的贴身护卫队,独自一人前往。这证明什么呢?难道恺撒明知有危险而甘愿送死?

在前往元老院的路上,已得知谋杀计划的希腊语教师阿特米多拉斯,曾秘密递给恺撒一张字条以警告他有人要谋害他。但不幸的是,恺撒以为这只是普通的陈情字条,并未阅读其中的内容。到了元老院，恺撒刚刚入座，谋刺者就将他团团围住，展开攻击。恺撒试图抵抗刀光剑影，但仅仅数秒钟他就已经身中 23 刀。没过多久，在元老院会议厅的一座雕像下，恺撒在一片血泊中断气身亡。

被奉为神明一样的恺撒大帝就这样死了，然而关于他的死亡，以及死亡前的预兆却为他增添了层层神秘之纱，也为历史学家留下了许多待解的谜案。

英王威廉二世真是死于意外吗

宫廷自古就是一个钩心斗角、尔虞我诈的地方。在权势和财富两个欲望之手的牵引下，即使是手足情深，也会因此而自相残杀，更有甚者还会做出杀母弑父之事。历史上人称"红面庞"的威廉二世，似乎也是因为此类原因而丧命狩猎场。

公元 1100 年 8 月的一天，黄昏时分，英王威廉二世在新林骑马狩猎。新林在英国南部，当时是皇家狩猎苑。威廉的弟弟亨利和一些随从同行。一行人分为几个狩猎小组，国王和他的亲信顾问蒂雷尔一组猎鹿。国王看见一只赤鹿跑过，立刻射了一箭，射中了赤鹿，但是那只鹿并没有死。很长一段时间威廉坐在马鞍上不动声色，他用手挡着夕阳的斜照光线，想看清楚那只受伤赤鹿的行走路线。

据传说，一直被威廉视为亲信的蒂雷尔就在此时射了一箭，鹿没有射到，却射中了国王，国王向前面倒下去，那支箭在国王摔到地上的时候更深地插入他的胸膛，国王当时便没了气息。蒂雷尔急忙跑出树林向法国逃去。亨利则和其他人策马飞奔，赶到邻近的收藏皇室财宝的曼彻斯特。亨利把财宝抢到并确实予以掌握后，便马上赶回伦敦，加冕登基为亨利一世。此时，距威廉去世仅 3 天，众人从猎鹿的树林离开时，威廉二世仍然暴尸荒野。

但是国王之死至今还有很多疑点。首先威廉二世是死于意外，还是被他那充满野心的弟弟谋害了呢？还是像有些人所说的威廉二世心甘情愿地依照异教徒的可怕教规自杀身亡呢？

据说大多数人相信传说中所出现的凶兆，这凶兆是威廉到新林行猎前夕所做的一个噩梦。他梦见自己躺在血泊中而被惊醒，惊醒时不断狂叫。此外，还有人说听见国王命令蒂雷尔杀死他，因为根据威廉信仰的"宗教"，他已经老而无用，作为一个权力逐渐衰落的国王，必须在仪式中引颈就戮。

威廉一世共有 3 个儿子，威廉二世排行老二。威廉一世在世时已给 3 个儿子分了家，留给长子罗伯特的是法国的诺曼底，给次子威廉的是英国，三子亨利没有土地，只获得一笔财富。罗伯特与威廉经常争执不下，甚至兵戈相见，但是罗伯特和亨利在 1096 年以诺曼底为抵押，向威廉借了他们所需的钱。罗伯特在 1100 年夏季起程返国时，还娶了一个十分富有的女人。威廉决定，绝不让哥哥还债把诺曼底赎回，他开始计划强夺诺曼底。新林猎鹿驾崩事件就是在他做这种准备的时候发生的。

同时，如果亨利真的企图谋权篡夺英国王位，他一定已把形势看得非常清楚，出乎意料之外的新发展对他篡位的计划有所妨碍，所以亨利先下手为强，其后只须对付一个哥哥而不必再与两位兄长争雄。威廉二世驾崩，罗伯特又远在他乡，亨利就能篡夺他原本无权过问的王位。证明亨利要对猎鹿时发生"意外事故"负责的一个有力证据是：他从未试图追捕蒂雷尔回来以弑君之罪论处，甚至没有没收蒂雷尔的土地以示惩罚。这都成为亨利谋杀哥哥的证据。

可是，以亨利的本领和为人是否能组织这样一个谋朝篡位的大阴谋呢？蒂雷尔与主谋勾结杀掉恩公和朋友，又会得到什么好处呢？事实上自惨祸发生直到去世，蒂雷尔从来都没有承认过他有弑君的行为。

这样看来，亨利的嫌疑最大，但他要策划这样一个缜密的阴谋也不是一件容易的事情，幕后必然有出谋划策的人。那真正的幕后真凶是谁？英国历史上的这一悬案何时才能水落石出呢？

英王爱德华八世为爱情放弃王位

说起爱德华八世（1894～1972年），人们都知道他甘愿放弃英国王位，迎娶一个离婚两次的美国妇女沃丽丝·辛普森的故事。这段不爱江山爱美人的传奇，也早已成为经典的爱情故事。可其中的隐情又有几人知晓呢？

这位被爱德华八世迎娶的平民妇女就是沃丽丝·沃菲尔德，她既没有绝世的容貌，也没有过人的才华。可是1931年王太子在伦敦第一次遇到沃丽丝时，就为她通晓事理和举止得体的气质所倾倒。那时沃丽丝虽然已近中年，但依然窈窕如初。爱德华王子对沃丽丝一见倾心，但是父母、王室、内阁及各自治政府上上下下竭力反对王子的这一举动。身患重病的乔治五世曾满怀忧虑地对首相鲍尔温说："我死之后，这个孩子很快就会把自己毁掉！"

乔治五世病逝之后，王子登上王位，即爱德华八世，随后马上宣布要迎娶沃丽丝。他的决定遭到了包括首相鲍尔温在内的谋臣们的一致反对，而爱德华八世却回答："我现在考虑的唯一问题就是自己配不配当沃丽丝的丈夫，和她在一起就是我永远的幸福……无论当国王还是不当国王，我都要娶沃丽丝。为了达此目的，我宁愿退位。"

由于政治风暴骤然来临，沃丽丝在"存心勾引国王，妄想当王后的'美国冒险家'"等各种诽谤、咒骂声中悄然离去，她不愿由于自己的爱使国王受到伤害。于是远在国外的沃丽丝写信给爱德华八世，要求分手。可是爱德华八世却说："即使因为和你在一起我一无所有,我也没有怨言,比起你来,王冠、权杖和御座都不重要。"爱情高于一切的誓言使沃丽丝在各种诽谤、咒骂声中得到了安慰。

1936 年 12 月 11 日,在位不到 10 个月还未加冕的爱德华八世发表了告别演说,他满怀激情地说:"我的朋友们,没有我所爱的那个女人的帮助和支持,我感到不可能承担我肩负的重任。"几个小时后,他便在皇家海军驱逐舰的护送下离开英国,去寻找沃丽丝了。

1937 年,乔治六世继位,封爱德华八世为温莎公爵。温莎公爵与沃丽丝在法国结婚,并一起幸福地生活了 35 年。1972 年,78 岁的温莎公爵病逝,沃丽

英王爱德华八世

丝在对丈夫的思念中度过了她人生最后的 14 年。沃丽丝每天都要将丈夫的遗物整理好,并一直保持他生前的模样。她在晚年整理了回忆录,并整天沉浸在她丈夫喜欢的音乐中。

1986 年 4 月 24 日,沃丽丝因肺炎在巴黎郊外逝世,享年 90 岁,她和温莎公爵之间动人的爱情故事也圆满地结束了。但是作为"历史上的伟大爱情一例",它将永远被人们津津乐道。

人们对爱德华八世"不爱江山爱美人"的举动有着不同的看法和猜测,对此褒贬不一:一些人认为,王子是受"现代派思潮"的影响,要以此来冲击腐朽的君主制度;也有人认为是王子经受不住沃丽丝美色的引诱;还有人认为王子是为了真挚的爱情。最让人无法理解的是沃丽丝从来不公开为温莎公爵辩解,也不为自己洗刷冤屈,是被世俗和礼教所束缚,还是另有隐私?有朝一日人们也许可以了解这段爱情故事的真正意义,也希望人们会从他们已公布的 80 多封情书中发现有用的线索。

亚历山大一世爱上了自己的妹妹吗

在俄国历代沙皇中,亚历山大一世是最难以评价的一位,他被人们称作"北方的斯芬克斯",一生中留下了无数个未解之谜。他与胞妹叶卡捷琳娜的关系是纯洁的兄妹之情,还是违背伦理的乱伦之爱?就是其中一个令很多人疑惑的难解疑案。

保罗一世与皇后玛丽娅·费多罗夫娜共生有三子二女,其中长子亚历山大,长女叶卡捷琳娜,兄妹俩年龄相近,从小一起长在皇宫中,父母太热衷于权力斗争,备受忽视的两个孩子自幼就建立了很深的感情。但是他们的祖母是俄国历史上赫赫有名的叶卡捷

琳娜二世,她的私生活极其放纵,当时整个上流社会在她的影响之下,到处都弥漫着一股淫靡的气氛。在这种风气的熏陶下,亚历山大在少年时代就已经情窦初开,显出他多情的性格特征。宠爱他的祖母在他只有16岁的时候,就为他娶了巴登王国14岁的小公主路易莎(后改名伊丽莎白)。美丽温柔的妻子让新婚中的亚历山大新鲜了好一阵子,但时间一长,这股新鲜劲儿就过去了,亚历山大又开始了在外面拈花惹草。特别是在他即位之后,那些垂涎他地位的女人纷纷对他投怀送抱,因此他身边常常是美女娇娃成群。其中既有上流社会的贵妇,还有法国女歌唱家,甚至在访问普鲁士期间,还与普鲁士王后路易莎眉目传情。但是亚历山大一世和他的祖母非常不同的是,在和这些女人交往时非常有节制,即使在情醉神迷的时刻也能克制自己,把关系限制在谈情说爱和精神恋爱的范围里。那些贵妇人的丈夫们对自己的妻子和皇帝的暧昧关系也沾沾自喜,对于亚历山大的风流韵事整个宫廷上下也早已习以为常,大家背后议论的倒是亚历山大一世与妹妹叶卡捷琳娜之间的特殊关系。

叶卡捷琳娜是当时公认的大美女,所有人都觉得她光彩照人,才华横溢,但是孤傲自负,举止唐突,有时甚至行为放肆,令人惊奇。兄妹俩经常单独闲坐,彻夜长谈,有时动作过分亲昵,许多宫中随从都觉得他俩之间有些行为太出格了。

亚历山大一世和叶卡捷琳娜都住在皇宫之中,每天都可以见面,但却几乎每天都要相互写信。如果亚历山大一世外出巡视或是出国访问,兄妹俩的书信往来就更加频繁。当亚历山大一世的情妇怀上小皇子之后,亚历山大第一个将这个消息告诉了叶卡捷琳娜,在信中他写道:"我在家里给你写信,我伴侣的孩子都向你致意……我在这个小家庭里的幸福和你对我的深情,是生活对我仅有的吸引力"。

亚历山大还在给妹妹的信中这样写道:"知道你爱我是我幸福的源泉,因为你是世界上最完美的尤物之一","我像疯子一般爱你!……看到你,我高兴得如痴如狂,我像个着魔的人,四处奔波,多希望能在你的怀里甜蜜地松懈下来"。这让人不能不怀疑他们之间的变态关系。

1808年,威镇欧洲的法兰西皇帝拿破仑突然向叶卡捷琳娜求婚,这使亚历山大非常不高兴。他不能忍受将心爱的妹妹嫁给法国的"食人怪物",便婉言谢绝说:"如果仅仅由我一个人做主,我很愿意同意。但我不能独自做主,我母亲对自己的女儿仍然享有权利,对此我不能表示异议。我将试图劝导她同意。她有可能接受,但我不能担保。"叶卡捷琳娜知道这件事后,却有些不快,她一方面表示不愿意离开"亲爱的哥哥"远嫁异国他乡,另一方面又责怪兄长回绝得太早。

亚历山大一世害怕拿破仑又来求婚,于是匆忙将叶卡捷琳娜嫁给相貌平常、地位一般而且性格懦弱的德国奥登堡公爵,婚礼举行得非常仓促。婚后,叶卡捷琳娜仍常住在圣彼得堡。当她的丈夫病死后,兄妹之间的感情又像以前一样无所顾忌了。

亚历山大一世和他的妹妹之间到底是一种什么样的感情?很让人捉摸不透。作为一个庞大帝国的一国之君,他会做出乱伦的事情来吗?而且,亚历山大一世也算得上是俄罗斯帝国历史上比较洁身自好的沙皇了,他和皇后伊丽莎白的感情后来也一直不错。而更令人不能理解的是,作为一个女人和公主,叶卡捷琳娜能违背人伦纲常,不顾世人的唾骂,而和自己的兄长玩这种危险的感情游戏吗?

这些未解的悬案将来是否能真正揭开就不得而知了。

沙皇彼得三世死因之谜

彼得三世·费奥多罗维奇(原名卡尔·彼得·乌尔里希,1728～1762 年,1761～1762年在位)是俄罗斯帝国皇帝,荷尔斯泰因·哥道普的卡尔·腓特烈和安娜·彼得罗芙娜之子,彼得大帝的外孙。

1725 年,雄才大略的彼得大帝驾崩之后,俄国陷入了长期的动荡中。1762 年,沙皇彼得三世继位一年之后,王后叶卡捷琳娜发动宫廷政变,推翻了他的统治。7 月,彼得三世在狱中突然死去。彼得三世因何而死?他的死与叶卡捷琳娜是否有关呢?这成为历史上的未解之谜。

彼得三世从小生活在德国,非常崇拜普鲁士军事制度与德国文化,而对自己的祖国毫无兴趣,他甚至认为俄国是一个令他厌烦的国家,根本不愿治理这种国家。1761 年伊丽莎白女皇逝世,彼得三世继位。由于国内政局长期动荡,人们都希望彼得三世可以整顿一下国家。然而刚刚上台的彼得三世,却

沙皇彼得三世

经常以自己的喜好对俄国现行制度和法令乱加改动,他推行的一些政策损害了教会与贵族的利益,这让他们感到十分不满,尤其是在对外政策上,彼得三世的所作所为让政界和军界都非常反感。

叶卡捷琳娜,原名索菲亚·奥古斯特,出生于德国一个贫穷的家庭。当她知道自己成了彼得三世的未婚妻之后非常激动,她当即和母亲一起,不远万里来到俄国首府彼得堡。为了做一个称职的皇后,她努力学习俄语,还改信了东正教,不久她就能用标准的俄语虔诚地朗诵东正教的誓言,在场的大主教和教徒们听后十分感动,并流下泪来。1745年 8 月,彼得正式娶叶卡捷琳娜为妻。但是婚后,叶卡捷琳娜才发现彼得是个好色之徒,

他甚至把情妇领到家中。而同时伊丽莎白也对她这个异邦女子有所怀疑,并派人监视她。年轻的叶卡捷琳娜虽未作过多的反抗,却暗暗记着这些仇恨。她一面刻苦读书学习如何治国,一面在政界和军队中扶植拉拢亲信,并将情夫们都安排到重要部门,以便为她夺权作准备。

1762 年 6 月 24 日,彼得三世去奥拉宁堡发动对丹麦的进攻,叶卡捷琳娜被留在彼得堡。7 月 9 日凌晨 5 时,叶卡捷琳娜发动政变,控制了首都局势,成为女皇。彼得三世要求与女皇平分政权,遭到叶卡捷琳娜的断然拒绝。彼得三世无可奈何只好宣布退位,最后的条件就是女皇能归还他的情人、小提琴和一只猴子,以便他能度过后半生。7 月 18日,叶卡捷琳娜在枢密院正式登基,史称叶卡捷琳娜二世。就在叶卡捷琳娜登上皇位的同一天,彼得三世便暴死在狱中。

俄国古老的封建宫廷中始终存在着阴险欺诈与不择手段的争斗,专制独裁与宫廷政变经常一起发生,彼得三世正是这种独裁政治的牺牲品。但彼得三世究竟因何而死? 一种说法称他是被人毒死的,当时法国外交部档案记载:一些人按照俄国风俗亲吻彼得三世的遗体以示告别,这些人的嘴唇后来却奇怪地肿了起来。还有一种说法称彼得三世是在酒后与人打骂被人失手打死的。第三种说法则是女皇为除后患,派人勒死了彼得三世。

彼得三世的真正死因是什么? 叶卡捷琳娜又在其中做了什么手脚呢? 这一切都不得而知。

雍正为何忽然身亡

雍正皇帝,爱新觉罗·胤禛,庙号世宗,是清朝入关之后的第三任皇帝。

雍正从登基到死亡一直是一位争议颇多的皇帝,他的即位令人猜疑百出,实行的严厉治国政策让人议论纷纷,而他的突然暴死,更给后人留下了未解的谜案。

关于雍正之死,清宫档案中雍正朝的《起居注》是这样记载的:雍正十三年八月(1735年),雍正皇帝住在圆明园,八月十八那天他与大臣们商量处理少数民族事务,八月二十他召见宁古塔的几位地方官员,第二天仍然正常办公,说明这时他的身体仍然很好。到了八月二十二,他却突患重病,当天晚上,已经奄奄一息的雍正宣布传位给儿子乾隆。第二天,58 岁的雍正在圆明园去世。

对雍正皇帝的突然死亡,清朝官方只有如此简单的记载,也没有说明任何原因,从而引起了人们的猜测,其中最具代表性的是中毒身亡一说。

雍正未登基之前,就对丹药有浓厚兴趣。他曾写过一首《烧丹》诗:"铅砂和药物,松柏绕云坛。炉运阴阳火,功兼内外丹。"从中可以看出,雍正早年就对炼丹有了相当的研究和兴趣。雍正即位后,极力推崇金丹派南宗祖师张伯端,把他封为"紫阳真人"。雍正四年(1726年)开始,雍正就经常吃张道士炼制的一种叫"既济丹"的丹药。从他对田文镜奏折的批语中,可以知道他感觉服后有效,还把丹药作为礼品赏赐给鄂尔泰、田文镜等大臣。

雍正皇帝

雍正不仅崇尚吃丹药,还热衷于炼制丹药。清宫《活计档》是专门记载皇宫日用物品的内务府账本,里面披露了雍正炼丹的一些情况。最早的记载是在雍正八年(1730年),主要内容是:十一月十七,内务府总管海望和太医院院使刘胜芳一同传令:往圆明园秀清村送去桑柴750公斤,白炭200公斤。十二月初七,海望、刘胜芳传令:往圆明园秀清村送去口径1.8尺、高1.5尺的铁火盆罩一件,红炉炭100公斤。十二月十五,海望、刘胜芳和四执事执事侍李进忠一同传令:往圆明园秀清村送去矿银10两、黑炭50公斤、好煤100公斤。十二月二十二,海望和李进忠又一同传令:圆明园秀清村正在炼银,要用白炭500公斤、渣煤500公斤。

档案中提到的秀清村位于圆明园东南角,依山傍水,是一个进行秘事活动的好地方。根据档案记载,在一个多月的时间里,往秀清村送的木柴、煤炭就有2000多公斤。清代皇家宫苑取暖做饭所用的燃料都是定量供应,并有专门账本,从不记入《活记档》。同时,操办这件事情的海望是雍正的心腹,刘胜芳则是雍正医疗保健的总管太医院院使。而档案中的"矿银"和"化银"等,是炼丹所用的必需品。由此可以得出结论,从雍正八年末,雍正就在圆明园秀清村开始炼丹了。研究人员从《活计档》中发现,从雍正八年到十三年这5年间,雍正先后157次下旨向圆明园运送炼丹所需物品,其中光为炼丹用的煤炭就有234吨,此外还有大量矿银、红铜、黑铅、硫磺等矿产品,由此可以想见几年间秀清村炼丹的情景。

雍正吃了道士炼制的丹药,自我感觉不错,就拿出一部分赏赐给亲信官员。在雍正十二年三四月间,雍正曾经两次赏发丹药。对此,《活计档》里是这样记录的:第一次三月二十一,内大臣海望交丹药四匣,按雍正旨意,分别赏给署理大将军查郎阿、副将张广泗、参赞穆登、提督樊廷等四位大臣。第二次是四月初一,内大臣海望交丹药一盒,按雍正的旨意,用盒装好赏赐给散秩大臣达奈。这两次赏赐旨意都是从圆明园来的帖子传发,又是内务府总管海望亲手交出。由此可知,这些御赐"丹药",就是在圆明园的御用炼丹炉里炼制的。

事实上，炼丹所用的铅、汞、硫、砷等矿物质都具有毒性，对大脑和五脏侵害相当大。

雍正死前的 12 天，《活计档》中曾记录："总管太监陈久卿、首领太监王守贵一同传话：圆明园要用牛舌头黑铅二百斤。"黑铅是有毒金属，过量服食可使人致死。100 公斤黑铅运入圆明园，之后不久雍正便在这个园子内突然死去，史学家认为这不是偶然巧合，而是直接证明了雍正之死完全有可能是丹药中毒造成的。

随着雍正档案的发掘和研究，雍正服丹致死的说法越来越引起一些史学家的关注和认同。因为从清宫档案看，雍正确实长期服食丹药。那么，丹药的有毒成分在他体内长期积累，最终发作，导致了他的暴亡，这是极有可能的，不少专家都通过著作对此进行了详细的推断。

但是，无论怎么说，这也只是猜测，并不是真正的结论，这一历史悬案究竟谜底如何，还需进一步研究证实。

光绪死亡疑案

光绪三十四年（1908 年）十一月二十一日，光绪皇帝死于西苑（今中南海）瀛台涵元殿。他以 38 岁的年纪离世，短短 38 年的人生历程可分为 4 个时期：从出生到 4 岁为醇亲王子时期，从 4～17 岁为少帝时期，从 17～28 岁为亲政时期，从 28～38 岁为"囚帝"时期。

光绪短暂的一生里，除了身为醇亲王之子的童年时期，其他时间都生活在苦闷里，尤其是生命的最后 10 年，他被慈禧皇太后"废黜"，过着孤独幽禁的生活，心里的忧闷无处发泄，"怫郁摧伤，奄致殂落"。这一点，从清宫太医院档案选编的《慈禧光绪医方选议》一书可以看出，该书所选有关光绪 182 个医方中，神经衰弱方 64 个，骨骼关节方 22 个，种子长寿方 17 个等。

尽管光绪常年生病，但是皇宫的医药条件很好，即使不能除根去顽，但也不至于突然死亡。而且，光绪是在慈禧死去的前一天突然崩驾。这一消息经宫廷传出，震惊朝野。于是，光绪被人谋害致死的说法，随之流传开来。

光绪帝的死因，主要有两种说法，一种说法是患病正常死亡；另一种说法是被人下毒谋害致死。

第一种说法的支持者认为，根据光绪 37 岁时的病案记载，光绪有近 20 年的遗精史，最初是每月遗精十几次，后来每月二三次，经常是无梦不举就自行遗泄，冬天更加严重。因此腰腿肩背经常感觉酸痛，略感风寒，便觉耳鸣头痛。从现代医学角度来看，光绪患有严重的神经官能症、关节炎和骨结核等疾病，这应是导致光绪壮年早亡的直接病因。光绪身边有 6 位御医，每天一人轮流诊治，各抒己见，治法不一，也耽误了医治。

光绪三十四年（1908 年）三月初九日，脉案记载：皇上肝肾阴虚、脾阳不足、气血亏损，病势严重。在治疗上不论是寒凉药，还是温燥药都不能用，处于无药可用的地步，宫中御医们束手无策。五月初十日脉案记载：调理多时，全无寸效。七月十六日，江苏名医杜钟骏看过光绪的病症说："我此次进京，以为能治好皇上的病，博得微名。今天看来，徒劳无益，不求有功，只求无错。"九月的脉案记载：病状更加复杂多变，脏腑功能已经失调。十月十七日，三名御医会诊脉案记载：光绪的病情已经出现肺炎症，及心肺衰竭的临床症状。一致认为光绪皇帝已是极度虚弱，元气大伤，病情危重。十月二十日，光绪的脉案记载：夜里，光绪开始进入弥留状态、肢体发冷、白眼上翻、牙关紧闭、神志昏迷。十月二十一日，脉案记载：光绪的脉搏似有似无，眼睛直视，张口倒气。傍晚时，光绪死。

这些学者根据清宫医案记载认为：光绪帝从开始病重，一直到临终，病状逐渐加剧，既没有中毒的迹象，也没有暴死的症象，属于正常死亡。

第二种说法的支持者中，对于下毒者的确定又分为慈禧、李莲英、袁世凯等多种说法。

其一，慈禧临终前派人毒死光绪。《崇陵传信录》和《清稗类钞》等书里认为：慈禧太后病危期间，恐怕自己死后光绪重新执政，推翻前案，倒转局势，于是令人下毒手，将光绪害死。《我的前半生》一书记载："有一种传说，是西太后自知病将不起，她不甘心死在光绪前面，所以下了毒手。"人们普遍认为：年仅 38 岁的光绪，反而死在 74 岁的慈禧前面，而且只差一天，这不会是巧合，而是慈禧处心积虑的谋害。

其二，李莲英毒死光绪。英国人濮兰德·白克好司的《慈禧外传》和德龄的《瀛台泣血记》等书，认为清宫大太监李莲英等人，平日里仗着主子慈禧的权势，经常中伤和愚弄光绪，他们怕慈禧死后光绪重新掌权，对自己不利，就先下毒手，在慈禧将死之前，先把光绪害死。

其三，袁世凯毒死光绪。溥仪在《我的前半生》一书中，谈到袁世凯在戊戌变法时，辜负了光绪帝的信任，在关键时刻出卖了皇上。又说：袁世凯担心一旦慈禧太后死去，光绪绝不会轻饶他，所以就借进药的机会，暗中下了毒，将光绪毒死。

其四，不知姓名之人毒死光绪。曾做过清宫御医的屈贵庭，在民国间杂志《逸经》上著文说：在光绪临死的前三天，他最后一次进宫为皇上看病，发现皇上本已逐渐好转的病情，突然恶化，在床上乱滚，大叫肚子疼，没过几天，光绪便死了。这位御医认为，虽不能断定是谁害死了光绪，但肯定光绪是被人暗中害死的。

从光绪死的那天开始，人们就怀疑他不是正常死亡。人们总觉得他死在慈禧前面，而且只比慈禧早死了一天，这件事太奇怪了！但所有这些猜疑，到今天为止，也只是猜疑,因为至今没有确凿史料证明光绪是被害死的。

同治皇帝死于何病

同治帝6岁登基,在位13年。同治十二年十二月,同治帝死于养心殿。他的死因,扑朔迷离,至今依然是个疑案。

据说,同治皇帝生活放纵,与家庭的关系不和谐。有文记载:同治好近女色,或着微服出游。有人给他进"小说淫词,秘戏图册,帝益沉迷"。他常到崇文门外的酒肆、戏馆、花巷游玩。野史记载:"伶人小六如、春眉,娼小凤辈,皆邀幸。"又记载同治宠幸太监杜之锡及其姐:"有奄杜之锡者,状若少女,帝幸之。之锡有姊,固金鱼池娼也。更引帝与之狎。由是溺于色,渐致忘返。"据记载:"醇亲王奕𫍯曾经泣谏不要微服出行,同治质问从哪里听来的?醇亲王怫然语塞。又召恭亲王奕訢,问微行一事是听何人所言?答:'臣子载澂。'同治微行,沸沸扬扬,既不能轻信说其有,也不能断然说其无!"

同治皇帝

同治十三年(1874年)十二月初五,同治帝在养心殿去世。慈禧将罪过栽到皇后头上。皇后阿鲁特氏见同治皇帝死,十分悲恸,水米不进,吞金自杀,幸好被人救下来。皇后之父崇绮,将此事奏禀慈禧皇太后。皇太后毫不在意地说:"随大行皇帝去吧!"所谓大行皇帝,是指已死但尚未入葬的皇帝,意思是说让皇后随夫殉葬。而且慈禧不立同治与皇后的后代为嗣,而是让同治的堂弟兼姨表弟载湉继承皇位。皇后走投无路,只能自尽以了残生。光绪元年(1875年)二月,同治帝死后75天,皇后阿鲁特氏"遽尔崩逝",年仅22岁。

关于同治皇帝之死,传说颇多,主要有三种说法,一种是说死于天花,二是说死于梅毒,三是说死于天花和梅毒。

第一种说法,主要是根据历史档案和翁同龢日记。翁同龢日记记载:同治于十月"二十一日,西苑着凉,今日(三十日)发疹"。十一月初二日,"闻传蟒袍补褂,圣躬有天花之喜"。又记载:"昨日治疹,申刻,始定天花也。"初九日,召见御前大臣时,"气色皆盛,头面皆灌浆泡饱满"。上谕云:"朕于本月遇有天花之喜,经惇亲王等合词吁请静心调摄"云云。经学者研究清宫历史医案《万岁爷进药用药底簿》后认为:同治帝系患天花而死。在同治得了天花以后,太医公布病情与药方,宣布同治之病为"天花之喜"。慈禧太后既文武大臣对同治之病,不是积极地寻求新医药和新疗法,而是依照祖上传下的规矩,在宫内外进行"供送痘神"的活动,敬请"痘神娘娘"入皇宫养心殿供奉。宫内张挂驱邪红联,王公大臣们身穿花衣,按照"前三后四"的说法,要穿7天花衣。同治的"花衣期"延长为"前五后七",就是可望12天度过危险期。慈禧、慈安两宫太后,还亲自到景山寿皇殿行礼,祈求祖先神灵赐福。内务府行文礼部,诸天众圣,皆加封赏。一身疮痍的同治,在皇宫求神祭祖的喧嚣中离开了人世。他死在养心殿,这里恰是他的祖先顺治被天花夺去性命的寝殿。《崇陵传信录》记载:"惠陵上仙,实系患痘,外传花柳毒者非也!"近年专家们发现了御医给同治看病的《脉案》。医学史专家对相关档案进行了认真分析,结论是:同治皇帝死于天花。

第二种说法,主要根据历史档案和翁同龢日记。野史中也有载述,《清宫遗闻》记载:同治到私娼处,致染梅毒。翁同龢日记云:十一月二十三日,"晤太医李竹轩、庄某于内务府坐处,据云:脉息皆弱而无力,腰间肿处,两孔皆流脓,亦流腥水,而根盘甚大,渐流向背,外溃则口甚大,内溃则不可言,意甚为难。"二十八日又记:太医云:"腰间溃如梳,其口在边上,揭膏药则汁如箭激,丑刻如此,卯刻复揭,又流半盅。"二十九日再记:见"御医为他揭膏药挤脓,脓已半盅,色白而气腥,漫肿一片,腰以下皆平,色微紫,看上去病已深。"李慈铭日记也记载:"上旋患痈,项腹皆一,皆脓溃。"但他又说:"宫廷隔绝,其事莫能详也。"

其实,这两种说法都有不当之处,据清宫史专家指出,清朝典章制度极为严格,皇帝私自从紫禁城里出去寻花问柳,几乎是没有可能的。另一种意见却认为,同治重修圆明园计划遭百官反对而失败后,百般无聊,便在太监的引导下,微服出宫,寻欢取乐。那时候,外国人可能已知同治帝之病,如美国公使给本国政府的报告说:"同治皇帝病若以西医及科学方法诊治,绝无不可医治之理,绝非不治之症。"然而,同治帝是一国之君,太医开方要经过严审,出于为君者讳,是不能公布病症实情,也不能按病开方,下药不对症,医治无疗效。

第三种说法,与前两种一样也是主要根据历史档案与文献资料进行推断而得。御医诊断同治的症状是:湿毒乘虚流聚,腰间红肿溃破,漫流脓水,腿痛盘挛,头颈、胳膊、膝上发出痘痈肿痛。这种看法是:同治或先患天花未愈而又染上梅毒,或先患梅毒而又染上天花,两种疾病并发,医治无效而死。

除此之外,民间对于同治皇帝的死因也有种种传说。对此,清朝官方一概沉默,不予申辩。因此,同治皇帝究问是死于什么疾病,也许将成为一个永远的历史疑案。

慈禧太后的出生地究竟在哪里

慈禧从一位贵人到皇太后,再到清王朝的最高统治者,对中国历史产生了重大的影响,所以对其身世也有多种说法,特别是关于慈禧的出生地,可谓众说纷纭。

慈禧的曾祖父吉朗阿,曾在户部任员外郎。祖父景瑞,曾在刑部山东司任郎中。道光二十七年(1847年),景瑞因为没能按时退赔其父吉朗阿在户部任职时欠下的银两亏空而被革职。外祖父惠显曾在山西归化城当副都统。父亲名叫惠征,曾在吏部任笔帖式,后屡有升迁。道光二十九年(1849年)被外放道府一级的官职。同年4月,任山西归绥道。咸丰二年(1852年),调任安徽徽(徽州府)宁(宁国府)池(池州府)太(太平府)广(广德州)道的道员。

从慈禧之父惠征的履历看,他曾先后在北京、山西、安徽等地任职。那么,慈禧出生在何处?史料中没有留下任何文献记载,也许谁也没有想到一个普通官宦之家的女子会成为执掌大清国朝政近半个世纪的圣母皇太后。

为查找慈禧的出生地,北京学者从清官档案中找到了清朝皇帝选秀女的名单,这在档案中叫做"排单"。其中有咸丰五年(1855年)慈禧的亲妹妹被选为秀女的记录。慈禧的这位妹妹后来成了醇郡王奕𫍽的侧福晋,光绪皇帝的生母。"排单"上明确记载:此女属满洲镶蓝旗,姓叶赫那拉氏,父亲名叫惠征,最高官职做到五品的道员。根据这份"排单",学者认定咸丰五年之前,慈禧的娘家住在北京西单牌楼北劈柴(辟才)胡同。所以,这里应该是慈禧太后的出生地。

此外,还有人认为慈禧出生在北京东城方家园。《清朝的皇帝》一书中记述:"慈禧母家在东城方家园,父官至安徽徽宁池太广道,时当道光末年,洪杨起事,惠征守土无方,革职留任,旋即病殁,遗妻一,子女各二,慈禧居长。"

至今,慈禧的出生地没有确定,慈禧入宫时选秀女的"排单"也没有发现,所有的一切都只是传说或猜测,主要有如下五种异说。

一说,慈禧出生于甘肃兰州。主要根据慈禧的父亲惠征曾任过甘肃布政使衙门的笔帖式。传说慈禧出生在当年他父亲住过的兰州八旗马坊门(今永昌路179号院)。但是,经过专家查阅文献和档案,发现惠征虽然做过笔帖式,但其地点是在北京的吏部衙门,而不是在兰州的布政使衙门。

二说,慈禧出生于浙江乍浦。主要根据慈禧的父亲惠征曾在浙江乍浦做官。《人民日报》曾发表一篇小文,题目是:《史界新发现——慈禧生于浙江乍浦》。这篇文章说:慈禧的父亲惠征,在清道光十五年至十八年(1835~1838年)间,曾在浙江乍浦做过正六品的武官骁骑校,而慈禧正是在这段时间出生的,所以她的出生地在浙江乍浦。这篇文章又说:在现今乍浦的老人当中,仍然流传着关于慈禧幼年的传说。

当时的规定,京官每三年进行一次考核。学者查阅清朝考核官员的档案记载:这时的惠征被考核为吏部二等笔帖式,三年后又被"懿妃(慈禧)遇喜大阿哥"档案作为吏部笔帖式进行考试,可见这时惠征在北京做吏部笔帖式,为八品文官。所以,这种说法值得怀疑:其一,惠征不能同时既在北京做官亦在浙江做官;其二,官职也不对,在京师是文官,在浙江是武官;其三,品级也不合。

三说,慈禧出生在安徽芜湖。主要根据是慈禧的父亲惠征曾做过安徽徽宁池太广道的道员,道员衙署在芜湖,因此说她出生在芜湖。

慈禧既然生长在南方,善于演唱江南小曲,由此得到咸丰帝的宠幸。一些小说、影视多是这么说的,比如电影《火烧圆明园》中有这样一个情节,兰贵人(就是后来的慈禧)在圆明园"桐荫深处"唱一曲缠绵小曲,咸丰皇帝听得如醉如痴,从此博得宠爱。显然,不能以慈禧善唱南方小曲,便孤立地作为她出生在南方的证据。就像北方人会唱黄梅戏,不能以此证明出生在安徽一样。根据历史记载:惠征当徽宁池太广道员是在咸丰二年(1852年)二月,正式上任是在同年七月。而慈禧已经在咸丰元年(1851年)入宫,被封为兰贵人;档案中还保存有兰贵人受到赏赐的赏单。可见慈禧不会是生于安徽芜湖。

四说,慈禧出生于今内蒙古呼和浩特。主要根据是慈禧的父亲惠征曾任过山西归(化)绥(远)道的道员。清代的绥远城,今为内蒙古自治区呼和浩特市,这种说法又称为内蒙古说。慈禧的父亲惠征当年曾任山西归绥道,道署在归化城(今呼和浩特市)。据说在呼和浩特市有一条落凤街,慈禧就出生于落凤街的道员住宅里,甚至传说慈禧小时候常到归化城河边玩耍。

但据文献记载,道光二十九年(1849年),惠征任山西归绥道道员时,慈禧已经15岁,所以说慈禧不可能出生于归化城。不过,慈禧可能随父惠征在归化城住过。慈禧的外祖父惠显,从道光十一年一十七年(1831~1837年)年,在归化城做官,当过副都统。慈禧可能在外祖父家住过。以上就成为了慈禧出生归化(今呼和浩特)说的一个历史的影子。慈禧的母亲不可能从北京回娘家生孩子,因为这在当时既路途遥远,也不合礼法。所以,慈禧不大可能出生在今呼和浩特市。

五说,慈禧出生于今山西长治。这是近年来的一种新说法。此说认为慈禧不是满洲人,生父也不是惠征。据今山西长治当地传说:慈禧原是山西省潞安府(今长治市)长治县西坡村王增昌的女儿,名叫王小慊,4岁时因家道贫寒,被卖给上秦村宋四元家,改姓宋,名龄娥。到了11岁,宋家遭到不幸,她又被转卖给潞安府(今长治市)知府惠征做丫头。一次,惠征夫人富察氏发现龄娥两脚各长一个痦子,认为她有福相,就收她做干女儿,改姓叶赫那拉氏,取名玉兰。后来玉兰被选入宫,成了兰贵妃。

说慈禧是王家的女儿,当地提出的根据是:王姓家谱从乾隆五十九年(1794年),一直续谱到现代。王氏家谱上更写着:"王小慊后来成为慈禧太后"。但是,这份家谱不是原家谱,是后来重抄的。

当地还传说:在西坡村外边的山脚下,还有据说是慈禧生母的坟。坟前有碑,原来是木牌,后来竖立石碑。说慈禧是宋家的女儿,当地提出的根据是:

1. 在上秦村里至今保存着一处娘娘院,被认为是慈禧入宫前住过的院落。

2. 在宋家的炕上曾刨出了当年慈禧给宋家写的家信等,据说她娘家六代侄孙还保存着这封信。

3. 在上秦村居住的宋家老人说:"慈禧太后是咱家的。"为此,宋家曾联名写信,要求政府调查澄清这件事。

上面的传说,有文有物,具体生动。长治地方众口一词,画押证明,说慈禧是长治人。长治市还为此专门成立了"慈禧童年研究会"。上述动人的传说,真是太传奇了。经专家考证,在这段时间,历任潞安府的知府共有 7 个人,但是没有惠征。既然惠征没有在山西潞安府做过官,那么慈禧怎会在潞安被卖到惠征家呢?

这个问题至今没有答案,就像慈禧的身世和出生地一样谜团重重,何时能够揭晓,需要等待研究者进一步探寻。

圣女贞德的生死之谜

圣女贞德出生于香槟区和洛林边界杜鲁弥村一个农村栋雷米的普通家庭,是一个非常平凡的农家少女。英法战争期间(1337~1453 年),她带领法国平民组成的军队对抗英军的入侵,作战勇敢,被称为"奥尔良姑娘",成为了法国人民爱国斗争的旗帜。最后由于封建主的出卖,被捕并被处决。

当时法国北部被英国占领,而英国又与勃艮第公国结盟。当时栋雷米属于亲英国——勃艮第联盟的巴雷公爵的领地。

研究这段历史的人都觉得奇怪,贞德作为一个普通的农家少女,哪儿来的那么大勇气和胆识敢于带领军队向凶猛的侵略军挑战?法国军队为什么也甘于听命于她这样一位小姑娘呢?

据说,贞德16岁那年,她在村后的大树下偶遇天使圣·米歇尔、圣·玛格丽特和圣·卡瑟琳,从而得到"神的启示",要求她带兵收复当时由英国人占领的法国失地。幸运的是,经过几番周折,贞德终于得到了兵权,于 1429 年率兵成为解除奥尔良之围,并多次打退英国侵略者,更促成拥有王位继承权的查理七世于同年 7 月 16 日得以加冕。

1430 年 5 月,英法战火复燃,勃艮等人拿起武器进行抵抗。由于贡比涅城告急,贞德率军队驰往增援。5 月 23 日,贞德率法军与英军交战,由于敌众我寡,贞德命令法军退回城里。不料城门外的吊桥已经除去,无法进入城中。贞德很快被敌军包围,势单力孤,只好束手就擒。

登基不久的查理七世,忘恩负义,得知贞德被擒,却不打算出兵救助。

由于战俘不能判刑,所以英军指控贞德施行巫术。

圣诞节前两天,贞德解往路洪。她被关在一间小屋里,用铁链锁住,日夜有士兵看守。1431年2月21日,审讯开始,法官企图罗织罪名宣判贞德的死罪。尽管贞德据理力争,把法官们驳得哑口无言,但审讯结果,法庭依然判贞德犯了异端的罪,并表示,假如她拒绝悔罪,应交行政机关依法处理。贞德坚决否认自己犯了异端的罪,坚决不悔罪。她在狱里声称,她是天主派来的,神奇的声音是天上来的,这一切是千真万确的。

5月30日,贞德被英军押赴里昂广场的火刑台。在万余名群众的注视下,实施火刑。当贞德瘦小的身躯被无情的烈火吞噬时,很多围观者听到她不断喊着耶稣的名字。烈火烧了很长一段时间,贞德竟然还没有被烧死。最后,她又低低地呼唤了一声"耶稣",慢慢变得悄无声息。

火刑执行完毕,但人们并不相信贞德已死,种种奇闻不胫而走。有个英国士兵说,贞德的灵魂离开肉身时,他亲眼看到一双白鸽自行刑的火堆中飞上天空。还有一些人说在火堆中出现"耶稣"的字样。不少人则认为火焰没有伤及贞德,行刑后她依然活在人间。那么贞德究竟有没有死? 还是人们出于对她的热爱,一厢情愿地相信她仍然活在人世? 这个问题就像她的领导才能一样,至今没有定论。

23年后,英法百年战争以法国的胜利结束(法国只剩下加来还由英国控制),贞德的母亲和兄弟申请重新侦查贞德的案件。1456年教宗下令组织委员会进行审查。审查的结果一致公认:贞德确是无罪的,所谓"异端"的罪名,全属无中生有。1920年5月16日,贞德被封为了"圣女"。

伊丽莎白女王为何终身未嫁

伊丽莎白一世是英国都铎王朝最后一位杰出的女王,在她统治期间,英国国力达到了最鼎盛的时期。她确立了英国的国教制度,稳定国内政治,发展经济;对外方面,英国取得了海上霸权,在东方不断扩张势力。女王在内政外交上创造了无数的辉煌,可是,她在个人婚姻方面却始终"孤家寡人",一生独身,没有成家,成为了人们百思不得其解的谜题。

伊丽莎白虽然终生独身,但是这也成为她的资本,她利用自己的婚姻大事作为资本,在欧洲各大国之间巧妙周旋。第一次是在她登基不久,当时国际社会迟迟没有承认她作为英格兰女王的合法身份。法兰西人更在为结束西班牙与法兰西之间的战争而举行的卡托一堪布累齐谈判中公然向伊丽莎白发难,提出了谁是英格兰王位合法继承人的问题。

伊丽莎白非常明白法兰西人的险恶用心,她不动声色地在暗中打起西班牙腓力二世这张王牌来。在一段时间内,她对腓力二世的求婚既不回绝又不应允,使腓力二世对联姻怀有希望,然后借助西班牙在国际事务中的影响力,敦促其他国家认可伊丽莎白作为英格兰女王的合法身份,求婚之事因此而拖了几个月。直到伊丽莎白了解到英格兰特使已在《卡托一堪布累齐和约》上签字,说明国际社会已承认了她作为英格兰女王的合法身份后,她才一改几个月以来的模糊态度,明确告诉西班牙使节,她不能与西班牙国王腓力二世联姻,原因是双方宗教信仰不一样。

此后,伊丽莎白多次将自己的婚姻用作进行外交的一种工具,众多王公贵胄向伊丽莎白求婚她都没有答应,或许她根本不打算结婚。然而她严密地隐藏自己的真实想法,她从不向各国王公贵胄关上求婚的大门,而是表现得欲言又止,一直让他们对联姻之事怀有希望,但最后往往是不给他们希望。

曾有一时期有人怀疑,伊丽莎白女王是不是有生理问题或者是心理问题,因而对异性不感兴趣。

其实,不想结婚的伊丽莎白也喜欢与男人交往。在宫廷之中,就有不少她喜爱的宠臣,达德利勋爵是其中最令她心仪的人。高大强健的达德利是贵族之后诺森伯兰公爵的公子,他英俊潇洒,一表人才,伊丽莎白对他十分宠爱,1564年加封他为莱斯特伯爵。实际上,伊丽莎白早就有与他结婚、永为伴侣的打算。可是有一件事情使她最终放弃了这个念头。那就是,莱斯特伯爵在成为女王宠臣之前已是有妻室之人。而且很凑巧,达德利之妻罗布莎特有一天突然命丧九泉,因此有好事者传说,罗布莎特是其丈夫为与女王成婚而故意谋杀致死的。不管此事是否属实,终究是人言可畏,女王深恐与达德利结婚会引来非议,有损君王尊严,终于未能与之结成连理。但事实究竟如何,是感情不够深厚? 还是伊丽莎白反悔? 或者罗布莎特负义?

1578年,法兰西国王亨利二世之弟、年轻的阿朗松公爵亲自登门向伊丽莎白求婚,但这场求婚却成了一场马拉松,直到5年之后,即1583年,50岁的伊丽莎白才明确宣布拒绝了他的求婚。

阿朗松成为了最后一位求婚者。此后伊丽莎白再也没有提过婚嫁之事,其中奥秘如何,后人们有过种种猜测:

一是患有"婚姻恐惧症"。女王的父亲亨利八世三次杀妻、六娶皇后,使伊丽莎白女王从小就蒙上了一层心理阴影,不信任男人和家庭,患上了"婚姻恐惧症"。

二是她是阴阳人。女王的政敌则宣称她根本没有正常的生理功能,是一个阴阳人,因为宫中曾传出女王的月经少得可怜。而另一些持相反意见的人则说女王有过私生子。

三是国家政治关系需要。有人认为,从古至今各国王室成员的婚姻无不烙上深深的政治烙印，只是国家政治、国际关系的附属物，包含了太多的阴谋与利益关系，聪明的女王宁愿选择独身也不愿终生生活在龌龊的交易中。

总之，女王在位45年，大臣们为了她的不嫁之谜可以说是绞尽脑汁，但都没有能解开这个死结，随着女王的逝世，更难有解开之日了。

沙皇公主真的还在人世吗

1917年2月，彼得格勒爆发了资产阶级民主革命，在人民运动的强大压力下，尼古拉二世终于在3月15日宣布退位，统治俄国300年之久的罗曼诺夫王朝就这样退出了历史的舞台。

3月20日，资产阶级临时政府宣布："确认退位国君尼古拉二世及其夫人已被剥夺自由，并将退位沙皇幽禁于皇村。"当时，皇后亚历山德拉和四位公主及皇太子早就提前被软禁在皇村了，晚上沙皇也被押送到那里。

沙皇的家庭成员一共有七位，家长为尼古拉二世，对于自己身份的剧烈跌落似乎显得无所谓。在皇村的日子他每天忙着扫雪、锯木、劈柴，或者陪着儿子做游戏，而女主人皇后亚历山德拉则没有沙皇那么好的风度了，厌恶她的人称她为德国来的"黑森林的苍蝇"，实际生活中她是一个喜怒无常、好弄权术、迷信鬼神、生活放荡的人。四个公主分别叫做玛丽娅、塔季娅娜、奥莉佳和安娜斯塔西娅，其中只有大公主玛丽娅还经常陪同沙皇去散步和锯木头。从前养尊处优的四位公主在失去自由后生活非常无聊，只得以刺绣、打牌来消磨时光，时间一长也慢慢学会了一些基本的生活自理能力，偶尔也会为自己洗衣服和烤面包。皇太子阿列克谢只有13岁，童年时患过血友病，身体瘦弱，再加上他很懒惰，也不爱读书，常以身体不舒服为借口躺在沙发上不动弹，性格也很像他那位神经质的母亲。

那么怎样处置沙皇这一家呢？俄国的各派势力争执了很久，一时也没有定论。资产阶级临时政府准备先把沙皇一家送到摩尔曼斯克，再去丹麦，英国政府也决定派巡洋舰来接走沙皇。尼古拉二世表面上看起来神态自若，内心里却无时不在焦急地等待被遣送或是出走甚至是逃跑。但是事与愿违，沙皇一家先是被转移到西伯利亚的托博尔斯克，软禁在前省长的豪华官邸里。9个多月后又迁往乌拉尔的叶卡捷琳堡，并被关押在与外界隔绝的单独居室里。待遇的变化让沙皇一家嗅到了死亡的气息，他们积极准备着出逃。

1918年7月12日，乌拉尔苏维埃感觉到了形势的严峻，为了在俄国彻底废除专制皇权统治，他们果断地决定就地枪决沙皇一家。几天后的一个晚上，革命士兵和武装工人将沙皇一家七口人和四名亲信押进地下室，向他们宣读了乌拉尔工兵农苏维埃的决定，随后地下室就响起了一排枪声。经检验,11 个人当场全部死亡,尸体很快被火化,骨灰和遗物被抛进了一个泥潭中。

过去 80 多年来,一直有消息传出阿纳斯塔西雅逃过大难,原因除了是欧美等地均有人自称是公主之外,1998 年获证实是被枪杀的尼古拉二世及家人的骸骨堆中,的确发现少了两具,这令安娜斯塔西娅与弟弟逃出生还之说,更加言之确凿。

据说安娜斯塔西娅没有死于乱枪扫射下,是因为当时她将珠宝、钻石等置于紧身衣内,借"钻石避弹衣"弹开子弹,因而她只是受了轻伤,后来被善心人出手相救,得以保命。

但是苏维埃政权和前苏联史学家在当时和后来都很坚决地否认有所谓俄国公主生还出逃的说法。叶卡捷琳堡的看守措施极为严密,看守人员绝对忠诚于苏维埃政权。安娜斯塔西娅是不可能逃走的。而自从沙皇一家被处决后,在西方各国自称俄国皇族后裔,招摇撞骗的人数不胜数,而在几十年中,在西方竟有 30 多位不同国籍的女人自称是安娜斯塔西娅,要求继承罗曼诺夫家族的遗产和爵位。

一幅骇人的情景:皇太子半躺在床边,他的头骨已被子弹炸开,垂下的手边有一支手枪,白沙皇尼古拉二世之女安娜斯塔西娅究竟是否生还于世? 这或许是俄国历史上永远不解的悬案吧!

真假公主悬案

1920 年 2 月,欧洲的一家媒体报道了一则消息:欧洲梅克佳堡有一位自称巴巴拉的公爵夫人向政府要求继承俄国沙皇在英国银行的存款及皇后的珠宝,因为她就是沙皇尼古拉二世的幼女安娜斯塔西娅公主。这则消息使整个世界为之震惊。当人们还没回过神来的时候,在美国又有一位安娜·安德森夫人宣称自己才是安娜斯塔西娅公主。一时间,世界所有报纸的头条都在报道这些消息。因为人们都知道,沙皇一家在"二月革命"时全都被捕,"十月革命"后被集体枪决,怎么会在这么多年后又出现了活着的公主呢?而且一下就是两个。就算其中的一个是真正的公主,那么当年她是如何从枪口下逃脱的呢?

岁月如梭,当人们对安娜·安德森的名字差不多快遗忘的时候,在梵蒂冈修道院做了 20 年总管的修女帕斯库亚丽娜在临终前向人披露了一个秘密,那就是在 1928 年西伯利亚的叶卡特琳堡落入红色卫队手中时,俄国皇室的成员并没有全部被击毙,仅仅是沙皇、皇后和王子阿列克谢被枪杀。四位女公爵全都死里逃生,并几次受到梵蒂冈教皇的秘密接见。这个秘密与安娜·安德森夫人当年所陈述的相距甚远,但使人们再次将视线落到安娜·安德森身上。而安娜·安德森并未对帕斯库亚丽娜修女的秘密作什么表示,她一直没有放弃过证明自己的身份,并为之奋斗了 60 年。

人们对此案也一直都有疑惑在心头：到底谁说的是真的呢？假如帕斯库亚丽娜修女说的是真的，安娜的姐姐们都还活在人世，为什么要保持缄默，不出来为她作证呢？如果安娜·安德森是一个冒牌货，又为何要为证明自己的身份而不懈地坚持了60年？安娜公主的身份之谜也许又会成为一个永世之谜。

吉莉·拉包尔是自杀还是被谋杀

吉莉·拉包尔是希特勒同父异母的姐姐安吉拉·拉包尔的大女儿，比希特勒整整小了20岁。1928年夏天，希特勒在巴伐利亚邦靠近奥地利边境的上萨尔斯堡租用了瓦亨菲尔德别墅，并请来了当时正在维也纳守寡的安吉拉来替他管家，因此正当妙龄的吉莉就和母亲一起来到了希特勒的身边。当时20岁的吉莉长着一头金色的头发，浑身洋溢着青春的气息，像一朵娇艳的玫瑰一样美丽动人。并且吉莉还有着一副美妙的歌喉，曾在维也纳专门学习过声乐，性格开朗的她最大的梦想就是能成为一名歌唱家。希特勒很快就对她神魂颠倒了，为讨取她的欢心煞费苦心，带她去参加各种集会，陪她出去散步，请她去慕尼黑最高档的餐厅喝咖啡，观赏歌剧。总之，在很长一段时间里，在各种公共场合总是能看见两人的身影。希特勒曾经表示，他们在上萨尔斯堡和慕尼黑一起度过的那段时光，是他一生中最快活的时刻。可惜好景不长，很快两人之间就出现了很深的隔阂。

至于双方的隔阂是如何产生的，有着各种不同版本的说法。其中一些学者和心理传记作家认为，希特勒表达感情的方式俨然是一个患有"嗜秽症"的受虐狂。他觊觎自己的亲外甥女的美色，有乱伦的嫌疑，并且不许吉莉见任何人，使她如笼中之鸟，失去了自由。而热情活泼且富有艺术家气质的吉莉实在是无法忍受这种令人窒息的爱，多次反抗希特勒，想要离开他的控制。

到了1931年夏天，吉莉公开宣称，她要离开希特勒，回维也纳去继续学习声乐。希特勒坚决不同意她的要求，吉莉对他限制自己的行动自由很恼火，但争执很快就平静了下来。据说，在1931年9月17日早晨，希特勒有事要出去，临行前，两人亦发生了激烈的争吵。当怒气冲冲的希特勒正准备上车的时候，吉莉扑在窗台上哭着喊道："那么你是不答应让我去维也纳？"希特勒斩钉截铁地回答完"不答应"三个字后，就头也不回地走了。希特勒还没有到达目的地就接到电话，说吉莉已经中弹死在自己的房间里。

但是，不是所有的人都相信检察官的判断，在吉莉死后的许多年中，慕尼黑一直流传着一些吉莉被谋杀的说法。有的说她是被盛怒之下的希特勒枪杀的：主要是因为吉莉不答应与希特勒结婚，还极力地想要逃离他的身边。当希特勒不允许她离开的时候，吉莉扬言要把他不可告人的性怪癖——"嗜秽症"公诸于众，希特勒恼羞成怒，便开枪灭口。

可是也有很多人认为吉莉是自杀的。据说吉莉爱上了一位当美术教师的犹太人，还怀上了他的孩子，希特勒当然不能容忍这种奇耻大辱，以她的母亲为要挟，逼迫她自杀。

另外，还有人猜测，拉包尔是不堪忍受希特勒强烈的猜忌和无理的性要求的折磨，而被迫自杀。也有人认为希特勒是真心地爱着吉莉的，只不过他的言行表现出他是一个十足的家庭暴君，对于吉莉来说，被他爱上实在是一种不幸，也许只有死亡才是她逃脱魔掌的唯一途径。

到底吉莉是因为什么而死的？是怎样死的？真相也许只有吉莉本人才最清楚，也许还有希特勒，但即使是这些人心中有秘密，他们也早已把它带进坟墓里去了，想要查清此案，并非一朝一夕的事情。

戴安娜王妃死于车祸吗

1999 年，颇受世人瞩目的戴安娜王妃于巴黎街头死于车祸，使英法两国大为震惊，媒体与记者成了人们指责的对象，并由此而引发了一场长达数年的诉讼大战。究竟是谁制造了戴安娜的死亡事件呢？是谋杀？还是车祸之后受伤而死？还是死于其他原因呢？

戴安娜王妃，原名戴安娜·斯宾赛，1981 年 7 月 29 日，美丽的戴安娜与查尔斯王子在白金汉宫结为夫妇。但是，婚后他们发现，两人性格差距很大，查尔斯喜爱的马球丝毫引不起王妃的兴趣；而戴安娜喜爱跳舞亦跟稳重的王子格格不入，再加上王室的礼仪烦琐，种种原因使两个人终于在 15 年后劳燕分飞。消息传出后，人们大多将责任归咎于查尔斯王子，对戴安娜王妃多持同情态度。

戴安娜王妃

之后，多迪·法耶兹出现在戴安娜的生活中，二人一见钟情，很快坠入爱河。1999 年 8 月 31 日，戴安娜与法耶兹结束地中海之旅后返回巴黎，并在丽斯酒店共进晚餐。随后二人一同乘车前往法耶兹在巴黎第 16 区的豪华住宅。为躲避记者追踪，饭店派保罗为他们开车。保罗把时速提到 160 公里。在阿尔马桥下隧道前面发生了意外事故。司机保罗和法耶兹当场毙命，戴安娜在后座，也身受重伤。记者们追踪而至，但是他们没有对伤者进行抢救而是围在汽车残骸周围，举起相机从各个角度拼命拍照。尽管戴安娜后来被送往医院救治，但是，终因心肺受重伤不治而亡。保镖重伤后幸存。

戴安娜遇难事件使英法两国为之震惊。巴黎警方迅速对戴妃死因展开调查。最初调查指出司机保罗是酒后驾驶，每公升血液酒精含量达到1.75克。但是后来不断有人证实保罗早已戒酒，开车当晚并没有喝酒。那戴安娜王妃究竟是怎样出的车祸？对戴安娜的死现在有以下说法：

一是谋杀。英国王妃戴安娜之死至今仍扑朔迷离，她儿子威廉也不相信其母是死于意外，他暗中找来军情五处前探员协助，誓要将凶手绳之以法。威廉王子在戴妃逝世4周年之际，曾跪在墓前发誓："我知道你是被谋杀的，直至凶手被法律制裁之前，我绝不会罢休。"据威廉的密友透露，威廉相信其母亲之死有太多疑点，最明显的是戴妃平时即使穿上隆重的晚礼服也坚持要系安全带，但车祸当晚她却没有这样做。

二是司机酒后造车祸。据法国法院判决说，根据周密调查，法庭认为为戴安娜开车的司机保罗酒后开车、超速行驶是造成车祸的直接原因，司机服用了过量掺药的鸡尾酒后，高速行驶而导致汽车失控后车毁人亡。

三是狗仔队围追堵截。很多人认为，由于二受到狗仔队的"围追堵截"，戴安娜王妃与男友法耶兹为摆脱一帮摄影记者的追逐，在巴黎发生车祸，双双身亡，司机也当场毙命。

四是种族主义分子谋杀。2000年8月，埃及富翁法耶兹要求美情报部门交出谋杀戴安娜证据，同时宣布他会起诉美国一些政府部门。美国中情局对被起诉不予置评，仅称对方认为中情局与法国车祸有关是荒谬的假设。法耶兹表示，他认定中情局和其他政府部门卷入了这起事故，而这起事故就是一个暗杀戴安娜的阴谋。

五是地雷商在中途埋下"炸弹"。这种说法指责地雷制造商杀害了戴安娜，甚至有人说在出事当时听到一声状似地雷爆炸的响声。因为戴安娜一直关心地雷带来的祸害，倡议全球禁制地雷，损害了他们的利益。

六是汽车出现故障。有报道称，肇事车辆曾被人盗去控制刹车的电脑中枢组件，令人怀疑车祸可能与汽车机件故障有关。有人目睹一部摩托车转向戴安娜所乘的车前面，在看到一些相机闪光后奔驰车便失去控制，据说当时摩托车上有两个人。

七是因延误救治时间。英国著名心脏外科专家克里斯蒂安·巴纳德表示，如果戴安娜在车祸发生后的10分钟内被送往医院，她可能已被救活了。巴纳德说，他们犯了一个非常严重的错误，只有手术才能制止大出血。而他们在现场磨蹭了一个多小时。由于没有得到及时的抢救，戴妃最终死于内出血。一位法国医生弗雷德里克回忆车祸现场时说，戴安娜是车上4人中情况最好的一个，她看上去"还不错，有活下来的机会"。

八是司机是情报人员。哈罗德商场的老板在英国BBC第五频道披露了一条爆炸性的消息：司机亨利·保罗在车祸之前3年一直是英国情报部门军情六处领取薪水的告密者。那天，他事先就接到英国情报部门的密令，为戴安娜驾驶奔驰车，行车的路线都是严格按照情报部门预先制定的线路图进行的,包括走哪一条路,从哪个隧道经过,车速是多少等。为了杀人灭口,英法情报部门故意在保罗经过的隧道路口制造了这起车祸,企图制造假象让人相信这完全是因饮酒过度造成的一起交通事故。车祸发生后,司机的血样已在验尸房被人调换了。

九是法庭调查不准确。法耶兹指出,法国法庭公布的长达 32 页的调查报告疑点颇多,根本无法让人信服。法耶兹反驳说,调查报告未对下列疑点作出明确交代:那辆一直追逐在后面的神秘的菲亚特乌诺的轿车到哪里去了? 那辆用激光枪瞄准司机造成目眩的摩托车到哪里去了? 存放在情报机关的司机保罗的档案在什么地方?

十是戴安娜根本没有死。英国流传着一种美好的说法,戴安娜并没有死,依然活在世上,"诈死"是想摆脱传媒的追踪,重新过平淡生活,以逃避世俗的纷扰,她以另一种身份在世界的一个角落生活,只是没有人认出她。有人称,出事 4 个小时后才对外界宣布戴安娜死亡,有足够的时间隐瞒真相及让戴安娜改头换面。

尽管以上说法言之确凿,但大多是猜测,并没有明确的证据证明戴安娜究竟死于什么原因,所以戴安娜王妃之死依然是一个历史悬案,有待进一步研究取证。

杰奎琳为什么要嫁给希腊船王

杰奎琳·肯尼迪·奥纳希斯以美国第 35 任总统约翰·肯尼迪的夫人而闻名于世界,更以其个性及魅力赢得了美国人的喜爱。

1929 年 7 月 28 日,杰奎琳出生于纽约长岛,1951 年毕业于美国首都乔治华盛顿大学,毕业后在《华盛顿时报》论坛当摄影记者。在报社工作期间,她采访当时来自麻省的参议员肯尼迪时,两人从此结识。1953 年,杰奎琳与肯尼迪定婚,杰奎琳当时称自己是"世界上最幸运的女孩子"。同年 9 月 12 日,24 岁的杰奎琳与肯尼迪结婚。

7 年之后,肯尼迪当选为美国历史上最年轻的总统。当时,年轻、漂亮、很有修养的第一夫人杰奎琳成为了美国年轻人的偶像。在人们看来,她的确是最幸福的女人。可是,幸福很短暂,1963 年 11 月 22 日,在得克萨斯州的达拉斯,肯尼迪总统坐在杰奎琳的身边遭到暗杀身亡。

但是,人们对这位总统遗孀充满了敬仰之情。杰奎琳在举国哀悼期间表现得冷静、坚毅和勇敢,她一手牵着女儿,一手牵着小儿子,站在肯尼迪的灵柩前。小肯尼迪在妈妈的指点下,举起手庄严地向自己父亲的棺椁敬礼——这一感人泪下的情景,让无数美国人为之动容。

令人没有想到的是,肯尼迪遇害 5 年后,杰奎琳与船王亚里斯多德·奥那西斯举行了婚礼。当时的杰奎琳 39 岁,依然年轻、美丽动人。而船王亚里斯多德已经 62 岁,尽管穿着一双高跟鞋,可是看起来还是比新娘矮上一大截。他们的婚礼引起了全世界的瞩目,特别是在舆论界引起的震动不亚于前总统约翰·肯尼迪的遇刺消息。

对于这桩婚姻,欧美甚至全世界的许多新闻媒体都充满了愤怒的情绪。

人们无法理解,为什么杰奎琳这么出色、曾经是第一夫人的杰奎琳要嫁给这样一个男人。自从肯尼迪总统遇刺之后,民众们普遍同情这位守寡的前第一夫人,把她当做完美的象征,因此当杰奎琳出现在各种社交场合的时候,总能引起一阵不小的轰动,而她再婚的消息,无疑将这个完美的神话破坏了。人们追究她与船王结婚的真实原因,试图找到原谅她的理由,可是,杰奎琳直到去世也从未透露过一个字。

不过,人们还是对此进行了猜测,主要呈现三种观点:

第一种观点被大多数人认同,认为她嫁给船王完全是因为经济上的原因,她需要一个可以供她挥霍的丈夫。希腊船王奥那西斯是世界上有名的亿万富翁,当他在 1975 年死去时,遗产总数高达 10 亿多美元。而众所周知的是,杰奎琳有着疯狂的购物欲,她在做第一夫人期间,家具、时装、化妆品、室内装潢、古玩、艺术品等都是她采购的重点,她已经习惯了到最高档次的商店购物而且从来不问价钱。就因为这件事,肯尼迪总统的母亲一直对她有很大的意见,她也曾因此与总统争吵过。事实上,嫁给奥那西斯之后,她就更变本加厉地疯狂购物,"10 分钟内可能已进出了世界数家豪华商店,花了至少 10 万美元"。对于她的这种挥霍无度,富有的船王有时也觉得忍无可忍,常常把账单摔到桌子上,愤怒地说:"尽管我是富翁,但我难以理解这个女人为什么一下子要买 200 双鞋?除此之外,我还得给她买成打的手袋、裙子、睡衣、外套!"从这些可以看出,杰奎琳要想满足自己那无底洞一般的欲望,必须要找一个强有力的经济后盾,所以当她遇到奥那西斯这位亿万富翁的时候,简直是欣喜若狂,把自己的终身托付给了这个"只有 5 英尺高""既无魅力又不可爱的乏味透顶的老头子",她不是看中了他的大把的钞票又是什么呢?

第二种观点,杰奎琳的一些密友们和许多女性认为,奥那西斯自有他独特的魅力,杰奎琳就是被他的迷人之处打动,毅然嫁给了他。好莱坞著名影星伊丽莎白·泰勒就从女人的角度认为,杰奎琳找到了一个"迷人、和谐、体贴的伴侣",这位"机智的希腊海盗"以他地中海式的幽默出现在社交场合,他喜欢热闹,善于调情,这种性格吸引了寡居中孤僻的杰奎琳。

另外还有一种观点,认为杰奎琳嫁给船王是为了逃避厄运,为了自身和一双儿女的生命安全。肯尼迪家族有"美国的王室"之称,不仅拥有数不清的财富,更是在政坛上呼风唤雨,才俊辈出,但同时它也是个多灾多难的家族。当肯尼迪总统遇刺身亡后,她悲痛欲绝,好长时间不能从悲伤中恢复过来,从此对周围的环境时刻充满着警惕,害怕自己和子女再遭毒手。1968 年 6 月 6 日,肯尼迪的弟弟参加总统竞选时遇刺身亡,再次重现了肯尼迪家族历史上恐怖的一幕，一直神经高度紧张的杰奎琳简直无法接受这一打击。在葬礼上，悲痛的杰奎琳当众宣布她要离开美国，"我诅咒这个国家，如果他们再下毒手，我的儿女无疑将首当其冲"。人们还没来得及领悟这句话的背后含义，《纽约时报》的头版就已经登出了她将与奥那西斯共结连理的新闻。自从杰奎琳嫁入肯尼迪家族以后，她就无时不因这个家族的权势和荣耀带来的种种灾难而忧心不已，自我保护的意识早已在她的心中扎下了根，所以当事情开始向着她预见的方向发展的时候，她只好立刻逃离了这个家族。

这场婚姻的背后到底有着什么样的秘密，除了当事人之外，恐怕谁也无法知道，这注定要成为一个永远无法解开的悬案。

越王勾践是不是夏禹的后代

勾践的先祖据说是夏禹的后代。那时，夏朝的帝王少康的妃妾，生了个儿子名叫无余。无余被封在了会稽，要他去那里祭祀和守护夏禹的坟墓。

于是无余便去了会稽，他不但去了那里，还入乡随俗地在自己的身上刺上了花纹，剪断了长发，并在那里开荒种地、兴建城堡，并安心地居住了下来。后来，无余将自己的城堡又传给了下一代，就这样，一直传了二十多代。当传到了允常这代时，他们开始和吴王阖闾作战，并结下了怨

越王勾践

仇，之后总是相互攻伐。允常死后，他的儿子勾践继位当了越王。

公元前497年，勾践即位，时值楚国联越制吴，吴、越冲突初起，而越国实力尚弱。勾践元年，吴王阖闾兴师伐越。勾践统兵抗击前来进攻的吴军，他以军中的罪人"成列自刎"的方式，惊乱了吴军而侥幸得胜，并一举打败吴军，还射伤了吴王。使吴王阖闾受伤而死，导致吴、越矛盾激化。

后来，勾践被吴王夫差打败，勾践假意臣服，实则励精图治，瞒过了夫差。特别是春秋后期，越王勾践统治的越国在东南沿海崛起。他奋发图强，覆灭吴国，进而北上中原，与齐、晋会盟。越王勾践的军队横行于江淮之间，鲁、宋、卫等小国都臣服于他，周天子命他为诸侯之长，成为显赫一时的春秋最后一霸。

对于越王勾践的奋斗史，这里不多说了。但是关于他的身世，特别是关于他是不是夏禹的后代这个问题，便需要特别讨论了。因为关于这个问题，学术界已经争论了很久，

却一直没有定论。

上面我们提到，越王的祖先无余是夏禹的后代，他建立了越国，也就是说，他便是越国的第一个君主。并且经过许多年后，帝位又传给了勾践。这便充分证明了，越王勾践应该就是夏禹的后代。但是，又有人认为，这种说法是错误的。

有人根据史料指出：夏少康至夏桀传了 11 代，商汤至纣王传了 30 代，周武王至敬王又传了 25 代，共有 66 代之多，而越国传位却只有 20 余代，显然说不过去。据此推断，勾践并不是夏禹的后代。夏人属于北方民族，而越人属于南方民族。越王勾践的真正祖先依然在南方。

至于无余这个人，确实存在，只不过他不是夏朝的帝王少康的妃妾所生，而是土生土长的南方人。那时，无余是南方一个部落的首领，为了便于管理各部落，他自立越国，并出任越王，以此来号令各部落。

无余死后，又将越王之位传给了他的儿子。就这样，当传了 20 多代之后，便到了允常这代，允常也就是勾践的父亲，当允常死后，王位自然便传给了勾践。这样说来，勾践与夏禹一点儿关系都没有。

但是，又有人举出新证：虽然不能肯定地说，勾践一定是夏禹的后代，但也不能说勾践与夏禹一点儿关系也没有。因为与越国相邻的吴国，便是北方周人的后代。再加上吴与越的民众，不论长相还是生活习性，都非常相近。既然吴国人是北方周人的后代，那么越国国君也有可能是北方夏人的后代。

因为几方的资料记载都太少，无法证明哪种观点才是正确的，于是，越王勾践究竟是不是夏禹的后代，依然是个未解之谜。

秦始皇身世之谜

秦始皇帝，通称为秦始皇，即嬴政，亦称赵政，秦庄襄王之子，是首位完成中国统一的秦王朝的开国皇帝。

秦始皇嬴政是开启中国数千年专制时代的第一位君临天下、叱咤风云的皇帝。六国养尊处优的君主妃嫔、王孙公主、皇亲国戚无一不胆战心惊地对他捣首跪地、俯首称臣。然而，傲视天下的秦始皇内心却是异常脆弱的，因为他对自己的身世一直讳莫如深。

据说，秦始皇和吕不韦是父子关系。有个"一个女人买一个国家"的故事，说的是赵姬怀了吕不韦的骨肉，而后她被送给了秦国的太子。后来那个太子登上了皇位，于是赵姬怀的孩子自然而然也就成了太子。再后来发生的事，都是吕不韦意料之外的。那么，秦始皇跟吕不韦到底有没有血缘关系呢？

故事还得从吕不韦说起：那时，卫国有一个名叫吕不韦的富商，他善于经营又野心勃勃。有一年,他在赵国的都城邯郸活动,结识了秦国送往赵国的人质异人。异人是当时秦国太子安国君的儿子,因秦国经常攻打赵国,异人在赵国的日子相当难过,连衣食都成问题。吕不韦认为异人可以利用,于是便想方设法地接近他、讨好他。吕不韦对异人说他有办法让异人当上未来的秦王,异人非常感动。吕不韦知道安国君最喜欢华阳夫人,然而华阳夫人没有生育,于是吕不韦想办法接近华阳夫人,送给华阳夫人的姐姐许多贵重的物品,告诉华阳夫人如果安国君死去,她的尊贵地位也就没有了,要想保住地位,必

吕不韦

须过继一个儿子。而又得让人感觉到这个儿子没有夺取皇位的可能,这个儿子就是异人。华阳夫人同意了,并说服了安国君。同时吕不韦又给了异人很多钱,让他广结朋友。异人过继后,改名为子楚。

秦昭王去世后,安国君当上了秦王,也就是秦孝文王。孝文王立子楚为皇太子。此时,吕不韦又把一位绝色美女纳为小妾,她便是赵姬。待赵姬怀孕后,吕不韦又约太子子楚前来,故意让子楚见赵姬。子楚一见赵姬就非常喜欢,非要不可,吕不韦就将赵姬送给了子楚。赵姬于是为子楚生了一个儿子,取名嬴政。

安国君(秦孝文王)死后,子楚继承了皇位,子楚死后,年仅13岁的嬴政便登上了秦王的宝座,因为年幼,政事便落入了吕不韦和赵太后之手。这样,就有了嬴政是私生子之说。在《史记》和《资治通鉴》中称吕不韦"奇货可居"。

因为嬴政是自己的亲生儿子,所以吕不韦让嬴政喊自己为"仲父",吕不韦则掌管全国政事,成为一手遮天的大人物,他在邯郸的秘密计划就这样实现了。

但是,明代王世贞写的《读书后记》一书中,却怀疑这段记载的真实性,并提出两条理由:一是,吕不韦是为了使自己永葆富贵,而故意编造了自己是秦始皇的父亲的故事;二是,吕不韦的门客骂秦始皇是私生子以泄愤,而编造此说。著名历史学家郭沫若则认为,嬴政是吕不韦的儿子这种说法始于西汉初年,是吕后为夺权而让诸吕编造、散布以便制造舆论的,其目的是为了说明天下本是吕家的,现在被刘家夺去,理应由吕家再夺回来。

郭沫若的《十批判书》中,也怀疑吕不韦为秦王嬴政生父之事,并指出了三个疑点:第一,仅见《史记》,而为《战国策》所不载,没有其他的旁证;第二;和春申君与女环的故事如同一个刻板印出的文章,情节类似小说;第三,《吕不韦列传》又有"子楚夫人赵豪家女"之说,显然与上述故事自相矛盾。

郭志坤的《秦始皇大传》对郭沫若提出的三点质疑，作了针锋相对的批评。他以为：第一，《史记》的记载有不少为《战国策》所不载，没有旁证，照样保持《史记》的真实性；第二，春申君与女环的故事，出于《战国策·楚策》。《史记》所载的故事与此相类似，并不能否定《史记》记载的真实性，只能说明这种斗争手段，在当时被不少政治上的风云人物所运用；第三，并没有自相矛盾。司马迁说吕不韦把"邯郸诸姬绝好善舞者"献于子楚，此"姬"即为"赵豪家女"，完全说得通。

郭志坤进一步引证班固称秦始皇为"吕政"之说。裴骃《史记集解》："吕政者。始皇名政，是吕不韦幸姬有娠，献出襄而生始皇，故云吕政。"郭志坤还指出："秦始皇是私生子，并不影响他统一中国的伟大形象。"并举例说孔子、耶稣都是私生子，但也并没有因此损害他们的形象。

至此，秦始皇到底是子楚的儿子，还是吕不韦的儿子，依然是个谜。

刘备有无"三顾茅庐"

三顾茅庐，说的是汉末刘备三次诚访诸葛亮请他出山辅佐的故事。此后这个故事传为佳话，渐成典故。现在常用来比喻真心诚意地一再邀请、拜访有专长的贤人。

那时，黄巾势起，天下大乱，曹操坐据朝廷，孙权拥兵东吴。汉宗室荆州牧刘备，听闻诸葛亮很有学识，又有才能，刘备就和关羽、张飞带着礼物到隆中卧龙岗，去请诸葛亮出山辅佐他。恰巧诸葛亮外出，刘备只得失望而回。不久，刘备又和关羽、张飞冒着大风雪第二次去请。不料诸葛亮又出外闲游去了。张飞本不愿意前来，见诸葛亮不在家，就催着要回去。刘备只好留下一封信，表达了自己对诸葛亮的敬佩，以及请他出来帮助自己的意思。

过了一段时间，刘备吃了三天素后，准备再去请诸葛亮。关羽说诸葛亮也许是徒有虚名，未必有真才实学，不用去了。张飞却主张自己一个人去，如诸葛亮不来，就用绳子把他捆来。刘备把张飞责备了一顿，又和关羽、张飞第三次去请诸葛亮。当他们到诸葛亮家时，已经是中午，诸葛亮正在午睡。刘备不敢惊动他，一直站到诸葛亮醒来，才彼此坐下谈话。诸葛亮见刘备有志替国家做事，而且诚恳地请他帮助，就决定出来全力帮助刘备建立功业。

《三国演义》把刘备三次亲请诸葛亮的事，叫做"三顾茅庐"。诸葛亮在著名的《出师表》中，也有"先帝不以臣卑鄙，猥自枉屈，三顾臣于草庐之中"的句子。

但是，又有人说，其实刘备并没有三顾茅庐，那时候是诸葛亮主动去找的刘备。他的理由有三点：第一点，诸葛亮这个人是一定要出山的，因为《三国志》里说得很清楚，"自比管仲、乐毅"，管仲、乐毅就是要出将入相、建功立业，而诸葛亮要出将入相，刘备是最好的人选。诸葛亮不投靠曹操，不投靠孙权，甚至不就近为刘表服务，他就是要为自己选一个最好的老板，而刘备无疑是最好的人选，他岂肯在隆中坐等刘备"三顾"呢？

第二点，刘备确实需要人才，但他需要的是一群人，不是一个人；诸葛亮需要老板，可他需要的不是一批老板，而是一个老板。那么究竟是需要一群人迫切呢，还是需要一个人迫切？

第三点，以诸葛亮的智慧和当时的社会地位，他发现刘备，应该比刘备发现他要早。刘备那时已经很有名了但他未必知道有一个诸葛亮。那么，在这样的情况下，应该是诸葛亮去找刘备，何况当时形势非常紧急，刘备怎么可能坐在隆中去等这个不一定有把握请出的诸葛亮？

另外，关于刘备三顾茅庐的地方，是位于河南南阳的卧龙岗，还是位于湖北襄阳的隆中，也一直争论不休。加上古隆中和卧龙岗都有武侯祠、草庐、野云庵、三顾堂等景点，所以这场争论便更加白热化了。

而当时的形势是这样的：刘备虽说是汉室之后，不过关系太疏远了，家道早已破落，他随母亲靠织草席、贩草鞋谋生。24岁时靠镇压黄巾起义当了小官，又因鞭打督邮挂印而去。苦干了几十年，在军阀混战中一时投靠这个一时投靠那个。他投靠曹操后，曹操对他一直有戒心，后来他参加反曹操的密谋失败，官渡之战中他袭击曹操的后方又失败，在曹操追逼中，走投无路时投奔了荆州牧刘表，刘表把他安置在南阳附近的新野，派人处处监视。刘备此时只有几千兵马，寄人篱下，受制于人，很不甘心，时时想自立门户。所以他求贤若渴，一而再，再而三地登诸葛亮之门，这正好反映了他的困境。试想，兵多将广、谋士如云的曹操会"三顾"吗？很有实力的孙权会"三顾"吗？不会。诸葛亮也明白这一点。刘备对他有知遇之恩，眼前刘备力量虽小，他也肯倾力相助。

古时，襄樊和隆中在汉水之南，属南郡；南阳和新野在汉水之北，属南阳郡。两郡一字之差，以汉水为界。很有可能，历史上有人把两郡弄混了，把隆中归到南阳郡去了，把隆中说成了诸葛亮也曾寓居过的地方。而当时刘表把刘备的兵马限制在新野，即汉水之北，刘备是不容易去汉水之南的隆中的。

诸葛亮当年究竟隐居于河南南阳卧龙岗，还是湖北襄阳古隆中，从明代开始一直争论不休。直至清咸丰年间，南阳郡守顾氏因是湖北人，便写了一副对联："心在朝廷原无论先主后主；名高天下何必辨襄阳南阳。"这事才有所停息。

刘禅并非是扶不起的阿斗

刘禅，蜀汉后主，字公嗣，小字阿斗。刘备的长子，母亲是昭烈皇后甘氏。三国时期蜀汉第二位皇帝。公元263年蜀汉被曹魏所灭，刘禅投降曹魏，后被封为安乐公。

一般人们都认为刘禅是个扶不起的阿斗。有一个典故,就充分说明了这一点,那就是——乐不思蜀。人们常把乐而忘返或乐而忘本,无故国故土之思,称为"乐不思蜀"。这个典故就产生于三国时的洛阳。当时魏军入川,蜀汉后主刘禅投降,被送到洛阳。司马昭封他为安乐公,赐住宅,月给用度,僮婢百人。刘禅为表感谢,特意登门致谢,司马昭于是设宴款待,并以歌舞助兴。当演奏到蜀地乐曲时,蜀汉的旧臣们油然涌起国破家亡的伤怀之情,个个泪流满面。而刘禅却嬉笑自若。司马昭见状,便问刘禅:"你思念蜀吗?"刘禅答道:"这个地方很快乐,我不思念蜀。"他的旧臣闻听此言,连忙找个机会悄悄对他说:"陛下,等会儿若司马昭再问您,您就哭着回答:'先人坟墓,远在蜀地,我没有一天不想念啊!'这样,司马昭就能让陛下回蜀了。"刘禅听后,牢记在心。酒至半酣,司马昭果然又发问,刘禅赶忙把他的旧臣教他的话学了一遍,只是欲哭无泪。司马昭听了,说:"咦,这话怎么像是您的旧臣说的?"刘禅惊奇道:"你说的一点儿不错呀!"司马昭及左右大臣全笑开了。

　　也有人说,刘禅其实并非是扶不起的阿斗。刘禅继承帝位时,年仅17岁。刘备临终前特意叮嘱:"汝与丞相从事,事之如父。"于是乎,"政事无巨细,咸决于亮",所有的事情刘禅都"按丞相说的办"。对于大权独揽的诸葛亮,刘禅也做到了凡事谦让,"以父事之"。

　　后来刘禅年纪渐长,按照汉代朝廷的常规,诸葛亮应当逐渐地将大权还给刘禅,让刘禅顺利"转正",彻底摆脱"见习"皇帝的命运。可是,诸葛亮仍紧握大权。诸葛亮的理由也很简单,因为刘禅没有工作经验,没有治国经验。这让人不禁要问,刘禅现在是没有经验,你不给他实践的机会,他哪儿来的经验,这样他不是永远没经验吗?

　　诸葛亮带兵出外征战,对已年满22岁的刘禅依旧不放心,特派心腹董允为侍郎,"监管"刘禅。在诸葛亮的《前出师表》中,诸葛亮对刘禅说话的口气和语感,简直犹如一个严峻的父亲在冷酷地调教不懂事、不听话的孩子。对于这些,刘禅一让再让,不想引起国内的政治混乱。

　　刘禅不仅有容人之量,而且头脑清楚,知人善用,有很强的分析能力,绝对不是弱智。刘禅专用诸葛亮来治国,就是他聪明的地方,虽然诸葛亮有穷兵黩武的问题,但是他治理蜀国的措施确实给蜀国带来了发展。所以即便在孔明死后,刘禅仍然继续沿用他的措施,甚至重用他所选拔的人。

　　诸葛亮急于北伐,但刘禅此时的头脑非常清楚,他了解魏蜀的实力根本不在一个水平线上,又不好直接反对,只能规劝诸葛亮说:"相父南征,远涉艰难;方始回都,坐未安席;今又欲北征,恐劳神思。"诸葛亮执意北伐,没有听从刘禅的劝告,但刘禅还是全力支持诸葛亮北伐。诸葛亮死后,刘禅立刻停止了空耗国力、劳民伤财的北伐行动。

　　亡国之后,亡国之君刘禅的自家生命,以及蜀地百姓的幸福,都掌握在人家手里。所以,刘禅必须装憨卖傻,处处隐藏自己的才能,才可以瞒天过海,养晦自保。西方的某个著名文学家说过:"装傻装得好也是要靠才情的,这是一种和聪明人的艺术一样艰难的工作。"在刘禅表面的麻木和愚懦的背后,潜藏着过人的狡黠和机智。魏、蜀、吴三个集团中,刘禅领导的蜀国一直处于弱势,然而 41 年来,刘禅能知人善任,使蜀国稳步发展,重现实轻面子,使百姓免受战争涂炭,要是阿斗真的扶不起,又怎能做到这些?

由于刘禅对军队没有可靠的控制权,不敢对主张北伐的军方将领太过压迫,导致施政方针混乱。最后蜀汉于公元 263 年亡国。蜀亡后,刘禅移居魏国都城洛阳,留下了"此间乐,不思蜀"的名句,也给司马昭留下了"我无忧矣"的好印象,成功地保住了性命。

阿斗虽然被后世评为碌碌无为的君主,而且还扶不起,但却生活得很幸福,比历代亡国皇帝的结局都要好得多。

隋文帝暴崩真相

隋文帝杨坚,隋朝开国皇帝,弘农华阴(今属陕西)人。他在位期间成功地统一了分裂百年的中国。他还是西方人眼中最伟大的中国皇帝,被尊为"圣人可汗"。

关于隋文帝的死因,有多种传说。其中流传最广的说法:隋文帝是被太子杨广杀死的。根据一些野史的记载:在仁寿四年七月,文帝病危时,太子杨广写信向杨素询问文帝的病情,杨素回信给太子时,手下人却把信误送到文帝手中,文帝大怒。同时,文帝的宠妃宣华夫人告诉他,太子杨广欲行非礼。文帝这才下决心将太子杨广废掉,于是令柳述、元岩紧急召前太子杨勇前来,准备让他继承皇位。杨素得知这一消息后,马上报告了杨广,杨广立即伪造圣旨,逮捕柳述、元岩,将自己的心腹派到宫里,又派亲

隋文帝杨坚

信宇文述等人控制宫门,把后宫的人遣往别处。一切安排妥当后,杨广派张衡入宫侍疾,不久文帝就驾崩了。

这段资料非常流行,也是很多电视剧或小说非引用不可的资料。这段资料一下子就将杨广的正常即位拉到了"篡位",这暗示着隋文帝的死可能不是善终。要么是被杨广的恶行活活气死,要么就是那个更加骇人听闻的说法——被杨广杀死。

"杨广弑父"的说法在史学界和学术界都颇具争议。关于文帝被弑的说法,唐朝编写的《隋书》在文帝和炀帝的本纪中均不采用。而指控杨广弑父的资料都是出自野史或隋

朝末年为了讨伐杨广而写的檄文。都是为了政治需要，而刻意歪曲事实，丑化隋炀帝。而唐朝既得天下，也必须刻意妖魔化前朝的末代皇帝，以证明自己得帝位是顺应天意，证明其正统性。据《隋书》上说，杨广一向擅长隐瞒欲望，那怎么会连几天都等不了，甚至竟然在文武百官和文帝诀别的关键时刻做出调戏妃子这种事？

据正史介绍：文帝在位23年，604年病逝于大宝殿，终年64岁，葬于泰陵。他在不长的时间内，就将中国重新置于一个政权治理下，外御强敌突厥、契丹，内令人民安宁生息，功业之伟大，连后世盛唐也难以与之媲美。从这里可以看出，隋文帝不仅功成名就，而且也算是寿终正寝，并不是被人谋害的。

而据《隋书·高祖本纪》记载：乙丑，诏赏赐支度，事无巨细，并付皇太子。夏，四月，乙卯，帝不豫。六月，庚申，赦天下。秋，七月，甲辰，上疾甚，卧与百僚辞诀，并握手歔欷，命太子赦章仇太翼。丁未，崩于大宝殿。

从这段资料来看，隋文帝早就病入膏肓了，所以和众人交代后事。几天后就驾崩了。文帝的死是病死，而非遭人毒手。虽然之前杨广和兄弟用尽阴谋手段竞争，但是他的继位仍是隋文帝的本意，属于正常即位。一般来说，本纪的资料比列传什么的要严谨许多、是站得住脚的。

还有人说，隋文帝是被张衡毒死的。因为隋文帝一直是由张衡侍奉的，文帝的死他应该最清楚，如果文帝是被杀的，凶手应当是张衡。在杨广即位后的第八年，张衡便被处死了。死前张衡大喊："我为别人做了那种事，只不过想久活而已，没想到，还是遭了报应！"行刑者吓得捂住耳朵不敢听，立刻将他杀死。另外，据与张衡交往甚密的人透露，张衡确实有过要毒死隋文帝的举动。因为缺少毒死隋文帝过程的相关资料，所以不敢确定。如果这事属实，那么也肯定与杨广有关。

隋文帝的死亡真相究竟是什么，因为各方举证不全，所以依然无法断定，只能留给后人继续探讨。

隋炀帝真是十恶不赦的暴君吗

隋炀帝杨广，隋朝的第二任皇帝，隋文帝杨坚的次子。开皇二十年（公元600年）十一月被立为太子，仁寿四年（公元604年）七月即位。

杨广时期，人民负荷不了他一而再，再而三的穷兵黩武，有人拿商纣王、秦始皇等与他相比，并称他为暴君。隋炀帝对人民奴役征敛十分苛重，所以使得生产遭到了严重破坏。

隋炀帝的晚年，既没有像陈后主那样做个长城县公，也没有把带在身边的毒药派上用场。公元618年3月，炀帝见天下大乱，已到了无法挽回的程度，于是便准备迁居别处。

因为从驾的都是关中卫士，他们又很怀念自己的家乡，结果纷纷逃归。这时，虎贲郎将元礼等人，与直阁裴虔通共谋，利用卫士们思念家乡的怨恨情绪，推宇文述的儿子宇文化及为首，发动兵变，最终宇文化及逼迫隋炀帝自缢了。这个奢侈腐化一生的帝王，死后连个像样的棺材也没有用上。只是由萧后和宫人拆了床板，做了一个小棺材，偷偷地将其葬在了江都宫的流珠堂下。唐朝平定江南后，于贞观五年（公元 631 年），又将隋炀帝移葬于雷塘。

难道，隋炀帝真的是个十恶不赦的暴君吗？有人说，隋炀帝之所以是中国历史上名声最差的皇帝之一，这和后来编写史书的人的观点有关。加上他的谥号"炀"具有贬义，所以，后来人们都认为杨广和秦二世胡亥一样，是最坏的皇帝。其实，杨广并没有人们想象的那么坏。应该说，若论功过，杨广是个毁誉参半的皇帝，这样才符合历史事实。

还有人说，隋炀帝不但不是个暴君，而且是一个千古明君。他的功绩可以表现在以下几个方面：

一、再次实现大一统。两晋以后，中国开始了近两个世纪的分裂——南北朝时期。杨广的父亲杨坚作为外戚，夺了北周宇文氏最后一个皇帝，也就是他亲外孙的皇位，建立了隋朝。其后，20 岁的杨广领军南下，攻下南陈，实现了大一统。

二、迁都，修大运河。将都城由西安迁到中原的洛阳，并开凿了连接长江、淮河、黄河、海河的大运河，将已成为全国经济中心的长江流域，同仍是政治中心的北方连接起来，不仅繁荣了经济，重要的是逐渐消除了南方人与北方人之间的隔阂，水运交通的发达为中国后世的繁荣富强，打下了牢固坚实的基础。可以说，大运河对后世的贡献远比长城大。

三、开设科举制度，这是又一件中国历史上具有划时代意义的大事。打破了门阀制度，为庶族参政提供了机会，也加强了中央集权。这一制度一直为历朝沿用。

四、亲自打通丝绸之路，这依然是件影响深远的重要事件。之前虽然已经有了丝绸之路的雏形，但西域各国未平，过往商人一直被吐谷浑等盘剥，苦不堪言。隋炀帝亲自领兵，灭了吐谷浑，并一直把丝绸之路打通到了河西走廊，西域二十七国君主与使臣纷纷前来朝见，表示臣服。中国的历朝皇帝，抵达到西北这么远的地方的，只有隋炀帝一人！

五、修建长城、分裂突厥。除修建隋长城以外，隋朝还把强大的突厥分裂成东突厥与西突厥两部分，并在和东突厥的战斗中取得胜利。这也为以后唐太宗攻打突厥并取得胜利打下了坚实的基础。

只不过，隋炀帝用民过重、急功近利，他太想建立伟业了。三驾辽东不仅消耗了大量的主力军队，而且给人民带来了沉重的负担。本来修建大运河就伤民很重，又损伤了国体。一系列开疆拓土的战争，也同样消耗了大量的人力物力。隋炀帝因过分自信与轻敌,导致第一次征伐高丽失败,并陷入了战争的泥潭。致使不满的士兵发动兵变。

综上所述,隋炀帝的过失和大隋的短促,也是各方面综合因素造成的。我们不能以胜者王败者寇的狭隘眼光去审视隋炀帝。因为隋炀帝的很多政绩,都是符合历史发展趋势的,而人类历史每前进一步,都要付出惨重的代价。历史的发展本是曲折的,人类的进步也是在摸索中前进的。隋炀帝正好是处于历史长河迂回处的皇帝,他失败了,但他走过的这段弯路,却起到了承上启下的作用。

南唐李后主亡国之谜

李煜,五代十国时南唐国君。初名从嘉,字重光,号钟隐,为五代时出色的词人。公元961年在金陵即位,世称李后主。38岁时,宋师长驱渡江,迫围金陵,城破,李煜被俘至汴京,封号为违命侯。后被宋太宗毒死。

关于李后主为何会亡国,人们对此事的说法不一,比较被认同的看法有三个:

其一,李煜即位时,南唐国力已呈衰退之势,而这位国主又生性懦弱,时时刻刻都在感受着国破家亡的威胁。在这种日益紧张的情绪之中,李煜的压力非常大。他虽然在作词方面非常出色,但在治理国政方面,却显得手足无措。原本李煜很是仇恨宋朝的压迫,幻想着有朝一日能将宋朝打得落花流水。然而性格使然,李煜终究没有壮大实力,而是整日苦于自己没有能力和武力与宋朝抗衡。这种得过

李后主李煜

且过的想法左右着李煜的思维,他总是乞求着能以小邦苟且偷安。只是李煜太过天真,尽管他向宋朝贡物称臣,但最后还是沦为宋朝的阶下囚。历来弱肉强食的道理,李煜不会不知道,可他偏偏还要苟且偷安。在某些人眼里,南唐之所以会在李后主手中亡国,虽然当时国力衰弱是一个原因,但他本人性格的懦弱也是不可忽视的因素。

其二,李煜沉迷女色。皇后周娥皇,是司徒周宗的女儿,通书史,且能歌善舞,尤其弹得一手好琵琶。当时,在盛唐便曾广为流传的《霓裳羽衣曲》早已被人淡忘,周娥皇找到了一份残谱,根据自己的理解,重新创作,通过努力,她最终恢复了《霓裳羽衣曲》的原貌。据说,周娥皇另外还创作了几支曲子,李煜常常会和她随歌而舞。周娥皇不但擅长音律,于采戏、弈棋也无所不精。对于这样一位多才多艺的妻子,李煜早已把她视为知己,对周娥皇宠爱有加,与之朝朝暮暮在一起,整日沉浸在轻歌曼舞中不理朝政。

周娥皇死后,李煜还常常会情不自禁地思念她。一日,李煜便装出行,看到了周娥皇的妹妹,以为是自己的思念感动了天地,于是又让爱妻复活了。这时,侍从告诉李煜,那是周娥皇刚刚长成的妹妹。她长得风姿绰约,风情万种,音律才能虽比不上姐姐周娥皇,但却是弈棋的高手,酷爱围棋与象棋,因而备受李煜的宠爱,史称小周后。李后主与小周后两个人常常布局厮杀,以此消遣时光。一天,李煜与小周后正在对弈,且杀得难解难分,因有人来上奏国事,延误了下棋,最终小周后输了,她大发脾气。李煜为了哄美人开心,答应以后下棋时不准上奏国事。这才令小周后芳颜大悦。糟糕的是,第二天李煜果然下令卫士守住宫门,对前来奏事的大臣一律拒之门外。有人说,李煜如此沉迷女色,不理朝政,即便南唐的江山固若金汤,也没有不败之理。

其三,李煜的父亲也是词坛高手,李煜从小便生活在这么一个浓厚的文化环境中,对词也极为喜爱。他不仅善填词,而且善音律,并因此荒废了政事。公元975年,赵匡胤派曹彬统军渡江,大军压境,李煜仍不知醒悟,依旧在宫中填写《临江仙》的词,苦思冥想好半天,才写下"樱桃落尽春归去,蝶翻轻粉双飞"的句子。只听侍臣慌忙奏报,城已被宋军攻破,他只能是青衣小帽、手捧玉玺、率领百官、奉表纳降,落得个"最是仓皇辞庙日,教坊犹奏别离歌,垂泪对宫娥"的下场。

但是,也有人提出了反对意见:如果说李煜是个只知道风花雪月的人,他又何以能坐住15年的南唐江山?而且他被关在宋朝的狱中时作了首词《虞美人》:"春花秋月何时了,往事知多少。小楼昨夜又东风,故国不堪回首月明中。雕栏玉砌应犹在,只是朱颜改。问君能有几多愁,恰似一江春水向东流。"这足以表明李后主是心怀国家的,他也正是因为这首词而被宋太宗派人毒死在狱中的。

关于李后主亡国之谜,还有待大家去进一步研究与考证。

万历皇帝为何三十年不理朝政

万历皇帝朱翊钧,又称明神宗,明穆宗第三子。隆庆二年,立为皇太子,时方六岁。隆庆六年,穆宗驾崩,10岁的朱翊钧即位,次年改元万历。在位48年,是明朝在位时间最长的皇帝。

明万历帝朱翊钧,常被称为万历帝,素来被人们评为最差的皇帝,历史学家们说他在张居正死后,三十多年不见大臣,不阅不批奏章,不顾一切地推行矿税恶政。《明史》中评价他,说:"明之亡,实亡于万历。"

孟森在他的《明史讲义》中称,神宗晚期为"醉梦之期",并说此期神宗的特点是"怠于临朝,勇于敛财,不郊不庙不朝者三十年,与外廷隔绝"。那么,神宗是什么时候开始从一个立志有为的皇帝,变成一个怠惰的皇帝呢?又是什么东西让皇帝堕落得如此历害呢?

有资料显示:大约从万历十七年开始,万历帝就不愿意上朝听政和处理政务了,官员们很难看到皇帝的影子,甚至连大学士也会很长时间看不到皇帝。

有人说,是酒色的过度,使神宗的身体极为虚弱。万历十四年神宗传谕内阁,说自己"一时头昏眼黑,力乏不兴"。礼部主事卢洪春为此特地上疏,指出"肝虚则头晕目眩,肾虚则腰痛精泄"。万历十八年正月初一,神宗自称"腰痛脚软,行立不便"。万历三十年,神宗曾因为病情加剧,召首辅沈一贯入阁嘱托后事。

明神宗朱翊钧

从这些现象看来,神宗的身体状况确实是每况愈下。因此,神宗亲政期间,几乎很少上朝。他处理政事的主要方法是,通过谕旨的形式向下面传达。万历在三大征中对边疆大事的处理,都是通过谕旨的形式,而不是大臣们所希望的"召对"形式。在三大征结束之后,神宗对于大臣们的奏章的批复,似乎更不感兴趣了。所以,神宗怠懒的情形,还真有前后两个阶段:前一阶段是不愿意上朝听政;后一阶段是连大臣们的奏章也不批复,直接"留中"不发。由此看来,神宗之所以怠于临朝,还是因为他的身体虚弱。当然,身体虚弱的背后,是酒色财气的过度。

可是,又有人反对说,朱翊钧其实并不是个好色的人。说到色,皇帝占有多个女人好像是天经地义的。但有趣的是,万历帝只宠爱一个女人,即郑妃,直到她五十多岁也未变。如果说这样是好色,那么和其他皇帝比起来未免有些勉强。另外一些指责,则有些怪异,如有人指责万历帝宠爱十个漂亮的小太监,这样的事难说没有,但却很难归之于"色"。没法想象一个好色之徒会宠爱没有性腺的、不男不女的中性人。

其实,神宗对这顶酒色财气的帽子,也表示过不满。他说:"你们说朕好酒,谁人不饮酒? 又说朕好色,偏宠贵妃郑氏。朕只因郑氏勤劳,朕每至一宫,她必相随。朝夕间她独小心侍奉,委实勤劳。朕为天子,富有四海之内,普天之下,莫非王土,天下之财皆朕之财。再说气。人孰无气,且如你们每家都有僮仆家人,难道从不责治?"

另外,黄仁宇在《万历十五年》一书中,将万历帝的怠懒,和万历帝与文官群体在"立储之争"观念上的对抗一事联系到一起。怠政则是万历帝对文官集团的一种报复。因为万历皇帝觉得很多文官都可有可无,于是便将许多官职空缺在那里,根本就没有补过官员。但他却将边关的官职,全都安排得满满当当一个不少,这就可以看出,他是故意这么干的。因为边关极其重要,那里的官员安排不妥当,便会出大事的呀。

也有人说,万历帝不上朝是因为他吸毒,这就有些玄了。罂粟传入中国很早,但只用于药物。中国最早记载吸毒成瘾的事出现在18世纪的台湾,比万历帝晚两百多年。如果万历帝确实吸食鸦片成瘾,以此为乐,太监们不会不学,贵戚高官们也会引为时尚,但这些都没出现,官员吸食鸦片成风是在19世纪前半期,是三百多年后的事。

最后,有人站在心理学的角度,认为朱翊钧的这种怠政,也可以被理解为抑郁症的临床表现。也就是说,他肯定患了一种心理疾病。

乾隆自号"十全老人"之谜

乾隆,即爱新觉罗·弘历,是雍正帝第四子,终年88岁,葬于河北裕陵(今河北省遵化市西北)。乾隆于雍正十三年即位,为清代入关后的第四任皇帝。

关于乾隆为何自号"十全老人",或者说究竟是他自号呢,还是别人给的封号,这些问题一直为史学家所争论。有人说,乾隆本来并没有想到"十全老人"的称号,是那些喜欢拍马屁的臣子的杰作,其中最为可疑的人是和珅。

为了让乾隆高兴,和珅想尽了办法,最后他想到了"十全十美"这个词,并认为这个词对于乾隆来说,那真是太贴切了。于是,他建议乾隆自称"十全老人"。乾隆倒是很愿意,但苦于没有理由啊。于是和珅说,怎么会没有理由呢,只要皇上想要理由,那就一定会有。于是,乾隆想啊,想啊,终于想到了自己的那点政绩,便高兴地接受了这个称号。

但既然是和珅想出的点子,为何又要说是乾隆的自号呢?原来,和珅非常明白,如果这事是经过他提出来的,必然会遭到大臣们的反对。如果是皇帝的自号,那就不同了。和珅对乾隆的忠心那绝对是没得说的,只要皇帝愿意,不管什么屎盆子都肯往自己头上扣,当然,也不管什么荣誉,都愿意献给皇帝,哪怕自己永远当个幕后英雄。

后来,乾隆自我总结了一番。觉得自己一生有"十全武功",正好合了这个"十全老人"的意思。后来,他还创作了《御制十全记》,令人写成满、汉、蒙、藏四种文体。

"十全武功"指的是:跟蒙古准噶尔部的两次交锋。虽然捍卫了大清的天威,阻止了准噶部的分裂活动,但也使蒙古厄鲁特等四部的人畜损失极为惨重,有些部落余者竟不及原来的十分之一;平定回部叛乱一次。此役清军确有上佳表现。而更重要的意义还在于:至此清朝统一了新疆,并大大巩固了西北局势;剿灭大小金川叛乱两次。这次旷日持久的山地攻坚战,锻造出了清中期一支著名的特种部队——西山健锐营;平定台湾的林爽文起义。福康安率军渡海登岛作战,打得还是很漂亮的。尤其是清军悍将海兰察手下的2 000名勇士,战斗力极为惊人——当他们遭遇起义军的埋伏时,面对枪林箭雨竟无一人后退,反而拼死向前!起义军从未见过这么不怕死的官兵,于是阵脚大乱……

还有收降缅甸、安南各一次。这是清朝两次对藩属国发起的战争，大清都吃了不小的亏，人员、辎重损失也很惨重，而决定性的胜利却根本就没有取得！只是到最后，这些国家感觉还是惹不起清朝，怕激起中国更凶狠的报复，于是一个个首先服软，上贡品，递顺表。

再就是最后两次对廓尔喀用兵。这两回战争倒还名正言顺，其重大意义也颇值得后人缅怀：首先是稳固了西南边陲；其次是团结了藏族人民，维护了大一统局面；再次就是狠狠地教训了素称强悍的廓尔喀人。

但也有人说，乾隆自号"十全老人"一事，与和珅没有关系。因为乾隆确实是一位雄才大略、多才多艺、成就辉煌的杰出历史人物。他继承了康熙、雍正的事业，不但平定了叛乱，抗击了外敌，还能团结各族，奉贤任能，建章立制，力行改革，勤政务实，使中国成为当时罕有的特大封建帝国。

当然，乾隆的统治也有消极面，晚年失误尤为明显，如宠用和珅等。但总体来看，理应充分肯定他对历史发展的巨大贡献。而史学界长期以来对他的评价普遍偏低，一些过分渲染或胡编乱造的"故事"又扭曲了他的本来面目。乾隆在位六十年间有五十余年为平定叛乱、发动反侵略战争日夜操劳、呕心沥血，但他所领导的十次大规模战争全都取胜了，乾隆对此自然感到欣慰自豪，因而总结"十全武功"历史，并自称"十全老人"。然而时至今日众多史学家仍然斥之为"炫耀"、"自诩"，这实在不够客观公允。

炎帝黄帝战蚩尤之谜

中华民族自称炎黄子孙，这是从何而来的呢？传说上古时期，在黄河流域有个强大的部落联盟，首领分别为黄帝和炎帝。黄帝姓公孙，名轩辕。蚩尤是个部落首领，不过他不像别的部落首领那样臣服于黄帝和炎帝，而是兴师作乱。于是炎黄联军与蚩尤不断地发生战争。最后一战时，蚩尤请来"风伯"和"雨师"助战，这时黄帝请来九天玄女，请女神止住风雨，做指南车以辨别方向，最后战胜蚩尤。

炎黄战蚩尤是一段非常神奇的传说。有人说黄帝、炎帝、蚩尤是传说中的人物，在上古时期不存在，即便有也可能只是部落的名称。

那么炎帝、黄帝、蚩尤等是人还是神？炎黄战蚩尤一事是真的吗？

1928 年，在山东章丘县龙山镇城子崖发现一处遗址，接着在河南、陕西都发现众多类似的遗存，考古界命名为龙山文化。龙山文化分布在山东境内的年代约为公元前 2500 年～公元前 2000 年；龙山文化分布在河南境内的年代为公元前 2600 年～公元前 2000 年；龙山文化分布在陕西境内的年代为公元前 2300 年～公元前 2000 年。这些龙山文化有一个共同的特性：以农业经济为主，石器、骨器、陶器等手工业有一定的发展，并且在某些遗址发现了铜器。

根据上面的考古发现,有人说龙山文化能证明炎帝、黄帝战蚩尤一事。发生战争的前提是有大量剩余产品的出现,于是氏族首领就可能利用特权占有多余的产品,产生贫富分化。不同的氏族、部落间也可以通过战争掠夺其他部落的剩余产品,而且战俘在初期是全部杀掉,后来认识到可以强迫战俘劳动,这就是最早的奴隶起源。

依据这种解释,黄帝、炎帝是上古的部落首领,为掠夺财富、扩大势力范围与以蚩尤为首的另一部落发生冲突,于是灭了蚩尤。史书还记载,黄帝当时对不服从他的部落都实行征伐。后来,因为利益争夺,黄帝与其同族兄弟炎帝也发生了一场大战,最后以炎帝失败而告终。

这种说法比较有道理,至少说明这个传说有一定的可信性。不过,炎帝、黄帝战蚩尤具体如何,黄帝、蚩尤是什么样的人,仍然没有得到明确的解答,依然是个令人迷惑的传说。

尧舜禅让之谜

尧是远古时期贤德的君主,他大力举荐有才干的舜为继任者,这就是历史传说中的"尧舜禅让"。但是有人怀疑这种说法的准确性,关于尧舜之间权力交接的真相,成了一个千古之谜。

大部分人比较认可"举贤"说,这反映中华民族大公无私的传统美德。传说中,舜姓姚,父亲是个瞎子,母亲很早就去世。后来,舜的瞎父亲娶了一个妻子,生了个儿子,取名叫象。象好吃懒做,还经常在父母面前说舜的坏话。舜的父亲不明事实真相,相信了象的话,便和妻子商量如何害死舜。但舜心地善良,并不介意他们的故意刁难,还是一如既往地孝顺自己的瞎父亲,对后母和弟弟也很好。

当时,尧已经86岁,叫大家推举"接班人",大家一致推举舜。尧决定先考验考验舜。于是,他把自己的女儿娥皇和女英都嫁给舜。尧先派舜来到历山脚下去种地,农民在舜的教化和领导下就变得互相谦让,把生产搞得很好。舜又到河滨去烧制陶器。原来那儿的陶工干活粗制滥造,陶器质地粗劣,等到舜一去,陶工们在舜的组织下认真工作,制作出来的陶器十分精美。总之,舜每到一个地方,人们都愿意跟随着他。舜的才能也带给他许多私有财产。

舜的瞎父亲和弟弟象听说后,起了坏心。有一次,父亲叫他修补粮仓的屋顶。当舜沿梯子爬上屋顶的时候,他们就在下面放起火来,想把舜烧死。幸好当时舜随身带着两顶遮太阳用的笠帽,他灵机一动,双手平举笠帽,像鸟张开翅膀一样跳下来,逃过一劫。一计不成,他们又设计了一个陷阱。一天,他们叫舜去掏井。当看到舜跳下井后,象和他的瞎眼父亲就在地面上把一块块石头丢下井去，把井填没了，企图把舜活活埋在里面。岂料想舜在井边掘了一个孔道，钻了出来。尽管父母兄弟对待自己不好，但舜还是像过去一样和和气气地对待他的父母和弟弟。于是，一家人开始和和睦睦地在一起生活。

尧听说舜这样宽宏大量后感到很放心，于是选择一个黄道吉日，庄严地把代表权力的权杖交给舜。这就是历史书所说的"尧舜禅让"。

还有一种说法是"拥戴说"。据说尧年老的时候，没有把帝位交给舜，而是给了自己的儿子丹朱。尧死后，为了避免冲突发生，舜就避开丹朱到了南河之南。但诸侯不到丹朱那里去朝见，反而跑来朝见舜。如果想打官司，他们不到丹朱那里去，都跑来找舜。人们编出的歌谣也不歌颂丹朱，而歌颂舜。所以，在诸侯和民众的拥戴下，舜便接受了大家的好意，接替尧登上了帝位。关于这个典故，荀子和孟子是比较赞同的。荀子认为，舜之所以能登上帝位，那是靠了他自身的道德；孟子也说过，舜登上帝位是靠了上天的赐予和民众的拥护。

关于"尧舜禅让"，有人甚至从根本上进行了否定，他们认为禅让只不过是被儒家美化了的精神价值取向罢了，实际上舜是篡夺了尧的大权。这就是比较流行的"篡夺说"。

关于尧舜之间的权力交接，是和平交接，还是被迫让位，从古至今就存在着很多猜测。由于当时没有确切的历史记载，这也成为一个千古未解之谜。

盘庚迁都安阳之谜

商朝从成汤到商纣，前后约有 496 年。商朝经历了 5 次迁都，公元前 14 世纪，商王盘庚把都城迁到殷，从此商王朝稳定下来，因此商朝也称殷商。历史上对盘庚是不是迁到了今天的安阳殷墟却有争议。

大多数学者认为盘庚确实是迁都至今日的殷墟。商汤建国时，最早的国都是亳，也就是今天河南的商丘。这里处于黄河下游，经常闹水灾。到皇位传到能干的盘庚手里时，他决定迁都。他的举动遭到了许多王公大臣和贵族的反对，盘庚坚定地表明自己的立场。众大臣敌不过盘庚的坚持，终于同意迁都。盘庚迁殷以后，在那里重振朝纲，使衰落的商王朝又出现了一派繁荣的局面，以后二百多年一直没有迁都。盘庚也因此被称为"中兴"之主，并为武丁盛世的到来打下了基础。

也有不少史学专家和学者认为盘庚并不是迁都于安阳殷墟，他们认为盘庚迁回了故都所在地——商丘。也就是说，盘庚又回到了先商的祖先居住地。《竹书纪年》记载："盘庚 14 年，自奄迁于北蒙，曰殷，15 年营殷邑。"而学者们认为把盘庚所迁往的北蒙的殷说成是今天安阳的殷墟显然是错误的。第一，安阳没有被称北蒙和亳的说法；第二，成汤和帝喾从不曾在安阳居住和建都。所以"渡河南，复居成汤之故居"所指的并不是安阳。至于在安阳小屯发现了商代出土文物和遗址,则是因为成汤的十三世孙武乙迁到了安阳小屯。晋代以后,由于个别史学家把北蒙的"殷"和"殷墟"混在了一起,所以后人才会误以为是安阳,以讹传讹,才有了今天的殷墟之说。

盘庚是不是迁都于殷墟,至今还没人能够下定论,有待专家学者们寻找更有说服力的史料和证据来证明。

谁是燕昭王

燕昭王是战国时期燕国一位杰出的君主。他发愤图强、礼贤下士,历二十八载之艰辛,终于使燕国由弱变强。燕昭王在历史上无疑是一位才略出众的君主,但遗憾的是,这位史称"燕昭王"的君主是谁,却一直难以搞清。

为什么会搞不清燕昭王是谁呢? 因为古籍提供了两个人的名字,而这两个人又都可能是燕昭王,所以后人难辨真假。《史记·燕召公世家》记载当时燕国历史说:燕国君主哙,把王位禅让给相国子之,三年后国内大乱。将军市被与太子平合谋,进攻子之,"将军市被围公宫,攻子之,不克。将军市被及百姓反攻太子平,将军市被死。"齐国乘燕国内乱侵入燕国,结果燕君哙死,子之亡,"而燕人共立太子平,是为燕昭王。"由这一记载看,可以说结束燕国动乱的燕昭王就是太子平(姬平)。然而《史记·赵世家》却又提到了另外一件不容忽视的事,其文说:为了收拾燕国内讧和齐兵入侵所造成的残破局面,当时颇有威望的赵武灵王"召公子职于韩,立以为燕王,使乐池送之"归国为君。如果以这一记载为根据,那么燕昭王就应该是燕国原先留在韩国做人质的公子职(姬职)了。以上两种说法显然是矛盾的。

鉴于古籍对燕昭王是谁记载不清,史家著书立说涉及燕昭王时,就只好根据自己对史料的鉴别、选择、理解和对当时历史事件、历史人物的评价来各抒己见了。如杨宽在《战国史》一书中对燕国当时的事态做了如下叙述:燕国君主哙把君位让给办事果断、善于监督考核臣下的相国子之。代表贵族势力的太子平反对这一改革,与将军市被结党聚众,"围公宫,攻子之",连攻几个月没有成功。子之反攻,取得大胜,把太子平和将军市被都杀死了。后来由于齐国出兵干涉,子之败亡。齐兵侵入燕国后遭到燕国人民的反抗,后来不得不撤走,这时赵武灵王就派乐池把在韩国做人质的燕公子职护送回国即位,即燕昭王。但是,《燕昭王到底是谁?》一文的作者尹湘豪和赵树贵则认为燕昭王是太子平。他们说子之不是改革家而是政治阴谋家。子之做王以后,引起国家大乱。太子平"要党聚众"与将军市被合谋进攻子之,正是为了平定子之之乱。不过由于将军市被反复无常,在久攻子之不克的情况下反攻太子平而被杀死。后来太子平忍辱负重、奋发图强,积二十余载之努力,终于使燕国由弱变强并且打败了齐国,雪了耻,报了仇。太子平便是燕昭王。

显而易见,上述两种说法是截然不同的。那么燕昭王是谁的问题还能不能搞清呢?这就要看今后有没有更具说服力的新史料发现了。

秦始皇不立后之谜

秦始皇终身不立皇后,究竟是什么原因使他没有立后呢?

前期有学者指出,秦始皇未立皇后可能是由于他在位期间,秦国内部政局动荡不稳,对外兼并战争频繁,以致忽视了立后大事。但是在2004年,参加"秦俑学第六届学术研讨会"的历史学家们提出了不同的看法,他们认为立后关系秦王朝的政权建设,秦始皇未立后不是因为他不重视,其根本原因应在于嬴政的性格缺陷及家庭环境的影响。

秦兵马俑博物馆副研究员张敏指出,嬴政从13岁登基到22岁亲政,在这9年的太平日子里,秦始皇未立皇后的原因应该跟他追求长生不老和后宫美女过多有关。秦始皇在位期间,曾四次巡视六国故地,其中三次召见方士,以求长生不老之药,甚至还派徐福率3000童男童女赴东海的神山求取神药。古代的皇帝立后,很大程度上是出于日后有嫡出皇子继承皇位的考虑。当时的秦始皇正有长生不死的愿望,所以在一定程度上延迟立后的进程是很有可能的。

张敏还说:"由怨母而仇视女人的心理阴影,使秦始皇长大后在婚姻能力上未能健康发展。宫中众多嫔妃,仅仅能满足他的生理需要。由母亲行为而形成的心理障碍,是秦始皇迟迟未立后的重要因素之一。"

说到这里,有必要把赵姬与嫪毐的故事交代一下。史料记载,秦始皇的生母赵姬一度与嫪毐等人秽乱后宫。开始秦始皇由于年幼无知,对此并不知情。他听信母后的话,请她迁往雍宫。在雍宫,赵姬肆无忌惮地与嫪毐淫乱,连生两个男婴。

有一天,嫪毐与大臣饮酒,喝醉后彼此之间起了口角。嫪毐口出狂言:"我是秦王的假父,你敢与我斗口,难道不识高下吗?"大臣不甘心受辱,将此言告诉秦始皇。嬴政听到这个消息,密令人调查虚实。密报说,嫪毐本不是阉人,确有与太后通奸生子之事。

嫪毐得知消息,情急之下,伪造诏书调动卫兵攻打咸阳宫。秦始皇命御林军迎敌,嫪毐毒兵很快被击溃,嫪毐被擒。嬴政下令车裂嫪毐,又灭其三族,旋即派兵搜查雍宫,捕杀两个私生子。赵姬亦被拘禁,数年后赵姬亦死。

由此看张敏副研究员的推断不无道理。

另外,按照礼法,皇后为后宫之主,秦始皇深恐皇后对其不忠,觊觎他手中至高无上的皇权,所以才迟迟不立皇后。

关于秦始皇不立后一事,张敏还提出了另外一个看法,即秦始皇统一六国后,东方六国的佳丽尽充秦始皇的后宫。从中选定一个既是名门之后又贤淑靓丽的女子也不是一件简单的事。况且秦始皇统一六国之后，认为自己功德无量，甚至超过了远古时代的圣王——三皇五帝，皇后的标准无从确定，选定皇后就更难了。

仅张敏一人就提出了如此多的观点，这个问题的复杂性可见一斑。

对于秦始皇不立皇后的原因，历代学者给出了各种各样的答案，但孰是孰非，至今仍然没有一个定论。

项羽不过江东之谜

李清照曾写诗说："生当作人杰，死亦为鬼雄。至今思项羽，不肯过江东。"项羽究竟为何不肯过江东？古往今来，人们纷纷猜测。

《项羽本纪》中，司马迁认为项羽之所以自杀而不肯过江东，是"羞见江东父老"，这也是目前影响最大的说法。司马迁在《史记·项羽本纪》中记载说，项羽被刘邦军队追赶，来到乌江江边。乌江亭长停船在岸边对项羽说："江东虽小，地方千里，众数十万人，亦足王也。愿大王急渡。今独臣有船，汉军至，无以渡。"项王笑着回答道："天之亡我，我何渡为！且籍与江东子弟八千人渡江而西，今无一人还，纵江东父老怜而王我，我何面目见之？纵彼此不言，籍独不愧于心乎？"之后项羽与刘邦军作了最后的一拼，后自刎而死。司马迁以激昂悲凉的笔调记述了穷途末路中的项羽仍不失其壮士本色的光辉形象。这样一种英雄气概，多少年来一直为后世所歌颂。

还有一种说法出自宋人刘子翚的《屏山全集》，他认为项羽说出那样一番话是怀疑亭长有诈。刘子翚认为，当时刘邦正悬赏千金邑万户侯购项羽的性命，而在项羽身处那样的困境之时，亭长说那样好听的话，项羽难免怀疑亭长在说谎骗自己。所以项羽才不再寄希望逃脱再起，而选择了与刘邦军死战到最后。这种说法虽然只是刘子翚自己的推测，但是在历史上也有一定的影响。

还有一种说法产生于20世纪80年代，该说法认为项羽选择自杀是"为早日消除人民的战争苦难"。例如吴汝煜先生就认为，长期的内战给人们带来了极大的痛苦，项羽认识到这一点后，产生了尽早结束这场战争的想法。因此他没有听取乌江亭长劝他东渡为王的建议，毅然自刎而死。对此观点有人提出反对，认为项羽是一个很残暴的人，这一点可以找到充分的史料作为依据。《史记》中就记载了项羽在灭秦过程中屠襄城、坑杀20万降卒的行为。

吕仰湘提出了"敌生我死，成人之美"说。他认为，项羽一直信奉"非他即我"的斗争哲学。乌江自刎，是这种品性的最后一次迸发，又能成全别人的选择。因此项羽不肯过江东，是他独特个性发展的必然结果。

张子侠则在反驳了一些看法后提出了自己的观点。首先他对有较大影响的认为项羽"羞见江东父老"的说法提出了质疑，认为此说看似有理，实则不然。如果谈及项羽是因自己葬送了八千江东子弟而无颜见江东父老，那么如前所述的失败他为什么没有因羞愧而自杀？恰恰相反，从前的那些失败虽然也令项羽陷入了极端的窘迫之中，但是他却没有动摇东山再起的决心。而他被刘邦大军追赶时，由陈下到垓下，又南逃至阴陵，至东城，最后来到乌江边，这一系列的逃跑路线，表明他正是打算要退守江东。可是为什么终于来到乌江，并且有人愿意助他渡河时，他反而生出羞愧之心要与刘邦决一死战？这显然与他一直以来的撤军计划不符，是不合情理、不合逻辑的。张子侠认为，司马迁是为了使史书的情节更为完善，所以才补充了这个结局，但是后人却将此当成了信史，并传之于世。

此外还有一种分析，认为项羽是楚国人，而楚人素有兵败自杀的传统。项羽当时已经弹尽粮绝，兵败至此，对于项羽来说是不能接受的，所以他绝对不肯过江东，而只会选择自杀这样一种行为。

项羽究竟是不能过江东，还是不肯过江东，至今也没有定论。然而，学术界的纷争并不能影响项羽在世人心中的壮士形象，他的英雄气概依旧为人们所广泛颂扬着。

刘邦"白登"脱身之谜

刘邦建立汉朝后，让韩王信迁到代国，建都在马邑。匈奴兵攻打韩王，并用大军包围了马邑。在内无粮草、外无救兵的情况下，韩王信在马邑投降匈奴。

韩王信投降匈奴后，匈奴从韩王信那里得到许多汉王朝的重要信息，从而导致单于率领匈奴军队大举南进。他们越过句注山，向太原郡进发，没过几天，就抵达晋阳城下。汉高祖刘邦亲自率领大军迎敌。当时正赶上天降大雪，天寒地冻，许多士兵的手指头都被冻伤冻掉。这时候冒顿单于假装败走，引诱汉兵。汉高祖带领 32 万汉军乘胜追击，他率前队兵马首先到达平城（今山西大同市东北），正在这时，冒顿单于令 10 万精锐骑兵突然出击，把汉高祖重重包围在白登山（在平城东）。汉高祖被包围七天七夜，汉军内外不能互相接济军粮，士兵们七天未能吃上饭，而匈奴的骑兵士气高涨。

汉高祖身陷重围，又没有军粮的接济，情势万分危急。这时陈平献上一计。他让画家画一名美女，连夜派人将美女图送给了单于的后妃阏氏，并且告诉她："汉朝皇帝被困在这里，想把汉朝的这位美女献给单于。"阏氏担心自己失宠，所以就对冒顿单于说："汉朝天子有神灵保佑，即使我们得到了他们的土地，也不一定能够占有它。"于是，匈奴网开一面，汉军才能得以突出重围。更有人说，陈平用数百个傀儡做成美女登城的样子，阏氏看见之后，怀疑是汉军献给单于的，唯恐夺了自己的宠幸，因此才为汉军解了围。

到底是一张美女画像,还是数百个傀儡做成美女登城的样子,历史学家说法不一,至今也没有准确答案。

刘邦逼死五百壮士之谜

山东省蓬莱阁西有一座山,名叫田横山。公元前202年,齐王田横因逃避汉将韩信的追杀,率五百壮士东赴胶东并在此筑寨为营。后来田横不愿臣事刘邦,自刎身亡。

田横(公元前250～公元前202),秦末狄城(今山东高青东南)人,齐国贵族。他文武双全,义气豪爽,深受百姓拥戴。秦二世元年(公元前209年),田横与堂兄田儋共同起兵,重建齐国。楚汉战争中,齐王田广中了汉军的计谋,临淄被韩信攻破,汉军灭齐,田横自立为王,回军临淄,结果又遭韩信埋伏,田横兵败,投奔大梁王彭越。汉高祖刘邦登上皇位后,封彭越为梁王,田横惧怕被诛杀,率部属五百余人,避祸海岛(今江苏连云港市云台上的田横岛)。

田氏一直是齐国的宗室贵族,威信极高。田横虽亡命天涯,仍然有五百壮士誓死追随。刘邦派人招安,田横无奈,携部属两人随使者赶赴洛阳。行至距洛阳三十里处,田横心乱到了极点,踌躇不前,于是对部属说:"陛下所以欲见我者,不过欲一见吾面貌耳。今陛下在洛阳,今斩吾头,驰三十里间,形容尚未能败,犹可观也。"说完自刎。

刘邦为笼络人心,以王侯的礼节葬之。田横的两个随从在田横墓旁挖洞,也自刎相随于地下。刘邦听说田横门客也殉死,大吃一惊,觉得田横部下非等闲之辈,于是再遣使者前往征召,而五百壮士听说领袖已死,顿感万念俱灰,集体"跳海"自杀。

历来关于五百壮士的去向传说不一。有一说是五百壮士被骗出海岛,走到半路上,得知田横死讯,在拜祭田横墓后,在墓前集体自杀。

还有一种说法是五百壮士远走天涯。据史料记载,美洲大陆还有"田人墓"遗迹,可能埋葬的是田横门人。当时也许他们驾舟渡过太平洋,来到美洲,在那里定居繁衍,他们及其后代曾有人回到山东。

是自杀殉主,还是远走天涯,时至今日,五百壮士的下落始终是个谜。

王莽弑帝篡位之谜

公元元年前后,汉高祖刘邦开创的西汉王朝开始逐渐衰落。这一时期,贵族、官僚和地主拼命兼并土地,阶级矛盾越来越尖锐。在这种情形下,外戚王莽取得了皇位。那么王莽是怎样一个人?而他又是如何弑帝篡位的?

史料记载,王莽,字巨君,出身于贵族世家。王莽的父亲王曼死得早,所以王莽自幼家境贫寒。他为了出人头地,一方面努力读书,另一方面则拼命巴结叔伯。特别是对于担任大司马大将军的大伯王凤，王莽更是把他当作父亲看待。王凤病重时，王莽大献殷勤。为了服侍王凤，他甚至几个月没有梳头洗脸，睡觉也是和衣而睡。王凤被王莽的这种行为感动了，临死之前，他向皇太后和汉成帝力荐王莽。这样，王莽很快就被任命为黄门侍郎，接着被提携为射门校尉，从此踏入仕途。

新朝皇帝王莽

王莽擅于攻心，很快就获得了姑母和叔伯们的欢心，永始元年(前16年)，王莽的叔父王谭、王商以及名臣戴崇、金涉等人联名上书，向汉成帝举荐王莽，汉成帝任命王莽为骑都尉光禄大夫侍中。又过了几年，王莽取代王根，当上了大司马。

但好景不长，王莽担任大司马还不到半年时间，汉成帝就一命呜呼。汉哀帝继位后，其祖母丁氏和母亲傅氏掌权，王莽受到排挤，只好称病辞职，回到封国新都隐居起来。公元前1年，汉哀帝病死，年仅9岁的汉平帝即位，王政君以太皇太后的身份临朝，外戚丁、傅二家开始衰落。于是王莽又以大司马大将军的身份，重新独揽大权。

再度登台的王莽，开始栽培亲信，笼络人心。有一年，有些地方发生旱灾虫灾，王莽上书朝廷，表示愿意献地30顷、出钱百万，发给农民。此举使得广大百姓对他感恩戴德。

王莽采取了这些措施后，就让亲信上书，要求朝廷给他加官晋爵。当太皇太后王政君封他为汉公时，他假装再三推辞，后来勉强把封号接受了，可是赏给他的封地他却故意推掉了。他说："要等天下的百姓都家给人足，然后才接受增加的封赏。"

因为王莽不肯接受封地，于是他的亲信又鼓动官吏和老百姓，叫大家上书称颂王莽的"功德"。据说当时上书的人竟达到40多万，可见他的势力和影响之大。最终，他毒死了汉平帝。可王莽还不满足，公元8年12月，孺子婴被迫将"禅位"给他。这样王莽终于如愿以偿，登上了皇帝的宝座。

王莽想借对外战争来缓和国内的矛盾，这一来又遭到了匈奴、西域、西南各部族的反击。王莽又征用民夫，加重捐税，纵容官吏残酷地对待老百姓，最后终于爆发了全国大规模的农民起义。公元23年，起义军攻破长安，王莽被商县人杜吴杀死。

王莽真像上面所讲的那样吗？谁也无法还原当时的历史事实，王莽究竟是一位怎样的人，恐怕只有历史知道。

晋武帝传位傻太子之谜

司马炎，字安世，西晋开国皇帝，谥号武皇帝，史称晋武帝。晋武帝司马炎纵横沙场，果敢英武,为晋王朝耗尽了自己的半生心血。但是他却将辛苦打下的江山交给一个傻儿子继承,致使宫廷内外血雨腥风,西晋王朝昏暗动荡,成了一个短命王朝。英明的晋武帝为何做出如此糊涂的事情呢?

从史料看,司马炎虽称得上英武果敢,但在感情上却柔若女子,有妇人之仁。他一生共有26个儿子。不幸的是,26个儿子当中虽不乏聪慧之辈,但长子司马轨却不幸夭折,因此次子司马衷成了事实上的长子。按中国的继承人法则,司马衷要被立为太子,而司马衷却是个白痴,不谙世事,其痴愚朝野皆知。

太子司马衷在吃饭时对粮食很不爱惜,师傅看不过去,就婉转地对司马衷说:"殿下,碗中的米饭,一粒粒都是农民辛勤耕作得来的,殿下可知道稼穑艰难?如今旱荒严重,老百姓都没有粮食吃,都在忍饥挨饿。"司马衷听了这话,觉得十分奇怪,脱口说道:"没有饭吃,干嘛不吃肉粥?"师傅哭笑不得。

太子司马衷的低能,武帝是十分清楚的,他知道这个儿子难以担负国家重任。但是杨皇后反对更易太子。杨皇后名艳,字琼芝,是陕西华阳人,父亲杨骏是魏国贵族,以功封蒯亭侯。杨皇后十分美丽,出自豪门大族,替武帝生下了三男三女,长子早逝,次子便是这司马衷。武帝数次担心地说太子不长进,天性愚钝,难以胜任大事。杨皇后每次都和颜反驳,儿子虽不聪明,但却忠厚纯良,好生教导,会有长进的。武帝试探地说,现在更易太子,还来得及。杨皇后摇头,说太子的名分已定了,决不能轻易改动,无论立嫡立长,都应是太子,破坏了这项法制,日后岂不乱了套?我坚决反对。

优柔寡断的武帝就将希望寄托在两个派去考察太子的大臣和峤和荀勖的身上。武帝信任荀勖,尤其佩服荀勖的高深学问和不世之才。后来荀勖进奏,说太子有了进步,于是武帝相信了荀勖,放下心来,不再考虑更易太子。

天熙元年(290年)4月,晋武帝司马炎病死,其子司马衷即位,是为晋惠帝。不过一年,皇后贾南风发动政变,杀死总揽朝政的大臣杨骏;接着又发生了"八王之乱"。建兴四年(316),刘渊的侄子刘曜攻破长安,俘获末代皇帝司马邺,西晋亡国。时距司马炎之死只有25年。

隋炀帝开凿运河之谜

隋炀帝是历史有名的暴君之一。在位14年间,他主持完成了东都洛阳的修建和大运河的开通。大运河沟通了海河、黄河、长江、淮河及钱塘江五大水系,以东都洛阳为中心,西通关中盆地,北抵华北平原,南达太湖流域。那么隋炀帝为什么要开凿这条工程浩大的大运河呢?

多数人认为,隋炀帝开凿运河就是去巡游他向往已久的江都(今扬州)。运河开通以后,首先就是供炀帝奢靡的巡游。因为炀帝不但喜欢扬州,而且嗜好扬州的春江花月夜。他的《春江花月夜》诗"暮江平不动,春花满正开。流波将月去,潮水带星来",写出了扬州临江的秀丽风光。隋炀帝另有《江都宫乐歌》、《泛龙舟》、《幸江都作》、《迷楼歌》等诗篇,都是他留恋江都、欣羡江都的作品。持这种观点的人都强调,隋炀帝的生活作风奢侈。开凿这条大运河动用了全国大量的劳动力,成为当时隋朝徭役繁重的主要因素,其间甚至出现男丁不够,以妇女充数的现象。运河开通之后,隋炀帝先后三次巡幸江都,每一次都耗费大量人力和财力,这些事情为许多民间小说和戏剧所极力渲染。

也有人不同意以上的观点,他们认为炀帝开凿运河并不见得只是为了游幸江都。根据《隋书》记载,炀帝不仅游过江都,还曾巡游过西北各地,到过突厥与吐谷浑边境。因此炀帝开凿运河仅是为了玩的观点,恐怕说不过去。

江淮以南地区经发展,在全国经济中逐渐占有重要地位。所以运河一旦开通,就能把全国的政治重心与经济重心联系起来,把富庶的江南财富以田赋的方式加以征集,并通过运河转运到洛阳。另外,在隋朝以前,中国长期南北朝分裂,江南从东晋开始就形成了门阀士族的特殊势力。开凿大运河有助于加强中央集权。

隋炀帝开凿运河的目的,到底是为了个人一己之欲,还是为了国家的经济和政治,三言两语是很难争辩清楚的,看来还得留待历史学家们不断努力地去探索。

唐太宗身世之谜

《唐书》上有一个关于李世民命名的有趣故事:李渊二子即将诞生之时,李渊路遇一书生为其看相,书生惊呼:"李渊贵人也,其子也贵,有济世安民之大任。"李渊听后非常害怕,想杀掉那个人,可是看相的书生却消失得无影无踪。李渊于是怀着忐忑的心情向家走去,刚回到家中便传来喜讯,说夫人给他又生了个儿子,李渊就给这个新生儿取名"世民",有"济世安民"之意。

历史学家认为,这个故事能载入《唐书》,是统治者为稳固帝位而编造的传说。李世民一家祖籍应在今河北赵县,而李渊生于关陇,自称祖居关陇,是西凉王李皓的后代。

有的学者认为,原山东太行山地区有五大望族姓氏——王、卢、崔、李、郑,其中李姓又是鲜卑族中的一大姓氏。有人推测说李氏一门是破落贵族,也有人说李氏是鲜卑族大野部的姓氏。

根据可考证的历史资料证明,唐太宗李世民的祖母,即唐高宗李渊的母亲独孤氏,是隋文帝皇后的姐妹,并非汉族。

李世民的母亲窦氏也是鲜卑族人。而李渊一方的血统还没有足够的历史证据进行论证。历史上有以下几种说法:赐姓大野部、河南破落李姓、老子李耳的后代等等。有的学者综合几种观点认为其中最有可能性的说法是李世民是受胡人影响比较深的汉族人。

还有学者则认为，唐太宗李世民乃一代明君，可以称为帝王的楷模，因此后世人们想尽可能模糊其民族的概念，因此对考证唐太宗李世民身世问题并不积极。

李世民的身世问题，考古学家通过对唐太宗李世民的安息之所——昭陵的考察研究，找到新的证据。史书中记载，昭陵为唐太宗李世民的坟墓，有内外两城。外城遗址已难考证，门内当年建有献殿，存放李世民生前所用器物。北门曰玄武门，又称司马门。原有 14 个"蕃酋"的石雕像和驰名中外的"昭陵六骏"等浮雕。

马是突厥人离不开的伴侣。在突厥的葬俗中，有一种奇特的祭祀悼念马功劳的习俗，一般有三种仪式。主人死后，随从会骑着马绕着死者墓地转圈，然后把马杀掉或者活埋到坟墓里。

唐太宗李世民

无论是突厥贵族，还是一般牧民，死后都要与马共葬，只是数量多少不同。

中国所有帝陵中，只有李世民的昭陵里有战马石刻。唐太宗独特的墓葬形式真的显示了突厥的习俗吗？有人认为，昭陵是李世民的坟墓，至今未被打开，据称也未被盗过，或许若干年以后，我们可以从昭陵里得到最真实的答案。

武则天出生地之谜

两唐书记载，中国历史上唯一赫赫有名的女皇帝武则天（624～705）的籍贯在并州文水（今山西文水）。然而，武则天的出生地究竟在哪里？对此众说纷纭。

有人认为武则天的出生地在四川广元。唐朝李商隐《利州江潭作》中有介绍，在利州西边告成门外有顺圣皇后庙，这是因为武则天的母亲梦见与龙交而生了武则天。原来李商隐依据的是民间一个有关龙潭的传说。传说中，武则天的母亲有一天去潭边玩，突然潭中跃出一条金龙，和她交欢，她的母亲回家后就怀孕了，生下武则天。从李商隐的自注来看，距离武则天之死仅 100 多年，他是肯定武则天生于利州（今四川广元）的。

1955 年修建宝成铁路时，发掘出《利州都督府皇泽寺唐则天皇后武氏新庙记碑》的石碑，此碑立于五代十国的后蜀（959 年），碑文中提及武则天的身世。

有人说武则天的出生地在京城长安。一些人认为，李商隐的诗及注源自一个民间传说，虽然颇为神奇，但若作为历史来看，就有些荒诞了。

广元地区有关武则天的传说和遗迹不少，至多只能说明武则天随父到过此地，而不能说明武则天就出生在利州。持"广元说"者按自己的意思随意填补《武氏新庙记碑》的三个残缺字，然后依此进行主观推论，其可靠性是令人怀疑的。

据史书记载，武则天大约生于高祖武德七年（624 年），那时武则天的父亲在工部尚书任上。也就是说，他和夫人杨氏一起住在长安（今陕西西安）。武德末年先后有李孝常、罗寿、武则天的父亲担任利州都督，但事情在太宗贞观初年。所以武则天不可能先于在其父任职利州之前出生，她的出生地点，最大可能性应是在长安，而不大可能在四川广元，或其他什么地方。

上述两说各执一词，孰是孰非，需要继续研究。

武则天后宫面首之谜

公元 690 年（武周天授元年九月九日），武则天登基，改国号为周，改年号为天授，自称圣神皇帝，武则天从此成为中国历史上第一个也是唯一的一个女皇帝。据资料记载，武则天称皇帝后，后宫养了很多面首，其中较为宠幸的有张易之、张昌宗兄弟以及沈南璆、薛怀义等。那么武则天究竟有多少面首呢？

武则天

史书称武则天有面首三千。但这种说法的传说成分较多，不可轻信。不过，可以从武则天通过种种手段来搜罗面首的有关记载中来推断武则天究竟拥有多少面首。

武则天面首的来源有很多渠道，其中最重要的就是太平公主所献。作为武后的女儿，太平公主独具慧眼，给武则天送了许多面首。张易之、张昌宗、沈南璆、僧惠范这些以"阳道壮伟"而受武则天宠爱的人物，基本上都是经过太平公主亲自选拔的。

还有一些是向女皇"毛遂自荐"的。据《旧唐书》载，柳良宾是由自己的父亲推荐，同时被荐的有侯祥云。除了自己的女儿推荐、官僚推荐、男宠自荐，武则天还经常密派宫廷内的官员到民间秘密搜罗。经过这众多途径，武则天的后宫自然"面首三千"了。

由上可见，说武则天"面首三千"虽无实据，但她的面首肯定很多是不会错的。

唐宣宗当和尚之谜

唐宣宗是唐宪宗李纯的第十三个儿子,名叫李怡(后改名李忱),封光王。841年,他的侄子李炎即位,称唐武宗。唐武宗做了皇帝,对他的叔叔光王很不放心,百般迫害,于是唐宣宗遁迹为僧。据《豫章书》和奉新旧志记载:唐宣宗为僧云游四方时,曾到过奉新县的百丈寺。奉新西南部的"驾山"因唐宣宗经常登临而得名,"驾山"之南的"王见山"因唐宣宗看过而得名。唐宣宗即位后,对为僧云游的日子难以忘怀,对百丈寺僧人对他的照顾心存感激,因此一即位,就赐百丈寺"大智寿圣禅寺"匾额,并在天下推崇佛教。

黄檗山是中国佛教禅宗五大宗之一的临济宗的开创地。其中有一"皇叔塔"极为珍贵,据说就是为纪念唐宣宗李忱在此习禅而建立。始建于唐代的香岩寺,是唐朝著名国师慧忠的道场,有"千顷香岩"之称,与少林寺、白马寺、相国寺并称中州四大名刹,传说唐宣宗曾在这里削发为僧避难。霍山的灵山寺,也曾留下唐宣宗为僧时的足迹。

唐朝历代帝王多尊崇佛教,而唐武宗即位后,却大举灭佛。有人推论,是源于同他叔父宣宗的矛盾。武宗毁灭佛教的原因,在于宣宗从宫中逃出之后,隐身于佛门(传说逃入杭州齐安寺为沙弥)。灭佛是为了查找宣宗,毁灭他的栖身之所。会昌二年、三年,武宗屡次下令对寺院僧尼加以勘问盘查,特别是严查沙弥、俗客、保外僧,后来又对寺院实行戒严式的管制,这其实是借机对在逃的宣宗进行搜捕和追拿。

唐宣宗继位后,便"尽革武宗乱政",下令恢复佛寺,并诛杀赵归真、刘玄靖等撺掇武宗灭佛的十名道士,"以平民怨"。

其实,唐宣宗出家为僧一说,没有得到充分的证明,同时还存在大量的疑点。

宋仁宗生母之谜

包拯因公正无私被誉为"包青天",传说中"狸猫换太子案"便是由包拯审理的。

据传有一天包拯经过一地,遇到一位瞎老太太告状。原来,这位瞎眼的老太太是当今万岁的亲娘,当初她生下仁宗时,被刘妃陷害。刘妃抱走仁宗,让自己手下的太监郭槐去找了一只剥了皮的狸猫,对着皇帝说是李妃产下的怪胎……包拯听了后,考虑了一番,决定分两步来审理此案。

包拯先让仁宗生母李后去见以前自己的好姐妹狄后,让狄后向仁宗提起此事,使仁宗深信不疑;接着就是最关键的第二步,使郭槐招供。郭槐是当初"狸猫换太子"一案的主谋,他是受了刘后的指使,但因为对刘后十分忠诚,死不招供。包拯与公孙策就想出一个办法,郭槐吓得魂不守舍,就将当初犯下的罪行招供了。就这样,案件顺利审理了。

《宋史》则另有一说。说李宸妃是刘德妃的侍女,她怀孕时,刘妃已被立为皇后。刘妃请皇帝把李宸妃产下的儿子立为己子,为了弄假成真,便将孩子从李妃怀里夺走,割断母子联系。后来,李妃儿子赵祯继位。天圣九年,李妃得重病,次年去世,刘妃暗中吩咐以一品礼安葬李妃,以免以后赵祯知真相后怪罪自己。当时的宰相吕夷简又暗中吩咐内侍押班罗崇勋,给李妃穿皇后装入殓,并用水银宝棺。1033年,刘妃也去世,赵祯才知真相,准备杀戮刘府家人,但被宰相吕夷简劝阻。

综上所述,包拯和李妃之事无关,李妃也没有流落人间。至于刘妃到底用什么方法把赵祯收为己子也不得而知。

但令人费解的是,赵祯登基之后9年间,李宸妃为什么会缄口不言,一直到死?这给世人留下一个谜。

朱元璋大兴文字狱之谜

"祸从口出",自秦始皇焚书坑儒以来,历朝历代的文字狱都证明了这一点。朱元璋以严刑治国,大兴文字狱,也是他刑杀作风的必然产物。

明朝初期,许多士子们不肯与新朝廷合作,也是朱元璋大兴文字狱的重要原因。而一些勋贵自以为出生入死打下天下,见到文人被重用,心存嫉恨,屡屡中伤。如有人在太祖面前说,文人善于讥讪。张士诚的名字是请身边文人起的雅名,却不知《孟子》中有"士,诚小人也",其实是在借机骂他。太祖一查,果然如此,因此非常注意从臣子的文字中寻找"讥讪"字句,屡兴文狱。

因文字取祸,古来有之,却以明初"表笺祸"最为冤枉。如尉氏县教谕许元为本府作《万寿贺表》,其中有"体乾法坤,藻饰太平"二句,被怀疑是讽刺而遭砍头。因为"法坤"音同"髪髡",

明太祖朱元璋

"藻饰太平"音同"早失太平"。杭州府学教授徐一夔在《贺表》里有"光天之下,天生圣人,为世作则"之句。朱元璋解释说,"生"者僧也,骂他做过和尚;"光"则秃也,说他是个秃子;"则"音近于贼,骂他当过强盗。因此他勃然大怒,将徐一夔斩首。当时贺表谢笺的许多作者因为文字中有此类字眼而无端丧命,可称是文祸史上最荒唐的一页。洪武二十九年(1396年),朱元璋命人撰写"庆贺谢恩表式",颁布天下,命令以后如果遇到庆贺谢恩,官员们照表式抄录,送上即可。从此,文人学士乃至政府官员才避免因文字纠葛而蒙受不白之冤。贺表尚且如此,至于以诗文、疏谏取祸者,更不在话下。

文字狱的时间从洪武十七年至二十九年,前后达13年,幸免者寥寥无几。以皇帝之阴暗心态嫁祸于天下臣民,实在是封建时代文人的大灾难。

难道真是士子们不肯与新朝廷合作,才导致朱元璋发动文字狱吗?或者说还是有其他原因,至今仍是一个谜。

明世宗崇仙之谜

明武宗荒淫无羁,死后没有子嗣,皇位传给了他的叔伯弟弟朱厚熜,这就是嘉靖皇帝,又称为明世宗。嘉靖虽然在朝政上没有什么建树,却在历史上留下了崇仙皇帝和醮斋皇帝的别号,这是为什么呢?

朱厚熜在位45年,从即位的第三年就开始沉迷于各种道术。由于他一心求仙修道,因此他的三公九卿多是道士、青词高手以及一些投机分子。嘉靖皇帝一心修道还差点葬送了他的性命,这就是发生在嘉靖二十一年(1542年)的"壬寅宫变"。嘉靖皇帝听说用早晨的露水炼丹可使人长生,于是他命宫女清早采露,采得的露水不够就要受责罚,宫女们不堪忍受,决定杀死皇帝。她们趁皇帝熟睡之际用绳子勒住他的脖子,不想慌乱中却将绳子打成了死扣,怎么也收不紧,有一个宫女害怕了,跑出去呼叫,嘉靖才因此得救。

虽然嘉靖穷其毕生精力潜心修道,但他最终还是没能成仙。相反,由于长期服用丹药,他的身体越来越差,脾气也越来越大,大臣们动辄被杀头或廷杖,一时间朝廷上下人心惶惶,个个自危,就连集千般宠信于一身的严嵩也没能逃脱被罢黜的结局。加之,全国上下大兴土木,修建道观,致使国库极度空虚;边境北有蒙古进犯,南有倭寇侵扰,战火连年不断。就在这样一个内忧外患的形势下,明世宗朱厚熜驾崩升天,结束了他荒唐的一生。

明英宗南宫复辟之谜

正统十四年八月,明英宗朱祁镇在"土木堡之役"中被瓦剌军俘虏。英宗被俘后,孙太后以懿旨令英宗之弟朱祁钰为监国,主持国政。又下令立英宗的儿子朱见深为太子。正统十四年九月六日,朱祁钰即位,改明为景泰元年,史称明景帝,明英宗封为太上皇。

瓦剌军入侵北京,在于谦等主战大臣的坚持下,明军顽强抵抗,取得了北京保卫战的胜利。瓦剌开始由战转为求和,并主动提出送还明英宗。朝中大臣们多数表示赞同,景帝心中不情愿,却又不能说出口。于是景帝派右都御史杨善出使蒙古,却又为他制造了许多障碍,比如带去的礼物很菲薄。敕书中也不写明迎归太上皇的意思。

而杨善却错领会了景帝的意思,自以为若能迎回太上皇,必立下大功,所以多方筹划，做了许多努力，使太上皇朱祁镇于景泰元年八月南归。

太上皇将要抵京，景帝命令礼部拟具迎接的礼节。当礼部拟具上来时，景帝却命一切从简，只命令以一抬举舆两马到边境迎接。待太上皇到安定门，才换上法驾。而朱祁镇回来不久，景帝就将他软禁在南宫。南宫居室狭隘，供给的饭菜时有短缺，纸笔也很少提供，怕英宗与外人串通。朱祁镇名义上是太上皇，实际无异于囚徒。

明英宗朱祁镇

因为太子是英宗之子，所以自从英宗归来，景帝十分不安，便开始筹划易储，要废掉太子朱见深，改立自己的儿子朱见济，但却无人响应。

景帝便极力笼络朝臣，于是陈循等一些大臣转而赞同易储。后经朝议同意，景泰三年五月，景帝下诏废朱见深为沂王，令其出宫居住在王府，而立自己的儿子朱见济为太子。然而好景不长，第二年十一月，朱见济忽然染病身亡。

景泰八年正月，景帝病重，而皇位继承人尚未确立。十四日，群臣在朝堂上商议立储一事，有人提出请沂王复位东宫，也有人表示既已废去不宜再立。最后大家表示只提建储之事，而不提具体人选，由景帝自己定夺。而就在这一夜，发生了历史上著名的"夺门之变"。大臣石亨、徐有贞，联合太监曹吉祥、蒋冕等人，密谋拥英宗为帝。

景帝在病榻之上听说英宗复辟，只是连声说"好！好"。二月，孙太后下谕，将景帝废掉，迁居西苑。不久，景帝薨于西宫，年仅三十，谥号为"戾"。也有人说，景帝之病本已好转，他是被英宗派太监蒋安用帛勒死的。

明英宗宠信太监，致有土木堡之变。而景帝对兄长朱祁镇所持态度，则未免引人讥惮。英宗将景帝八年改为天顺元年，成为明史上唯一拥有两个年号的皇帝。

崇祯帝后裔之谜

崇祯帝有七个皇子，但长大成人的只有三个，即长子朱慈烺、三子朱慈炯、四子朱慈炤。朱慈烺生于崇祯二年（1629 年），当年被立为太子。崇祯十七年（1644 年）三月十八日夜，李自成农民起义军攻占了北京城外，见大势已去，陷于绝望的崇祯帝派人叫来三个儿子，亲自为他们换上民间旧衣，命成国公朱纯臣总督内外诸军送三位皇子出宫逃生。由于局势混乱，太子朱慈烺出宫后的行踪便变得扑朔迷离起来，在当时就已传闻纷起，说法各异。以下是几种不同的说法。

一是被清廷处死。太子趁战乱逃出宫外,被一老太太收留于家中,当老太太得知他是太子,便让他隐姓埋名,在家藏匿三个月之久。由于老太太衣食无着,无力供养太子,就想办法把太子送到了其亲属周奎家。周奎胆小怕事,听到清廷的搜捕令后,立刻将朱慈烺上交给刑部。清朝的那些统治者们怕太子朱慈烺会成为明朝遗民的精神支柱,决定斩草除根,下令将他处死。

二是被李自成俘获。李自成农民起义军进城后,受命保护皇子的太监怕受牵连,又见李自成的大顺军悬赏寻找三位皇子,便把太子献给了李自成。《明史》等史书记载:"京师陷,贼获太子,伪封宋王。"

三是在广东出家。据广东嘉应(今梅县)地区的传说,太子朱慈烺随李自成西去途中,与东宫侍读李士淳一起逃走,到嘉应州阴那山灵光寺削发为僧。《阴那山志》收录了朱慈烺的一首诗:

谁人伸臂划虚空,裂碎迷云千万重。

掌握明珠山吐月,周天星斗五轮中。

天画棋盘星作子,指弹日月照将军。

不知何处神仙着,花落棋声迅耳闻。

诗的作者期待着一位能人帮助自己"裂碎迷云",实现"天画棋盘星作子"的抱负。这一抱负颇有帝王之气,恐非僧人所能为。李士淳后人李大中在《二何先生事略》一文中公开宣称其祖先曾救过崇祯太子。

四是逃奔南明小朝廷。朱慈烺出宫后,颠沛流离辗转逃至南京南明弘光小朝廷,福王朱由崧召集大臣马士英对他进行盘问,自然对答如流,连从北京南逃来的原宫中内监对他也深信不疑,认为他是真太子。福王为了稳定自己的帝位,拒不承认太子为真,有言太子为真的人皆被处死。清兵攻破南京后,清豫王多铎把他掳到北京,从此下落不明。

由于有关崇祯太子的史籍记载有很大出入,流传下来的各种说法难辨真假。无以考据,学者至今仍无法判断这位明朝末代太子的下落。

顺治继位之谜

崇德八年八月初九(1643年9月21日)夜间十点左右,52岁的清太宗皇太极在沈阳清宫中的清宁宫东暖阁南炕上端坐而逝,一场围绕皇位继承人的斗争就剑拔弩张地拉开了序幕。

皇太极后妃中,地位较高的妃子所生的皇子只有永福宫庄妃生的第九子福临,时年六岁;麟趾宫贵妃生第十一子博穆博果尔,年仅三岁。其余皇子均为身份较低的妃子所出。最有希望继承皇位的是长子豪格，时年36岁。

豪格有一个强劲的竞争对手，即睿亲王多尔衮。正当两黄旗紧锣密鼓地策划拥立豪格时，多尔衮所掌握的两白旗的大臣也在积极筹划拥立多尔衮为帝。他的同母弟英亲王阿济格和豫亲王多铎是他坚决的支持者。

多尔衮

太宗死后第五天，睿亲王多尔衮前往三官庙，召见内大臣索尼（正黄旗人）商议册立之事。索尼对多尔衮的回答十分果决："先帝有皇子在，必立其一，他非所知也。"当晚，图赖来找索尼，告诉他一定要坚持拥立皇子。

次日黎明，两黄旗大臣首先在大清门共同对天盟誓，接着命两黄旗精锐护军张弓挟矢，环立宫殿，然后才依次进入崇政殿。崇政殿正中停放着皇太极的梓宫，东西两庑列坐的王公大臣为解决他的继嗣问题举行着决定性的会议。会议一开始，索尼和鳌拜率先提出立皇子，被多尔衮厉声喝退。接着，阿济格和多铎劝多尔衮即帝位。多尔衮见局势发展得如此严重，没有立即答应。多铎说："若不允，当立我。我名在太祖遗诏。"多尔衮说："太祖遗诏中也有肃亲王。"多铎又说："不立我，就当立礼亲王。"礼亲王代善是太祖次子，说："睿亲王若允，我国之福。否则，当立皇子。我老矣，能胜此耶？"豪格见此，故意推辞说："福少德薄，非所堪当。"说完退出会场。此举是为让他的早有预谋的两黄旗大臣们更方便地促成实现自己的意图。果然，两黄旗大臣们见主子离去，一齐佩剑上前，这无异于以武力相胁迫。代善见状，起身而去。英亲王也退出会场。多铎则一言不发。多尔衮见状，说："你们的意见很对。肃亲王既然谦让退出，没有继统的意思，那么就应当立先帝之子福临。只是他年岁幼稚，暂由我和郑亲王分掌八旗军兵，左右辅政。待他年长之后，当即归政。"这一意见既与两黄旗大臣提出的"立帝之子"原则不悖，而又排除了豪格，不影响多尔衮实际掌握大权，实是一个以退为进的绝妙主意。两黄旗大臣无话可说，众人都无异议，于是角逐了数日的继嗣问题，就这样一锤定音。诸王大臣遂形成决议，共立誓书，对天宣誓而罢。

崇德八年八月二十六日，内外诸王率文武群臣齐集笃恭殿前，跪迎福临即皇帝位，颁诏大赦，宣布以明年为顺治元年。这就是历史上的顺治帝。

雍正即位之谜

康熙六十一年（1722年）十月，69岁的康熙帝兴致勃勃地到南苑去打猎。其间他觉

出身体不适,即命返回京师西郊的皇家苑囿——畅春园休憩,不料病情逐渐加剧,延至十一月十三日晚上,康熙溘然长逝。康熙帝驾崩后,皇室内部发生了激烈的皇位争夺战,最后皇四子胤禛以胜利者的姿态登上了皇帝的宝座,是为雍正帝。关于雍正是怎样登上皇位的,长期以来有种种传说。

比较流行的观点是胤禛弑父篡位。首先,康熙心目中的继承人是皇十四子胤禵。这可以从康熙让他在西北主持军务一事看出。因为西征之役关系到半壁江山的归属和今后安危的重大问题,必须选择最信任、最有能力的人充当大将军。对十四子的任命是提高他的威信、培养皇太子的决定性环节。此外据记载,康熙驾崩那天晚上,曾大声号呼,肯定发生了什么大变故。中国社会科学院历史研究所许曾重撰文说,两征之役即将结束,胤禵返京即位几乎已成定局,因此胤禛果断采取行动,于十一月十二日晚严密控制了畅春园,派近臣隆科多在御膳中放入毒药,致使康熙死去。

康熙皇帝

而后胤禛又串通隆科多等人,修改了康熙帝手书的传位遗诏,将遗诏中的“皇位传十四子胤禵”改为“皇位传于四子胤禛”,雍正帝就这样登上了皇位。

有人则认为,根本不存在雍正篡位问题。因为康熙遗诏是用满文写的,用满文宣读,所以将“十”字改为“于”字是行不通的。即使写的是汉字,“十”也无法加一道成为“于”字,因为那时的“于”字写法是“於”。而且清朝皇帝的儿子,一定称为皇子,第几个儿子则称为“皇某子”,这是规矩,错不得。假若真将“十”字改“于”字,那就是“皇于四子”,语法不通。而且隆科多与雍正原非深交,何苦冒险矫诏拥立?再者,皇十四子若是康熙未来的皇储,为何长期滞留边陲?

据官方史书记载,康熙临死前曾命雍正代行郊祀大典,病危时又将几位皇子和大臣召至御榻前说:“四子胤禛,人品贵重,深肖朕躬,必能克承大统,着继朕登基,即皇帝位。”可见,康熙想立的就是雍正。

还有一种观点认为,康熙原要在胤禛和胤禵两人中选一位继承人,而最终选了胤禛。胤禵被任命为抚远大将军,说明他是康熙选择的皇太子人选之一,但未最后选定,否则为何让他长期滞留边陲。而胤禛在康熙四十八年(1709年)晋封为亲王后,在皇子中的地位逐步提高,多次参与祭祀活动,次数之多,居皇子之冠。康熙还让他参与政务,赐给他圆明园和狮子园。他还十分喜欢胤禛之子弘历,称其母是“有福之人”。由此可见,雍正

康熙皇帝

是后来居上的皇太子候选人。也有人认为，康熙本想传于十四子胤禵，但他远在边疆，若将他叫回朝宣布诏书，在空位阶段必会发生皇位纠纷，不得已只好传位于胤禛。

因此，围绕雍正帝到底是如何即位的问题，至今还没有令人信服的观点。

乾隆身世之谜

清末，上自官僚缙绅，下迄妇孺百姓，几乎人人皆知这么一个传说，清初的某个皇帝是浙江海宁陈家的儿子。这个皇帝是谁呢？有人便说是乾隆皇帝弘历。这一传说也见于一些私家所写的稗官野史之中。《清朝野史大观》卷一《高宗之与海宁陈氏》一文有这样的记叙：雍正帝胤禛当皇子时，与海宁陈氏很好，两家来往频繁。这一年恰巧两家在同月同日同时辰生子，只是胤禛家为女孩，陈家为男孩。胤禛命人抱来看看，但却偷偷把孩子换了。陈家发现孩子被换，大惊失色，但迫于对方权势，不敢追究，也不敢声张。不久康熙去世，传皇位于胤禛。胤禛即位后，陈氏一门数人也都官至显要。以后乾隆帝即位，对陈氏更是礼遇有加。乾隆六次南巡江浙，其中四次都到过海宁陈家，最后一次临走时步至中门，对陈氏说："以后若非皇帝亲临，这门不要轻易打开。"从此这座门就再也没被打开过了。

乾隆皇帝

持上述观点之人还提出另外一些证据，海宁陈氏的宅堂中有两方皇帝亲笔书写的匾额，一方题为"爱日堂"，一方题为"春晖堂"。后来，与海宁陈氏的儿子相交换的那个女孩便在海宁陈家成长，到了婚嫁年龄便嫁与江苏常熟蒋氏，蒋氏专门为她筑了一座小楼，后世称之为"公主楼"。这些史料更让人坚信乾隆是汉人之子。

然而，也有人提出了反对的意见。

雍正帝有皇子 10 个，公主 6 个。乾隆帝是其第四子，推及情理根本没有把别姓的孩子换来当自己孩子来继承皇位的必要性。其次，从清代皇帝与海宁陈氏的关系来看，纯是君臣友谊。陈氏是清初的名门望族，在康熙、雍正、乾隆三朝，陈家历代都仕途通达，官居高职，显赫一时。

至于两块匾额，据史学家孟森考证，清国史馆编纂的《陈元龙传》中说：康熙三十九年（1700 年）四月，康熙在便殿召见群臣，说："你们家中各有堂名，不妨当场写给我。我写出来赐给你们。"陈元龙奏称,父亲年逾八十,故拟"爱日堂"三字。《海宁州志》还提到,康熙五十四年(1715年)六月,因陈元龙胞弟陈维坤的妻子黄氏寡四十一年,便御书"节孝"两字赐之,又赐以"春晖堂"匾额。因而,说乾隆是汉人之子是无稽之谈。

《清官词》中有一首词说:"冕旒汉制终难复,曾向安澜驻翠蕤。"词中暗指乾隆与海宁陈氏关系。然而,这其中关系究竟怎样,乾隆身世究竟如何只能成为未解之谜了。

乾隆进孔府之谜

历朝皇帝十分尊崇孔子。据史料记载,从乾隆十三年(1748年)到乾隆五十五年(1790年),乾隆皇帝九次巡幸曲阜,祭拜孔子。至于乾隆进孔府的次数,则有不同说法,有说七次、八次的,也有说九次的。

那么是什么原因使乾隆如此"钟情"于孔府呢?除了尊重孔子、发扬儒学外,最重要的原因是乾隆的女儿下嫁孔府。

据说乾隆有一女儿,是孝贤皇后所生,乾隆十分钟爱。公主脸上长了一块黑痣,相术上说这块黑痣主灾,破灾的唯一方法是将公主嫁给比王公大臣更显贵的人家。那就只有山东曲阜的孔家了。但清廷制度中满汉不能通婚,乾隆就将女儿寄养在汉族大臣于敏中家里,然后以于家闺秀的名义嫁给第72代衍圣人孔宪培。于敏中一家随之搬入孔府居住,并世世代代居住于此。

孔宪培与公主结婚时,文武百官都有厚礼相送。公主结婚后,每逢生日庆典,乾隆还派官员前来贺寿,均有厚赐。公主没有生养,过继侄儿孔庆镕为后。孔庆镕刚一出生就被抱到公主这边,并立即呈报皇上有了御外孙,乾隆十分喜悦。

在曲阜名胜"三孔"(孔府、孔庙、孔林)之一的孔林内,有一著名的"于氏坊",位于孔林北侧,颇为引人注目。这就是孔宪培与其妻于氏之墓。因为于氏是乾隆皇帝的女儿,所以当她死后,孔府为其立了这座"鸾音褒德"牌坊,规模宏大。凡乾隆南巡或东巡时,都必定要到曲阜来。

乾隆与孔府有"姻亲"关系一事,未见正史记载,仍是历史上的不解之谜。

嘉庆帝遇刺之谜

嘉庆八年(1803年)闰2月20日早晨,正当嘉庆皇帝坐轿从西郊圆明园回宫,路过神武门将要进入顺贞门的时候,突然一条大汉从神武门西厢房南墙后冲出来。此人40多岁,手持利刃,直奔嘉庆帝所乘坐的御辇。事情发生得太突然,神武门内辇道西侧的100多名侍卫、护军章京、护军校、护军等竟无一人上前阻拦,只有护卫在嘉庆帝轿旁的定亲王绵恩首先感到事情不妙,迎面上前阻拦,被刺客举刀刺破衣袖。这时,紧随皇帝的固伦额驸亲王拉旺多尔济、御前侍卫扎克塔尔等人一起上前拦挡。嘉庆帝慌忙下御辇，急急逃入顺贞门。刺客追不上皇上，卫士们都是大内高手，最后由于体力不支而被生擒。嘉庆帝有惊无险，即刻下令严审刺客。

经查，刺客名陈德，47岁，北京人。陈德父母为镶黄旗人松年的家奴。陈德供词中说："我因穷苦不过，往后难过日子，心里气恼"，遂"起意惊驾，要想因祸得福"，"本月十六日，知道皇上于二十日进京，我就定了主意"。若得手"砍退几人，直奔轿前，惊了圣驾，皇上自然诸事都由我了"。

对于陈德的上述供词，会审诸臣与嘉庆皇帝很不满意。一个失业的厨子，无缘无故行刺皇帝，既无主使同谋又无帮凶，谁能够相信？于是嘉庆帝下旨，一定要追问出幕后主使以及同谋和党羽。经过四天四夜的酷刑审讯，仍然未问出主谋与同案来。于是陈德被凌迟处死：他的两个儿子也被处以绞刑。其岳母因年过八旬高龄，免除审议。

此案匆匆了结，没有引起政治风波。事后，嘉庆帝仍在怀疑一个家奴怎会有如此胆量私闯宫廷禁地图谋不轨？肯定在朝廷官员中有同谋主使者。嘉庆帝甚至还引咎自责，认为发生这样的事，总是因自己仁政未备，德化未昭，这赢得了一些文人对他的歌颂。

一桩震惊朝野的要案，历史有明确记载，原因却未查明，便结案了事，这引起朝野上下种种猜测。有何隐秘，至今无人能予以破解，成为一桩疑案。

洪秀全"天京事变"之谜

太平天国运动是一次大规模的农民运动，但最终是失败了，人们努力找寻着其失败的原因，而这次农民运动的转折点——"天京事变"，成为人们关注的焦点。然而直到今天，"天京事变"是怎样造成的、究竟是谁造成的还是一个谜。

1856年，一场"太平时，王杀王"的历史悲剧在太平天国的首都发生了，这就是"天京事变"。最通常的是杨秀清"逼封万岁"与洪秀全"密诏杀杨"的说法。

攻破围困天京的江南大营后，东王杨秀清把功劳都归于他一人，心存篡窃之心。杨秀清借口西线紧急，把北王韦昌辉、翼王石达开等人派到前线督师。天京后方只剩下天王和杨秀清自己，杨秀清认为时机已成熟，就假借天父的名义将天王洪秀全召到东王府，假装"天父"的口气要洪秀全封其为"万岁"。洪秀全假装高兴。二人于是决定在下月杨秀清生日时，正式晋封。

洪秀全回宫后，一面命令宫内女兵防守皇城；一面派人送密诏给在长江上游督师的北、翼二王，令他们火速返京。韦昌辉得到密诏后，立即带领3000精兵赶回天京城外，在守城军官的配合下，趁着深夜悄悄进入城内，与燕王秦日纲合兵一处，攻入东王府。杨秀清和他的爱妃正在睡觉，被突然到来的秦日纲一刀杀死，刀刀穿出后背。

太平天国史专家罗尔纲在《太平天国领导集团内讧考》一文中这样解释"天京事变"发生的原因:"天京事变"是洪秀全和杨秀清之间矛盾的总爆发,杨秀清企图夺取太平天国的最高领导权,"逼封万岁",可是洪秀全自然不让,密令韦昌辉把杨秀清杀死。

但到了20世纪70年代末,许多学者对"天京事变"提出了不同的看法,或认为杨秀清并未"逼封万岁",而是洪秀全鉴于杨秀清的功劳"主动加封";或认为杨秀清实际上已是"万岁",没有必要"逼封万岁"。同时,更有学者认为杨秀清"逼封万岁"的说法完全是一个政治谣言。

那么谣言又是从何而来的呢? 持以上

洪秀全塑像

说法者认为这要看谣言对谁有利,据此就不难找到制造谣言的线索,因为造谣者总是编造对自己有利的谣言,不会编造不利于自己的谣言。比较洪、杨双方,谣言自然对洪秀全有利而对杨秀清不利,因此杨秀清不可能是造谣者。

在当时,天京的兵权由杨秀清控制着,北王、翼王等又在外领兵。身在天王府内的洪秀全要除掉杨秀清,就必须借助北王和翼王的力量。怎么办呢? 于是洪秀全就故意上演了一场"加封万岁"的闹剧,然后再把杨秀清"逼封万岁"的风声放出去。不论"天京事变"的造谣者是谁,总之这场起义领导者的内讧使得太平天国元气大伤,太平天国运动从此由盛转衰,最终失败,让人不由不扼腕叹息。

袁世凯与"戊戌变法"之谜

戊戌变法是中国历史上第一次资产阶级改良的革命,提起戊戌变法,人们会想起康有为、梁启超,同时也会想起袁世凯。许多记载中说因为袁世凯的出卖,才导致戊戌变法的失败,这一观点的依据是袁世凯死后公开发表的日记。

日记的大意是说,谭嗣同夜访袁世凯的那天,逼迫袁世凯带兵围攻颐和园,把慈禧太后废掉。袁世凯由于看见谭嗣同"腰间衣襟高起,似有凶器",假装答应谭嗣同。谭嗣同离去后,袁世凯连夜反复思量,决定第三天"请训"后马上赶回天津向荣禄告密。

可是近些年来,因袁世凯告密导致戊戌政变的说法遇到了多方面的质疑。

有人认为,政变早在9月19日(八月初四)的那一天就已经发生了,光绪皇帝处于被监视之中。21日宣布"训政",仅仅是形式而已。所以袁世凯20日晚向荣禄告密已经与（19日）政变无关系了,并不能把戊戌政变归罪于袁世凯。

在这种说法的基础上,人们进一步提出:伊藤博文来华应该是政变的真正原因,而御史杨崇伊的密折则是政变的导火线。变法刚开始时,慈禧并不反对。在慈禧太后看来,只要不对她尊贵的地位构成什么威胁,皇帝爱干什么就干什么,她一概不管。但是在变法期间有几件事令慈禧感到恐慌,她才决定回宫发动政变。

一是光绪请求启用议事机构懋勤殿,慈禧认为这使光绪完全摆脱了她的控制。二是光绪召袁世凯到京,准备授以重任,自然引起慈禧警觉。第三件也是最重要的一件事就是伊藤博文来华。9月12日,正当戊戌变法进行得如火如荼的时候,日本的实力派人物伊藤博文以"私人"的名义访华,光绪帝采纳维新派的建议,决定9月20日（八月初五）召见伊藤博文。

在慈禧等人看来,维新派没什么可怕,可怕的是维新派与外国势力结合起来。9月18日（八月初三）,御史杨崇伊起草了一个密折,通过庆亲王奕劻呈给慈禧太后。密折说"依（伊）藤博文即日到京,将专政柄","近来传闻之言,其应如响,依（伊）藤果用,则祖宗所传之天下,不啻拱手让人"。

因此,由以上的史实得出的结论是戊戌政变的爆发与袁世凯的告密不存在直接的联系,伊藤博文来华才是政变发生最主要的原因。当时就有人评论说:"八月发生的政变,皇上被幽禁,维新派遭到株连,新政被篡改,这样想法已非止一日,可是借口发难,却是因为伊藤的到来。"

第三种说法认为,戊戌政变发生的时间虽然确实为9月21日早晨,但是政变在荣禄还没有把袁世凯的密告递到慈禧那里的时候就发生了。根据这种说法得出的结论是,戊戌政变失败的原因并不是袁世凯的告密。

毕竟事实的真相现在已经难以辨明,然而无论如何,袁世凯所背负的千古骂名不会因为这个未解之谜而被洗刷。

袁世凯任大总统之谜

长期以来,人们认为孙中山让位是由于袁世凯武力施压篡夺了大总统之位,袁世凯出任大总统是篡位之举。但有的历史学家认为,革命党事先已经承诺只要袁世凯能迫使清帝退位,那么大总统一职就是袁世凯的,根本不存在"让位",而只不过是"还位"罢了。

当时的情况是这样的:武昌起义爆发后,各省争相响应,革命形势迅猛发展,清政府统治正在风雨飘摇中,在血气方刚的革命者眼中,推翻满清很快就会实现。但作为一位经验丰富的革命家,孙中山对当时的形势有着比其他人更为理智和冷静的分析。

第一，清朝的气数虽然已尽，但仍有一定的实力。

第二，作为高瞻远瞩的政治家，推翻清帝虽然是孙中山革命的首要目标，但不是最终目标，其最终目标是建立一个强大、富强、民主的国家，使中华民族跻身于世界民族之林。倘若能做到这一点，自己当不当这个大总统是无关紧要的。

对于孙中山在民国初期让位的问题，有许多人作过深入的研究，也提出过许有见地的见解。在20世纪80年代中期以前，史学界在研究孙中山让位的原因时，主要提出了4种说法：

一是"权术论"，认为是袁世凯利用革命党与清政府的斗争，借机夺权；二是"干扰论"，认为是投机革命的旧官僚、立宪党人一致拥护袁世凯；三是"扶植论"，认为是帝国主义把袁世凯扶植成总统；四是"妥协论"，认为是革命党内的妥协思潮迅速膨胀，主张拥护袁世凯。

20世纪80年代中期以后，有的人认为以上的4种说法不能完全解释孙中山让位的真正原因，他们提出了一些新的看法。

胡绳武先生认为孙中山让位，其根源在于武昌起义后，由于多种原因，在资产阶级革命党人、海外华侨和留学生中较为普遍地存在一种借袁世凯之力以推翻清朝建立民国的最为有利的心态。

如此一来，孙中山到底是"让位"还是"还位"，袁世凯出任大总统是否合法，变得更加难以确定了。这一谜团不知何时才能真正解开？

齐桓公死因之谜

齐桓公是姜姓、吕氏，名小白，公元前686年战胜了公子纠，夺得君位。齐桓公即位后，管仲在齐国实行全面改革，国力迅速强盛；在外交上，"尊王攘夷"。他曾召集9次诸侯会盟，担任40年的盟主，是春秋时期第一个实力最强的盟主。公元前645年，管仲病逝，临终前对齐桓公提出警告，要他疏远易牙、竖刁等小人。但齐桓公没有听从他的告诫，仍然重用这些人。公元前643年，易牙、竖刁等趁齐桓公患重病的机会，假借其命令，堵塞齐宫大门，并在大门前竖起一道高墙，任何人都不准进入宫内。齐桓公的5个儿子不管父亲的死活，只知道争夺权位。结果，齐桓公的尸体在寿宫中整整搁置了67天，都生了蛆，可仍然没人将他安葬。

齐桓公究竟是怎样死的呢？他在宫中的最后几天究竟是怎样度过的呢？有人说他是被易牙、竖刁等小人关在宫中活活饿死的。但一代霸主在临死之前怎么会没有人照顾，活活饿死更是让人觉得荒谬之极，因此这种说法的可信度不是很高。

有人认为，齐桓公是被易牙、竖刁等人害死的。为了夺权，二人在宫中命人在食物中下毒，害死了齐桓公。但桓公死后，5个儿子互相争权，二人原有的计划也落空了。

更有人认为，正是桓公的5个儿子为了争夺权位，齐桓公在宫中迟迟未死，所以5个儿子命人害死了桓公。

齐桓公

武则天杀女之谜

武则天14岁时，长孙皇后去世，太宗十分伤感，常怀思念之情，遂让杨妃从民间挑选美女入宫。杨妃乘此机会，将自己的外甥女武则天选入宫中，被太宗封为才人，并赐名媚娘。太宗驾崩后，武媚娘与其他一些太宗名下的宫眷们都被送到感业寺做尼姑。唐高宗六年，武则天被唐高宗召回，第二次进宫，封为昭仪。武则天很聪明也很有心机，会耍手腕。进宫不久，她就窥探到宫里王皇后与萧淑妃在争风吃醋、明争暗斗，王皇后之所以支持高宗将武则天召回，实际上是嫉妒萧淑妃生下皇子，怕"母以子贵"，失去自己皇后的地位，利用武则天来夺萧淑妃的宠，从而坐收渔利。武则天看在眼里，计在心上，将计就计，拉拢巴结王皇后，流露出千万般感激之情。王皇后被她的虚情假意所蒙蔽，在高宗面前一个劲儿夸赞武则天，说她的好话，贬损萧淑妃。不久，萧淑妃被唐高宗打入冷宫，贬为庶人。这样，武则天下一个对手就是王皇后了。要想扳倒王皇后不太容易。王皇后是唐高宗的结发妻子，人又谦和娴雅，深得重臣们拥戴。况且，要废立皇后须有大臣们参与意见，共同商量。唐高宗以前想封武则天为宸妃时，大臣们就一致反对，高宗就没敢轻举妄动，不想为这么一件小事招惹群臣不满。武则天也明白，要废掉王皇后一定要争取得到朝臣们的赞同。为此，她首先想到争取长孙无忌。太尉长孙无忌不仅身任宰相兼顾命大臣，还是高宗的亲娘舅。一天，她和唐高宗登门求情，封长孙无忌的三个儿子做官，还送去十车金银珠宝，并婉转地提出废后一事。但是，长孙无忌始终不表态，高宗与武则天只好扫兴而归。

此计不成，又施一计。武则天暗中指使人把写有高宗名字和生辰八字的小木偶埋在王皇后卧榻下的砖地里，然后派人到皇帝那里密报，说皇后怨恨皇上，跟她的母亲魏国夫人用"厌胜"之术，诅咒皇上早死。高宗见密告者是王皇后的近侍，不由不信。待挖出木偶后，看见木偶的七窍和心口全都插着铁针，高宗气愤至极，不问青红皂白，当即下令不许魏国夫人再进宫来，根本不想这是栽赃，从这时起，他终于下决心要废后。

对于废后立武之事，朝廷大臣们分成三派，一派反对，一派赞同，一派中立。中立派明是中立,实际等于赞同。反对派里虽然有长孙无忌和褚遂良等顾命大臣,但还是少数。

武则天看清了形势,她认为要争得后宫的独霸地位,必须把王皇后彻底打倒不可,最好是用攻击代替防御。经过一番绞尽脑汁之后,她上演了一出残杀爱女的"苦肉计"。

永徽四年,武则天为高宗生了一个胖男孩,起名李弘。又过了一年,武则天再次临盆,生下了一个女孩。小女孩眉清目秀,招人喜爱。高宗把她看成掌上明珠,经常到太极宫里瞧她几眼。王皇后因为自己没有孩子,也非常喜欢这个女孩,常常来逗她玩。一天,王皇后刚刚离开,武则天就偷偷把孩子掐死,然后又盖好被子。不多一会儿,高宗进来,掀开被子一看,发现爱女已死,气急败坏地大叫:"谁杀死了我的女儿? 谁杀死了我的女儿?"他问乳母:"刚才谁来过了?"乳母胆战心惊地回答:"只有皇后来过。"于是"谋害小公主以泄私愤"的罪名就落到了王皇后头上。

从此形势急转直下,昏庸懦弱的唐高宗终于不顾大臣们的反对,下诏废了皇后,永徽六年册封武则天为皇后。武则天想当皇后的愿望终于实现了。

武则天这一招心狠手毒,超出常理,也是她为达到目的不择手段的天性使然。在她心中,权利是第一位的,或许这也是她成就大业的无奈选择。

武则天之子死亡之谜

章怀太子李贤(654～684),字明允,是唐高宗李治与武则天的第二个儿子。他幼时聪敏过人,读书时过目即颂,为李治所喜爱。立太子后,李贤奉诏监国,处事明决。然而李贤命运坎坷,曾受命以太子身份监国,又被武则天废为庶人,流放巴州(今四川巴中)。章怀太子李贤墓在陕西乾县乾陵东南三公里处,是唐高宗和武则天的陪葬墓。由于章怀太子李贤的死因十分神秘,引起不少的猜测和争论。

一说李贤与母后争权,被武则天杀害。李贤聪敏好学,处事果断。唐高宗非常高兴,一心一意培养李贤。李贤地位上升,搅乱了武则天的女皇梦,使她坐卧难安。仪凤四年(679 年)五月的一天夜里,深得唐高宗、武则天宠信的正谏大夫明崇俨突然被刺身亡。四天后,太子李贤监国,未能破案。武则天便找一些微不足道的小事,下令搜查东宫,结果在马坊里搜查出甲胄数百具,赵道生也在刑讯之下供证受太子指使暗杀了明崇俨。李贤有口难辩。次年八月,李贤被废为庶人,幽禁起来,随后被流放巴州。四年以后,李贤被逼自杀。

一说李贤非武则天所生,难免遭到被杀的厄运。据记载,永徽年间,唐高宗纳武则天入宫为昭仪。永徽五年,武则天生李贤于昭陵的路上,是早产。有人推测武则天的这个孩子可能早产夭亡,而此时韩国夫人恰巧也为高宗生了一个男孩,于是抱来顶替妹妹死去的孩子。李贤成年后,武则天与他的矛盾日益突出并开始激化。当时宫里也纷纷传说太子是韩国夫人所生,当李贤知道自己出生的秘密,自然难免被废、被杀。

一说李贤是遭谗言,被武则天屈杀。早在李贤仍是太子的时候,明崇俨就散布过"太子不堪承嗣",使武则天不满李贤。1972年出土的《章怀太子李贤墓志铭》,文中多次以晋献公听信骊姬之言杀申生、汉武帝听信江充之言杀刘据、晋惠帝听信贾后之言废愍怀太子之类的典故来暗喻李贤之死。

20世纪60年代初,郭沫若又提出了一个全新的说法,认为李贤实为宰相裴炎陷害致死。他推测武则天在废掉唐中宗后有意起用李贤,立即派人去巴州,看看李贤是否已经悔过自新。裴炎出于篡夺朝廷大权的阴谋,设计暗害了李贤。所以李贤之死不是出于武则天的指使。总之,裴炎暗害李贤说只是出于一种推测,很难信以为真。

上面几种说法孰是孰非,今天已经难以作出准确的判断,但是无论如何,武则天不能容忍任何阻碍她君临天下的人存在,这一点是不可否认的。

赵匡胤"暴死"之谜

公元960年赵匡胤发动陈桥兵变,做了17年的皇帝,到976年便猝然离世了。其死因有两种说法,一是在民间广为流传的非正常死亡说,二是部分学者认为他属正常死亡。由于正史中对赵匡胤的死因没有明确记载,野史中的记载又说法不一,其死因便成为历史一大悬案。

宋太祖赵匡胤

持非正常死亡说者认为,赵匡胤死于其弟匡义之手,也就是所谓"烛影斧声"之谜。司马光在《湘山野录》中说,开宝九年十月,有一天天气极为寒冷,宋太祖赵匡胤急唤他的弟弟赵匡义进入寝宫,两人自酌自饮。酒过三巡,已是夜深了,他见晋王赵匡义总是躲在后边,极其害怕,自有几分得意。见殿前雪厚几寸,便用玉斧刺雪,还不时对他弟弟说:"太容易了,真是太容易了。"当夜赵匡义依诏没走,留宿于禁宫。第二天天快亮时,禁宫里传出宋太祖赵匡胤已经死了的消息。赵匡义按遗诏,于灵柩前即皇帝位。

历史上所谓"烛影斧声"的疑案就指此事。有人认为"烛影斧声"可能不是疑案,只是晋王赵匡义杀兄夺位的借口。宋太祖安排国家大事,不可能只召弟单独入宫。用玉斧刺雪,这正是赵匡胤与赵匡义进行过争斗的状态,晋王一狠心杀死宋太祖。要是不这样写,这段史料也许会被封杀。

持正常死亡说者则认为上述所谓"烛影斧声"之说纯属杜撰,他们以司马光的《涑水纪闻》为依据,其中记载:宋太祖晏驾后,皇后派内侍王继隆召长子赵德昭进宫继承王位。王继隆认为太祖在世时,素有传位给晋王之意。于是自作主张召赵匡义进宫。赵闻讯后大惊,犹豫不敢前往。王催促说:时间紧迫,耽误时间,帝位就是他人的了。这时赵才匆忙随王入宫。皇后一见来者为晋王赵匡义,非常吃惊,只好说:我母子的性命都托官家了。赵见状,也哭着说:共保富贵,不要忧伤。以此而论,赵匡胤死时赵匡义并不知晓,也不在宫中,因此也就不存在弑兄之嫌了。

那么,宋太祖赵匡胤究竟是何种原因暴死的? 也有学者认为是由于太祖很爱喝酒,可能是得了高血压脑溢血之类的急病,抢救不及而死。或者是与赵氏家族的遗传病有关,据考证,赵匡胤一族早亡者居多,即使活得较长的平均年龄也就 41 岁,与当时的上流社会平均寿命 62 岁相比小得多。

蒙哥死因之谜

蒙哥(元宪宗)被誉为"上帝之鞭",率领蒙古铁骑,横扫欧亚大陆。在他的征战下,元朝的疆域在不断扩大。1258 年 2 月,蒙哥亲率十万大军分三路进攻四川。一路上攻城拔寨。转年 2 月,各路大军齐聚三面环水、形势险峻的合州钓鱼城。合州知州王坚带领南宋军民进行艰苦卓绝的保卫战,而这位骄横的"上帝之鞭"也鞭折城下命丧黄泉。钓鱼城由此被史学家称为"东方的麦加城"。蒙哥到底是如何折鞭的,历史上众说纷纭,没有定论,主要有以下几种说法:

第一,久攻不下,忧愤而死。钓鱼城形势陡绝,易守难攻,蒙哥围城几月,久攻难克,反被南宋军队几次反击得手损兵折将,蒙哥难受其辱,终激愤而死。

第二,炮石击死。蒙军攻城时,损失惨重,先锋汪德臣死于城下,蒙哥亲自督军上阵。宋军的大炮发神威,蒙哥被炮石所伤,因伤势太重回营后便死去。

第三,得病而死。《元史·宪宗纪》中说蒙哥在六月身体有些"不豫",七月癸亥崩于钓鱼山,肯定蒙哥为病死。

第四,中飞矢而死。翦伯赞主编的《中国史纲要》和叙利亚阿部耳法剌底编著的《世界史节本》等史书都认为蒙哥是被宋军的飞矢射死的。

第五,淹死水中。此说源于小阿美尼亚海屯 1307 年口授的东方史《海屯纪年》,说蒙哥乘船进攻宋军,宋军"水鬼"潜入水下,凿穿船底,蒙哥与战船一同沉入水底。

不管蒙哥是如何死的,但作为一个御驾亲征的大汗(皇帝)死在了征战的途中,历史也将永远记住他的名字。

朱元璋诛杀功臣之谜

朱元璋当过和尚的事众人皆知，然而鲜为人知的是这个"出家人"出身的皇帝不以"慈悲为怀"，反而大肆诛杀功臣。

据说官吏们上朝之时，都要观察朱元璋把所佩带的玉带放在哪个位置。如果朱元璋把玉带贴在胸前，那么这一天杀的人及遭处罚的人就会少些；如果玉带被放在肚皮之下，那就意味着今天要杀很多人。当时在京的官吏，每天早晨入朝之前，先和妻儿诀别，以备不测。当上完朝平安回到家中时，全家就开始庆祝。时间一长，有些人就受不了这种日子了，于是装疯卖傻的事就出现了，御史袁凯就是一例。

袁凯，字景文，松江华亭县人氏，洪武三年被荐授为御史。有一次，刑部报审一批案犯的判刑名单，朱元璋审批后主张全部处死，就派袁凯将这些名单送到皇太子那里去复审，而皇太子主张减轻刑罚。袁凯向朱元璋做了汇报，不料朱元璋反问袁凯："我与太子的主张，哪个正确？"袁凯回答道："微臣愚见，陛下主张全杀，这是执法；太子主张赦减，这是心慈，都有道理。"谁想到朱元璋被激怒了，认为袁凯在耍滑头，于是就将他关进监狱。袁凯很冤枉，于是在狱中绝食三天，后来被释放。当袁凯上朝时，朱元璋见了他就说："是持两端者。"袁凯发觉到事情不对劲，感到末日就要到了，心里着实恐慌害怕，该怎么办呢？

于是，袁凯就装出疯傻，朱元璋当然不相信会有这事，就要验一验这是否是真的。朱元璋叫人用木锥子锥袁凯，说疯子是没有感觉的。袁凯咬住牙，忍住痛苦，不叫出一声。这下朱元璋有点信了，以为袁凯真疯了，便把他放回家。

御史严德珉是吴人，由御史提升为左佥都御史。洪武年间，他害怕杀身之祸，遂因病向朱元璋提出辞职。朱元璋非常生气，让人黥其面。后来他被贬发配到广西南丹，几年后遇赦放还。从此，严德珉穿上布衣，甘愿做一个普通老百姓，竟活到了宣德年间。一次，由于某件事他被御史逮到公堂。他跪在堂下，说自己曾在御史台当过官，通晓那些法规制度。御史问他任什么官，严德珉回答说洪武中台长严德珉就是他。御史听后大吃一惊，马上向前把严德珉从地上扶了起来。严德珉回到了家中，害怕朝廷再叫他做官，赶紧收拾家当，离开那里。果然，第二天御史到他家中探访，但发现人去楼空。后来有位国子监教授与他一起喝酒，见他脸上有刺字，还戴了顶破帽子，就问他犯了什么罪受到这种处罚。严德珉向对方讲了自己的亲身经历，接着又说以前国法如何严厉，做官的人经常是不能保住自己性命的，这顶破帽子是很难才戴住的啊！说完还向北方作揖拱手，连称："圣恩！圣恩！"

袁凯、严德珉等辈被逼成这样，很是无奈，但固执的朱元璋却一意孤行，在惩治贪官污吏的同时枉杀了不少好官。而他究竟出于何种目的,我们无从知道。

明光宗暴死之谜

明代末年,宫廷接连发生的三大案与神宗、光宗、熹宗祖孙三人密切相关,也和朝廷派系斗争联系在一起。著名的"红丸案"便是其中之一。

泰昌元年(1620 年)八月二十九日,明光宗在乾清宫召见辅臣方从哲等 13 员文武大臣。皇上问方从哲道:"有鸿胪寺官(掌礼仪之官)要进药吗?人在哪儿呀?"方从哲回答说:"鸿胪寺丞李可灼,说有仙丹妙药,臣下不敢轻信。"明光宗听后,命宫中诗人传唤李可灼到御前,给自己看病诊脉。李可灼谈到发病的原因以及医治的方法时,皇帝非常高兴,并让李可灼和御医们研究如何用药。这时,辅臣刘一说:"我有两个老乡人用过此药,一个失效,一个有效,可见此药并非十全十美。"礼部官员孙如游也在一旁说:"这药是否能用,关系极

明光宗朱常洛

大,万万不可轻举妄动。"皇上没有听从两人的建议,催促御医协同李可灼配药。李可灼把药物调好,端到皇上面前。明光宗以前喝汤都喘得很厉害,可服了李可灼的药后,不再气喘了。明光宗见此药很有效,就说李可灼忠心可鉴。其他臣子在宫门外等候,大约过了一个时辰,宫中内侍说:"圣上服药后,四肢温暖,想进饮食。"臣子们欢呼雀跃,退到宫外。李可灼和御医们留在宫内。

到了傍晚,方从哲等人放心不下,又到宫门候安,正遇见李可灼出来,急忙打听消息。李可灼回答说:"服了红丸药,皇上感觉舒畅,怕药力过劲,又服一丸。如果效果好的话,圣体就能康复。"众臣立即问服药后的效果如何?李可灼说:"圣躬服后,和前一粒感觉一样安稳舒适。"方从哲等人才放心离开。

谁曾想次日早晨,宫中紧急传出圣旨,召群臣速进宫。一时间,各位大臣等急奔宫内。当群臣将要跑入宫中时,就听一片悲哀哭号之声,明光宗已经归天了。

对于这突如其来的变故,满朝舆论哗然,惊愕的同时,人们联想到新皇帝登基一个月来的遭遇,都把疑点转到郑贵妃身上。郑贵妃给太子献美女,李可灼是否受她指使,没有实据。本来,明光宗当时已病入膏肓,难以治愈。最后,此案不但追查到郑贵妃,方从哲也被迫辞职,李可灼被充军。究竟幕后有主使吗?到底是谁?现在不得而知。

崇祯之死之谜

天启七年（1627）八月，明熹宗撒手归天，年仅 17 岁的信王朱由检即位，次年改为崇祯元年（1628）。崇祯皇帝即位后铲除阉党魏忠贤、一心想要中兴，但是最终李自成的农民起义军冲破了京城，明朝覆灭了，他自己也落了个自缢的下场。

崇祯帝朱由检生性懦弱、无主见。当李自成的起义军猛烈进逼，崇祯帝惊慌得完全失了主见，处处寄希望于大臣们，希望他们能提供妙计良策，但危急之中，大臣们又能有什么办法呢？

崇祯十七年（1644）三月，每天崇祯帝都要召见大臣，有时候竟达到一日三次。大明灭亡的前三天上午，崇祯帝来到东左掖门，召见了新考选官 32 人，问他们以急策。召见未及一半，忽然有一太监送进一个密封，崇祯帝拆视后脸色突然大变，原来这是昌平（今北京市昌平区）失守的总报。李自成军已经攻到昌平。

崇祯朱由检

次日早晨，崇祯帝再次召见文武诸臣，大家都沉默不语。崇祯帝流着泪恳请大臣们想办法，大臣们也是泪流满面地回应。忽然有位大臣大梦初醒一般，凑向前欲奏对，崇祯帝一见，马上将泪水收住，准备细听。只听这位大臣说："当务之急为考选科道。"原以为是什么良策，不想又是老套话。可这位大臣一开头，许多大臣也跟着说这人当起、那人该用。崇祯帝早就不耐烦了，俯首在御案上写了七个大字："文武官个个可杀。"起身示意退朝。

关于崇祯的死，历来众说纷纭。计六奇《明孝北略》卷二十记载道："丁未五鼓，上御前殿，与二人手自鸣钟集百官，无一至者。遂散遣内员，手携王承恩，入内苑，人皆莫知，上登万岁山之寿皇亭，即煤山之红阁也。亭新成，先帝为阅内操特建者……遂自尽于亭下海棠树下，太监王承恩对面缢死。"《明史》卷三百零九《流贼传》说："十九日丁未，天未明，皇城不守，鸣钟集百官，无至者。乃复登煤山，书衣襟为遗诏，以帛自缢于山亭，帝遂崩。"而《明之述略》中却说："丁未，内城陷，帝崩于西山。"

可见，对崇祯究竟怎么死、死于何地，至今还是个谜。一个力图中兴的君主竟落得如此凄凉的下场，令人深思。

咸丰死因探谜

咸丰是道光皇帝第四子，生于道光十一年六月初九，死于咸丰十二年七月，死时年仅

30 岁。

咸丰当政之初,尚勤于朝政,很想有所作为。当时内有大规模农民起义(太平天国运动等),外有英法联军入侵,令咸丰头痛不已。据说京城有雏伶朱莲芳,长相秀美,善于做诗,咸丰非常宠爱她,经常传进宫中伴驾。又有山西孀妇曹氏,美艳而风流,喜欢在鞋上镶嵌明珠。咸丰帝宠幸无比,宫内外都称其为"曹寡妇"。还有人在圆明园发现春药。也有传说圆明园中有"五春之宠"。所谓天地一家春,是懿贵妃叶赫那拉氏(慈禧)的住所,而其他四春——杏花春、武陵春、海棠春、牡丹春,居住的都是汉族美女。

咸丰皇帝因纵欲自戕,身体非常虚弱。每逢遇到坛庙大祀,常因为腿软而担心登降失仪。加上内忧外患,国事艰难,遂患有吐血症,太医为他

咸丰皇帝

开了"疗疾法",认为饮鹿血既可以治病。咸丰于是养了一百几十只鹿,每天饮鹿血医治。咸丰十年七月,英法联军进攻北京,咸丰帝带着肃顺等大臣及后宫妃嫔出逃热河,竟命令"率鹿以行",由于大臣们的劝阻,才作罢。咸丰十一年春,在热河行宫病倒,此后或危或安。只要病情稍好,仍旧娱情声色。次年七月,病情恶化。十七日,咯疾大作,急命取鹿血,匆忙中没有取到,遂驾崩。病逝前夜,谕令皇长子载淳为皇太子,命肃顺等八大臣共辅朝政。

咸丰帝于忧患与淫乐中度过其短暂的一生,死后葬于定陵。

洪秀全死因探谜

太平天国运动是中国历史上一次规模宏大的农民起义,到了 1864 年 6 月 1 日,太平天国处于生与死的边缘。那天,清军几十万大军已包围天京城,太平军在京城外的防御工事几乎全部崩溃,此时洪秀全却突然去世!

关于洪秀全的死亡,历来众说纷纭。主要的说法有两种,一是说他因病而死,另一种说法认为他是绝望自杀。钟文典著《太平天国人物》中则说当天京被围,"性情激烈而又不肯失志"、极其自负的洪秀全日夜焦躁,但又无计可施,卧病三日,终于在 1864 年 6 月 1 日逝世。

近代史教科书支持"病死说",如《中国近代史》就明确写道"天王洪秀全因病逝世。"

但20世纪60年代出版的郭沫若的《中国史稿》、范文澜的《中国近代史》、牟安世的《太平天国》、束世徵的《洪秀全》等均说洪秀全是"服毒自杀"。

洪秀全在5月30日即他死的前日发布了一条诏令,说:"大众安心,朕即上天堂,向天父兄领天兵,保固天京。"这可看做他不愿被俘,决心以身殉国的临终遗嘱。洋人富礼赐曾在《天京游记》上说:"天王五十一岁,身材高大,体格健壮。但待厌倦尘世之时,将有龙车自天下降,彼将乘之上升。"这种说法也在一定程度上附和了自杀说。

"病死说"的支持者认为,像洪秀全这样一位伟大的农民起义领袖,不可能服毒自杀。白寿彝主编的《中国通史》中说,天京被围后,"城中被困缺粮,饿死者日增,洪秀全命'合城俱食甜露,可以养生'"。因而"病死说"论者认为,《李秀成自述》中的"天王斯时(四月)已病甚重,四月二十一日而故"与洪仁玕说的"卧病二旬升天"、幼天王说的"老天王病死了"说法相似,可作为病死说的证据。

持这两种说法者双方各执一词,针锋相对,而洪秀全之死这一疑案还是没有彻底解开。

光绪之死探谜

光绪帝是慈禧垂帘听政的牺牲品,关于光绪帝的死因引起世人的种种猜测。

第一种观点认为光绪患重病而死。在废立风波中,光绪依旧是皇帝,但没有一点权利。光绪帝自幼孱弱,脾胃素来虚弱。据宫中太监寇连材日记说,当时只有西太后可以亲近光绪,宫中人都不能亲近他。小皇帝每天有数十种菜,但菜皆不能入口。光绪要加菜,慈禧必然责备他铺张浪费,不懂节俭,光绪只好挨饿。光绪在这种情况下,很容易患上重病。《清德宗实录》、《清史稿》、《光绪朝乐华录》等都说光绪久病体虚,至光绪三十四年病入膏肓,最后驾崩。

第二种说法是慈禧谋害了光绪帝。持这种观点者认为光绪被慈禧软禁,就想害死他。恽毓鼎在《崇陵存信录》中记录了光绪临死前的状况:

光绪皇帝

光绪三十四年(1908年)秋忽然传出病重消息,召京外名医入宫诊视。诊脉时,光绪静静地把双手置案上,自己写出病情。入诊者都说光绪身体尚健。十月初十,逢慈禧万寿节(生日),光绪出瀛台,替太后祝寿,有人看见他为准备跪拜而活动筋骨。十九日,宫廷大乱,增加侍卫,稽查出入,传言光绪驾崩。次日,宫中恢复宁静,午后,传载沣监国、溥仪入宫教养之命。二十一日,皇后入瀛台探视,光绪早已气绝身亡。太后闻此,仅叹息几声。

第三种说法是光绪被毒死。曾在宫中担任女官的德龄女士,在《清宫二年记》等书中,明确指出李莲英按照慈禧的意思下毒害死光绪。

以上三种说法都是言之凿凿,但是清宫太监回忆录《清宫琐谈》中说光绪死于饥饿。据载,光绪本来没有什么大病,御医开方皆以平和之剂为药,然而太监们在光绪死前已得到光绪驾崩的消息。

现代医学技术对光绪帝遗存头发等检测后证明,光绪帝为中毒身亡,他头发中含有浓度极高的砒霜。但光绪帝如何服进砒霜的,目前还是一个谜。

袁世凯猝死探谜

1916 年(民国五年)6 月 6 日,袁世凯在亿万民众的声讨中魂归西天,是什么原因造成袁世凯猝死呢? 有人认为他是病死的,有的认为他是被气死的,而在这两种说法中又衍生出多种猜测。

一种说法称袁世凯患尿毒症。在医疗方案上,袁世凯的两个儿子意见分歧,大儿子袁克定相信西医,主张动手术;二儿子袁克文则竭力反对,相持不下,贻误时机。

与此相近之说,说袁世凯患病后不肯服药而死。当年袁世凯在彰德修养时,有术士给他算命,称"袁不得过五十八岁"。袁"问有何解否?"术士说道非得龙袍加身不可。于是,袁世凯给术士一杯酒,那术士喝后,中毒而亡。从此以后,袁世凯便有了称帝之心。1915 年他称帝后却事事不顺,众叛亲离,于是积忧成疾。有人服侍他吃药,他总是不吃。他周围亲近的人都知道原因,但大家都不敢说,最后改用针灸治疗,也没能保住他的性命。

"气死说"论者则认为袁世凯因帝制失败、众叛亲离气愤而死。有人说:"袁世凯以称帝不成,中外环迫,羞愧、愤怒、怨恨、忧虑之心理循生迭起,不能自持。""盗国殃民,丧权乱法,在中国为第一元凶,在人类为特别祸首,其致死固宜,益以年老神昏、兵亡将变、人心怨怼、体面无存,袁氏心非木石,顾后思前,能不自疚,此即袁氏死之真相因也。"

对袁世凯本人来说,始终没有向后人交代他为何人所气而难以治愈。袁世凯在咽气前,有气无力地说:"是他害了我!"但这句话所指的是谁,仍不清楚,其用意和含义更是令人费解,也给后世留下了千古之谜。

西施下落之谜

西施,春秋末期越国苎萝人。因为天生丽质,所以被誉为中国古代四大美女之首。

同时,她也是中国古代第一位美女间谍。西施作为越国的功臣,吴国的罪人,在越国灭了吴国以后,她去了哪里呢? 千百年来,人们为此争论不休。

西施

其中普遍的说法是,西施是病死的。依据是西施有心口痛的毛病,于是有人说,她很可能是得了心脏病。有一个耳熟能详的故事,便能证明西施确实得了心脏病。

故事是这样的:据说西施患有心口痛的毛病。一天,她的病又犯了,只见她手捂胸口,双眉皱起,流露出一种娇媚柔弱的女性美。当她从乡间走过的时候,乡里人无不睁大眼睛注视。这天,一个丑女看到西施捂着胸口、皱着双眉的样子竟能博得这么多人的青睐,因此她也学着西施的样子,手捂胸口,紧皱眉头,在村里走来走去。哪知丑女的矫揉造作,使她的样子更难看了。结果,乡间的富人看见丑女的怪模样,马上把门关上;乡间的穷人看见丑女走过来,马上拉着妻儿远远地躲开。人们见了这个怪模怪样、模仿西施心口痛,还在村里走来走去的丑女人,简直像见了瘟神一般。

这个丑女人只知道西施皱眉的样子很美,却不知道她为什么很美,而去简单模仿她的动作,结果反被人讥笑。这就是东施效颦的故事。从这个故事里,我们了解到,西施确实有病。后来,西施因为长期心口痛,在越灭吴后不久,病情突然加重而去世了。

但是,因为正史上没有具体介绍西施病死的过程,所以关于西施病死一说,一直不被史学家所接受。

于是,有人说,西施是被勾践沉江了。《墨子·亲士》篇就说:"西施之沈(沉,古作沈),其美也。"东汉赵晔所撰的《吴越春秋》中有关西施的记载说:"吴亡后,越浮西施于江,随鸱夷以终。"这里的"浮"字也是"沉"的意思。"鸱夷",就是皮袋。

在后人的诗歌里,也多次提及了西施沉水的事,李商隐的《景阳井》诗云:"肠断吴王宫外水,浊泥犹得葬西施";皮日休的《馆娃宫怀古》诗里也说:"不知水葬归何处,溪月湾湾欲效颦。"这说明,在唐代,人们是认可西施被沉水的说法的。

也有人说,西施是被越国大夫范蠡接走并隐居起来了。《越绝书》记载:"吴亡后,西施复归范蠡,同泛五湖而去。"明代胡应麟的《少室山房笔丛》也有类似说法,以为西施原是范蠡的情人或妻子,吴国覆亡后,范蠡带着西施隐居起来了。李白的《西施》诗里说:

"一破夫差国,千秋竟不还。"也认为西施跟随范蠡隐居起来了。而在《史记》里,尽管有范蠡的详尽记载,却找不到有关西施的只言片语,于是,这个说法又让人觉得不太可信。

又有人说,她是落水而亡了。或许是善良的人们,并不希望西施这位无辜的弱女子,有个悲惨结局,于是找出初唐诗人宋之问的《浣纱》诗"一朝还旧都,靓妆寻若耶;鸟惊人松梦,鱼沉畏荷花"为依据,认为吴亡后西施回到故乡,在一次浣纱时,不慎落水而死。这个说法还有一个后续故事,说的是西施落水后,顺流而下,结果被一个英俊的小伙子救起,两人于是隐姓埋名、生儿育女,从此过上了幸福的生活。此说似乎最理想,可是却最缺乏证据。

还有人说,她是被人打死的。这种说法可以说纯粹是来自传说了。传说吴王自刎而死时,吴人把一腔怒火都发泄在西施身上,用锦缎将她层层裹住,沉在扬子江心。据《东坡异物志》载:"扬子江有美人鱼,又称西施鱼,一日数易其色,肉细味美,妇人食之,可增媚态,据云系西施沉江后幻化而成。"

因为种种说法都没有找到真凭实据,所以西施究竟下落如何,也就成了千古谜团。

梅妃香消玉殒之谜

梅妃,姓江名采萍,唐玄宗早期宠妃。其体态清秀,好淡妆雅服。出生于闽地莆田(今福建莆田),父亲江仲逊,家族世代为医。多才多艺的江采萍,不仅长于诗文,通乐器,善歌舞,而且娇俏美丽,气质不凡,是个才貌双全的奇女子。

这么一个深得唐玄宗宠爱的女人,因何香消玉殒? 有人说,她是被杨贵妃害死的。今天的人们大多知道杨贵妃,而知道江采萍的人恐怕不多。其实,杨贵妃和江采萍是唐玄宗三宫六院七十二妃中一对势均力敌的情敌。

梅妃比杨贵妃进宫早19年之多,她纤丽秀雅的风格令玄宗由衷喜爱,为之倾倒。恬静娴雅、端庄明秀的江采萍,从小就喜爱和她一样风格淡雅的梅花,玄宗皇帝因此封她为"梅妃",并在她居住的宫中,种植了各式各样的梅树,每当梅花盛开,便与梅妃流连花下,赏花赋诗,其乐融融。可见,唐玄宗对梅妃的宠爱,是远远超过其他妃子的。即便是后来,杨贵妃进宫了,唐玄宗依然深爱着梅妃。于是,两个女人开始了明争暗斗的宫廷生活。

杨贵妃与梅妃成了并立于玄宗后宫的两株奇葩。梅妃像一株梅花,清雅高洁;杨玉环如一株牡丹,丰腴娇艳。这两人一瘦一肥,一雅一媚,一静一动,形成了鲜明的对比,此时已过花甲之年的唐玄宗,心目中已经分出杨玉环和梅妃的高低。十几年来他面对孤芳自赏、清雅高洁的梅妃,现在已经审美疲劳了,不免有些意兴大减。而突然出现的杨贵妃,不但丰满的体态充满了性感,楚楚动人,还有她那媚人的神情、活泼的性格,就像一团炽热的烈火撩拨着已近暮年又不甘衰老的唐玄宗。

与此同时，虽然梅妃才艺双绝，但在心计方面，却远比不过杨贵妃。所以，她很轻易地便遭到了杨贵妃的毒手。将梅妃除掉之后，杨贵妃也就失去了对手，唐玄宗虽然心疼了好久，但对于一个不缺少女人的皇帝来说，也很快便将这事忘记了，以后就一心宠爱杨贵妃。但是，也有人说，这个说法是不成立的，因为梅妃是在安史之乱以后才死的。所以，梅妃被杨贵妃害死之说不足为信。

真实的原因是这样的：安史之乱爆发后，唐玄宗携杨贵妃逃往西南，后来，杨贵妃被逼死在马嵬坡。被留在宫内的梅妃为了不让叛贼污辱，也为了保住清白之身，便用白布将自己层层包裹，跳下古井而香消玉殒。据说玄宗有诗《题梅妃画真》曰："忆昔娇妃在紫宸，铅华未御得天真，霜绡虽似旧时态，争奈娇波不顾人。"

这里还有一个说法，说梅妃被唐玄宗撇在宫中后一生气，带上自己的金银细软回到了老家莆田，嫁给了一个农夫。他们每天种菜养鸡，过上了幸福的田园生活。但是，因为后来被人们发现，她便是宫中的梅妃后，她因羞愧难当，跳水而亡了。

更有人说，梅妃其实是一个不存在的人物。由于《旧唐书》和《新唐书》都没有提及梅妃，加上梅妃的事迹多出自宋朝的《梅妃传》，所以被人们认为是一个虚构人物。当时玄宗后宫的妃一级封号中，只有惠妃、华妃、丽妃三种。不仅玄宗朝没有梅妃的封号，终唐一朝也没有类似梅妃的封号。唐高宗时，高宗由于宠幸武昭仪（武则天），为她特创"宸妃"的封号，而此事在新旧唐书中都有提及。所以，史学家们一般认为，梅妃只是小说戏剧中虚构的一个人物而已。

不管有没有这么个人，在梅妃的家乡，人们还是当她曾经存在过。虽然一千多年过去了，家乡的人们仍然怀念她，称她为"祖姑皇妃"，并修宫造像以供祭，宫名就叫"浦口宫"。该宫雄伟壮观，八根大石柱支撑着巨大的顶棚斗拱结构，神龛护栏镂空木雕，极为精美，吸引了不少游人前往瞻仰。旧时兴化府衙门口的对联写道："荔枝甲天下，梅妃是部民。"

杨贵妃归宿之谜

杨贵妃，即杨玉环。唐玄宗李隆基的宠妃，小字玉环，道号太真。蒲州永乐人。父亲早丧，养于叔父家。杨贵妃天资聪颖，善于逢迎，通晓音律，能歌善舞。她"回眸一笑百媚生，六宫粉黛无颜色"，堪称大唐第一美女，此后千余年，无人能比。杨贵妃与西施、王昭君、貂蝉并称为中国古代四大美女。

关于杨贵妃的归宿，据正史上说，她是被赐死的。那是大唐天宝十四年，爆发了"安史之乱"。时隔一年的6月，安禄山攻破潼关。唐玄宗李隆基只得率领家属、亲信等3

000 多人逃出了长安。

6 月 14 日,逃亡队伍抵达马嵬坡。这个地方在今天的陕西兴平市西北二十三里处。连日奔波劳顿,所有的将士又累又饿,怨言四起。就在这人心极度不稳的时候,太子李亨突然发动政变,历史上叫做"马嵬兵变"。

杨国忠被杀,将士们要求李隆基赐死杨贵妃。因为此时,如果她依然留在皇帝身边,那么,诛杀杨国忠的将士们心里就不会安宁。一边是江山,一边是美人。唐玄宗哪个也舍不得,于是只得缄默不语。但是,此刻的情况是,如果不杀杨贵妃,军心乱了,不光是失掉江山的问

杨贵妃

题,连皇帝的性命恐怕也难保全。唐玄宗感到一种无力回:天的虚弱。无奈之下,只得命高力士传谕,赐死杨贵妃。这一年,杨贵妃三十八岁。她被缢杀在佛堂中。死后陈尸于天井,禁军将士们看到杨贵妃真的死了,这才安心,护送唐玄宗往西而行。

但也有人说,杨贵妃确实是被李隆基赐死的,但却不是在马嵬坡。原因是,她跟安禄山有私情。安禄山是营州柳城地方的胡人,兼任平卢、范阳、河东三镇节度使。原来与杨国忠相互勾结,后因屡立奇功受皇帝赏识,于是遭杨国忠嫉妒,常加以诋毁。杨玉环想到自己与玄宗年龄悬殊,万一玄宗死去,而太子早对杨家不满,那时有实力的安禄山就会成一个依靠。因此杨玉环极力保持与安禄山的关系。玄宗不在时两人常偷偷幽会,一次安禄山用力过猛,竟然在她的身上抓出一道伤痕。杨玉环无法向玄宗交代,只好以锦缎遮在胸前,称为"诃子"。这便是后世"乳罩"的起源,"禄山之爪"也成了典故。但是,夜路走得多,必然遇到鬼,最后他们的私情还是被李隆基发现了。于是,李隆基一气之下赐死了杨贵妃,因那时还需要安禄山,所以李隆基便没有惊动安禄山。但这种说法的矛盾之处甚多,如果这件事情是真的,那么后来的"马嵬兵变"便不能成立了。

又有人说,杨贵妃没死,她在尼姑庵里削发为尼了。玄宗离开马嵬坡到蜀地避难,他返回长安以后,要将杨贵妃的尸骨迁到长安。可是,派人到马嵬坡一挖,尸体竟然不见了。一年多的时间,即使尸体肌肉腐烂,尸骨也应该存在。可是,坟墓里什么也没有。于是,有人就得出这样一个结论,说杨贵妃死里逃生了。明明被赐死,还陈尸于天井,她是怎么逃的呢? 如果说杨贵妃果真未死,那么只有一种可能:当时在佛堂缢杀她的人,可能是有意或无意,并没让她气绝身亡,只是使她暂时昏厥休克。这样,禁军将士看到的"尸首"确实是杨贵妃。那么杨贵妃逃离马嵬坡后,究竟去了什么地方,终老于何处,没人能

够说清。一些学者认为杨贵妃曾经有做过女道士的经历，所以推断她隐居在某个道观中。

还有一种说法认为，杨贵妃逃亡日本了，日本民间和学术界有这样一种看法：当时，在马嵬坡被缢死的，乃是一个侍女。禁军将领陈玄礼惜贵妃貌美，不忍杀之，遂与高力士合谋，以侍女代死。杨贵妃则由陈玄礼的亲信护送南逃，行至现上海附近扬帆出海，漂至日本久谷町久津，并在日本终其天年。日本山口县"杨贵妃之乡"还建有杨贵妃墓。日本著名影星山口百惠，还自称是杨贵妃的后裔。

杨贵妃的最终归宿究竟如何，因说法众多，又无法找到有力证据，于是成了未解之谜。

花蕊夫人之谜

在中国历史上，一个女人同时受到三个男人，又是三位皇帝的爱慕，是极其罕见的。无疑，花蕊夫人便是这样一个女人。第一个喜欢她的男人是后蜀主孟昶。

那时，后蜀主孟昶少年风流，整天为寻找不到美女而闷闷不乐。后来，有一位心腹太监在青城明察暗访，终于物色到一位美女。这位美女体态轻盈，浅着粉黛，容颜绝世，给人一种空谷幽兰、自然淡雅之感，孟昶如获至宝，立即将她留在宫中，将她封为慧妃。

慧妃喜欢芙蓉花和牡丹花，孟昶投其所好，特地为她修建了一座牡丹苑，还下令在城墙上种满芙蓉花，连寻常百姓家也要家家栽种。每到芙蓉花开时节，成都城中花团锦簇，争奇斗艳，红如火，白似雪，远看如朝霞灿烂，近闻花香浓郁，从此，成都也得了雅号，叫"芙蓉城"。孟昶带着慧妃登城饮酒赏花，望着花丛中的美人，感慨地说："你真美呀！这芙蓉不足以形容你的柔媚，这牡丹不足以形容你的明艳，你是人中之花，花中之蕊。啊，朕封你为花蕊夫人。"

"冰肌玉骨，自清凉无汗"，苏东坡的词，写的就是花蕊夫人的美貌。花蕊夫人是形容女子生得很美，"花不足以拟其色，蕊差堪状其容"。花蕊夫人又是典型的四川女性，不仅容貌出众，才华横溢，而且非常温柔体贴，全没有一般才女和国色的清高，更非不食人间烟火。她还做得一手好菜，宫中的厨师，还经常向她请教。

就这样，喝都江堰水长大的花蕊夫人，被后蜀主孟昶"近水楼台先得月"收入宫中。美貌女子容易招惹男人，美貌才女更是男人的最爱，花蕊夫人就是这样一个让男人痴迷的，才貌兼有的大美人。

第二个喜欢她的男人，是宋太祖赵匡胤。公元 964 年，宋太祖赵匡胤发兵南击后蜀，蜀军不堪一击，孟昶成了北宋的阶下囚。花蕊夫人也成了囚徒，与孟昶一同被押解进京。对后蜀国的这个绝色佳人，赵匡胤早有所闻。为验证花蕊夫人诗才，赵匡胤当场面试，要她即兴赋诗一首。花蕊夫人脱口吟道："君王城上树降旗，妾在深宫哪得知？十四万人齐解甲，更无一个是男儿！"几句话，不仅把才艺展示得淋漓尽致，还捎带发泄了一腔亡国之恨，对不作为的男人们，语气中不无揶揄和轻蔑。赵匡胤听了尽管不是很舒服，但聪明的花蕊夫人只骂蜀国男人，并不针对他，所以赵匡胤还是对她产生了强烈的好感。

可是人家是有夫之妇，强行霸占总有点不够厚道。于是七天后，孟昶就不明不白地死去了，赵匡胤这才名正言顺地，把无家可归的花蕊夫人请进后宫，末代后蜀贵妃摇身一变，成了大宋开国皇帝的妃子，赵匡胤如愿以偿。

第三个喜欢她的男人，是赵匡胤的弟弟赵光义。爱美之心人皆有之，花蕊夫人这种女人让男人想不爱都难。可她现在已经名花有主，而且这主子不但是他的哥哥，还是当今的皇帝，其他男人就是爱，也只能是在心里想想而已。但赵匡胤的亲弟弟、后来的宋太宗赵光义，可不只是想想那么简单。

那时，血气方刚的赵光义，同样倾慕花蕊夫人的才色，心说只有我这样的英雄才和她般配啊。为了她，他明里暗里和哥哥较上了劲，然而，胳膊终究拧不过大腿。男人最痛苦的一件事，就是自己喜欢的女人却被别人占有。自己得不到，别人也休想得到。于是，赵光义决定亲手杀死花蕊夫人。一日，赵光义随从太祖在苑内射猎，花蕊夫人陪伴在太祖身旁。赵光义调好弓矢似要射兽，却突然间回射花蕊夫人，一箭毙命。当然，理由也是冠冕堂皇的：红颜祸水，沉湎误国。

对这三个男人，同时又是三位皇帝的心态和情感，她的情思是这样的：第一个是怜而爱之，第二个是敬而爱之，第三个是怨而爱之。花蕊夫人的结局是悲剧性的，但是花蕊夫人那句话"女人若能误国，误国必非男人"则是振聋发聩的。这么一个有才有貌有情的奇女子，最后却落得一个悲惨的结局，实在令人叹惜。

权妃死因之谜

权妃，朝鲜人，父亲权永钧，朝鲜国工曹典书。从元朝开始朝鲜就被迫向中国进献美女，明初仍是如此。洪武时，明太祖的后宫中就有不少朝鲜妃嫔，成祖朱棣便是朝鲜人硕妃所生。也许是有一半朝鲜血统的缘故，也许是希望从朝鲜美女的身上，找到自己年幼时死去的母亲的影子，总之，成祖朱棣在统治期间，不断下诏并派人到朝鲜选秀女入宫。权妃便是在这个背景下来到中国的。

公元 1408 年，也就是永乐六年，成祖朱棣派黄俨等人出使朝鲜，赏赐朝鲜国王不少银两布匹，同时要求朝鲜广选美女，进献北京，以充后宫。朝鲜没人愿意把自己的女儿送到异国去做宫女，因此选上来的都是些不漂亮的女子。黄俨看了很不满意，便责令朝鲜王廷重新挑选。后来，通过强制手段，总算选出了一批美貌秀女，黄俨等人亲自过目后，从中挑选了五名,第一个便是权妃,当时十八岁;其他是:仁宇府左司尹任添年之女任氏,十七岁;恭安府判官李文命之女李氏,十七岁;护军吕贵真之女吕氏,十六岁;中军副司正崔得霏之女崔氏,只有十四岁。她们连同十二名侍女、十二名厨师一起被送往数千里之外的异国都城。

这五位朝鲜淑女入宫后,权妃被册立为贤妃、任氏为顺妃、李氏为昭仪、吕氏为婕妤、崔氏为美人。他们的父兄也都被授予了明朝的官职,如权妃的父亲就被授予了光禄寺卿,但俸禄却是由朝鲜王廷拨给的。

在明宫中的这五位朝鲜妃嫔中,权妃最为成祖宠爱。成祖一见到她,便被她吸引了。成祖问她有何特长,权妃便拿出玉箫吹奏起来,听得成祖如痴如醉,于是把权妃选拔在众妃之上,并让权妃接管后宫。

权妃聪慧美丽、优雅迷人。每当成祖忙完朝政,来到权妃宫中,权妃便会为他吹一曲美妙的箫音。自从权妃走进明朝的皇宫之后,便很少离开成祖身边,成祖也一直深爱着这位柔顺、温婉的朝鲜女子。

公元1410年,也就是永乐八年,权妃随成祖北征蒙古。明军获得第一场胜利后,权妃的美妙箫声一时传遍了千里草原,这箫声使成祖朱棣心旷神怡,于是成祖乘胜追击,于兴安岭下一鼓作气地击破了阿鲁台大军。

这次北征以明军的大获全胜而告终,于是成祖率军班师回朝。权妃随成祖返回京师时,在山东临城突然不幸身得重病,最后不治身亡。这一年权妃才二十二岁,真是红颜薄命!成祖顿失爱妃,一时心痛不已,后来竟然病倒了。权妃死后,成祖不仅厚待她的家人,而且时时怀念她的音容笑貌。在一次见到权妃的家人时,成祖竟然悲痛得泪流满面。

权妃突然死亡,也让朱棣疑惑不已。这时,宫中又谣传,权妃是被人毒死的。于是,朱棣下令,一定要严查。朱棣想,权妃的死对谁最有利,谁就应该是凶手。于是朱棣直指那些宫女、妃子。虽然都没有足够的证据,但还是有很多宫女、妃嫔被杀。这让很多人骂朱棣是个暴君,滥杀无辜,可是如果客观地分析,这也证明了朱棣是非常喜欢权妃的。

后来,据传权妃确实是病死的。因为权妃在回军途中喝了不干净的水,所以突患急病。据说,当时还有不少士兵也跟权妃一样,突染急病身亡。另据考证,那年天干,很多水源都传出过毒死人的事件。但因为资料记载不全,所以这一说法未得到史学家们的支持。

民间还有一种传说称,权妃非常思念家乡,于是她假意讨得朱棣欢心,并想找机会逃走。回军途中,权妃假装突患急病,并用一种朝鲜独有的药物,令自己假死,瞒过了朱棣。做这一切的时候,权妃还买通了几个卫兵,来跟她一起完成她的假死计划。

后来,当朱棣回宫后,她便被人从土里挖了出来,再后来,她顺利地回到了自己的家乡。回家后，她不敢去见自己的家人，害怕给家人带来灾难，只得隐姓埋名地过日子。后来，有人说她去当了尼姑，也有人说，她嫁给了一个渔夫，在海上过完了一生。只是，每过一年半载，她都会在深更半夜，悄悄地回家，看望自己的家人。

懿安皇后下落之谜

懿安皇后，名张嫣，字祖娥，小名宝珠，河南祥符人，明熹宗朱由校之皇后，天启元年四月被册立为妃。1621年选后时，张嫣被选入宫中，当时15岁，其体态丰满被天启帝的乳母客氏嫉妒，不愿选她做皇后，无奈天启帝一眼就看中了张氏，封她为皇后，其父张国纪在女儿被册立为皇后之后，也被受封为太康伯。

明熹宗昏庸无能，在位一共七年（1621年～1627年），朝政大权被大太监魏忠贤及乳母客氏垄断，人们将这一时期称为明代最黑暗的时期。

张皇后是位正直的人，但她对皇帝的规劝，从来都未能引起重视。然而她在明朝后期混乱的局势中，却始终保持着清醒的头脑。1627年6月，朱熹宗病倒了，随着病情的加重，京城中纷纷传言魏忠贤即将篡位。这时，张皇后非常担心皇帝会被人下毒手，于是她寸步不离地守候在皇帝身边，即便侍从刚刚煮好的汤药，她都要亲口尝试。在这艰难的时刻，张皇后仍然不忘向皇帝提出自己对当前局势的看法与建议。而这次，大概是日久见人心吧，也或许是到了最后关头，皇帝终于认清了局面，他不但认真听取了张皇后的建议，还同意将帝位传给其弟信王朱由检。于是，皇后立即找来信王。

兄弟二人见面后，熹宗嘱咐信王将来要做一位贤明的君主，治理好国家，为老百姓谋福祉。最后，皇帝看了看张皇后，沉重地嘱咐王弟一定要好好照顾嫂子，她是一个了不起的女人。当时，朱由检泪流满面地答应了皇帝哥哥所说的每一件事情。

不久后，天启皇帝驾崩，在张皇后的帮助下，朱由检继位，即崇祯皇帝。为巩固皇权，朱由检在众臣帮助下，清除了魏忠贤及其同伙。为了感激张皇后，崇祯帝授予皇嫂"懿安皇后"的尊号，将其奉养于宫中，享受皇太后待遇。

然而，好景不长，崇祯十七年（1644年）三月十八日，李自成率大顺农民军攻破北京，崇祯走投无路，于十九日清晨自缢于万寿山（煤山），其皇后周氏也奉崇祯之命在宫中自杀身亡，唯独懿安皇后下落不明，于是产生了种种传闻。

在众多记载中，懿安皇后自杀的说法最多。一些史书记载，懿安皇后是在宫中自杀的。当起义军攻入京城后，人心慌乱，懿安皇后不愿落在他人之手，便自杀身亡。另外，一些史书提及，曾有人看到懿安皇后死于宫中。如在周同谷的《霜猿集》中记载道："西安张孟坚从贼入宫，亲见后死，曾为予言之。"也有人根据其他一些历史资料得出结论：懿安皇后是被人救出宫后自杀的。甚至有人认为懿安皇后是为刘宗敏所救。当时，懿安皇后被俘,刘宗敏仰慕张皇后的为人,对其手下的将士们说,这是国母,不得对她无礼,然后将懿安皇后送至外戚张氏家中,但懿安皇后最终还是因想不开,悄悄自杀了。

也有史书记载,懿安皇后并没有自杀,而是乔装打扮后逃出了皇宫。当起义军攻入北京城后,崇祯皇帝曾派人到懿安皇后的住所,劝其自裁,但是由于慌乱没有成功,于是懿安皇后打扮成一个普通的老太太,乘乱逃出了京城。也有史书记载,在李自成大军攻入北京城后,懿安皇后曾出迎并献上金银财宝,但是关于之后的事情,史书中也没有具体记载,令后人无从考证。不过,这种说法在民间流传甚广。

另外,还有种说法是,懿安皇后在京城被俘后,曾遭到毒打,最后被人用刀刺死。

关于懿安皇后的生死下落,研究人员都持有自己的看法,迄今为止它仍然是明清之际的一桩历史疑案,是一个有待人们进一步考证的未解之谜。

香妃之谜

在乾隆皇帝的40多个后妃中,有一位维吾尔族女子,她就是闻名遐迩的香妃。其实香妃是否遍体生香,根本无从考证。

关于香妃的传说,主要有两个版本:第一个版本,是喜剧。香妃天生丽质,身有异香,美貌绝伦。她家世居南疆叶尔羌,兄长因不满霍集占虐政,举家搬到伊犁。其兄在反对霍集占之战中,心向清朝,立下功劳。他们受召,到了京师,后来长住在北京。香妃入宫,受到皇太后的喜爱和乾隆帝的宠幸,生活过得很幸福。香妃死后,乾隆悲痛不已,恩准将香妃尸骨运回新疆喀什入葬。

第二个版本,是悲剧。香妃是乾隆年间平定回部大小和卓木叛乱时,被掳进皇宫的。乾隆因其貌美,且体有异香,而册封为香妃,并对她大加恩宠。但香妃矢志守节,随身怀刀,准备

香妃

杀帝报仇。皇太后闻讯,召香妃入宫,将她赐死,后葬到清东陵。《清史演义》、《清朝野史大观》以及金庸《书剑恩仇录》等书,所描写的故事大体都是这个版本。戏剧《香妃恨》、《香妃》,以及20世纪50年代上演的《伊帕尔汗》等,也都是按照这个悲剧故事编写的。但这个传说没有历史根据,所以不能取信。

关于香妃的墓地,也是一个谜,1788年香妃病逝,80岁的乾隆帝老泪纵横,也曾生出

将香妃的遗体送回喀什安葬的念头，但这有悖于大清祖传皇规。按规定，清朝的后妃只能葬于皇家的东陵后妃园寝中，绝不准移送原籍。乾隆陷入"两难"，在惆怅纠结之中，忽然茅塞顿开：香妃、香妃，何不在名字上做做文章？一个万全之策应运而生。他命令雕工匠仿照香妃生前的体形相貌，加工了一个与真香妃一模一样的"香妃"。全身裹以白布，只留出面部以便香妃的家人吊唁。这居然蒙过了一大家族人。此时被册封为辅国公的香妃的哥哥图尔都亦已去世，乾隆便传旨将其兄妹俩一真一假两具遗体同时迁葬喀什，由香妃的家人护送灵柩回新疆。

一百多人的抬尸队伍，历经半年的艰难跋涉终于到达目的地。香妃的亲人们查看了香妃和她哥哥的遗体面容，确认无误后即刻下葬入穴。而真香妃的遗体早已隐秘地葬在了清东陵，由此人们只记住了香妃和香妃墓，而对于墓地的真正主人却疏于谈论。

2001年3月23日，安徽省砀山县城西关梨苑小区正在兴建商业住宅楼，人们在挖地基时，发现了一座古墓。古墓中为两棺合葬，主葬为二椁一棺，配棺为一单棺。两棺相距一米，主棺为上等楠木，配棺及椁为柏木。经专家对其服饰工艺研究考证，此墓中主人应是顺治年间女尸，距今至少有300余年。女尸出土后，曾有人推断她就是被害的"香妃"，其根据是其颈部有一处伤口，臀下还有个"香囊"。但是，经过复原后，女尸在生前25岁左右的面孔渐渐清晰：卵圆形脸、杏核眼、蒜头鼻、展翅眉、抿嘴、耳轮外张，一脸富贵之相。其头戴半环形金镶宝石的发卡，右插飞凤金钗，绿宝石耳坠，身着清冬服，白色兔毛领，十分漂亮。画像一出，女尸的身份也由此揭开了，原来她是清代一位一品官之夫人，尸体"还乡"后才埋葬于此。不过，这个夫人到底是谁，仍然是个谜。

孝全成皇后死亡之谜

孝全成皇后，姓钮祜禄氏，本名不详。曾祖父为乾隆朝著名驻藏将军成德，祖父为战功赫赫的将军穆克登布，父亲为清朝苏州 驻防将军、满洲镶黄旗人。她是清宣宗道光皇帝爱新觉罗·旻宁的第三位嫡妻、即位后所立的第二位皇后。

关于孝全成皇后的死因，史学家历来争论较多，有些人认为皇后之所以死于非命，全都是因为她的婆婆孝和皇太后。那个时候，孝全成皇后还是全贵妃，正准备生下皇四子，但也正是在这个时候，全贵妃暗中捣了鬼。全贵妃的预产期，原本在生下皇五子的祥妃之后，也就是说，她生下的皇四子，其实应该是皇五子。

当时皇长子早逝，谁要是先生下了儿子，谁的儿子就是事实上的庶长子，日后便有机会登上帝位。于是全贵妃暗暗地动了心思，她找了个太医，想尽办法逼着太医配制了一种催产的药物，这样，她便能早日生产了。后来，她的这个办法还真是管用，果然比祥妃提前七天生下了儿子，也就是皇四子。可是，这事不知道怎么又被皇太后知道了，很可能是那个太医告了密。从此,皇太后与皇后便反目了。而且就在这时,皇后又常与皇帝因小事争吵,弄得皇帝对她很是不满,于是一怒之下夺走了她的权力,皇后失权之后,皇太后便趁机逼着皇后自尽了。

不过,有人认为这种说法是站不住脚的。且不说清宫中对后妃生育管理极严,就以那年头足月婴儿尚且极低的成活率来说,会有哪个后宫女人愿意主动让自己的儿子"早产"呢?这样肯定会增加夭折的概率。再说,理论根据也是站不住脚的,事实上,庶长子并不一定就能问津帝位。清朝皇位传承与其他皇朝不同,从来没有"立长"的祖制。

又有人说,是太后下了毒。至于太后为何下毒,也有两种说法:第一种说法和被迫自杀的说法差不多,即皇后为了替父亲讨个官位,便去求皇帝,从而触犯了家法而被太后责备,不同的是皇后没有羞愧自尽,而是太后用毒酒害死了皇后。

不过第二种说法更为流行,即婆媳二人早就关系不和,太后因此用毒酒害死了皇后。相传,道光十五年孝和皇太后六十岁大寿时,道光帝为讨太后欢心,亲自制作皇太后六旬寿颂十章,在太后寝宫寿康宫颂读贺寿。而皇后为了讨得皇帝和太后欢心,也来凑热闹,且她诗词文章无一不精,当下一挥而就,写成《恭和御诗十章》,献给太后。

过了几天,道光帝去向太后请安时,随便聊起皇后赋诗祝贺一事。太后却说:"皇后敏慧过人,未免可惜。"道光帝觉得太后讲得很奇怪。太后又道:"妇女以德为重,德厚方能载福,若仗着一点儿才艺卖弄,恐不是有福之人。"言下之意即是"女子无才便是德"。道光帝听了也没放在心上。但宫中有好事之徒,把太后的这种随意闲聊添油加醋地说给皇后听。皇后有些不高兴,心想:"我乃一国之母,生下皇子,又是皇长子,将来免不了身登大位,我便是皇太后的命,难道能说我没有福分吗?"

才色俱佳的皇后,因道光帝的宠爱,更生骄横之气,太后小看她,便不免心存芥蒂,表面上也就流露出来。有时去寿康宫请安,言语中颇含讥讽。太后一贯养尊处优,当然无法忍受。于是婆媳二人越来越生分了,再加上宫女嫔妃们从中搬弄是非,她们的关系就更加不好了。道光十九年冬,皇后偶受风寒,太后亲自驾临皇后寝宫探视,态度十分慈祥,使道光帝颇觉欣慰。转眼过了元旦,,皇后的病已有起色,便坐上凤辇去寿康宫叩头谢恩,婆媳二人聊得很开心,关系似乎好转。过了几天,太后派人送了一瓶酒给皇后,皇后喝过后当天就暴死了。照此说法,太后下毒的可能性很大,但是没有确切的证据。

妲己是否妖后

妲己是商纣王的宠妃。《史记》记载,妲己是有苏氏诸侯之女,是一个美若天仙、能歌善舞的美人,商纣王征伐苏部落时被纣王掳入宫中,尊为贵妃。有人说妲己是千年狐妖,那么这一切是传说,还是史实呢?

姐已是随着《封神榜》的流传而为人所熟知的。由于商纣王参拜女娲时，题淫诗猥亵女娲，女娲娘娘大怒，派九尾狐妖和琵琶精等小妖来倾覆商纣。而姐己在入宫的途中，被九尾狐妖害死，并附在其身上。她艳如桃花，美丽多姿，使得纣王纵情女色，荒淫误国，使商朝灭亡。当周人灭掉商朝后，将姐己五花大绑，斩首示众。

据《晋语》记载："殷辛伐有苏，有苏氏以姐己女焉。"意思就是说，姐己是纣王征战而得到的"战利品"，而有苏氏是以九尾狐为图腾的部落，所以才会有《封神演义》这般描写。

据说纣王沉迷于姐己的美色，对她言听计从。姐己喜欢歌舞，纣王令乐师师涓创作靡靡的音乐。姐己伴着"靡靡之音"起舞，妖艳迷人。于是纣王荒废朝政，通宵达旦与姐己在一起。纣王还在卫州(河南省淇县)设"酒池"，悬肉于树为"肉林"。

姐己喜欢听人痛苦的惨叫声，为此纣王滥用酷刑，创出炮烙、锤击、蛇咬等恐怖酷刑。

有一年严冬，姐己看见有人赤脚走在冰上，认为其生理构造特殊，和常人不同，便叫纣王命人将他双脚砍下来，研究那两只脚不怕寒冻的原因。

有一回，姐己说自己能看清孕妇腹中胎儿的性别，于是纣王命人找来十多个快临盆的孕妇，剖开每个孕妇的肚子验证，导致这十多个孕妇与胎儿死亡。

纣王的无道和姐己的恶毒，给商朝臣民带来巨大的灾难，于是大臣比干在纣王面前谏曰："不修先生之典法，而用妇言，祸至无日。"结果姐己怂恿纣王，将比干剖心而死，以印证传说中的"圣人之心有七窍"的说法。

无论正史典籍，还是稗官野史，可能或多或少都融入了想象力，关于她的演绎也更是神乎其神，但天下第一恶毒女人的罪名，也终非她莫属。

妹喜身份

妹喜是有施国的一位美女，商便是在她的帮助下灭掉了夏，由此妹喜被认为是中国有史以来的第一位女间谍。

有施国是与夏朝同一时期存在的小国，在与夏朝作战中失败。作为战败国，有施国国王将国中最美的美人妹喜送给夏桀。明代钟惺的《夏商演义》中说，妹喜是山东蒙山国君施独的女儿。

妹喜来到夏朝后，夏桀很快就被她弄得神魂颠倒，终日饮酒作乐，不理朝政。此时，强大起来的商国也派来一位名叫伊尹的间谍。伊尹是商国的一名厨师，商汤非常赏识他的有智有谋，因此派他去夏朝从事间谍活动。为了不让夏桀怀疑，汤使出苦肉计，亲自追射伊尹，以示伊尹有罪逃亡。果然，夏桀非常信任伊尹。妹喜知道伊尹的真实意图后，与他配合行动。妹喜主要从事破坏和离间活动，及时通风报信则是伊尹的任务。

妹喜认为取夏的时机成熟后，又让伊尹向商和各诸国传播谣言，说夏桀曾做了这样一个梦，梦见天上出现两个太阳，一个在东方一个在西方，两个太阳搏斗，东方的太阳最后战胜了西方的太阳。东方的太阳代表的就是位于夏的东边的商朝。迷信的商朝人认为这是上天的旨意，于是大肆宣扬，最后率领诸侯消灭了夏朝。

在商灭亡夏朝的过程中，妹喜作出了重要贡献，但她不但没有受到赏赐，反而连同夏桀一道被流放到南巢。那么妹喜到底是不是间谍，如果是间谍，她帮助商灭了夏，本应该受到封赏，可为何又与夏桀一起被流放呢？至于妹喜的真实身份，恐怕是一个永远无法破解的谜团。

王昭君出塞

王昭君，中国古代四大美人之一。"昭君出塞"在《汉书·匈奴传》和《后汉书·南匈奴传》等正史中都有所记载。但有关她真正的名字、祖籍及出塞的原因等，至今众说纷纭，莫衷一是。

《汉书·匈奴传》中说，"元帝以后宫良家子王嫱字昭君赐单于"。可是按西汉宫廷规矩，宫女自入宫之日起，就不许称呼娘家的名字。所以，王昭君的本名无人知晓。《汉书·元帝纪》提及她时称"王嫱"，意思是她是以船只载运入宫中的王姓姑娘。《匈奴传》称其为"王嫱"也许只是个记音义的符号。"嫱"实际上是古时宫廷女官的名字。出塞前夕，汉元帝赐封她为"昭君"。这样，"昭君"、"王嫱"作为标志她政治地位或出身特征的称呼，就成了她的名字。这个说法与传统说法"姓王名嫱字昭君"不同，但似乎言之有理。

王昭君

一般认为王昭君原是湖北秭归人，汉族姑娘。但是，有人经过多方查考，发现她实际上是四川土家族人。她从水路乘船入宫，名"嫱"，就否定了"湖北"的祖籍。当匈奴单于求婚时，她主动提出愿意去匈奴和番。到塞外后，又随匈奴习俗先后做了两代单于的妻子，生儿育女，说明她与汉族女子的婚嫁观念绝不相同。但这一说法，还有待进一步考证。

据说，当时宫内画师很受青睐，汉元帝召幸宫女，都以画师画的宫女像为标准。而王昭君自恃貌美，不屑于买通画师毛延寿，结果被故意画得很丑，因此失宠。为了摆脱困境，她才主动请求出塞和亲。还有人说，王昭君虽然出身低微，但胸怀坦荡，她自愿应召出塞和亲，替国分忧。此外，还有一种说法，王昭君出塞，是画师毛延寿设下的救国计策。

毛延寿见王昭君美貌异常,怕汉元帝贪恋美色,耽误国政,步商纣王的后尘,于是有意将昭君丑化。汉元帝见到昭君的真面目后,果然一度想把她留在身边,不让她去和亲,但最终还是忍痛割爱。

历史上一些文人大大赞扬毛延寿此举,认为他这样做不但使元帝免于沉溺女色之祸,而且昭君出塞确实对边疆的安宁起到了积极的作用,是一举两得。昭君因何出塞虽众说纷纭,但她对汉朝边疆安定起到的作用是不容置疑的。

赵飞燕身世

赵飞燕生在江南水乡姑苏,原名宜主,因为窈窕秀美,凭栏临风,有翩然欲飞的感觉,邻里多以"飞燕"称呼她。时间久了,人们渐渐忘记了她的本名,把她叫做赵飞燕。她还有一个孪生妹妹赵合德也是风姿迥异,体态丰腴,玉肌滑肤,美艳无比。

追究根底,赵氏在血缘上与皇家刘氏还有点关系。他们的母亲是江都王的女儿,后来嫁给了中尉赵曼,却暗中与舍人冯万金私通而生下一对孪生姐妹。孩子出生后,怕事情败露,将她们丢到荒郊野外,居然3天不死,才又把她们抱回来抚养。

由于赵曼死得早,赵氏姐妹早年备尝艰辛,母女三人从姑苏一直流落到京师长安,替人作女红为生,赵母不久离开了人世,赵氏姐妹便依托在同乡赵翁家中,成为赵翁的义女,过着一种寄人篱下的生活。

赵翁当时膝下无子女,看到赵氏姐妹美艳无比,于是加意教养,让她们学会了不少大家闺秀的风范。不久,赵氏姐妹到了富平侯张放府中,充当歌伎。

汉成帝与富平侯张放年纪相仿、情趣相投,张放经常陪汉成帝在宫中宴乐,还时常怂恿汉成帝外出郊游,领略宫廷之外的情致。

有一次,汉成帝来到富平侯府,见到在张府跳舞的赵飞燕,只见她舞姿轻盈,秀发如云,双目脉脉含情,看得汉成帝如痴如醉。汉成帝当即决定,召赵飞燕入宫。

过了几天,张放便按照当时的礼法,把赵飞燕送入宫中,暂时以宫女身份照顾皇后的起居。之后汉成帝三天两头前往许皇后宫中,皇后看出皇帝的心思,不得不让赵飞燕入侍皇帝。很快,赵飞燕被封为婕妤。

赵飞燕能歌善舞,通音律,晓诗书,妖娆媚艳。初封为婕妤时,后宫议论纷纷,都认为她出身低微,难登大雅之堂。而赵飞燕一味地谨言慎行,对皇后恭谨有加,消除了皇后的戒心,待之如姐妹。她又低声下气地与宫中粉黛结好,也逐渐松弛了后宫佳丽对她的敌意。

为了扩张自己的力量,在她进宫半年之后,她的孪生妹妹赵合德也被引进宫来,受到汉成帝的宠幸。入宫几天,她就被封为捷好,两姐妹轮流侍宴。原先宠爱有加的许皇后与班婕妤渐渐地被冷落在一旁。两人为了利害而结合在一起,与赵氏姐妹展开一场白热化的争宠斗争。斗争的结果是许皇后被收回后印,废处昭台宫,班婕妤匿居长信宫中侍奉皇太后去了。

之后,赵氏姐妹志得意满,想尽办法讨好皇帝。赵飞燕入宫两年之后,终于被册立为皇后,赵合德也被封为昭仪,两人并得宠幸,权倾后宫。当时总揽了朝纲的王太后以赵飞燕出身微贱为由,对立后之议曾加阻挠,汉成帝还为此封收养赵氏姐妹的赵翁为成阳侯。

赵飞燕册封为皇后以后,移居建筑豪华的东宫,汉成帝特地赐给她一把古琴。每当月朗风清之夜,赵飞燕抚琴而歌,宫苑一片宁谧,只有皇后的琴韵歌声回荡在花丛林梢。汉成帝还命人在太液池中筑起瀛洲台,作千人舟。与赵飞燕双双泛舟太液池中,相对饮酒谈心,酒兴来时,赵飞燕高歌一曲,汉成帝以玉管击节,侍郎冯无方吹笙相和。

后来,汉成帝的兴趣很快离开了赵飞燕,转移到赵合德的身上。从此赵飞燕尝到了孤独、寂寞和清冷的滋味。她不甘心过这种日子,于是开始诱使心服太监,把一些年轻力壮的男子引进宫来,期望借以生育一男半女,日后继承皇家香火,以便永葆富贵生活。

长久以来,汉成帝不曾踏进东宫一步,赵飞燕明目张胆地饮酒作乐,肆意淫乱。赵合德知道消息后,偷偷劝慰姐姐,哪知赵飞燕已经走火入魔,妹妹的话根本听不进去。

有一天,汉成帝给王太后请安,并陪同母后用午膳,饭后有些疲惫,就近想到东宫歇息片刻。午后宫女们正在廊下打瞌睡。皇帝驾临,赵飞燕仓皇出迎,她的发丝散乱,衣衫不整,汉成帝以为她是午睡被惊醒,并未在意,突然寝宫内有一声男子咳嗽声,汉成帝愤然离去。他一言不发,满脸严霜来到昭阳宫,赵合德立刻明白是怎么一回事了,忙跪地下求饶,叩头不已。

汉成帝答应赵合德对赵飞燕的事不再追究,并派人夜搜东宫,捉住了几名男子,斩首了事。从此他恨透了赵飞燕,不再踏进东宫一步。

但赵飞燕不知悔改,不久便又找来一批男子,昼夜宣淫。宫廷之中,尽人皆知;朝堂之上,也窃窃私议,只有汉成帝被蒙在鼓里。

赵合德整日胆战心惊,她声泪俱下地劝解姐姐,告诉她倘若成帝再怒,事情就会不可挽救! 那时身首异处,岂不贻笑天下。姐妹两人忍不住抱头痛哭。大错已经铸成,如何才能挽回,赵飞燕说道:"真是后悔,那又有什么办法,皇上只爱你。希望妹妹帮我,就像过去我推荐妹妹一样。"

赵飞燕与赵合德姐妹二人自幼相依为命,而后双双入宫受宠,彼此互相援助。这一次赵合德想尽了各种可行的办法,以期弥补皇上与姐姐之间的裂缝。过了一段时间,皇上也产生了一丝怜悯的情意。恰好遇到赵飞燕24岁生日,东宫里有一个庆祝仪式,在赵合德的劝说下,汉成帝终于来到东宫。

赵飞燕见到皇上后跪下来，痛哭流涕，想以旧日的感情，来打动皇帝的心，汉成帝念及旧日恩爱之情，动了恻隐之心，留宿在飞燕宫中。

赵飞燕知道，这也许是最后一次获得宠幸了。于是她瞒着妹妹，在一个月后，假装怀孕，并上表成帝，希望以此来大大改变自己的境况。

汉成帝听说后，大为兴奋，批了一道圣旨，叫她好好保重。

十月，临盆之期已到，实在无法搪塞下去，才不得不由太医上奏，说是一生下来就夭折了。

这事使成帝断绝了皇嗣。赵合德告诉姐姐，这事一旦拆穿，必定死后无葬身之地。赵飞燕懊悔交加，从此收敛形迹不再恋念荣华富贵了。

汉成帝内心是痛苦的，他本有亲政的能力，却无法动摇已经形成的王氏外戚势力。先后有元帝皇后的兄长、弟弟、有"五侯"，把持朝政。另外王太后早死的兄长之子王莽独揽大权，并在日后篡夺了汉室的江山。

成帝在无可奈何之下，纵情声色来掩盖自己内心的悲哀，荒淫无度，身体状况日见不济。赵合德只好用春药来刺激皇上，终于酿成了可怕的后果：一天早晨，成帝忽然一头栽倒在地，竟然停止了呼吸。王太后命令王莽会同丞相、御史查究皇帝的发病状况，赵合德羞愧不已，饮药自杀。赵飞燕被打入冷宫，寂寞而终。

那么赵飞燕真的有皇家血缘吗？关于她的故事，真的是这样吗？历史学家们众说纷纭，不能给出统一的答案。

韦后杀夫

韦后是京北万年（今陕西西安）人。嗣圣元年（684年），武则天立中宗为帝，封韦氏为后。景龙四年六月初二日，唐中宗被毒死于神龙殿。唐中宗被韦后等人毒死一事在史学界已无争议。但是对于韦后毒死唐中宗的原因，史学界众说纷纭，主要有两种说法：

一是韦后私通武三思淫乱后宫谋害亲夫，故而毒死唐中宗。

武三思和中宗可以说是积怨很深。当初，为了太子之位，两人你争我抢，相互谋算对方。后来，武三思与韦后能够勾搭成奸，上官婉儿是中间人。武三思本来是上官婉儿的情夫，上官婉儿通过观察，得知韦后竟然对自己的情郎情有独钟，倒也不在意，反而很大度地为韦后和武三思牵线搭桥。从此以后，武三思与韦后和上官婉儿同时通奸，武三思一箭双雕，只有中宗一人全然不知。

韦后渐渐胆子越来越大，竟不把中宗放在眼里，恣意行事，如中宗稍有责备，便以搬出房州的誓言来回驳。中宗本身就懦弱无能，只得任她胡作非为。武三思在后宫出出进进，竟然畅通无阻。韦后与上官婉儿还常常在中宗面前称赞武三思才华出众。中宗竟任命武三思为司空,同中书门下三品。

后来韦后嫌弃唐中宗年老体弱,另找年轻体壮的英俊小生来代替年迈的中宗。中宗在韦后眼里已是废人,故韦后下毒将中宗毒死,才能方便韦后随心所欲,为所欲为。

另一种说法是韦后想篡夺皇位,中宗有所警觉,于是韦后便把唐中宗毒死。

中宗复位不久,武三思就与韦后、安乐公主、上官婉儿等人勾结在一起,狼狈为奸,形成韦武集团,危及中宗皇位。据《新编中国历朝纪事本末》载:韦后阴谋篡位已昭然若揭。景龙三年四月,定州人郎岌上言:"韦后、宗楚客将为逆乱。"韦后下令将其杖杀。五月,许州司兵参军燕钦融又上言:"皇后淫乱,干预国政;安乐公主、武延秀、宗楚客谋危社稷。"中宗召他当面诘问。燕钦融神色不变,慷慨陈词,使中宗心有所悟。宗楚客却矫旨让飞骑士兵将燕钦融摔死在殿庭石上,并大呼称快。中宗见宗楚客如此目无君主,心中很是不悦,加之中宗对韦后及安乐公主迫害自己胞弟相王李旦不满,这引起了韦后及其党羽的不安。景龙四年六月初二日,韦后、安乐公主与经常出入宫掖的散骑常侍马秦客、光禄少卿杨均密谋,在御膳中下了剧毒,中宗中毒死于神龙殿。

杨贵妃未被立为皇后

杨贵妃,名玉环,号太真,弘农华阳(今陕西华阳东)人,出生于官宦之家,被誉为我国古代四大美人之一。唐玄宗非常宠爱杨贵妃,但为什么没有册封她为皇后呢? 而杨贵妃又为什么没有向唐玄宗提出册立皇后的要求呢?

对此,有的学者认为,杨贵妃是唐玄宗儿子寿王瑁的妃子,唐玄宗得到她,是公公娶媳妇。在封建社会,这种败坏伦常的妇女没有资格"母仪天下"。唐玄宗不封,杨也不好提。

但也有学者持异议,唐朝的思想比较开放,婚姻关系也比较自由随便。唐高宗李治娶唐太宗李世民的妃子武则天为皇后,是"儿子娶后娘"。既然儿子能娶后娘,公公当然也可以娶儿媳妇。所以上面的说法应该不成立。

还有一种说法认为,唐玄宗不封杨贵妃为皇后,是照顾寿王的个人感受。杨贵妃被夺走后,给寿王留下感情上的创伤。另外,杨贵妃没有生子,皇后的位子空缺,一旦发生重大变故,极有可能会引发宫廷政变,因此唐玄宗过完61岁大寿后,将杨玉环册封为妃,而不是册立其为皇后。

尽管杨贵妃未被立为皇后,但宫中称她为"娘子",礼仪与皇后相同。以其当时的地位来看,实际就是六宫之主,对于"集三千宠爱于一身"的杨贵妃来说,恐怕立不立皇后都是一样的。

杨贵妃私通安禄山

杨贵妃与唐玄宗的爱情故事千百年来广为流传,新旧《唐书》、民间笔记小说、文集中都有记载。而在《中国野史大观》中,也有她与安禄山私通的记载。

安禄山是营州杂种胡人,小名轧荦山。安禄山的母亲阿史德氏是突厥族女巫。安禄山年幼时父亲就死了,随母亲住在突厥族里。他母亲后来嫁给了突厥将军安波注的哥哥安延偃。

安禄山奸诈残忍,善于揣摩,一路升迁,最终被授范阳长史兼御史大夫,成为唐明皇的宠臣。这个胡人杂种,却心术不正,既想夺大唐江山,又想染指贵妃杨玉环。

一天,安禄山前往御花园游览,唐玄宗和皇太子在树荫下纳凉,看见安禄山便挥手招呼他过来。这时杨贵妃也乘坐香车徐徐而来,手指安禄山问道:"这个人是谁?"唐玄宗告诉她,他叫安禄山,是平卢节度使,继而又说:"禄山曾是张守珪的养子,今日侍候朕,也就像朕的养子。"杨贵妃说:"陛下这么夸他,这个人必定是个好孩儿。"唐玄宗笑道:"既然是个好孩子,那就把他当儿子抚养吧。"

安禄山听到后,赶忙起身叩拜杨贵妃说:"臣儿今祝母妃千岁。"就这样,安禄山便成了杨贵妃的干儿子。安禄山早就垂涎杨贵妃的美貌,而杨贵妃本来是一个水性杨花的女人,今日见安禄山膘肥体壮,鼻梁高隆,因此一个不良的念头便在心中产生。二人淫心邪念,一拍即合,宫廷的秽乱已露出端倪。

有一次安禄山进宫后,杨贵妃用锦绣做成的大襁褓裹住安禄山,让宫人用彩轿抬起,欢呼声震天动地。玄宗派人去问在干什么,去的人报告说:"是贵妃为儿子安禄山洗身,洗好了之后又把他裹了起来,所以欢声动天。"如此荒唐的事安禄山都能忍受,赢取贵妃芳心对他来说当然不难。

这段记载也见于《太真外传》中,可见民间广泛流传其与安禄山的秽闻,但这些都不见于正史记载。想象一下在后宫森严的封建盛世,出现这种情况也不太可能,因此多数历史学家不赞同这种说法,其真相还需进一步的考证。

万贵妃得宠

明宪宗朱见深17岁登上皇位。周太后和钱太后共同做主择定吴氏为皇后,择日成婚。谁知大婚之后,皇帝还是常常住在嫔妃万氏那里。万妃比明宪宗大19岁,她凭什么能得到皇帝的恩宠呢?

原来,明宪宗大婚前已和宫女万贞儿有了私情。据《明史》载,万贞儿原籍青州诸城(今山东益都县一带),父亲万贵曾做过县衙掾吏,后来因犯法流配边疆。万贞儿年仅4

岁便入宫为奴,10多年后已亭亭玉立、貌美如花。孙太后怜惜她,命她在红寿宫做事。宪宗小时常去祖母处玩耍,聪明伶俐的贞儿带着宪宗游玩戏谑,也就日益亲近,久而久之便成了好朋友。尽管贞儿已年过30,看上去却不过20左右,万贞儿用尽各种狐媚手段勾引情窦初开的太子,两人暗度陈仓。

明宪宗即位后,想立万贞儿为后,但迫于母命,又不能破坏了礼制,只得与吴皇后成婚,仅仅给了万贞儿一个妃嫔的名号。

万贞儿却没有放弃过当皇后的野心,而此时皇帝已完全拜倒在她的石榴裙下,因此她根本不把吴皇后放在眼里。因此她每次拜见吴皇后时,总是刻意板起面孔,甚至故意摆架子。起先吴皇后还能隐忍着,到后来实在忍无可忍,免不了说了她几句。可万妃不收敛便也罢了,还对皇后恶语相讥,一次惹得吴皇后性起,打了她几板子。明宪宗见万妃被打成这样,恨死皇后了,心里怜惜万妃,发誓说:"朕一定要废了这个泼辣的皇后!"

第二天,明宪宗向两宫太后告状,说皇后举动轻佻,不守礼节,要求废了她。周太后劝说:"刚刚册立一个月就要废掉,要让天下人笑话的。"

明宪宗坚持要废后,太后也没办法。吴氏被废,退居别宫,连带着司礼监牛玉也被罚往孝陵种菜。

之后万妃要皇帝向太后说情,封她为后。但因她年长,又出身贫贱,周太后始终不答应。

两个月后,周太后下旨册立王氏为皇后。王皇后十分软弱,自知不是万氏的对手,只得忍气吞声,做个有名无实的皇后罢了。后宫争宠,弱者的结局也只能是这样。

孝庄太后嫁多尔衮

1644年,皇太极驾崩,皇位之争就此展开。豪格、多尔衮和福临都是有力的竞争者。其中豪格和多尔衮是拥有实力的亲王,得到八旗部队中半数的支持。福临的生母博尔济吉特氏紧紧拉住西红旗旗主礼亲王代善,使两红旗长支持福临。最后,多尔衮改变初衷,拥戴福临。幼主福临即位后,多尔衮把持国柄,成为摄政王。

孝庄太后

《清朝野史大观》这样记载,多尔衮还以顺治的名义向天下颁布诏书:皇叔摄政王现在是单身,他的身份、地位和相貌,皆为国中第一人,太后非常愿意嫁给他。

至于太后下嫁皇叔多尔衮,一直以来,史学界有着各种不同的看法。有的根本就不承认此事;有的说这件事是千真万确,符合满族传统。至于下嫁时的规模怎么样,有没有向天下颁发诏书,这还需要进一步的考证。清蒋良骐在《东华录》中记载说,多尔衮"自称皇父摄政王,又来到皇宫内院"。假如太后没有嫁给他,假如他没有以皇父的身份对待顺治帝,那么他经常出入内院,恐怕是皇室宗亲所不能答应的。而且多尔衮死后,朝廷破格追封他为诚敬义皇帝。

朝鲜《李朝实录》对此事也有记载。书中说,顺治六年二月,清廷曾派使臣到朝鲜递交国书。朝鲜国王见国书中将多尔衮称为皇父摄政王,便问道:"贵国咨文中有皇父摄政王的称法,这是什么意思?"使臣回答:"去掉'叔'字,是朝中可喜可贺的事啊。他和皇帝就成了一家人。"

《清圣祖实录》记载说,康熙二十六年十二月,孝庄文皇后得了重病,即将死去时,孝庄文皇后对康熙说:"太宗文皇帝梓宫安放在那里已很长时间了,不可因为我而去打扰太宗皇帝的安息。我迷恋你父皇、皇父及你,不忍远去,所以在附近选一块地安葬了就行了。这样,我也没什么可以遗憾的了。"清朝讲究帝后合葬,显然孝庄文皇后是觉得下嫁皇叔多尔衮,愧对太宗,于是就借口说不愿葬得太远,单独就近安葬。

另一方面,20世纪30年代,明清史大师孟森著《太后下嫁考实》,力辩此事全无。而《东华录》所记"皇父",是清君主对某个臣下的尊称,或是清世祖封多尔衮为"皇叔父"后以其定鼎功勋显著,无可晋爵,乃以"皇父"为封。

综上所述,"下嫁"是否确有其事,目前难以作出定论,只待新的材料发现和新的研究工作展开,才能解开个中之谜。

董鄂妃身世

不爱江山爱美人,清初顺治皇帝就是其中一位。民间传说,顺治因董鄂妃去世心灰意冷,无心理政,最后遁入空门。而董鄂妃究竟是何人呢?是顺治以一般途径纳入宫中的妃子,还是另有来历?

汤若望在回忆录中说,顺治皇帝爱上一位军人的夫人,当这位军人斥责夫人时,顺治很气愤,打了那个军人一个耳光。那位军人因愤致死,于是顺治帝干脆把这位军人的夫人收入宫中,并封为贵妃。这位贵妃于顺治十七年(1660年)生下一个儿子,顺治帝本打算立他为皇太子,但是这位皇子竟于数星期之后死去,其母不久亦去世。于是有人推测董鄂妃实为这位军人之妻。

不过,谁是那个军人,为什么他的夫人能在宫中自由出入,实在耐人寻味。从其夫人与皇帝的亲近情形看,必为近臣。有人于是开始猜测此军人即是顺治之弟太宗第十一子博穆博果尔,即襄亲王。此人卒于顺治十三年(1656 年)七月初三日,终年 16 岁。董鄂妃于同年八月间在其 18 岁时即被册封为贤妃,从时间上推测,正好 27 天的服制刚满。

对董鄂妃进宫时情形,当时诸种史书均没有做过详细的记载,仅仅有顺治在挽词中说她在 18 岁时,以其德优而被选入宫中。董鄂氏进宫后没多长时间,顺治便将其赐为襄亲王博穆博果尔的妻子。

清初有各宗室及亲郡王命妇轮番入侍后妃制度,作为襄亲王妻子的董鄂氏,当然有进宫的资格。长时间周旋于内宫,这样就有机会与皇帝交往。顺治十一年四月,孝庄太后发现儿子与弟媳有不正当的勾结,忙命令停止命妇入侍后妃之例,这似乎针对顺治与董鄂氏的不正当关系而言。

襄亲王与顺治是同父异母的兄弟,而董鄂氏却是襄亲王的妻子。顺治强占弟媳的可恶行为严重恶化了满蒙贵族的政治关系,因此孝庄太后当然要竭力反对。

以上说法只是一些人的推测而已,在民间,关于董鄂妃的来历还有另一种说法,认为董鄂妃即为明清之际江南名妓董小宛。

董小宛姓董名白,字青莲,又字小宛,19 岁时嫁给才子冒襄。冒襄在《影梅庵忆语》中记载了董小宛的生平,《影梅庵忆语》中追述她的生平时不吝笔墨,但对小宛生病及丧葬等事却语焉不详。冒襄写道"到底不谐,今日验兑",似乎董小宛不是病死,病死应作悼亡之辞,而不至于生出"不谐"之叹。于是有人推测说冒襄以小宛被掳之日作为祭辰,托言小宛已死,实则被掳入宫,赐姓董鄂,晋封贵妃了。

到底董鄂妃是顺治弟媳,还是民间传说之董小宛,没有人作出肯定的结论,董鄂妃的来历与顺治是否出家一样,成为千古未解之谜。

永泰公主死因

唐代永泰公主李仙蕙,字辉,是唐高宗与武则天的孙女,中宗李显的女儿。然而,她年仅 17 岁就死亡了。永泰公主究竟死于何因?一直以来成为人们争论的话题。

据两唐书、《资治通鉴》记载,武则天在古稀之年仍宠幸男子张易之和张昌宗。永泰公主与其夫武延基(武则天之侄孙)及其兄懿德太子李重润等不满二张兄弟的胡作非为,私下议论,被张易之得到消息,向武则天告状,武则天龙颜大怒,令太子(唐中宗李显)处置他们。慑于母亲的压力,大足元年(701 年)九月壬申,李显不得不勒令自己的亲生女儿与女婿及懿德太子李重润三人同时自杀。

然而,1960 年 9 月出土的《永泰公主墓志铭》竟这样记述:"自蛟丧雄锷,鸾愁孤影,愧火未移,柏舟空泛。珠胎毁月,怨十里之无香。琼萼凋春,忿双童之秘药。女娥篸曲,重碧烟而忽去。弄玉箫声,入彩云而不返。呜呼哀哉!以大足元年九月四日薨,春秋十有七。"

尽管如此,很多学者仍是另有看法。他们认为,志铭很难直接证明永泰公主之死与武则天无关。志铭中有关永泰公主死因的隐笔,一是"自蛟丧雄锷,鸾愁孤影;槐火未移,柏舟空泛"句。从这句话中可以看出,永泰公主的死是与丈夫武延基的死相关,间接说明永泰公主也是被武则天逼死的;二是"珠胎毁月,怨十里之无香"句。"珠胎毁月"当是志文作者隐喻永泰(珠胎)被武则天(月亏)所毁了。至于"十里之无香"句,中国素有伟人降世其胎异香经宿不散的传说,"无香"自然就有"怨"了。

综上所述,史学家们对永泰公主的死共有三种看法:

其一,根据《新唐书》、《旧唐书》和《资治通鉴》等史书,论证永泰公主是被武则天杀害的。《新唐书·则天顺圣武皇后纪》中说:大足元年"九月壬申(初四),杀邵王重润(懿德太子)及永泰郡主、主婿武延基(武则天侄武承嗣之子)"。《中宗八女传》说:永泰公主"大足中,忤张易之,为武后所杀"。《旧唐书张行成传》中也记载:"中宗为皇太子,太子男邵王重润及女弟永泰郡主窃言二张专政,易之诉于则天,付太子自鞫问处置,太子并自缢杀之。"

其二,有人根据《大唐故永泰公主墓志铭》有"珠胎毁月,怨十里之无香,琼萼凋春,忿双童之秘药"句,断言"永泰公主系因病而死",不是被武则天杀害的。

其三,有人根据永泰公主墓出土的十一块骨盆碎片,复原了永泰公主的骨盆,经科学测量与鉴定,认为"永泰公主骨盆各部位较之同龄女性骨盆都显得狭小,显然,如此狭小的骨盆,即使一般胎儿也'难顺产,……'并结合墓志铭'珠胎毁月'句,断定'永泰公主死于难产'"。

时至今日,永泰公主的死因依然是个谜团。

萧皇后命丧《十香词》

萧观音是辽道宗耶律洪基的皇后,史书记载,道宗萧皇后命丧于《十香词》。萧观音16岁便进入王宫,很快被封为王妃。入王宫的第二年,辽兴宗去世,耶律洪基继承王位,封萧氏为皇后。

3年后,萧皇后生下一子,辽道宗赐名为耶律濬。本来辽道宗、萧后恩爱有加,但是道宗晚年,由于小人作梗,制造了一场淫词冤案,萧后因此丧命。这便是历史上有名的"《十香词》案"。

辽道宗时期,近侍耶律乙辛权倾朝野。萧皇后很是忧虑,便婉转劝说辽道宗,希望道宗不要沉溺游猎。萧后的进言引起辽道宗的重视,于是辽道宗下旨封太子为燕赵国王,取代乙辛，参与朝政。太子参政，便开始对乙辛处处节制。乙辛知道太子即位，他便必死无疑，于是设下毒计陷害萧后和太子。

萧皇后中年时，辽道宗宠爱他人，皇后深宫寂寞，便写了一首情意绵绵的《回心院》词让诸伶弹唱。当时，诸伶中只有伶官赵唯一能把这首词谱成乐曲，并熟练地演奏弹唱。乙辛收买了歌女单登及其夫朱顶鹤，所以萧皇后的一切活动都在乙辛的掌握之中。乙辛得知萧后作了一首《回心院》，于是计上心来。乙辛与张孝杰、萧十三商讨多时，最后张孝杰按照乙辛的嘱咐写了一首淫词《十香词》。写完之后，第二天就交给了单登。

单登将《十香词》拿给萧后看，读得特别有滋味。单登于是借机请求说：这首诗奴才想要一份，希望皇后能亲自为奴才抄写一份。萧后一笑，拿起笔抄完以后，又即兴写了一首诗：

宫中只数赵家妆，败雨残云误汉王。

唯有知情一片月，曾窥飞鸟入昭阳。

太康元年十月，辽道宗从外游猎回来。乙辛让单登、朱顶鹤向皇帝告发萧后所作和伶官赵唯一之间有奸情，物证是《十香词》和萧后的诗。

辽道宗认定奸情属实，将萧后囚禁以后，便命乙辛审理。张孝杰对赵唯一用极刑，赵唯一屈打成招。乙辛、张孝杰承上赵唯一的供词。辽道宗看着皇后在淫词后附的《怀古诗》有些怀疑，便说这首《怀古诗》是骂汉皇后赵飞燕的，皇后为什么这么写呢？张孝杰早已研究透了皇后的这首《怀古诗》，这时便从容地说道，这是皇后因思念赵唯一而作。辽道宗大惊，问有何凭证？张氏说，诗中第一句和第三句中包含"赵唯一"三字。辽道宗再也坐不住了，立即下旨，族诛赵唯一，赐皇后自尽。

处决的命令下达以后，太子马上到道宗跟前求情，辽道宗置之不理。于是宫人捧一匹白绫，来到萧后跟前。萧后泪如雨下，临终前怒气难消，便写了一首《绝命词》，然后关上门自杀身亡，时年36岁。

大妃阿巴亥葬地

大妃阿巴亥，姓乌纳喇氏，生于明万历十八年（1590年）。万历二十九年（1601年），阿巴亥12岁时嫁给清太祖努尔哈赤。万历三十一年（1603年），努尔哈赤正妻叶赫纳喇氏（后追封为孝慈高皇后）病死，大妃阿巴亥被立为大福晋（皇后）。

阿巴亥面貌端庄，具有一种诱人的魅力。她与努尔哈赤结合26年，共生三子，即努尔哈赤第十二子阿济格、第十四子多尔衮、第十五子多铎。

天命五年（1620年）三月，阿巴亥因受努尔哈赤第八子皇太极谗言所陷，遭到废黜。次年弄清事实后，又复立为大福晋。

天命十一年（1626年）八月十一日，努尔哈赤因战伤死于沈阳附近，时年68岁。

据说，努尔哈赤死后，阿巴亥悲痛欲绝，泣不成声。她与群臣共扶努尔哈赤的灵柩回到沈阳宫中。但是她没有料到，一场争夺汗位继嗣的斗争已经开始了。皇太极为了不使汗位落在多尔衮手中，串通四大贝勒，蓄谋以父皇"遗命"以殉葬为由，逼死多尔衮的生母阿巴亥，扫清他争夺汗位的障碍。

最初阿巴亥与努尔哈赤一同装殓，葬于沈阳城内西北角。天聪三年福陵建成，《太宗实录》详细记载了努尔哈赤和孝慈皇后合葬的情况，但只字未提大妃阿巴亥是否葬入福陵。

按理说阿巴亥为夫殉死，合葬福陵是理所当然的事。原因有两：

第一，阿巴亥是名副其实的大妃。顺治七年（1650年）她又被追封为孝烈武皇后，并升祔太庙。这说明阿巴亥的地位是荣宠不衰的。

第二，《太宗实录》中有努尔哈赤的继妃富察·衮代随葬福陵的记载，由此推论，阿巴亥葬入福陵应是不可置疑之事。

那么，《太宗实录》为什么没有阿巴亥葬入福陵的记载呢？原因也有两点：

第一，阿巴亥的封号是顺治七年，是多尔衮摄政时封的，次年多尔衮获罪，阿巴亥封号遭罢谥，牌位也被撤出了太庙。《太宗实录》无阿巴亥葬地记载可能与此有关。

第二，《太宗实录》是康熙年间编纂的，那时多尔衮的罪尚未昭雪，其母受到牵连，移葬福陵时，奉事之官避讳提阿巴亥合葬之事也在情理之中。

以上只是推论而已，阿巴亥到底葬于何处，至今仍是个谜。

孝贤皇后之死

清乾隆皇帝写过一篇追悼孝贤皇后的《述悲赋》，写得感人肺腑。乾隆皇帝为什么要写这篇赋呢？孝贤皇后的去世与乾隆之间有什么关系呢？

相传，一个偶然的机会，乾隆看见了皇后的嫂嫂傅夫人，从此便对傅夫人心生好感，于是乾隆以皇后生日为名，要见傅夫人。中秋节这天，坤宁宫内外非常热闹。宴饮开始后，大家热热闹闹行起酒令来，你一句，我一言，你一盅，我一杯，闹成一片。这位傅夫人不胜酒力，几杯之后，脸颊泛红，坐姿不稳。乾隆见她已经醉了，便把侍宴的宫娥叫过来，叮嘱几句，叫她们把她扶进宫中休息。

大家休息了一小会儿，重新入席喝酒。这时乾隆皇帝不见了，皇后命宫人去找，未找到。等到酒尽人散，仍不见皇帝的踪影。皇后心生奇怪，又命宫人去看看傅夫人怎样了。过了好长时间，才见这名宫人回报说："傅夫人所住房门关得紧紧的，不方便打扰。"皇后联想到前面的情况，心中明白了几分。

第二天早上,乾隆帝照常坐朝,傅夫人去坤宁宫向皇后辞谢。皇后看了她一眼,微笑着说了一句:"恭喜嫂嫂!"傅夫人一下子面红耳赤,急急忙忙告辞离开了。从那之后,皇后对待皇帝有些转变,不像以前那样温情脉脉了,有时竟向皇帝投来一种忧怨的目光。因为羞愧,乾隆不像以前那样常去坤宁宫了。

皇后本来有个儿子永琏,已由皇帝按家法秘立为太子,但不幸生病死了,几年后皇后又生下一子名永琮,又因得天花死了。皇后受不了打击,哭得死去活来。于是,乾隆帝为了安慰皇后才以东巡为名,带了皇后出京游玩,谁能料到就这样与皇后永别了。乾隆带着皇后灵柩马不停蹄地赶回京师,在长寿宫设立灵堂,丧礼特别隆重。乾隆除为皇后服缟素12天外,还亲自撰写了祭文《述悲赋》,抒发了自己对皇后的思念之情。然而有谁能知道帝后之间的这段纠葛呢?

皇后生前曾为自己向乾隆讨过谥号,说:"我死后,以'孝贤'二字为谥号,可以吗?"乾隆帝便按照她的遗愿,追谥为"孝贤纯皇后",葬于孝陵(清世祖顺治帝陵寝)西侧胜水峪后面,另外还格外加恩于皇后母家,封皇后的大哥富文为公爵,傅恒为保和殿大学士兼户部尚书,可谓"全家恩泽古无伦"。然而,无人知晓乾隆、傅夫人、孝贤皇后三者之间的三角关系。

慈安暴卒

慈安太后,姓钮祜禄氏,广东右江道穆扬阿的女儿,咸丰二年(1852年)被封为贞嫔,继而又封为贞贵妃,册立为皇后。咸丰十年(1860年)其随文宗巡幸热河。次年文宗死后,年仅5岁的穆宗(同治)即位,尊慈安为"母后皇太后",尊慈禧为"圣母皇太后"。北京政变之后,慈安、慈禧在养心殿设坐,共同垂帘听政。同治十二年(1873年),两太后将政务移交给穆宗。同治十三年(1874年)穆宗死后,德宗(光绪)即位,两太后又垂帘听政。

光绪七年三月初十日(1881年4月8日),下午四时左右,内廷突然传出东太后慈安暴亡的消息,王公大臣得悉无不大吃一惊。慈安到底是怎样死的,后人众说纷纭。

一说慈禧与慈安交往甚恶,慈安无法忍受,饮恨自尽。光绪即位,两太后继续垂帘听政,慈禧纵恣无度,慈安倦怠朝政,甚至静摄不出。1881年初,慈禧患血膨剧疾,由慈安独视朝政,慈禧大为不悦,诬蔑之词颇激,以致慈安不能忍耐,恼恨之下,"吞鼻壶自尽"。

二说慈禧与慈安说话时,东太后觉腹中饥,西太后令侍者进饼饵一盒,东太后食而甘之,谓似非御膳房物。西太后曰:"此吾弟妇所馈者,姊善此,明日当令再送一份来。"东太后称谢。西太后曰:"妹家即姊家,请勿以谢字言。"后一二日,果有饼饵数盒进奉,色味花色悉如前。东太后即取一二枚食之,顿觉不适,然亦无大苦,到戌时遽逝矣。

三说慈禧指使李莲英将毒药放在汤里,慈安喝后,顿觉腹内巨痛,倒在地上猝死。据说慈禧和李莲英为了阴谋得逞,先把慈禧宫内的两个传膳太监派去给慈安用,过了半个月余,把两个小太监叫到慈禧宫内,让他们传膳途中把毒药放在碗里,然后把一包药交给了一个太监,遂命李莲英监视执行。而这两个传膳太监,就在慈安暴崩那天夜里失踪了。

四说慈安死于疾病。《光绪朝东华录》载有慈安遗诏,称她"体气素称强健,或冀克享遐龄,得资颐养。初九日(光绪七年三月九日)偶染微疴,不意初十日病势陡重,延至戌时,神思渐散,遂至弥留"。

另一疑点是,慈安暴崩次日早八点钟,宫里传话要王公大臣到钟粹宫哭临。进宫以后慈安已经小殓,但没有看见慈安的内侄恩焘"承恩公"。按清朝惯例,后妃崩逝,要传娘家前属进宫瞻视,方可小殓。然慈安死后却无预其事者。

凡此种种,慈安死因。至今仍是个谜。

慈禧病亡

光绪三十四年十月二十二日(1908年11月15日)慈禧死于中海仪鸾殿,终年74岁。

慈禧病亡情况,后人传说纷杂。由于她的死,与傀儡皇帝光绪之死仅一天之隔,而且帝、后矛盾甚深,因此帝、后之死便成为历史上的一大疑案。

关于慈禧的病因,多数史料均说她是因患痢疾腹泻不止而最终衰竭而死。另从脉案记录分析,御医对慈禧之病,用药一直比较平和,并且主要由太医院主治,从未召外地名医入宫应诊。这说明慈禧并没有病入膏肓。反之,从她不断发布懿旨的背景内容来分析,她仍要继续把握清廷大权。直到22日临终前,才宣布授予摄政王载沣有裁定政事之权。由此可见慈禧为慢性病,导致病重是"因前数日感触劳乏,以致旧病复发"突然死去的。

《慈禧外记》第二十七章,记载了"慈禧宾天"的景况:太后自知末日将至,命军机大臣草拟遗诏。拟成后,太后审阅,"改定数处,又加入数句,即遗诏中不得不再行训政之语"。"谓余垂帘数次,不知者或以为贪权,实则迫于时势,不得不然也。"并说:"反观一生,无悔恨之事也"。"太后遂向侍从之人谓长别之语,闻者无不伤心。太后神志清明,虽弥留时,仍接续谈话,态度安闲,一如平日。后渐昏沉,侍者皆谓时已至矣。忽又清醒,故临终前数分钟,犹未绝希望也。""其最后之一言,乃出人意料之外。其言曰:'以后勿再使妇人预闻国政,此与本朝家法有违,须严加限制,尤须严防。不得令太监擅权,明末之事,可为殷鉴。'语罢遂瞑,时当下午三钟也。""太后崩后,口张而不闭,或谓此乃灵魂不愿离其体魄也。"或曰"其崩也,亦如其生前,具有兴奋勇厉之态,盖太后实一不可测度之人也"。

以上所记慈禧病亡经过，虽多有颂扬之词，但基本史实还是可信的。慈禧之死和光绪之死并无必然联系，从两者病案记录，并对病理、病状、药方分析，慈禧与光绪均属于正常病亡。

慈禧随葬珍宝

光绪三十四年(1908年)，慈禧死后，清王朝对她实行了厚葬，将大量奇珍异宝葬入地宫，其价值可以说是世界上任何帝王都无法相比的。那么慈禧随葬珍宝究竟有多少呢？

目前有两种记载：

一种记载出自清官档案。按"内务府簿册"载，殓入棺中珠宝玉器有：正珠、东珠、绿玉、珊瑚寿字、珊瑚喜字、珊瑚雕螭虎、龙眼菩提等朝珠。大正珠、正珠、东珠、绿玉、珊瑚圆寿字等念珠。绿玉兜兜练。正珠挂纽。金镶正珠、金镶各色真石珠、金镶珠石、金镶各色真石，白钻石葫芦。金镶藤、镀金点翠穿珠珊瑚龙头、白玉镶各色真石福寿、绿玉镯。正珠、东珠、金镶正珠龙头等软镯。绿玉、茶晶、白玉皮、玛瑙等烟壶。洋金镶白钻石、洋金镶珠带别针等小表。洋金镶白钻石宝桃式大蚌珠、白玉鱼蚌珠、白玉羚羊等别子。白玉透雕活环葫芦、绿玉透雕活环、珊瑚鱼等。汉玉珞、汉玉仙人；汉玉洗器。白玉猫、黄玉杵、汉玉针、汉玉羚羊、雕绿玉扳指。蓝宝石、紫宝石、子母绿、茄珠、大小正珠、绿玉、蚌珠等抱头莲。珊瑚绿玉金镶红白钻石等蝙蝠。金镶红白钻石蜻蜓。金镶白钻蜂。绿玉穿珠菊花。金镶各色珠石万代福寿。金镶钻石等冠口。金翠珠玉等佛手簪。红碧弦、绿玉、珊瑚、红蓝宝石、红白钻石、子母绿等镏。黄宝石、钻石、红碧弦、白钻石、大正珠等帽花。

另一种记载出自《爱月轩笔记》。其作者为慈禧最宠信的大太监李莲英的侄儿。当年李莲英亲自参加慈禧殓葬仪式，该书记录的比较详尽。据《爱月轩笔记》记载：

慈禧尸体入棺前，先在棺底铺上一层金丝镶珠宝锦褥，厚七寸。上面镶着大小珍珠12604颗，红蓝宝石85块，祖母绿2块，碧玺、白玉203块。在锦褥上又盖上绣满荷花的丝褥一层。上面铺五分重圆珠一层，共计2400粒。圆珠上又铺绣佛串珠薄褥一套，褥上有二分珠1300粒。慈禧尸体入殓前，先在头部放置一个重二十二两五钱四分的翠荷叶。荷叶满绿，为天然长就，叶筋非人工雕成，甚为珍贵。脚下置碧金玺大莲花，重三十六两八钱，系粉红色，莹光夺目，世上罕见。慈禧尸体入棺后，头顶荷花，脚蹬莲花，寓意"步步生莲"，祈盼亡灵早日进入西方乐土。

慈禧身上穿着金丝绣成的寿衣，外罩绣花串珠褂。这两件衣服上缀着大珍珠420粒、中珠1000粒、一分小珠4500粒，大小宝石1135块。另外，慈禧胸前的佩饰以及围绕

世界传世藏书

中外未解之谜

历史未解之谜

五五九

全身摆放的珍宝不计其数。

据说正要上棺木盖时，一位公主又赶来献宝，将玉制的八匹骏马和十八尊玉罗汉放入棺中。这些宝物均为稀世珍宝，价值连城。至此，才封闭棺盖。

关于慈禧随葬珍宝的总价值，《爱月轩笔记》作者之子李菅舟说："慈禧葬物若均追回，足以富国。"

以上两种记载，都有根有据。孰是孰非，哪种记载可靠，至今没有定论。笔者认为，清宫档案的记载应是可信的。但是面对如此巨大的珍宝，也很难记录得准确无误。

珍妃坠井

珍妃，姓他拉氏，满洲镶红旗人，才色并茂，颇通文史，光绪十四年（1888 年）进宫，后晋封为珍妃。关于珍妃坠井而死的传说，自民国初年到今天，不断有野史、小说、诗词及口头资料流传于世，例如《清季野史》《西太后演义》《清史演义》《清宫秘史》等均有记载。光绪帝与珍妃感情甚好，但慈禧不喜欢珍妃，又因为珍妃支持光绪戊戌变法，受到慈禧太后怨恨，最后在光绪二十六年（1900 年）七月八国联军进攻北京、慈禧仓皇出逃前夕，将珍妃溺死于宁寿宫外的玻璃井中。但珍妃是否坠井而死，一直众说纷纭。

据《清朝野史大观》记载："庚子七月二十日，英军陷京师，翌日联军继之，两宫黎明仓皇乘民车出德胜门，甫出门，白旗遍城上矣。太后御夏衣，挽便髻，上御青绸衫，皇后、大阿哥随行，妃嫔罕从者。濒行，太后命崔阉自三所出珍妃（三所在景运门外），推坠井中。"《景善日记》光绪二十六年七月二十一日记载说："晨，老佛爷……匆匆装饰，穿一蓝布衣服，如乡间农妇……妃嫔等于三点半钟齐集，太后先下一谕，此刻一人不令随行。珍妃进言于太后，谓皇帝应该留京。太后不发一言，立即大声谓太监曰：'把她扔到井里去！'皇帝哀痛已极，跪下恳求。太后怒曰：'起来，这不是讲情的时候，让她就死吧，好惩戒那些不孝的孩子们，并叫那些鸱枭，看看他到羽毛丰满的时候，就啄他母亲的眼睛。'李莲英等遂将珍妃推于宁寿宫外之大井口。皇帝怨愤已极，至于战栗。"

《清稗类钞》曾载西太后"召帝与妃嫔齐集，将行，珍妃昂然进曰：'皇帝一国之主，宜以社稷为重，太后可避难，皇帝不可不留京。'太后怒甚，视之以目，忽后声顾命内监曰：'可沉彼于井中。'"黄溶在《花随人圣盦摭忆》中也说："珍妃之死，全在'帝当留京'一言，此语含义至多，故后必死之也。"黄还不无惋惜地说："妃之死，自在发言不择时。"但又说："然而时戎马崩腾，间不容发，妃若不言，又安可得也。"

上面说法都认为珍妃的死是由于她干预朝政，支持变法，惹怒了慈禧，才将其除掉。

但是也有人说珍妃并未讲过"皇上留京"一语，珍妃坠井是西太后用封建的贞节观诱逼所致。《控鹤珍闻》说："太后又曰：'预示不欲挈之行，途中见之生恨，若留此，则拳众如蚁,彼年尚韶稚,倘遭污,莫如死之为愈.'……内监知太后意已决,遂持毡推之宁寿宫外大井中。"

太监小德张过继孙张仲忱在《我的祖父小德张》一文中记述了珍妃死时的情形:当年八国联军攻到京郊廊坊时,宫内一片混乱,大太监命众太监全换上便装,"老祖宗(慈禧)也来到御花园房,在养性斋前换上了青衣小帽。这时老祖宗把珍妃叫来,让她换好衣服一齐走。不大一会,珍妃说:"皇阿妈,奴才面出天花,身染重病,两腿酸软,实在走不了,让我出宫回娘家避难去吧!"老祖宗仍叫她走,珍妃跪在地上还是不走。老祖宗回过身来大喊一声,叫崔玉贵把她扔在井里,崔玉贵立即把珍妃挟起来,不几步就是那井口,头朝下就扔了下去,随即便把井口堵上了。

综上所述,种种说法各持一词,至今也是个谜。但珍妃死后,引起了人们对她的无限同情,一批正直的士大夫知识分子纷纷托词为悼,也算是对珍妃芳魂的一片慰藉吧!

第四节　政界文臣之谜

华盛顿拒绝竞选第三任总统

乔治·华盛顿(1732~1799年)是美国的开国元勋。他自1789至1797年连续两次任美国总统,在美国历史上拥有独一无二的地位。他领导独立战争并取得了胜利,组建了第一个美利坚合众国政府,确立了国家信誉。在他执政期间,促进了海上贸易发展,收回了在联邦时期被侵占的领土,平息了少数白人的叛乱,制定了影响深远的土地政策,并使国内出现和平,国际政治经济地位明显提高。他在国民中享有很高的声誉。

华盛顿总统

但是,在他第二任总统任期即将结束时,仍有推举他继续担任总统的客观可能,且宪法上也没有限制,他不以功臣自居,断然拒绝竞选第三任总统,并于1796年9月发表了著名的《告别词》,说服国会,告诉国民,详细阐述他对治国安邦的见解。

对于华盛顿这一出人意料举动的真实原因,国内外许多历史学家已进行了长期的探讨和研究,但迄今仍然众说纷纭,没有确切结论。原因是华盛顿无论在当时,还是在他卸任以后,返回他心爱的维尔农山庄时,都没有明确表露过心迹。尽管如此,历史学家们还是根据华盛顿的生平经历进行了大胆的尝试,以探究华盛顿拒任的原委。

有些历史学家认为,华盛顿担心会卷入激烈的党派斗争,因而不想继续从政。当时美国历史上第一次出现了激烈的党派斗争,华盛顿本人也觉察到选民中日益增长的忧虑情绪,因此在其告别演说中,语重心长地呼吁团结,反对党派斗争,反对其他分裂势力。华盛顿在其《告别词》中尖锐地指出了各种分裂的倾向:政客们施展手法,正曲"其他地区的意见和目的",以求在自己本地区内获得影响;形成各种联合团体以便谋取凌驾或控制合法的当局:一种"根源在于人心中最强烈的激情的党派精神起了有害的作用"。

不幸的是,在党派斗争中他虽然长期一直保持中立,但在其第二任总统的后期,他失去了非党派的立场,而成为联邦党人。在这种形势下,他中断他的从政生涯看来是一个开明政治家的最好选择了。在这一点上,美国著名历史学家约翰·A. 卡锐蒂说得更为干脆。他说:"他存心以它(指《告别词》)来冷却政治欲望。用一个联邦党人国会议员的话来说,人民把它(也指《告别词》)当做一个信号,像摘帽子一样,因为竞争即将开始。"

另一些历史学家认为,舆论的攻击对华盛顿作出拒绝连任第三任总统的决定起了主要影响。英国一位历史学家则说得比较明确。他说:"由于想要空闲,由于感到体力衰退和受到反对派的谩骂而气馁,华盛顿拒绝接受要他担任第三任总统的要求。"

华盛顿在其执政末年所受到的舆论攻击,几乎使他难以忍受。他在 1797 年 3 月 2 日写道:"我现在把自己比做要寻找一个休息之处,并正在屈身倚伏其上的疲惫旅客。但是,人们听任你安安静静地这样工作,这未免太过分了,非某些人所能忍受。"史学家们认为,综合上述考据就是华盛顿不想再连任第三任总统的理由了。

严格说来,上述两种意见是密切相关的。究竟哪一种在华盛顿的思想深处占主导地位,并产生了决定性影响,仍然不够明确。除此之外,还有没有更深一层的原因促使华盛顿不想再继续担任总统之职,例如华盛顿本人是否对"权力欲"淡薄,也还是一个未解之谜。

不管怎样,华盛顿不顾公众的压力,坚决拒绝连任第三任国家总统,从而创立了美国总统两任传统之举,是有深远影响和意义的。如前文提到的,美国宪法原本没有对总统连任问题作出规定。华盛顿创立的这一传统一直延续到 1940 年富兰克林·罗斯福当选第三任总统为止。1947 年国会鉴于总统权力不断扩大和有可能形成终身制的趋势,决然制定了第二十二条宪法修正案,即"任何人不得任总统之职两届以上",该修正案于 1951 年正式批准实行,从而又恢复了华盛顿创立的传统。

杰弗逊总统购买路易斯安那

托马斯·杰斐逊(1743 ~ 1826 年)是美国第三任总统。他作为美国独立宣言的作者,最了解政治和自由的重要意义;作为政治家、外交家和行政官员,他几乎为年轻的美利坚合众国奋斗了40年,从1801～1809年担任了美国两届总统。在他第一届政府期间,他取得最重要的成就是用1150万美元从法国人手里购买了密西西比河西岸的大片土地路易斯安那。

"购买路易斯安那"是美国历史上的重要插曲,因此长期以来一直是史学家十分感兴趣的问题,尤其对杰弗逊总统为什么不惜重大代价要达到这一目标而长期争论不休。

有的历史学家如约翰·格莱蒂认为,杰斐逊购买路易斯安那主要出于向西部扩张领土,打开通往西部的通路的目的。具体来说,杰斐逊是为了使美国获得西部地区的巨大利益,要求得到密西西比河和落基山脉之间的大片土地。杰斐逊本来并没有计划夺取这一地区,他在发表首次就职演说时说,美国已拥有其子孙后代所需要的全部土地。然而,后来密西西比河谷发生了一系列事件却使杰斐逊总统改变了初衷,重新认为购买路易斯安那已是不可避免的事情。

伴随美国人对西部兴趣的增长,杰斐逊认识到,美国应当拥有接近密西西比河出口的通路和新奥尔良城,否则,美国获得的北美大陆东部的一切也很难保住。他说:"地球上有一无与伦比的地点,这就是新奥尔良。但现在其占有者是我们天然的和习以为常的敌人。"这样,当他获悉西班牙人将把路易斯安那退还给法国时,他立即警惕起来。

杰斐逊任命詹姆斯·莫迪逊为国务卿。他们的外交政策并不是羞羞答答的,而是锋芒毕露的。杰斐逊在1801年写道,美国的扩张或许是无法限制的,特别是随着时间的推移,美国限制自己是不可能的。当美国全面发展使其本身扩展时,如果不扩及南美大陆的话,也会扩及整个北美大陆。杰斐逊还说,为了达到这些目标,美国人不得不维护其行动自由,"和平、商业、同所有国家的友谊,但不同任何盟国纠缠在一起"。

杰斐逊也不惜发展和使用军事力量,尽管他把军事力量的建设限制在一定规模之内。他从来都不相信,年轻的美国能够建设一支堪与英国舰队挑战的海军,但他支持建造了一支小型炮艇舰队。他甚至派炮艇去北非和地中海沿岸对付海盗。

购买路易斯安那的成功是杰斐逊外交政策的大成功。1801年,当杰斐逊和莫迪逊获悉软弱的西班牙最后向拿破仑的要求屈服并表示愿意把路易斯安那卖给法国时,他们认为形势十分严峻。当时拿破仑与英国的战争已结束,并立即转向开发"新世界帝国"的努力。

拿破仑一心想把路易斯安那作为其海地和圣多明各殖民地的食品供应基地。1802年,当西班牙官员突然切断密西西比河与美国的贸易时,危机进一步加深。国务卿莫迪逊很久以来就认识到,无论谁控制了密西西比河,都会迅速地控制美国在西部地区居民的增加。他认为,密西西比河是哈得逊、波托马和所有大西洋国家航运河流的会聚点。基于这些原因,杰斐逊和莫迪逊才施展了各种外交手段,购买了路易斯安那。

此外,杰斐逊和莫迪逊购买路易斯安那似乎还有更大的野心,即驱除法国在整个美洲的势力和影响。这从他们两人在海地施展的外交伎俩就可以看出其中的奥秘。1802年,海地发生了由托森特·奥维特领导的起义,目的在于推翻法国人对该岛的统治。美国国务卿莫迪逊对这次起义给予秘密援助,支持海地人民与法国殖民者进行战斗。莫迪逊深知,法国皇帝拿破仑失去了这一产糖岛屿,不仅作为谷仓的路易斯安那对他无存在价值,而且增添了后顾之忧。法国人最后逮捕了海地起义领导人托森特·奥维特。但是奥维特的支持者继续战斗。起义者的有效斗争,再加上疟疾爆发,征服了拿破仑的军队,最后使拿破仑在1803年遭受严重挫折,并咆哮说:"该死的糖,该死的咖啡,该死的殖民地!"

对美国总统杰斐逊购买路易斯安那这一历史事实,许多历史学家依然各执其词。

林肯发表解放宣言的动机

美国林肯(Abraham Lincoln,1809～1865年)总统(1861～1865年),生于肯塔基州一农民家庭。青年时代当过伐木工人、石匠和店员。1834年当选为伊利诺斯州议员,1836年任律师,公开抨击黑奴制,1847～1849年当选为众议员。主张维护联邦统一,逐步废除奴隶制度,1860年作为共和党候选人当选总统。次年2月,盛行黑奴制的南方各州发动武装叛乱,相继宣布脱离联邦,并成立南方联盟。南北战争爆发,战争初期,他力图妥协,致使军事失利,危及首都华盛顿。1862年采取革命措施:6月颁布《宅地法》,规定公民缴付10美元登记费,可在西部领取160英亩土地,耕种5年归其所有;9月发表《解放黑奴宣言》,宣布南方叛乱各省的黑奴为自由人,可以参加美国军队。次年11月,又提出"民有、民治、民享"的纲领性口号。从而使战争成为群众性的革命战争,确保了北方取得胜利。1864年连任,1865年4月攻陷南方联盟"首都"里士满,南北战争结束。1865年4月14日被南方奴隶主指使的暴徒杀害。

《解放宣言》是美国历史上最重要的文件,是林肯向敌人迎面投掷过去的、永远也不会失去其历史意义的最严厉的法令。然而关于林肯发布《解放宣言》的动机、目的等,该如何评价,史学界争论不休。

一种观点认为正是广大人民的强大压力,迫使林肯宣布解放奴隶的政策;同时,国际形势也迫使林肯政府作出这一重大决策。林肯决定发表预告性的《解放宣言》,动机是很不纯的,完全是客观环境逼迫所致。这些动机包括:为了摧毁南方的经济力量,为了把南方黑人群众拉到自己方面来,为了利用黑人这一重要的战斗力量,为了博得全世界进步力量的同情和支持,为了破坏欧洲列强武装干涉的企图等。不过,林肯在发表《最后解放宣言》时,立场是坚定的,任何外部干扰都没有动摇他的决心。

另一种观点认为林肯发表《预告性解放宣言》应肯定是一个自觉的行动，《宣言》发表的根本原因不是来自外界，而在于林肯的立场和一贯的废奴主张，《预告性解放宣言》和《最后解放宣言》的发表，都是自觉、主动的行动，如果林肯主观上不愿废除奴隶制度，那么在这样困难的局面下，只会同奴隶主妥协，绝不会公开宣布解放奴隶。林肯准备发表《解放宣言》，主观因素占主导地位，不是来自外界压力所致，是他坚决主张废除奴隶制度、解放奴隶、维护联邦统一、牢固地掌握政权的决心和立场的体现。林肯发表《解放宣言》的动机是无可指责、无可非议的，是值得肯定的方针。

林肯总统

第三种观点认为事实上，林肯在发表《解放宣言》这件事上表现得颇为犹豫，这固然有客观原因，但主要是因为他主观上没有"一贯废奴的主张和立场"，他是经过很长时间的犹豫，直到事情"越来越糟"，而且"全局就将输光"的时候，才决定采取解放政策的。很显然，这个《预告性解放宣言》的发表，一方面是废奴主义者的一再敦促，一方面是为了扭转战争连连失利的局面。当然，这个决定性步骤的采取，同林肯原有的反对奴隶制思想有着内在的必然联系，但绝不能说成是林肯"一贯废奴的主张和立场"的发展的结果。联邦军队在战争中的严重失利，对促成《解放宣言》的发表具有决定性意义，林肯是为了摆脱困境才采取了解放奴隶这个革命措施，因此，说《解放宣言》的发表是林肯"自觉的、主动的行动"和"体现了林肯一贯废奴的主张和立场"，显然是没有充分根据的。这种说法忽略了林肯作为工业资产阶级代表人物在奴隶制问题上一贯表现的阶级局限性，忽略了废奴派和人民群众不断给林肯施加的强大政治压力，同时也忽略了林肯在发表《宣言》前一年多时间里那种艰难前进的过程，因而也就无从谈起人民群众是如何推动林肯的，林肯又是怎样顺应时代潮流"蹒跚"前进的了。

还有一种观点认为虽然《预告性解放宣言》是在和废奴主义者的激烈斗争中形成和发展的，是在后者的强大压力下一步步完成的，但这并不等于说林肯颁布《解放宣言》仅仅是被动的甚至完全接受了客观环境的逼迫，他并不是盲目地受客观环境的支配而不得不发表《预告性解放宣言》的。林肯虽然坚决反对奴隶制，但他不能像废奴主义者一样以是和非为唯一标准来对待奴隶制，他是美国总统，又是政治家，在错综复杂的政治斗争和危机四伏的环境中，他的一言一行都可能产生举足轻重的结果，因此，林肯的极端谨慎也是可以理解的。

约翰逊总统主张购买阿拉斯加,阿拉斯加位于北美大陆的西北端,包括向东南延伸的亚历山大群岛及大陆沿岸部分,面积为151.8万平方公里,气候条件异常恶劣,但物产极为丰富。据传说,最早是由蒙古人发现的。后来的主要居民是爱斯基摩人和印第安人。他们主要以狩猎为生。自19世纪初开始成为俄国的属地。1867年,该地区:阿留申群岛一起,由美国以720万美元从俄国人手中购得。1959年建为美国第49州,也是美国最大的一个州。

美国购买阿拉斯加是其19世纪中期扩张领土的重大事件之一。对于这一事件,学者文人大都习惯于讲述它的过程,而对美国,特别是安德鲁·约翰逊总统为何要购买这片土地的原因,却甚少谈及,甚至有时完全不予说明。因此,这一问题至今在某种程度上还是个未解之谜。

有些学者企图对美国在19世纪进行领土扩张作出答案。1823年美国总统门罗发表了以对外扩张为主要内容的"门罗主义",主张美洲以外的国家不得干涉美洲的事务,美洲的事务应由美国"来管"。根据这一外交方针,美国不仅要向南美扩张,而且也要向北美的北部扩张,至少要制止住俄国在阿拉斯加地区的扩张活动。为此,美国极力说服俄国沙皇放弃对阿拉斯加南部的领土要求。美国的努力没有白费。1824年,美国与俄国签订了一项条约,规定阿拉斯加的南部边界为北纬54度40分。这对美国来说自然也是个不大不小的胜利。

随着时间的推移,俄国面临的扩张形势日益向着有利于美国获得阿拉斯加的方向发展。到19世纪中期,俄国在对外扩张中遇到了更为强大的对手——英国。俄国人看到,俄国虽然已把其疆域扩展到北美大陆,但有点过头了。因为其力量有限。它显然明白,在世界各地与英国争霸中,如果弄不好,俄国还有可能失掉一些属于英国海上霸权控制范围的地区。此外,俄国认为,阿拉斯加并不能成为其无穷无尽掠取毛皮的场所,也不可能成为促其经济增长的可靠之地。因此,到1867年,它已"想把这块广大而寒冷的扩张成果卖掉了"。

俄国想把这片土地卖给谁呢?它认为最好卖给美国。这样做,一方面可以讨好美国,避免在争夺世界霸权中树敌过多;另一方面又可增强美国的力量,使其成为俄国对付英国的屏障。

俄国的意图当然为美国所了解。俄国能否使美国成为它对付英国的伙伴,这虽然不是由俄国而是由美国来决定的,但俄国想摔掉包袱的计划正中美国的下怀。这样,美国,特别是约翰逊总统及其国务卿威廉·西华德等人就可将计就计,轻而易举地把阿拉斯加弄到手了。

但是,1867年美国国内的形势并不是促使美国大举向外扩张的形势。众所周知,这时,美国内战刚刚结束,百废待举,美国正把主要力量集中在"重建"方面。特别对约翰逊本人来说,局势更是十分严峻,约翰逊总统由于在"重建"问题上与国会发生了严重冲突,正面临着被弹劾的局面。显然,这种形势对约翰逊主张购买阿拉斯加,继续向外扩张领土是十分不利的。

然而,即使在这种形势下,约翰逊仍然主张购买阿拉斯加。那么,这是为什么呢？有的历史学家认为,约翰逊总统或许企图以外交上的成就,来增加其与国会斗争的筹码,从而扭转他与国会斗争的不利局面吧。

这一点,可从约翰逊总统在购买阿拉斯加问题上采取行动之迅速和果断态度而略知端倪。1867年1月7日,国会众议院通过对约翰逊总统进行弹劾的决议案,但是,约翰逊并未因此而退缩,相反,他在外交上采取了主动行动。1867年3月30日,他指示国务卿威廉·西华德与俄国公使爱德华·德施特克尔签署了关于阿拉斯加的条约,美国以720万美元的费用购得阿拉斯加,从而使美国的北部边界扩展到北冰洋。九天之后,即4月9日,总统和国务卿促使国会参议院批准了该项条约。同年7月6日,约翰逊又把该项条约提交国会众议院,以便获得为购买、占领和管理该片领土所需要的拨款。约翰逊总统在购买阿拉斯加问题上,其行动如此迅速而果断,充分显示出他想以此为手段来与国会对抗的心迹。

历史学家还认为,约翰逊的策略确实取得了一箭双雕的成功。结果证明,他既达到了扭转与国会斗争不利形势的目的,又有助于挫败国会对他的弹劾。因此可以说,约翰逊不仅在外交上取得了重大胜利,而且驱散了笼罩在"重建"时代上空的乌云。

当然,约翰逊的成功,又是在国会支持下实现的。那么,在上述那样的形势下,国会为什么还会批准关于阿拉斯加问题的条约呢？主要有两方面的原因。第一,国会认为当时俄国对美国是采取友好态度的,在内战期间,俄国是同情美国北方的;第二,国会考虑到阿拉斯加的资源价值及战略地位。事实是,国会"在西华德使参议员们确信阿拉斯加自然资源的价值和美国在太平洋与北冰洋的战略利益后",才以绝对多数票通过了上述条约。

至此,关于约翰逊主张购买阿拉斯加的问题可算解决了,但实际上还没有完全解决。例如,前文所述约翰逊的意图,只是从其行动中分析出来的,至于他本人的真实意图,他从未明确表露过,因此,至今人们仍然不知道。也许,约翰逊的真实意图被"重建"和他与国会的斗争形势所掩盖吧。

美国哈定总统之死

华伦·G·哈定是美国历史上第29任总统。1921年就职,1923年任期未满突然暴死，终年 57 岁。他是美国 8 个死于任内的总统的第六人，迄今死因不明，众说纷纭。

其一，病死说。1923 年 6 月 20 日，哈定离开华盛顿到全国各地视察。当他精疲力竭地从阿拉斯加返回途中，突然患病，私人医生诊断为螃蟹中毒。不久又染上肺炎，经名医治疗，似乎即将痊愈，却又出人意料地于 8 月 2 日晚 7 点 35 分死于卧榻上。当时哈定夫人还正在念书给他听。由于哈定死前检查过他身体的 5 位医生提供的证据与中毒相矛盾，因此，有人认为哈定是心脏病发作，被误诊为食物中毒；也有医生怀疑可能是患脑出血或脑血栓，要求进行验尸，但哈定夫人坚决不答应，这样，人们根本无法弄清哈定确切的死因，由此，也就引发了许多质疑和猜测。

其二，自杀说。哈定当选总统后，昔日朋友鱼贯而入，攀附哈定麾下，担任政府要职，如内政部长、司法部长、退伍军人局局长等。哈定的三亲六故也纷纷从家乡俄亥俄赶来投奔，以致形成一个势力庞大的"俄亥俄帮"。一时间，形形色色的密友、食客汇集华盛顿，其中多是唯利是图者。他们依仗总统提携、庇荫，胡作非为，大肆受贿，掠夺财物，政府内的肥职美缺也由他们买进卖出，致使哈定政府充满丑闻。

从 1922 年始，华盛顿就传闻哈定手下贪污受贿，接着越来越多的贪污、受贿和敲诈勒索丑闻被揭露，甚至有好几个人因此而自杀，其中包括哈定密友杰西·史密斯、退役军人局律师查尔斯·F·克雷默。在哈定主要内阁成员中，大都与贪污、受贿、搞阴谋诡计、包庇等罪行有关。如：内政部长艾伯特·B. 福尔私下把原定留作海军专用的两个储备油田秘密租给私人石油公司，从中获利 40 余万美元，成为美国历史上第一个在任职期间内被关进监狱的内阁成员。又如：退伍军人局局长查尔斯·R. 福布斯用高价购买物资、地皮、建筑物等，使政府蒙受数亿美元损失。此外，还有一些官员因类似事情不断成为调查和起诉的对象。

其实早在 1922 年后期，哈定就开始对他朋友的劣迹有所耳闻，可他始终没有采取任何惩戒措施，因为那些人毕竟是他的亲朋至友，而且正是总统本人为他们造孽提供了莫大的权力和机会。"俄亥俄帮"的老友们辜负了哈定的期望和重托。哈定任人唯亲，自食恶果，他曾忧心忡忡地说："我当总统，倒并不怕政敌能把我怎样，可是令我担心的却是自己的朋友，经常为他们愁得夜不能寐。"

在这万般无奈之际，哈定只好让朋友以辞职为由，悄悄地将他们或赶往故里，或打发到欧洲去旅行，以缓解困扰。但哈定政府仍丑闻迭出，哈定本人受到国会指责，声名狼藉，陷入极度窘境之中。哈定既无力清除左右，也无法控制政局，只好采取躲避办法，到全国各地去旅行。在途中，哈定从来访者及电报里，又陆续获悉某些行为将被揭发的肮脏交易的内幕，这对于本来已经惶惶不安的哈定来说，无疑是个沉重的打击。他口中喃喃地数落那些干了对不起他的事情的朋友们，情绪愈发低落，精神近乎崩溃。哈定清楚地意识到,一旦真相大白于天下,其后果将是不堪设想的。为逃避法律追究,为避免他自己将来出庭对他的朋友犯下的罪行提供证据,只好服毒自杀,一死了之。

其三,谋杀说。哈定相貌英俊,赢得众多妇女的首次选票,而荣登总统宝座。他原想以"一个最受人爱戴的总统而留在人们的记忆中",但是他仍旧习难改,经常在外拈花惹草。早年在马丽恩城,与朋友漂亮之妻通奸,有哈定亲笔写的 250 封情书为证。在白宫,与另一名女子私通,并生有孩子。哈定在幸福结婚后仍一直养育着这两个情妇,这为哈定夫人所不能容忍。尽管当时流言蜚语盛传于华盛顿,但由于政治原因,哈定夫人一直没有声张。人们只知道,在哈定临死前几个月,夫妻关系非常紧张。为此,哈定作出努力,携妻外出旅行,以改善关系,但收效甚微。对于哈定婚后不忠,哈定夫人始终怀恨在心,并寻机报复。

哈定当选总统后,哈定夫人积极参与政府各项决策过程,甚至单独会晤内阁成员。她对政府许多内幕了如指掌。随着哈定政府腐败丑闻不断曝光,哈定有可能遭到国会弹劾,身败名裂,为避免丢丑,哈定夫人动了杀机,对哈定下毒。

哈定死后,哈定夫人的行为着实令人惊疑。她不但拒绝医生解剖她丈夫的尸体,以判明死因,而且还焚毁了哈定生前所有文件和信件,连哈定写给别人的私人信件也不辞辛劳,四处查找,追回销毁,从而使人们无法从中了解哈定政府腐败实情,只能进行各种猜测。因此有人怀疑,哈定之死与夫人有关。

尽管对哈定之死说法不一,但有一点可以肯定,哈定的不明死因与政府丑闻有很大关系。

肯尼迪总统之死

1963 年 11 月 22 日,正当肯尼迪总统的轿车在西部得克萨斯州达拉斯市埃尔姆大街行驶时,突然两声枪响,肯尼迪头部中弹顿时倒在车座上,陪同的康纳利州长也几乎应声倒下,这是当时肯尼迪被刺杀的一幕。

肯尼迪经抢救无效于当日下午 1 时死亡。案发后,在附近一幢楼房的六层楼的书库里发现了属于李·哈维·奥斯瓦尔德的步枪和弹壳,因此他被当作重大嫌疑犯逮捕。但第三天清晨,奥斯瓦尔德在警察局等候审讯时,突然被冲进来的达拉斯夜总会老板杰克·鲁比打死,鲁比当场被警察击毙。

那么究竟谁是杀害肯尼迪的凶手呢?

一说由克格勃策划。其理由是 1959～1962 年凶手在前苏联居住,且娶了一个前苏联老婆,还一再要求加入苏联国籍,因此认为他杀害肯尼迪是受命于克格勃。

一说有古巴插手嫌疑。因为奥斯瓦尔德返美后一直与亲卡斯特罗的组织过从甚密,因此他的行刺完全可能与古巴当局有关。

还有一说奥斯瓦尔德实际上是联邦调查局的人，情报代号为S—172，因此，此案涉及联邦调查局。

但实际上美国政府机构内部和学术界对官方结论均存怀疑。1978年美国司法部再次侦查，结果发现奥斯瓦尔德乃是中央情报局打入亲卡斯特罗的组织内部的特工人员。有材料表明他在生命最后两个月中与美国一些情报机构接触频繁，然而一些侦察部门收集到的材料后来均被人阅后销毁，这样要弄清案情内幕更是难上加难了。

当时有人还以此认为，肯尼迪在被刺前已有迹象表明将派特使去古巴，与古建立正常关系，这引起中央情报局顽固分子与古巴右翼流亡分子的不满，

肯尼迪总统

于是串通一气制造了这一凶杀案。当然还有说肯尼迪之死乃门阀财团争斗的结果。

尽管官方已有明确结论，且涉及此案的当事人好几个都已亡故，一些材料也有的已销毁，有的被窜改，但围绕肯尼迪被刺一案不少人仍继续进行调查研究，力图揭出事实真相。最近一段时间，美国各地出版商就推出了近十本有关此案的新著，最引人注意的当推查尔斯·克伦肖的《肯尼迪：沉默的阴谋》和博纳·门宁格的《致命的错误》两本书。

出版的《致命的错误》，作者门宁格详细引述了弹道专家霍华德·多纳荷多年的调查研究，又提出了肯尼迪是被他一名随身保镖杀害的惊人的新说法。

20多年来，多纳荷头脑中一直存在一个重要疑点：肯尼迪头部从后面被子弹炸开，脑浆迸出，可奥斯瓦尔德从六楼向下发射的钢甲枪弹只有穿透力，不可能撞击时爆炸，另外从右侧上方飞来的枪弹也绝不会击中他后脑。一个偶然机会，他看到威廉姆·曼彻斯特写的关于肯尼迪被谋杀的一本书和谋杀时现场的照片。照片表明，在肯尼迪夫妇乘坐的敞篷车后面，跟着一辆警卫员乘的敞篷车，车上除司机外有9名便衣保镖，其中4名站在车两旁踏板上，两名坐在后排椅背上，而后排左边的保镖似乎是站在椅上，右手持一支AR—15型小口径自动步枪。这使多纳荷发现了一个新的推证线索。他查出事件发生前一瞬间的情况：后排左边的保镖是威廉·希基，右边是格林·班乃特，两人肩斜倚着AR—15型自动步枪。当肯尼迪车队驶抵十字路口时，突然响起枪声，这是奥斯瓦尔德从楼上射出的，但未命中，希基闻声立即抓起已上膛的步枪，打开保险栓，神情紧张地搜寻目标，恰巧这时，已停的车又突然启动，希基站立不稳向后倒下，就在倒下瞬间，他的食指触动扳机，子弹从枪口向正前方飞出，击中了前辆车上站在左后方的肯尼迪。AR—15型

步枪的弹头外壳薄、飞速快,撞击后立即爆炸、有巨大杀伤力的特点与肯尼迪受的致命创伤完全符合,后来的模拟考察也证实这推断。

那么,为什么当时大多数人没看到?多纳荷认为奥斯瓦尔德开枪后,人群乱作一团,大家注意力均集中在总统专车上,没注意另一颗枪弹来自何方,况且埃尔姆大街高楼林立,十字街口形成一回声区,人声、警报器尖叫声,使人无法辨明到底响了几枪,而且当时正值中午,阳光普照,步枪射击时发生的蓝光也根本看不到。他在访问目击者时,离车队较近的人都说曾闻到强烈的火药味,这恰好证明子弹是从近距离射出的。不过,多纳荷说,他无意要希基对肯尼迪之死再负法律、道义上责任,希基是一个勇敢的人,他在尽其卫士职责。他只想让那个历史事件有个真实的记录。多纳荷还认为政府中肯定有人知道此事,他们不应该保密。作者门宁格在1991年11月决定出版前也写信给希基,希望希基能从自卫角度来说些事实,但希基至今不肯开口。

希特勒的身世

疯狂屠杀犹太人的德国纳粹党党魁希特勒是犹太人,听来似乎是一个荒唐的说法,但却一直成为一些学者热烈争论的问题。热衷于鼓吹种族优越论的希特勒是否是纯雅利安人后裔,对此历来就有许多疑问。不用说与希特勒同时代的反对党,就是纳粹党内也有不少人怀疑希特勒的血统中可能有犹太人的成分。德国党卫队首领希姆莱在1942年曾派人到希特勒的出生地奥地利的林茨去调查,但后来几乎把所有的调查材料都烧掉了。在此之前德国吞并奥地利时,希特勒就派人把凡是能找到的有关自己出身的材料全部付之一炬。

在希特勒统治时的第三帝国,他曾经向许多德国人索取过是雅利安人后裔的证明材料,证明他们上溯三代人中间没有犹太人。可是希特勒本人却难以证明他的真正的祖父究竟是哪一种族的人。希特

希特勒

勒家族的父系和母系双方都住在林茨的瓦尔德维尔特尔县。这里位于多瑙河的北面,距维也纳50英里,介于多瑙河与波希米亚和摩尔多瓦交界处。希特勒出生在这个近亲通婚频繁的乡村。他的家族的姓氏可能起源于捷克语,15世纪前期出现在这个偏僻的县。

希特勒的祖母全名叫玛丽安·安娜·施克尔格鲁勃,是个生活不富裕的农家女。她在婚姻上一直不顺利,过了40岁还未结婚。1837年她在42岁时生了一个私生子,随母

姓起名叫阿洛伊斯·施克尔格鲁勃,此人就是希特勒的父亲。直至 1842 年 47 岁时,玛丽安·安娜·施克尔格鲁勃嫁给了流浪打短工的约翰·格奥尔格·希德勒。自然阿洛伊斯就成为希德勒的儿子。对这个私生子,希德勒一直未去教区办理承认他是自己亲生子的手续。阿洛伊斯就一直姓施克尔格鲁勃,由他的叔叔约翰·奈波穆克·希德勒抚养,因为他的父亲约翰·格奥尔格·希德勒又外出流浪。

1876 年,在阿洛伊斯快 40 岁时,他的叔叔约翰·奈波穆克为他办理改名手续。奈波穆克拜访了当地教区的神甫,说服他们去掉了出生登记册上的"私生子"字样,并贴上由 3 个证人签署的一份证明,证明他的哥哥约翰·格奥尔格·希德勒是这个孩子的亲生父亲,同时将"希德勒"这个姓改成"希特勒"。1895 年阿洛伊斯·希特勒 58 岁时,他的第三个妻子生了个男孩,这就是后来大名鼎鼎的阿道夫·希特勒。假如希特勒的父亲不改姓,希特勒也姓施克尔格鲁勃,那么他是否能那样有蛊惑力还很难说。因为这个姓在德国南部人读起来有点滑稽可笑,不如"希特勒"来得简短有力。

希特勒的父亲是私生子,这个私生子的父亲是谁,一直众说纷纭,莫衷一是。大致有两种说法:一种看法认为约翰·格奥尔格·希特勒就是阿洛伊斯的生父,德国的一些历史学家如波罗夫斯基就持此说。还有一种看法认为阿洛伊斯的生父即希特勒真正的祖父是个犹太人,名叫弗兰肯伯格或弗兰肯雷德。玛丽安·安娜·施克尔格鲁勃曾在这个犹太人家里当过女佣,使她怀孕的是主人年轻的儿子。照这样说来,按照纳粹德国查上溯三代血统的做法,希特勒应划入犹太人类别。

第二次世界大战以后,许多学者都研究过希特勒的身世,但难以得出一致的结论。

20 世纪 50 年代研究希特勒的专家韦尔纳·马赛博士提出自己的看法:"希特勒不是犹太血统的人,而是近亲结婚的产儿。"马赛认为,希特勒的祖父,也是希特勒母亲的祖父。希特勒的父亲一生结婚 3 次,最后一次与自己的侄女结婚,生了希特勒。正因为是近亲结婚,导致了希特勒一生的许多病态行为。

希特勒性别纷争

为什么希特勒不愿把任何健康记录及昔日医疗档案留给后世?为什么希特勒身边的许多人都对这个战争狂人的隐秘噤若寒蝉而讳莫如深?为什么这个令人恐惧的恶魔要在知道死亡即临之际才举行婚礼?这些问题至今仍使历史学家和心理学家着迷。

早在 1943 年秋天,在美国东部海岸的战略服务办公室秘密医学部门里就组织了一批心理学家,尝试通过对大量的书面材料、报纸记载、访问记录、调查报告和调查分析来编制阿道夫·希特勒的心理图像。这个缩写为"O·S·S"的研究组织从"大约一吨纸的材料"中,以 12 种不同的方式回答了如下这些问题:为什么希特勒直到他末日来临时才结婚？他性生活的基本实情是什么？谁是那些挑动他心中感情的女人？他对这些女人怀着什么样的感情而对其他人又怀着什么样的感情？据说这份报告曾为击败纳粹德国起过巨大的作用。杜欧万将军对它深表满意，当时的英国外交大臣哈利法克斯公爵也亲自向主持这项研究工作的朗格尔博士表示祝贺。丘吉尔和其他盟军领袖也带着极大的兴趣阅读了这份研究材料中许多对希特勒私生活和性格的无情描写，但没有一个人在读了这份材料之后能说清楚他是一个什么样的人。

这一研究工作的主持人朗格尔得出的结论：一方面希特勒是属于性感正常的男性，并且热衷于他的政治生活；另一方面他又是一个不得不诱惑一些年轻女人在他身上做出一些荒唐和羞耻得难以启齿事情的性反常者。有证据表明他是一个或者曾一度是一个同性恋者。

当时就有不少人对希特勒的性别产生过疑问，有研究者这样写道："从生理上看，希特勒不是一个仪表堂堂的男子汉，当然更不像柏拉图式观念中的伟大军事领袖和新德意志的缔造者。他的身高略低于男人的平均高度，臀部宽大而双肩窄小，肌肉松弛，双腿短小，呈纺锤形。后臀部被沉重的长筒皮靴和宽大的长裤遮盖住。他长着一副宽大的躯干，但胸脯凹陷，以至于人们说他的军服下填塞着棉花以遮掩这一缺陷"。朗格尔等合作的一份心理分析报告《他的生活与他的传说》中也认为希特勒的"步姿非常像妇人，那是一种优雅的步姿，每走几步，他的右肩就会神经质地抽动，同时左腿迅速迈向前去。他的面部还有一种引起他的双唇向上曲卷的习惯性的抽搐。当演讲时，他总是穿着一套看上去普普通通的蓝色的衣服，这服装夺去了他全部特色……"

曾在希特勒身边工作了三年的女秘书格特鲁德·特劳德尔也说希特勒与情妇之间的关系像慈父一般。他喜欢年轻貌美的女性不是色情，也不完全是性欲。他喜欢与女人调情，但他又有些害怕调情的后果，他很讨厌身体被人们接触，他甚至不让医生检查他的身体。一位西班牙外交官的回忆录中讲述希特勒曾向一位名叫玛杰达的女人透露，他之所以对许多女性在身体上的奉献报以嗤之以鼻是因为第一次世界大战中一颗枪弹击中了他的生殖器，造成了他性生活的障碍。而一些医学家则倾向于认为希特勒可能是梅毒病患者，如《希特勒的罪恶生活》的作者指出希特勒是一个第三期梅毒病患者，并因此而由他的私人医生为其切除了睾丸，因为"倘若没有梅毒病使希特勒丧失了性欲的话，要解释他拒绝如此之多的美貌女性在性方面诱惑人的奉献的原因是不容易的"。

但也有一些传闻称希特勒曾让爱娃生下了两个孩子。20世纪70年代初，一位编写世界名人逸事的英国体育新闻记者曾收到一份来自印度的剪报，一篇由莱奥·海曼写的《希特勒的女儿接受犹太教》的文章中，认为1936年在慕尼黑举行的奥林匹克运动会上，蒂利·弗莱舍尔投掷标枪为德意志赢得了两枚金牌。希特勒对她勇敢精神的欣赏导致了一场为时 8 个月的旋风般的恋爱,还送给她一幢位于柏林附近临近湖边的小别墅和一辆白色的梅塞德牌轿车。当她怀孕后,希特勒像扔掉一块石头一样抛弃了她,于是也就有了一个私生女。但更多的学者都认为这些都属于无稽之谈。

20 世纪 80 年代,在东德历史学家的一次会议上,韦丹堡的历史学家史丹普佛宣布获得了一件惊人的材料,证实希特勒并非一个十足的男子,而是一位女性。提供这份秘密材料的是希特勒过去的副手、战犯赫斯的一位前友人。赫斯在柏林史宾杜监狱服刑数十年后死去,在他留下的日记中有许多有关希特勒的个人秘密,指出他在出生时身体有严重缺憾,以致隐瞒了他的真正性别,一直当作男孩长大。1916 年他在第一次世界大战中受伤,军医发现他有女性的生理构造,但最后希特勒还是选择过男性的生活。因此他不得不经常服用雄性荷尔蒙,并且采用种种隐瞒的办法。以致后来他的家庭记事、健康记录和军旅生活记载全部被销毁。这些极端的个人秘密,除了赫斯外,希特勒的情妇爱娃·布朗和他的私人医生,以及几个贴身仆人也知晓。史丹普佛教授所作的结论认为,希特勒在一出生时就具有卵巢和子宫等女性器官,但也有男性形式的性别,只是难以进行性生活。他经常要以雄性荷尔蒙进行治疗,以使自己的外形更为男性化。这倒为朗格尔等的心理分析报告《他的生活与他的传说》中把希特勒描绘为男不男、女不女的形象,提供了可能是一种两性畸形的理论依据。但这位世界头号战争狂人的性别,至今仍是一个未解开的谜。

血洗冲锋队的真实原因

1936 年 6 月 30 日凌晨,法西斯魔王希特勒在戈培尔及大批随行陪同下,乘一长列汽车由慕尼黑抵达维西,进行了一场骇人听闻的大屠杀。一天之内,包括参谋长罗姆在内的数百名冲锋队要人干将惨遭杀戮,随后又宣布解散冲锋队,这就是震惊世界的血洗冲锋队事件。杀人狂草菅无辜原不足怪,然而希特勒这次竟然对他的患难老友开刀,并解散为其上台立下汗马功劳的冲锋队,这就要使人发问:希特勒为什么要这样干呢?研究者们对此作了不少探索,大致归纳出如下一些原因:

其一,冲锋队的历史使命已经完成。冲锋队又称褐衫党,是纳粹党下属半军事组织,正式成立于 1921 年 8 月。其主要职能是保护纳粹集会,捣乱其政敌的组织活动,破坏工人运动,对反纳粹者搞恐怖。在纳粹发家史上,冲锋队充当政治打手,为希特勒摇旗呐喊,作为纳粹的政治资本和实力后盾,对希特勒上台起了不可或缺的作用。但是,纳粹一旦上台,冲锋队的使命就告结束。保障国家安全有国防军,维持社会治安有各种警察,实在没必要保留一种既非军队又非警察的武装力量。所以,不论通过何种途径,冲锋队都必须退出历史舞台。

其二，希特勒与罗姆的矛盾。罗姆是希特勒较早的政治伙伴，曾一起搞过政治阴谋，事情败露后又同蹲一个监狱，可说是患难之交。但同时两人又有分歧。罗姆是冲锋队的实际创始人，而希特勒起初并未让他领导冲锋队。1925 年冲锋队重建时，罗姆主张冲锋队独立，反对搞党务者插手，企图把冲锋队建成变相的军队。而希特勒仅仅把它看成是一种政治舆论工具，为纳粹上台提供必要的暴力和恐怖，无意把它建成一支常备武装力量。因此两人只好暂告分手。1929 年希特勒重新起用罗姆，委以参谋长之职，让他领导冲锋队。罗姆掌权后仍然按其原先设想大力扩充冲锋队，积极推进军事化，力图将来取代国防军。希特勒上台后，罗姆不仅加紧发展冲锋队，而且叫嚣进行"二次革命"，建立真正的"民族社会主义"国家。这就使纳粹政权难以容忍，希特勒便考虑解决冲锋队的问题。正因为二人是生死之交，所以希特勒在最后解决之前曾和罗姆进行了长达五小时的密谈，以图达成谅解；而且在血洗之时，希特勒还吩咐手下把一支手枪留在罗姆的桌上。这都可以说是希特勒留给老朋友的最后面子。

其三，党卫队与冲锋队的斗争。成立于 1925 年的党卫队（黑衫党）最初是冲锋队的下属组织，在冲锋队膨胀的同时，作为希特勒铁杆卫队的党卫队亦迅速发展壮大。这两支政治力量在争权取宠的竞争中难免发生矛盾冲突，尤其自 1929 年希姆莱出任党卫队全国领袖后，双方的矛盾日趋激化。1930 年，党卫队基本从冲锋队独立出来，其组织机构日益完善。加上党卫队纪律严明，组织性极强，又受希特勒偏爱，尽管只有几万队员，但仍成为冲锋队的强大对手。正当希特勒在解决冲锋队问题上犹豫不决之际，是希姆莱促成希特勒相信"罗姆要发动政变"，从而最后采取了过激措施。党卫队在血洗过程中亦充当了刽子手的角色。

其四，国防军容不得冲锋队。一战后德国军队受到限制。陆军方面在冲锋队成立之初出于重新武装德国的目的，对冲锋队采取了扶持态度，把它看成后备军。但随着罗姆取代国防军的企图日渐暴露，军界感到其特权受到了威胁。特别是到 1934 年年初罗姆表现出要做武装力量总指挥的野心，人数已达 300 多万的冲锋队又要求承担东部边防任务，军官团便不能容忍了。国防部长勃洛姆堡强烈要求希特勒限制冲锋队，将其排斥于武装部队之外，只承认国防军为"唯一的武器持有者"。希特勒在决定二者取舍的考虑中，按理说应偏袒他的发迹资本冲锋队，但这样做有两大难题不好处理。一则保留庞大的冲锋队使他难以对欧洲各国作出恰当解释，使其外交陷于难堪境地；二则得罪了国防军就难以达到继承命在旦夕的兴登堡总统职位的野心。所拟，希特勒权衡再三，最后决定牺牲冲锋队，顺从国防军。事实上，希特勒在血洗冲锋队之前，已得到了军界支持他继任总统的承诺。这样，同年 8 月 2 日兴登堡死后，希特勒政府便宣布总统的职务已与总理的职务合并为一，希特勒顺利地成为元首兼国家总理。国防军随即宣誓效忠于元首。

其五，纳粹政权与冲锋队的利害冲突。冲锋队的成员主要是退役军人、破产者、失业者和获释罪犯。这些社会下层寄希望于纳粹掌权后给他们带来好处，但希特勒政权完全代表资产阶级的利益，并未满足他们的要求。所以，冲锋队里有一种抱怨希特勒"背叛了他们"的情绪。罗姆便利用这种情绪叫嚣所谓"二次革命"，其用意只是向希特勒施加压力，为冲锋队争取某种利益。但冲锋队的这种鼓噪，以及他们肆意捕人、迫害犹太人、攻击教会等暴行既使德国资产阶级感到恐惧，也为纳粹政权招惹了许多麻烦和攻击。所以，希特勒便以冲锋队阴谋"二次革命"为口实，顺水推舟将取悦资产阶级和除掉惹是生非的冲锋队这两个目的在政治清洗中"毕其功于一役"。上述几点无疑是事件背后的原因，但促成希特勒最后下决心的又是哪条呢？有谁能对此作出确切的解释呢？

希特勒魂归何处

人们总是以特殊的眼光来关照历史上的特殊人物，纵然是遗臭万年的希特勒也同样备受世人注目。他一生中的点点滴滴都是人们刨根问底的热门话题。对于希特勒神秘的死，人们当然不会轻易放过。

1945 年 4 月下旬，曾经不可一世的希特勒，在废墟和凄凉中度过了他的生日并在举行完婚礼后，便从世界上销声匿迹了。生耶？死耶？于是人们数十年来一直猜测纷纷。

很少一部分人认为希特勒似有从天罗地网中逃生的痕迹。当柏林陷于一片火海之时，就有希特勒已飞往巴伐利亚或者其他什么地方的说法，这甚至否认了希特勒曾举行过婚礼。另一些人似乎有根有据地说，希特勒在柏林失陷的 3 天之前便和女飞行员莱契一起驾机出走，他的死不过是一种假象，是为了迷惑世人而制造的谎言。又有人说希特勒是从地下通道逃出柏林的，躲到"攻不破的"南蒂罗尔堡垒中去了。

还有人从缴获的文件中看到，希特勒的一些机构在盟军攻克柏林之前，已转移到伯希斯特加登去了，同时转移去的还有希特勒的部分文献，他的一个秘书，尤其还有私人医生莫勒尔，从当时希特勒的病情推断，他没有这名医生配制的强烈刺激剂，是一天也支持不下去的，所以这名医生是断不会与希特勒分开的。再者，希特勒任命邓尼茨为北线军事总指挥，但南线没有类似任命，是不是因为希特勒决意南逃以图东山再起，而把这个位置留给了自己？后来是不是因为迫于大势，才无下文呢？这些是否可以说明希特勒在盟军攻克柏林之前已逃遁南方了呢？如果这样，那就侧面否定了希特勒是在柏林自杀的。

还有，鲍曼的文件中有一封令人颇感兴趣的电报：

45·4·22 上萨尔斯堡休麦尔同意迁往大洋以南

全国总区长鲍曼

这意味着鲍曼在遥远的德国境外已安排了避难所，而这种战略性的安排，显然要得到"元首"的同意,这似乎可说明希特勒早已为脱身作了精心安排,加之后来的事实证明,大批纳粹战犯都逃往南美洲隐身,"元首"是否也潜伏在南美的某一角落呢?

为了否认希特勒在柏林自杀,有人以"两个相貌相同的人"来表明希特勒似有"金蝉脱壳"之嫌。甚至在20世纪60年代,一名摄影师在一家报刊上登出了希特勒尚在人间的照片。更耸人听闻的是电影中有报道希特勒的画面,并配有夸张的字幕"希特勒——安静地进入蒙太奇",这轰动一时的消息震惊了世界各家报刊。

当然,大多数人肯定希特勒已在柏林陷落前夕于1945年4月30日自杀身亡;然后被浇上汽油焚尸灭迹。但是,他们对于希特勒自杀的方式,则各执己见。

一种说法以希特勒的贴身侍卫林格的招供为据,林格说:"希特勒用一支7.66口径的手枪向右太阳穴上开了一枪。这支枪和另一支备用的6.35口径的手枪都落在他脚边。希特勒的脑袋稍偏向墙壁,鲜血流在沙发边的地毯上。"

另一种说法来自希特勒尸体的解剖报告。"在被火烧得变了形的躯体上未发现明显的致命伤或疾病";"嘴里发现有薄玻璃瓶的瓶身和瓶底的玻璃碎片"。专家们在对报告详细研究之后,作出结论:"由于氰化钾中毒致死"。此外,尚有两点旁证:一、在4月30日下午3点到4点,希特勒自杀的地下室内充满了苦巴旦杏仁味,这显然是氰化钾的气味;二、4月29日至30日的夜间,希特勒曾将3个装在子弹壳里的小玻璃瓶拿给总理府医院院长哈泽教授看,希特勒说"这些小瓶里装着快速致死的毒药,这些毒药是他从施登夫赫尔大夫那儿得到的"(哈泽语),并且希特勒当场请哈泽在其爱犬身上试验药性。

关于希特勒自杀时秘室中的枪声,也说法不一。认为希特勒用手枪自杀的人当然认为:一、有枪声;二、这枪声是希特勒本人开枪所致。认为希特勒以氰化钾自杀的人对枪声的说法各异。有些人认为当时希特勒房间里根本没有枪声,或者只是当时在门外的人们的一种幻觉。另一些人则认为,当时在场的希特勒卫兵、传令兵和女秘书等听见了枪声,这不应视为讹传。但他们认为打枪的人不是希特勒,而是林格! 这些人的证据是希特勒私人卫队长腊登休伯的供词:"看来,希特勒怀疑毒药的作用,因为他长期以来每天都进行注射,所以他命令林格,让林格在他服毒之后向他开枪……林格向希特勒开枪了。"

人死见尸,通过法医便可验明正身,然而有关希特勒尸体的下落,也是各有各的说法。一种是死不见尸体。希特勒当时身边的一些人,如为他育犬的托尔诺夫、厨师兰格尔等都认为:"元首死了,他的尸体一点也没留下。"据亲手烧掉希特勒尸体的林格说:希特勒自杀的时间是15时30分,而后他将尸体用毯子裹好搬到花园里,浇上早已准备好的汽油焚烧。"7时(19时)半,遗体还在继续燃烧,我不再管它。"由时间推断,尸体已焚化得所剩无几了。

前苏联人则不然,他们声称发现了希特勒已焚烧过的尸体。1945 年 5 月 5 日的备忘录记载,有 7 名苏军官兵在柏林城内的希特勒总理府地区,离发现戈培尔及其妻尸体处不远的地方,在希特勒的私人避弹室附近,发现并取出两具烧过的尸体,一具女尸,另一具男尸。经过仔细研究后确定,这是希特勒与爱娃·布朗,尸体上也有特征。另一旁证是,与这两具尸体同葬在一个弹坑中的还有两条狗,而那是"希特勒私人的狗"。决定性的证据是对希特勒牙齿的鉴定,因为世界上没有两个人的牙齿完全相同。前苏联人找到了希特勒牙医布拉什克教授的助手霍伊捷尔曼,她帮助前苏联人找到了希特勒牙齿的 X 光照片和没有来得及戴的金牙套,并且凭记忆描述道:"希特勒的上一排牙有金桥,支撑在左边第一颗戴牙套的牙上……"这些与前苏联人手中握有的希特勒的牙齿基本吻合。最后霍伊捷尔曼仔细对照实物,"确认这是希特勒的牙齿"。

当然还有一些其他说法,如希特勒的尸体"通通烧化",与蒙克小组一起突围的希特勒青年团首领阿克斯曼带走了"元首"的骨灰。或者如英国历史学家特雷沃尔——罗别尔所说:"希特勒总算达到了自己的最后目的……被自己的追随者秘密葬在意大利的布其托河边,当今的人类摧毁者也永远从人们的视野中消失了。"

奇闻种种,矛盾重重,是否有真正水落石出的一天? 抑或它注定为一个永恒探索的课题并且是永远无解的谜?

纳粹副元首赫斯只身飞英之谜

1941 年 5 月 10 日下午,脸庞方正、浓眉紧锁而眼窝深陷的赫斯与妻子伊尔莎·赫斯匆忙告别,在副官、传令官、保安官和司机的陪伴下驱车来到德国奥格斯堡机场。赫斯换上德国空军尉官制服,留给副官一封如果赫斯离开 4 个小时之后仍未返回就得尽快转交希特勒的信件,然后即单独驾驶业已准备就绪的 Me – 110 战斗机飞往英国苏格兰,其时为中欧时间 17 点 45 分。

赫斯飞英之谜的主要问题包括:赫斯飞英的动机何在? 赫斯飞英是自作主张,还是奉令行事? 赫斯飞英纯粹是德国的一厢情愿,还是英国和德国事先有过某种默契? 赫斯飞英之谜引起人们的广泛关注,有关的著作大量出版发行,但对于上述问题却是众说纷纭,莫衷一是。

赫斯的儿子沃尔夫·赫斯认为,1940 年夏季行将结束之际,赫斯就在豪斯霍弗尔父子(他们与汉密尔顿公爵关系密切)的协助下开始拟订德国与英国之间的和平计划,因为他认为如果德国不能通过军事或政治手段使英国停止战争,一旦德国与前苏联之间爆发战争,德国最终将被迫实施两线作战。赫斯原计划在中立国与英国的汉密尔顿公爵就和平协议举行谈判,后因未能得到汉密尔顿公爵的满意答复而于 1940 年 12 月决定亲自飞往英国会见汉密尔顿公爵。赫斯为此行作过精心策划,已被希特勒禁止飞行的赫斯密请梅塞施密特飞机制造公司总裁、著名的飞机设计师威利·梅塞施密特为其提供 Me－110 战斗机并安装远程飞行训练装置,还曾集中精力学习驾驶技术和空中导航,布置收集有关的气象资料,标有飞行路线图,此外还备有一份和平计划。赫斯给希特勒的信件以"我的元首:当你收到此信的时候我将身处英国"开头,结尾则表示"我的元首,如果我的计划失败(我得承认成功的机会极小),如果命运决定与我作对,那么此行也不会给你或德国带来不幸的后果。你可以选择任何时机与我断绝关系——就说我发疯了。"赫斯的和平计划的主要内容有:德国和英国在维持现状的基础上就全球政策达到妥协,所谓维持现状即德国不得为争取生存空间而与俄国发生战争;德国放弃对殖民地的要求并承认英国的海上霸主地位,英国则承认中欧为德国的利益范围;德国和英国之间目前的实力关系将得到维持,即英国不得从美国得到增援;德国将在法国陆军和海军全面解除武装之后离开维希法国,德国专员将留驻法属北非,从实现和平之日起德国部队仍将留驻利比亚 5 年;德国将在波兰、丹麦、荷兰、比利时和塞尔维亚建立卫星国,但在实现和平两年后将从挪威、罗马尼亚、保加利亚和希腊(克里特除外)撤出,且德国将在东面、北面、西面和南面(奥地利和捷克斯洛伐克显然仍将留在第三帝国之内)的问题圆满解放后放弃在地中海和中东对英国地位的压力;德国将承认阿比西尼亚和红海为英国的势力范围;赫斯承认自己装成"精神不健全"是得到希特勒同意的。

美国作家威廉·夏伊勒则认为,赫斯的动机是清楚的,他真诚希望同英国媾和。确信德国会在战争中获胜并会毁灭英国,除非立即媾和,此外,"战争使他个人黯然失色。战争期间,作为希特勒的副手管理纳粹党是一种很无聊的且不再是非常重要的职务。目前,德国的重要工作是处理战争和外交事务……这些事情使戈林、里宾特洛甫、希姆莱、戈培尔和将军们处于重要地位。赫斯感到既失望,又嫉妒。为了恢复他以前在他们爱戴的元首身边的地位和他在国内的地位,单枪匹马地安排德国和英国之间的和谈,这样一种大胆而显赫的政治成就,岂不是最好的办法吗?"

根据《鲁道夫·赫斯未被邀请的使者》的编著者里斯的说法,赫斯对于德国空军1940年大举空袭伦敦极为反感,因此想到飞往英国,以便与他认为存在于英国的人数众多的反战派讲和。正因为如此,当听到豪斯霍弗尔表示有同感时,赫斯便受到感动。豪斯霍弗尔提及汉密尔顿公爵是通情达理的人,必定厌恶这种极为愚蠢的屠杀。

武尔夫·施瓦茨韦勒以大量资料表明,希特勒对赫斯的行动是知情的。1941 年 1 月 11 日,赫斯驾驶 Me－110 从奥格斯堡机场欲飞英国,但飞机因升高桨发生故障而不能升高,30 分钟后被迫降落。3 月 8 日下午,赫斯再次驾驶 Me－110 从奥格斯堡机场起飞,准备直飞英国,因气象预报的错误而于 75 分钟后返回地面。这次发生了意外的事情:副官卡尔·海因茨·平奇提前拆开赫斯留下的在飞机起飞4个小时后才能启封的信件并大惊失色地对司机和保安官说："我的上帝！头头飞到英国去了,想去缔结和约!"当晚,赫斯在哈尔拉辛别墅告诉副官这一秘密。但施瓦茨韦勒也提供了观点与此相反的重要资料。伊尔莎·赫斯指出："完全可以肯定的是……我知道我的丈夫有清醒的头脑,自由的意向,没有委派或事先请示过希特勒。他是自愿作出牺牲的,他那失去平静的思想中除了和平以别无其他。""也许我的丈夫曾在和希特勒的谈话中顺便提到过这一计划,但对此事我完全确信:希特勒从未认真对待过我丈夫的说法,或者只当做是'纯粹理论上的探讨而已'"。

前苏联方面长期认为赫斯飞英后曾经有过某种深入的谈判或策划,由德国和英国联合起来进攻前苏联,但该项计划最终流产了。前苏联方面最近公布的克格勃绝密文件表明赫斯飞英是英国方面诱骗的结果。英国情报部门假意答应谈判一项和平解决方案,以把赫斯骗到英国。而在希特勒于1941年6月22日进攻前苏联前夕,赫斯相信能够说服英国与德国签订和平条约。这些绝密文件包括充当前苏联间谍的英国人金·菲尔比的两份绝密报告。菲尔比通过他的朋友、英国外交官汤姆·杜普雷获得情报后于1941年5月22日向在伦敦的前苏联情报人员报告:赫斯在飞来英国之前给密尔顿公爵写过信,但这封信被英国情报部门截获。赫斯认为英国国内存在强大的反丘吉尔派,他们想利用他飞来英国同德国人媾和。因此,英国情报部门在赫斯于1941年5月11日在苏格兰降落以前,早就知道赫斯要来英国。

再说,1941年5月10日深夜,希特勒将赫斯副官送达的信件阅读完毕,仅不露声色地问道"现在赫斯在哪里?"并暗中通知戈林和里宾特洛甫(请注意未通知戈培尔和希姆莱——作者),因为赫斯约定如果使命进展顺利,就向苏黎世的姑妈拍发电报。5月11日,希特勒终日没有收到赫斯的只言片语,对赫斯使命能否成功的怀疑有所增加。当天下午,在戈林和里宾特洛甫来到上萨尔茨堡的伯格霍夫别墅之后,赫斯的副官遭逮捕。5月12日,希特勒对赫斯或许可能成功的希望化为泡影,遂安排新闻处长迪特里希发布公报,命令纳粹党办公厅主任马丁·博尔曼行使赫斯的职权,向小豪斯霍弗尔询问赫斯飞英的细节。5月12日夜晚,德国广播电台发公报,内称赫斯业已违背命令驾机起飞,至今仍未回返;赫斯留下的信件以其混乱状态而不幸地表现出精神错乱的迹象,这使人感到党员赫斯恐怕是妄想症的牺牲品,因此赫斯或许已在某地坠毁。公报并未透露赫斯业已飞往英国媾和。5月13日,在英国政府宣称赫斯在苏格兰降落并受到轻伤之后,希特勒向集中在上萨尔茨堡的纳粹党高级官员指出"在指挥官们随时可能奉命开始最为困难的军事行动(指入侵前苏联——作者)的时刻,赫斯离开了我。当我的高级政治领导人根据他自己的计划离开战场的时候,我怎么能指望我的将军们服从这项命令?"因此党应当将赫斯的名字从其记忆中勾销。鉴于德国人民对赫斯事件的解释存在"可怕"的情绪,希特勒和戈培尔决定于 5 月 13 日晚发布第二份公报。公报声称"赫斯似乎处于幻觉之中,这种幻觉使之感到通过在过去认识的英国人之中采取个人行动,他能够促成英国和德国之间的谅解","国家社会主义党对这个理想主义者沦为这种灾难性幻觉的牺牲品深表遗憾。然而,这丝毫也不会影响强加给德国的这场战争的继续。"沃尔夫·赫斯认为希特勒和戈培尔似乎不想将后门堵死,故而实际上承认赫斯"对于元首的大量和平方案的了解比任何人都多"。既然赫斯已经"叛逃",那么赫斯家族也就在劫难逃了。其实不然。1941 年 10 月 2 日,赫斯的父亲去世,希特勒即给赫斯的母亲发去私人唁电,博尔曼据此得出希特勒并未与赫斯家族断绝关系的结论,亦随后发出唁电。

综上所述,完全可以认为赫斯飞英并非自作主张,而是奉命行事。

1987 年 8 月 17 日,赫斯在施潘道监狱"自杀身亡"。赫斯单独驾机飞往英国之谜的真相究竟如何,人们很可能要到英国档案公布于世之后才能知晓。然而,英国封存的有关赫斯的档案,要到 2017 年才能解密。

隆美尔自杀之谜

1. 沙漠之狐

1944 年 10 月 10 日,柏林。

莫德文元帅向全德国宣布,德国"最伟大的指挥官"埃尔温·隆美尔于 7 月 17 日受伤,不治身亡。

希特勒即刻给隆美尔夫人发了唁电。唁电说:"您丈夫的死给您带来了巨大的损失,请接受我诚挚的问候。隆美尔的英名将永远和北非英勇的战役联系在一起。"不久,希特勒下令举行国葬。

隆美尔原先是德军第七装甲师师长。第二次世界大战爆发后,他指挥所部以闪电行动,最早进抵英吉利海峡沿岸地区,并且迅速攻占瑟堡,迫使敦刻尔克战役中未及撤退的法军 3 万多人投降,从而成为纳粹德国著名的坦克将领。

1941 年 2 月初,希特勒任命隆美尔为北非前线总司令。由于当时英军握有地中海的控制权,德军海运受阻。上级命他在其主力第十五装甲师及后续部队调齐之前,不要轻易进军,但他认为英军主力全部调到埃及休整,这里的换防部队素质和装备较差,决然发动进攻。他把汽车伪装成假坦克迅猛进攻;一举攻占英军阵地,打开了进入北非沙漠的大门。他又乘胜追击,英军全部退到利比亚、埃及边境。

丘吉尔大为震惊。他撤了北非集团军司令韦维尔的职务,调来了英军印度司令奥金莱克对付隆美尔。

英军经过 5 个月的休整,增强了作战力量,发动了代号为"十字军"的大规模进攻。11 月 18 日傍晚,大雨倾盆。英军以 10 万兵力及万辆战车,向西进军,企图一举歼灭隆美尔所部。但是,德军在隆美尔的指挥下,早已筑起坚固的地堡,密布的机枪和大炮,把英军打得晕头转向。然后,隆美尔又连续发动冲击,10 天之内,把英军的 500 辆坦克打得只剩下 70 辆。他在取胜后,鉴于自己兵力不足,补充困难,又获悉英军迅速得到了补充,便决定迅速撤退。

"沙漠之狐"隆美尔

不久,隆美尔得到了一批装备和人员,使军团的坦克增加到 1000 多辆,于是,他又挥师西进。

在阿盖拉,隆美尔把意军 4 个步兵师部署在英军阵前,虚张声势,把装甲部队集中起来,于 5 月 27 日出其不意地击溃了英军 2 个摩托旅。英军展开反扑,里奇的 400 辆坦克被打得剩下 170 多辆。6 月 20 日拂晓,德军向托卜鲁克环形防线的东南角发动暴风骤雨式的猛袭,3 个小时饱和轰炸后,德军坦克突破缺口,汹涌奔袭,英军被迫投降,三万三千人被俘。隆美尔穷追不舍,英军被迫全线撤退。这时,希特勒欣喜若狂,提升隆美尔为元帅。

由于隆美尔在北非沙漠中灵活善变,使英国人穷于应付,从此他被人称为"沙漠之狐"。

2. 密谋策反

两年以后,这个特别受到希特勒器重的陆军元帅,难道真的如同莫德文元帅所宣布的那样,是 7 月 17 日受伤,不治身亡吗?

不,这是希特勒的弥天大谎!

1944 年 7 月 17 日,隆美尔到西线视察。在返回司令部的途中,确实身负重伤。当时,他的坐车遭到盟军飞机的袭击,汽车翻倒在地,他的头盖骨严重骨折,太阳穴和颧骨受伤,头上还有不少炸弹碎片。他被送到巴黎附近的一所医院,旋即返回德国乌尔姆附近他的乡间住宅养伤。

10 月 14 日,隆美尔在乡间住宅里会见了两个纳粹来使。几分钟后,他先到妻子的房间向她道别,然后对他的儿子说:

"希特勒指控我犯了叛国罪,鉴于我在非洲的功劳,给我一个服毒的机会。那两个将军带来了毒药,在 3 秒钟之内就能致人以死命。如果我接受的话,我可以得到国葬待遇。"

说完,隆美尔走出房间,跟着两位将军上了车。车在2英里左右的森林旁停下来。1分钟后,隆美尔已直挺挺地死在座位上。

隆美尔为希特勒立下赫赫战功,希特勒为什么还要加害于他呢? 1944年6月6日,盟军在诺曼底登陆成功,德国的将军们惊慌失措。他们都很清楚,盟军用不了几周,就会从西面到达德国边界。

为了挽救德国免于彻底毁灭,一些将军早就决定除掉希特勒。他们由陆军元帅维茨勒,前任总参谋长贝克将军等军界领袖组成了一个密谋集团,旨在积蓄力量,等待时机,推翻纳粹统治。

1944年2月底,隆美尔在家里接待了一个十分重要的密谋分子。

来人对他说:"隆美尔将军,现在东方战线上某些高级陆军军官提议逮捕希特勒,强迫他在电台上宣布退位。"

隆美尔点点头,表示同意这种说法。

来人又说:"你是我国最伟大、最得人心的将领,在国外比任何其他将领都受尊敬。你是唯一能够使德国避免发生内战的人。"

隆美尔迟疑一下,最后作了决定,他说:

"我想,出来挽救德国是我的责任。"

以后,密谋集团通过一个协议,计划在推翻希特勒以后,让隆美尔出任国家的临时首脑或武装部队总司令。按照那个协议,德国将与西方盟国停战,德国人从西线撤回本国,逮捕希特勒由德国人民法庭进行审判。

诺曼底登陆后,隆美尔曾多次当面指责希特勒,并希望尽快结束战争。他曾给希特勒写过一封长信,信上写道:"部队正在各地英勇作战,但是这场寡不敌众的战争即将结束,我必须请求您毫不迟延地作出恰当的决定。我作为集团军司令官,感到有责任清楚地说明这一点。"

当天,隆美尔对一位将军说:"我已给希特勒最后一次机会,要是他不接受,我们要采取行动。"

可是两天以后,他在从前线返回总部的途中遭到盟军飞机的袭击,身受重伤。

3. 厄运降临

在反希特勒的密谋中有一个青年军官,叫施道芬堡。

施道芬堡眼看希特勒要把德国引向可能最后归于失败的战争,于是决定做一点事情来挽救德国。

在柏林,他和他的同伙拟订一个代号叫"伐尔克里"的谋杀计划。伐尔克里是北欧一日耳曼神话中一些美丽可怕的少女,据说她们飞翔在古战场上,寻找那些该杀死的人。这一次,她们要杀死阿道夫·希特勒。根据这一计划,一旦希特勒被暗杀,便在柏林迅速发动政变。

6月底,施道芬堡被任命为国内驻防线的总参谋长。这一职务使他有可能直接地经常见到希特勒。

7月20日下午,施道芬堡奉召去向希特勒汇报"人民步兵师"的进展情况。他在装有文件的皮包里放置了一颗英制定时炸弹。他只要用钳子打破玻璃管,10分钟之内,炸弹里的金属丝就会被熔化,炸弹就会爆炸。

他在一间会客室里匆忙打开公文包,用钳子打破了玻璃管,然后走进会议室。这时,希特勒和他的将军们举行的会议已经开始。施道芬堡在元首旁边几英尺处坐下来。他把公文包放在桌面下面,紧靠在一条结实的橡木脚的旁边,离希特勒的脚大约6英尺远。在一位将军向希特勒汇报俄国前线的战况时,施道芬堡向站在他身旁的勃兰特上校悄悄地说,他要出去打个重要电话,然后就急忙溜出会议室。

勃兰特俯身在桌子上看地图的时候,他发现施道芬堡的公文包挡住了他的脚,就弯下腰去把包移到了那条结实的桌子脚的另一边,这样,那块笨重的橡木把希特勒和炸弹隔开了。

炸弹准时在中午12点42分爆炸。

施道芬堡站在200码远的制高点,目睹希特勒的会议厅在轰隆一声巨响之后浓烟滚滚,火焰冲天。施道芬堡毫不怀疑,希特勒和他的将军们都已炸死。然而,希特勒并没有被炸死,那厚厚的橡木救了他的命。他的头发被烧焦,两腿被烧伤,爆炸的巨响震破了他的耳膜,他还是好好地活着。

希特勒对反叛者的镇压到了令人发指的地步。施道芬堡及其他几个叛乱组织者,一起被排在国防部的一堵墙前面,由行刑队枪毙了。接着,有7000人被捕,他们遭受到毛骨悚然的严刑拷打,然后宣判死刑。刽子手把反叛者用钢丝弦吊在钩子上缓缓地绞死。陆军元帅维茨勒就是这样被绞死的。

接着,厄运就降临到德军偶像隆美尔元帅身上了。

一个参与密谋的将军,自杀未遂,神志昏迷地躺在手术台上时,他喃喃道出了隆美尔的名字。另一个同伙在狱中受不了酷刑,也招认了隆美尔曾参与7月20日的阴谋。他引证隆美尔说过的话:"告诉柏林人,他们可以指望我。"

希特勒大为震惊,下令处决隆美尔。鉴于隆美尔立下的汗马功劳,希特勒允许他在自杀和被判处叛国罪之间选择。希特勒对手下说:"如果这个赫赫有名的元帅,德国最得人心的将军被捕押上人民法庭的话,这将是非常丢脸的事。如果他选择自杀的话,他死后可以获得具有全副军事荣典的国葬仪式,而且可以保全他的家属。"

于是,隆美尔最后用自杀逃脱了希特勒的残忍报复。

纳粹余党在阿根廷吗

第二次世界大战结束不久,苏美英法四国即组成国际军事法庭对法西斯德国战犯进行国际审判,然而除少数首犯受到应得的严厉惩处外,许多罪大恶极的纳粹头目、血债累累的纳粹党余却逃脱了历史的审判,逍遥法外,不少人潜逃到南美大陆,隐姓埋名,改头换面,重新过起平静安宁的庶民生活,其中大多数汇集到了阿根廷。

从第二次世界大战结束到20世纪50年代初,在庇隆当政的期间涌进阿根廷的纳粹余孽竟累计达6万人之多。他们凭着一种特有的嗅觉认定阿根廷是其避难的安全场所。自那以后,他们中除极个别被以色列和其他国家犹太人组成的追踪纳粹秘密行动小组缉拿归案外,绝大多数人在阿根廷安营扎寨,过上了定居生活。

这些纳粹余党在阿根廷可以说备受庇隆当局关怀。人称"希特勒第二"的马丁·博尔曼在阿根廷期间,曾6次被其他国家要求逮捕,甚至有的还向阿根廷当局提供马丁·博尔曼行动的具体路线,但阿警方不予理睬,也不加以任何调查,直到1960年让博尔曼安全无恙地逃离阿根廷。里加大屠杀总指挥爱德华·罗希曼在阿根廷还当上了维森特洛佩斯一个群众组织"合作社"的主席,并为地方警察机关募捐。安特·巴维利克这个在南斯拉夫克罗地亚犯下滔天罪行的魔鬼,不仅两次被庇隆拒绝引渡到南斯拉夫,而且还和政府情报部门和警方关系十分密切……不但如此,更有甚者阿根廷政府还反过来追踪和处罚正义人士,帮助销毁纳粹分子材料,如阿警察局一个情报助理员贝拉斯科就因向报界透露博尔曼下落而被开除公职,一个与"死亡天使"门格尔做邻居的青年,也因被怀疑要绑架门格尔而遭逮捕,至于1992年春天公布的在阿根廷全部纳粹分子的档案,不少主犯档案所剩无几,有的则不翼而飞。

人们不禁要问,这个曾在阿根廷历史上起过举足轻重作用,提出以"政治主权、经济独立和社会正义"为内容的庇隆主义创始者,战后因大力实施国有化政策,广泛推行社会改良和福利措施,积极发展民族经济,对外标榜既不走资本主义也不走共产主义,奉行"第三条道路"而显赫一时的庇隆,为什么对为世界人民所痛恨和仇视的纳粹分子如此同情,如此关怀备至,甚至公开声称欢迎纳粹分子进入阿根廷?

阿根廷著名文学家托马斯·艾罗伊·马丁内斯认为,庇隆早在20世纪30年代就与轴心国结下不解之缘。1939年他任阿驻意大利使馆武官,以后又去过德国、西班牙。他在与意大利军队合作中建立了浓厚的感情,另外阿军队与德军队也有着传统关系。因此当拉美国家均对轴心国断交与宣战时,只有阿仍坚持与轴心国保持外交关系,直到二战结束前不久，德意已濒临彻底崩溃时，庇隆才不得不结束这种关系，对德意宣战，但实际上仍维系着藕断丝连的联系，同情纳粹余党，把他们网罗到阿根廷就是一个明证。

还有一种观点，认为庇隆接纳纳粹是想利用德国当时居世界首位的先进科学技术，但历史学家驳斥了这种荒谬观点，因实际情况是"罪犯充斥而技术人员奇缺"。

那么，庇隆究竟为什么要为纳粹们敞开阿根廷大门呢？阿根廷总统梅内姆在移交纳粹分子全部档案时避而不谈这个问题，但不管怎样，梅内姆将档案公开并向全世界道歉这个态度还是值得欢迎的，也引起国际社会瞩目。

希思首相独身之谜

爱德华·理查德·乔治·希思是英国保守党第一位平民首相。他曾12次访问中国，使中英关系由代办级升格为大使级。他酷爱音乐，曾任欧洲交响乐队指挥，并应邀指挥过上海乐团和北京交响乐团演出，同时又是赛艇能手，1969年获国际赛艇冠军。可是这样一位多才多艺的政治家，却是一个终身不娶的鳏夫，着实令人不解。

希思出生在英国肯特郡沿海，父亲是个一流的建筑家，与希思终身不娶相反，其父风流十足，一生共娶过3位妻子，最后一位妻子甚至比希思还小5岁。有人认为希思不近女色，可能是对其父的一个反作用。

希思自小就是一位性格孤僻、不合群的人，甚至对挚友也保持一定的距离，尤其对女性更是抱有成见，他反对男女同校。在他担任牛津大学巴利奥尔学院乐团秘书时，不许女生参加音乐会，这种轻视女生的做法，直至希思辞去秘书职务为止。希思对女性的偏见根深蒂固，即使到了竞选首相的紧要关头，他仍然置女性选票于不顾，毫不掩饰自己对女性的偏见，大肆贬低女性的社会作用，使仰慕他的女性望而生畏，敬而远之。1975年，担任四年首相的希思被一位女性——撒切尔夫人所击败，他简直无法忍受，觉得自己受到莫大的羞辱，于是他宣布退出竞选，并表示他将不在撒切尔夫人的影子内阁中担任任何职务。

由于希思对女性抱有偏见，因而在与女性接触中，常常表现一种轻慢无礼，近乎恶作剧行为。一次宴会上，希思恰好坐在两位少妇之间，少妇受宠若惊，频频斟酒发问，然而希思无动于衷、一言不发，最后干脆闭目养神，弄得两位少妇狼狈不堪，宴会也不欢而散。又有一次，希思冒充一位著名爵士，打电话给他相识的一位女演员，让她参加一次非常特别的音乐会演出，害得这位女演员，欣喜若狂，忙得不亦乐乎，空喜一场。希思这种做法，使认识他的女性都对他产生极大的反感，自然也就谈不上什么爱心。

尽管这样，希思还是有过一段恋情。希思早年的音乐天赋，使他结识了爱好音乐的雷文一家，并爱上了他的女儿凯·雷文。希思待她一直不错，两人交往甚密，持续15年之久。这在希思与女性交往史上是唯一的例外，着实令人吃惊。希思读大学以至后来参加工作，两人的来往仍十分频繁、密切，每逢休假，便一道去野餐、散步、听音乐会、跳舞，外界公认他们俩正处在热恋之中，结婚亦只是迟早的事情。凯本人也多次流露出与希思结合之意。但希思始终没有向凯求婚，甚至没有向凯直接表露过爱意。遥遥无期的等待，终于使凯心灰意冷，不得不听从家人的劝说，另嫁他人。希思父母获悉后大为惋惜，直埋怨儿子，错失良机。希思表面上似乎十分平静，可内心却十分沮丧，因为这毕竟是他一生中交往最长久的一位异性朋友。几十年来，凯的照片一直放置在希思的床头，表明他恋恋不舍的心迹。

希思与凯关系破裂，人们议论纷纷。多数女性认为，希思有与凯结婚的愿望，只是羞于启齿。因为希思在社交上常常表现较拘谨胆怯，所以，认为希思考虑当时条件还不成熟，不愿冒失求婚，况且他始终坚信，与凯 15 年的真挚友情牢不可破。记者曾问过他，是否想找个妻子时，他肯定地回答说，曾想过，但事情并没有顺利地朝那方面发展。说明他确实想结婚只是凯等不及，将他抛弃了。至此，他再也没想过结婚事宜。多数男性认为，希思看到周围许多婚姻悲剧，甚至担心自己也套上婚姻枷锁，自感无法胜任丈夫职责，所以与凯保持若即若离的关系，既不想结婚，也无意分手。最后只好由凯作决定了。

希思迟迟未婚，也给他竞选首相惹了不少麻烦，选民们指责他未娶，不允许他住进唐宁街 10 号，甚至谣传他是个同性恋者。但希思没有消沉和退缩，他认为，未婚不是罪过，单身汉也要生活。他凭着自己顽强毅力，顶住舆论压力，最终登上了首相宝座。

智利总统阿连德死因疑案

20 世纪 70 年代，地处南美、世界上最狭长的国家智利发生了两起震惊世界的事件。一件是 1970 年 9 月由社会党、激进党、共产党等 6 个党派组成的人民联盟候选人、曾 4 次竞选总统、以激进民族主义著称的萨尔瓦多·阿连德·戈麦斯当选智利总统；另一件是仅时隔 3 年，这位拉丁美洲历史上的伟大人物就倒在 1973 年 9 月 11 日发生的智利历史上第 23 次政变的血泊之中，不幸以身殉职。曾一度叱咤风云的阿连德就如此匆匆湮没在智利历史长河之中了。

阿连德短暂的总统生涯，以及他为什么死、怎么死，引起人们长时间的思索和议论。

阿连德出生于瓦尔帕莱索一个中产家庭。早年在智利大学学医时，积极参加和领导学生运动，多次被捕。1932 年获智利大学医学博士学位。毕业后曾因领导学生运动出名而在医务界找不到工作，以后当过助理验尸官、牙科学校助教。1933 年成为智利社会党创始人之一，先后担任过社会党总书记、主席等职务。第二次世界大战时任"人民阵线"政府部长，后当上了参议员、议长。1970 年 9 月"人民联盟"在竞选中获胜。11 月 5 日阿连德在欢呼声中跨进了拉莫内达宫（总统府）。全国上下一片欢腾，胜利歌声震撼着北起阿里卡南到火地岛的这块狭长国土。

仅隔2年不到，智利上空布满乌云。锅盆的敲击声代替了当年的歌声，手持警棍的防暴队取代了悠闲自得的警察。恐怖、暗杀、抢劫等消息充斥着每天的报刊杂志。1973年阿连德已如坐火山，如履薄冰，身陷旋涡之中。这固然与阿连德政策的失误有密切关系，如土改侵犯了大批中小庄园主利益，国有化扩大了打击面，他上台没收的507家企业，竟有80%是中小企业。收归国有的企业尤其是国有化后的铜矿因没及时推行正确的政策，以致生产上不去，又有大批技术人员离弃祖国，奔走异国他乡。在经济濒于崩溃边缘，阿连德不仅不立即采取措施缓解矛盾，相反加紧改革步伐，这样就把更多的支持者推到了敌人营垒。"6·29"未遂政变是个信号，尽管三军司令一再表示忠于阿连德，但殊不知智利军队一向同美国垄断资本有密切关系，且当时右翼力量已在军内占据优势，正步步加紧筹划大规模反政府阴谋。阿连德准备总结执政以来的历史进程，但为时已晚，时局已到了不可收拾的地步。不久发生了一连串暗杀、全国卡车司机与私营店主罢工、家庭主妇上街游行等事件，最大反对党基督教民主党宣布拒绝与阿连德对话，全国上下一片混乱。

阿连德犹如大海中一叶小舟，失去依靠，完全孤立。8月23日阿连德的得力助手、国防部长兼陆军总司令普拉茨被迫下台，由陆军参谋长皮诺切特接替。皮诺切特如鱼得水。一上任即召开绝密会议，密谋推翻阿连德。9月10日形势发展到剑拔弩张程度。晚上9点半，阿连德与部长们在郊外别墅进晚餐时，从总统府传来消息，两辆满载部队的卡车正从北方向圣地亚哥开来。餐桌上，阿连德夫人谈到她接连收到许多恐吓电话和信件。深夜11点总统府再次来电重报刚才的消息。次日凌晨2点半，阿连德打电话对他秘书说："明天将是很长的也是艰难的一天。"他知道摊牌的时间已不远了。

9月11日清晨6点半，海军抢先动手了。"辛普松号"潜水艇、"拉托雷海军上将号"巡洋舰和美国舰队停泊在科金博（智利北方一座小城）附近海面。六辆装满士兵的卡车从瓦尔帕莱索驶向首都。7点15分空军开始轰炸工厂、电台。7点30分阿连德从别墅来到拉莫内达宫时，警察防暴队已全部出动，总统卫队也做好战斗准备。

7点55分，阿连德向全国发表首次广播讲话，通报目前形势，动员人民提高警惕，坚守岗位，对军队依然表示信任和寄予期望。此时得到消息说国防部长被陆军部队逮捕，8点15分阿连德发表了第二次广播讲话。这时空军参谋长为阿连德准备了一架飞机，让他立即离开智利。阿连德拒绝了，说他知道怎样做一个士兵，也知道作为总统的职责。

8点30分，电台中断军乐，向全国广播以皮诺切特为首的武装部队军政府委员会公报，下令阿连德立即交出政权。阿连德简直不敢相信，他所信赖的陆军总司令竟是策划政变的头目。9点整,阿连德打开窗子挥手向群众作最后的致意。不久电报电话中心被武装部队占领,阿连德下令夺回,但终因身边只剩数十名官兵,而无法执行了。9点过一点点,阿连德在第四次广播讲话中坚定表示"将为保卫属于这个国家的珍贵原则而献出生命"。9点10分他在唯一没有破炸毁的麦哲伦海峡电台作最后一次讲话,"在这个历史关头,我将为诚实的人民献出生命"。1点30分,第一支政变部队攻进总统府。2点差几分,65岁的阿连德倒在部长会议大厅的战斗岗位上,他终于走到了生命的尽头。死时手里紧握着枪,依然保持着战斗的姿态。

对阿连德的死,人们议论纷纷,世界上很多政治家为之惋惜。一些人说他是自杀身亡的。一些人认为他是被炮弹击中而英勇牺牲的。持后一观点的有他生前的政治顾问琼·E.加塞斯,有了解他的朋友,有对政变过程掌握情况的人。他们认为阿连德性格坚强,在几次危难中都挺着身躯迎接枪林弹雨,直到生命最后瞬间还紧握枪杆顽强抵抗,这样的人绝不会走自杀的路的。还有不少拉美和第三世界的人士认为,与其说阿连德是在"9·11"政变中殉职,毋宁说是某个大国错误道路的殉葬品。

佛朗哥为何没有参加二战

1975年,82岁的佛朗哥死了。他是法西斯独裁者中唯一寿终正寝之人。他统治下的西班牙是唯一没有参加第二次世界大战的法西斯国家。他曾经宣称:在一个受尽苦难和蹂躏的欧洲中,西班牙是一块快乐的绿洲。这是"国家主义运动"的成绩。

1939年的欧洲,战争已如上弦之箭,一触即发。佛朗哥告诉墨索里尼,他准备竭尽全力使欧洲相信:发动一场全面战争是无意义的。9月1日,德军进攻波兰。3日,英、法对德宣战。同一天,佛朗哥公开呼吁使战争局部化。他声称,愿意和其他国家一起来商讨结束一场有可能导致"亚洲式的野蛮残暴"的战争。4日,西班牙宣布了"中立"。

是佛朗哥有"保卫和平"的善意?还是他有先知之明,知道轴心国必遭失败?否则,作为欧洲三大法西斯国家之一,且又和德、意在刚刚结束的西班牙内战中结成了非同寻常的关系,西班牙为什么不和德意同步而却独树一帜呢?

佛朗哥

有人认为,佛朗哥不参战是因为国内经济、政治危机。当时,西班牙内战刚刚结束,国民经济濒于停滞状态,食品严重不足,灾荒频繁,人心浮动。必要的进口工业材料和设备供给不足,黄金、外汇储备十分短缺。政治方面,共和派、君主派右翼集团和共产主义者左翼集团依然保有不可忽视的社会力量和影响。长枪党内部酝酿着的种种不和、猜忌、争斗又削弱了党的独裁统治能力。故而佛朗哥首要解决的问题是发展国民经济、稳定政局、确保独裁统治。显然,这种看法的问题在于:国内危机并非不参战的可靠理由,解决上述危机的最快捷而有效的办法,可能正是对外战争。

另一种说法是,佛朗哥不参战是因为同盟国的利诱、拉拢。西班牙和直布罗陀、丹吉尔特殊的地理位置使盟国担心,一旦西班牙加入轴心国作战,直布罗陀海峡必为其控制,大西洋与地中海航路中断,后果不堪设想。为此,1940 年 3 月,英国同意向西班牙提供 200 万英镑的贷款,并允许它从盟国进口某些禁运的工业原材料,英国还从阿根廷快速运送一批食品到西班牙以解决其燃眉之急。

第三种说法是,佛朗哥反对的,只是前苏联。因为前苏联是支持西班牙国内左翼力量的后台。佛朗哥曾经说过,西班牙和西方世界的真正敌人是苏俄,西方国家之间的任何战争都不过是为俄国人"火中取栗"。佛朗哥与各国的交往表明,他是一个讲求实际的人,不会因为反对前苏联而放弃参战可能带来的利益。

还有一个为人所忽略的疑点是:希特勒为什么会能容忍佛朗哥的种种"背叛"而不对西班牙开战?而佛朗哥出于什么动机,居然能在关键时刻,出乎意料之外地没有参加第二次世界大战呢?凡此种种,令人百思不得其解。

意大利前总理莫罗遇害内幕

意大利罗马玛利奥夫尼街,凌晨 4 点半,一切还显得静寂、安宁。可谁会想到,几小时后,这里将发生一起震惊世界的绑架案。此刻,意大利天主教民主党主席、前总理莫罗已兴奋得早早起床了。1978 年 3 月 16 日这一天对他来说,是其 30 年政治生涯中最重要、也可以说是最辉煌的日子。不久前,他顺利解决了意大利战后最大的政治危机——数月来的无政府状态行将结束,各党派在他的斡旋下已达成协议,组成联合政府。今天,国会将讨论这个协议。事先他已得到许多头面人物的保证:协议一定会获准通过。在当今意大利政坛上,莫罗是最举足轻重的人物。他曾五度出任总理,解决过不少政治危机。人们都说,没有莫罗,意大利早就四分五裂了。年底的总统竞选,他是最炙手可热的人选。如果这个协议得到批准,总统的位置一定非他莫属。可悲剧也恰恰在这时发生了。

8 点半,莫罗和妻子依列娜深情吻别,每次出门他都要这样做。莫罗的轿车正沿着斯特里大街向国会大厦方向驶去。这时,四名"红色旅"罗马小组的成员正化装成航空公司雇员模样静静地守候在玛利奥夫尼街和斯特里街的交叉处,准备绑架莫罗。为首的是个美貌的金发女郎,名叫安娜,是"红色旅"的创始人之一。意大利"红色旅"创建于1969年,成立后即以绑架、暗杀等恐怖活动闻名于世,给意大利政界造成了严重威胁。安娜见莫罗的汽车缓缓驶来,猛一挥手,四人同时打开旅行包。转瞬间,乌亮的冲锋枪出现在他们手中,闪电般地向莫罗的汽车冲来。安娜端着冲锋枪对准前排座位乱扫,警官里奇和莫罗的司机连叫都没叫一声就死去。随车的四个保镖情知中伏,刚要拉开车门外冲,一阵弹雨铺天盖地而来,三个惨死车内,另一个勉强逃出车外,即被一排更为猛烈的子弹打倒。安娜等人用冲锋枪指着一动不动地坐在车后座里的莫罗:"跟我们走!"众人一起走向停在路旁的一辆警车。突然,当莫罗被人推着行将登车之际,他把皮包扔在地上,用恳切的、哀求般的口吻说:"求求你们,放走我吧。"安娜厉声命令:"上去!"他顺从了。警车呼啸而去。

莫罗被绑架后,意大利举国震动,世界也被震动了。罗马戒严,全国戒严。警察倾巢出动,开始了空前规模的大搜捕。次日,政府又调来5万军队加入搜捕的行列。其实,莫罗并没离开罗马,甚至只在离绑架地斯特里街不远的停车场修理库的密室里。之后,"红色旅"不断发表公告,不断提出要求,然而,所有这些均遭到意大利政府的拒绝。接着,"红色旅"又发表了莫罗的亲笔信。莫罗以个人名义向政府呼吁:同"红色旅"谈判,释放库乔等人。库乔何其人也?"红色旅"首领是也。他曾是特伦多大学的学生领袖,在一次示威游行时,他的两位好友被警方的炸弹炸死。就在这一天,他发誓成立"红色旅",为好友报仇。1975年,库乔偶然被捕。3年来,官方对他开庭审判已有数次,然而没有一次能进行到底,库乔还威胁法官们:谁坚持对他的审判,"红色旅"便会结果其性命。"红色旅"也曾多次营救库乔,均未能得逞,而这次绑架事件就发生在将对库乔进行新的审判的前一天,意大利政府对莫罗的求援,采取了拒绝的态度。不错,那是莫罗的手迹,但仍不能释放库乔。理由很简单:这些信一定是莫罗在饱受折磨后被迫写的,甚至受了药物的影响,也未可知。依列娜也多方奔走,希望政府能同"红色旅"对话,拯救莫罗的生命,政府同样置之不理。她又来到天主教民主党总部,声泪俱下地对党的领袖们说:"为了这个党,莫罗献出了毕生的精力,你们不能见死不救!"那些领袖大多是莫罗一手提拔的,与他私人感情极深,但这件事实在是无能为力。他们只得沉痛地说:"党的立场不能改变,我们绝不同恐怖分子对话。这样,即使莫罗遇害,也等于意大利精神上的胜利。""红色旅"再次要求莫罗给政府写信,重复他们的要求。他想拒绝,但求生的欲望很强烈,于是他写了。他写了一封又一封,但封封遭到拒绝。当他的第80封信遭到拒绝时,他彻底绝望了。至此,"红色旅"也明白不能以莫罗为人质要挟政府,于是决定利用莫罗给政府以严重打击。一天,安娜命令莫罗侧卧在雷诺轿车后座的地板上。随后,安娜举起装有消音器的手枪,对着莫罗的胸膛连发11枪。大约10分钟后,莫罗死去。5月9日,莫罗的尸体发现于罗马市中心的一辆汽车内。莫罗的死再一次震动了全世界。当罗马电视台新闻广播员鸣咽着宣读特别公告时,意大利全国哭声一片。

从上面的叙述中可知:莫罗是因政府拒绝"红色旅"恐怖分子所提条件而被害的,政府为了国家制度的尊严而抛弃莫罗可以理解,而这些制度又正是莫罗用毕生心血建立起来的。但也有人指出:莫罗实际上是被政府和天主教民主党送上断头台的,因为政府完全可以采取灵活的策略来对付"红色旅",莫罗也不会那样悲惨地死去。

但事情远非如此简单。以后,意大利警方连续破获了"红色旅"的几个军火库,却惊讶地发现:那里的武器弹药几乎清一色是前苏联制造的。有确凿证据证明,许多"红色旅"成员曾在某个东欧国家受过训。更令人大惑不解的是:安娜等人在绑架莫罗前曾反复进行过实战演练,地点竟是捷克斯洛伐克!他们是怎样到那里去的?谁提供经费?莫罗被杀是否和这些国家有关?现在,莫罗惨死一事已成了意大利和国际上扑朔迷离的悬案。

周公有无篡位

古代的周公,指的是周代的爵位,得此爵位者辅佐周王治理天下。历史上的第一代周公姓姬名旦,亦称叔旦,是周文王的第四子。因封地在周(今陕西岐山北),故称周公或周公旦。他是西周初期杰出的政治家、军事家和思想家,被尊为儒学奠基人,是孔子一生中最崇敬的古代圣人之一。

周公

周公制礼作乐的第二年,也就是周公称王的第七年,周公把王位彻底交给了成王,周公是成王的叔父,王位本来就是成王的,所以他不过是将王位还给了成王而已。《尚书·召诰》中周公和成王的对话,大概发生在周公退位,成王即位的仪式上。于是,史书上都这样评价周公:在国家危难的时候,不避艰辛挺身而出,担当起王的重任;当国家转危为安,走上顺利发展道路的时候,毅然让出了王位,这种无畏无私的精神,是值得后人称颂的。但是,周公并没有因退位而放手不管,他也不断向成王提出了告诫,其中最有名的是《尚书·无逸》。

《无逸》里,周公说:不要贪图安逸。《无逸》里还说,知道种地务农的辛劳。才懂得农民的隐情。父母辛勤务农,而他们的子女不知道种地的艰辛,就会贪图安逸,甚至侮辱自己的父母说:"老年人,什么也不懂。"这种不孝的话,在当时是绝不允许讲的。《康诰》

中还提到,对不孝不友的人要处以刑罚。作为一个最高统治者,应该知道下边的隐情疾苦,否则就会做出荒诞的事情来。

周公退政三年之后,在丰京养老,不久得了重病,死前说:"我死之后一定要葬在成周,示意要臣服于成王。"周公死后葬于文王墓地之后,成王说:"这表示我不敢以周公为臣。"

周成王继位时还是个蒙昧无知的孩童,因此国家大权都掌握在周公手中。武王的另外两个弟弟管叔和蔡叔看周公大权在握,心中不服,就散布流言飞语,说周公有野心,有可能谋害成王,篡夺王位。、

后来管叔、蔡叔勾结纣王的儿子武庚,并联合东夷部族反叛周朝。周公旦奉命东征,经过三年的艰苦作战,周公终于平定叛乱,征服了东方诸国,收降了大批商朝贵族,同时斩杀了管叔、武庚,放逐了蔡叔。但是,周公东征回来后,关于他篡位的流言却越来越多,都说周公诛杀管叔、流放蔡叔是架空成王的一步棋子。

关于周公篡位的事情,各史书中有截然不同的两种记载。一种是肯定周公的确有篡位之心。《尚书·大诰》中明确指出:"周公身居位,听天下为政。"根据后人的考证,发现《尚书·大诰》中的"王"称为"宁考"。所谓"考"是对已故父亲的称呼。从辈分上来说,成王是文王的孙子,因此这里的"王"不会是周成王,那么能称王为"考"的显然也只能是周公了。由此看来,周公在当时确实是称王了。于是,有人说,不管周公是不是有篡位之心,但他的行动确实令人生疑。

也有人说,既然周公没有篡位之心,那么他为什么要称王呢?有人回应说,称王就一定意味着篡权吗?《尚书》中记载,武王去世后,成王年幼,难以应付国内错综复杂的政治局面。辅佐成王的担子自然就落到了周公的肩上。周公曾对其他人说:"我之所以不回避困难形势而称王,是担心天下背叛周朝,使我死后无颜见太王、王季、文王。三王忧劳天下已经很久了,而今才有所成就。武王也过早地离开了我们,成王又如此年幼,我是为了成就周王朝才这么做的。"由此可见,周公代理成王行使王权,从根本上说,是为了江山社稷,而非一己私利。因此说,虽然他是周王朝的缔造者,也曾称王。但称王不一定就是篡位。那时成王年幼,如果周公不辅佐成王,就不会有周朝的辉煌。

周公是否篡位,史学界至今争论不休。但从书里到书外,却有不少权力膨胀后野心昭显的事实。一方面,权力是没有限度的。在一定的权力的临界值时,权力使人盲目,促使了野心的膨胀。另一方面,人都是有盲点和偏见的,在被赋予一定的权力时,往往认为自己是不可代替的。世界上的确没有真正的力量超越人性的极限。但是,这种情况,对于圣人来说,却可能是例外,周公究竟是一个凡人,还是一个圣人,依然需要更多的证据来证明、来解答。

商鞅缘何结局悲惨

商鞅，汉族，卫国（今河南）人。战国时期政治家、思想家，先秦法家代表。商鞅应秦孝公求贤令入秦，说服秦孝公变法图强。孝公死后，商鞅受到秦贵族诬害以及秦惠文王的猜忌，车裂而死。其在秦执政二十余年，秦国大治，史称"商鞅变法"，并使秦国长期凌驾于六国之上。

商鞅功在千古，却缘何结局这么悲惨？这事还得从头说起。秦朝在春秋时期，社会经济的发展落后于关东各大国。井田制的瓦解，以及土地私有制产生的赋税改革，也迟于关东各国很久。如鲁国"初税亩"是在公元前594年，秦国的"初租禾"是在公元前408年，比鲁国落后186年。可是这时，秦国已使用铁农具，社会

商鞅

经济发展较快，这不仅加速了井田制的瓦解和土地私有制的产生过程，而且还引起社会秩序的变动。公元前384年，秦献公即位，下令废除人殉的恶习。秦孝公在位时，商鞅自魏国入秦，秦孝公任他为左庶长，开始变法。

商鞅在秦国二十余年，屡建奇功，声名卓著，但却时刻为守旧势力所嫉恨，守旧势力的利益遭受损失，他们一直在暗中等待反扑的时机。公元前338年秦孝公去世，太子即位，这就是秦惠文王。秦惠文王身边以前遭到商鞅惩罚的亲信向惠文王进谗言："大臣权势太重则国家危险，左右太亲近就会使自家性命危险。秦国妇女儿童都知道商君之法，不谈大王之法，商君反为王，大王变成了臣子。"诬告商鞅谋反。惠文王听信了谗言，于是下令逮捕了商鞅，一代雄才就这样为变法而献出了自己的生命。这说明商鞅是死于守旧势力的嫉恨。

但又有人说，商鞅之所以结局悲惨，完全是自己的性格造成的。因为不少人对商鞅过于美化，所以造成了今人的误解。其实，我们只要翻翻史书就会知道，商鞅其实是个刻薄寡恩的人，秦国人大都恨他，最后秦惠文王继位要拘捕他的时候，他狼狈逃窜，没人帮他，商鞅仓皇奔走至函谷关，当时天色已黑，商鞅往一客店投宿。当时的新法规定，凡投宿者必须出示凭证，店主向他索要凭证，商鞅没有，店主说："商君早有明令，旅行游客必须带凭证入住，绝不能收留无证之人，违犯者与之同罪，是会斩首的，我不敢招待你住宿。"商鞅离开客店，仰天叹息："唉！新法之害，竟到了这个地步。"古人称之为"做法自

毙"。

商鞅连夜直呈奔魏国,被魏国人拘囚献给秦国。他又趁机逃跑,回到商地,起兵造反失败,后被灭族。商鞅被处以车裂之刑,即是五马分尸,明人小说又编造了"百姓争啖其肉,须臾而尽"的场景。正是因为商鞅死前的一些表现,显得虎头蛇尾,所以让人怀疑他真的是"做法自毙"。如果他能够从容赴死,也许还能够流芳千古。

但是,也有人不同意商鞅的"刻薄"说和"做法自毙"说。因为以商鞅的思维水平,不可能不知道推行严刑峻法,会给他自身带来不良后果。以当时秦国的士族派系的根基,可以说商鞅的死是必须的,惠文王也需要用商鞅的命来换取士族的支持。这里,就是说,商鞅虽变法成功,但他却成了封建王朝的牺牲品。这个结局,并不是商鞅自己能左右得了的。也许,在变法之前他便想到了后果。

总的来说,商鞅的下场令人心痛,但也同样令人景仰。尽管商鞅已经逝去,但他给我们后继者留下了宝贵的精神财富:改革是国家富强、社会进步的重要途径,只有顺应时代潮流进行改革,国家才会有光明的前程。要想实现国家的伟大复兴,就必须改革,与时俱进;要想改革成功,就必须像商鞅一样,具有强烈的社会责任感,乐于献身于光辉的改革事业;同时,也只有顺应历史潮流,具有创新、献身精神,才能实现自身价值。

张良善终之谜

张良,字子房。汉族,传为汉初城父(今河南宝丰东)人。为汉高祖刘邦的谋臣,秦末汉初时期杰出的政治家、军事家,汉王朝的开国元勋之一,"汉初三杰"之一。

俗话说,"飞鸟尽,良弓藏;狡兔死,走狗烹"。汉朝的开国功臣多数遭遇刘邦的暗算,下场的悲惨程度和其功劳成正比,功劳越大,下场越悲惨。如淮阴侯韩信,才能卓越,战功累累,最后却落了个被夷灭宗族的下场。然而,汉朝的开国功臣中却有一人例外,此人就是张良。自始至终,张良都深得刘邦的信任,以至于张良死后还获得了文成侯的谥号,张良的儿子张不疑也袭封为侯。

有道是"伴君如伴虎",刘邦的疑心极大,张良陪伴皇帝左右还能够自保,这确实是一大奇迹!张良为何能在危机重重的宫廷斗争中得以善终,也成为一个千古之谜。原来,和其他人截然不同的是,张良懂得急流勇退。在封侯之初,张良便向刘邦表示,从此以后想学习"辟谷"、"轻身"之术,抛弃人间世事,不食人间烟火,以求修道成仙。此后,张良便不再过问政事。"辟谷"就是不吃饭。刘邦的夫人吕后当年就很不理解张良的行为,劝张良说:"人生那么短暂,你何苦自找罪受呢?"

以张良的智慧,他早就总结出历史的经验和教训,明白这样的历史规律:历代君王在创业打江山的时候,正是用人之际,他会认识到人才的重要性,人才在此时会得到尊重和重视，君王可以和臣下一道同甘苦共患难去打天下。然而，一旦功成名就，君主们却不能和功臣们一同分享胜利的成果，他会认为，昔日的功臣"功高盖主"，会威胁到他的王位。所以。功成名就之后，张良见好就收，倒也不失为明智之举！也正是这种超脱之举，才使得张良与众不同地获得善始善终的结局。

也有人说，张良之所以能够善终，并不是他不想继续当官，而是身体实在不行。也正是因为他虚弱的身体救了他的命。张良素来体弱多病，自从汉高祖入都关中，天下初定，他的身体便一日不如一日。于是，他只得回家养病。

当然，后来张良没有政绩也是一方面的原因。《史记》、《汉书》记载，张良后期确无功绩。因为在论功行封时，汉高祖刘邦令张良自择齐国三万户为食邑，张良辞让，谦请封始与刘邦相遇的留地，刘邦同意了，故称张良为留侯。张良辞封的理由是：他因体弱多病，后来并无功绩，所以沦为布衣，布衣得封万户、位列侯，应该满足。

因为体弱，加上没有政绩，更重要的是刘邦皇位的渐次稳固，也不需要张良了。所以他逐步从"帝者师"退居到了"帝者宾"的地位，后来退隐山林。因为山林的空气新鲜，竟然让他的身体慢慢地变好了，最后竟然得以善终，老死在山林，真可谓是因祸得福。

还有人说，是智商、情商帮张良获得了善终。一个关于黄石老人的传说，就是他的智商和情商明显高于韩信和萧何的具体表现。张良和黄石老人的相遇如同一场事先策划的传奇故事：在张良默默无闻的时候，他经常在下邳一座破败的桥上孤独漫步。一天，张良意外地看见一个仙风道骨的老者。在暗淡的月光之下，那位老人如同变戏法一样拿出了一部书："这是部奇书，掌握其要领，完全可以当帝王的老师。我料定你十年以后就会有大的发展。小伙子，好自为之吧！"最后，老人又补充道："十三年后，别忘了到济北见我，我就是谷城山下的那块黄石。"

从此，张良精研兵法，果然在十年之后找到了用武之地。刘邦为他提供了广阔的舞台。他的文弱之躯可以抵得上千军万马，在刘邦的心目中无人可以替代。

黄石老人来无影去无踪，神出鬼没，除了张良之外没有第二个目击者。可是到最后，神话却来了个现实的结尾，张良假戏真做地弄来了一块黄石作为物证，以此证明自己从前所言句句为实。虽然这是张良缺乏自信的表现，但这块黄石却巧妙地补足了张良所编造的黄石老人传说的缺憾。这块石头的出现，为张良提供了物证，同时也帮张良完成了自我神化。面对天助的神人，凡夫俗子岂可嫉妒？因而，张良得以善终。

为何很多人不喜欢寇準

寇準，北宋政治家、诗人，字平仲，华州下邽（今陕西渭南北）人。其政治才能深得宋太宗赏识。后来被大臣王钦若排挤罢相。晚年再度被起用。封莱国公。后又因大臣丁谓等陷害遭贬,远徙雷州。宋仁宗天圣元年病死于雷州。

有人说,寇準因正直而成为千古名臣。但也正是因为他过于正直,所以没人喜欢他。与其说他那是正直,用今人的话,还不如说他是"冒傻气"了。寇準就是这么一个完全不懂变通,不懂为人处世之道的人。

与他一道为官的丁谓,之所以能登上佞臣榜,仅仅因为一个人,他就是名垂青史的寇準寇大人;而其间的因缘际会,仅仅因为一件小事,那就是我们非常熟悉的"溜须"事件。

关于"溜须"事件,史书上是这么记载的:天禧三年(1019年),三起三落之后的寇準再度出山,取代王钦若成为宰相。也就在与寇準拜相的同一天,丁谓也再次升官进入中书省成为参知政事(副宰相)。二人成为同事,关系也非常亲密。寇準曾多次向担任丞相的李沆推荐丁谓,但被李沆拒绝。寇準问其原因,李沆回答说:"看他这个人啊,能使他位居人上吗?"寇準说:"像丁谓这样的人,相公能始终压抑他屈居人下吗?"然而,有一天,皇帝召开最高会议,会后,身为内阁成员的寇、丁二人都参加了宴会。宴会间,寇準的胡须上沾有一些饭粒汤水,身旁的丁谓见了,起身上前替他徐徐拂去。这一举动在同事兼好友间,自是常理也合常情。可是寇準不以为谢,反而板起了脸,冷笑着说了一句让丁谓下不了台的话:"参政,国之大臣,乃为官长拂须耶?"这就是典故"溜须拍马"中"溜须"的出处。

现在想来,寇大人说这句话,无非有两种解释:一是寇大人认为丁谓身为参政,却为他人拂羹汤,不成体统;二是寇大人装大,在地位略低于自己的同事面前充上级,意在公共场合摆谱。前者是传统的解释,结合寇大人的为人,后一种解释更切合当时的情境。假如真是不成体统的话,作为朋友,寇大人理应更低调处理,不必小题大做。

其实,说起来,丁谓也不是那种喜欢溜须拍马之辈。丁谓听了寇準的话,顿时备感尴尬,从此记恨上了寇準。在后来的权力斗争中,最终将寇準击败,把他赶到雷州。从这里可以看出,寇準的同事们都不喜欢他。

寇準虽然正直,但处事往往过激。在庙堂之上,当着皇帝的面,和同僚争吵,犹如水火,连皇帝都无法制止。争对了,皇帝高兴,嘉奖升迁;争错了,皇帝恼火,撤职远谪。一次,皇帝实在不想听寇準说话,便起身要走,结果寇準一把拉住了皇帝的龙袍,偏要皇帝听完他的话再走。皇帝无奈,只得坐下听完了他的话,只因他的话有道理,皇帝最终没有怪罪于他,但在皇帝的心里,对寇準的为人却大打了折扣。所以说,皇帝也不喜欢他。

一天,寇準和温仲舒骑马并行。有个疯子拦住寇準的马,向寇準高呼万岁。寇準的政敌张逊得知后,派人向皇帝密告,说寇準有异心。寇準以温仲舒为证人,为自己辩护。他和张逊在太宗面前激烈争吵,相互揭短,使得太宗龙颜大怒。当下撤了张逊的职,也把寇準贬到青州当知州。这是寇準在仕途上的第一次失利。当时,他才31岁。太宗深知寇準的才干和秉性,把他外放的目的,只是想让他收敛一点儿,老道一些。寇準走后,皇帝经常念及他,也常为寇準不在身边而闷闷不乐。想寇準时,就问左右的侍从:"不知寇準在青州过得怎样?"答曰:"準得善藩,当不苦也。"看来这帮下人们也不喜欢寇準。要不然,为什么当皇帝再问寇準情况时,他们猜透了太宗想重新起用寇準的心思,便落井下石地挑拨,"您老人家对寇準这么怀念,终日不忘;可他寇準在青州整日饮酒作乐,什么时候还想念您呢?"

寇準虽然才高八斗。但却不善为人处世,所以最后落得流放的结果。看来,一个人要想成就一番事业,不但本身要有才能,还需懂得天时地利人和的重要性。不然,再有才能,也会遭遇失败。

包拯有没有当过宰相

包拯,汉族,北宋庐州合肥(今属安徽)人,字希仁,天圣进士。历任权知开封府、权御史中丞、三司使等职。嘉祐六年(1061 年),任枢密副使。包拯以断狱英明刚直而著称于世。

包拯有没有当过宰相呢? 有人说,包拯曾被人称为相爷,相爷其实就是宰相、丞相,在宋朝时出现的官吏名称,相当于国务院总理的级别。也就是说,包拯是当过宰相的。

景祐四年(1037 年),包拯任天长知县,颇有政绩。任朝满后,调任知端州。回京任监察御史里行,又改监察御史,为"言事官",对处事不当、行事不法的官僚,都可以进行弹劾。为惩治贪官,庆历四年(1044 年),他向仁宗上疏《乞不用赃吏》,认为清廉是人们的表率,而天赃则是"民贼"。包拯七次上书弹劾江西转运使王逵,揭露他"心同蛇蝎",残害百姓。并严厉批评宋廷的任官制度。之后,包拯曾三次弹劾外戚张尧佐,审清妖人冷青冒充皇子的特大诈骗案,震动朝野。

嘉祐元年(1056 年)十二月,朝廷任包拯权知开封府,他于次年三月正式上任,至嘉祐三年六月离任,前后只有一年多。但在这短短的时间内,他却把号称难治的开封府,治理得井井有条。敢于惩治权贵们的不法行为,坚决抑制开封府吏的骄横之势,并能够及时惩办刁民。

由于包拯在开封府执法严明,铁面无私,敢于碰硬,贵戚宦官也不得不有所收敛,听到包拯的名字就感到害怕。老百姓们都知道包拯之名,亲切地称呼他为"包特制"。开封府广泛流传着这样的话"关节不到,有阎罗包老。"用阎罗比喻包拯的铁面无私。嘉祐六年(1061 年),包拯官至宰相。人称"包相爷"。

但是,也有人说,包拯从没真正当过宰相。传统戏中,包公经常被称为"包相爷",这只不过是人们对他的敬称而已,其实包拯从来都没有做过宰相。

在古代政治体制中,宰相制度居于核心地位,是联结政治制度各部分的中心环节。从宰相制度的兴废看,其起源甚早,而且复杂多变。其演变大致可分为五个阶段。即萌芽期、创立期、鼎盛期、调整期、衰落期。

宋朝处于宰相制度的调整期。正副宰相同设,多相并行,编制也不固定。很明显,"多相并行"的目的在于分散相权。北宋前期,中书门下的长官为正宰相,副宰相称"参知政事"。后来参知政事与正宰相基本无差别,使正宰相事权更为分散。宋太宗后,一相四参或二相二参是常事。但宰相制度无论怎样调整,皇权与相权之间的矛盾都无法得到彻底解决。因此,在宋朝,文武百官的心目中,宰相之职近于鸡肋,食之无味且有些危险,弃之却心有不甘。

也有人说,虽然包拯没有当过宰相,但他的权力与宰相相当。嘉祐六年,包拯官至枢密副使,而不是宰相。很显然,包拯担任过的最高行政职务是枢密副使,也就是枢密院的副长官。枢密院是管理军国要政的最高国务机构之一。枢密使的权力与宰相相当。因此,虽然包拯没有担任过宰相职务,但其担任的枢密副使也可称为副宰相级别的官职,被后人称为"包相爷"也不算错。

还有人说,包拯从来没有做过宰相,也没有什么权威无边的"铜铡"。他最大的官职是做到御史中丞和三司使,最后升为礼部侍郎,死后追为礼部尚书。他的长相也不是什么黑脸,倒是和他同朝为官的侍御史赵抃,因其"弹劾不避权幸,声称凛然,京师目为'铁面御史'"。也许是编戏人把赵抃的"铁面"挪给包拯了。还应指出,包拯是位"清官",但和他同时代的也先后做过御史和开封知府的吴奎、赵抃、唐介、庞籍、欧阳修等人,虽然政绩也都不比包拯差。不知为什么独有这位被欧阳修称为"天姿峭直,然素少学问,朝廷事体,或有不思"的包拯,从宋元至今在戏剧舞台乃至民间,却大显威风。经久不衰,流传千年。于是,成了千古之谜。

秦桧私通金国之谜

秦桧,字会之,南宋江宁(今江苏南京)人。中国历史上十大奸臣之一,因以"莫须有"的罪名处死岳飞而遗臭万年。北宋末年任御史中丞,与宋徽宗、钦宗一起被金人俘获。南归后,任礼部尚书,两任宰相,前后执政十九年。

有人说,秦桧虽然奸诈,但却没有私通金国。原因是,秦桧曾经说过金人的坏话。靖康元年(1126年),金兵进攻宋朝京城汴京(今河南开封)时,要求宋徽宗割让三镇:太原、中山、河间。这时身为员外郎的秦桧,提出了重要的四条意见:一是,金人贪得无厌,要割地只能给燕山一路;二是,金人狡诈,要加强守备,不可松懈;三是,召集百官详细讨论,选择正确意见写进盟书中;四是,把金朝代表安置在外面,不让他们进朝门、上殿堂。当时,北宋派秦桧和程璃作为割地代表同金人进行谈判。秦桧在谈判中坚持了上述意见，于是又升为殿中侍御史、左司谏。后来，金统治者称，如果得不到地，就进兵直取汴京。朝中百官在讨论中，范宗尹等七十人同意割地，秦桧等三十六人认为不可。由此可见，秦桧是没有私通金国的可能的。

但是，也有人说，秦桧私通金国是因为一次被俘。在宋徽宗、钦宗被俘后，女真贵族要立张邦

秦桧塑像

昌为傀儡皇帝，那时出任御史中丞一职的秦桧不发一言。御史马伸等人上书反对立张邦昌，要求秦桧也签名。秦桧起先不同意，但数十名官员先后签名了，马伸再次请秦桧签名，无奈，秦桧只得签名。因在上书者中秦桧官职较高，于是在靖康二年（1127年），金人以秦桧反对立张邦昌为由，将他捉了去，同去的还有他的妻子王氏及侍从等人。

建炎四年（1130年），金将挞懒带兵进攻淮北重镇山阳（即楚州，今江苏淮安），命秦桧同行。为什么要秦桧同行呢？从挞懒的策略看，诱以和议，内外勾结，才能致使南宋于亡国之境。这个"内"只有秦桧可用。就这样，秦桧私通金国，成了历史上的大奸臣。

私通金国后秦桧可谓坏事做绝。凡是反对过他的人，即使是平民百姓于细枝末节之处持有异议，也绝不放过。听到赵鼎死讯而叹息的人也被治罪。有人写诗送别胡铨，也遭编管。一次，秦桧举行家宴，叫戏子演戏，一个扮小官的戏子头发上的大环跌落在地。一戏子问："这是什么环?"小官说："二胜环（谐音为'二圣还'，二圣指宋徽宗、钦宗，均被金俘去）。"戏子说："你坐太师（无意中涉及秦桧，因他被称秦太师）椅，为什么把'二胜环'丢在脑后！"意思是说你坐上太师椅，就把二圣南还的事置之不理了。秦桧大怒。第二天就把戏子都关进了牢里，有的还被处死了。

秦桧还大开贿赂之门，大搞卖官之风。就是过一个生日，也要收银数十万。他积蓄的财富足可敌国，秦桧家的财产比皇帝还要多几倍。另外，他还飞扬跋扈，到处霸占别人的田产，秦桧所建的相府园宅，在他死后被拿来用做宋高宗退位当太上皇的居所德寿宫，足见其规格之高，现在德寿宫已被考古发掘。秦桧用人，尽用赃官墨吏，要是有赃污不法被举讼的，秦桧便会力保。在秦桧当权时期，朝廷财政由于秦桧集团的贪赃，陷入全面窘境，民力重困，饥死者众多。

他还摧毁国防,败坏军力。把南宋之初在与金人的长期抗战中锻炼出来的良将劲卒,尽加杀害和驱逐。由于秦桧的卖官行为,使新上任的军官根本不会治军,只会捞钱。这些人整天朝游暮宴、安富尊荣、醉生梦死,南宋初年军队的抗敌锐气,经秦桧主政二十年后,丧失殆尽。

秦桧死后,金国极为惋惜。那时,韩侂胄追夺秦桧王爵,改授其"谬丑"称号,并大举北伐,不幸战败之后被迫与金国签订了"嘉定和议"。而在和议之时,金国提出的一个重要条件,竟然是宋朝必须把秦桧"谬丑"的称号去掉。可见金国对秦桧之重视。也更加证明了,秦桧确实私通金国。

第五节　历史悬案探秘

帝王君主悬案

金顶红墙隔世绝,太液池边听秋风。从古到今,封建帝王都是你方唱罢我登场,兴于忧患,亡于战乱,中国历代王朝命运大抵如此。

绵绵数千年,在阴森的皇宫中,人类历史经历了无数次兴亡更替,旧王朝覆灭、新王朝崛起,既有喋血宫门的惊叹,也有黄袍加身的荣耀;在中国古代历史的大舞台上,曾出现过多少个粉墨登场的历史人物,或者千秋大业为人颂,或者一帝功成万骨枯。

在朝野深宫中,演绎出一幕幕人类历史上的悲剧、喜剧和闹剧,绘制了一幅幅血淋淋的历史画卷,其中有帝王统治江山平天下的王者风采,也有皇室纷争内乱、谋权篡位的血腥和倾轧;在宫廷深院外,封建帝王们的身世背后,嫡庶皇位的阴险斗争,皇帝与后妃之间的爱恨情仇,永远是后人悉数不尽、百听不厌的故事和谈资。

本节汇集了封建王朝中最具影响力的帝王代表,讲述了他们的人生轨迹、朝廷政务、后宫生活及得位根由、身死原因等,层层揭开帝王们身后留下的谜团。

大汉天子刘邦:"感龙而生"的入世神话

汉高祖刘邦,生于周赧王五十九年(公元前 256 年),沛郡丰邑(今江苏丰县)人。在秦末农民战争中因为被项羽立为汉王,所以建国国号定为"汉",定都洛阳,后迁都长安,为了和后来刘秀建都洛阳的"汉"区别,历史上称为"西汉"。

刘邦年轻时放荡不羁,鄙视儒生。称帝以后,他认为自己是马上得天下,《诗》《书》没有用处。陆贾说:"马上得之,宁可以马上治乎?"刘邦于是命陆贾著书论述秦失天下原因,以资借鉴。他命萧何重新制订律令,即"汉律九章"。刘邦晚年宠爱戚姬及其子赵王如意,疏远吕后,几次想废黜吕后所生的太子刘盈(惠帝)而立如意。但因大臣反对,只好作罢。高祖十二年,刘邦因讨伐英布叛乱,被流矢射中,其后病重不起。公元前195年4月,刘邦在长安长乐宫崩逝,葬于长陵(今陵西咸阳以东)。

关于刘邦的身世之谜,史书记载有非婚生子的结论,就是说,刘邦其实是私生子。《史记·高祖本纪》中讲到,刘邦生得仪表非凡,相貌堂堂,却不讨其父亲太公的喜欢,常被指责为"亡(无)赖",不能"治产业"。"及壮",30岁才与好友一起"学书","试为吏,为泗水亭长"。

汉高祖刘邦

当然,也有学者不赞成这一观点。他们认为,农民出身的刘邦当上皇帝后,其卑微的出身使当时许多封建贵族难以接受。为此,刘邦的部下及其后代需要神化刘邦。《史记》描述刘母怀孕的情景,正是顺应了统治阶级的需要。因此,《史记》《汉书》对刘邦出生的记载应是神话,这在古代史书中并不鲜见。

从《史记·高祖本纪》中的有关描述可以看出,为了神化刘邦的"龙种"身世,故事也多增添了几分传奇色彩。

比如水域环境("大泽"),因为龙是"水虫之神","乘于水则神立,失于水则神废"。接着刘媪"梦与神遇",暗示刘邦是受天命而生的龙种。"蛟龙于其上",表明刘邦乃"感龙而生"。东汉的王充在《论衡·奇怪篇》提及此事时,更明言龙在空中而行,刘媪感龙而孕是"吉祥之瑞,受命之征"。

汉武大帝刘彻:杀母立子秘闻

汉武帝刘彻虽然后宫佳丽成千,但是却只有6个儿子。皇后卫子夫生的儿子刘据是汉武帝的长子,被立为太子,后来被江充诬陷,迫不得已发动政变,兵败后全族被杀(说刘据本人自杀的居多)。燕王刘旦和广陵王刘胥多过失,宠姬王夫人生的齐怀王和李夫人生的昌邑王都早早薨逝了。

钩弋夫人是汉武帝的宠妃,姓赵,封为婕妤,住在钩弋宫,怀孕14个月生下刘弗陵。

汉武帝晚年欲立幼子刘弗陵为太子,但担心子少而母壮,女主"恣乱国家",就狠心杀掉了刘弗陵的母亲钩弋夫人。

公元前88年,70岁的汉武帝刘彻带着二十几岁的娇妻钩弋夫人到甘泉宫避暑。有一天,刘彻找到钩弋夫人的一个小错处,勃然大怒,下令杀之。钩弋夫人跪地求饶,汉武帝全然不为所动。钩弋夫人根本没闹明白是怎么回事,就被杀了。所谓欲立其子,先杀其母。刘弗陵 8 岁即位,即汉昭帝,追尊钩弋婕妤为皇太后。

后来,魏晋南北朝时期,北朝的皇帝一度把"立子杀母"当做了惯例。

中兴之主刘秀:光武帝因何笼络人心

刘秀是东汉王朝的开国皇帝,史称光武帝。历史上对于汉世祖光武皇帝刘秀的评价很高,说他上承天命,拨乱反正,使天下得以安定,并一心谋求国家振兴,是一位"中兴之主"。明末清初的大思想家王夫之评价光武帝"三代以下称盛治",认为"三代而下,取天下者,唯光武焉",甚至认定在夏、商、周三代以后,"唯光武允冠百王矣"。

光武帝刘秀

光武帝刘秀因何得民心,开创了光武中兴的东汉时代?

首先,刘秀善于笼络民心,赢得百姓的拥戴。据史料记载,刘秀在位期间,重视国家建设,关心民间疾苦。他先后 9 次发布命令释放奴婢,禁止残害奴婢,并多次下诏书,免罪徒为庶民。他减轻租税徭役,发放赈济,兴修水利;裁并 400 多个县,精简官吏。在统一天下后,刘秀就基本上不再用兵,对于边疆地区的少数民族也以安抚为主,化干戈为玉帛。这些措施都是深得人心的。

其次,刘秀的宽容大度是笼络人心的关键。一靠宽容平定了"叛逆之徒"的心。在公元 24 年,刘秀攻破邯郸,诛灭王郎,缴获一大批秘密文件,意外地发现有大量各州郡将与王郎勾结、毁谤刘秀的书信材料,竟然多达几千份,甚至还有数十封自己部下偷偷写给王昌的效忠信件。但刘秀并未追究其中的内奸,而是立即召集众将将全部信件烧个精光,化成灰烬。吴汉惋惜地说道:"留下这些信,就能找出隐藏的内奸。"刘秀不屑一顾地答道:"烧毁效忠信,令反侧子自安。今后不会再当内奸了。"这一举措安定了人心,也让那些曾经与王郎联合的人对刘秀心悦诚服。

二靠宽容征服了"逸民""隐士"以及不驯的人物的心。太原郡广武县有个叫周党的人,在地方上很有名望,朝廷几次征他去做官,他都不愿意。后来不得已,周党就穿着短布单衣,用树皮包着头去见朝廷大员,刘秀却亲自召见了他。周党见了刘秀,不但不通报姓名,还直接说自己就是不愿做官,刘秀也没有强迫他。后来博士范升上书,说周党在皇帝面前骄悍无礼,应治"大不敬"罪。刘秀说:"自古明王圣主都有不愿为他人做臣的人,伯夷、叔齐就不食周粟。周党不接受我的俸禄,这也是各自的志愿,赐给他40匹绸子。"

破铜马时,刘秀对来降的铜马将领厚加礼遇,并封为诸侯,这些人心存疑惧。于是,刘秀又让他们仍回原部,统领自己的军队。刘秀亲自骑马巡视各部,这些将领都感慨道:"萧王(刘秀曾被更始帝封为萧王)推赤心置腹中,安得不效死乎!"

此外,刘秀还善于笼络臣子的心,创造"君臣共和谐"。有一次,光武帝和功臣饮宴欢聚,他问道:"如果你们没碰上时局大变动,会取得什么样的成就?"邓禹首先说:"我年轻时读书求学,或许可以做个郡文学博士。"刘秀认为邓禹太谦虚,就说:"你是世家子弟,品德志向都很高尚,何愁不做个掾功曹?"马武不假思索地说:"我有勇力有胆量,可以当个守尉,专管捉拿强盗。"光武帝听了,笑着对马武说:"你只要不做贼,不被人逮住,能当上一个乡村里的亭长,那就很不错了。"大家都哈哈大笑起来,可见,刘秀与这些功臣之间的密切关系之其乐融融,清初学者王夫之发出"三代以下,君臣交尽其美,唯东汉为盛焉"的赞叹实不为过。

悲情之君刘协:"衣带诏"败露真相引同情

汉献帝刘协在历史舞台上扮演了一个令人同情的、悲情的亡国之君的角色。汉献帝刘协虽然是一国之君,但却被董卓所操纵,后来又成为了任凭曹操摆布的傀儡。刘协被曹操挟制得喘不过气来,就策划了一次反曹的行动。

但刘协势单力薄,于是,写了一道密诏缝在衣带里,赐给车骑将军国舅董承。董承回到家,从衣带的衬里之中发现了一份用鲜血写成的诏书,血诏中拜托他邀集一批忠义之士,设计殄灭曹操。于是,董承就秘密约了他的几个亲信,商量怎样除掉曹操。他们觉得自己力量不够,认为刘备是皇室的后代,一定会帮助他们,就秘密找刘备前来商量。

刘备与徐州刺史陶谦是故交。曹操又一口咬定陶谦是杀父的仇人,还亲领大军攻打徐州,把徐州地面上的彭城、傅阳、取虑、睢陵、夏丘等5个城邑杀得鸡犬不留。徐州保卫战结束之后不久,陶谦就一病不起,临死之前把徐州托付给了刘备。后来,吕布阴谋夺取徐州,与袁术夹攻刘备,迫使他投奔曹操。曹操也不计前嫌,以汉献帝的名义任命他为豫州牧。汉献帝也很喜欢他,又拜他为左将军、宜城亭侯。

从表面上看,刘备好像是曹操着意栽培的同党,但暗地里曹操却在防备着他,他派人暗中监视刘备。刘备深知曹操的性格喜怒无常,为了避免灾祸,他只是在自己园子里种菜浇水。这些行为迷惑了曹操,曹操见刘备没有什么可疑之处,也就渐渐放心了。

当董承等人把血诏出示给刘备看的时候,刘备立即表示愿意加入反曹的同盟。这就是历史上著名的"衣带诏"事件。汉献帝刘协以此试图收回皇权,但不幸的是,他失败了。

就在刘备在徐州宣布反曹的第二年春节,有人向曹操告发了汉献帝密令董承诛杀曹操的事,曹操杀死了董承和参与此事的侍郎王子服、长水校尉种辑、议郎吴硕、昭信将军吴子兰,并将他们的三族全部诛灭。接着,曹操率领武士入宫,当着汉献帝的面,用白练勒死了汉献帝钟爱的董贵人。曹操又借此杀了一大批忠于献帝的臣子,朝廷上下安排的都是他的亲信。

董贵人被曹操害死后,伏皇后内心不安,她写信给她的哥哥伏完,历数曹操罪恶,请伏完寻找机会除掉曹操。结果,信被伏家的一个仆人偷偷地献给曹操。曹操勃然大怒,进宫胁迫献帝废去伏皇后。

"衣带诏"事件的败露使汉献帝刘协付出了许多血的代价:他的岳父董承被灭了三族,董承之女董贵妃和腹中胎儿被一并诛杀;贵为皇后的伏氏及两个皇子连同伏氏的家族也成了曹操刀下之鬼。

梁武帝萧衍:四入佛门饿死内宫之谜

南北朝时期,佛教不仅在民间传播,更被当时的帝王所推崇。梁武帝萧衍夺取帝位后,励精图治,南梁初期社会获得了比较好的发展。但是这种局势并没有维持下去,梁武帝安顿好江山社稷,消除种种后患之后,很快便沉溺于佛教中不能自拔。

他下令广建寺庙,全民奉佛,并亲自主持修建了大爱敬寺、大智度寺、同泰寺等,耗费无数钱财,座座都规模宏大,极尽华丽。他还下诏优待僧尼,出巨资资助各地僧尼研习佛法、聚众讲经。不仅如此,梁武帝还身体力行、率先垂范。公元527年,萧衍舍身进入同泰寺,当了三天和尚,回宫后,下令大赦天下,并改元大通。公元529年,萧衍第二次进入同泰寺,这一次他脱下御衣袞服,在寺中沐浴洗去凡尘后穿上法衣袈裟,长住于寺中,自号三宝奴,并亲自主持法会,向五万善男信女讲解《涅经》。

萧衍执意要出家,朝中大臣十分惶恐,便一起跪于同泰寺外反复磕头,叩请皇帝还宫理政。在寺中和尚的劝请下,他才极不情愿地回到朝廷。然而萧衍极度迷恋佛教,反复四次舍身寺院。

然而,这么一个崇信佛教的皇帝,最后却饿死于内宫,不禁让人惊诧万分。

梁武帝早年无子,于是便过继侄儿萧正德为嗣子做太子。可是后来梁武帝生了个儿子,取名萧统,随即被立为太子,而侄子萧正德被改封为西丰侯。这让萧正德心里愤愤不满。加上后来梁武帝一心崇佛,荒废朝政,于是萧正德便勾结侯景发动政变,这就是所谓的"侯景之乱"。

侯景原来是东魏大将,因与政敌高欢不合从而转投梁朝。侯景本是奸诈小人,众人

梁武帝萧衍

劝阻梁武帝且不可用,而武帝执意接受侯景来投,并授他为大将军、封河南王、督河南诸军事。侯景看到皇族矛盾重重,认为有机可乘,于是同萧正德勾结起兵发动政变,答应事成之后让萧正德做皇帝。

最后叛军攻进建康城,困住宫城,又引武湖水去漫宫城。梁武帝这位和尚皇帝被困在宫里成为瓮中之鳖,被侯景囚禁于台城净居殿,不许人接近。刚开始的时候,侯景还派人送些粗茶淡饭给萧衍吃,后来连粗食也不给他送了,这时萧衍已经86岁,被囚困的时候仍然诵经念佛、斋戒不辍,由于没有足够的食物营养,便被活活饿死了。

逆天虐民隋炀帝:并非"十恶不赦"的暴君

隋炀帝杨广是隋朝第二代皇帝,也是最后一个皇帝,年号"大业"。隋炀帝在位14年,炀是唐朝给予杨广的谥号,《谥法》说:"好内远礼曰炀,去礼远众曰炀,逆天虐民曰炀。"所以,千百年来,在世人眼中,隋炀帝是一个暴君。

隋炀帝自恃国富民强,好大喜功,在他即位后不断发起战争,亲征吐谷浑、攻打高句丽;而后他又营建东都洛阳、开发运河、修筑长城,造成"天下死于役"的惨象;他几乎每年都远出巡游,大肆营造离宫掠夺地方,造成社会生产力下降……在很多人看来,隋炀帝是一个几乎集中了人类所有邪恶的大恶人:淫荡、贪婪、狡诈、阴险、自私、冷血、残暴、血腥、昏乱……他犯下了几乎人类所有能犯下的罪行:"谋兄""淫母""弑父""幽弟""逆天""虐民"……

隋炀帝杨广

然而,历史上真实的隋炀帝并非是一个十恶不赦的大暴君。从唐朝开始,就有历史学家指出所谓的隋炀帝"好色""淫逸""淫母""弑父"这些罪名,绝大多数都是由野史作者们强加在他头上的,在正史中并没有任何证据可言。有史料记载,隋炀帝本是一个文武双全、才华横溢、战功卓著,而且拥有雄才大略的勤奋敬业的君主。

杨广14岁时,同江南的大贵族之女萧氏结婚,一直到他去世。他们两人始终相敬如宾、举案齐眉,而且杨广就只有三个儿子,像这样感情专一的君主,就连历史上有名的贤君估计都比不上。

杨广登基之后,一生勤于政事。在他看来,南朝的灭亡主要原因是"江东诸帝多傅脂粉,坐深宫,不与百姓相见",因此,在他统治的14年里,除了待在宫里的4年时间之外,其余大部分时间是花在巡游的路上。

隋炀帝在位期间修建南北"大运河"，将钱塘江、长江、淮河、黄河、海河连接起来，使得"商船旅往返，船乘不绝"。加强了隋王朝对南方的军事与政治的统治，同时南北方的文化交流也得到了有力的加强。

隋炀帝创立科举制，开设进士科，以考核诗赋为主，选择"文才秀美"的人才。这种制度削弱了门阀大族世袭的特权，为选拔下层优秀知识分子提供了极好的机会，对后世产生了深远影响。

除此之外，隋炀帝还掘长堑、置关防、开驰道、筑长城、置粮仓，曳大修文治，改定典章制度。在其统治的前期，曾多次普免钱粮，连续四次大赦天下，国家的财富和人口与日俱增。

《资治通鉴》有评价说："隋氏之盛，极于此矣。"只是因为隋炀帝的半生功业很少被人所提起。以此看来，那些关于隋炀帝是十恶不赦的暴君的野史传说，就显得荒诞而不可信了。

手足残杀：玄武门之变的真相

公元 626 年，太子李建成和四皇子齐王李元吉正准备从长安城北门玄武门进宫朝见高祖李渊，不料二皇子唐王李世民带领人马赶来，射死李建成，杀死李元吉并诛杀两家老小，进而带兵进宫朝见李渊说二人谋反。李渊随即下诏改李世民为太子。这就是历史上有名的"玄武门之变"。这场兄弟相残的惨剧，牵连人命多达数百人。但是令人稀奇的是，这一血腥事实的真相却一直扑朔迷离，学者们也一直争论不休。总结学者们的观点，大概有三种说法。

一是自卫之说。秦王李世民是被逼无奈，不得已才后发制人，发动政变。史书记载，李世民在灭隋兴唐的大业中功高劳苦，显露出雄才伟略。作为太子的李建成不可能感觉不到李世民咄咄逼人的威胁，面对本来应该属于自己的皇位可能有失去的危险，李建成当然不甘心，于是一场你死我活、手足相残的争夺皇位的政治斗争爆发了，李建成和李元吉一直暗中蓄意谋害李世民。就在玄武门之变前不久，李世民到李元吉家喝酒，才喝几杯酒腹痛不止，回府之后"吐血数升"，差点死去。而李建成和李元吉此次进宫也正是为了向李渊参劾李世民。故李世民为了自卫，被迫先发制人，不得已发动政变。

二是预谋的杀兄篡位之说。李世民主动发难是蓄谋已久的，并不像史料中记载的那样。李渊诸子中，李建成是长子，按照嫡长子继承皇位的传统，当然应该以他为嗣君。高祖即位之初，也的确是立李建成为太子。李建成既然被立为太子，如果不发生意外，便可以顺利继承皇位。然而在太原起兵以后，统一全国的一系列战争中，李世民的功业远远超过了李建成，且李世民本人又气度不凡，具有远大的政治抱负，必然企图登上权力的顶峰。而李渊也曾对其许诺,若一朝得天下,必封其为太子。然事实上却是将李建成立为继位者,因此李世民怀恨在心,想自立为帝,遂发动玄武门之变。

三是李渊的暗中相助之说。明末清初的王夫之认为高祖李渊"处此难矣,非直难也,诚无以处之,智者不能为之辩,勇者不能为之决也"。认为李世民虽有篡位之心,但是得到了李渊的默许和暗中支持。李建成和李世民虽都才识俱备,但是太子李建成贪图酒色,性格懦弱寡断,李渊早有意传位于李世民。但是李建成是长子,按照封建观念,废长立幼是不合礼制的,又加之李建成早已培植了一批亲信势力,如果改立太子,必定会激起兵变。所以,为改立太子,李渊策划了这场玄武门之变。李建成和李元吉几次怂恿李渊杀了李世民,都被拒绝。这些都为李渊的暗中相助提供了佐证。

唐高宗李治:情迷武媚娘为哪般

唐高宗李治历来都被一些人看做是昏懦之君,被武则天以媚术迷惑致使李唐王朝大权旁落。事实上,高宗之所以会如此迷恋武则天,是由于他的恋母心理,使他对武则天产生了一种似母亲又似情人的感情。

唐高宗李治其母长孙皇后温柔慈祥、英明果断,然而却在李治8岁时离他而去。母亲的早逝给高宗的心灵带来了深重的创伤。之后十多年,李治对母亲的思念更深了,他在潜意识中一直在不断地寻找与母亲相似的女人,直到他遇到了武则天。

李治与武则天初遇时,还只是个年轻的太子。武则天则刚刚入宫,是太宗的才人。当时李治身边并不缺少女人,但武则天的成熟稳健以及她颇似长孙皇后的气质深深地吸引了高宗。很快,武则天就由太宗的后妃变成了高宗的情人。

到永徽年间,高宗在感业寺又见武媚娘时更是感慨万分,相对落泪。此时的武氏历经坎坷,更透露出一种成熟女人的风韵,一种颇似母亲的气息,这一切就强烈地吸引着高宗。

初登帝位的高宗,懦弱的性格使他无法驾御群臣;辅政大臣也以长辈自居,时时拿太宗的权威来压他。此时的高宗十分希望能得到母亲的支持和安慰,而武氏恰到好处的出现让高宗觉得,她就是长孙皇后。

武则天性格刚烈,又有豪气,这在她入宫之初就表现无疑。她在做太宗才人时,曾自告奋勇为太宗驯一匹名叫狮子骢的宝马。此马肥壮暴烈,无人能驯。武氏说只要给她三样东西,她就能驯服此马:"一铁鞭,二铁挝,三匕首。铁鞭击之不服,则以挝其首,又不服,则以匕首断其喉。"这种勇武刚烈的性格正是高宗所缺乏的,但又是他最需要的,这种气概给了高宗信心,使他敢去与反对者争执,甚至是去求他的舅舅辅政大臣长孙无忌。或许这就是最令高宗倾心的原因。同时,武氏又是温柔的。她侍奉高宗则是加倍地温柔体贴,使高宗感受到了如母亲般无微不至的关怀。

武则天在太宗身边服侍了12年,却未被其重视。反倒是他懦弱无能的儿子发现了这个奇女子,并对她依恋终生。是来自高宗心灵深处的对母亲的挚爱,使他发现了这个颇似母亲的女子。对高宗来说,武氏是情人,更是母亲;是妻子,更是得力的助手。有了她,高宗可以摆脱太宗的阴影,可以驾御群臣,可以开创另一个"贞观之治"。

唐中宗李显:鸩毒之死谜重重

唐中宗李显是唐高宗与武则天所生的第三子。高宗驾崩后,武则天借口李显要超封其岳父韦玄贞官爵,把才登上宝位两个月的儿子废掉,押送房州安置。直到武后晚年病重,经狄仁杰等众大臣力保,李显才从房州贬所被召回京城。

公元710年农历六月壬午夜,唐中宗李显身穿赤黄龙袍,神情郁郁,在神龙殿呆坐无聊。恍惚之间,数日不相问讯的韦皇后盈盈而来。韦皇后身着袆衣,博鬓溢彩,饰以十二花树,打扮得风情万种,异于平时。在韦皇后身后,紧随而入的是中宗与韦后所生的小女儿安乐公主。这位貌美聪明的公主也是梳着博鬓,只是头上花树比母亲少了三款。红绵衫,绿罗裙,素纱中单衣,衬得她妖妖娆娆。中宗李显本来对韦后心烦气恼,看见爱女安乐公主随母亲一起,心中柔情顿起,脸上的表情也光亮了许多。

安乐公主居左,韦皇后居右,中宗李显居中,畅言欢笑,一副夫妇情深、爱女绕膝的天伦之乐图景。很快,光禄少卿杨均和散骑常侍马秦客二人亲自托持两个秘瓷中碗,献于中宗面前。晚膳进过不久,中宗并无食欲。安乐公主一旁娇言:"父皇,这两碗汤饼是我与母后一起下厨为你而做的,还是趁热吃了吧。"

唐中宗李显

爱女发话,中宗心头一暖,想起被贬房州(今湖北房县)的二十多年,正是韦后在无数个夜晚为自己亲手做汤饼吃,才使得他因整日惊悸而抽搐的寒胃得到及时的温润。一思及此,李显顿感释然,似乎许多天来与皇后之间的不愉快顿时全消。李显端起碗,稀里呼噜,三下五除二,把一碗汤饼悉数吞入腹中。

未得把碗放下,一阵莫名其妙的巨痛在肚内涌动,中宗李显手中的碗登时滑落在地。

恰如万箭攒心,李显霎时间感到全身火灼一样。李显左右顾盼了一下,在他临死的眼中,是韦皇后冰冷无情而又没有任何表情的脸以及小女儿安乐公主略呈惊惶的眼神。

中宗李显也真是倒霉,惊悸惶恐中度过23年,刚刚登皇位5年,就被自己的皇后和亲女毒死。

毒死中宗后,韦后秘不发丧,召诸相入禁中,并征府兵五万人屯京城;同时,她又派诸韦亲戚分领诸军以及宫中禁卫军。由此,"万骑"以及其他禁军的统帅皆是韦氏一族。

本来上官婉儿与太平公主密谋,草拟中宗"遗诏",立中宗小儿子李重茂为皇太子,相王李旦参谋政事。宗楚客老奸巨猾之人,马上召韦后之兄韦温商量,改篡诏书,以相王李旦为太子太师,虚其职权。

宗楚客等人又不停劝韦后效仿武则天,革唐命,自称帝。由于相王李旦和太平公主宗属王亲,地位尊显,诸人也暗中加以准备,想除掉二人。

相王李旦唯唯诺诺之人,正因其懦弱的性格,才熬过武则天、中宗两朝。李旦自己没想过怎么办,听天由命,但其子李隆基一直愤愤不平。

李隆基时为临淄郡王,任卫尉少卿,兼潞州别驾。听闻中宗崩逝,李隆基急忙潜回京师,以观时变。在此之前,李隆基非常"有心",与"万骑"以及禁军其他部府的头领和豪杰交游、玩乐,一直深相结纳。由于禁军统领韦播等人近日常杖打鞭击"万骑"将领立威,"万骑皆怒",小队长葛福顺、陈玄礼等人纷纷找李隆基诉苦,大骂韦氏兄弟。

见众人意气可用,李隆基也打开天窗说亮话,表示要诛杀韦氏一党,以安社稷。众人闻言"皆踊跃请以死自效"。

兵部侍郎崔日用一直谄附韦氏,当他得知宗楚客等人想杀相王和太平公主,恐怕事不成而引祸上身,便先行派个和尚密告李隆基,劝临淄王先下手为强。同时,李隆基又与太平公主以及其子卫尉卿薛崇暕密谋,加紧准备起兵诛除韦氏。很快,众人相集,等待号令。

"向二鼓,天星散落如雪"。初秋时分,夜空朗彻,观此星象,众人皆讲:"天意如此,时不可失!"

于是,众人一鼓作气,分别纵马突入羽林营。御林军内各中、低级官员早有通气。大家又是战友,立刻联手,很快就斩杀了韦氏兄弟,并高举他们的首级在营中呼叫:"韦后毒杀先帝,谋倾社稷,今夜当共诛诸韦宗族,马鞭以上皆斩之,立相王以安天下。敢有怀两端助逆党者,罪及三族!"以正攻逆,大家自然听从。

起事的禁卫军很快攻克玄德门和白兽门,合兵于凌烟阁前,大呼大叫,共杀守门将,斩关而入。李隆基本人勒兵玄武门外,听见凌烟阁处兵士的欢呼声,也立刻率领羽林兵冲入。宫中诸处禁卫兵,听闻弟兄们起兵,都披甲响应。

韦后梦中惊醒，慌不择路，跑入飞骑营，立刻有眼明手快的军士迎上前，当头一刀，砍了这位母后的脑袋。"立功"之人飞身上马，驰至李隆基马前邀功。安乐公主当晚也在宫中，正照镜画眉，忽然门被踢开，还未及回过身，她在镜子里的漂亮脑瓜就被一把明晃晃的大刀从粉颈上一刀切下。

上官婉儿听说外间兵起，知道韦后一党不保，赶紧找出早已准备好的中宗"遗诏"，高执蜡烛，大开宫殿各门，率宫人跪迎起事军人。刘幽求第一个闯入，上官婉儿呈上诏书草稿，表示当初她自己本意是以相王李旦为辅政，后为宗楚客所篡改。刘幽求请示李隆基，临淄王不知为什么，深恨这位美貌才女，命人斩之于殿下。

唐肃宗李亨：子承父业之谜

唐肃宗李亨在灵武即位是唐朝中期政治史上的一件大事，一直以来颇受人们关注。玄宗的交出政权，肃宗的接受政权，在这一交接过程中，至今留有许多谜团还没有被解开。这其中人们最关心的问题是：唐玄宗李隆基真的有意传位？

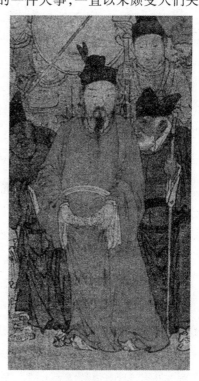

李亨是玄宗李隆基的第三个儿子。从小聪敏强记，两岁封王。玄宗废掉太子瑛之后，朝廷中以李林甫为首的多数大臣都拥护玄宗宠妃武惠妃的儿子寿王瑁为太子。但是玄宗却认为李亨年长，又听高力士的话。在他的坚持之下，李亨得以在开元二十六年（公元 738 年）入主东宫。

在马嵬驿兵变之后，玄宗一心想入蜀，然而老百姓们却"遮道请留"，希望皇帝不要离开宫阙陵寝所在之地。玄宗叫太子李亨留在后面宣慰父老，自己继续西行。百姓父老拉住太子骑的马，太子无法前行。玄宗走出了一段路，见太子不来，心中有所疑虑，无奈之下，拨给他两千人马，命他收复长安。

唐肃宗李亨

有学者认为，太子"不得行"是故意制造的假象。长期以来，太子与父皇有较深的裂缝。玄宗曾同日赐死三个皇子，太子看在眼里，心里十分恐惧。如果继续跟随父皇到蜀郡，今后太子地位能否保住是难以预料的。他采用了李辅国等人的意见，让老百姓出面遮道请留，以求得发展个人势力。

后来，李亨率众自奉天一路北上，于天宝十五年（公元 756 年）七月到达灵武。仅过三天，他就在城南即皇帝位，是为肃宗。

其实，李隆基、李亨父子于马嵬驿分道扬镳之后，李隆基并没有听任李亨一个人去平定叛乱。相反，他于入蜀途中从容布置平叛，从未忘记自己的帝王身份。玄宗到成都后的第十四天，肃宗从灵武派出使者赴蜀，向玄宗报告即位的事情。四天后，李隆基颁布了《命皇太子即皇帝位诏》，此诏其实已无任何作用。诏中，玄宗说自己尽管已是太上皇，但是肃宗在处理军国事务后必须向他奏报。此外，他还为自己保留了以"诰旨"形式处理事务的权力。这样唐朝在一段时期内形成了一个由太上皇和皇帝同为政治中心的特殊的中央政治格局。

至德二年（公元 757 年）九月，唐军收复长安，在蜀郡流浪了一年多的玄宗在肃宗的迎接下回到了长安。作为太上皇，他重新回到了兴庆宫。不久，李辅国在肃宗授意下将玄宗幽禁于西内，直至最终幽愤而死。

许多人认为，尽管史书记述了众多玄宗情愿传位的资料，但从种种疑点推断玄宗禅位并非出自他的本意。他之所以会在得知肃宗灵武即位之后，颁布《令肃宗即位诏》，其实是一种政治手腕。然而，这一切也只是推测，要真正揭开玄宗"传位"的真相，还有待学者和历史学家们提出更有力的证据。

宋太祖赵匡胤："烛影斧声"千古案

公元 976 年，宋代开国之君赵匡胤驾崩，关于太祖的死因，宋人修史讳莫如深。野史笔记偶有记载，也是众说歧异。有的说是因饮酒过度而暴死，有的说是因腹下肿疮发作而病亡，更普遍的一种看法则认为太祖之死与宋太宗有很大的关系。

《湘山野录》中说，开宝九年十月二十日，一个雪夜，赵匡胤急召他的弟弟赵光义入宫，兄弟二人在寝宫对饮。喝完酒已经是深夜了，赵匡胤用玉斧在雪地上刺，同时说"好做好做"，当夜赵光义（原赵匡义）留宿寝宫，第二天天刚刚亮，赵匡胤不明不白地死了。赵光义受遗诏，于灵前继位，史称宋太宗。

《烬余录》说，赵光义对赵匡胤的妃子花蕊夫人垂涎之久，趁赵匡胤病中昏睡不醒时半夜调戏花蕊夫人，惊醒了赵匡胤，并用玉斧砍他，但力不从心，砍了地。于是赵光义一不做二不休，杀了赵匡胤，逃回府中。

司马光的《涑水纪闻》则干脆讳言太祖死因。而关于皇位继承问题，却又自持一见。他说，太祖驾崩的那天夜里，皇后守在身边。太祖一死，她急忙派遣太祖生前得宠的宦官王继恩传呼太祖四子德芳。王继恩阳奉阴违，径自驰入开封府传召晋王光义。光义于是随王继恩雪地步行入宫。宋皇后听到继恩脚步声，忙问："德芳来了吗？"继恩答道："晋王到了。"皇后一见晋王，先是一愣，接着惊呼："我们母子之命，全托官家保护了！"晋王哭泣着说："共保富贵，不要担忧。"按照历史学家司马光的记载，宋太祖临死并没有所谓传位光义的遗诏。光义继位，纯粹出于皇室内部争夺皇位的阴谋和斗争。

按说宫廷礼仪，赵光义是不可以在宫里睡觉的，他却居然在宫里睡觉。太监、宫女不该离开皇帝，却居然都离开了。忙乱的人影、奇怪的斧声，以及赵匡胤"好做好做"的呼喊，——都告诉人们，这是一场事先策划的血腥谋杀。

宋太祖赵匡胤

近世以来，学术界大都认定宋太祖确实死于非命，但在有关具体的死因上，则有一些不同看法。如有人根据《烬余录》的记载，认为宋太祖与赵光义之间虽有较深的矛盾。但"烛影斧声"事件只是一次偶然性的突发事件。即宋太祖病重熟睡之际，赵光义趁机调戏其宠姬花蕊夫人费氏，被宋太祖发觉而怒斥之。赵光义自知无法取得皇兄的谅宥，便下了毒手。

宋太祖在位十七载，筹划一统，荡平割据，扫除五代弊政，号令征伐自天子出，奠定了两宋三百余年基业，雄视一世，功不可灭。但惜乎身亡壮年，更留下了"烛影斧声"的千古之谜，令后人可叹。

宋太宗赵炅：金匮之盟难辨真伪

宋太宗赵炅，本名赵匡义，后因避其兄宋太祖赵匡胤讳改名赵光义，即位后改名炅。

据说赵光义以弟弟的身份继承兄长的帝位，是他母亲杜太后的意见。杜太后临终时，曾对赵匡胤说："如果后周是一个年长的皇帝继位，你怎么可能有今天呢？你和光义都是我儿子，你将来把帝位传与他，国有长君，才是社稷之福啊！"赵匡胤表示同意，于是叫宰相赵普当面写成誓词，封存于金匮里，这就是所谓的"金匮预盟"。但是"金匮预盟"在初版的《太祖实录》却未见记载，在第二次编修的新录中才被提及，因而是否确有其事，仍疑点重重。

"金匮预盟"为赵光义当皇帝进行了辩护，也证明他是正当登上皇帝位置的。但是，这种说法遭到了很多人的质疑。

有许多人认为杜太后去世时，赵匡胤只有34岁，正值壮年，他的儿子德昭14岁了。即使赵匡胤几年后去世，也不会出现后周柴世宗遗下7岁孤儿、群龙无首的局面。杜太后一生贤明，怎能出此下策？况且，"金匮预盟"是赵光义登基5年后才列举证人、公布出来的，为什么不在赵匡胤死时堂堂正正公布出来呢？

关于"金匮之盟"的叙述也有多种说法。

其一，司马光在《涑水记闻》中称赵光义不在现场；真宗咸平元年（公元998年）重修的《太祖实录》说赵光义也参与顾命；王禹偁所著的《建隆遗事》则说赵光义和赵光美都一起聆听杜太后临终遗言；李焘的《续资治通鉴长编》认为，当事人只有杜太后、赵匡胤和赵普。

其二，杜太后的遗言不尽相同。《宋史·后妃传》中记载"将皇位传给你弟弟"。《涑水记闻》中记载"应当把帝位按次序传给你的两个弟弟及儿子"。《宋史·记事本末》则说"应传位给光义，再由光义传给光美，光美传给德昭"。《续资治通鉴长编》则称"你与光义皆是我亲生，应传给你弟弟"。

其三，"金匮之盟"本身又存在种种破绽。

"金匮之盟"的时间是公元961年。杜太后临终时，赵匡胤年仅35岁。德昭11岁。杜太后何以有"不用幼儿而立长君"之语？若用常理推断，赵匡胤死时，儿子必已长大成人，岂能与柴氏幼子相提并论。杜氏的言语显然说不通。

出示"金匮之盟"的时间大有问题。为什么赵普不在赵光义初即位时出示，而是在太平兴国六年（公元981年），在赵匡胤已死去5年，赵光义想要清除反对派时，赵普才出示秘密？

"金匮之盟"出示前后，赵光义对赵普的态度也值得仔细推敲。赵光义曾对人说："如果赵普还做宰相，朕不能坐皇位。"还说："赵普向来与朕有不足，众人所知。"但是，当赵普献上"金匮之盟"的厚礼，使赵光义之得位变得名正言顺后，赵光义马上改变态度，对赵普说："人谁无过，朕不待五十，已尽知四十九年非矣。从今以后，才识卿忠。"

赵光义即位之后，不过两个月，便迫不及待地改元为太平兴国元年。自古以来，新皇帝若非篡位，均以明年改元。赵光义为此付出了很大代价，他曾回顾道："即位之始，览前王令典，睹五代弊政，以其习俗既久，乃革故鼎新，别作朝廷法度。于是远近腾口，咸以为非。至于二三大臣，皆旧德耆年，亦不能无异。朕执手坚固，靡以动摇，昼夜孜孜，勤行不息。"

据《辽史·景宗本纪》记载："宋主匡胤殂，其弟炅自立。遣使来告。"何以称"自立"？这又是对"金匮之盟"的一大否定。

"金匮之盟"是否就是赵光义为巩固统治而与赵普商议的一个计谋？我们唯有从历史中去寻找答案了。

宋仁宗赵祯：狸猫换太子身世案

关于宋仁宗赵祯的身世，有一种至今流传的说法，这就是"狸猫换太子"的故事。开封府尹包拯外出巡视，一天在路上，突然被一阵怪风吹落了帽子。包公感到这风来得蹊跷，就向飞滚的帽子追去，来到一座破窑前。窑中住着一位双目失明的老妇人，衣衫破旧，面容憔悴。包公上前问候，并报出姓名。老妇人得知来者是当朝铁面无私的"包青天"时，不由得泪流满面，当下要求"为奴家伸冤"。包公仔细询问后得知，老妇人实为当今天子宋仁宗的亲生母亲、宋真宗的李宸妃。李宸妃生下皇子后，却被刘皇后运用调包计夺走。刘皇后勾结太监郭槐，买通接生婆，用剥去皮的狸猫换出皇子，诬李宸妃生下怪胎妖孽，打入冷宫加以陷害，要将李宸妃治罪。李宸妃在宫人相救下得以逃出深宫，隐姓埋名，流浪颠簸至今。

包公开始半信半疑，老妇人取出当年真宗留给她的玉佩，包公见是宫中之物，才知老妇人所言不假，可怜她身为国母，却母子不能相认。于是包公将老妇人带回京城，设计使仁宗认母，并惩办了此案的郭槐等恶人。

然而，这一故事本身就是一件大案，仁宗究竟是真宗后刘氏之子，还是妃子李氏亲生，无论是小说还是戏曲，几乎众口一词，认定仁宗是李妃所生，而非刘皇后之子。

据可靠资料记载，真宗病危时，不放心年幼的儿子，生怕皇位落入他人之手。他在寝殿召见了大臣们，宰相丁谓代表文武百官在真宗面前作出承诺，皇太子已经做好了继承大统的准备，臣等定会尽力辅佐。这实际上是向真宗保证将全力辅佐新皇帝，绝不容许有废立之心。真宗表示满意。事实上，真宗晚年，刘皇后的权势越来越大，基本上控制了朝政。真宗留下遗诏，要"皇太后权同处分军国事"，相当于让刘后掌握了最高权力。

这样，仁宗就在养母的权力阴影下一天天长大。刘太后在世时，他一直不知先皇嫔妃中的李顺容就是自己的亲生母亲。明道二年，刘太后病逝，仁宗刚刚亲政，这个秘密也就逐渐公开了。

最有可能告诉仁宗实情的，当是"八千岁"皇叔赵元俨和杨太妃。赵元俨自真宗死后，过了十余年的隐居生活，不理朝政，在仁宗亲政之际，赵元俨复出，告以真相，应该是情理之中。杨太妃自仁宗幼年时期便一直照料其饮食起居，仁宗在宫中称刘后为大娘娘，所以杨太妃说出实情也是极有可能的。

宋高宗赵构："泥马渡康王"的传说

相传北宋靖康三年，金军攻破东京汴梁后，掳徽、钦二帝北撤，将二帝幽禁于北国五国城后，随即又派四太子会翰离不南侵。会翰离不起胡兵十万，从太原进发。行至河北真定，会翰离不听闻自宋朝二帝被俘后，朝臣们推举康王赵构主持朝政，便生一计，预派人向康王下书，让他到军中议和，方肯退兵。朝臣中有一奸臣名王云，本为金国内奸，花言巧语力劝康王为社稷苍生前去议和。康王无决断便听信了王云之言，不顾其他朝臣的劝阻，命王云为副使，和他一起前去议和。

他们一行人走到相州时遇到宗正少卿宗泽。宗泽听说康王要去金营议和，知道是鸿门宴,便拦住康王劝以要害。康王方如梦初醒,赶忙调转马头就跑。会斡离不听说康王跑了,急忙率军来追。

康王马不停蹄直往南跑,直到江边,马已累死,向逃难的百姓们一打听才知道到泰兴县。因为早就听传金兵要来,县官及大部分百姓早就逃过江去了,留下了一座空城,城中有一座小寺院。寺院门前有两匹泥塑的马,看匾额名叫"圆悟堂"。康王走了进去,环顾四周,只见彩塑的佛菩萨像庄严华丽,于是撩起衣袍跪倒在佛像前暗暗祈祷,恳求佛菩萨保佑他脱此大难,日后若登大宝必定重整河山、保境安民,重修庙宇,再塑金身。

宋高宗赵构

片刻,金兵数十铁骑抢入寺来,举起火把,四下搜寻。康王忙躲于佛像身后。金兵们没搜寻到人,急忙拥出寺院上马继续追。康王安下心来,躺在佛像身后朦胧欲睡。忽然听见耳边有人大喝:"快起来上马,大王只顾快马加鞭,不要犹豫了。"康王急忙跑出寺外,只见星光下,果然有匹马打着响鼻立在台阶旁。于是抽身上马加上三鞭,疾向城外狂奔。

天未明,已至江边,只见江水滔滔,大浪拍岸,无船无渡。身后已见火把点点,耳闻马蹄嗒嗒,向江边移来。康王在生死关头,惊慌之下,提起缰绳,向马屁股上狂抽一鞭,欲跳江自尽。只见那马长嘶一声,跳入涛涛江水中,康王闭眼,只得听天由命。约过一个时辰后,人马俱已站在了江岸上。康王定下神来,一看已到了对岸,佛菩萨相助,便松了一口气,下马朝江北遥拜,再牵马时,只见马僵立不动,定睛一看,原来是泰兴圆悟堂前的一匹泥马。康王赶忙又跪下朝浑身是水的泥马拜了三拜,起身离去。

康王赵构一直逃到临安,果然即位成了皇帝,庙号高宗。后来,他还专门派人到江北泰兴县重修了圆悟堂,赐名"庆云禅寺",一直相承至今。

元太祖成吉思汗:死因有悬念

元代开创者成吉思汗是一个拥有雄图霸业的征服者,领袖毛泽东称赞其为"一代天骄"。如此伟大的征服者,留给后人最大的历史悬念就是成吉思汗到底怎么死的?

史上据明太祖朱元璋称帝后下诏修改的《元史》记载:"(公元1227年)秋七月壬午,不豫。己丑,崩于萨里川啥老徒之行宫。"这些文字看似言简意赅,实则语焉不详。

后人对成吉思汗的死因也有种种猜测。

一是"坠马说"。这一说法记载于《元史》中,是几种说法中最正统也是最为多数人所认可的。1216年秋天,成吉思汗带着夫人也遂去征讨西夏国。冬季时,在一个叫阿儿不合的地方打猎。谁知骑的红沙马被一匹野马吓惊，导致没有防备的成吉思汗坠落马下受伤，当夜就发起了高烧。此后，成吉思汗的伤病一直未好，反而加重，到1227年农历七月十二日终病死。

二是"中毒说"。这种说法来源于《马可·波罗游记》。马可·波罗是13世纪意大利商人，于1275年到达中国，和元朝有过17年的交往，在其游记日记中这样记叙：成吉思汗在进攻西夏时围攻太津（古要塞）时，膝部不幸中了西夏兵士射来的毒箭。毒箭攻心，伤势益重，一病不起。但是民间对"中毒"却有另一种说法：成吉思汗是让被俘虏的西夏王妃在陪寝时下毒致死的。

三是"被刺说"。被俘西夏王妃在陪寝的时候，趁成吉思汗放松警惕，刺死了他。这一说法源于清朝康熙元年的《蒙古源流》。

四是"雷击说"。出使蒙古的罗马教廷使节约翰·普兰诺·加宾尼在其文章透露，成吉思汗可能是被雷电击中身亡。南宋彭达雅所著《黑鞑事略》也记载："鞑人每闻雷霆，必掩耳屈身至地，若躲避状。"但是这种说法并没有直接的证据。

实际上，成吉思汗的死因确实与西夏有关。公元1226年，成吉思汗亲自率十万大军进攻西夏。公元1227年正月，蒙古军队包围了西夏都城中兴府。同年六月，成吉思汗到六盘山去避暑。西夏首都中兴府发生了强烈地震，房屋倒塌，瘟疫流行，粮食断绝，西夏国不得不向成吉思汗投降。然而，就在西夏投降后，成吉思汗却猝死在六盘山上。

明太祖朱元璋：众说纷纭帝王相

都说明太祖朱元璋的相貌异于常人，那他究竟长得什么样，迄今最全的朱元璋画像，既有宫廷的也有民间的，版本达16种之多。到底哪种版本才是朱元璋的真实面貌？这也是一个令人颇感兴趣的历史谜团。

民间有一个流传极广的朱元璋画像故事。朱元璋称帝后遍召丹青高手给自己画像。第一个进宫的画师十分认真，把像画得惟妙惟肖、栩栩如生。朱元璋看到自己丑陋的形象，顿时大怒，把画师推出去斩了。第二个画师吸取了教训，把朱元璋画得五官端正、相貌堂堂。朱元璋一看，觉得画得不是自己，自然画师又难逃一死。第三个画师揣摩出了朱元璋的心思，有意刻画出一副帝王气派，结果朱元璋看到自己满脸仁慈，一副帝王之相，龙颜大悦。于是画师获赏。这段"民间故事"真伪虽然成为历史之谜，不过从中透露出一个信息，朱元璋的相貌确实异于常人，所以朱元璋暗示画师造假的可能是存在的。

除了一两幅外，绝大部分版本都系明亡以后民间所绘，有的版本把朱元璋的皇冠绘成了秦汉制式。还有的将朱元璋的下巴画得夸张很大，如果这种长着奇怪下巴的画像真是明时之作，那只有一种解释，就是当时确实把朱元璋的奇异相貌当成帝王奇相来理解了。从历史上看，在相貌上故弄玄虚，也是帝王美化自己的一个常用小把戏。

不排除后世或朱元璋本人有意为大明开国皇帝，从相貌上寻找天意的可能。民间一直认为，朱元璋患过天花而不死，留下了一副麻脸，加上他的下巴可能稍长，额骨稍凸，时人可能觉得太丑了，御用文人则正好附会说这是帝王奇相："下辅学堂地阁朝，承浆俱满是官僚。如教中辅来相应，必坐枢庭佐舜尧。"一般地阁（下巴）饱满就是官相之人，而朱元璋地阁雄奇，贵不可测，自然是帝王的好命了。

明太祖朱元璋

明太祖朱元璋到底长得什么样，成了历史疑云。但从朱元璋的后代来看，朱标、朱棣等24个儿子，当中也没有一个人"异于常人"，也没有遗传传说中的朱元璋"大下巴"的外貌特征。从明诸帝的画像来看，也均无此长相。所以说，真实的朱元璋在相貌上很可能也是比较"标准"的。

明成祖朱棣：7岁方立名，生母是个谜

明成祖朱棣出生于元顺帝至正二十年（公元1360年），但直至元顺帝至正二十七年（公元1367年）旧历年底，朱棣7周岁时，朱元璋才为其正式取名为朱棣。朱棣不仅名字起得晚，而且其生母是谁，数百年来一直扑朔迷离。

朱棣自称是马皇后所生，是所谓的嫡子。但自永乐年间以来，各种官方史书和野史上都对明成祖朱棣的生母问题有所记载、猜测。据历代学者考证，朱棣的生母不是马皇后。有的说朱棣与周王朱楠是马皇后所生，而太子及秦王、晋王等都是庶出。有的说朱棣是达妃所生，太子与秦王、晋王则是马皇后所生。有的则说朱棣的生母是硕妃。此外，还有其他一些说法。

马皇后是濠州红巾军郭子兴的养女。元顺帝至正十二年（公元1352），郭子兴将其许配给部将朱元璋。当年朱元璋受到了郭子兴的猜忌，马氏多次从中调解周旋。明朝建立后，朱元璋册封马氏为皇后，对她十分信赖，多次听从她的意见宽免大臣过错。因此，有人将她与历史上的贤后——唐代长孙皇后相提并论。

《太祖实录》和《太宗实录》也记载朱棣为马皇后所生，后来的史籍如《明史》等正史多因循这种说法。

但是除朱棣外，马皇后亲生皇子又有着不同的解释。一种说法认为马皇后生懿文太子、秦王、晋王、燕王、周王。朱棣在夺取皇位后,让人编了一部《奉天靖难记》,为自己篡夺皇位辩解。该书开卷就标榜自己是马皇后的嫡子:"今上皇帝(指成祖朱棣),太祖高皇帝第四子。母孝慈高皇后生五子:长懿文太子,次秦王,次晋王,次今上皇帝,次周王也。"还有一种说法认为马皇后只亲生燕王,周王、懿文太子、秦王、晋王都不是马皇后亲生。其实仔细推敲起来就会发现,《太祖实录》为明成祖朱棣所修,《太宗实录》为宣宗所修,其中自然有粉饰的成分,宣称朱棣为马皇后的嫡子。

明成祖朱棣

实际上,朱棣的生母争论的焦点是明成祖到底是嫡出还是庶出,经过明史专家李晋华、吴晗等人的精细考证,朱棣非马皇后亲生而生母为妃的说法,已为大多数学者所接受。

嗜杀成性明成祖:朱棣活剐三千宫女之谜

朱棣于 1402 年夺了亲侄子的皇位,导致了几十万人战死沙场;建文帝宫中的宫人、女官、太监被杀戮几尽。他还将忠于建文帝的旧臣如方孝孺等人全部杀死,仅方孝孺一家灭"十族"就杀掉 873 人。

明成祖的徐皇后,于永乐五年(1407 年)病死。徐氏死后,朱棣一直未立皇后。后宫有一位权贤妃,美艳殊丽,能歌善舞,且善吹箫,聪慧过人,最受朱棣宠爱。不料永乐八年(1410 年),权氏随朱棣率兵北征,死于归途。朱棣正为失去宠妃而悲伤之际,有宫女揭发说权氏是被吕妃串通太监和银匠用砒霜毒死的。朱棣大怒,即下令将被告下毒的太监、银匠处死,对吕氏则采用酷刑,用烙铁烙死。受吕氏牵连而被杀者达数百人。

揭发吕氏毒死权妃的人,史书称其为"贾吕"。永乐十八年(1420 年),朱棣准备立为皇后的宠妃王氏暴死,而恰于此时,皇宫内又有人告发贾吕、鱼氏与宦者"通奸"。朱棣勃然大怒。贾吕、鱼氏惧祸,上吊自杀。朱棣并不罢休,又兴株连之法,拘捕与贾吕亲近的宫婢。宫婢受了酷刑,竟诬服称后宫有人要谋害皇帝。这一口供,激起朱棣嗜杀本性。牵扯自承"谋逆"的宫婢侍女,竟然达近三千人之多。

朱棣下令将这些宫女全部处以剐刑,即凌迟处死。此刑主要用来处死"谋大逆""谋反"等政治犯。行刑时,朱棣亲临监刑,甚至亲自操刀,残杀宫女。朱棣还令画工画了一张贾吕与宦官相拥图,遍示内宫,羞辱无辜的宫女。

《李朝实录》记载,朱棣大肆屠杀宫女之际,适有宫殿被雷电击毁,但朱棣"不 以为戒,恣行诛戮,无异平日"。

公元1424年,朱棣第五次出兵大漠,死于北征回师途中的榆木川(今内蒙古乌珠穆沁)。大内以三十余宫女生殉朱棣。

明神宗朱翊钧:20年"君王从此不早朝"探因

明神宗万历皇帝朱翊钧在位48年,是明代皇帝中在位时间最长的一位。可是,其间从万历皇帝主持朝政十四年至此后的二十年里,却不理朝政,不郊、不庙、不朝、不见、不批、不讲。作为一个帝王,上朝理政是分内之事,为什么万历皇帝二十年不理朝政呢?普遍说法认为,万历是因为立太子之事与内阁争执而不理朝政的。

万历皇帝16岁的时候,太后、大臣们便给他选择王氏和刘氏作为皇后、昭妃,然而叛逆的万历根本不喜欢这样强加的婚姻,更不喜欢皇后和昭妃,于是对这两个妻子十分冷淡。

万历20岁时,偶然临幸一王姓宫女,后得长子朱常洛。在当时,正宫皇后没有生出嫡长子的情况下,按惯例朱常洛应该立为太子。可是后来,万历遇到了自己心中的红颜知己,一生最爱的女人郑贵妃。郑氏本是一个宫女,因容貌秀美,机智聪明,深得皇帝的喜爱,很快被封为贵妃。两人相互封为知己,朝夕相伴,简直一刻也不能分离。四年后,郑贵妃生下皇三子朱常洵。万历皇帝爱屋及乌,对刚出生的孩子表现了极大的宠爱,直接将郑贵妃晋封为皇贵妃,地位仅次于皇后。与此同时想将朱常洵立为太子。

万历这一想法遭到群臣的反对,大家认为废长立幼是不合宗法礼制的,为了社稷,坚持要立皇长子为太子。群臣的反对令万历招架不迭,只好极力镇压。于是把户科给事姜应麟等强烈反对的大臣都贬了官、问了罪。后来慈圣太后知道了便对其进行质问。于是万历就将册立太子的事推迟,采取"拖"的方法。

为立太子的事情,万历和他的全体朝臣相对抗,谁也压服不了谁。这让万历大伤脑筋,也大为恼火。后来万历采取不上朝的方法,同他的大臣们消极对抗。

直到万历二十九年,万历怕自己一旦殡天,朝纲大乱,再加上其他一些原因,于是不得不册立朱常洛为太子,这场旷日持久的"国本"之争终于结束了。

明崇祯皇帝:自缢死地有疑问

明末农民起义,李自成率领农民军攻入北京后,崇祯皇帝朱由检仓皇出逃,在煤山(今景山)东麓的一棵槐树上自缢身亡。这或许是大多数人在历史教科书上所学到的知识,但是关于崇祯的死,历来众说纷纭,疑团不少。

有人认为崇祯自缢于巾帽局。《甲申传信录》卷一记载:"上怆惧还宫,易袍履,与承恩走万寿山,至巾帽局,自缢。"崇祯刚愎自用,他的性格决定了他不会轻易投降,也不会轻易去死。于是在京城旦夕可破的情况下,他取太监衣帽化妆后企图逃跑,却因守门士兵不知他是皇帝而被阻拦。逃跑不成,崇祯在太监的陪同下来到了巾帽局。李自成攻城之后,崇祯看大势已去,这才自缢而死。

有人认为他自缢于今北海白塔山。《明孝北略》卷二十记载:"手携王承恩,入内苑,人皆莫知,上登万岁山之寿皇亭……太监王承恩对面缢死。""万岁山,金人名琼花岛,元至元四年筑宫城,山适在禁中,遂赐今名。"显然认为崇祯自缢于今北海的白塔山。

还有人认为崇祯自缢于西山。《明亡述略》中记载:"丁未,内城陷,帝崩于西山。"

红学专家俞平伯则认为,崇祯死在管园人居住的小屋里的椽子下。崇祯"爬上煤山查看了外国来的大炮。他又给李自成写了血书,要求他不要压迫老百姓,不要再用那些不忠的官僚,然后就在管园人住的小屋里的椽子上上吊自缢了。"

《明季北略》记载,崇祯是自缢在海棠树上。当时皇城内,海棠在巾帽局附近的回龙观最盛。"回龙观多海棠,旁有六角亭,每花发时,上临幸焉",可见明代皇帝对这一带很熟悉,崇祯逃至此自缢也较为可信。

所以至此,认为崇祯皇帝吊死煤山是较为合理可信的,但是具体自缢于何处,目前尚无定论。

清太祖皇太极:争权篡位还是推举得汗

关于皇太极是如何继位的问题,有不同的说法。

一些明清史专家认为,皇太极汗位是从其幼弟多尔衮手中篡夺来的。清人蒋良骐的《东华录》顺治八年(1651)二月己亥诏内载,多尔衮声称"太宗文皇帝(皇太极)之位原系夺立",暗示皇太极篡夺汗位。据说,努尔哈赤生前已立多尔衮为嗣子,而皇太极用阴谋狡诈的手段从其幼弟手中夺取了汗位,为去除篡位障碍,还逼迫多尔衮生母大妃纳喇氏死殉。

此说受到一些人怀疑,当时多尔衮才15岁,既无功业,亦无威望,故不可能立多尔衮为嗣。皇太极即位后,对多尔衮"特加爱重",大力培养提拔,多尔衮对皇太极的恩育万分感念,尽心尽力辅佐皇太极,勋劳卓著,成为皇太极最得力的助手。皇太极与多尔衮兄弟感情较好,皇太极对多尔衮干下篡位、杀母的勾当是不太可能的。

清太祖皇太极

有的则认为,皇太极的汗位是通过激烈争斗,力克竞争对手而得到的。努尔哈赤死后,皇太极与诸贝勒争夺汗位的斗争白热化,最后皇太极击败对手自立为汗。其间,皇太极与代善的争斗尤为激烈,代善有勋绩、有声望也有势力,长期以来一直是汗位的有力竞争者,皇太极抓住一切机会打击代善,如利用代善与大妃纳喇氏的暧昧关系,推波助澜,借助舆论,促使努尔哈赤罢黜大妃,代善威望遭受损害。努尔哈赤死后,又逼大妃死殉,削弱代善的势力,最后压服代善,夺取汗位。

还有学者认为,皇太极汗位并非夺立的,而是由诸贝勒推举产生的。太祖努尔哈赤生前未立嗣子,而是确立了八和硕贝勒共治国政的制度,为汗者须请贝勒推举产生的。当时诸贝勒中,数皇太极实力最强,努尔哈赤死去当天,代善长子劝代善说:"四大贝勒(皇太极)才德冠世,深契先帝圣心,众皆悦服,当速继大位。"代善表示同意。次日,在诸贝勒大臣聚于朝时,代善提议举皇太极为汗,诸贝勒"皆喜曰善。议遂定,乃合词请上即位"。

按当时情况,民主推举皇太极为汗还是有可能的。因为在政治识见、军事才能和个人威望上,皇太极都高出诸贝勒一筹,推举才能卓著的皇太极即位是不足为怪的。

明熹宗天启六年(公元1626年),爱新觉罗·皇太极在诸多贝勒的商议下,被一致推举、拥戴为皇位继承人。35岁的爱新觉罗·皇太极在这一年的九月初一正式登上后金的汗位,并决定第二年改元为"天聪"。清太宗天聪十年(公元1636年)四月十一日,爱新觉罗·皇太极将国号改为"大清",正式称帝,并改元为"崇德",女真也改为满洲。爱新觉罗·皇太极成为了大清王朝的第一个皇帝。

皇太极之死:被刺遇害还是圣躬违和

皇太极的死一直都是一个疑点。有关的清代官修史书几乎都记载说皇太极死时是"无疾而终"。皇太极从小身体很好,中年以后身体发福,有些偏胖。官方史书从未记载过他有任何病史。

后世野史说皇太极是被多尔衮或多尔衮与庄妃合谋害死的,袁承志亲眼见到皇太极赶到庄妃的寝宫,被正在和庄妃幽会来不及逃走的多尔衮行刺而死。凭什么这样说呢?不过是因为"大妃阿巴亥之死""孝庄下嫁多尔衮"两件谜案。

皇太极死时,顺治年幼,皇太极的几个兄弟手握兵权对皇位虎视眈眈。孝庄皇后为了保全顺治的皇位下嫁给实力最强的多尔衮,并封多尔衮为摄政王。得到多尔衮的帮助后,顺治的皇位得到了保证,顺利成为第一个入关进京登上帝位的满清皇帝。而多尔衮一直到死时,都没有对皇位产生不轨的念头,可以说孝庄皇后的下嫁功不可没。可见,皇太极是被多尔衮或多尔衮与庄妃合谋害死的传说是毫无根据的。

那么,皇太极真正的死因在很大程度上可能是"痰疾"。从崇德五年开始,清史的记载中屡次出现"圣躬违和"或"圣躬不豫"的字样。崇德五年农历七月廿七日,皇太极第一次"圣躬违和",到安山(今鞍山)温泉疗养。崇德六年农历八月,松山大战前夕,明十三万大军来势汹汹,前线告急。皇太极调集各路人马,决定亲自前往前线坐镇指挥。本来定于农历八月十一日出发,不巧他患上鼻衄(即鼻出血),血流不止,不得不将出发的日期一拖再拖。八月十四日,出血仍未缓解,而前线军情告急。皇太极抱病出征,一路急行,三天后,病情才有好转。

皇太极这次病得相当重,不但用大赦的方式向天祈求康复,而且都察院的官员们还上疏建议:皇上不必事必躬亲,可让各旗、六部诸大臣处理一些日常事务,至军国大事再向皇太极奏闻,以减轻政事活动,得以静心休养。明显感觉力不从心的皇太极不得不同意了这份奏疏的建议,决定以后的政事由和硕郑亲王代善、和硕睿亲王多尔衮、和硕肃亲王豪格、多罗武英郡王阿济格合议处理。

通过这次变革,皇太极基本上交出了处理日常行政事务的大权。崇德八年正月初一,因皇太极"圣躬违和",免群臣的新春朝贺礼。命令和硕亲王以下副都统以上诸人前往堂子,代替自己向上天和历代祖先行礼祈祷。

清太宗崇德八年(公元 1643 年)八月九日,爱新觉罗·皇太极突发急病死于盛京(今沈阳)的清宁宫内,年仅 52 岁。爱新觉罗·皇太极去世后,他的灵柩被放在崇政殿,同年九月廿一日,被葬于昭陵(在沈阳北陵),谥号为"应天兴国弘德彰武宽温仁圣睿孝文皇帝",庙号为"太宗"。

清世祖顺治

清顺治帝:抛却帝王化为俗僧之谜

清代的顺治皇帝是传说中真正皈依佛门之人。据民间传说,顺治是因为受到精神打击,看破红尘,遂抛去帝位,遁入五台山削发为僧。

在顺治短短的一生中,他一共娶了 19 个妻妾,差不多是每年 1 个,但是最讨他欢心的,只有董鄂妃一人。在顺治眼里,董鄂妃就是他的心。

顺治出于对董鄂氏的偏爱,打算将皇位传给董鄂氏之子,可不幸此儿出生数月就夭折了。董鄂氏大受打击,同时加上皇太后雪上加霜的折磨,所以于顺治十七年八月抑郁而死,顺治痛不欲生。为哀悼董鄂妃,他 5 天不理朝政。没过多久,他又亲自给礼部下了一道圣旨,特意采用追封的方法,给董鄂妃加封谥号:孝献庄和至德宣仁温惠端敬皇后。董鄂妃死后,顺治的心也随之而去,于是遂抛去帝位,削发为僧。

顺治帝的离家出走,令清宫上下惊慌失措。他们为了不引起世人的非议,只得向外宣布:顺治皇帝驾崩。

《清史演义》《清代野史大观》等书中均有关于顺治帝因董鄂妃去世而削发出家的故事,诗人吴梅村也有暗示顺治帝出家的诗句。传说康熙亲政后,曾经以进香为借口,多次到五台山看望顺治,希望顺治能回到宫中,但是顺治不为所动。在康熙年间,两宫西狩,经过晋北,地方上无法准备供御器具,却在五台山上找到了内廷器物,这似乎又是一个顺治出家的证据。顺治一向好佛,宫中奉有木降、玉琳二禅师,印章有"尘隐道人""痴道人"等称号。他对木降曾说:"愿老和尚勿以天子视朕,当如门弟子旋庵相待。"可见他早有削发为僧的念头。一些人认为顺治出家之因是与孝惠皇后不合,所以宠爱的董鄂妃一死,他就以此为借口皈依了净土。

但是后代较多的研究者认为,顺治帝并未出家,而是病死宫中。明清史专家孟森的《世祖出家事考实》举出《东华录》等史书的记载,认为清世祖死于痘疹,没有出家。

嫡子即位话道光:爱新觉罗·旻宁入继大统之谜

清宣宗爱新觉罗·旻宁是清代唯一一位以嫡长子身份即位的皇帝。关于清宣宗爱新觉罗·旻宁的继位,史有疑案。

皇帝立储的小金匣,按清朝"家法"应放在乾清宫"正大光明"匾后面。清世宗雍正元年(公元1723年)八月十七日,清仁宗爱新觉罗·颙琰在乾清宫西暖阁,宣布实行"秘密立储"。皇帝立皇太子的御书,悬置于乾清宫"正大光明"匾额之后。在清宣宗爱新觉罗·旻宁之前,宣示传位密旨继位者,只有清高宗爱新觉罗·弘历和清仁宗爱新觉罗·颙琰。清高宗爱新觉罗·弘历内禅皇位给清仁宗爱新觉罗·颙琰,是由清高宗爱新觉罗·弘历亲自开启匣宣谕的。清仁宗爱新觉罗·颙琰在避暑山庄病逝后,本应立即派大臣急驰北京,到乾清宫取下正大光明匾后的秘密立储御书。但是,当时并没有这样做。那么秘密立储御书收藏在何处?据

清宣宗道光

包世臣所撰《戴公(均元)墓碑》文记载当时情状,御书由清仁宗爱新觉罗·颙琰随身携带。戴均元和托津督促内臣翻检皇帝遗物,最后在清仁宗爱新觉罗·颙琰近侍身边的"小金盒"里找到了传位诏书。"匣"没有放在乾清宫"正大光明"匾之后,"匣"开启时也没有储君等在场,这是违背清室"家法"的。于是,有的学者认为:"'匣'随清仁宗爱新觉

罗·颙琰带往避暑山庄的记载,实难征信。"此为历史疑云之一。

清仁宗爱新觉罗·颙琰刚断气,总管内务府大臣禧恩,建议由清宣宗爱新觉罗·旻宁继位。清仁宗嘉庆二十五年(公元1820年)七月,禧恩作为内务府大臣,随清仁宗爱新觉罗·颙琰车驾到避暑山庄。《清史稿·宗室禧恩传》记载:"仁宗崩于热河避暑山庄,事出仓猝,禧恩以内廷扈从,建议宣宗有定乱勋,当继位。枢臣托津、戴均元等犹豫。禧恩抗论,众不能夺。会得秘匣朱谕,乃偕诸臣,奉宣宗即位。"禧恩的建议没有得到军机大臣托津、戴均元等认同,这说明,奉清宣宗爱新觉罗·旻宁嗣位一事在当时似曾经过一场激烈的争论。禧恩建议清宣宗爱新觉罗·旻宁继位表明:清仁宗爱新觉罗·颙琰生前并未就嗣位之事在大臣中公布,禧恩建议时也未公启匣。所谓"公启匣,宣示御书"之说,存在矛盾,大可存疑。禧恩只是内务府大臣,按照"家法",他没有资格"建议清宣宗爱新觉罗·旻宁继位",可是他又为什么违背"家法"而这样"建议"呢?此为历史疑云之二。

综上所述可以看出,清宣宗爱新觉罗·旻宁继位,得到以禧恩为代表的宗室之建议和认同,又得到皇太后的中宫懿旨和皇弟瑞亲王爱新觉罗·绵忻的赞同,最主要是有军机大臣等开启匣的御书圣旨。旻宁继位,皇太后与瑞亲王爱新觉罗·绵忻、宗室禧恩、军机大臣等达成共识。但是,在官私记载中,前后矛盾,仍给人们留下重重迷雾。

清仁宗嘉庆二十五年(公元1802年)八月廿二日,清仁宗爱新觉罗·颙琰遗体在避暑山庄入殓,由承德运往北京。清宣宗爱新觉罗·旻宁跟随灵柩而行,并已开始处理政务。同年八月廿七日,清宣宗爱新觉罗·旻宁正式即位于太和殿,颁诏天下,成为清朝入关后的第六代皇帝。

傀儡光绪帝:密诏与阴谋之辩

清德宗光绪元年(公元1875年)正月二十日,爱新觉罗·载湉正式即位。虽名为皇帝,实为傀儡。光绪临朝亲政后,53岁的慈禧太后权势依旧,一方面限制光绪的权力,另一方面又通过隆裕皇后及太监李莲英等人暗中监视光绪帝载湉的行踪。从即位开始,光绪帝就被慈禧太后所控制,或当做争夺权利的利器,或作为显示威严的权杖。

翁同龢是朝中帝党领袖,是光绪变法维新的主要支持者。然而,在变法开始时,《明定国是》诏颁布的第五天,翁同龢突然被罢职。一些史料分析,翁同龢被逐的原因归结于慈禧,由于他支持光绪变法,慈禧视其为眼中钉,而实际的目的是借放逐翁同龢来扼制变法、迫害光绪皇帝。

而历史学家吴相湘根据《翁同龢日记》得出结论:赶走翁同龢的不是慈禧,而是光绪帝本人。

当时外界传闻翁同龢与李鸿章等人接受俄国贿赂。俄国使臣私下与李鸿章、翁同龢等人密商,答应送每人50万两银子,条件是他们保证中国向俄国借债。翁同龢心存顾忌,没有接受贿赂。但是在舆论的蛊惑下,慈禧和光绪认为翁同龢另有所谋,从此对他不再信任。

翁同龢是光绪帝的老师,光绪皇帝因甲午战败,又有青岛旅大被德俄两国分别强租,迫切感到变法图强的重要性。而翁同龢却墨守成规,这让光绪帝十分不快。翁同龢根据"西法不可不讲,圣贤义理之学尤不可忘",的基本思想为光绪起草"定国是诏",结果也没有被通过。

翁同龢的不时"发怒诘责"等迹象让光绪对他渐渐失去了宠信。戊戌年农历四月廿七日,翁同龢正准备入朝,不料被传旨"回籍,以示保全"。翁同龢觉得非常意外,随后等候在光绪退朝时向皇帝叩头,希望自己不被"回籍"。但是光绪并不理睬。据陈夔龙《梦蕉亭杂记》记载,这一谕旨有如"霹雳一声,朝野同为震骇"。

光绪皇帝推行变法、力图振兴,结果却在瀛台被困。光绪被慈禧幽禁之初,内心充满了愤懑,但最后无奈屈服。

光绪帝在清廷遭受的控制与打击,在精神与意志上受到的压制与摧残,在身心上经受的折磨,让他体弱多病,健康每况愈下。清德宗光绪三十四年(公元 1908 年)十月廿一日傍晚,38 岁的清德宗爱新觉罗·载湉在中南海瀛台涵元殿满含悲愤地离开了人间。凑巧的是,光绪驾崩的第二天,慈禧太后也死在中南海仪鸾殿内。

民间传说是慈禧太后置清德宗爱新觉罗·载湉于死地,与慈禧太后控制下的清王朝黑暗腐败密切相关。也有的史书记载,光绪帝是因病而死的。清德宗爱新觉罗·载湉究竟死于何因,也成为了一个谜。

后宫嫔妃玄案

细腰宫里露桃新,脉脉无言度几春。自古以来,帝王的后宫都是是非之地,这里既是三千佳丽云集的温柔之乡,也是胭脂水粉笼罩的血色战场。后宫中那群如花的女子,或许有显赫的家世,或许有绝美的容颜、机巧的智慧。她们为了争夺爱情,争夺荣华富贵,钩心斗角,机关算尽,爱恨情仇错综复杂,演绎出一幕幕血与火的悲剧,孳生出一桩桩荒诞离奇的丑事,既令人叹息,又发人深省。

透视皇宫的一角,在一个千百年来讲究三纲五常的国度里,在封建社会君临天下的制度严苛下,后宫女子的骄傲和心酸又怎能用一纸笔墨说得清楚?性本柔弱的女子,究竟如何一步步爬上权力的巅峰?又如何在深宫中度过她们的一生?当绝世恩宠忽然断绝,无数个如歌的青春,在万丈深宫中,又该以怎样的方式度过那些漫漫长夜?

本节展示了中国封建帝王的后宫别院之内幕,涤扫尘封千年的皇家秘史,揭示宫闱之争的残酷无情,玩味古代帝王的香艳情事。幽幽后宫深处,抒写了古代帝王以及后宫嫔妃鲜为人知的故事,再现后宫成就的专属女人的历史。

汉宫之争:吕后与戚夫人的争风风波

吕后是刘邦的正妻,名雉,字娥姁。在中国众多的皇后中,吕后算是心毒手狠、仍有心计的一个女人。在未娶吕后之前的刘邦生性顽劣,然而吕雉的父亲觉得刘邦相貌不俗,有将王之相,将来必成大器,于是将吕雉嫁给刘邦。当时乡亲们都嘲笑吕雉的父亲嫁女行为很愚蠢,等刘邦后来做了皇帝,村人才知道吕父的眼光是如何厉害。结发妻子吕雉给刘邦生了一儿一女,除了惠帝刘盈,还有鲁元公主。

吕雉好争风吃醋,在当了皇后以后做了许多狠毒的事情,把戚夫人制成"人彘"的事件,成就了她中国历史上最毒"毒妇"的骂名。

戚夫人是刘邦在与项羽争夺江山期间得到的宠妃。吕雉嫁给刘邦时已 25 岁,这在当时更属于"大龄",而戚夫人是 18 岁,是中国历史上有名的美女之一。年龄上的差距让吕雉觉得自己年老色衰敌不过戚夫人。于是,两人分别当了刘邦的皇后和宠妃后,就开始明争暗斗起来。最初戚夫人占上风,戚夫人长得漂亮,善歌舞,备受刘邦宠爱。刘邦每次外出都由戚夫人陪侍,而把吕后丢在后宫。渐渐地,刘邦与吕后之间的情感就疏远起来。

在立太子事件上,刘邦本来已定下吕后生的儿子刘盈为太子,戚夫人却希望让自己 10 岁的儿子如意继位。刘邦不看好刘盈,觉得性格不像自己,而如意却很聪明,有自己年轻时的样子。后来,戚夫人又多次向刘邦提出立自己儿子为太子的事情,但年老的刘邦心有余而力不足了,在吕后的精心策划下,太子刘盈的势力已形成。年幼的如意被迫离开京城到三千里外的封地为王。

汉高祖刘邦死后,刘盈继位,史称惠帝。贵为太后的吕雉"恶毒妇人心"显露了出来。她第一件事情是把"情敌"戚夫人罚为奴隶,让人用钳子把她的一头秀发统统拔光,罚她去舂米劳动,限每天要舂一石,如果少半升则要打她一百棍。据《汉书》记载,自知命运不济的戚夫人悲从心中来:"子为王,母为虏,终日舂,薄暮常与死相伍,相隔三千里,谁当使告汝?"

吕后闻讯,又心生毒计,把戚夫人的儿子如意诱进京城,暗地把他毒死了。但就这样还不解恨,吕雉最后用"人彘"之刑把戚夫人活活给弄死了。后来刘盈在一间厕所里见到一具残缺不全、惨不忍睹的肢体,便问太监这是什么,一听是戚夫人,也差点被吓晕了。原来,吕雉对戚夫人下了毒手,施了酷刑后,又给她硬灌了药,让她听不见,不能语,半死不活地扔到了厕所里。

女人善妒:王娡、栗姬争宠玩心计

王娡和栗姬都是西汉景帝刘启的妃子,但两人的地位却有很大不同,当时栗姬的地位要比王娡高。栗姬貌美如花，景帝对她宠爱有加，她的儿子刘荣也被立为太子。而王娡的儿子刘彘（刘彻）当时仅仅是个胶东王。所以，王娡在和栗姬的较量中，一开始就处于不利地位，然而，这位外表谦和的女人却一步步登上了皇后的宝座，并让其子取代太子刘荣最终成为皇帝。

栗姬是齐国人，天生丽质，但心骄气傲，心胸过于狭窄。在争权夺利、钩心斗角的复杂后宫之中，难免遭人嫉恨。

王娡也是出身名门之后，最初嫁给金王孙为妻，后来被生母送进了太子宫。不久，王娡就得到了太子刘启的宠爱，被封为汉宫的"王美人"。

王美人入宫后给刘启生下4个孩子，分别被封为平阳公主、南宫公主和隆虑公主，而龙胎就是后来威名远播的汉武帝刘彻。刘彻生于长安未央宫的猗兰殿，初名刘彘。刘彘从小聪明过人，很讨景帝的欢心。

景帝的皇后薄氏没有儿子，所以在刘彻4岁的时候，栗姬的大儿子刘荣被立为太子，刘彻被封为胶东王。

王美人在太子宫内深得宠爱，过着穿金戴银、吃穿不愁的生活，原本她已经很满足了。但随着刘启登上皇位，对着后宫争相献宠的佳丽，她满足的心底也渐渐生出了一丝盼望。

王美人自从生了刘彘之后，更加谦恭温顺，广结善缘，处处小心谨慎，从不把内心的得意写在脸上。景帝登基第二年的秋天，匈奴遣使和亲，景帝只好与妃嫔们商议，从自己的女儿中选出一位嫁到匈奴和亲。嫔妃们自然舍不得自己的女儿远嫁到偏远的大漠，只有王美人表示愿意让自己所生的南宫公主与隆虑公主前去和亲。王美人深明大义的举动让景帝对其更加宠爱。

窦太后的爱女馆陶长公主是个相当有分量的人物。长公主想把自己的女儿陈阿娇许给太子刘荣，于是派人向刘荣的母亲栗姬提亲。可是，窦太后宠爱长公主早就让栗姬嫉妒眼红，于是栗姬一口回绝了这门亲事。长公主遂与栗妃结下冤仇，心存报复之念。

此时的王美人很善于把握时机，她趁长公主向栗妃求亲未果恼羞成怒之际主动示好。长公主转念把自己的女儿嫁给了王娡的儿子刘彘，精于世故的王美人自然不会放弃这个机会，欣然接受了长公主的提亲。这样既替馆陶长公主挽回了面子，又替自己的儿子找到了一个政治靠山。

后来，长公主经常向景帝进谗，诬陷栗姬，说栗妃崇信邪术，没有容人之量，日夜诅咒其他妃嫔，景帝听后对栗妃厌恶起来。有一天，景帝对栗妃说："我百年后，后宫诸妃皆已生子，你应善待她们，千万别忘记了。"谁知栗妃脸有怒色，不发一言。待了多时，仍然无语。景帝不禁暗中叹气，便决意废去栗妃。

此后，长公主每每趁与景帝闲聊的机会就不停地夸奖刘彻如何聪毅仁孝，若立为太子必能继承大统。景帝也有点儿动了心，但决心还没有下定。王美人知道景帝这时候正在生栗妃的气，于是暗地里派人指示大行（礼官）上奏景帝说："子以母贵，母以子贵，今太子母无号，宜立为皇后。"正在气头上的景帝被这不合时宜的话一激，不但诛杀了大行，而且废太子刘荣为临江王。栗妃从此彻底失宠，被贬入冷宫，不久因怨愤一病而亡。

得宠的王娡顺理成章被立为皇后，她的儿子刘彻被立为太子，兄长王信被封为盖侯。自此，这场双方实力悬殊的后宫争斗以强者栗姬母子的败亡、弱者王娡的胜利而告终。

壬寅宫变：乾清宫里的骇人之举

明朝皇帝的寝宫是紫禁城内的乾清宫。嘉靖年间，乾清宫暖阁特殊的空间设置增强了皇上的安全性。然而，那些守在皇帝身边的宫女却干出了惊天动地的大事，这就是历史上的"壬寅宫变"。

"壬寅宫变"发生在嘉靖壬寅年（嘉靖二十一年，公元1542年）。当时史料曾有如下记载：

嘉靖二十一年十月廿一日凌晨，十几个宫女决定趁朱厚熜熟睡时把他勒死。先是杨玉香把一条粗绳递给苏川药，这条粗绳是用从仪仗上取下来的丝花绳搓成的，川药又将拴绳套递给杨金英。邢翠莲把黄绫抹布递给姚淑皋，姚淑皋蒙住朱厚熜的脸，紧紧地掐住他的脖子。邢翠莲按住他的前胸，王槐香按住他的上身，苏川药和关梅秀分把左右手。刘妙莲、陈菊花分别按着两腿。待杨金英拴上绳套，姚淑皋和关梅秀两人便用力去拉绳套。眼看她们就要得手，绳套却被杨金英拴成了死结，最终才没有将这位万岁爷送上绝路。宫女张金莲见势不好，连忙跑出去报告方皇后。前来解救的方皇后也被姚淑皋打了一拳。王秀兰叫陈菊花吹灭灯，后来又被总牌陈芙蓉点上了，徐秋花、郑金香又把灯扑灭。这时管事的被陈芙蓉叫来了，这些宫女才被捉住。朱厚熜虽没有被勒断气，但由于惊吓过度，一直昏迷着，好久才醒来。

事后，司礼监对她们进行了多次的严刑拷打、逼供，但供招均与杨金英相同。最终司礼监得出："杨金英等同谋弑逆。张金莲、徐秋花等将灯扑灭，都参与其中，一并处罚。"

从司礼监的题本中可知，朱厚熜后来下了道圣旨："这群逆婢，并曹氏、王氏合谋弑于卧所，凶恶悖乱，罪及当死，你们既已打问明白，不分首从，都依律凌迟处死。其族属，如参与其中，逐一查出，着锦衣卫拿送法司，依律处决，没收其财产，收入国库。陈芙蓉虽系逆婢，阻拦免究。钦此钦遵。"刑部等衙门领了皇命，就赶紧去执行了。有个回奏记录了后来的回执情况："臣等奉了圣旨，随即会同锦衣卫掌卫事、左都督陈寅等，捆绑案犯赴市曹，依律将其一一凌迟处死，尸枭首示众，并将黄花绳黄绫抹布封收官库。然后继续捉拿各犯亲属，到时均依法处决。"圣旨中提到了曹氏、王氏，曹氏、王氏是谁呢？据人考证，她们是宁嫔王氏和端妃曹氏,因此,有人根据这道圣旨得出结论,是曹氏、王氏指使发动了这场宫廷政变。

然而有人则认为不然,认为如果主谋是曹氏和王氏,那么史料上应该记载宁嫔王氏和端妃曹氏的情况,而在以上所述的行刑过程当中,却从未见到过对曹氏和王氏的处置的描述,因此主谋是谁尚不能断定。

"深闺燕闲,不过衔昭阳日影之怨",是明末历史家谈迁对此案的看法,但事实究竟如何,无人知晓,因此此事又成为一桩宫闱之谜。

权倾后宫:赵氏姐妹同侍汉成帝之谜

赵飞燕本是阳阿公主府邸的一位舞女,汉成帝刘骜在一次微服出游之际,在与阳阿公主的宴席上初次见识了这位美人的风采。

在用歌舞给酒宴助兴时,汉成帝从舞女群中看到了一个与众不同的窈窕美人。不但舞姿宛若天外飞仙,容貌更是艳质卓绝。刘骜不禁为之心动,宴席之后便将赵飞燕带回了皇宫,不久升为"婕妤",爵比列侯。

赵飞燕如同一只轻捷的燕子飞入了汉宫,使汉成帝身边所有的女姬男宠都失去了颜色。由于赵飞燕的获宠,赵氏一门大得荣光。然而,在外戚势力逐渐膨胀的西汉中后期,勋戚霍氏、许氏、王氏等先后秉掌朝政,人少族微的赵氏根本无法与之相比。因而,飞燕的后宫专宠并没有对朝政产生多大影响。入宫不久,她又把妹妹赵合德推荐给汉成帝,通过妹妹并宠做保障,弥补家族势力的不足。

赵合德不仅姿容出色,而且性情温柔,她不同于姐姐赵飞燕的飘然若仙,而是体态盈满丰润,肌肤胜雪,别有一番韵味。汉成帝又渐渐把心思移到她身上。赵合德入宫数日,也被封为婕妤。

这样两姐妹轮流承欢侍宴。原先被皇帝宠爱有加的许皇后与班婕妤,此时备受冷落。

赵氏姐妹大为得宠,野心也就随之水涨船高,不再满足于仅仅是宠妃的地位,又盯上了皇后的宝座。这时,汉成帝的许皇后已经失宠多年,满腹怨恨,就和姐姐许谒一起请巫祝设坛祈禳,企盼皇帝回心转意。赵氏姐妹本来就关注着皇后的一举一动,知道了这件事,当然不肯放过,就在皇帝和太后面前诬告许皇后阴谋用"巫蛊"来加害皇帝。许皇后背上这个罪名,不久被废,最后自杀而死。

赵氏姐妹还想把班婕妤也牵连进来。但班婕妤是有名的贤德才女,汉成帝不相信她会参加这种事情,就亲自前去讯问。班婕妤从容地回答:"这样的事,妾非但不敢为,也是不屑为。"成帝听她说得坦白,不仅没有治她的罪,还赐给她黄金百斤。之后班婕妤主动要求到长信宫侍奉太后,远离是非之地,以求避祸,在闲暇时作诗赋以自伤悼。班婕妤在移居长信宫之后,就再也没有见过汉成帝,直到汉成帝死后,才以先帝嫔妃的身份前往守陵,5 年后郁郁而终。

永始元年,赵飞燕终于被册立为皇后,赵合德也被封为昭仪,两人并得宠幸,同侍汉成帝一人,权倾后宫,共荣共宠近 10 年。

贞观嫔妃徐惠:为何为"情敌"武则天牵线搭桥

唐朝贞观年间的后宫有一位不仅不争宠夺爱,反而为情敌走上龙床牵线搭桥的后宫嫔妃,她就是曾名动江南的一代才女的徐惠,而那位情敌则是一代女皇武则天。

徐惠生于浙江湖州,自幼聪慧过人,4 岁熟读《四书》《五经》,8 岁出口成诗,而且辞致清丽,颇有水准。从此,徐惠的才气和名气一传十、十传百,直至传进皇宫。李世民一道圣旨召为才人,将一代才女揽入怀中。这时的徐惠才不过 11 岁。

入宫后,宫中的藏书让求知欲极旺的徐惠得以机会遍览群书,拥有了更高的才学和见识。看到徐惠如此好学,李世民十分高兴,不久就把她由最末等的才人晋迁为九嫔中的第八级充容。而徐惠也给李世民带来了许多的快乐。有一次,李世民派人叫徐惠来见自己,结果徐惠迟迟不来,令皇帝大为不悦。当徐惠姗姗而来的时候,马上发现了丈夫的不快,但她只是嫣然一笑,挥笔写了一首诗给丈夫消气。李世民读完之后,哈哈大笑,怒气一下子全消失了。

除文学造诣外,徐惠在政事上也颇有眼光。李世民统治后期好大喜功,多次兴兵攻打高丽,劳民伤财,民间因此怨声载道。徐惠多次想劝谏他,都忍住了,后来终于在贞观二十二年的时候再也看不下去,就认真写了一份奏疏交给李世民,明确指出"地广者,非长安之术;人劳者,为易乱之符"。希望李世民能够多加节俭,休兵罢战,还百姓以安宁。李世民读完后有所省悟,对徐惠重重奖赏了一番。

徐惠对李世民无疑是倾心相随,然而,徐惠对李世民的挚爱有时达到过火的程度,尤其在李世民对待后宫嫔妃的宠幸上,徐惠更是展现出她胸怀若谷的雍容大度。武则天之所以能走上李世民的龙床,就是由于徐惠的牵线搭桥。

武则天是与徐惠同时进宫的宫女,当徐惠被御封为才人的时候,武则天还没有见到李世民。机敏过人的武则天便想了个主意,她要和徐惠拜姐妹,通过徐惠来接近李世民。

于是,武则天千方百计讨好徐惠,常常以向徐惠请教问题为由到她的卧房。这样一来二去,两人就熟悉了。武则天见时机已成熟,便向徐惠提出拜姐妹之事,徐惠不假思索慨然答应。当天晚上,两人燃香结拜,并互立誓言,如果双方谁先被皇上宠幸,谁就提携对方,使两人同时在皇帝身边,互相照应,永远不分离。

后来,徐惠在为李世民侍寝时,就有意为武则天牵线搭桥。李世民当然十分相信这位江南才女推荐的人选,便同意让武则天侍寝一夜。就这样,武则天得以顺利走上李世民的寝宫。

人间尤物萧皇后：历经五位君王的传奇人生

萧皇后是一位传奇女子。她自 13 岁做了晋王妃后，便开始身不由己地更换着自己的身份。最初成为隋炀帝杨广的皇后，后来做了护卫校尉宇文化及的淑妃。命运辗转中又做了窦建德的小妾，以及两代突厥藩王的妃子，最后又被封为唐太宗李世民的昭容，历经五位君王的经历可谓前无古人。

萧皇后是南朝梁明帝的女儿，天生丽质，娇媚迷人。她出生时，当时著名的占卜奇人袁天纲曾为她的相貌而惊奇不已，仔细推算了她的生辰八字，最后得出了八个字的结论——"母仪天下，命带桃花。"而萧皇后以后的人生经历似乎也恰好印证了这八个字。

萧皇后 9 岁被选入宫，因为当时年纪小，接入宫中后并未与杨广马上成婚，而是读书、作文、绘画、弹筝。在开皇十三年杨广入朝时，他和萧氏女完成了婚事。此时杨广 25 岁，新娘萧氏女 13 岁。

太子杨广即位为隋炀帝，萧妃自然也就升为了皇后，这时杨广是 36 岁，萧皇后 24 岁。

登上皇位的隋炀帝，仍然未改贪欢好色的本性，从萧皇后转移到了宣华夫人身上，之后又一心征选新的美女入宫。然而这一切萧皇后都视若无睹，采取了忍让大度的举措以求保全自己。

她曾作了一篇"述志赋"，婉转地劝规皇夫有所节制、用心国政，但却毫无效果可言。

海山殿的护卫校尉宇文化及年轻英俊，早就被这位美丽而孤独的皇后迷住了，但碍于她的身份，不敢妄动。此时已年过 30 的萧皇后遇上宇文化及，霎时撞出了闪亮的火花。后来在隋炀帝开凿江南运河期间，天下大乱。太原留守李渊攻下长安；宇文化及与兄长宇文智及在扬州起兵造反，率兵进入离宫，缢杀了隋炀帝。萧皇后无可奈何地成为了宇文化及的偏房。

宇文化及醉心于美人萧皇后的缠绵之中，暂时忘了自己的政治扩张。这时，在中原一带起兵的窦建德直通江都，宇文化及抵挡不及，带着萧皇后退守魏县，并自立为许帝，改称萧皇后为淑妃。而窦建德率军一路追击，最后竟杀死了宇文化及。

取得暂时胜利的窦建德又被萧皇后的美艳姿容和高贵气质迷住了，收她为妾，在乐寿地方纵情于声色。这时北方突厥势力迅猛，大有直逼中原之势。原来远嫁给突厥可汗和亲的隋炀帝的妹妹、萧皇后的小姑义成公主，打听到萧皇后的下落，就派使者来到乐寿迎接萧皇后，窦建德不敢与突厥人正面对抗，只好乖乖地把萧皇后及皇族的人交给来使。中原的混战，丈夫及情人的相继惨死已伤透了萧皇后的心，她也愿意远走大漠，来平复自己的情绪。

突厥可汗见到萧皇后的风采，顿感天下之美都集于此女一身，当天夜里蒙古包中春情洋溢，无可奈何中，萧氏便由隋天子的皇后变成了突厥番王的爱妃。后来，番王死了，由颉利可汗继位，于是义成公主与萧皇后姑嫂两人又成了新任番王的王妃。

十年后，唐朝大将李靖大破突厥，索回了萧皇后。这时萧皇后已是48岁。萧皇后入朝时，李世民见她美眸流盼，仪态万千，完全没有按年龄而应有的老态，不禁为之心旌摇曳，心生爱怜。不久，萧皇后被唐太宗封为昭容，成了大唐天子的爱姬。

在一次盛大的宴会上，唐太宗面对奢华的场面问身旁的萧昭容："卿以为眼前场面与隋宫相比如何？"萧昭容平静地说道："陛下乃开基立业的君王，何必要与亡国之君相比呢？"唐太宗立即明白了她话中的含义，深为她的明晓事理和言语得体而折服，对她愈加敬重和疼爱。

萧皇后在唐宫中度过了18个平静的岁月，67岁时溘然而逝。李世民以皇后礼仪将萧皇后葬于杨广之陵，上谥愍皇后。

宋仁宗皇后郭氏：暴卒成永久的疑问

宋仁宗赵祯的皇后郭氏是临朝主政的刘太后（刘娥）册立为后的。被立为皇后之后，郭氏严密监视宋仁宗的行踪，使他不得亲近其他宫女妃嫔，宋仁宗心中十分愤怒，却不敢明言。

后宫中，仁宗比较宠爱尚美人和杨美人，而郭皇后却不时与她们争风吃醋。一次，郭后与尚氏同在仁宗前侍谈，没说几句，又起口角。尚氏恃宠不肯相让，并当着仁宗的面讥刺郭后，郭后气愤之极挥手打尚氏的面颊。仁宗起座拦阻，不料郭后一巴掌正打在仁宗颈脖之上，掐成两道血痕。仁宗一怒之下决定废掉郭后。

宰相吕夷简与郭皇后有隙，听说郭皇后误打宋仁宗之事，便让谏官范讽趁机进言："后立已有九年，尚无子，义当废。"吕夷简则在一旁随声附和。宋仁宗在吕夷简的游说之下，定下了废后决心。明道二年（1033年），宋仁宗颁下了诏书，说："皇后以无子愿入道观，特封其为净妃、玉京冲妙仙师，赐名清悟，别居长宁宫以养。"

郭皇后被废之后，尚、杨二美人越发得宠。真宗时的杨淑妃与内侍阎文应轮流劝说仁宗，贬逐二美人以保重龙体，于是二美人被送出后宫。次日传出诏旨：尚、杨两美人出家。九月，立大将曹彬的孙女为皇后。

后来仁宗游览御花园，见到郭后原来乘过的轿子，触景生情，黯然泪下，对废后之举颇有悔意，于是又派人告之有重召郭后回宫之意。郭氏一想到被废时的情景，顿感万分屈辱，表示若再受召回宫，必得百官立班受册方可。吕夷简、阎文应听到此消息大为吃惊，两人在仁宗面前说过郭后的许多坏话，担心郭后回宫将对自己不利。恰好郭氏得病，仁宗派阎文应带太医前去诊治，几天后，郭氏暴卒。

郭后的暴卒，当时就引起不少传言。有人怀疑是吕夷简、阎文应所害，认为二人力主废后,与郭后已势不两立,而仁宗欲召郭后回宫复位,这必定造成二人心理上的恐慌,从而采取措施将郭后害死。还有消息说,阎文应在带太医诊治郭后的过程中,故意用药引发其病,使其病体加重而亡或说是阎文应趁机进毒,致郭氏暴亡。甚至有人传言,郭后在病体加重时,阎文应就向仁宗报告郭氏病亡的消息,然后急忙用棺木收敛。当时有谏官王尧臣等人对此反常现象提出疑问,要求重新察验郭后的病历起居记录,但仁宗不同意,最后只得不了了之。

史载,仁宗得知郭氏病亡,"深悼之,追复皇后",却不加谥号,也不行附庙之礼,只葬于佛舍。至此,郭皇后之死成了一个永久的疑问。

明末移宫奇案:李选侍抗群臣"长住"乾清宫

明熹宗皇帝朱由校即位不久,发生了史上著名的移宫案。移宫案是由光宗朱常洛原来四个选侍之一李选侍引起的。

李选侍本是郑贵妃的人,郑贵妃为了讨好朱常洛送给他,并让李选侍抚养朱常洛的长子朱由校。

明神宗时,郑贵妃以侍奉明神宗朱翊为由搬进了乾清宫,而朱常洛即位后,本应搬出乾清宫的郑贵妃依然要在乾清宫居住不肯搬走,朱常洛只好住进太子宫慈庆宫内。后来不得已郑贵妃搬出乾清宫后,李选侍又随朱常洛住进了乾清宫。在光宗正妃郭妃病死、明熹宗即位时,因皇后之位空缺,李选侍就想趁此争得太后。

明光宗因服用红丸而驾崩后,身居乾清宫的李选侍得到消息后,为了控制朱由校,就要挟群臣答应封自己为皇后。大臣们都明知李选侍的用意,纷纷表示反对。在群臣的秘密谋划下,皇长子朱由校出宫至文华殿,群臣请朱由校即日登基。李选侍见控制不住皇长子朱由校,心有不甘,便以先帝有瞩为由赖在乾清宫不走。

大臣们催李选侍移宫的奏折不断,虽然李选侍声明自己受明光宗的嘱托由自己辅助朱由校,但仍无济于事。

在朱由校登基的前一天,诸臣齐聚在乾清宫外,声讨让李选侍搬出乾清宫。无可奈何的李选侍见状,只得灰溜溜地搬出宫。

然而,搬出乾清宫的李选侍并未善罢甘休,她派人四处散布谣言说,自己被大臣所逼自缢。刑部御史入宫探寻实情后,立即将情况上疏皇帝。明熹宗听说后,为了不让事情进一步扩大,就列举了李选侍的数种罪状。后经大臣杨涟上疏,指明了李选侍被逼自缢纯属谣言。上疏称,明光宗驾崩后,李选侍别有用心,想让皇帝立自己为后,并阻止群臣见皇长子的要求,居住在乾清宫不肯搬出,还揭发了她诸如谩骂大臣等罪状。

明熹宗得知移宫始末,立即免去了李选侍的封号。至此,移宫风波才告结束。

后人在评说移宫案这一事件时,认为李选侍其实是与郑贵妃集团相勾结的,真正的幕后主使是郑贵妃，而非只是李选侍单独对抗朝廷的举动。可见，移宫案背后迷雾重重。

太子公主秘案

绿釉翘角，金檐阁楼，深陷于其中，唯有压抑、彷徨与恐惧，因为里面充斥着太多的权力与欲望，里面有着太多的无奈和束缚。皇室家族的庞大，必定有着嫡亲庶子之间不同的血脉，而不同的血脉也自然产生不平衡的地位、身份和权力。因此，皇宫里的生活就如同一盘棋局，每个人都是棋盘上的一个棋子。一宫一殿，是棋盘上的权势棋格；一人一事，是左右交错的生死棋线。而深陷棋局中的人，却常常因为各种原因而孑然不知，只是被动地入局接受任人摆布的一切。

身为皇族的太子和公主们，依然摆脱不了"棋子"的命运。尽管他们生在帝王之家，有着锦衣玉食的优越，享受荣华富贵的福禄，却依然生活得苦闷、抑郁，因为在至高无上的封建王权之下，纵使皇亲国戚甚至是皇上的儿子、女儿，也不过是权力斗争的牺牲品。

"最恨生在帝王家"，是无数皇室儿孙无奈的慨叹。父不父，子不子，兄不兄，弟不弟，谁能说这不是生于帝王之家的悲剧！从掌上明珠的娇宠，到被贬他乡、赴远和亲；从出生皇族口含金，到剃度出家入佛门，帝王之家的子孙们在无奈与愤恨中不停地转换着角色，而其中的冷暖苦乐也唯有自知。

本节揭晓宫廷皇子和公主们的秘事，渴望自由，呼唤亲情、爱情，渴盼温暖，成为这些皇家儿孙不愿生在帝王家的最有力的理由。或许他们正盼望来世愿意身为一介平民，平生所求唯有自由与自在、笑揽风月、卧看红尘，才是真正的快乐。

春秋晋国太子案：骊姬作乱太子亡

骊姬是春秋时代骊戎首领的女儿，晋献公姬诡诸的王妃。骊姬貌美如花，工于心计，以美色取得了晋献公的专宠，后逐步博得晋献公的信任，参与朝政。

晋献公当太子的时候，有一妻两妾，妻未生育即病死，两妾各生一子夷吾（晋惠公）、重耳（晋文公）。但晋献公最宠爱的却是他父亲的小妾齐姜。两人乱伦生子申生。晋献公即位后立齐姜为夫人，申生为太子。后来，骊姬生了一个儿子名奚齐。少姬也生了一个儿子名卓子。从此，骊姬设谋展开一系列活动，排挤晋献公另外的几个儿子。

骊姬先从太子申生下手。她买通晋大夫梁五和关东五，让他们对晋献公说："曲沃（今山西省闻喜县东北）是晋国祖庙所在，最好派太子申生去镇守，蒲城和南北屈是边防要塞，最好派公子重耳、夷吾分别防守。"献公中计，只留下奚齐与卓子二人在身边，以伺机废立。史称"二五害晋"。

献公向骊姬表示欲废太子，以奚齐代之，而骊姬却哭着说："太子之立，诸侯皆已知之，而数将兵，百姓附之，奈何以贱妾之故废嫡立庶？君必行之，妾自杀也。"她在表面上

中外未解之谜

为太子申生说好话,背后却指使人到晋献公面前给申生进谗言,遂渐离间他们父子之间的感情。

骊姬觉得时机成熟以后,便迅回地采取行动。她假托献公梦见了申生故去的母亲,让申生赶快回曲沃的祖庙去祭祀。申生祭祀以后,把祭祀用过的酒肉礼品进奉给献公。献公当时在外游猎未归,骊姬就把酒肉留在宫中,在里边下了毒药。献公回来以后,骊姬直接把罪名加在太子申生头上。晋献公信以为真。在此情势下,申生不敢去自白,只好逃往外地。晋献公得知申生出奔,更是怒不可遏,将太子之傅杜原款处死。又派二五率兵去捉拿申生,申生身被恶名,无法洗雪,自缢而死。

骊姬随后将矛头指向二公子。此时,公子重耳、公子夷吾正在绛都。骊姬在晋献公面前进谗言,说他二人也知道太子的阴谋。两人听说后,急忙逃回自己的封地,重耳逃到了蒲城,夷吾逃到了屈城,各自促城自守。献公见二人不辞而别,以为他们果真参与太子申生的"阴谋",不久就派兵去讨伐。

晋献公派寺人披去攻打蒲城。重耳逃亡到了狄国。鲁僖公六年春天,晋献公派贾华去攻打屈城。夷吾坚守不住,准备逃往狄国,但在却芮的劝说下去了梁国。

这次事件的结果,是晋献公立奚齐为太子,骊姬的目的总算达到。但没过几年,晋献公病危,临终前托孤于荀息,嘱他拥立奚齐为晋国国君。晋献公一死,大夫里克、邳郑发动三公子的党羽作乱,奚齐被里克等杀死,荀息又立卓子为君,也被里克杀死,二五也皆被杀死。骊姬见大势已去,投井自杀。

公元前650年,里克迎立逃跑的公子夷吾回国即君位,为晋惠公。后来,一直到重耳重返晋国执掌大权。

秦始皇子女考证:秦二世胡亥残害手足

秦始皇有多少子女,秦始皇死后这些子女下落如何,几千年来,一直没有人能说清楚。见于史书有名可考的秦始皇子女只有长子扶苏,少子胡亥、公子高、公子将间四人。有史书说秦始皇有12个儿子,史书中还有秦始皇第10个女儿被杀的记载。

据专家考证,秦始皇共有子女33人。秦始皇的子女,除胡亥在赵高、李斯合谋下篡得皇位做了秦二世,其余32人皆死于非命。长子扶苏被篡改的遗诏赐死,胡亥称帝后,怕其兄长不满而残酷杀戮他们。史书记载的有,将"六公子戮死于杜",将十二公子杀戮于咸阳市。公子高准备逃跑,又恐家属被诛,只好上书,请求为秦始皇殉葬,胡亥准其请求,公子将间昆弟3人被迫拔剑自刎。胡亥不仅处死了他所有的哥哥,对其姐妹也不放过。史书记载,胡亥将"十公主戮死于杜"。就这样,胡亥为保住自己的皇位,残酷地杀害了自己众多的兄长姐妹。

近年来,秦陵考古的新发现,为我们提供了这方面的线索。1976午10月,在秦陵东侧上焦村附近发现了一组陪葬墓群,共17座,考古工作者发掘了其中8座。其中7座墓中各有人骨一具,5男2女。一座墓中,棺内只有一把青铜剑,未有人骨。令人不可思议的是,棺中尸骨非常零乱,有的躯体与四肢相分离,有的头骨与躯干相分离,有的头骨上有箭头,这些现象表明墓主系非正常死亡。墓中的随葬品非常丰富,计有金、银、铜、铁、陶、玉、蚌、贝、骨、漆器及丝绸残片二百余件,这种规格说明墓主人是有一定身份的。这些有一定身份而又遭到残酷杀害的墓主都葬在陵园附近,说明他们必然与陵园陪葬有关。这就使人自然联想到被残酷杀害的秦始皇子女。

在发掘过程中,人们在墓坑里还发现了挖墓人烤火的遗迹。这说明当时天气很冷,这与胡亥诛杀诸公子的时令相吻合。因此,专家分析,这些墓葬的主人很可能是秦始皇的儿女。在发掘中还发现了两枚私印:一枚"荣禄",出土于男性墓中;一枚印文为"阳滋",出土于女性墓中。由此推断,"荣禄"是秦始皇儿子的名字,"阳滋"是秦始皇女儿的名字。随着探索的深入,人们将取得更多的证据,秦始皇子女下落之谜有可能被彻底解开。

后赵石氏皇族太子案:灭绝人性的骨肉残杀

十六国中的后赵是羯族人石勒建立的政权。后赵第三代君主石虎是石勒的侄子。石勒亲自到当时有名望的将军郭荣家说媒,让郭荣的妹妹与石虎结为伉俪。但是,石虎不喜欢郭氏,反而对宠姬郑樱桃宠爱有加,两人便密谋把郭氏害死。很快,石虎又陆续娶了名门望族郑氏和杜氏家的女子为妻,郑氏生了儿子石邃、石遵,杜氏生了儿子石宣、石韬。

后赵延熙三年(公元334年)十月,石虎自称赵天王,改元建武,立儿子石邃为太子,把石弘废为海阳王。

太子石邃是个酒鬼暴徒,不喜欢过问政事,胡作非为。有时外出打猎几天不归;有时半夜闯进私宅奸淫人家妻妾;有时竟然兽性大发,酒席筵上将宫中美女的头砍下来,洗去血痕,放在漆盘里遍席传阅,观赏评论。石邃曾挑选美貌尼姑拉入宫中,玩够了杀死,将尸体肢解以后与牛羊肉混在一起煮着吃,或者盛在盘里遍赐左右佞臣,让他们分辨哪是人肉、哪是牛羊肉。

河间公石宣、乐安公石韬都是石邃的弟弟,石邃因为失宠而怨恨,一直想把这两个弟弟除掉。为了巩固自己的太子地位,石邃想讨石虎的欢心,暴躁的石虎对此反应漠然。石邃以太子身份总理一应政务,将大小事一律上奏石虎,石虎怒喝:"这些小事,也要进呈?"石邃于是不进奏小事,石虎又喝斥:"朝中小事,如何不进奏?"

受尽了石虎虐待的石邃自然对这个残暴的父亲恨之入骨。于是动员侍从密谋逆反,众人吓得浑身打颤,无人响应,石邃也不敢贸然行事,于是称病不上朝。石虎听说石邃病了，便派了女尚书前去观察真伪。石邃心中正没好气，他微笑着把女尚书叫到面前说话，趁其不备，一剑砍下头来。石虎正在宫中引酒作乐等候回音，结果等回来的是一颗血淋淋的人头。石虎勃然大怒，马上派人把石邃监禁起来。

不久，石虎打算父子重归于好，就下了一道赦令，召石邃到太武东堂进见。但石邃心中仍充满怨恨之气。石虎顿时大怒，马上下旨将石邃废为庶人，当天晚上又派人诛杀了石邃及其妻妾子女26人。然后，石虎又杀掉宫中石邃党羽200多人，并废石邃的母亲郑樱桃为东海王妃，另立儿子石宣为天王皇太子、石宣母亲杜氏为天王皇后。

石宣同样是个暴虐成性的人。有一次，侍中崔豹嘲笑石宣的属官孙珍眼窝深可以存尿，想不到犯了石宣的大讳，他马上派人杀了崔豹父子。

石宣很喜欢打猎。石虎的猎场派朝廷司法官看管，如果有人进入打猎，就处以死刑。石宣打猎时，命令文武官员立着或跪着围守在猎区周围，如果野兽从哪里逃出猎场，哪里的官员就得受罚；有爵位的罚下马步行一天，无爵位的则鞭打一百。有时为了一场围猎，士卒饿死、冻死的不下万人。

石宣与石韬是同母兄弟，但因为石虎偏爱石韬，石宣早就怀恨在心。一次石韬喝醉了酒，杨杯等几个石宣的心腹借梯爬进院去，杀死了石韬。石虎听说自己最心爱的儿子惨死，惊得昏倒在地，随后派石宣去临丧。石宣到了丧所，不但不哭，反而还掀开被子，慢慢欣赏血肉狼藉的尸体，然后哈哈大笑着离去。

一个叫史科的人前来向石虎告密，泄露了他听到的石宣派人杀掉石韬的密谋，石虎听了勃然大怒，立刻派人从皇后宫中把石宣捉来，关进席库，剥了衣服，反绑起来，用铁环穿透他的下巴，像牲口一样锁在库中铁柱上。石虎又命人抬来一个大木槽，把残汤剩饭全倒进槽里，让石宣饿了渴了就像牲口一样去舔，还命手下不分白天黑夜地用鞭子抽打石宣。

几天之后，后赵都城邺城北面积起了一个高高的柴堆，柴堆上立着一个大柱子，柱顶安装了辘轳。这是石虎亲自设计的处死太子石宣的刑具。刑具准备好之后，石虎带领数千人登上邺城内高台，观看行刑。石虎指挥人把石宣用梯子拉上柴堆，派石韬的两个亲信拔光他的头发，割断他的舌头，砍去他的手脚，挖去他的眼睛，剖开肚腹，弄得像石韬死时一样血肉狼藉。最后，石虎命人用绳拴住石宣的下巴，用辘轳吊到柱子顶端，四面放火。石虎看到石宣被残酷地烧死后，还不解心头之恨，又命令把尸灰分撒在路口，让万人践踏。随后，石虎又派人把石宣的妻子、随从、亲信、宦官300多人全部车裂肢解后丢到漳河里。

皇亲之争：汉代鲁元公主退婚案

刘邦称帝后，将自己与吕雉的女儿封为鲁元公主，许嫁给新继位的赵王张敖。然而就在这年冬天,刘邦在与匈奴冒顿单于的大战中受到了重创。鉴于王朝初立,国力疲惫,刘邦决定采纳大臣娄敬的主张,用"和亲"方式与匈奴化敌为友,换取休养生息的时间。于是,刘邦打上了鲁元公主的主意,逼着公主退婚转嫁到匈奴去。

吕雉得到这个消息,立即奔到刘邦面前哭求,又赶着为鲁元和张敖操办了婚事。刘邦这才罢休,将一个宗室之女作为公主嫁去和亲了事。

然而事情还没有完。当初刚从匈奴围困中脱身出来的刘邦,在返回长安的时候曾路过张敖的赵国。张敖对未来岳父毕恭毕敬,而满脑子想着悔婚的刘邦却把张敖当成奴仆使用,不但让他亲自端茶送饭,而且肆意辱骂。之后,刘邦在鲁元公主和亲一事上不得已让了吕雉一步,对女婿张敖的态度更加恶劣。一年后,刘邦再次路过赵国,张敖感激刘邦为赵国复国,又自认晚辈,倒也罢了。国相贯高却咽不下这口气,想要刺杀刘邦。

然而这个未能进行的计划不知怎么走漏了消息。刘邦大怒之下,下令把赵国君臣上下全部下狱问罪。

吕雉再一次奔到刘邦面前。然而,这次无论吕雉怎样苦苦哀求,刘邦坚决把张敖丢进了死牢。幸亏赵国国相贯高对张敖忠心耿耿、誓死不屈,没有因为酷刑而把不知情的张敖拖下水,而是"一人做事一人当",这才保住了张敖的性命。

两次都没能处理张敖,这让刘邦非常懊恼。最终,心有不甘的刘邦将女婿由赵王贬为"宣平侯"。

痛杀亲子:唐玄宗"三庶人"之谜

开元十二年,李隆基废王皇后为庶人,太子少保王守一被贬为泽州别驾,随后又被赐死。三个月后,王庶人死在冷宫之中,死因成谜。随后李隆基立即将武氏册立为"惠妃"。

武惠妃工于心计,她的最终目的并不仅止于皇后,而是想要易储。因此,在礼部尚书李林甫的挑拨下,玄宗与裴耀卿、张九龄等大臣的关系逐渐破裂,这为武惠妃易储扫清了障碍。武惠妃还对着玄宗哭诉说"太子竟然结党想要害我们母子",玄宗对儿子的情义本就在武惠妃阴柔的长期作用下日益淡薄,听了这话血冲顶门,立即找来宰相商议废黜太子的事宜。

唐玄宗李隆基

首辅宰相张九龄坚决反对,玄宗又确实找不到儿子们的罪证,只得暂且忍了这口气。同年,张九龄又在几桩人事任免案上反对玄宗的意见,玄宗一怒之下发诏书:命中书令张九龄为尚书右丞相,罢知政事。其权力由李林甫取代。

武惠妃向太子及二王假传旨意，说是内宫有盗匪，皇帝让太子立即披甲领兵护驾。少不更事的太子和二王对这道旨意没有任何疑心，立即照办。

当三兄弟带着大群卫士进入皇宫之后，武惠妃立即向玄宗报信，说太子果然谋逆，竟带兵闯进内宫！玄宗大惊，即日下诏，将太子李瑛、鄂王李瑶、光王李琚废为"庶人"。

不经过任何审讯勘查，就在一天之内废掉太子和两位亲王，这使得朝野上下大为震动。很多人虽然口不敢言，但心里都深为三人叹惜。而由于事出仓促，与三人有关的亲族、官员都还在任上，为之暗暗奔走。武惠妃很快就觉得自己有些势单力薄，她也知道太子谋反之事经不得推敲。唯恐"三庶人"府中接待自己所派内侍的人还有开口说话、翻案的机会，决定尽快斩草除根。于是，武惠妃联同李林甫和女儿女婿，拼命地将众人为"三庶人"鸣不平的事情改头换面之后灌进玄宗的耳朵里，制造紧张气氛。

正在气头上的玄宗经武惠妃、李林甫的吹风，立即下令将三个儿子一齐处死，以绝后患。

开元二十五年四月廿三，"三庶人"冤死。这个消息使得举国上下都沉浸在哀痛之中。人们不但诅咒武惠妃的阴险，更怨恨玄宗这个狠心的父亲。

玄宗听到了世人的议论，对于贸然决定处死"三庶人"从而使自己背上"杀子"罪名，也有些后悔。

而武惠妃则趁热打铁，让自己的儿子李瑁登上太子之位。正当她就快要达成心愿的时候，奇怪的事情发生了：她所居住的宫殿闹起鬼来。更玄的是所有的巫师都异口同声地说"三庶人为厉鬼"。

闹鬼的事情令武惠妃大受刺激，心虚胆怯之下很快就病倒了。无奈之下，武惠妃只得乞灵于祭祀，希望能够消除冤魂的怒气。武惠妃将奉命对"三庶人"行刑的刽子手做替死鬼被斩杀献祭，"三庶人"的灵柩也重新按照太子和诸王的礼仪予以厚葬。但武惠妃没有想到，宫中的鬼却越闹越凶了，人们整夜都处在惊恐之中。武惠妃自顾不暇，不久便病入膏肓。

野心使然：唐室四太子女权之下难立身

武则天亲生的儿子一共是4个——长子李弘，次子李贤，老三是李显，老四是李旦。公元656年，太子李忠被废黜，武则天的长子李弘被立为皇太子。

但武则天却不愿意让儿子夺走自己的政治权力。随着年龄的增长，李弘和武则天的政治分歧越来越大。武则天用最强势的手段打压李弘。李弘上疏要求为萧淑妃的女儿义阳、宣城二位公主挑选驸马一事彻底激怒了武则天，武则天用毒药将年仅24岁的儿子李弘毒死。

随后次子李贤被立为太子。武则天又感到李贤对她的强大威胁，便指使人诬告太子贪恋女色、想早日夺取皇位，将李贤贬为庶人，后来又被迫迁到巴州，多年后客死他乡。

在李贤被废掉太子的第二天，三儿子李显被立为太子。即位不到两个月的唐中宗李显也没有将宝座坐热，就被母亲赶了下去。中宗想让岳父韦玄贞做宰相，但遭到反对，武则天将中宗废为庐陵王，幽禁在深宫之中。幽禁中宗后，武则天把最后一个儿子李旦推上了皇位。

武则天虽然让小儿子继承了皇位，但不许他处理朝政，一切大事都由自己来决定。

688年9月，唐太宗儿子、豫州刺史、越王李贞，李贞之子、博州刺史、琅邪王李冲，父子起兵反对武氏掌权，很快兵败被杀。武则天以李元嘉、李灵夔等一批李唐诸王与越王李贞父子通谋为名，全部杀掉。

690年8月，酷吏周兴，罗织唐高宗李治之子、隋州刺史、泽王李上金，舒州刺史、许王李素节（萧淑妃之子）谋反罪名。武则天震怒，派人将李素节在龙门驿用带子勒死，并杀其9子。泽王李上金与许王一同被征召入朝，听见四弟被杀，惶恐之下也自缢而死，他7个儿子被武后于流放途中弄死。至此，唐高宗李治的8个儿子，有5个被武则天杀死，其中包括她的两个亲生儿子。9月，武则天又派人杀掉南安王李颖等李京宗室12人，以及李唐宗室和不附己的文武大臣，从此再没有人对武则天的权势提出过挑战。

勾结祸乱：太平公主被赐死之谜

崔湜当年被贬在襄州做刺史时，与谯王李重福关系密切、交往频繁。后来谯王发动叛变，反对唐睿宗李旦，失败后被处死。本来崔湜也参与其中，该判死罪，但由于朝臣刘幽求和张说为他求情，才幸免一死。当崔湜当上宰相后，却反过来恩将仇报，对他们多方加以陷害。借故将刘幽求发配到岭南，并秘密唆使当时在广州任都督的表兄周利贞将其杀害；刘幽求由于种种原因免于一死，躲过了这一劫。接着崔湜又勾结太平公主，将张说驱逐出京城，流放到外地。本来张说对崔湜十分青睐、欣赏，对于他的才华更是赞叹不已。可就是这样一位对他有恩又对他非常赞赏的长者，却遭到了崔湜的暗算。

早在唐玄宗李隆基还在东宫做太子的时候，就与崔家关系密切。李隆基对崔湜十分信任，经常向他袒露心曲，可谓恩意有加。但是崔湜却忘恩负义、以怨报德，他暗地里与太平公主勾勾搭搭，引为依靠。

有一位名叫陈振鹭的门客，特向崔湜献上了一篇《海鸥赋》，意在提醒崔湜要多加警惕。可是崔湜看过之后，却不以为然，表面上称赞该赋写得好，而行动上却依然故我，没有丝毫改变。李隆基即位后，筹划诛灭太平公主的党羽萧至忠等人，拟把崔湜作为心腹，于是召他入宫觐见。崔湜觐见玄宗时，说话不着边际，不合玄宗的旨意，使皇上十分不满。

公元 713 年,太平公主勾结萧至忠、崔湜等人谋划政变,废黜玄宗。事情败露后,太平公主被赐死,萧至忠被斩杀。

叔侄对峙:朱瞻基平叛朱高煦谋反案

洪熙元年(公元 1425 年)五月,洪熙帝朱高炽病重,派人捎信,召还太子朱瞻基,遗命传位于皇太子。此时汉王朱高煦已广布密探、准备谋反。礼部尚书况钟担此重任,迎接皇太子朱瞻基北行赴京。

朱高煦得知太子朱瞻基正从南京赶来继位的消息,立即派人在中途劫杀太子,之后起兵夺位。朱高煦派出一支部队,第一次和朱瞻基斗法较量,不料出师不利失败了。原来太子朱瞻基正在拜谒明太祖的陵墓,当日即率领一些轻骑从传驿车道飞驰回京。朱高煦派出的劫杀部队晚了一步。朱瞻基因而甩开了朱高煦的劫杀。

朱瞻基回到北京以后,于洪熙元年(公元 1425 年)六月即皇帝位,次年改年号为宣德。

朱高煦派人劫杀朱瞻基未成,心中不免有些慌乱。朱高煦深知这个侄子不那么好对付。于是,他一面加紧军事上和经济上的谋反准备,一面设法试探朱瞻基,以便寻找下手的机会。

宣德元年(公元 1426 年)八月,朱高煦的护卫部队四出劫掠,乐安及周围百姓惊惧动乱、四下逃避。有出使乐安的使者向朱瞻基报告说汉王谋反了。原来,朱高煦在到达乐安的几年之中,与护卫军指挥韦达、韦弘等人长期谋划起兵之事,准备组建军队和筹备军资的工作。朱高煦将部队部署完毕,又授予王斌、朱煊等人太师、都督之职,表明自己一方是与朝廷分庭抗礼的独立政权。他们的战略计划是首先攻取济南,然后进军北京。这场叔侄之间争夺皇位的斗争不仅未见分晓,而且一开始似乎是朱高煦占了上风。

这时山东三司和所属州县都陆续上奏了汉王朱高煦的谋反情况,希望朝廷能早作安排。此时朱高煦的谋反活动已大白于天下,朱瞻基决定要欲擒故纵、后发制人。

朱高煦夺位心切,朱瞻基则冷静从容。朱瞻基先是修书一封,派人送给朱高煦,表示"如果不谋反,则宽容待之"。

随后,朱高煦的信使便到了北京。朱高煦在致朱瞻基的信中,对皇帝和大臣进行了指责,归罪于朝廷,要求朝廷杀掉夏元吉等人。朱瞻基看罢朱高煦的来信,下令兵部将朱高煦的反状张榜传示天下。

为了防止朱高煦得势,朱瞻基决定必须立刻平定朱高煦的反叛。为此,朱瞻基作了必要的部署:告诫诸将加强守备,并下令全城缉拿朱高煦的奸细;召还镇守大同的武安侯郑亨和镇守永平的遂安伯陈英,以备调遣;派人协助陈王宣镇守淮安,严防叛军南逃;赦免了一大批轻罪军徒,让他们从征朱高煦;分遣公、侯、伯等将领据守皇城和京师;选派自己的两个兄弟郑王朱瞻竣、襄王朱瞻墡留守北京，命广平侯袁容、武安候郑亨、尚书黄淮等人协助居守；命文臣蹇义、杨士奇、夏原吉、杨荣、吴中、张本扈从亲征；仍然任命阳武侯薛禄为先锋，率兵二万为先头部队直抵乐安，朱瞻基自己亲率大军随后出发。

宣德元年（公元1426年）八月，宣德帝朱瞻基将朱高煦的谋反罪行奉告天地、宗庙、社稷诸神，然后亲率大军向乐安进发。

不久，逃离乐安的护卫军官来到军中，讲述了乐安的情况。原来朱高煦约定山东的都指挥使靳荣发兵接应他，但他们的勾结为人察觉，掌管行政和司法大权的布政使、按察使控制了靳荣，使他不能发兵。兵部尚书朱恒力劝朱高煦率领精兵直趋南京的战略意图遭到了众多将领的反对。听说朱瞻基率军亲征，朱高煦有些害怕，军中将士也产生了动摇。军心不稳和举棋不定使朱高煦陷入了被动的境地。

随后，朱瞻基再次致书朱高煦，表示自己出征乐安是迫不得已之举，请朱高煦将主谋擒住献出，即可平息此事。同时威胁朱高煦说，与朝廷对抗等于以卵击石。

这时阳武侯薛禄派人驰奏，前锋已达乐安城下，朱高煦约定次日出战。第二天拂晓时分，朱瞻基率大军抵达乐安。诸将按照朱瞻基的指示，分别让开了乐安的四面城门，准备交战。朱瞻基考虑到攻城难免伤及无辜百姓，加上他仍然想迫使朱高煦先动手，于是严令将士不许攻城，再次致信劝降朱高煦。

到了中午，朱瞻基给朱高煦最后通牒。朱高煦吓得魂飞魄散，赶紧派人到朱瞻基的营帐请求宽限，并表示次日就亲赴军门谢罪。

第二天，朱高煦一露面，就被城外的明军一拥而上送到了朱瞻基面前。朱高煦见他的侄子朱瞻基端坐在营帐之中，表情高傲。文武群臣上前列奏朱高煦的罪行。请朱瞻基按刑法下令将他斩首。朱瞻基命侍从将群臣弹劾朱高煦的奏章扔给朱高煦看。朱高煦捡起地上的奏章，上面都是请求朱瞻基"彻底消灭"他的内容，不禁两腿一软，下跪向朱瞻基连连叩头表示"生死全听皇上的吩咐"。

朱瞻基将平定朱高煦之事通知朝野上下。他命人在西华门内修筑了一座囚室，将朱高煦父子关押在里面。从此，被废为庶人的原汉王朱高煦，带着木制的镣铐，度过了将近四年的囚徒生活。

宣德四年（公元1429年）四月的一天，朱瞻基来看望他的囚徒叔父朱高煦。长期的囚禁生活已使桀骜不驯的朱高煦难以忍受，朱高煦猛然抬起脚上的木铐向朱瞻基扫去，朱瞻基勃然大怒，派人点火把朱高煦烧成一堆灰烬，后下令把朱高煦诸子全部处死。

苦心求子：明景帝朱祁钰易立太子案

景泰二年（公元1451年）七月，明景帝朱祁钰宠爱的杭妃生下一个儿子，取名朱见济。此时英宗朱祁镇被囚禁在南宫，但名义上的太子依旧是英宗的儿子朱见深，景帝对此不甘心,因此便处心积虑地开始了易立太子的计划。

景帝改立自己的儿子为太子,是公然对祖制的破坏。因而,景帝开始不敢公开表露,先是将自己的意思告诉皇后汪氏。汪皇后却对丈夫的提议持反对意见,认为景帝这样做会让天下人笑话。景帝大怒,帝后不和的矛盾由此悄悄在宫中流传。

景帝立儿子朱见济为太子的决心已下,但生怕众大臣反对,便先试探大宦官金英的态度:"太子的生日是七月初二吧?"七月初二是朱见济的生日。金英明白景帝的意思,但他心向

明景帝朱祁钰

太子朱见深,答道:"太子生日是十一月初二。"景帝只好默然不答。

宦官王诚建议景帝先贿赂大臣,于是景帝派宦官兴安到内阁传旨,赐给内阁大学士陈循等人银百两、金五十两。众人已经看出这是景帝在为易储做准备。然而,景帝登基之时,曾许诺将来传帝位于英宗长子朱见深,并立其为太子。如今景帝为了私心要改立太子,即便是收了景帝贿赂、明白景帝心意的大臣,也不愿意主动迎合上意。

不久,景帝正式提出易储之事。户科都给事中李侃、吏科都给事中林聪及御史朱英三人率先反对;于谦、王直、胡濙等重臣都不表态;群臣大都表示赞同。满朝文武都署上名字表示赞同。

不久后,景帝正式下诏,立皇子朱见济为皇太子,改封故太子朱见深为沂王。群臣也因景帝改立太子成功被加官晋级,拿双份俸禄。

被软禁在南宫的英宗听到消息后,心中百般滋味。自己的亲弟弟不但夺了自己的皇位,还废了自己的太子,绝了他的后望。

景帝朱祁钰出于私心,废除了英宗儿子朱见深的太子位,破坏朱元璋所制定的皇位继承制度,直接导致了后来的夺门之变。景帝朱祁钰下诏立自己的儿子为太子时,皇后汪氏因谏阻而被废,幽于宫中。而杭妃被封为皇后。

朱祁钰在改立太子的斗争中取得了最后的胜利,但朱见济当太子仅仅一年,便夭折在襁褓之中。唯一的儿子朱见济死后,景帝颇受打击,他开始纵情声色。尽管景帝求子心切,却始终未能得子。

明太子朱常洛遇袭:万历东宫"梃击案"之谜

万历帝朱翊钧是明朝历史上在位时间最长的皇帝。他在位的时候,"梃击之案"首先发生,梃击的目标直指太子朱常洛。

明朝万历四十三年五月初四,有一个名叫张差的男子,手持枣木棍,即木梃,不由分说地闯入太子朱常洛所居住的慈庆宫,逢人就打,击伤了守门官员多人。宫中小臣朝本用眼疾手快,将持棍男子抓获,宫内才得以平静下来。

后来张差被捆缚到东华门守卫处,收禁起来。次日,皇太子据实上报给神宗,神宗命法司提审问罪。巡视皇城御史刘廷元按律当场审讯。可是,张差没说上几句话,就开始装疯。御史再三诱供,张差也是胡言乱语、乱答一气,惹得审判官不耐烦,只好退堂,把他交给了刑部定论。刑部郎中胡士相等人重新提审,也毫无结果。刑部主事王之认为其中一定有隐情,说张差肯定不疯不狂,而是有心计、有胆量。最后张差扛不住了,供认自己是红封教的成员,说自己是受郑贵妃宫中的太监庞保、刘成的指使而打入慈庆宫的,事成之后,他们答应给张差30亩地。参与此事的还有张差的姐夫孔道。消息传开后,朝野内外议论纷纷,都怀疑郑贵妃想要谋杀太子,以便扶立福王。

事情发生后,太子和郑贵妃先后赶来见明神宗。太子朱常洛气愤地说:"张差做的事,一定有人主使!"郑贵妃则狡辩:"奴家若做此事,全家甘受千刀万剐!"神宗看到双方如此对立,拍案而起,指着贵妃说:"群情激怒,朕也不便解脱,你自去求太子吧!"朱常洛看到父亲生气,又听出话中有音,只得将态度缓和,并说:"这件事只要张差一人承担便可结案,请速令法律部门办理,不能再株连其他人。"神宗听后,顿时眉开眼笑,频频点头,说道:"还是太子说的对。"于是,一场家务案就这样在明神宗的导演下降下了帷幕。

后人再重新研究此案时,都认为是郑贵妃主使了此事。却也有人提出了异议,认为在郑贵妃与太子双方已经明确对立的情况下,郑贵妃不可能鲁莽地做出这种事来。如果郑贵妃想谋害太子,也不会仅仅派一人持棍去闯防备森严的太子宫殿。因而得出的结论是:太子为巩固自己的地位,自编自演了一出"苦肉计",将郑贵妃铲除。只是因为皇帝的干预,太子才没有得逞。当然,这种说法也无确凿的证据。梃击案因为疑点重重而一直被后世猜测。

扑朔迷离"红丸"案:太子痴迷药丹命归西

"红丸"又称红铅丸,是古代宫廷中特制的一种春药。其制法很特别:须取童女首次月经,盛装在金或银的器皿内,还须加上夜半的第一滴露水以乌梅等药物,连煮七次,浓缩为浆。然后加上乳香、没药、辰砂、松脂、尿粉等拌匀,以火提炼,最后炼蜜为丸,药成。据《明实录》记载,嘉靖年间,宫廷为了配制"红丸",前后一共选少女1080人。由此而引发了中国历史上一场特殊的宫女暴动。

万历末年,太子朱常洛因酒色过度,卧床不起。一天晚上,朱常洛为了寻求刺激,就服了一粒"红丸",结果狂躁不已,精神极度的亢奋。次日早上,侍寝的太监吴赞连忙请来御医崔文升诊治。崔文升以为是邪热内蕴,下了一副泄火药。结果,朱常洛一宿腹泻三十余次,危在旦夕。重臣杨涟上书,指责崔文升给皇帝误用泻药。崔文升反驳道并非误用,而是皇帝服用了"红丸"造成病重。就在争执不下的时候,危在旦夕的朱常洛还念念不忘"红丸"。鸿胪寺丞李可灼当即进了颗红色丸药,朱常洛服下。到了晚上,朱常洛又要求再服一丸,李可灼又进了一颗红色药丸。结果,皇上手捂心口,一命呜呼。

两颗"红丸",酿成大案。红色药丸究竟是不是"红丸"？为什么在皇帝病重之时,还要进这种丸药？崔和李到底有没有幕后指使者？这一系列的疑问在人们脑海中盘旋。

明末宫廷内党派之间斗争激烈,"红丸"案激起了党派的更加尖锐的矛盾。有人认为,李可灼进的"红色丸药"其实就是"红丸"。李可灼把春药当补药进上,是想步陶仲文的后尘而已。也有人认为,那颗红色丸药是道家所炼金丹。用救命金丹来挽救垂危病人,一旦治活了则名利双收,要是死了算是病重难救。还有人认为,李可灼是受人指使,有意谋杀皇上。

最后,大臣韩上书平复众议。李可灼被判流戍,崔文升被贬放南京。"红丸"案才算了结。

崇祯真假太子案:京城太子难辨真假

明思宗崇祯十七年(公元1644年)十一月,北京出现一位皇太子。清世祖爱新觉罗·福临二年,南京的南明小朝廷中也出现皇太子。无疑,两位皇太子中必有一假。

崇祯十七年,北京城被清朝掌控。一个男子在一位太监的陪同下出现在嘉定侯周奎府中,自称皇太子。当时在周奎府中的长平公主见后,两人抱头痛哭。周奎举家向太子行君臣之礼,太子说:"城陷之日,我单独藏匿在东厂门外。后潜至东华门,投身于一个豆腐店。五天之后又到崇文门外的尼姑庵中躲避。常侍来尼姑庵发现了我,把我带回宫,藏在密室里。听说公主还在,所以就来相见。"

也许公主明白,周奎既然能把皇三子定王和皇四子永王交给李自成,这次也许会再出卖太子给清朝。果然,周奎要求太子自称姓刘,是一个假太子。当晚,周奎令家人将太子逐出门外。太子出门后,被巡逻的清兵以"犯夜"罪逮捕,交给刑部审理,断为假冒太子。

主审的刑部主事钱凤览找来原司礼监太监王德化、原锦衣卫10名侍卫太子的锦衣卫来辨认,都说是真太子。于是钱凤览上书朝廷,指责某些明朝的官员以真太子为假太子。最后,摄政王多尔衮出面,宣布将太子押于监狱,后来被处决于狱中。凡说太子为真的臣工都被处罚,钱凤览被处以绞刑。

这件事情详细地记载于《甲申传信录》，与《明史》中李自成封太子为宋王的情节有所出入。而且，清人所编的《明史》中也未提及这一次在北京出现的太子，而只提及南明小朝廷中出现的皇太子事件。

清世祖爱新觉罗·福临二年（公元 1645 年）三月初一，太监李继周奉弘光皇帝朱由崧之御札，将盛传正流落于苏州、杭州的皇太子接到南京。皇太子入南京后，被安排在兴善寺暂住。皇太子在南京的消息传出去之后，引发了弘光朝的政治危机。左良玉以护太子的名义进逼南京，在江北的黄得功、刘良佐等总兵也上疏要求善视太子。但是，弘光帝深知，如果太子是真，自己捡来的皇位可能就不保。因此，在他的布置下，辨认朝"假太子"的方向转移。曾经充任太子讲官的王铎，更是一口咬定太子是假。最后，审讯的结果是：假太子真名叫王之明。

五月初十，清军大举南下，弘光帝逃到了太平府。南京市民冲入监狱，殴打王铎，放出太子，并拥太子登上皇位。5 天之后，清军即进入南京城。当时，清军的统帅多铎问："太子何在？"投降的弘光朝大臣们说："太子是假的，真名叫王之明。"一名降臣说："太子原也不承认自己叫王之明，是马士英安排下的。"几个月以后，多铎将太子和弘光帝都带往北京，随后都被清廷处死。

满清太子争权案：本是同根生，相煎何太急

清太祖努尔哈赤建立了大金帝国，其中也有他的三弟舒尔哈齐的功劳。但是，努尔哈赤却将一代功臣手足舒尔哈齐残忍地杀害了。

努尔哈赤弟兄 5 人，他是长兄，四弟雅尔哈齐早亡，其余三兄弟皆先后追随努尔哈赤起兵征战。舒尔哈齐排行第三，比努尔哈赤小 4 岁，二人同母所生。舒尔哈齐始终是大哥的得力助手，20 岁时成为努尔哈赤身边最勇敢的战将。事实上，在努尔哈赤称王的同时，他的势力已经可以与努尔哈赤相抗衡。

舒尔哈齐的锋芒外露，是努尔哈赤所不能容忍的，于是他开始冷落、故意贬低舒尔哈齐。由于舒尔哈齐实力不断增长，他越来越不甘心居人之后，只是碍于兄弟的情谊才强忍。而努尔哈赤却无端对其削位夺权，这无疑挑起了舒尔哈齐心中的怒火。

万历二十四年（公元 1596 年）元旦，当努尔哈赤设宴款待明朝使者申忠一后，舒尔哈齐立即提出他也要设宴接待，于是有了"两都督府"的分别宴请。从这开始，同根生的兄弟俩出现了嫌隙。

万历二十七年（公元 1599 年），努尔哈赤借口哈达贝勒孟格布禄背弃盟约，想要娶叶赫美女东哥，于是发兵讨伐。但舒尔哈齐兵临城下，却未发一矢，努尔哈赤心中大为不满，自己亲率大军攻城。虽然最后哈达城被攻破，但努尔哈赤也失去了胞弟舒尔哈齐的心。

努尔哈赤兄弟俩的不和越演越烈。明朝总兵李成梁的儿子李如柏纳舒尔哈齐之女为妾，双方结为姻亲。舒尔哈齐逐渐成为"拥明"派，这与努尔哈赤期望"叛明"背道而驰。随后，在努尔哈赤已连续几年都没有亲自到京朝贡的情况下，舒尔哈齐第三次代表建州女真人京。当明廷以"建州等卫夷人都督都指挥"的名义向他照例赏赐，他进而萌发了借明自立的想法。这种想法无疑加剧了他们兄弟之间的矛盾，结果导致军事上的各自为政。

万历三十五年（公元 1607 年），舒尔哈齐作为统兵主帅与努尔哈赤的长子褚英、次子代善，以及大臣费英东等率兵三万接应东海女真瓦尔喀部蜚优城部众归附。途中遭遇乌拉数万兵马的拦截，舒尔哈齐裹足不

清太祖努尔哈赤

前、滞留山下，他最信任的两个将领也率领百人在一旁观战。努尔哈赤非常气愤，以不力战的罪名将那两个将领处死，并不再让舒尔哈齐带兵打仗。舒尔哈齐满腔忧怨，找来三个儿子，共商大计要依靠明朝。

正当舒尔哈齐以为自己找到靠山时，努尔哈赤突然下令剥夺了他的家产，并杀死舒尔哈齐的两个儿子。之后，努尔哈赤佯称新宅落成，邀舒尔哈齐赴宴。然而，舒尔哈齐刚刚走进新宅的大门就被推入内寝，锁了起来。两年之后，舒尔哈齐死在了囚狱中。

虎毒也食子：清太祖杀子史实揭秘

努尔哈赤杀子是满清一大疑案。作为大清国的创始人，努尔哈赤为何会亲手杀死自己的亲生儿子，究竟是怎样的一种无法弥补的过失令这位一国之君残忍到萌生了杀子的动机？

关于努尔哈赤杀子一事，流传着这样的一个传说。故事发生在明朝与后清之间的萨尔浒之战中。当时的情况是明军以人数的绝对优势将后金合围，对此，努尔哈赤并无任何畏惧之念，并决心终以一路突破明军的包围，直逼西向。努尔哈赤见此状顿时大怒，他大声呵斥褚英："你竟敢谎报军情，长敌军士气，动我军心！"褚英不解，他本是如实禀报，不想父王不自量力，最终被明军歼灭，于是据理力争。见此状，努尔哈赤暴跳如雷，于是下令："将褚英拉出去斩了！"就这样，长子褚英因扰乱军心被处死。

努尔哈赤派其二子代善继续打探敌方军情。代善来到明军营前,他看到的是与褚英陈述中相同的场景。代善想,若是他回去实话实说,那将会得到与褚英相同的命运,反复揣度,代善终于想到一妙计。回抵后,代善对努尔哈赤汇报:"明军兵马确实多如牛毛,但在我看来,他们都是一些有身无首、不堪一击的草木之兵!"

努尔哈赤听闻此言顿时喜笑颜开。结果在那次战役中,八旗军队以少胜多。大战过后,努尔哈赤虽战败了明军,但却因杀死了自己的长子褚英而懊悔不已。

但是,传说毕竟是传说。《满文老档》的第三卷记述了癸丑年六月太祖杀褚英的原委。史实证明,褚英的死绝非努尔哈赤一时冲动。褚英性格孤傲、专横,心胸狭隘,努尔哈赤看在褚英功绩累累且骁勇善战,让其执掌国政,并希望褚英能够在揽得如此大权后,改掉心胸狭隘这一缺点。然而事与愿违。

努尔哈赤深知褚英弊病,便也怒褚英不争,为了服众,努尔哈赤开始逐渐削弱了褚英的权势,如此更加激发了褚英的极大不满。褚英开始敌视父王,于是结交党羽,进行报复活动。努尔哈赤听闻此事后,震怒之下将褚英监禁于牢中。被囚禁后,褚英并未因此悔改,并且对父王以及弟弟们的诅咒日益加剧。努尔哈赤见褚英始终无悔改之心,最终将其处死。

嘉庆公主秘葬:北京公主坟的真正主人

北京西郊有个著名的旅游景点叫公主坟。那么这个公主坟里埋葬的是哪位公主呢?民间主要有以下三种传说:

一说降清明将孔有德之女孔四贞。这是最广为流传的一种说法。传说因明将孔有德降清后屡立战功,顺治六年被封为"定南王"。在顺治九年,孔有德在桂林被明将李定国围困,受伤后自杀身亡。顺治母亲孝庄皇后收养其女孔四贞为义女,并封为和硕公主,成为清朝唯一的汉族公主。她死后就埋葬在京西郊。

二说元帅金泰的妻子。传说汉人金泰从小被满族人收养,因立下战功被封为元帅。在游园时与公主相遇,一见钟情。但是朝中老臣却从中作梗,令皇帝流放金泰,公主服毒追随爱人而去。皇帝无奈,于是将金泰草草葬于香山,而将公主远远地埋在了今天的"公主坟"。

三说乾隆的义女。相传,乾隆与刘墉、和珅到民间微服,途中向一农户借宿。乾隆见农户家的小女乖巧漂亮,就认做干闺女,后来将姑娘留在宫中。可是姑娘在宫中没住多久便患病去世。刘墉说:"这位公主虽说不是万岁亲生,可是您自己认的干女儿啊!并且留有信物,如果草草葬了,万岁脸上可不光彩呀!"于是,乾隆只好传旨,按公主的葬礼把姑娘葬在了"公主坟"。

1965 年,文物部门对公主坟进行了考古挖掘,并参考历史资料考证,得出公主坟内葬的是嘉庆皇帝的两位公主。两位公主分别葬东西两边，东边葬的是庄敬和硕公主，她是嘉庆的第三女，是和裕皇贵妃所生，于嘉庆六年下嫁蒙古亲王索特纳木多布济。嘉庆十六年三月卒，年31岁；西边葬的是庄静固伦公主，是嘉庆的第四女，为孝淑睿皇后所生，于嘉庆七年下嫁蒙古族土默特部的玛尼巴达喇郡王。嘉庆十六年五月卒，年28岁。

清朝的祖制规定，公主下嫁以后，死后不得入皇陵，也不能进公婆墓地，必须另建坟茔。因和硕公主和固伦公主是同年而亡，所以埋葬在一处。两个墓葬都是夫妻合葬墓，陪葬有许多珍贵物品。

治国名臣密案

在中国的封建社会，为臣之道有很多种，其中最重要的是不要功高盖主、权大压主，避免让君主感到怀疑和威胁，否则就自身难保。

古之名君不多，这就为做臣子的留下难题，也许所有的臣子都羡慕和希望有一个周公时代的君王或者魏徵时期的唐太宗。然而，历史的现实告诉我们，名臣是需要名君的，没有名君的名臣下场都很可悲可叹。

"飞鸟尽，良弓藏；狡兔死，走狗烹。"这是范蠡为功臣写下的一曲无奈挽歌，也是他对君臣关系微妙的一种透悟。历史上的君臣，都只是在一定条件下相互适应的，如果条件改变，君臣之间的利益关系就会发生改变。君主既可以一声令下让臣子一步登天，也可以一声怒斥让臣子下入地狱。所以，伴君如伴虎，身为臣子就不得不需要参透其中的利害。

老子说："功遂身退，天之道也。"功业已成就要引身后退，这是自然的规律。功成身退可以保全自身，有了功不居功，有了名不恃名，任何时候保持一颗平常心，才是身为臣子的明智之举。然而，许多枉死刀下的历代名臣没有弄清楚其中的道理，酿成了一个又一个的悲剧，令人扼腕。

本节借古代名臣的事迹为当今社会提供了警醒和启示，通过名臣冤案、忠臣遇害、奸佞当道等重大事件表现微妙的君主关系，其中忠奸势力的抗衡也给后人提供了值得反思的经验和教训。

夏朝谏臣关龙逄：夏桀因谏诛忠臣

夏王朝君王夏桀生活奢侈，荒淫无道。他竭尽民力，修筑王宫，又常常强迫人民打仗。据史书记载，当时有施族部落败，有施氏向桀王献美女，名叫妹喜。夏桀很是宠爱，昼夜与其淫乐，对妹喜言听计从，常常为此不理朝政。

夏桀的暴虐无道，百姓十分怨恨。夏桀却不以为然，还十分狂妄地把自己比做永远不落的太阳。对于夏桀的暴行，作为夏朝的大夫，贤臣关龙逄实在看不下去。据档案馆文献史料记载,关龙逄也称豢龙,是古代豢龙部族的后代。他多次向夏桀进谏,要他关心百姓与国家,但夏桀根本听不进去。经过长期思考之后,关龙逄决定以献黄图进谏。

关龙逄献了黄图,故意立而不去。夏桀看到关龙逄的样子,心里很是不耐烦,厌恶极了,什么也不问便把黄图烧毁,接着喊来兵士把关龙逄囚禁起来,不久就杀了。

夏桀杀了关龙逄,更加肆无忌惮。而商民族斗志日益兴盛起来,一举灭了夏朝,夏桀和妹喜一同逃奔到安徽南巢(今安徽巢湖),后死于亭山。

后人十分怀念有史以来第一位因进谏而遭杀戮的忠臣,便将关龙逄和被纣王剖心而死的比干一同纪念,修建了"双忠祠"。明代中期,著名文学家李梦阳撰写了碑文。在长垣县城东南10公里处的龙相村原有一座大墓,就是夏朝末年犯颜直谏的忠臣关龙逄的陵墓。

商朝功臣比干:直谏惹怒龙颜被剖心

比干是商朝第十五代王太丁(文丁)帝的儿子,十六代王帝乙的亲弟弟。据《孟子杂记》载:"王子干,封于比,叫比干。"

比干是历史上有名的敢于进谏又不惜以死抗争的忠臣,也是商纣王的叔父。《尚书·微子篇》记载:帝乙在位时间很短,病重期间,曾宣比干、箕子等进宫商议继承王位之事。箕子劝帝乙立长子微子为王位继承人,比干却力荐次子帝辛(即后来的纣王)。因微子不是帝乙的正妻所生,所以比干不同意箕子的建议。最后,帝乙采纳比干的建议立辛为王位继承人。

帝乙死后,纣王即位,比干全力辅佐纣王治理国家。比干看到纣王荒于政事,就坦言直谏,并带纣王去太庙祭祀祖宗,给他讲历代先王创业之艰辛。纣王虽表面点头称是,但并不真正改过,而且更加荒淫暴虐。

比干冒着丧生灭族的危险,连续三天进宫向纣王进谏,指责纣王杀皇后、杀大臣、谪太子的过错,斥责他的暴政。比干道:"君有诤臣,父有诤子,士有诤友,下官身为大臣,进退自有尚尽之大义!夏桀不行仁政,失了天下,我王也学此无道之君,难道不怕丢失了天下吗?我今日进谏,正是大义所在!"纣王勃然大怒,决定要拔掉比干这颗眼中钉,于是说:"吾闻圣人之心有七窍,信有诸?"说罢,命人剖开比干的肚子取出心肝,并向全国下令说:"少师比干妖言惑众,赐死摘其心。"公元前1029年夏四月初四,比干被纣王杀害于朝歌摘星台。

比干死后,葬于朝歌城南三十五里之王畿上。比干墓在今卫辉市城北顿坊店乡。该村也因存有比干庙而命名为比干庙村。周武王灭商后,认为比干是一位了不起的大臣,就在比干葬地汲县为比干封了墓,《尚书·武成篇》中曾记载"武王克殷、封比干墓",对这一历史事实进行了真实的记录。

周朝士大夫杜伯:触怒周王被枉杀

周宣王是周厉王的儿子。公元前828年,周厉王死于彘,周宣王被立为周王,亲睹父亲的暴政给人民和国家带来的灾难,又亲身经历国人暴动的惨痛过程和后果,即位后的周宣王将励精图治、重振周室列为首要任务。针对国家所面临的内忧外患,他在固定公、召穆公、尹吉甫等大臣的辅助下整顿朝政,又对侵扰周朝的异族加以征伐,使日益衰败的国家重新复兴。通过一番的努力,周朝开始由弱变强,政治安定,经济发展,史称"宣王中兴"。

可是,晚年的周王却开始生活腐化、政治腐败,周王朝又重新出现衰败的迹象。晚年的周王固执己见,听不进大臣们的忠谏,刚愎自用,出现不少政治失误。尤其是在对待鲁国立继承人一事上,他将自己的喜恶强加给他人的内政之上,不顾鲁人的反对,硬逼他们废长立幼而失去人心。鲁人不服,周王又兴兵讨伐,更招致诸侯们的不满。

王朝大夫杜伯因为一件事触怒了周王,周王就不分青红皂白叫人将他处死。杜伯的好朋友左儒加以劝谏,又遭到周王的斥责。周王却在说:"我就偏偏要杀死他,你能怎么样?"左儒愤怒地说:"如果大王坚持枉杀好人,臣就陪着杜伯一起去死,以明臣之志!"日渐昏庸的周王立刻令人将杜伯当场处死。左儒又羞又气,回家后便真的自杀身亡了。

杀死杜伯后,周王冷静下来,想到两个无辜的大臣因为自己的专横而惨死,越想越后悔。三年后,周王带领臣下到外面打猎,想以此散心。可是半路他突然大叫一声,便在车里昏迷不省人事,几天后便死去。有人说是当时周王突然看到被他害死的杜伯从路边走了出来,拔出弓箭射向他,他受了惊吓而死。也有另一种说法,说是杜伯的儿子为报杀父之仇,在周王经过的地方埋伏。等周王来到,他拈弓搭箭,射死了周王。

名宿悲歌伍子胥:忠言逆耳枉苦心

公元前496年,越王允常死,勾践继位。吴国乘丧伐越。越出兵抵御,战于樵李(今浙江绍兴)。吴军大败,吴王阖庐伤指,在回师途中死去。阖庐生前听从伍子胥的意见,以儿子夫差继位。

公元前494,年,吴军在夫椒(今太湖椒山)一举打败越军。勾践无力较量,为了免于亡国,只好接受文种"卑辞厚礼"向吴请和的建议,派大夫向吴请罪。夫差打算答应,伍子胥不同意。他讲了个夏少康怎样从危险中求生存、发展壮大终灭政敌寒浞而中兴夏朝的故事,并分析吴越两国同处三江之地不能并存的形势。

正当吴国君臣争议未决之际,越装饰美女八人送给吴太宰伯嚭。太宰伯嚭接受了贿赂,又软硬兼施地使已经开始骄奢自满的夫差终于首肯了这个和议。伍子胥叹道:"姬姓应该衰败了。这是养虎遗患。越国将会发展国力,训练军民,二十年之后,吴国就将变成池沼废墟了!"

姑苏城的创建者伍子胥

而夫差认为越国力量小,不足为患。

公元前484年,越国君臣入吴朝贺吴国伐齐的胜利。吴举朝上下皆大欢喜,独有伍子胥心情沉重。他说:"这是越国存心豢养吴国而已。这个心腹之患一天不除,即使得了齐国,也不过是块石田,不能种植庄稼。"伍子胥的谏诤,吴王夫差越来越听不进去。加上伯嚭的谗言,夫差对伍子胥越发不满。他伐齐得胜回国时,得知伍子胥寄予齐国的厚望,立即以私通敌国、怀有二心的罪名,赐伍子胥以属镂之剑迫使自杀。

伍子胥始终不渝地抗争至死。死前,他对夫差说:"请把我一双眼睛挂在姑苏城东门,让我看见总有一天越国大军会从这门进来。"夫差恨及枯骨,把他的尸首包在皮革里抛入江中,使之葬于鱼腹。

公元前471年,越国果然灭掉了吴国。

春秋谋臣文种:功成不退遭赐死

周元王元年(公元前475年),越王勾践增调大军持续围吴。为了激励全军将士奋勇杀敌,勾践诏示军中:父子俱在军中者,父归;兄弟俱在军中者,兄归;独生子者,归养;有疾病者,给以医药治疗。军中闻令欢声如雷,个个感恩忘死,拼死向前,军威空前强盛。这样,至周元王三年(公元前473年),吴王夫差在越军的强大攻势下势穷力尽,退守于姑苏孤城,再派人向勾践求和,恳求勾践像当年会稽被赦一样赦免吴王。勾践不忍,有意准降。站在一旁的范蠡连忙劝道:"当年大王兵败会稽,天以越赐吴,吴国不取,致有今日。现在天又以吴赐越,越岂可逆天行事?况且,大王早晚勤劳国事,不是为了报吴国的仇吗?难道大王忘了昔日的困辱了吗?"接着范蠡当机立断,对吴使说:"越王已任政于我,使者如不尽快离开,我将失礼,有所得罪了!"说罢,范蠡击鼓传令,大张声势。

不久,越军攻入姑苏城,吴国灭亡。勾践下令诛杀了奸臣伯嚭并派人对吴王夫差说:"寡人考虑到昔日之情,可免你一死。你可到甬东一隅之地,君临百家,作为衣食之费。"夫差悔恨交加,说道:"我深悔当初不听子胥之言,死后还有什么面目和这些忠良之士相见呢?"于是拔剑自刎。

勾践兴越灭吴,范蠡"苦身戮力",与之"深谋二十余年",立有汗马功劳,被尊为上将军。

此时的范蠡并没有被功勋荣誉冲昏头脑，他居安思危，位尊不贪恋，以为盛名之下，难以久居，应该适时而退。范蠡久随勾践，对勾践的为人很了解。在范蠡看来，勾践身处逆境，虽能忍辱负重，礼贤下士，辛勤工作，表现出英明君主的风度，但他有一个很大的弱点，即"可与同患，难以处安"。勾践为了扩展疆土可以不惜群臣的生命，如今谋成国定，自然不愿意封赏功臣。因此，范蠡决心辞官隐退。

范蠡在决意隐退避祸的时候，没有忘记老朋友文种。范蠡曾劝文种也离开越国，否则难免会被越王杀掉。然而，文种对范蠡的劝谏却不以为然。范蠡隐退之后，又写了一封书信告诫文种说："飞鸟尽，良弓藏；狡兔死，走狗烹。越王可与共患难，不可与共乐。子何不去？"文种见书，虽然心有所动，但迟迟没有采取隐退的行动。

后来果然如范蠡所料，勾践日益骄横，君臣离心，许多与他共患难的大臣都日渐疏远了。又过了一段时日，勾践终于凶相毕露，对文种说："你有阴谋兵法，足以倾敌取国。你献九术之策，今我用其三已破强吴，其六尚在你处，愿你有幸带着余术去见我的先人于地下，跟他们去谋算吴国人吧！"随即赐文种一把剑命他自杀，文种伏剑而死。

只有在敌国存在的环境中，君主心目中才有谋臣的价值。一个没有价值的智谋之士，必然被君王视做威胁统治的心头祸患。这是君主专制制度下的一条政治规律。越王功臣文种不明其理，最终就要付出生命的代价。

积怨难消：嬴政怒杀吕不韦

秦庄襄王死后，13岁的嬴政继承了王位。嬴政年少，朝政大权完全落在太后赵姬和丞相吕不韦手中，他们同宦官嫪毐勾结在一起狼狈为奸、专权弄国，根本不把嬴政放在眼里。

嬴政自然对吕不韦这种贪得无厌的私欲产生了强烈的不满和怨恨。

公元前238年，嬴政22岁，在旧都雍城举行了加冕典礼，从此可以亲自处理朝政。吕不韦深知其中很不利的态势，他就想出了一个借刀杀人之计，利用嬴政不在咸阳的机会，怂恿嫪毐发动叛乱。嬴政听到嫪毐叛乱，决定将计就计，命令吕不韦带兵去平定叛乱。吕不韦虽然知道这是秦王要他们两败俱伤，但又没有理由拒绝接受命令，只好带兵前往。谁料叛军不堪一击，咸阳一战，叛军便被杀了数百人，余者四散奔逃。没过几天，嫪毐便被抓住押解到咸阳，

吕不韦

并且施以车裂之刑,嫪毐的父族、母族和妻族也同受株连。

嬴政知道嫪毐的叛乱与吕不韦有关,便派人进行调查核实。待查清事实后,嬴政本想杀了吕不韦,但念他扶助父亲和自己登上王位有功,有了恻隐之心,就只罢免了他丞相职位,让他回到自己的封地洛阳。可吕不韦并不甘心就此退出政治舞台,表面上在洛阳闲居,实际上仍然同六国诸侯保持着密切联系,企图借助外国的力量东山再起。嬴政听说后勃然大怒,把吕不韦迁到了蜀郡,随即赐毒酒便让吕不韦自尽了。

枉杀画师毛延寿:丑画昭君谁之过

昭君出塞的背后,有多少鲜为人知的无奈与冤屈?毛延寿因画丑昭君被杀,恐怕要数其一。

东晋的杂书《西京杂记》中记载了昭君出塞的故事。众人皆知汉元帝后宫美女众多,需要依靠画师为其画像,以便汉元帝能从中挑选相貌出众之人。为了能够早日得宠,后宫众人都争相贿赂画师,希望画师能把自己画得更美,而唯独昭君不愿贿赂画师,于是被画师丑化,无缘得见龙颜。后来匈奴单于入朝,请求和亲,皇帝便按画像选人,便选中了样貌不佳的昭君。等到皇帝召见她时,才发现她样貌出众、知书识礼。皇帝懊悔不已,但又不能失信于匈奴,于是迁怒于画师并下令杀之。

《西京杂记》中提到的画师并不止毛延寿一人,还有陈敞、刘白、龚宽、阳望、樊育等人,均在同一天被杀。至于丑化昭君的画师是谁,书中并未交代。而自此画丑昭君的罪名就落到了毛延寿的头上。

历史上不乏为毛延寿喊冤之人,如宋代著名诗人的王安石,他在《明妃曲》中云:"意态由来画不成,当时枉杀毛延寿。"在他看来,毛延寿并不是故意将昭君画丑,而是因为人的神韵仪态本来就很难用画像的形式准确地表现出来,难怪毛延寿笔下的昭君与真人不符。

范晔的《后汉书·南匈奴传》中关于昭君出塞也有详尽记载,更显"毛延寿画丑昭君"为无稽之谈。记载曰:"昭君字嫱,南郡人也。初,元帝时,以良家子选入掖庭。时呼韩邪单于来朝,帝敕以宫女五人赐之,昭君入宫数岁,不得见御,积悲怨,乃请掖庭令求行。呼韩邪临辞大会,帝召五女以示之。昭君丰容靓饰,光明汉宫,顾影裴回,竦动左右。帝见大惊。意欲留之,而难于失信,遂与匈奴。"。由此看来,昭君是自愿请求在先,奉召示众在后,并无皇帝选画之说,更无毛延寿丑化昭君之言。

开唐功臣长孙无忌:忠臣枉做刀下鬼

自武则天当上皇后以后,长孙无忌很少抛头露面,主要承担领导编纂书籍的职责。当韩瑗、来济等被贬逐,褚遂良病死爱州之后,长孙无忌就成为武则天等人的直接对手。武则天和许敬宗等人都明白,只要长孙无忌还在朝中,关陇集团随时都可能卷土重来。

公元659年，洛阳人李奉节等告太子洗马韦季方和监察御史李巢互为朋党，高宗诏令许敬宗审理。许敬宗审讯急迫，韦季方自杀未遂，许敬宗则趁机诬奏韦季方与长孙无忌诬陷忠臣近戚、伺机谋反。由于在废立皇后问题上高宗和长孙无忌之间曾有过冲突，长孙无忌已失去了高宗往日的尊崇，但高宗对许敬宗耸人听闻的诬奏感到惊讶和疑惑，不相信长孙无忌会谋反，命许敬宗再加审查。第二天，许敬宗上奏，诡称昨晚韦季方已承认与长孙无忌共同谋反，还编造了谋反的口实，极力敦促高宗以法收捕。许敬宗见高宗怕留下杀舅父的恶名，迟迟下不了决心，又列举了汉文帝杀其舅父薄昭，至今天下仍称其为"明主"，以消除高宗的疑虑。许敬宗还进一步说："古人有言，'当断不断，反受其乱'，安危之机，间不容发。无忌今日之奸雄，王莽、司马懿之流也；陛下少更迁，臣恐变生肘腋，悔无及矣！"在许敬宗的一再劝说下，高宗没有召见长孙无忌，即下诏削夺他的官爵、封邑，流放于黔州（今四川彭水），并发兵立即遣送。不过，高宗仍念舅甥之情，念长孙无忌有拥戴之功，特准许按一品标准供给饮食。长孙无忌的家族也受到株连，从弟渝州刺史长孙智仁、族弟长孙恩、儿子驸马都尉长孙冲、族子驸马都尉长孙铨、长孙祥等也陆续被诛或被贬，无一幸免。

长孙无忌

不久之后，唐高宗又命司空李世绩、中书令许敬宗等五名宰相再次审理长孙无忌一案。许敬宗命大理正袁公瑜前往黔州，逼迫长孙无忌投绳自杀身死，并籍没其家。然后上疏高宗，说长孙无忌罪状属实。于是，高宗又下诏赐死韩瑗、柳奭等人。至此，关陇集团彻底覆灭。

明朝宰相胡惟庸：位高权重祸及九族

朱元璋为何大张旗鼓地制造胡惟庸案，至今以来都是一个谜。

明王朝建立伊始，太祖朱元璋并没有安下心来。他的多疑令他唯恐有谋臣造反，只有皇权完整地独立控制整个国家生杀之事，才能保证明王朝的千秋万代。因此而成为牺牲品的明朝将相不在少数，其中宰相胡惟庸算是最大的牺牲品。

关于胡惟庸获罪的原因，历史上有两种说法。

一说是胡惟庸位高权重，心生他意，同倭寇与旧元勾结，意在弑君，结果事情败露。另一种说法是胡惟庸引朱元璋来家里观看醴泉，这被认为是天赐的祥瑞之事，所以朱元璋欣然前往，结果在路上被一个宦官拦住，诉说胡惟庸谋反的阴谋。不管是哪种材料，都是疑点重重，真实情况已无从考证。但是胡惟庸谋反一事，在皇帝那里就是事实，这是十恶不赦之大罪。随后朱元璋借此东风，一举撤销中书省，不再设丞相。随后又追查了依附胡惟庸的官员和六部官属。结果此案迁延十余年，大小官员被处死者多达三万余人。

钱穆在《中国历代政治得失》一书中讲道：自古以来，中国的皇权和相权是划分的，即使两种权力的比例不同，相权对皇权有一定的制约，并不是皇帝一人专制。而政府真正由一个皇帝来独裁则是在明清两代，始作俑者就是这位明太祖朱元璋，他废止宰相一职，并严格规定子孙们永远不准再立宰相。从明朝中后期的事情来看，皇帝们总是滥用手里的权力为所欲为，最终没能守住祖宗的这份基业，在祖宗这里也许能够找到根由。

胡惟庸一案的血流成河，并没有让朱元璋放心，因为宰相虽然没有了，还有很多劳苦功高的大臣，难以保证他们不会起异心。于是，他又举起了屠刀，洪武二十六年（1393年）正月，蓝玉案起。蓝玉以谋逆罪被杀，连坐被诛杀者达1.5万人。

嘉靖名臣海瑞：直言进谏惹狱灾

历代王朝，多的是直言进谏之忠臣良将，为何独海瑞上疏而名声大噪？不得不从嘉靖皇帝的独断专横说起。

嘉靖皇帝朱厚熜即位后，想追封亲生父亲兴献王为皇帝，却遭到群臣的反对。嘉靖三年，吏部侍郎何梦春、修撰杨慎带领200余名朝臣冒死进谏，嘉靖皇帝不仅不为所动，反而令侍卫将群臣逮捕，施以廷杖之刑。

嘉靖四十三年，海瑞任户部主事。他对嘉靖时期的"君道不正，臣职不明"深感忧虑。眼看国力日衰，不得不冒死向皇帝呈上《治安疏》，直言不讳地批评嘉靖皇帝迷信道教，大兴土木，竭尽民脂民膏；不视朝政，以至法纪废弛；听信道士妖言，不与皇子们相见，以致父子之情淡薄；在西苑深居不回宫城，导致夫妇之情淡漠。正是这些荒唐的举止，导致"天下不直陛下久矣"！直面上疏后，海瑞自己也预计到难逃一死，事先安排好了后事。然而，结果却出人意料。

虽然嘉靖皇帝看后勃然大怒，命随侍的宦官"趣执之，无使得遁"，然而当拿起奏疏反复阅读后，最终只将海瑞关押入狱，并未执行死决。

对于嘉靖皇帝没有立斩海瑞的原因，后人作出了不少推测。一说海瑞官职虽小，却有清正刚直之名。其居官清廉，刚直不阿，救济黎民，有"海青天"之称，深得百姓尊敬与爱戴。若杀海瑞，则天下震动。二说嘉靖皇帝欣赏海瑞，认为可以"以作治贪之利器"。三说嘉靖为向天下人展示其虚怀纳谏、宽宏大量的帝王气量，故放海瑞一条生路。

当然，也有人从《治安疏》中寻找答案。海瑞上疏，将嘉靖皇帝比为汉文帝，言"陛下天资英断，过汉文远甚"。在此前提下，才开始列举当今朝政之弊端，并将弊端之源归于"陛下误举之，而诸侯误顺之，无一人肯为陛下正言者，诹之甚也"。奏疏的结尾，海瑞又将嘉靖皇帝与"尧、舜、禹、汤、文、武"并列，只要"陛下一振作间而已"，则"天下何忧不治"？这正是海瑞的过人之处。

值得一提的是，海瑞入狱不到两个月，嘉靖皇帝驾崩，新君即位后便下诏释放海瑞。

嘉靖名臣夏言：锋芒毕露下场悲

夏言是明朝嘉靖时的名臣，他四次入阁为首辅大臣，权重一时，名震天下。夏言的下场却是可悲的，最后被处以极刑，斩首于北京菜市口。如此人生巨变，探根溯源，不能不归结到夏言的刚直上。

夏言学问高，本事大，唯其如此，皇上不得不借重他。夏言自恃才高，刚直得近于傲慢，皇上他也敢反驳，皇上屡有不快，只是引而未发。

时任礼部尚书的严嵩要借此扳倒夏言，自己登上首辅之位。一次，嘉靖皇帝因迷信道教，制作了一批道士似的服装分赐大臣，要他们穿着上朝。夏言以有伤国体之故，不肯听命。严嵩看出嘉靖皇帝为此内心恼怒，便借机进谗道："夏言目无皇上，当众抗命。他每以忠正自居，如此不敬皇上，其狼子野心不是昭然若揭了吗？"嘉靖深以为然，自此疏远了夏言。

与夏言相反，严嵩在嘉靖面前表现得极为恭顺，凡事无不赞成，即使明知皇上有误，他也一味拥护，遭人讥笑也不在话下。长此以往，嘉靖皇帝对严嵩的好感日增，最后让他入阁拜相，成了一名重臣。

夏言先后三次被免去首辅大臣之职，第四次入阁为首辅时，他的一位好友来到他的府上，却是连声叹息，不住地摇头。夏言心中有异，问其缘故，他的好友便说道："大人三去相位，可知是为什么吗？"

夏言乃道："皇上见异，乃是小人作祟。如今皇恩逾隆，足见皇上的英明。"

其友却道："大人刚直，天下尽知。皇上容你三次，还会容你下次吗？小人陷你三次，还会收手不为吗？望大人引以为戒，否则祸不可测了。"

夏言凛然道："大丈夫为国尽忠，岂能藏头缩尾、违心行事？我心无私，皇上自能体察，祸从何来？"夏言依然故我，嘉靖皇帝愈加厌恶于他。后因在收复蒙古人占领的河套地区一事上，夏言又出言犯上，和嘉靖皇帝有了争执，加上严嵩在旁进谗，嘉靖皇帝终于动了杀机，将他定了死罪。

明代忠臣于谦：忠贞反为祸根苗

明英宗正统十四年(1449年)秋，由于蒙古瓦拉部侵犯大明江山，英宗采纳宦官王振的建议亲自抵抗外族的侵犯，由于组织不周且前线指挥由宦官独断，导致明军在土木堡被瓦剌军打败，英宗被俘。这时于谦挺身而出，力排众议，坚持"社稷为重，君为轻"的思想，取得了京师保卫战的胜利。后来明英宗时期，各地政局产生了一些动荡，也都被于谦平定。

景泰八年，将军石亨、左副都御史徐有贞等发动宫廷政变，于谦被逮捕。罪名是迎立外藩、图谋不轨，罪至当诛。石亨曾是于谦的部下，经于谦提拔才至将军位，在京师保卫战中也曾立过战功，但是此人经常藐视大明律多行不义，于谦就参劾他，由此对于谦恨之入骨。徐有贞在京师保卫战后被罢免官职，后来让于谦替自己向景泰求情，景泰对徐极为反感，复官不成，这笔仇怨也记在了于谦头上。

于谦

当石亨等人力主要杀于谦的时候，明英宗"不忍心杀害功在社稷之人"。力主要杀于谦的人就把当年其"社稷为重，君为轻"，不顾英宗死活的主张告诉了英宗，还强调："不杀于谦，此举为无名！"英宗才痛下决心杀了于谦。

据史料记载，于谦死之日，阴霾四合，天下冤之。"京郊妇孺，无不泣洒"，还有人不顾个人生死收敛于谦的遗骸。

成化初年，于谦的儿子被赦免，他上疏为父申冤，这才得以恢复于谦的官职和赐祭，皇帝的诰文里说："当国家多难的时候，保卫社稷使其没有危险，独自坚持公道，被权臣奸臣共同忌妒。先帝在时已经知道他的冤，而朕实在怜惜他的忠诚。"诰文在全国各地传颂。

弘治二年，采纳了给事中孙需的意见，赠给于谦特进光禄大夫、柱国、太傅，谥号肃愍，赐在墓建祠堂，题为"旌功"，由地方有关部门年节拜祭。万历中，改谥为忠肃。

明代首辅张居正：功亏一篑酿悲剧

有人说，倘若张居正早生几百年，再碰上明主，相信华夏在他的改革之下将发生翻天覆地的变化。《明史》当中记载的张居正是这样的："居正为人，颀面秀眉目，须长至腹。勇敢任事，豪杰自许。然沉深有城府，莫能测也。"

明朝中期，幻想长生不死的嘉靖皇帝修仙炼道，不理朝政，将社稷大业教给了奸相严嵩打理。严嵩父子趁机为非作歹，贪赃枉法。隆庆皇帝在位六年，极少审批公文、听任群臣争议。每每有人重振朝纲，诸如首辅徐阶、高拱等人，却都难以奏效。

张居正继任首辅后，决定实施改革，重振明朝。隆庆二年八月，他托《陈六事疏》中就从省议论、振纪纲、重诏令、核名实、固邦本、饬武备等六个方面提出改革政治的方案，其核心就是整饬吏治、富国强兵，明确地把解决国家"财用大匮"作为自己的治国目标。通过一系列改革措施，明朝形势好转。

面对幼主万历皇帝，张居正如同一个严厉的父亲，一方面教导幼帝，另一方面把持着朝政。明初皇权过分集中的局面再次打破,张居正令相权再次分离出来。

作为一个具有雄才大略的政治家,张居正对明王朝所面临的问题有深刻的认识。针对外患问题,他倚重抗倭名将戚继光解决了沿海倭寇,抵御了北方鞑靼的入侵。此外,他利用鞑靼首领说服鞑靼称臣。之后二三十年间,明朝和鞑靼之间一直没有发生战争。

张居正

对于当时国力匮乏和盗贼横行的问题,张居正认为是由于吏治不清造成的。张居正很高明地把了国家的脉象,于是在万历元年(1573 年)十一月,张居正上疏对官员实施"考成法",以便明确职责。张居正在施行考成法时,还将迫收赋税作为考成的标准。一时间,全国各地官员因无法缴纳赋税而遭到降职处分。由此官员们再也不敢贪污受贿。

然而,对官吏的管理限制势必损害官僚豪强的利益。不管张居正的改革多么成功,但他始终是地主阶级内部的改良运动。改革虽然可以清除积弊,澄清吏治,抑制豪强,减轻农民痛苦,可是却树立了大地主阶级这个强敌。而财政收入的提高,致使官僚豪强大地主更加盘剥百姓。

张居正死后,神宗万历皇帝废除新政,国家朝政急遽败落,危机故态复萌。不仅统治机构自行解体,各种社会矛盾交错而起,而且国家库藏被耗尽,百姓生活在水深火热中,全国各地怨声载道,朝堂动荡不安。

一场轰轰烈烈的改革成果轻易地被破坏了,这究竟是张居正的悲哀,还是大明王朝的悲哀? 寻根究底,是体制的弊端造成了改革的悲剧。而对于张居正本人,历史上也是褒贬不一。

王大臣闯宫案:真假预谋连环谜

明神宗万历元年正月十九日(1573 年 2 月 20 日),年仅 10 岁的神宗皇帝走到乾清门时,一名宦官打扮的男子慌慌张张地走过,神宗身边的人将其拿获,在他的身上搜出刀剑各一把,随后将其移送东厂审讯。经初步审问,得知此人名叫王大臣,以前是别人家的仆役,现在没有雇主。案件发生后,除了对王大臣严加审讯外,朝廷也采取措施加以防范。

案件发生后第三天,首辅张居正上疏要求追查王大臣前来犯驾的主使之人。从这时起,很多人开始谣传,本案是张居正与司礼监首领太监冯保联合置前任首辅高拱于死地的一种谋划。随着这种谣言从普通官员扩展到朝中大臣,张居正又迅速采取办法,于案发 34 天后将王大臣斩首结案,其他人均未波及。

虽然这种猜测有很多记述，但是张居正究竟是否参与了此次案件的谋划，一直都是疑案。1999 年，韦庆远先生的著作《张居正和明代中后期政局》出版，对这个疑案作了定论，称"是由冯保主谋，在张居正知情，并在一定程度内参与下炮制而成的假案"。

但《万历起居注》中记载："是日早，乘舆出乾清门，有男子伪着内使巾服，由西阶下直趋而前，为守者所执，索其衣中，得刀剑各一，具缚两腋下，诘之，但道其姓名为王大臣，系直隶常州武进县人，余无所言。司礼监太监冯保奏状，奉旨：'王大臣送东厂究问，还差的当办事校卫着实缉访来说。'"可见，从王大臣身上搜出刀剑系当时之事，下东厂究问在其后。则冯保没有时间将刀剑缚于王大臣身上，也不可能在极短的时间内即决定以此谋害高拱，更没有时间与张居正商量后，再"令家人辛儒饮食之，纳刃其袖中，俾言拱怨望，遣刺帝"。故此，冯保"置刃其袖"以诬陷高拱之说与《明史·冯保传》所载之说皆系推测之词，与实际情形颇不相合。

此外，王大臣挟刃犯驾，张居正作为顾命大臣，面对有人挟刃惊吓了年仅 10 岁的皇帝这一突发性事件，想得严重些也完全在情理之中。在戒备松弛的情况下，出现突发性事件只能让人立即追查此次事件之原因。张居正的做法实在难与配合冯保联系起来。

通览《国榷》《明史》《明史纪事本末》《明通鉴》的有关章节可发现，对于王大臣一案的记述也都情节离奇，难有定论。

戎马将军玄案

人的性格能够决定其一生的命运，有时历史会用假象蒙蔽我们的双眼，这需要我们不断地探讨和研究表象背后的真相。纵观历史，那些震铄古今的戎马名将，有的从一代霸王变成了悲情英雄，有的从流氓草寇上升成为一代帝王，他们为什么会有如此的变化呢？观其一生，这与他们的性格是分不开的，是他们的性格决定了他们的命运。

智勇双全、战功赫赫被人称为有大将之风，而有勇无谋则会被视为莽夫，既无勇又无谋只能是懦夫、无能者，这样的人不能够担当将军的重任。所以，一名大将到底能成为名垂千古的名将，还是成为徒有虚名的败将，与其自身的原因有很大的关系。

每个人的心中都有一种英雄情结。一个真正的英雄人物，应该既是一个杰出的军事统帅，又是一位清醒的政治家。人心向背问题不仅关系着战争的胜负、人民的存亡，也是治理国家、辅佐君王不可忽视的决定性因素，善于妥善处理军事与政治之间的相互关系，才是有勇有谋的将才。

本节既有驰骋沙场的常胜名将，也有壮志未酬的悲情英雄，通过一个个生动离奇的历史事件，再现了历代将军们叱咤疆场的雄才武略，以及因性格缺陷导致人生悲剧的泣天恸地。

战国名将赵括："纸上谈兵"是冤枉

赵括是战国时期赵国马服君赵奢之子，出身名门，自幼熟读兵书，对军事方面有自己的见解，少年时代即随父亲赵奢出战。少年赵括曾献计帮助父亲一个月之内攻下了赵军久攻不下的麦丘。公元前270年，赵括运用反间计，成功地解救了瘀与地区，因此扬名。

赵括

在公元前260年长平之战爆发之始，赵括没有任何实际带兵打仗的经验，在军队中他更多地扮演了军师的角色。公元前260年，秦王命王龁进攻韩国上党地区，并且顺利地占领该地区，但是上党地区早在两年前已归属于赵国，此次秦进攻上党，赵孝成王就派名将廉颇出战，廉颇驻军长平，与秦军交战，采取了自己不擅长的消耗坚守战略，秦军不断吞食赵军，完全占领了上党地区，这对赵国都城邯郸十分不利。因此，赵国内部出现了混乱，不断有人提出建议，换下廉颇。最终，赵王听取乐毅的建议，由赵括取代廉颇，对战秦军。赵括率领四十万大军，改守为攻，主动全线出击，向秦进攻。秦将白起分兵两路：一路佯败，把赵军吸引到秦军壁垒周围；一路切断赵军后路，实行反包围，使赵军粮道断绝而困于长平。最终，赵括突围不成，战死长平，四十余万赵兵尽被坑杀。

综上，有几点值得注意。

一、赵括虽然有跟随赵奢出征的经历，但是从来没有独立为将、带兵打仗的经验。虽有谋略，但是却缺乏实际作战经验，大多数战功只是靠"军师"而得来。因此，在关键的时候，赵括上阵打仗，取得成功的可能性并不是很高。

二、在经过了赵惠文王策划的"沙丘之乱"之后，赵国的国力逐渐削弱。赵国的实际情况根本就支撑不了长久的消耗战，让赵括上任之后，除了速战速决以外，更无任何选择。

三、赵括上任以后，大量修订军纪，把廉颇规定的一套制度全部废除，这一番大刀阔斧的改革是赵括经验不足的表现。

四、赵括的举动是"纸上谈兵"的关键，即赵括在战役之中所采用的战略战术。当时秦军在西、赵军在东，秦军以西是河水很宽很深的泌水，赵军以东是河水很宽但水浅的丹水，两军之南是太行、王屋山脉，北面也是太行山的山脉，整个战场由山脉和河水组成了一个矩形。但是，南面的山脉已由秦军所占。北面的山脉为秦赵共同占有。因此，无论是哪支军队要全身而退，都只有选择水路，要么是涉水渡过丹水，要么是乘船渡过沁水。

赵括决定派晋阳赵军南下支援沁水西岸的赵军,控制沁水西岸一带,再向西进攻秦军,配合自己的大军东西夹击秦军。但是,赵括没有想到的是,沁水西岸的赵军并没有完成自己的命令,未能控制沁水西岸,所以当赵括大军一路追随不断向西撤退的秦军至沁水河东岸时,不但没有消灭秦军,反而使自己陷入了秦军的包围圈之中。最后,秦军骗降赵军,两军再战,死伤无数,赵军四十万大军终因力竭而败,赵括自杀殉国。

其实,赵括的部署可谓得当,只是赵皮牢、晋阳二军未能完成任务。所以,赵括在长平之战中并不是"纸上谈兵"。

大将军韩信:阴谋造反难断定

韩信是秦汉之际最著名的军事家,为西汉建国立下了汗马功劳,与萧何、张良并称为"西汉三杰"。但是,这位大功臣最终的结局并不如想象中的美好,他被吕后、萧何捕杀于长乐宫中,三族被夷。那么,究竟是什么原因使得这位大功臣落得如此凄惨的下场呢?

一直以来,史学界对韩信的死因说法不一,各执一词。

韩信被杀的起因是自请封王。汉高祖五年,平定三齐之后,刘邦被楚军围困于荥阳,焦急等待韩信率兵来救。但是,刘邦等到的并不是韩信大军,而是韩信自请封为齐王的上书,这让刘邦十分震怒,而有求于人的刘邦,也只好遂了他的意。韩信自请封王的做法,在刘邦心中埋下了深深的隐患。因此,在楚汉战争刚刚结束,刘邦就设计夺了韩信的兵权,徙封为楚王。入楚的韩信还是没有意识到自己的危险处境,

韩信

反而与项羽旧部钟离昧相交甚密,刘邦势必对韩信的怀疑更甚。

真正让刘邦有机会杀掉韩信的原因在于有人告韩信谋反。

自请封王事件之后,刘邦对韩信已经是心存芥蒂,所以当有人举报韩信要谋反的时候,刘邦采用陈平的调虎离山之计,趁着韩信来陈朝会见之时逮捕了韩信。果断而深谋远虑的刘邦仍念韩信建国功勋,并未杀之,改封为淮阴侯,使居长安。危机四伏的韩信依然没有看清楚形势,反而勾结握有重兵的陈豨,准备趁着刘邦伐陈之时发动叛乱。韩信的阴谋被人告发之后,被吕后、萧何捕杀于长乐宫之中。

还有的人认为,刘邦为了消除割据势力、统一集权而杀韩信。刘邦为平定天下,在特定的历史条件之下分封了七个"异姓诸侯王",这些"王中之王,国中之国"成为西汉王朝

统一集权的重大隐患。尤其是在刘邦基本上控制了六国旧贵族和关东豪杰的分裂活动之后，异姓诸侯王更成为刘氏家族的眼中钉、肉中刺。所以，不论韩信有无谋反之心，刘邦必然会采取高压手段来消灭异姓诸侯王，才能免除战祸，休养生息。

近年来的研究认为，刘邦并未有杀韩信之意。韩信被吕后、萧何所杀，只是吕后为了自己以后篡权扫除障碍，而萧何作为韩信的举荐人，捕杀韩信是因为当时自己已深受刘邦猜疑，如不屈从于吕后的意旨，自己也会遭到株连。所以，韩信被杀，所谓谋反只是莫须有的罪名，吕后揽权才是真正的主因。

飞将军李广：战功显赫因何一生未封侯

李广一生征战拼杀七十多场，而且多数获胜，极少失败，是匈奴人眼中的劲敌。但是，尽管李广战功赫赫，却因各种原因没有得到相应的封赏，更难被封侯。和他一起出来且声名远在他之下的堂弟李蔡已经身为丞相，李广依然只是一个普通的将军。

李广有一次和占卜天象的王朔讨论自己难封侯的原因。王朔问："你是否做过违背良心的事？"李广想了想说："我镇守陇西的时候，羌人曾经造反，我用计谋使他们投降，后来又将八百多名投降者在一天之内杀掉了。这是我认为最遗憾的事。"王朔叹息说："把已经投降的人杀掉，这就是将军没有被封侯的原因。"

李广雕像

公元前 119 年，朝廷对匈奴发起大规模战争，分两路向匈奴进军。已经年老的李广主动请战，担任前将军，由卫青指挥。李广在行军途中经常迷路，等到会合地点时，已经迟了几天。手下的人叫李广的部下到卫青那里去请罪，谁知李广气愤地说："我的部下没有罪，迟到的责任在于我自己，要审问就审问我一个人。"

接着，李广对部下说："我一生跟匈奴打了七十多场仗，这次跟大将军出战，没想到大将军把我的队伍调开，让我走迂回遥远的路线，而偏偏又迷了路，这岂不是天意吗？况且我已经这么大年纪了，毕竟不能同那些小吏打交道了。"说完，拔刀自刎。李广一生威名显赫，最后的结局却凄凉万分。

李广是个很有传奇色彩的将军，但是他一生却未能封侯，其原因很多。

首先，就是他的运气太差。李广虽然名气很大，但是实际上打的大规模胜仗不多。只是在一些特殊情况下，靠个人的勇武获得了一些超出常人的战绩。汉武帝元光六年，四路大军出塞。卫青、公孙敖、公孙贺、李广各率一路，每军一万人。本来这次出塞，四个人都有机会靠优异的成绩获得主帅的位置。但是运气和个人素质让四个人遇到了不同的情况。公孙贺在塞外旅游一圈，无功而返。公孙敖遇到匈奴一部主力，损兵七千。李广最倒霉，遇上了更大的匈奴单于主力，不仅兵败而且被俘。后来靠个人的机智和勇武才逃脱。卫青的运气和战略眼光都很好，长途奔袭，端了基本不设防的匈奴圣地龙城。前面提到王昌龄的诗，实际上有很大的错误。龙城与李广无关，他从来没到过那里。龙城飞将的说法，可能仅仅是为了合辙押韵而已。另外李广对匈奴的战绩，小仗胜大仗败，远远够不上"不教胡马度阴山"的水平。

李广参加的最后一次大战役，卫青已经是主帅了。为了提拔自己的亲信立功，卫青拒绝了李广担任前锋的要求，而令其侧路袭击。但是李广的坏运气再次发生作用，他居然迷路了。这时的李广已经六十多岁了，自己知道这是最后一次参加大型战役了。不仅没立成功封成侯，还要面对军法处那些笔杆子的羞辱。绝望加羞耻，致使他引刀自刎，一代悲情名将就此陨落。这是李广难封的运气原因。

其次，还有个人性格原因。综观李广战绩，勇不必说，其智谋就表现得不够出色，极少以少胜多或以计克敌的战例。此外，他的另一个性格特征也很重要。元光六年出塞，兵败被俘脱难归国。按照当时的军法，李广是死罪。靠族人出钱赎罪才免于一死，贬为庶人老百姓。之后有次外出回城晚了，叫门说"我乃前将军李广"。守门小官有点儿势力眼，加上喝得有点儿高，就说："现任将军也不能违反夜间戒严令，何况你是前任将军?"李广干气没辙。后来李广重新带兵后，就把这个守门官调到自己军中找了个借口杀了。这些事情，反映出李广的性格缺陷，心胸狭窄、暴戾，缺少独当一面的战略才能。面对"李广难封"的典故，既要明白王勃用典的初衷，也要能从真实的李广身上学到教训。

唐朝起义将领黄巢：英雄遗迹何处寻

黄巢率领农民起义军围困长安时，曾有诗作"待到秋来九月八，我花开后百花杀。冲天香阵透长安，满城尽带黄金甲"。借此形容势不可当的义军力量。然而与唐朝军队的仓促应战，让他败北。结果，他带着残兵败将逃到了山东，自此没有任何音讯，他如何终老也就成为一个千古之谜。

在唐朝历史关于黄巢的记述，出现两种截然不同的说法：一个是被杀，另一个是自杀。

据《旧唐书·黄巢传》中有关黄巢死因的记述是这样记载的："巢将林言斩巢及二弟邺、揆等七人首，并妻子皆送徐州。"也就是说，是黄巢在兵败后看到生还无望便让外甥林言把自己杀掉的。同时这样记载的史书还有《资治通鉴》《桂苑笔耕录》《北梦琐言》。林言是黄巢身边的禁卫队首领，是黄巢最亲密的人，从基本事实上看，林言拿着黄巢的首级去投唐这是一个事实,其中又有怎样的故事却不为人知。

而《新唐书》对于黄巢的死却是这样记载的:在黄巢兵败狼虎谷后,他见大势已去,生还无望,为了保存反唐血脉,他让自己的外甥林言拿着自己的首级去投唐,但是林言不忍心杀掉自己的舅舅。于是,黄巢自刎却没有死,林言随后就斩下黄巢的首级去降唐军,不料中途遇到沙陀人,沙陀人求功心切遂将林言也杀了,将两人的首级一同献给唐军。

《新唐书》成书于北宋年间,但是有关唐史在五代后晋时就有官修的唐史,后世为了区别两者,遂把五代时期的《唐书》称为旧唐书,而把北宋欧阳修主持修编的唐史称为《新唐书》,但是由于成书时间的差异以及时代背景的不同,旧唐书成书于乱世且仓促,书中大有疏漏之处,而欧阳修主持修编的《新唐书》,不仅内容丰富而且对于史料的收集也是极为全面的,《新唐书》秉承春秋的笔法写史,因此研究历史的人大都会参考《新唐书》的相关记载。

从敦煌莫高窟发现的"敦煌文书"中有一部《肃州报告黄巢战败等情况残卷》,里面有这样的记载:"其草贼黄巢被尚让杀却,于西川进头。"尚让是黄巢起义军的人物,其早年追随王仙之后投奔黄巢。后来遇到唐军反扑后,黄巢带余部到达今河南境内却遭遇沙陀兵的突袭,伤亡无数急需救援。但是这时的尚让却背叛黄巢反投唐军。那么黄巢死于尚让手下也不是没有可能。

抗金英雄岳飞:千古冤狱"莫须有"

岳飞,字鹏举,是赫赫有名的抗金名将。靖康之变中,金灭北宋,康王赵构于南京继位,史称南宋。将领岳飞上书数千言,大概意思是说:"陛下已登皇位,社稷有主,已经足以打破敌人奸谋,加上勤王的军队日益会集,而敌人认为我方素来软弱,应该乘金轻敌懈怠之时出兵击之。"

岳飞治军严明,"冻死不拆屋,饿死不掳掠"。凡是朝廷有封赏犒劳,都分给部下军吏,不私拿一丝一毫。后来,岳飞率领经过严格训练的岳家军先后两次北伐。大败金兀术,收复大量失地。

正当岳飞指日之内就要渡过黄河北进时,秦桧却企图放弃淮河以北地区,暗示台谏官奏请高宗命令岳飞班师回朝。岳飞上奏回绝。秦桧知道岳飞北伐意志坚定不可扭转,于是先请求高宗让张俊、杨沂中等人率军回师,然后

岳飞

说岳飞孤军深入不能久留,请求下令班师。一天之内连下十二道金字牌,岳飞为其惋惜。

金兀术在给秦桧的信中建议"必须杀掉岳飞,然后才能够议和"。秦桧认为岳飞不死,终究会阻碍和议,自己也必然会遭到祸害,因此极力图谋杀死岳飞。

由于谏议大夫万俟离与岳飞早有怨仇,秦桧就暗示万俟离弹劾岳飞,又指使御史中丞等人连上章奏弹劾。但秦桧还不满足,又引诱王俊诬告张宪谋划迫使朝廷把兵权交还岳飞。

秦桧派人逮捕岳飞父子后,命令万俟离审理。万俟离污蔑岳飞说:岳飞曾写信给张宪,让张宪谎报敌情以震动朝廷;岳云也写信给张宪,令张宪采取措施使岳飞回到军中,并且说这些书信已经烧毁。后来又安排一些人来附会岳飞冤案。

当初,岳飞被关在狱中时,忠直的大臣说岳飞无罪,都被秦桧构陷,而凡是附会凑成岳飞冤狱的人,都不同等级地升了官。老将韩世忠愤愤不平,到秦桧那里质问真凭实据,秦桧说:"岳飞儿子岳云写信给张宪这件事虽不明确,但这件事情或许是有的。"韩世忠愤怒说:"'或许有'三个字,怎么能够使天下人信服?"

到了年末,这件案子还是没有成立,秦桧亲自写一个小纸条交给监狱,监狱当即报告岳飞死亡,当时岳飞年仅 39 岁。

明开国将军徐达:是病死还是被毒死

朱元璋作为郭子兴部将的时候,徐达 22 岁前往跟从朱元璋。徐达不仅作战勇猛,还擅长出谋划策。徐达待人宽厚,率领的军队纪律严明,朱元璋曾经对将领们说过:"带兵稳重,纪律严明。得胜后最有大将风度的就是徐达。"

进攻吴地时,徐达派使者向朱元璋请示事宜,朱元璋敕令慰劳他说:"将军才略胆识超过同辈,故而能够遏止暴乱,削平群雄。如今有事一定来禀告,这是将军的忠诚,我很赞赏。然而将领在外,国君不能驾御。军中有紧急的事情,将军可以见机行事,我不会从中干预。"

不久平江被攻破,抓获张士诚,送往应天,获得兵源 25 万人。城将被攻破的时候,徐达对将领士兵下令说:"抢夺百姓财物的处死,毁坏百姓房屋的处死,离开军营 20 里的处死。"入城后,吴地百姓和原来一样安定。

朱元璋建立明朝后,任命徐达为右丞相和太子少傅。徐达继续为朱元璋南征北战,灭掉了元朝,最终帮助朱元璋统一了天下。

天下安定后,徐达每年春天都会在外统兵,冬末的时候再回京城,回来后就把将印交还朝廷。朱元璋把徐达当成兄弟看待,而徐达反而更加谦虚谨慎,深得朱元璋的好感。朱元璋曾经说:"可以把我当吴王时期的住宅赐给你。"徐达坚决推辞。有一天,朱元璋和徐达一起到住宅,故意把徐达灌醉后抬到卧室。徐达醒过来后,吓得跪下高呼死罪。朱元璋心里非常高兴，下令给徐达盖了另外一处府邸，并且在府邸牌坊写上"大功"二字。

胡惟庸当丞相的时候，想和徐达拉关系，但徐达鄙薄他的为人，不愿和胡惟庸打交道。胡惟庸怀恨在心，就收买徐达的看门人福寿，让福寿陷害徐达。徐达知道后也没有追究福寿，只是常常劝朱元璋对胡惟庸多留个心眼儿，说胡惟庸不适合掌权。后来胡惟庸果然因为谋逆而被处死，朱元璋因此更加看重徐达。

不久，天象发生变化，月亮侵犯上将星座，朱元璋很忌讳这事，对徐达开始不太放心了。徐达在北平生了病，背上长了毒疮。朱元璋就派徐达的长子徐辉祖代表自己去慰劳徐达。第二年，徐达就去世了，当时有人传说是朱元璋把徐达毒死的。

徐达去世后，朱元璋很悲痛，还亲自去参加了葬礼，把徐达列为开国第一功臣。

白莲教女英雄唐赛儿：是战死疆场还是削发为尼

《明史纪事本末》记载，永乐十八年，明成祖朱棣下了一道奇怪的命令："凡北京、山东境内尼及道站，逮之京诘之。"随后，明朝政府开始大肆抓捕尼姑道士。全国所有的尼姑以及女道士统统被逮捕送到京师逐一审问，验明真实身份。

这场史无前例的尼姑逮捕案，起源于一场农民起义运动。永乐十八年，山东境内发生了严重灾荒，官府不但没有发粮救济，还抓捕了大量聚众向官府讨要粮食的农民，许多人被活活打死。二月，唐赛儿以白莲教名义组织农民数千人，以红白旗为号，于滨州起义对抗朝廷。起义军很快就占领了青州、诸城、莒县、即墨等州县。明成祖朱棣派重兵镇压。然而起义军却突然消失，领袖唐赛儿也消失不见了。官军便禀报明成祖说唐赛儿失踪了。

白莲教起义多次打败明朝官军，但是规模毕竟很小，持续时间也不长，但是唐赛儿对政府的招安不理不睬，蛊惑民众与朝廷对抗，使得朱棣颜面扫地。因此，朱棣为了消除心中怒气，杀一儆百，下令必须抓到唐赛儿。

《明史纪事本末》记载："唐赛儿久不获，虑削发为尼或处混女道士中，遂命法司，凡北京、山东境内尼及道站，逮之京诘之。"那么，朱棣又为何认为唐赛儿是藏身于尼姑之中呢？首先，佛门自古就是清净之地，远离世俗，官府不能介入佛门之事。所搜捕的官员在长期搜索不到唐赛儿所在，就以其藏身佛门为借口来推卸责任。其次，唐赛儿起义之时自称"佛母"，也让人们有理由相信她有可能藏身于佛门。因此，山东左参政在得到朱棣的首肯之后，第一时间抓捕了在山东、北京的尼姑，但是却还是没有唐赛儿的下落。《明史纪事本末》又记载："永乐十八年二月，山东蒲台唐赛儿反，唐赛儿不获，溟逮天下出嫁尼姑万人。"朱棣在山东、北京一无所获之后，他把搜索的范围扩大到了全国，长时间的搜捕之后仍是毫无进展。

白莲教并没有因为明成祖的大肆抓捕而消失，直到清朝也一直没有停止活动。至于唐赛儿是否藏匿于佛门,或是战死疆场还是削发为尼,后人不得而知。直到朱棣去世,官府依然没有她的下落。历代史学家为了寻觅这位巾帼英雄之所在,皓首穷经也无定论。

明起义领袖李自成:战败之后下落何方

李自成的大部分部下被胜利冲昏了头脑,他们整日不是狎妓取乐,便是做着新朝登

李自成行宫

基的春秋大梦。明朝的半壁江山还没有打下来,当时的形势依然还很复杂。将军李岩给他提了四条建议:一是不要急于称帝;二是颁布的贪官追赃法令要严格按律执行。在政局还不够稳定的时候尤其要严明法纪,对于实在贪污严重者可以杀,其余都可以不予追究。对于那些清廉的官员更要在政策上保护,以争取这部分人的支持;三是严明军纪,一切军士均不得扰民,违令者斩;四是明朝各地握有军队的官员现处于观望状态,切不可兴兵讨伐,如若讨伐必将陷大顺于万劫不复之境地。可以采取安抚的策略,赐侯封爵未尝不可。

可是李自成没有采纳这四条建议,入京不足一月便被迫出走,一场浩浩荡荡的农民起义就这样结束了。

兵败后李自成带余部南撤,途中遭遇围追堵截、屡战屡败,后闯王不知所踪,成为历史之谜。

关于战败后的李自成究竟下落何方,有两种说法。

一说客死九宫山。这个说法来自当时清朝名将爱新觉罗·阿济格,他是在山海关大破李自成农民军的重要将领之一,他对李自成如何殉难是这样解释的:"李自成窜走时,随身只有士兵20人左右,在九宫山被山民围困,不能逃脱,然后自缢而死。"但阿济格并非亲眼所见,不足为信。

据明末清初诗人吴伟业的《绥寇纪略》中有关于李自成兵败九宫山的记述:"至九宫

山,独自上山谒元帝庙,当地山民误以为是盗贼首领'碎其首'而亡。"而费密的《荒书》记述:"李自成率十八骑,由通山过九宫山岭。"被山民围攻,十八骑被杀,李自成和山民程九伯搏斗,不慎被程九伯外甥金某从背后袭击致死。

二说夹山灵泉寺隐匿。

澧州知州何璘首先否定了清廷关于李自成死于九宫山的说法,他在《李自成传》中称,兵败后李自成逃到夹山削发为僧,法名奉天玉和尚(因为李自成曾号称自己是奉天倡义大元帅)。而且何璘还去实地考察过,说他见到一个操着陕西方言自称曾经服侍过奉天玉和尚的老人,并且他还有奉天玉和尚的画像,据说画上的和尚与当时史书上闯王的模样极为相似。在奉天玉和尚的墓葬中发现的很多遗物以及《塔铭》都与何璘记述寺内的遗物和皇室玉器极为吻合,而且从夹山寺里发现了只有君王才能使用到的石雕龟形敕印,这似乎在向研究者说明这个奉天玉和尚就是李自成。

由于关于李自成起义的很多文献资料都不知所踪,所以我们不能真实地了解当时的情况,进而对这位起义领袖的归宿也不得而知,因此关于李自成失败后的结局就成为一个历史疑案,有待后人评说。

明末将领袁崇焕:多变之秋的千古冤狱

明朝末年,后金军队攻打明朝,明朝将领袁崇焕率领部队东征西战,沉重打击了后金军队,收复辽东失地。然而,这位曾经为明朝廷立下汗马功劳的一代将领,却被崇祯皇帝下令逮捕入狱,次年被杀害。关于明将袁崇焕之死,历来学者有着不同的说法。

一说被崇祯皇帝误杀。有学者认为,袁崇焕因为崇祯帝听信阉党的诬告,中了皇太极的反间计而被误杀。在明军与后金军作战时,后金军曾两次被袁崇焕军击败。后金军见形势不利,就避开辽东防线,转而绕道进攻北京。袁崇焕得知消息后迅速回京防守,在北京城再次痛击后金军。此时,皇太极意识到明军的势力之猛,要进取中原,必须除掉袁崇焕。于是,皇太极用了一个反间计:后金军的副将高鸿中和参将鲍承按照皇太极的计谋,假装耳语说:"撤兵不过是个计谋,袁巡抚有密约,事情即将告成。"而此时被后金军俘获的明廷太监窃听到了他们的谈话,等到被后金军放回明朝后,太监便向崇祯皇帝告知袁崇焕与后金军"有密约"之事。崇祯皇帝听说袁崇焕背叛了朝廷,立即下令将其逮捕入狱。这样,皇太极就借着明崇祯帝的皇权除掉了袁崇焕。可悲的袁崇焕被中了反间计的崇祯帝而枉杀刀下。

二说被崇祯帝蓄意杀戮。有人对崇祯帝轻信反间计而误杀袁崇焕一说表示质疑,认为袁崇焕之死完全是崇祯帝的蓄意谋杀。其真实原因是崇祯皇帝担心袁崇焕及其东林党人对皇权构成威胁,崇祯帝以巩固皇权、防止大臣结党并削弱东林党势力为目的,以反间计为借口杀掉了袁崇焕。

三说基于袁崇焕自身的性格悲剧。袁崇焕性格耿直，敢说敢为，这令阉党人极其不满，也令崇祯帝反感。加上他是整个后金战局的统帅，有很大的军权，势必成为皇帝猜忌的一个因素。崇祯帝开始起用东林党人又继而起用阉党，就是为了实现自己的专权，而袁崇焕常常目无君主，曾因擅自诛杀明辽东大将毛文龙一事而遭致崇祯帝的不满，但当时崇祯帝容忍了他的功高盖主的行为。随后的己巳之变，让崇祯帝和袁崇焕之间的君臣关系难以维持，导致崇祯帝下定决心痛杀袁崇焕。因此，从这个意义上说，袁崇焕实质上是君臣冲突的牺牲品。

袁崇焕

清代权臣年羹尧：飞扬跋扈，丢官丧命

　　年羹尧是清代康熙、雍正年间人，进士出身，官至四川总督、川陕总督、抚远大将军，还被加封为太保、一等公。年羹尧曾运筹帷幄，驰骋疆场，立下赫赫战功。雍正二年入京，深得雍正帝的特殊宠遇，位极人臣。

　　然而短短一年时间，92条大罪，一丈白绫，断送了这个曾集高官显爵于一身的大清功臣。究其原因，众说纷纭。

　　有人认为，年羹尧自恃功高盖世，不把天子和朝臣放在眼里。在一次庆功宴上，雍正出于爱将之心，多次要求将领们将铠甲卸下，却无人敢动。唯等年羹尧发话之后，众人才敢卸下铠甲。年羹尧还把朝廷派来的御前侍卫当做奴仆使唤，对雍正的恩诏不行三跪九叩之礼，甚至在知道雍正打算亲笔为《陆宣公奏议》撰序的情况下，都敢以不愿烦扰圣驾为由，自拟序言，更要求雍正公诸于天下。如此飞扬跋扈，雍正岂能容他？

　　对于雍正大力整顿吏治一事，年羹尧处处干预，诸多阻挠。其贪敛财富、结党营私、任人唯亲等举动到了无以复加的地步。即便是被贬职上任，仍大运财产，更带数千亲兵同往。年羹尧不知收敛地撞在这风口浪尖之上，正好给了雍正帝杀一儆百的机会。

　　也有人认为，年羹尧参与了雍正夺位之事，他的死正是一代帝王为巩固帝位而上演的"鸟尽弓藏"的悲剧。据说康熙帝原本指定皇十四子允禵继位，而雍正帝篡改诏书夺取帝位，并且得到当时任川督的年羹尧助其一臂之力，牵制了拥兵于四川的皇十四子允禵，使其无法兴兵争位。雍正既登帝位，又有雄才大略治世贤能，若留下年羹尧这个知其篡位阴谋的功臣，实乃一大掣肘。加之年羹尧一旦得势就不知收敛，功高盖主而不自知，就注定了迟早落个丢官丧命的下场。

　　更有甚者认为，年羹尧之死是因其自立为帝的计划败露。陈捷在《年羹尧死因探微》

中认为,"羹尧妄想做皇帝,最难令人君忍受,所以难逃一死"。《永宪录》中也提到年羹尧曾与静一道人、占象人邹鲁商谈做皇帝的事。《清代轶闻》一书更记载了羹尧失宠之后,"当时其幕客有劝其叛者,年默然久之,夜观天象,浩然长叹曰:不谐矣。始改就臣节"。由此可见,年羹尧似乎真有称帝之心,只因为"事不谐",不得不"就臣节"。

爱国将领冯玉祥:海上遇难有悬疑

1948 年 7 月 31 日,一艘名为"胜利号"的客轮载着 322 名乘客从纽约起航,开往目的地前苏联敖德萨。但是,"胜利号"却在途经黑海之时突然失火,大量乘客遇难,其中包括即将返回中国参加政治协商会议的冯玉祥将军和他的小女儿。

这一事件引起人们的质疑:"胜利号"失火的原因是什么? 它的失火与冯玉祥将军有何关系?

"胜利号"轮船在发生火灾之后,经前苏联调查结果显示是,是由于电影胶片处置不慎而导致失火,火势蔓延,最终导致整条船烧毁。

火灾发生后,冯玉祥将军身死"胜利号"的消息,引起西方世界的极大轰动,各家媒体纷纷报道,但前苏联报纸却对这个"不幸事件"讳莫如深,只有一则标题为《"胜利号"轮船发生不幸》的简短报道,报道之中也完全忽略了火灾的起因。

冯玉祥

值得注意的是,"胜利号"从纽约起程之前,纽约当局曾强迫对"胜利号"进行了消毒处理。也就是说"胜利号"上原有的 200 余位工作人员必须全部离船,在消毒的两天时间里,没有人知道"胜利号"发生了什么。

另外"胜利号"在返程途中还突然接到黑海航运局的指示,要求"胜利号"绕道转去埃及亚历山大港,接收从埃及遣返回国的亚美尼亚人,把他们送回格鲁吉亚海港巴统,然后再返回敖德萨。"胜利号"执行了此项命令。"胜利号"在亚历山大港接收了 3000 多名亚美尼亚人返航,到达巴统之后返回敖德萨。路经黑海就发生了严重火灾,所以调查人员推测,有可能是破坏分子从亚历山大港混入其中,后来在船上蓄意引起火灾。而且在这批遣返人员上船后,人们在船上不同地方都发现了一种块状矿石。这种矿石在燃烧时可以放出蓝色火焰,能达到很高的温度。但是调查机关并没有按人为破坏说继续追查下去。

此次事件最为蹊跷的地方还在于：一是"胜利号"着火之后不久，苏联政府突然下令停止了亚美尼亚人的返乡潮。二是在"胜利号"实际发生火灾之前，美国的广播电台就提前播报了火灾的消息。

近年，冯玉祥将军的儿媳余华心女士撰写出版的《传奇将军冯玉祥》一书中就对冯玉祥将军的死进行了分析。她认为冯玉祥将军的死是一场经过精心谋划的谋杀行动，特务事先在油漆轮船的时候，在油漆里混入了大量的烈性炸药，所以大火才能很快地燃烧起来。

然而，"胜利号"失火的起因疑点重重，至今为止，对于冯玉祥将军的死亡原因也没有定论。

红颜美人悲案

"桃花羞作无情死，感激东风。吹落娇红，飞入窗间伴懊侬。谁怜辛苦东阳瘦，也为春慵。不及芙蓉，一片幽情冷处浓。"清代文人纳兰容若的这首《采桑子》，表达了对古代一位美艳女子息妫（桃花夫人）的缅怀之情。息妫的故事流传后世，引起后人的万千慨叹。历代无数诗人词家、名家都曾为她赋诗唱和，息妫凄婉多变的命运让她成为历史上尽人皆知的薄命红颜。

历来绝代佳人、倾城美人，其命运却也似二月桃花随波逐流。西施、王昭君、貂蝉、杨玉环古代四美人的命运悲剧，用苦短的青春祭奠了历史王朝的血泪史；而李师师、董小宛等青楼名妓，以及红尘侠女的颠沛人生，更引发后人的无限同情和沉重思考。那一曲曲凄婉的琵琶声流转着怎样的心曲？那"回眸一笑百媚生"的美丽背后真的是艳羡众生吗？

虽然我们不能感同身受她们的坎坷与落寞，但无论是有如昙花一现的惊艳，还是共佐几代君王的妩媚，这些红粉佳人们的痴与怨、笑与忧、身与心，都构成历史上光鲜华丽的篇章，也为她们的人生增添了浓墨重彩。

本节选取的是古代历史上最具亮点的美女佳人，尽管她们的故事和传说被世人传颂了千遍万遍，但其中的奇特趣闻和百态人生仍是我们津津乐道的永恒话题。

万里和亲刘细君：公主琵琶幽怨多

李颀的《古从军行》中的诗句"公主琵琶幽怨多"，后人都认为此处指的是王昭君。因为王昭君曾被册封为公主，而且最擅弹琵琶，并且她的故事为大多数人所熟知。其实，这首诗里的公主并非是王昭君，而是一位远嫁的汉朝公主，这位公主不仅有美丽的名字，还有美丽的容貌，《汉书·西域传》里还有关于她的记载。

她叫刘细君，是江都王刘建的女儿。元封六年（公元前105年），汉武帝封其为公主，远嫁乌孙国王昆莫猎骄靡，为右夫人。尽管此时的西汉王朝已相当强盛，经过大将军卫青、霍去病的彻底打击,匈奴已经远离漠北,可是汉武帝仍不得不采用怀柔兼武力的办法积极打通西域各国联合防御匈奴,乌孙国就是主要的争取对象。《汉书·西域传》记载:"乌孙国,去长安八千九百里……不田作种树,随畜逐水草,与匈奴同俗。民刚恶,贪狼无信,多寇盗,最为强国。汉元封中,遣江都王建女细君为公主,以妻焉。赐乘舆服御物,为备官属宦官侍御数百人,赠送甚盛。"

就这样,刘细君从深宫转入西域。尽管她娇弱无助,对故乡恋恋不舍,但也只有用琵琶声诉说幽怨。晋人《琵琶赋·序》云:"汉遣乌孙公主,念其行道思慕,使知音者裁琴、筝、筑、箜篌之属,作马上之乐。"唐人《乐府杂录》中记载:"琵琶,始自乌孙公主造。"

《汉书·西域传》里抄录着她的悲歌:"吾家嫁我兮天一方,远托异国兮乌孙王。穹庐为室兮旃为墙,以肉为食兮酪为浆。居常土思兮心内伤,愿为黄鹄兮归故乡。"这首诗传到汉地,连汉武帝也感慨万千,于是时常派特使携带珍贵礼物去慰问细君。

细君远嫁的第二年,昆莫猎骄靡就死了,其孙岑陬军须靡继位。按照西域风俗,新国王将继承前任国王的妻妾。细君上书汉武帝,表示自己不愿再嫁他人,而天子却赫然命令"从其国俗,欲与乌孙共灭胡"。

为了大一统这个冠冕堂皇的理由,细君公主作为政治的祭礼,牺牲着自己的青春年华,在大漠悄然陨落。

三国美女貂蝉:倩影幽魂何处去

貂蝉是中国古代四大美人之一,传说在一个月圆之夜,已长成花季少女的貂蝉正对月而拜,本高悬于空中的月亮竟慌忙躲进云中,再不肯出来,她的美令明月都自惭形秽。于是,貂蝉又以"闭月"的美名来形容。

曾经倾注大量笔墨渲染貂蝉义举的罗贯中,对貂蝉"长安兵变"后的下落,始终保持沉默。在她的历史价值被榨干之后,却遭到了主流文人的抛弃。但仍有一些作者在孜孜不倦地追问她的下落,继而任意虚构故事,以致其结局形成了"惨死"和"善终"两大系列。

"惨死系列"至少包含了四种不同的版本。第一种版本,昆剧《斩貂》细述吕布在白门楼被曹操斩首,其妻貂蝉被张飞转送给了关羽,但关羽拒绝受纳这位污点美女,怕其水性杨花、朝三暮四,难免为他人所玷污,只有一死才能保全其名节。于是,乘夜传唤貂蝉入帐,拔剑痛斩美人于灯下。

第二种版本出自杂剧《关公月下斩貂蝉》,是说曹操欲以美色迷惑关羽,使其为自己效力,遣貂蝉前去引诱。貂蝉使出浑身解数,上下挑逗,关羽心如磐石,为了自己不受魅惑,杀死了貂蝉。

基于儒家文人的悉心改造,明代以来,貂蝉和关羽的形象日益贴近士绅阶层的伦理标准。第三种版本出自明剧《关公与貂蝉》,剧中的貂蝉向关羽痛说内心冤屈,详述其施展美人计为汉室除害的经历，赢得关羽的爱慕，但关羽决计为复兴汉室献身，貂蝉只好怀着满腔柔情自刎，以死来验证自身的政治贞操。

第四种版本陈述貂蝉在怜香惜玉的关羽庇护下逃走，削发为尼，曹操派人追捕，为使桃园三兄弟不再重蹈自相残杀的覆辙，貂蝉毅然触剑身亡，一缕幽怨的香魂追随国家大义而去。

"善终系列"则有三个核心版本。第一种版本是貂蝉出家为尼，以佚名方式写下杂剧《锦云堂暗定连环计》，向世人言明自己的政治贡献，最后在尼姑庵里寿终正寝。

第二种版本则宣称关羽不恋女色，护送貂蝉回到其故乡木耳村，而貂蝉则一直守节未嫁，终于熬成了一个贞烈老妪，被乡人建庙祭奠。为谋生和丰富群众文艺生活起见，貂蝉还组织戏班演出，她所搭建的戏台成为该村一个诱人的景点。

第三种版本称貂蝉被关羽纳为小妾，并送往成都定居，本想在功成名就后慢慢享用，不料自己兵败身死，可怜的貂蝉从此流落蜀中，成了寂寞无主的村妇。

关于自杀说。在央视《三国》中貂蝉（陈红饰）在吕布杀死董卓后选择了自杀，结束了自己的一生，当她被吕布发现时早已身亡了。在海外的日本《三国志》和横山光辉《三国志》这两部著名作品中，貂蝉的结局和央视《三国》版的完全一样，董卓被杀死后，她自己的使命也就结束了，因此貂蝉选择了自杀。

曾有新闻称，某老人1971年于成都北郊拾得一块古碑，其铭文约略为：貂蝉，王允歌姬也，是因董卓猖獗，为国捐躯……随炎帝入蜀，葬于华阳县外北上涧横村黄土坡……这是有关貂蝉下落的最新证据，却无力证明任何东西。这里的"炎帝"疑为"关帝"的讹记，公元1652年清顺治帝加封关羽为"忠义神武关圣大帝"，此后民间才会出现"关帝"的简称。成都发现的墓碑，最多只是清代好事者的伪作。貂蝉的下落，依旧是个不可索解的悬谜。

大唐贵妃杨玉环：香消玉殒马嵬的种种谜团

杨贵妃，名玉环，号太真，出生在官宦之家，自小学习音律，能歌善舞，姿色超群。唐玄宗的女儿咸宜公主在洛阳举行婚礼时，杨玉环也应邀参加，寿王李瑁对她一见钟情，在武惠妃的要求下，唐玄宗册立杨玉环为寿王妃。

五年后，唐玄宗竟然也对杨玉环有了爱慕之情，为了得到她，唐玄宗先是打着为窦太后荐福的旗号，下诏令杨玉环在太真宫出家做道士。公元745年，杨玉环守戒期满，唐玄宗便下诏让其还俗并接入宫中，正式册封为贵妃。成为贵妃后，杨玉环"集三千宠爱于一身"，唐玄宗为了她甚至能够"春宵苦短日高起，从此君王不早朝"。

安史之乱发生后，西逃的李隆基在马嵬驿歇息，兵变的将士们射杀杨国忠后，强烈要求李隆基处死杨玉环。李隆基无可奈何，只得"命力士引贵妃于佛堂缢杀之"。就在两人难舍难分中,高力士缢死杨玉环于佛堂前梨树下,陈玄礼等人还亲自检验杨玉环已死去,这才令将士散去。

这也是为大多数人接受的史实。中唐白居易《李夫人》和郑隅《津阳门诗注》等均明确提到了杨玉环死后葬在马嵬驿,郑隅还详细地记载了李隆基命高力士移葬杨玉环的情形;宋朝乐史的《杨太真外传》也说是高力士将杨玉环缢死于佛堂前的梨树下。

然而,杨贵妃是否真的魂断马嵬坡?

一部分学者认为杨玉环的确死于马嵬驿,但不是被高力士缢死的,而是死于乱军的刀下,如杜甫的《哀江兴》有云:"明眸皓齿今何在,血污游魂归不得。"此诗作于安禄山占据的长安城内,所以有可能暗示贵妃并非是缢死的,而是死于乱刀之下。

还有一部分人并不认为杨玉环死于马嵬驿,而是最终流落民间。俞平伯先生于20世纪20年代末首先提出这一观点,他主要是对白居易的《长恨歌》和陈鸿的《长恨歌传》进行了考释。1984年,周煦良先生在《晋阳学刊》上发表了《<长恨歌>恨在哪里》一文,对杨玉环未死之说进行了全面的论证。

《长恨歌》则描述:"天旋日转回龙驭,到此踌躇不能去,马嵬坡下泥土中,不见玉颜空死处。"所谓"空"字,根本就没有找到尸骨。李隆基就派方士去找,最终方士在"玉妃太真院"里找到了杨玉环。杨玉环还拿出信物"金钗钿合"带给李隆基,以证其实。

基于这种种原因,俞、周两人认为马嵬坡事起仓促,杨玉环虽被赐死,但未必真死。当日仓促之间,很可能使用了调包计。由于高力士和验尸者陈玄礼都是李隆基的亲信,派人秘密送走杨玉环,用一个宫女代替是极为可能的事。杨玉环流落民间后,住在"玉妃太真院",故杨玉环最终沦落为娼妓。

史学界有一部分人赞同杨玉环未死之说,但却认为杨玉环逃往日本,这种观点在日本民间和学术界广为流传。据说,杨玉环在马嵬坡并没有被缢死。而是由高力士、陈玄礼策划,用一个宫女做替身死去,然后叫人护送贵妃南逃,漂泊到日本。由于某种原因,杨玉环最终未能回国而客死异乡。据说,日本至今仍有杨玉环之墓。

北宋名妓李师师:一代名妓归宿之谜

北宋末年,京城汴梁出了个倾国倾城的名妓,不仅姿色出众,气质优雅,而且能歌善舞,颇具大家闺秀之风范。她就是李师师。

得知京城出了一个色艺双绝的名妓后,喜好寻花问柳的宋徽宗变得寝食难安。当徽宗目睹了这位绝色佳人的风采之后,竟然不顾群臣反对,正式将李师师迎入宫中,册封为李明妃。然而,宋钦宗即位后,李师师却被贬为庶人而逐出皇宫。

关于李师师的下落,民间主要有以下四种说法。

其一,靖康之难后,李师师逃出汴京,来到慈云观中做了女道士。

其二，在金兵攻破汴京之后，李师师不幸被俘，然后随金兵北上，并嫁给一个身有残疾的金兵，默默无闻地度过余生，在清人所著的《续金瓶梅》等书中都有这种说法。

其三，汴京沦陷后，李师师辗转南渡，成为一个商人的小妾。此时的她已经衰老憔悴，全无往日风姿。这种说法在很多野史上都有记载，例如《青泥莲花记》中记载："靖康之乱，师师南徙，有人遇之湖湘间，衰老憔悴，无复向时风态。"《宣和遗事》中也曾记载："后流落湖湘间（今湘南一带），为商人所得。"

其四，进入汴京后，金主垂涎李师师的美色，便派降臣张邦昌千方百计寻找，为讨金主欢心的张邦昌不惜重金悬赏，最终将李师师找到。李师师不愿意伺候金主，先是用金簪自刺喉咙没有成功，于是又折断金簪吞下自杀。大多数史学家都对这种说法表示怀疑，认为这只不过是后人借塑造李师师这一形象讽喻当世。

那么，一代名妓李师师的归宿究竟如何，恐怕永远是一个难解之谜了。

宋代女词人李清照：晚年改嫁有悬问

李清照是北宋学者李格非的女儿，21 岁时嫁与名士赵明诚，夫妻皆好学诗文。然而不幸的是，丈夫赵明诚亡故，李清照随后即改嫁张汝舟。

对于李清照改嫁之事。历史上一直有过争议，这一问题也成为后代学者探究的历史之谜。

近代一些学者认为，李清照改嫁本无事实。黄墨谷认为，对李清照改嫁一事的记载是不符史实的。赵明诚的表甥谢伋在其著作中不但未提李清照改嫁，还引出了李清照对其丈夫赵明诚表示坚贞的祭文。同时他对李清照的自传文章《后序》提出了自己的看法。按照历法和宋代著作《容斋四笔》《瑞桂堂瑕录》等记载，《后序》应当作于绍兴五年，此时张汝舟已除名三年，即使李清照改嫁，在《后序》中应该提到。此外，李清照曾经讲到"虽处忧患而志不屈"等，并且因在丈夫赵明诚死后颁行《金石录》不满而上表朝廷。这些情况说明李清照并未改嫁。

李清照

另有学者黄盛璋在《李清照事迹考辩》中认为，南渡后赵明诚的哥哥赵存诚、赵思诚都曾做过官，当时并不是没有权势。针对《谢启》的真伪问题，他提出，李清照"颁金通敌"的冤案发生在建炎三年，从《谢启》中提到的"克复""底平"等情况看，《谢启》应当作于绍兴三年以后。建炎三年，朝廷正处于避乱时期，所以"颁金冤案"与《谢启》本无关系。

另外黄盛璋还认为，从宣城、广德经吴兴有一条独松岭道，所以不能肯定张汝舟去过杭州。根据宋代社会习俗分析李清照改嫁，他认为，明清两代妇女守节才趋严格。《宋史·礼乐志》中对治平、熙宁年间诏许宗女、宗妇两嫁之事也都有所记载。可见，宋代视改嫁为平常的事，李清照改嫁也无可厚非。

明末歌女柳如是：因何选择悬梁自尽

在明清易代之际，曾出现过一位著名的歌妓才女柳如是。她气质高雅，才色并茂，有着强烈的爱国民族气节，在明王朝面临危难之际，她尽全力资助和慰劳抗清义军，因此名气很大。

柳如是生于明万历五十年，幼年聪慧好学，但由于家贫从小就被卖给一个名妓做养女，妙龄时流落青楼。崇祯十四年，刚过二十的她嫁给了东林党领袖钱谦益，康熙三年五月廿四日，钱谦益去世，随后几天，柳如是也悬梁结束了自己的一生。那么，这位才艺双绝的明末名妓自缢的原因到底是什么呢？

有些史学家认为，因为受到他人逼迫，柳如是才选择自尽，这种说法是有一定道理的。柳如是嫁到钱家时，钱谦益的原配陈氏还在，另外还有几房侍妾，但是，随着柳如是的到来，钱家的经济大权逐渐掌握在她的手中，这自然会引起钱氏族人的不满。所以，钱谦益刚刚去世，攮夺家产的斗争也就随即爆发，且越演越烈，这就是"钱氏家变"。

钱谦益尸骨未寒，族人却要瓜分他的财产，并且聚众大闹，原配陈氏与其他侍妾失宠多年，早就对柳如是恨之入骨，因此趁着这个机会，每日堵门叫骂不绝，虽然柳如是散尽千两白银，但众人还是喧闹如故。柳如是几经斡旋，仍难以摆平。

丈夫去了，柳如是失去了依靠，而族人的无理取闹，也让她失去了生活的希望，于是她吮血立下遗嘱，然后解下腰间孝带悬梁自尽，追随钱谦益于九泉之下。

另外，还有一些史学家认为柳如是与钱谦益的感情深厚，因此殉节而死。但是，从史料中记载，在某些事情上，柳如是对丈夫的做法是极其不满的。例如，当清军兵临城下时，柳如是想要钱谦益与其一起投水殉国，钱谦益不肯，柳如是则"奋身欲沉池水中"，最后被钱谦益硬托住而获救。

清军统一天下后，钱谦益作为明朝遗臣，又是一方名士，必定会引起新政权的注意，于是柳如是再次劝钱谦益以死保节，但钱谦益犹豫再三，最终答应了清廷召他入京为官的要求。

钱谦益的一生中有许多污点，虽然他后来辞掉官职，不再为清廷效力，但柳如是对他的这些所作所为仍然耿耿于怀。所以，柳如是为钱谦益殉节一说并没有多少说服力。

秦淮名妓董小宛：她不是顺治钟爱的董鄂妃

秦淮名妓董小宛，色艺双全，名满金陵。她与"复社"中的书生冒襄（即冒辟疆）一见钟情,双双遁迹杭州,结成夫妻。顺治二年,清兵攻陷杭州,董小宛被掳掠,献给清世祖顺治皇帝。顺治帝对董小宛恩宠有加,未过多久,董小宛就被封为淑妃,为六宫粉黛第一美人。世人认为,董小宛就是顺治的爱妃董鄂妃,那么,董小宛到底是不是董鄂妃呢?

在历史上,董小宛确有其人。董小宛,名董白,她除了"小宛"还有一个号"青莲"。她和陈圆圆、柳如是、李香君、顾眉、朱无瑕、赵令燕、马湘兰等,都是明末举世艳称的名妓。她出生在明天启四年(1624 年),到崇祯十七年(1644 年)明思宗朱由检自尽时,作为早已艳名远播的美女,她已经 20 岁了;而此时的清世祖爱新觉罗·福临(即顺治皇帝)的年纪最多也不超过 7 岁。

真正的董小宛在崇祯末年便从良了,当时她 19 岁。她的丈夫冒辟疆与方以智、陈贞慧、侯方域一起,被称为明末的"江南四公子"。明朝灭亡之后,他便隐居乡里,终生不仕。然而,董小宛红颜薄命,1655 年,一代名妓死在水绘园影梅庵家中。

董小宛嫁给冒辟疆后,两人生死与共,没有分开过,董小宛死后,冒辟疆还写了一篇《亡妾董小宛哀辞》悼念她,文章中有"今幽房告成,素帷将引,谨卜闰二月之望日,安香魂于南阡"的记载,据时人记载,冒辟疆把她葬在影梅庵。

而深受顺治帝宠爱的董鄂妃与董小宛其实是两个人。据《清史稿·后妃传》中记载:"孝献皇后董鄂氏,内大臣鄂硕女,年十八入侍。上眷之特厚,宠冠后宫。"可见,董鄂妃是内大臣鄂硕的女儿,18 岁入宫,受到顺治的宠爱。当董小宛去世的时候,董鄂妃刚刚年满 13 岁。

董小宛 16 岁与冒襄相识,这个时候顺治皇帝只有 2 岁。清入关以后的顺治八年,顺治皇帝 14 岁,而董小宛已经 28 岁,顺治皇帝和董小宛年龄相差 14 岁。显而易见,董小宛和董鄂妃根本不是一个人。

一代红颜陈圆圆:殉情出家难定论

山海关战役后,吴三桂从李自成手中夺回陈圆圆。随后,吴三桂被清政府封为平西王,陈圆圆也跟着他去了云南。那么,之后的陈圆圆又经历了哪些事情? 她的结局到底如何呢?

史学界流传的一种说法是,陈圆圆年老色衰,好色的吴三桂对她产生厌倦,转而疼爱"四面观音""八面观音"(均为吴三桂宠妾的绰号)。看破红尘的陈圆圆立意吃斋念佛,不与他人争宠。虽然她还住在吴三桂的寝宫,但独处一室,常年吃素,与外事隔绝,与"出家"无本质区别。

还有一种说法,当清兵攻破昆明城时,吴三桂之孙吴世璠服毒自杀,而吴世璠妻子与陈圆圆均自缢而亡,或陈圆圆绝食而死。清代文人孙旭在《平吴录》中记载:"(吴三桂叛乱失败时)桂妻张氏前死,陈沅(圆)及伪后郭氏俱自缢。一云陈沅不食而死。"《平滇始末》也说:"陈娘娘、印太太及伪皇后俱自缢。"又有人说,陈圆圆在吴三桂兵败后,没有自杀或者绝食而亡,而是在昆明归化寺出家做了尼姑,法名"寂静"。

直到 1983 年,贵州岑巩县的考古工作者提出"陈圆圆魂归岑巩"的说法,被多数学者所接受,至此,有关"陈圆圆结局"的争论才告一段落。

据考古学家称,在岑巩县水尾镇马家寨狮子山上有陈圆圆的墓。墓碑上刻有"故先妣吴门聂氏之墓位席,皇清雍正六年岁次戊申仲冬月吉日立"。原来,马家寨的人全部姓吴,是吴三桂的后代。当年,吴三桂将败,其爱将马宝将陈圆圆与吴三桂的儿子吴启华偷偷送至四州(今岑巩)。陈圆圆死后,家人不敢明目张胆地写上她的名字,便采用暗语"聂"。陈圆圆本名姓邢,后跟养母姓陈,邢和陈都带有"耳"字旁,且"双"字含有美好、团圆之意,因此"聂"暗指陈圆圆;"位席"有正妃之意,表示其地位崇高。于是,墓碑上"故先妣吴门聂氏之墓位席",就可以理解成"母亲苏州人氏陈圆圆王妃之墓"。

但后来有人根据史书记载,"马宝在楚雄继续对抗,最后兵败被俘,被押送省城,终被凌迟致死",认为马宝没有去过岑巩。

一代美女陈圆圆究竟是看破红尘出家为尼,还是为吴三桂殉情,抑或吴三桂兵败后她隐姓埋名生活数年,史学界至今也没有统一定论。

青楼侠女小凤仙:她为蔡锷殉情而终吗

小凤仙是民国初年的青楼女子,因与将军蔡锷交往密切及助蔡出走的事迹成为当时政坛上的一段传奇。

关于小凤仙的出身家世,有的说小凤仙的父亲是清朝武官,落职后家庭窘困,小凤仙也遂此堕入青楼。还有的说小凤仙是一位旗人姨太太的女儿,后来无奈辗转入青楼。

后来,小凤仙得以与蔡锷相识。民国初年,蔡锷到云南组织护国军,小凤仙帮助蔡锷逃脱了袁世凯的羁绊。关于小凤仙助蔡逃牢笼的事件,各家也有不同的记载。

有的人说蔡锷带着小凤仙去往天津,在旅馆内谎称生病,从后门乘日本船逃走。也有的人说在出走之日,蔡锷打了一夜的牌后次日打电话给小凤仙到某处,趁人不察时,蔡锷出西苑门乘车赴天津,绕道日本。还有的人说蔡锷由津渡日时,小凤仙要求一同前往,却被蔡阻止。关于小凤仙和蔡锷如何逃脱一事,曾经追随蔡锷多年的僚属雷飙有一段蔡锷口述的赴滇经过:一日晚间,小凤仙处请客,正当宾客满座畅饮之际,蔡锷悄然离座,单身赴车站乘火车赴天津,次日早晨到达,住进日本共和医院。袁世凯得到报告后,立即派人赴津挽留。蔡锷告诉他们来津是为了养病,并请他们转达给袁世凯。蔡锷知道天津并非久留之地,就在当天晚上隐姓埋名,化装后去了塘沽坐船赶赴上海。不料到了上海后,有军警上船搜查,于是蔡锷没有上岸,而是继续乘原船赴日本神户。神户的警察也在进行十分严密的搜寻,蔡锷只好乘船返回上海,在其他人的帮助下秘密买好去香港的船票,最后由香港到越南辗转到云南。这一说法普遍为人认可。

后来蔡锷去世后，《北京晚报》曾发表文章称，小凤仙隐姓埋名，与一个工人结婚。这一说法也否定了小凤仙因蔡锷的去世而自杀的传闻。

近代奇女赛金花：褒贬评说留谜题

赛金花本是苏州一个贫家女子，为生活所迫而入青楼，后来嫁给状元鸿钧。赛金花随同丈夫出使德法英俄等国家，鸿钧去世后，她又重坠风尘，在京津沪一带享有艳名。

庚子之变时，赛金花因八国联军及日后和议而名震一时，其后重操旧业，先后嫁过铁路职员曹瑞忠、前江西议员魏斯炅。

赛金花生平有许多的不解之谜。她自称姓赵，名彩云，入青楼后冒姓富。但是刘半农的《赛金花本事》附言中称，她的赵姓"也是冒出，实乃姓曹，为清代某显宦的后代"。赛金花自称是徽州休宁县人，但曾朴说是江苏盐城县人。另外，关于她的年龄也并不确定，她自称是 1871 年出生，有时则说是 1874 年出生。据考证，应是 1864 年。

赛金花

关于赛金花之谜争议最多的，要数"赛瓦公案"和"促成和议"这两件事。

1900 年八国联军侵占北京，德兵闯入赛金花居住处，赛金花略懂德语，于是就向德兵打听过去在德认识的名人包括瓦德西的情况。德兵感到很惊奇，回去报告统帅瓦德西，瓦德西在第二天接赛金花进兵营，此后往来频繁。那么，赛金花与瓦德西是初次相识还是以前就已熟识呢？刘半农的《赛金花本事》记载其口述说："我同瓦德西以前并不认识，我小时同洪钧去过德国。"但曾繁的《赛金花外传》中记载："到德国那年结识了瓦德西将军，他和洪先生是常来往的，故而我们也很熟识。""在北京相见时，瓦德西隐约间还认得我。"在赛金花自述中，还谈到瓦德西托她代办军粮的事。她又诉说民众罹害之苦，恳求瓦德西下令停止杀戮抢掠，"瓦德西将军便下令不准士兵违律妄行"。

在赛金花的自述中，还提到和议之事。议和之时曾陷入僵局，由于德公使被义和团杀害，其夫人提出许多苛刻的条件，甚至要西太后偿命、要皇上赔罪等，把负责全权的和议大臣李鸿章逼得毫无办法。"我私下里便向瓦德西劝说了数次"，又经瓦德西介绍劝服德国公使夫人，以建立牌坊并用皇帝的名义刻碑的方式表示对德公使遇害的纪念。经过赛金花的一番说服,议和事件才告一段落。

还有一些人认为,赛金花根本没有见过瓦德西,更不可能与之谈论国事。当时一切国事的交涉是由各国公使进行的,赛金花虽然略懂德语,但还没有资格与之论国事。瑜寿的《赛金花故事编年》中,对赛金花与瓦德西在京相见的时间也表示怀疑。赛金花自述是在联军入侵北京后到京,后遇德兵的骚扰,此后才见瓦德西。联军是八月十五日攻陷北京的,而瓦德西十月十七日才到京,所以赛金花的口述也有待考证。

宦官乱政诡案

权倾朝野,袖里乾坤。每当封建王朝政治极度腐朽黑暗、皇权衰弱之时,就给了宦官和外戚以可乘之机。宦官乱政,外戚夺权,在朝廷和宫闱内演出了一幕幕争权夺利、你死我活的斗争。一场场的宦党之争,让封建时代的政治矛盾和派系冲突纤毫毕现。

纵观历史,任何一个王朝的更替都是经历由盛而衰的过程,最终由新王朝取代旧王朝。而就在新旧王朝更替之时,一股不可忽视的势力正在悄然酝酿,或者尔虞我诈在深宫中挑起一场内讧,或者潜伏力量准备独揽王权,将当朝皇帝赶下御位。这股势力就是来自于朝廷内部的宦官以及外戚们。

本节列举了史上最有名的宦官代表和外戚势力,比如指鹿为马的赵高,大名鼎鼎的高力士,外戚王莽、武三思叛乱等,或许权谋背后的历史教训才是值得我们真正深思的。

秦朝宦官赵高:指鹿为马篡政权

赵高虽为一介宦官,在历史上却是一个非常受争议的人物,一是身世,二是生年,三是功过是非。此人精通律法,虽是宦官,却深得秦始皇的喜爱。然而,他又是一个可以将善恶、是非、忠奸、美丑颠倒乾坤的邪恶人物,可以说秦国亡在了他的手上。

当时秦二世胡亥年幼无知,一直依仗赵高,所以对于赵高的狼子野心根本毫无察觉,而赵高已经继李斯位列中丞,秦二世根本没有想到赵高有篡政的打算。

秦二世三年(公元前207年)八月某日,赵高于朝上叫人牵来一只鹿,对秦二世说:"陛下,我献给您一匹好马。"秦二世一看这哪里是马,分明是一只鹿,便笑着说:"丞相错了,这是一只鹿,怎么说是马呢?"赵高笑着道:"请陛下看清楚,这分明是一匹千里马。"秦二世又看了看鹿,将信将疑地说:"马的头上怎么会长角呢?"赵高道:"陛下若是不信,可以问问众位大臣。"

大臣们明知他胡作非为、颠倒是非,多敢怒不敢言。有些正直的大臣坚持认为是鹿而不是马,还有一些赵高的党羽则顺着赵高之言。不久,那些正直大臣纷纷被赵高以各种名目治罪,甚至满门抄斩。

"指鹿为马"风波,让赵高知道了哪些人依靠自己、哪些人反对自己。隔日,赵高便派占卜者对胡亥说："皇帝您连鹿马都不分了，肯定是祭祀没有好好斋戒，以致脑袋昏聩。"胡亥不疑他，遂去上林苑斋戒。后来秦二世在一次打猎中，不小心射死了一个路人。赵高借着胡亥射杀活人的事情，对胡亥说："皇上您无故杀了一个人，上天恐怕会怪罪，应该躲起来才是。"胡亥立刻躲到咸阳城外的望夷宫。望夷宫中都是赵高的亲信，已经深陷牢笼的胡亥犹不自知，就这样浑浑噩噩地丢掉了性命。

　　胡亥一死，赵高想要凭借自己也有着赢姓赵氏的血统，准备登基为王。但基于他是个宦官，只好将玉玺传给了秦始皇之弟赵子婴。由于秦国实力已经大不如前，子婴只得取消帝号，复称秦王，随即便与自己的贴身太监韩谈商定了斩除赵高的计划，诛赵高于内宫，并夷其三族。

赵高

汉代第一次党锢之祸：宦官与学士间的围剿战

　　公元 162 年，杨秉任太尉，与司空周景联合上书，要求将宦官的爪牙从各级官位上驱逐下去。得到桓帝支持后，捕杀或免官达 50 多人，天下人莫不肃然。在地方上，清流与浊流之间同样展开了争夺。南阳豪强张汜依附权宦，胡作非为，郡太守成缙查明其罪后，不顾朝廷的赦免之命诛杀了他，令宦官们愤恨不已。不久，山阳太守翟超没收了中常侍侯览的财产；东海相黄浮诛杀了权宦徐璜之侄徐宣一门。但翟超、黄浮等人也遭到了报复。

　　公元 166 年，有一名叫张成的方士，以方术曾经结交了不少宦官，连汉桓帝也很相信他的占卜。一次占卜之后，张成当众推断不久皇上要大赦天下。张成怕人不信，居然叫自己的儿子去杀人，以便日后验证。张成算得倒挺准，只是没算准会撞到李膺手中。李膺拘捕了张成的儿子之后，果然有宦官求下了皇帝的大赦令。李膺更加愤怒，按律杀了张成的儿子。谁也没能料到，就是由于这么一件事，引发了历史上有名的"党锢之祸"。

　　张成的弟子上书，诬告李膺结交太学生共成一党、诽谤朝廷。汉桓帝自从依靠宦官力量灭了梁冀之后日益荒淫，便下令逮捕李膺，然后清剿党人势力。李膺、社密等三百多人被捕。对于逃亡的各地党人，权宦四处搜捕，悬赏捉拿。

　　被捕的党人在监狱里接受残酷的折磨。他们的头颈、手、脚都被上了刑具，叫做"三木"。由于当时被捕的都是有名望的人士，很多人以不在党人名单为耻。一些儒生纷纷上书,称自己也是附党,应该连坐。桓帝只好置之不理。

李膺等人入狱,并没能钳制朝野之口。毕竟宦官专权,实在不得人心。城门校尉窦武是窦皇后的父亲,与太学生有些交情。太学生贾彪劝说窦武出面营救,窦武也对宦官擅权不满,便与尚书霍胥联合上书。汉桓帝释放了李膺等党人,遣送他们各自回到老家,禁锢终生,不准回到京师,更不准做官。这就是第一次"党锢之祸"。

汉代第二次党锢之祸:学士与官宦集团的抗争

第一次党锢之祸使清流派受到沉重打击,但没有被彻底击垮,被禁锢的党人还得到社会的广泛同情,声望空前提高。

公元167年,汉桓帝驾崩,灵帝即位,外戚窦武辅政。窦武为了打击权宦,起用了陈蕃为太傅,士人胡广为司徒。为了壮大势力,他们重新起用了李膺、杜密、尹勋等人。一时间,士人们对铲除权宦势力无不翘首以待。但宦官势力盘根错节,尤其是中常侍曹节、王甫,他们与灵帝的乳母赵娆勾结,组成了宦官集团的核心。

灵帝继位,陈蕃、窦武趁机上奏太后,控诉宦官越轨不法、培植亲信、扰乱朝政、触犯天颜,应当全部诛杀。结果太后任由二人处死了作恶多端的宦官。

不久,陈蕃、窦武为了扩展势力,任命了一大批士人掌管京师要职,继而上奏了一批准备捉拿的宦官的名单。但奏章被搁在一边没加理睬,反而让曹节、王甫从太后那里抢了玉玺和印绶,把太后和汉灵帝软禁起来,然后以汉灵帝的名义宣布窦武、陈蕃谋反把他们杀了。

李膺、杜密等被撤职回到家乡。一些名士、太学生们由此更加痛恨宦官;宦官也把他们看做死对头,找机会再次陷害。

有个名士张俭,曾经告发过宦官侯览,侯览一心报复。正好张俭家赶走了一个仆人。侯览利用那个仆人,诬告张俭跟同乡24个人结成一党诽谤朝廷、企图造反,要求汉灵帝再一次下令逮捕党人。

逮捕令一下,各州各郡又骚动起来。有人得到消息,忙去报告李膺。李膺坦然说:"我一逃,反而害了别人。再说,我已经60岁了,死活由他去,还逃什么!"就自己进了监狱,不久被拷打而死。杜密知道免不了一死也自杀了。汝南郡的督邮奉命到征羌(今河南郾城)捉拿士人范滂,范滂也主动投案入狱。

除了李膺、范滂被杀外,还有六七百个人在全国有声望的,或者跟宦官有一点怨仇的,都被宦官诬指为党人,结果不是被杀就是充军,或禁锢终身。朝廷里的比较耿直的官员都遭到打击,大小官职差不多都由宦官和门徒占据了。

八王之乱:两晋时代的宦官当政案

两晋是一个充满外戚、宦官、后宫乱政的时代,其中最有影响的事件要数西晋的"八王之乱"。"八王之乱"所指的八王，是晋室的八个宗亲：汝南王司马亮、楚王司马玮、赵王司马伦、齐王司马冏、河间王司马颙、成都王司马颖、长沙王司马乂、东海王司马越。八王作乱的原因，是普通的王室为了争权夺利而引发的，不过这其中牵涉的不仅仅是宗亲，还有后宫与外戚之争。

晋武帝重病之时下诏，依托汝南王司马亮及皇后杨芷的父亲杨骏共同辅政即位的晋惠帝。但是杨骏却排挤司马亮，单独辅佐晋惠帝，一统大权。惠帝的皇后贾南风是个野心极重的女人，想要借此把持朝政，于是杨骏就成了贾南风最大的敌人。

为了防止贾南风碍自己谋权，杨骏任命了自己的亲信掌管禁军，此举引起皇亲国戚及某些大臣的不满。贾南风立刻借此机会说动了汝南王司马亮和楚王司马玮，请二人带兵入京讨伐杨骏，还制造出杨骏谋反的舆论。杨骏见状不妙，本想逃跑，没想到却被司马玮截杀。

杨骏被杀后，朝政大权由司马亮与卫武瓘共同执掌。很显然，贾南风并未达到自己的政治目的，于是竟然串通司马玮杀了司马亮及卫瓘，随后便将矛头又指向了司马玮。她令人拟定一份司马玮手笔的假诏书使得将领们归顺皇室。司马玮乖乖就擒。

贾南风执政后，于晋惠帝元康九年（299年）废了太子遹，第二年将其赐死，由于皇室缺少了正统继承人，八王中其他诸王为了争夺中央政权不断进行内战。先是，统领禁军的赵王司马伦联合齐王司马冏起兵杀了贾南风。永宁元年（301年），赵王司马伦废惠帝自立，帝位还没有坐稳，洛阳城中的禁军将领王舆造反，将惠帝又推上台，并且杀了司马伦。隔年，河间王司马颙从关中起兵讨司马冏，但被洛阳城中的长沙王司马乂抢先一步杀了司马冏，夺得政权。太安二年（303年），河间王司马颐、成都王司马颖再次合兵讨长沙王司马乂，屡次被司马乂打败。次年正月，二王联合东海王司马越与部分禁军，终于除掉了司马乂。成都王司马颖担任丞相，左右朝政，此举招来了司马越的不满，司马越便从洛阳将晋惠帝挟持，攻往北方邺城。司马颖见状不妙，立刻出兵击败了司马越。与此同时，河间王司马颙派张方率军占领洛阳，与并州刺史司马腾（司马越弟）和幽州刺史王浚联兵攻破邺城。司马颖只好带着晋惠帝去长安躲避。东海王司马越不甘失败，东山再起，不但击败了河间王司马颙，还杀了司马颖，将晋惠帝又迎回洛阳。朝政大权落在了司马越的手中，自此八王之乱才算告终。

"八王之乱"整整持续了16年。而内乱之所以发生，有两点原因：第一个原因便是晋室未能出现一个真正具有魄力、才能、贤明且长命的君主。晋朝帝王不贤能，也无法任用贤能，只会被小人左右。第二个原因是中央集权制度不完善。晋朝的皇权、相权、地方长官权、外戚权等各种权力并不明晰，所以给了各方势力任意干涉朝政的便利条件。

甘露之变：唐文宗和宦党之争

唐文宗太和九年阴历十一月廿一，文宗坐殿，金吾将军韩约高声奏称："左金吾听事房后石榴树上，昨夜降下甘露，特向陛下禀报。"文宗皇帝欣喜，百官齐齐拜舞，向皇帝称贺。天降甘露，是国家大治、天下清平的瑞兆。

文宗忙乘软舆往含元殿升座，命宰相李训、中尉仇士良、鱼弘志率众宦官前往验看。仇士良等人蹑进听事房后庭，仰着脑袋观瞧半天，见石榴树上根根皆是干枝，一滴甘露也无。再扭头观瞧金吾大将韩约竟是一头热汗，神色惶恐。

一阵北风起，听事厅的门帘幕布随风乱张，仇士良忽然发现厅里面挤满了手执利刃、全副武装的兵士。同时，又听见四下刀剑铿锵、甲声叮当，以及军靴杂乱踏地声。仇士良等宦官顿感大事不妙，纷纷往庭院大门处奔跑。宰相李训在含元殿看见一大群宦官飞奔上阶，连忙高声呼唤值班的金吾卫士："有上殿护驾者，每人赏钱百缗！"

众太监奔至文宗御座前，有数人架起皇帝抬起狂跑回宫。含元殿大门外台阶处已涌上数百金吾卫兵登殿纵击，追上落后未及跑入殿的宦官剑捅刀砍。

殿内宦官扛着文宗往宣政门方向跑。眼看宦官们抱走了皇帝这块"大招牌"，宰相李训大呼小叫，力图阻止。文宗李昂知事不谐，也大声叱喝李训。宦官们簇拥着文宗皇帝逃入宣政殿，立刻把大门严严关死。宫殿内外杀声、欢呼声此起彼伏。

李训趁乱跑出京城。宰相王涯、舒元舆等人回到中书省，两省官吏也纷纷询问发生了什么变故。

不一会儿，只听宣政殿方向宫门大开，太监细嗓"奉旨讨贼"，而后便是禁卫军的叫杀声，由远而近，竟直朝中书省议事厅方向逼来。

仇士良等太监控制文宗后，口称敕旨，率禁卫军从宣政门冲出，逢人就杀，血流遍地，人头乱滚。接着，仇士良一边安排监军骑马出城追赶，一边命在城内大肆搜索，宰相王涯等人皆被逮捕，于长安城内问斩。

李训逃到半路被几个军吏一刀砍了。郑注听闻李训事败，还未来得及逃避，也被监军使张仲清诱杀。

"甘露之变"后，唐文宗完全失去权柄，受制于宦官。公元839年，"甘露事变"四年之后，病中的唐文宗被宦官毒死，时年33岁。

外戚武三思：秽乱宫闱与五王之冤

武三思是中宗李显的表兄，安乐公主与武三思的儿子武崇训是夫妇。高宗时代，谏劝废掉武后的上官仪被加以谋反罪杀掉后，其小女儿上官婉儿没入宫府为奴婢，后被武则天看中，让她专掌宫内之秘。中宗复辟后，对上官婉儿也无恶感，便"拜为婕好，专掌制命诏书"。

在武后时，上官婉儿与武三思就一直暗通款曲。至此，在上官婉儿牵针引线下，儿女亲家韦后与武三思又在宫中会面，竟至私通。韦后整日夸赞武三思。中宗李显自然把这位表哥亲家翁召入宫中，图议政事。

唐中宗还升封武三思为司空、梁王，武攸暨为司徒、定王。为了安抚张柬之等人，唐中宗下诏，以张柬之、武三思等16人皆为助己复辟的大功之人。

张柬之等人虽被唐中宗表面"荣宠"，实际已无权柄。张柬之怕武三思等人在唐中宗面前说自己坏话，就派先前曾提携过的考功员外郎崔湜为耳目，让他刺探宫内动静。崔湜是个投机小人，眼见中宗宠信武三思，于是临阵倒戈，把张柬之等人的密谋报告给武三思。武三思马上提拔崔湜为中书舍人。又与韦后定谋，讲张柬之等人的坏话，说他们"恃功专权，将不利于社稷"。于是，唐中宗下诏，以敬晖为平阳王、桓彦范为扶阳王、张柬之为汉阳王、袁恕已为南阳王、崔率玮为博陵王，并皆罢知政事。至此，五王失权，武三思把昔日窜逐的武后旧党悉召入朝。

驸马都尉王同皎闻知五王失势，韦后、武三思秽乱宫闱，"每与所亲言之，辄切齿"。武三思闻讯，愤恨不已，派崔湜把这位驸马爷告上朝廷，诬王同皎与洛阳人张仲之等人准备杀武三思，废韦皇后。

唐中宗接表，赫然大怒，命杨再思、韦巨源等高官旁听，监察御史姚绍之等人主审，府堂开审。张仲之自然知悉，朗声大骂武三思与韦后通奸之事。而杨再思、韦巨源则不响应。主审姚绍之命手下送张仲之入大狱，以谋逆罪斩杀王同皎、张仲之等人，并施以族诛。

过了数日，武三思又诬告已被外任当各州刺史的敬晖、桓彦范、张柬之、袁恕已、崔光玮五人与王同皎通谋。因此，这五人也被贬于偏远小州做司马。

两个多月后，武三思派手下书写载有韦后"秽行"的大字报，张贴于天津桥上。唐中宗震怒，马上派御史大夫李承嘉彻底追查。李承嘉禀武三思意旨，很快结案，上奏说是被外贬的"五王"派人张贴大字报。于是，"五王"被杀。

杀掉"五王"，武三思气焰覆天，权倾人主。正当他把下一个目标对准中宗太子李重俊时，景龙元年（公元707年）八月，李重俊率左羽林及"千骑"三百多人，突然冲入武三思府中，立斩武三思、武崇训父子以及党徒十多人。

宫闱丞高力士：机关算尽反误身

高力士本姓冯，武则天喜欢他的聪慧机敏，就让他在身边侍奉。后因高力士犯了小错，被鞭打赶出。一年后，武则天又召其入宫。高力士身长六尺五寸，天性谨慎细密，擅传诏令，授官宫闱丞。

景龙年间，玄宗在藩国，高力士对他倾心侍奉，因此获得了玄宗的恩宠。到唐隆年间平定内难，玄宗便表奏高力士进入太子官署内坊每日侍奉左右，被提拔为朝散大夫、内给事。当时宦官逐渐权重，担任监军之职，权力超过节度使，出使则令各郡惊惧退避。其郡县丰饶，宦官一到军中，则所期望的以千万钱计算，修功德所获捐款，买鸟兽所费资金，每到一处则不止千贯。当时京城中最豪华的宅第，京畿内最好的田产、果园、池苑，宦官竟占其中一半。

每有四方进呈上奏文表，一定会先呈送给高力士，然后再转给玄宗，小事高力士便自行裁决。这样很多人都来依附高力士，以期其在君王前讲好话。肃宗当太子的时候，称高力士为二兄，诸王公主都称呼"阿翁"，驸马们称其为"爷"。高力士在寝殿傍帘帷中休息，殿侧有一院落，其中有修炼功德之处。岭南节度使于潘州找到高力士生母麦氏送至长安，高力士让两位老妇人同处高堂，美食供养。金吾大将军程伯献还与高力士结拜为兄弟。

高力士家资殷实丰厚，非一般王侯所能比拟，高力士还在京城西北截取澧水建造碾房，五轮同转，每日可碾三百斛麦子。

高力士为人乖巧谨慎，大家都很喜欢他；天宝十四载，玄宗命令设立内侍省，有内侍监两名，官阶正三品，高力士和另一宦官思艺分别担任。玄宗出巡蜀地，思艺跑去投靠安禄山，高力士则侍奉玄宗至成都，晋爵为齐国公。

上元元年八月，逊位后的玄宗移居太极宫甘露殿，高力士与宦官王承恩、魏悦等人因侍从太上皇登长庆楼，被李辅国设计陷害，流放黔中道。宝应元年三月，遇大赦回返京城，才得知太上皇已去世。高力士北望号啕痛哭，吐血而死。

宦党权枭魏忠贤：史上最大的宦官乱政案

魏忠贤年轻时是个无赖，走投无路之下入宫当太监，改名叫李进忠。后来得到皇帝宠爱才恢复原姓，皇帝赐名忠贤。

魏忠贤性情残忍，善于阿谀奉承，却深得皇帝的信任。因此气焰更为嚣张，不仅除掉了大太监王安，宫廷中的人也没有人敢顶撞他。

王安死后，魏忠贤升为司礼秉笔大监。熹宗皇后张氏多次向熹宗谈起魏忠贤的过失，但明熹宗却一直沉默不语。魏忠贤又恨又怕，扬言张皇后非国丈张国纪之女，而是盗犯所出。

明熹宗执政的第三年，初夏时分下了冰雹，周宗建说了句这时下冰雹与时令不合，怕是由于魏忠贤的邪恶引来的，修撰文震孟，太仆少卿满朝荐也跟着这样说，结果这三人都被皇帝罢了官。这一年的冬天，魏忠贤被授命接管东厂。从此，他的势力更加如虎添翼。

小人崔呈秀和王绍徽编辑《同志录》和《点将录》等小册子，把不投靠魏忠贤的官员名字全部列入，称为东林党人人名册，交给了魏忠贤，魏忠贤十分高兴。魏忠贤的党羽许显纯首先发难,他假造供词,把赵南星、杨涟等二十多人都牵连进去,逮捕了本已被贬回家的杨涟、左光斗、魏大中、周朝瑞、袁化中、顾大章等六人。之后又继续清除魏党以外的官员,尚书李宗贤、张问达,侍郎公鼎等几十个官员又遭驱逐,朝廷官署的空缺由魏忠贤的亲信弥补。于是,朝廷的各个部门都由魏忠贤的党羽来控制。

当时东厂的差役遍布全国各地,缉拿某些逃亡的"犯人"。一旦抓到,不问青红皂白,先是一顿毒打,就连皇亲国戚有时也会遭到东厂迫害。宁安大长公主的儿子李承恩,家中存放着公主赏赐给他的物品,魏忠贤就诬陷他偷盗皇帝使用的东西,居然判了他死刑。中书吴怀贤仅仅因为读了杨涟弹劾魏忠贤之文以后,表示出赞赏之意,而此事被家中仆人告发给东厂,魏忠贤就下令杀了吴怀贤,还抄了他的家。武将蒋应阳为熊廷弼鸣冤叫屈,立即被杀。至于在各县城街头巷尾,如有老百姓三五成群议论国事甚或涉及魏忠贤的,则极可能立即遭到逮捕,并被施以各种酷刑,如挖目、割舌,被酷刑至死者多得无法统计。

到了这时,朝廷内外大权已经全部落入魏忠贤之手。

崇祯帝即位后,深知魏忠贤的为人,对他的所作所为一贯不满。魏忠贤自知危在旦夕。这时,朝中大臣钱嘉徵上折弹劾魏忠贤十大罪状,崇祯帝看后下令将魏忠贤逮捕入狱。在去凤阳的途中,魏忠贤已得到自己将被捕入狱的风声,便上吊自杀了。

夺门之变:明宦官曹吉祥谋反案

南宫复辟实际上是因为景帝病重,某些投机分子临时起意,事先并未有周密谋划。参加这一政变的人,主要有石亨、王骥、张軏、杨善、宦官曹吉祥,以及徐有贞。其中,徐有贞为主谋。

曹吉祥是参与夺门之变的另一个重要人物,英宗在位时就颇得宠信。景帝即位后,王振的同党马顺、毛贵等人都被杀掉了,曹吉祥却逃过一劫,并很快掌管禁军与内廷侍卫,成为新皇帝的新宠。

景泰八年(公元1457年)正月十二,景帝在病不能临朝。群臣聚在一起悄悄商议立储。景帝本想正月十五亲自祭祀天地,正月十七临朝,哪知头昏眼花,于是决定派武清侯石亨代替祭祀。

石亨内心已经打起了主意。退出后,立即派人找到了前府右都督张軏和宦官曹吉祥,商议要为自己谋后路。石亨说:"景帝病已沉重,如有不测,又无太子,不若乘势请上皇复位,倒是不世之功。"于是,这三个野心勃勃的投机分子决定将赌注压在太上皇英宗身上,拥立英宗复位。

当场,三人做了分工,宦官曹吉祥进宫去见孙太后,密告她复辟一事,借机取得了孙太后的支持。石亨和张軏则一起去找太常寺正卿许彬商议。许彬听说二人的来意后,建议找徐有贞商议。石亨和张轨又连夜去找徐有贞。几个人经过详细谋划,决定在正月十六晚上动手。

正月十六晚,徐有贞顺路邀请了杨善和王骥作为同党。三方人马会齐石亨叔侄、曹吉祥叔侄后,又等到了张轨率领的大队京营兵,一齐向皇城进发。四鼓时分,大队人马从长安门直接进入皇城,顺利到达了南宫。

英宗朱祁镇正秉烛读书,突然看见一大堆人闯了进来,还以为是有人来杀自己,不禁惊慌失措,谁料众人一齐俯伏称万岁,随即簇拥着英宗朱祁镇直奔大内。

一行人来到东华门,英宗朱祁镇站了出来,表明自己太上皇的身份。守门的士兵不敢阻拦。于是,众人进入了皇宫,朝皇帝举行朝会的奉天门而去,并迅速将英宗朱祁镇扶上了奉天殿宝座。徐有贞等人一起叩拜,高呼"万岁"。石亨敲响钟鼓,召集群臣到来。

天色微亮,众臣因为景帝事先说明今天要临朝,都已经早早等在午门外,准备朝见。但当众人走入奉天门后,眼前的一切使他们目瞪口呆:宝座上的皇帝已经不是景帝朱祁钰,而是八年前的英宗皇帝朱祁镇。众朝臣见此,只好跪倒参拜。这就是历史上著名的"夺门之变"。

官场浮沉险案

中国古代官场的发展历程就是一部权术史。权术是中国历史上谋臣手中的兵法,是云谲波诡、百态纷呈的官场仕途中的经营学,是古代文人谋臣致胜的谋略和手段。

在历朝历代的谋臣官员身上,几乎都可以看到权术的影子。可以说,权术是身居官场的任何一位谋臣都需要掌握和运用的。任何涉足官场的一位谋臣,要想在仕途中拥有自己的一席之地,需要的不仅仅是勇气,更是大智慧。还没有跻身仕途的人,会为了争取官位而不惜一切手段;已经置身政治舞台的人,则千方百计地要扩大手中的权力。不同历史时期,不同身份地位的人,有不同的获取官位和权力的方式,或者以力取,或者以德取,或者以智取,或者以才取,还有的钱、色、貌并用,真可谓形形色色、五花八门。

本节展现的是一部浓缩了的官场现形记,从官场一角的世态折射出整个历史官僚中的黑幕和冷酷,从一个个的官场博弈中让人参透其中的浮沉玄机。为何有的大臣名相久居高位,而有的却经不起政治风云的变幻考验而丢了乌纱帽? 其中也必然有着规律和智慧可循。

互相倾轧:霍光与上官桀的同僚之争

汉武帝遗诏让霍光、金日磾和上官桀共同辅佐幼主。不久,金日磾病死,由霍光和上官桀共同辅政。霍光和上官桀之间有着姻亲关系,霍光的大女儿是上官桀儿子上官安的妻子,彼此原本亲密无间。但过了不久,两人的关系就逐渐紧张起来。

上官安贪图禄位,请求霍光把他的年方5岁的女儿送进宫去,许配昭帝作为皇后。霍光认为外孙女年龄太小,没有同意。上官桀父子又通过昭帝姐姐鄂邑长公主把上官安的女儿收入后宫,被立为皇后。上官安也被封为骠骑将军、桑乐侯。

上官桀父子位高权增之后,对长公主十分感激。上官桀、上官安想为丁外人求封爵,希望依照国家关于列侯娶公主的成例把外人封为列侯。他们又为丁外人求取光禄大夫的官职,但遭到霍光的反对。因此,长公主对霍光大为怨恨,上官家族的人也很怨恨霍光,企图与之争夺权力。

霍光

此时,自以为年长又未得立为帝的燕王刘旦,常怀怨恨之心。御史大夫桑弘羊创始酒、盐、铁专卖官营制度为国家兴利,居功自傲,想为他的子弟求官不得,也怨恨霍光。于是,上官桀父子便同长公主、桑弘羊串通一气,并勾结燕王刘旦,策划发动政变,先除掉霍光,然后废黜昭帝,立燕王刘旦为帝。燕王答应事成后封上官桀父子为王。上官安则图谋事成后杀燕王而立其父。他们各怀鬼胎,却还是为共同的预谋走到了一起。

元凤元年(公元前80年)八月,上官桀等人让一个冒充是燕王使者的人向朝廷上书,以燕王的名义攻击霍光"专权自恣",并列举了他的三大罪状:其一,霍光到长安东郊去主持郎官和羽林军的大规模军事演习时盛气凌人。其二,霍光赏罚不公。其三,霍光擅自调动、增加大将军幕府的校尉而不报告朝廷,并称燕王怀疑霍光别有企图。上官桀打算从宫里把这件事下交给主管官吏查办,桑弘羊负责和各大臣共同胁迫霍光退职。但是,燕王书信上奏以后,昭帝并没有向下转发查处。后来,上官桀派人把上书的人杀了,然后制造假证,说他是畏罪自杀,这件事才算告一段落。

上官桀等人见上告的计谋不行,于是密谋叫长公主设酒席请霍光,暗伏兵士,杀掉霍光,乘势废掉昭帝,迎立燕王为天子。霍光辗转得知此消息,震惊不已,当即采取断然行动。这年九月,上官桀父子、桑弘羊、丁外人等都以谋反罪被处死,并诛灭了他们的宗族。长公主、燕王刘旦都自杀而死。

在这次激烈而残酷的权力争夺战中,霍光取得了绝对性的胜利,从而也奠定了他更为坚实的政治基础,为日后推行他的政策和主张提供了有效的保障。霍光、上官桀与桑弘羊等同僚最终转化为政敌,究其原因仍逃脱不了一个"利"字。

尔虞我诈:袁盎与晁错的明争暗斗

袁盎与晁错是汉朝人,汉文帝即位时,袁盎凭着其兄的举荐升为郎中,得在文帝身边做侍从。而晁错是凭着自己的才能进入仕途的。晁错为人峭直刻深,袁盎则圆滑含蓄。晁错上书凡30篇,涉及内外重大事务,使文帝知其才能,其官也就不断升迁。袁盎身为侍从,向文帝进言的机会很多,常使文帝悦服,官运也很亨通。

但同朝为官的袁盎和晁错却合不来。只要晁错在座,袁盎总是回避;袁盎在座,晁错也总是回避。

晁错做事优柔寡断,缺乏应变才能。袁盎不仅比晁错更会看风使舵,而且中伤人总能抓住要害。晁错与袁盎结怨,自然要想办法置袁盎于死地。晁错派遣官吏调查得知,袁盎曾私自接受吴王刘濞的钱财,并向景帝报告,景帝下诏免除了袁盎的官职,将其贬为庶人,袁盎因此对晁错怀恨在心。

吴、楚等诸侯王发动叛乱,由于袁盎曾是吴王的相国,晁错便趁机想置袁盎于死地。有人把这件事告诉了袁盎。袁盎连夜找到受景帝眷爱的外戚窦婴商量。窦婴因为吴、楚之事被免官在家,也对晁错早就恨之入骨。

然而,吴、楚七国起兵不久,吴王刘濞提出了"诛晁错,清君侧"的口号,把攻击的矛头直接指向了坚决主张"削藩"的晁错。窦婴见时机成熟,便向景帝说:"袁盎有平乱的妙策。"景帝一听袁盎有平叛妙策,立即召见了他。景帝屏退了周围的人,晁错无奈,只得悻悻离去。

袁盎对景帝说:"陛下知道七国叛乱打出的是什么旗号吗?是'诛晁错,清君侧'。七国书信往来,无非说高帝子弟、裂土而王、互为依辅,没有想到出了个晁错、离间骨肉、挑拨是非。他们联兵西来,无非是为了诛除奸臣、复得封土。陛下如能诛杀晁错,赦免七国,赐还故土,他们必定罢兵而去,是与不是全凭陛下一人做主。"

景帝听了袁盎这番话,又想起了晁错建议御驾亲征的事,起初觉得晁错用心不良,即使未与七国串通一气,也肯定是另有图谋。于是,景帝密嘱丞相陶青、廷尉张欧等人劾奏晁错,准备把他腰斩。

一天夜里,宫人奉诏前来传御史晁错即刻入朝。马车行进途中,晁错发现并非上朝,而是到了处决犯人的东市。宫人读到处以腰斩之刑处,晁错已被斩成两段,晁错的身上仍然穿着整齐的朝服。

就这样,袁盎在晁错的逼迫下抓住机会,采取比晁错更黑的招术暗中下手,巧借景帝这把刀,除掉了自己的大仇家晁错,实在是手腕儿高超。

争权夺利:窦婴与田蚡的相位之争

魏其侯窦婴担任大将军的时候,田蚡还只是个郎官。汉景帝晚年,田蚡由于外戚的身份逐渐显贵,被任用为太中大夫。随着地位的提高,田蚡开始不把窦婴放在眼里。

汉武帝建元元年,丞相卫绾因病被免职,窦婴和田蚡都想争得这丞相的宝座。田蚡使用了比较圆滑的手段,以退为进并巧妙地借助王太后的关系,使自己爬上了丞相的宝座,占得上风。而窦婴则是好大喜功之徒。

田蚡的门客籍福劝田蚡道:"魏其侯窦婴很早就已显贵了,天下的士人一向归附于他。将军您新近发迹,声望比不上魏其侯,如果皇上用您做丞相,您一定要让位给魏其侯。魏其侯担任丞相,您一定会担任太尉的。况且太尉和丞相的尊贵程度相等,您又有让贤的美名,何乐而不为呢?"田蚡听罢非常高兴,大大地嘉奖了籍福。其后,田蚡将自己承让之意很委婉地告诉了王太后并暗示皇上,于是,汉武帝便用窦婴做丞相、田蚡做太尉。

窦婴为自己的暂时成功而沾沾自喜,却不知道这背后有着更深的陷阱。

窦婴、田蚡都喜好儒家学说,废除关禁,按照礼制规定服装制度,试图用这些措施来实现太平政治。而窦太后喜欢黄老学说,推行汉初承继下来的"与民休息"的政策。但是随着形势的变化,黄老之学已不适应统治的需要了,于是窦婴等人坚决推崇儒家学说,贬低道家学说,这使得窦太后更加不喜欢窦婴等人。

窦婴任相的第二年,赵绾因上书激起窦太后的恼怒,当即被罢免。同时,窦太后又对窦婴和田蚡等人不满,解除了他们的职务,另外起用柏至侯许昌做丞相、武强侯庄青翟做御史大夫。

田蚡虽然不但任官职,但因为王太后的缘故,仍然可以得到皇帝的亲近与宠信,他在政务上提过多次建议,大多付诸实施并见了效。于是,那些趋炎附势的官吏和士人都离开窦婴而依附于田蚡。

田蚡身材矮小,相貌丑陋,但他有极强的权力欲,妄图压服所有人。田蚡认为各国王侯大多年长势重,而武帝新近登位,年纪很轻,自己以皇帝的心腹亲信而担任朝廷的丞相,如果不好好地整饬一下,用礼制使他们屈服,天下人是不会服服帖帖的。在这个时候,田蚡进宫报告政务,所说的皇上都听从。田蚡推荐的人有的从平民百姓一下提拔到二千石,皇上也没有异议。田蚡以为幼主好欺,于是肆无忌惮地培植自己的势力,妄图把皇帝的权力逐渐转到自己手里,总是寻找各种机会来体现自己的威严。

争权夺势:唐代的贵族和庶族之争

唐太宗为了能长久地维持统治政权,立太子一事成为一大心病。尤其在长子李承乾被废黜之后,这个问题更加凸显出来。太宗曾经属意的人选包括魏王李泰和吴王李恪,但在权衡利弊之后,意识到应立晋王李治为太子。

李世民召见长孙无忌、房玄龄、李世绩、褚遂良等人,又召来晋王李治,说:"我三子一弟,所为如是,我心诚无聊赖!"说完便倒在床上,抽出佩刀就要自杀。长孙无忌等人大惊,拉住后忙问唐太宗原因。唐太宗说:"我欲立晋王。"长孙无忌当即回答道:"谨奉诏,有异议者,臣请斩之!"然后,唐太宗对晋王李治说:"汝舅许汝矣,宜拜谢。"从来没想过当太子的李治取得了太子身份。

唐太宗之所以立晋王李治为太子,就是考虑到要平衡各集团之间的利益。长孙无忌既是开国元勋,又是皇室贵戚,出身于关陇贵族,在当时统治集团中是个举足轻重的重要人物。而崔仁师、岑文本等人都出身于庶族,官位仅次于长孙无忌、房玄龄等人,算是后起之辈。因此,在立太子问题上的分歧,实际上反映了关陇贵族集团和关东庶族之间的矛盾斗争。

在一废一立之间,很可能激化矛盾,打破朝廷中大臣各种势力多年来保持的相对平衡。如果魏王李泰得立为太子,庶族官僚势力必然增长,长孙无忌为首的关陇贵族自然要加以反击,宗室诸王也将掀起争夺皇位的斗争。而发生新的政变,势必两败俱伤,削弱唐王朝的统治实力。另一方面,唐太宗虽然提拔了大量庶族出身的官僚,关陇集团在唐朝政权中仍然占有十分重要的地位。在这种关键时刻,唐太宗当然不能以牺牲关陇贵族为代价去助长庶族官僚的势力。如果立中间性人物晋王李治为太子,既照顾了关陇集团的利益,也不致引起庶族官僚的强烈反对,这是唐太宗改立李治为太子的根本原因。

公元649年,时年53岁的唐太宗李世民病逝于翠微宫含风殿,将李治托孤于长孙无忌和褚遂良。太子李治即位为帝,是为唐高宗,加封长孙无忌为太尉兼检校中书令,知尚书、门下二省事;以李世绩为尚书左仆射、开府仪同三司、同中书门下三品。此外,太子少师于志宁为侍中掌管门下省,太子左庶子许敬宗兼礼部尚书。

新官上任陈光蕊:赴任途中遭遇害

唐朝贞观初年,苏北考生陈光蕊高中状元,被授予江州刺史之职,又迎娶了娇妻满堂娇。陈光蕊寒窗苦读十余年,终于学有所成。他带着官凭,吩咐家人王安去找赴任船只,又叫妻子准备美酒,高高兴兴准备赴任。

王安领着一个叫刘洪的船夫来见陈光蕊。陈光蕊看了刘洪一眼,点头表示同意。夫人满堂娇却说:"这个人语言无味,面色可恶。看他胁肩谄笑,不像个好人。"陈光蕊则说:"不妨事。"就这样,陈光蕊上了刘洪的船,往江州而去。

船夫刘洪果真盯上了陈光蕊的财物,又见其夫人满堂娇美若天仙,就动了谋财害命霸占娇妻的歹念。刘洪先把王安推入江中,然后持刀逼近陈光蕊。

陈光蕊本是一介书生,没遇到过如此情景,吓得不知所措。贪婪的强盗刘洪上前一把揪住他,将刀子捅进陈光蕊的胸中,接着也推入江中。

强人刘洪霸占了满堂娇后,拿着陈光蕊的官凭,穿戴起他的官服,顶替陈光蕊到江州上任。冒充陈光蕊的刘洪大模大样地当起了江州刺史，并且在江州为官18年。强盗做官做了18年而不被揭穿，可见当时古代的官员选拔制度及其标准的严谨程度了。

强盗可以做官数年，在宦海沉浮中能够驾轻就熟，一方面的原因是古代新官上任时的身份查验不严，给很多冒名顶替者以可乘之机，促成假官真做。另一方面的原因是强盗之类的"江湖人士"似乎比苦读文书的文人更能洞察世事，知道圆融趋避之道，因而在官场上能够应付自如，甚至官路畅通。因此，很多的古代文学作品中都曾有过假官做好官、会做官的故事，比通过正途上任的新官还更胜一筹。

在《西游记》成书之前，陈光蕊的故事就在评书中广为流传。陈光蕊是一个文弱书生，对世事一窍不通，对官场更是一无所知，所以他的被杀一定程度也要归咎于自身的软弱和对社会的"无知"。"一心只读圣贤书"，即使考取了功名、步入仕途，也难当大任。

刘洪做官到了第19年的时候，冒名顶替陈光蕊赴任一事才被揭穿。原来满堂娇到江州后产下一个男孩。为了孩子不落入恶棍刘洪之手，她把男孩放入木盆置入江中，写血书说明身世，后男孩被金山寺的长老搭救，长大后剃度为僧，就是著名的唐代高僧玄奘。玄奘知道身世后，回江州为母亲报仇雪恨，惩治了恶霸刘洪。

献媚巴结杨再思：卑躬屈膝善讨巧

置身官场、求取功名需要一些权术，否则就寸步难行。官场中人最讲实际利益，若能讨得上司的欢心，加官进爵，别人的说长道短又算得了什么呢？武则天时的杨再思从一个县尉爬到宰相高位，仅仅用了几年的时间，这不能不说是个奇迹。

当时，武则天的男宠张易之、张昌宗兄弟权势极大，杨再思一心想巴结他们，只是苦于没有机会。一次，杨再思去参加他们举行的宴会，张易之的哥哥张同休拿他取乐，说他长得像高丽人。在众人的大笑声中，杨再思不以为羞，反以为荣，竟是当众跳起了高丽人的舞蹈，挤眉弄眼，故作丑状。事后还亲自向张同休致谢，极尽媚态。

有人诏媚张昌宗长得漂亮，说他面似莲花，杨再思却能更进一步地说："此言差矣！非六郎似莲花，然莲花似六郎也。"

杨再思如此行事，连他家的下人也看不下去了。一次，杨再思家的下人大胆地问他："大人高官显位，何必讨好别人呢？"

杨再思说："你一个下人，为什么要怕我呢？"

不待下人作答，杨再思便说："道理很简单，你不讨好我，我就要辞退你，你便没饭可吃了。我不讨好有权势的人物，他们便会整治我，我便一无所有。与其说几句好话、出一点小丑，而能换来荣华富贵、美满平安，我何乐而不为呢？无知的人才会笑我，我又何必在意他们呢？"

口蜜腹剑李林甫：煽风点火制造冤情

开元十四年，李林甫被任命为御史中丞，后来担任过刑部和吏部的侍郎。当时武惠妃最受宠爱，她的儿子寿王也因此得到了唐玄宗的另眼看待。李林甫抓住机会讨好武惠妃，他悄悄派人告诉武惠妃："我愿意保护好寿王。"武惠妃很感激他。

李林甫和裴光庭的妻子有染，裴光庭死后，他妻子请求高力士让李林甫代替丈夫的官职，但高力士没有答应。唐玄宗让萧嵩推荐宰相人选，萧嵩推荐了韩休。高力士把这个消息透露给了裴妻，裴妻马上让李林甫去告诉韩休。韩休当上宰相后不知道是萧嵩推荐他的，还以为李林甫从中出了力，很感激李林甫，却和萧嵩不和。他推荐李林甫当宰相，武惠妃也从中相助，于是唐玄宗将李林甫命为黄门侍郎。

李林甫后来担任礼部尚书，善于对皇上察言观色、讨好逢迎。但是李林甫性格多疑，喜欢树敌。朝中凡是不和他打交道的官员，都会被他想办法排挤掉。李林甫当着别人的面把好话说尽，但转过身来就用最阴险、最毒辣的手段害人，别人都形容他为"口蜜腹剑"。

宰相张九龄是个很正直的人，经常为了原则而和唐玄宗争执，导致唐玄宗对张九龄越来越不满。李林甫却经常在旁边煽风点火，让唐玄宗增强对他的好感。李林甫当上宰相后，依靠溜须拍马博得唐玄宗的好感，唐玄宗把一切政事都交给李林甫处理。这样他自己一手控制了朝政，别的大臣都得看他的脸色行事。

李林甫谄媚皇帝，为了巩固自己的权位，谁对他的位置构成威胁，他必然会想尽办法把谁打倒。太子妃的哥哥韦坚进入朝廷任职，李林甫表面上举荐韦坚担任要职，而实际上却在暗中筹划对付他。他让御史中丞杨慎矜暗中调查和监视韦坚。正月十五晚上，太子出宫游玩，遇到韦坚。杨慎矜打探到这个消息后，就告诉了唐玄宗，诬告他们图谋不轨。唐玄宗很生气，就把韦坚罢黜了，并要太子将太子妃废掉。李林甫借此机会诬告前任宰相李适之等人和韦坚关系密切，结果唐玄宗将韦坚赐死，其他人被赶出了朝廷。

当杨慎矜权势大起来之后，李林甫又把矛头对准了他。让心腹诬告杨慎矜，把杨慎矜全家都害死了。后来成宁太府赵奉章上书揭发李林甫的罪状，告状信还没有送到皇帝手里就让李林甫知道了。李林甫授意御史台将赵奉章逮捕，将他活活打死。

唐代朋党之争：延续四十余年的牛李党争风波

唐朝的选贤任能的科举制让出身低微的知识分子打破旧的封建等级界线，有了进入仕途的机会。这让养尊处优的士族们感到强烈的心理失衡。于是，一场政治斗争在文人间如火如荼地展开。这就是"牛李党争"。书生牛僧孺、李宗闵在不知不觉中踏入了党争的泥淖。

唐宪宗元和三年，长安制科考试，举人牛僧孺、李宗闵在策论中批评时政，得到考官的赏识,但因为二人的考卷中抨击了宰相李吉甫,于是李吉甫从中作梗,对二人久不续用。谁知此事却引致朝野哗然,争为牛僧孺等人鸣冤叫屈,谴责李吉甫嫉贤妒能。唐宪宗迫于压力,只得将李吉甫贬为淮南节度使,另任命宰相。至此,朝臣分成两派,互相对立。但真正的"牛李党争",是在牛僧孺和李林甫之子李德裕上台之后开始的。

唐穆宗在位期间,牛僧孺曾一度为相,一次科举考试由牛党人物钱徽主持,其中牵涉李宗闵等人。时任翰林学士的李德裕指斥李宗闵等人主持科考舞弊。结果李宗闵等人被贬官,斗争逐渐趋于复杂化。就这样,朝廷中形成以牛僧孺、李宗闵为首的"牛党"和以李德裕为首的"李党"两派,相互倾轧四十余年。

牛李两党的政治主张主要表现在:李党力主摧抑藩镇割据势力,恢复中央集权;牛党反对用兵藩镇,主张姑息妥协。可见,唐代党争已经完全演变成了一场争权夺利的政治斗争。

历朝历代"朋党之争"的性质是不同的,汉明两朝主要是宦官与外戚或朝臣的权力之争,宋朝则是朝臣的政见之争,而唐朝的朋党之争则是公卿显官集团(李党)同豪强地主、暴发户庶族(牛党)之间的冲突。

趋炎附势的丁谓:排斥异己攀名位

丁谓是北宋真宗时一位有名的权臣,善于趋炎附势。真宗初年,权臣王钦若得势时,丁谓专投王钦若所好,唯王是从。王钦若失势免宰相职后,丁谓又采取欺骗手段,获取了寇准的信任。

宋真宗大中祥符八年(公元 1015 年)冬,丁谓与曹利用同时出任枢密使,掌军机大权。曹利用与寇准有宿怨,早仇恨在心,丁谓本来由寇准所荐,得以进宫,但不久前因寇准当着群臣的面,对迎逢自己的丁谓表现的奴颜之相予以公开嘲讽,由此丁谓衔恨,于是与曹利用联手,共同对付正直的寇准。

天禧四年(公元 1020 年),宋真宗患病不能理政,皇后刘氏开始干预朝政。寇准曾铁面无私惩治了刘皇后的不法亲戚,刘皇后心中是恼怒万分,此时自己执掌权柄,自然要趁机报复。这样,朝中形成了以刘皇后、曹利用、丁谓和翰林学士钱唯演为核心的反寇准集团势力。宰相寇准见刘、曹、丁、钱势焰熏天,于是进宫私下建议真宗,要求他以社稷为重,传位给众望所归的皇太子,并选择真正干练的大臣辅佐朝政,并说:"丁谓、钱唯演乃奸邪小人,万万不可辅佐少主。"真宗对寇准的建议额首同意,并要他布置准备。此事被丁谓得知。于是丁谓串通刘皇后,至真宗前诬告,说寇准是挟太子夺权。真宗被惑昏愦,随即免寇准职。这年七月,丁谓被升为宰相职,他一上台,即排挤寇准,月内三黜,把寇准远贬道州司马。

朝中另一宰相李迪与寇准相契,丁谓就勾结刘皇后,无中生有,栽诬李迪结党营私,把他贬到衡州。丁谓有意让传令的太监在马前外悬带穗宝剑，示上意行将诛戮之意，诱使李迪自裁，李迪幸亏儿子及左右相劝，才免枉死。寇准则被贬至雷州。

寇准、李迪等清正大臣相继被丁谓排挤后，丁谓成了北宋朝廷单手遮天的人物，他恃势恣横，为所欲为，一时朝臣为之侧目。

乾兴元年（公元1022年）二月，王曾拜为宰相，他对丁谓的揽政专权极为不满，想方设法除去丁谓。王曾等到丁谓逐渐放松对自己的警惕，于是独见仁宗，呈上一份奏疏，尽列丁谓多年以来的奸事，有丁谓伙同内侍雷见恭擅自改动先帝陵墓计划等。仁宗见疏，甚为吃惊，几天后便下诏宣布丁谓获罪，免去所居宰相之职。

不久，丁谓又被查出勾结女道士刘德妙欺君罔上。结果数罪并罚，被仁宗贬到崖州。丁谓于贬所途中经过雷州寇准贬地，寇准把欲杀丁谓的家仆关在府内，不准其外出，又派人特意送蒸羊一只，借此暗示自己坦白胸襟。丁谓见状，赶紧离道逃到崖州，直到英宗明道年间，才离开贬地。

丁谓靠奉迎起家，排挤前任，终于爬上宰相之位，大权独揽。欲将除之，实属不易。王曾可谓用心良苦，对丁谓事事服从，卑躬屈膝。终于，使丁谓成为俎上之肉，后悔也来不及了。

新旧交锋：北宋王安石新党与司马光旧党之争

宋代中期，辽国、西夏屡屡入侵，内外矛盾加剧。以王安石为首的变法派主张变法改革，这就是历史上所谓的"新党"。"新党"在宋神宗的支持下，进行了一系列政治、经济改革，力图改变积贫积弱的社会局面。但王安石的变法遭到以司马光为代表的旧党的猛烈攻击，由此揭开了北宋新旧党争的序幕。

反对变法的旧党以司马光为首，还有欧阳修、富弼等元老重臣。众人不断向皇帝上书，攻击新政和王安石。这就严重打击了以王安石为首的新党的情绪，王安石一度称病在家，神宗温词慰勉，王安石才勉强继续执政。

神宗的摇摆态度，使本来就摇摆不定的中间分子的态度发生了变化。他们慑于元老重臣

王安石

的威严，纷纷倒向旧党。旧党的气焰越涨越高。旧党领袖之一文彦博是三朝元老，他在同神宗的谈话中，直截了当地表达了自己敌视变法的态度，反对祖宗法制、农田水利法。

面对旧党的猛烈抨击，新党决定加速改革的步伐，但是由于各方面的抵制，改革并不

顺利。此时,外部的敌对力量也故意挑衅。面对内外夹击的不利形势,新党虽继续坚持变法,但改革也出现了停滞,并导致了内部的分裂。

公元 1074 年,河北大旱灾,一些官员趁机进言,说旱灾是王安石变法造成的,要求神宗把王安石撤职。神宗只好妥协,让王安石暂时离开东京,到江宁府去休养。王安石离京后,变法由韩绛、吕惠卿等人负责。此时,变法派的中坚力量为了各自的利益走上了不同的道路。

吕惠卿是个极有野心的人,他提拔亲族吕升卿、吕和卿等人,扶植自己的势力,打击变法派内部的其他成员,妄图取代王安石的地位,引起了朝中大臣的不满。吕惠卿不久即被旧党攻击去职,新党遭到重创,士气十分低落。宋神宗决定实行更为强硬的手段来推行新法,严惩反对变法的官员。

宋哲宗即位后,实际权力落在宋神宗的母亲高氏手中。高氏本来就不满于新党变法,便立即停止了变法,新旧两党的党争局势发生了急速变化,旧党的核心人物司马光出任了宰相。

司马光上任后,马上同文彦博、吕公著一起建立了旧党的统治体系。不满变法或是因反对变法而遭到打击的官僚士大夫们都被重新召回,那些中间派人士也被他们拉拢过来,开始大肆攻击新党。

旧党执政后,首先着手废除新法。退休在家的王安石听到这个消息后悲愤至极。

旧党当权之后,不仅尽量扩大自己的势力,而且全力打击新党。新党的重要成员如吕惠卿、蔡确、吕嘉问等都遭到排挤和打击。

旧党要彻底铲除新党,当然是"欲加之罪,何患无辞"。他们以李定不为生母服丧为名,将李定逐出。旧党还将蔡确以前作的《游车盖亭诗》加以引申,指斥为对高太后的诬蔑,将蔡确发配至新州而亡。后来在吕大防、梁焘、刘安世的主持之下,旧党还把较为出名的新党成员大约八九十人的名字分别归附于王安石、吕惠卿、蔡确名下,称为"亲党",张榜于朝堂之上,使他们永世不得做官。

皇室外戚之战:南宋韩侂胄庆元党禁案

庆元党禁指的是南宋宁宗庆元年间,韩侂胄打击政敌的政治事件。宋宁宗是由赵汝愚和韩侂胄拥立为帝的,赵汝愚出身皇族,韩侂胄则是外戚,二人不合。赵汝愚为相后,收揽名士,朱熹就被召入经筵为皇帝讲书。韩侂胄图谋排斥赵汝愚,将赵汝愚和所有支持赵汝愚的人都罢官放逐,凡是和他意见不合的都被称为道学之人,后又斥道学为伪学。名列伪学党籍者,受到程度不等的处罚,凡与他们有关系的人,也都不许担任官职或参加科举考试。

韩侂胄是北宋名臣魏忠献王韩琦的曾孙,父亲韩诚娶的是宋高宗皇后的妹妹,他因父亲的门路走上仕途。

韩侂胄越来越受皇帝的信任，权势越来越大，决定向赵汝愚下手，将他置于死地。韩侂胄命中丞何澹、监察御史胡紘参奏赵汝愚图谋不轨，证据竟然是赵汝愚曾经做过的一个"乘龙授鼎"的梦。宁宗也不辨真伪，贬赵汝愚为宁远军节度副使，安置在永州。当赵汝愚走到衡州时，衡州地方官按照韩侂胄的指示，对其百般羞辱，气得赵汝愚饮食不进，不久就自杀了。

赵汝愚死后，宁宗将京镗升为右丞相，韩侂胄的亲信们掌控了朝政大权。为了把反对自己的人全部除掉，京镗同何澹、刘德秀、胡紘三人定出了一个所谓的"伪学"黑名单，凡是反对过韩侂胄的，对其专权有妨碍的，统统都被列入了这个名单之中。

太皇太后吴氏听到这个消息之后，劝宁宗不要兴党禁，以免大臣间相互攻击，导致朝政混乱。但宁宗的诏书不过是一纸空文，丝毫没能阻止韩侂胄等人对"伪者"的打击。

公元1197年冬，太皇太后吴氏死了。一个月后，宁宗下诏排定"伪学"名单，名单中共有59人，这些人都被贬官，多数到了海南等偏远地区。不仅如此，朱熹注释的《六经》《论语》《孟子》《中庸》《大学》等书也被列为禁书。

韩侂胄此时官至少傅，封豫国公，朝中大小官吏多为党羽，一些不得其门而人之人。对韩侂胄极尽逢迎谄媚之能事。

韩侂胄专权日久，庆元党禁又很不得人心，韩侂胄怕树敌太多、日久生变，就决定北伐金国。

当时，金国内部很不稳定，朝政也渐趋腐败，西北方的蒙古正在兴起，可谓是内忧外患。韩侂胄起用了辛弃疾、叶适等主战派，并追谥岳飞为武穆，加封鄂国公，同时贬低秦桧，改谥缪丑。

此一举措极大鼓舞了士气，南宋军队于是从东、西、中三路北伐，初战得胜。韩侂胄任命京洛招抚使郭倪出奇兵突击，攻陷了金国边境重镇泗州(今江苏盱眙北)。因这次北伐是在南宋的开禧年间，因此也称开禧北伐。

结果南宋大败，金军一连攻陷十余州。韩侂胄北伐的美梦破灭，急向金国求和。金国要求南宋交出发动战争的祸首，也就是韩侂胄的首级，方肯退兵。于是，宁宗的妻子杨皇后布下罗网，乘韩侂胄入朝时将他杀掉，把人头送到金国中都(今北京)，悬挂街头。

宁宗在事后才知道韩侂胄被杀，只得下诏历数了韩侂胄的罪行，布告天下，没收了韩侂胄的全部家产，流配其养子至沙门岛，其党羽也各自降官、免官，彻底结束了韩侂胄专权的历史。

弹劾严嵩案:权倾天下一朝获罪

朝廷征召严嵩深得明世宗的宠爱。严嵩表面清高但内心险诈，他一方面讨好皇帝博得宠爱，另一方面又在朝廷中排挤忠直的大臣。他先将内阁大学士翟銮排挤出内阁，然后又剥夺了吏部尚书许赞、礼部尚书张璧公文起草的朝政权力。皇帝从十八年安葬章圣太后以后就不临朝听政，移居到西苑万寿宫。当时，严嵩权倾天下。

严嵩的儿子严世蕃被任命为工部左侍郎。严世蕃为人阴险凶残，凭借父亲的宠爱，诈取权势和财物不知满足。严嵩年老后，朝廷大事一概委托给严世蕃，士大夫愤恨而不敢言。不法之徒奔走在他的门下，装在竹器中的贿赂财物在道路上都互相望见。严世蕃在京城营造府宅，每天聚集宾客纵情作乐。

首辅夏言权力比严嵩大，经常排挤严嵩的党羽。严嵩见夏言对自己不利，又听说明世宗的宠臣陆炳不喜欢夏言，就和陆炳结交，共同对付夏言。等到夏言失去明世宗的信任后，他以河套地区被蒙古占领为理由弹劾，最后害死了夏言。

明世宗喜欢掩盖自己的过失，是个很爱面子的人。严嵩就抓住这点想方设法激怒他，以铲除异己。很多大臣都上书弹劾严嵩，但由于他老奸巨猾，加上明世宗昏庸无能，那些大臣都被严嵩残害。

另一个阁臣徐阶获得明世宗的恩宠。徐阶为了争权，指使党羽弹劾严嵩，但没有成功。严嵩虽然很能揣摩明世宗的心思，但也力不从心。后来万寿宫失火，严嵩奏请明世宗搬到南城暂居。南城是当年明英宗被软禁期间住的地方，明世宗听了严嵩的建议后心里很不舒服。而徐阶负责重新修建的万寿宫让明世宗非常满意，从此徐阶取代了严嵩在明世宗心目中的地位。

明世宗听从方士蓝道行的劝告，有意除去严嵩。御史邹应龙上书直言，透彻地评论严嵩父子违法，说："臣子的话不合事实，乞求斩臣子的头来向严嵩、严世蕃请罪。"皇帝下圣旨审问严嵩，而把严世蕃交给法官处理。严世蕃获罪后，和倭寇勾结图谋不轨，事发后被论罪处死，严嵩全家被罢官为民。

忠与奸的争斗：南明史可法与马士英的斗争

史可法与马士英之争，是典型的忠与奸的争斗。二人的争斗开始于拥立福王。

崇祯十七年（公元 1644 年）三月十七日，李自成率领农民起义大军包围了北京城，崇祯帝自缢。自然地拥立新君成了问题。当时，都御史张慎言、詹事姜日广等起草文书，主张立潞王。史可法也完全同意他们的意见。这时，手中掌握兵权的凤阳总督马士英却认为，立君要以贤明作为标准，不能固执地拘泥于人选的辈分顺序。

马士英的话传到了史可法那里，史可法就给马士英写了封信，把福王"七不可立"的意见坦率地告诉他。史可法还以为马士英也主张立潞王，但他哪里知道，马士英心目中的理想人选不是潞王而是福王。

马士英与阉党人物具有很深的关系。而朱由崧的父亲朱常洵、祖母郑贵妃，当年又都是魏忠贤、阮大铖之流竭力加以"保护"的。如果能立福王，马士英就可以获得更大的权柄而爬上更高的位置。出于自身的私利，马士英与阮大铖沆瀣一气，拥立福王。

马士英等一边假惺惺地说"立君以贤"，一方面与南京的勋臣刘孔昭等相勾结，又拉拢驻守江北的武将黄得功、高杰、刘泽清和刘良佐等，把福王推上台。史可法从外地回到南京之后正与张慎言等一起筹划拥立潞王的大事，忽然，从长江北岸传来了消息：凤阳总督马士英主张拥立福王。经过反复的思考，史可法不得不以大局为重同意了马士英的提议。

史可法

马士英本以为拥戴福王有功，福王一定会感恩戴德将他大加提拔。结果，马士英虽然成了内阁大学士，却仍旧只是在凤阳督师，京中的大事都要听史可法安排。马士英不能接受这样的格局，他要自己控制朝政。于是，马士英挑拨离间，排挤史可法。

马士英为了离间福王与史可法的关系，并表明他对福王的"忠诚"，将当初史可法写给马士英的书信，上面有福王"七不可立"的意见告诉给了福王。福王看后，心里当然不是滋味。后来，马士英要求朝觐福王，并劝福王马上称帝，福王答应了他的要求，宣诏马士英入京晋谒。

举荐史可法去做督军，这是排挤史可法的第一步。史可法虽然心里非常气愤，但江淮一带是南京的门户，另外也想到马士英此次来南京。其对朝中大权是志在必得，为了避免严重内讧，采取了让步。

于是，福王正式即帝位，并确定年号为弘光元年（公元1645年）。次日，马士英正式入阁办事。而史可法带了三千兵卒离开南京城。自此南京城的实权，落入了马士英手中。

史可法身陷是非之地，处处是马士英给他设的爪牙和圈套，稍有不慎便会落入魔掌。史可法忍气吞声，为了江山社稷忍辱负重。

马士英掌权以后，与手下"四镇"战将联合，想借机除掉史可法，然而史可法早已识破。

马士英用诡计把史可法挤出南京。但是，南京的不少大臣都站在史可法一边。因此，马士英又计算着新的策略，把斗争的矛头指向张慎言等人。

马士英在对史可法亲信发起进攻的同时，仍不忘寻找自己的知己，来组成自己的帮派。为了巩固他的地位，马士英引荐阮大铖。福王便下谕旨，决定起用阮大铖等人。

从此，马士英与阮大铖事实上控制了南明的朝政。马士英拥有了自己的集团，控制了朝中的权力，对于史可法的威胁更加严重。

借光攀升黄兰阶：欺世盗名走后台

在清朝政府的官场中，一直盛行靠后台、走后门、求人写推荐信来谋取官位。但军机大臣左宗棠从来不给人写推荐信，他说："一个人只要有本事，自会有人用他。"左宗棠有个知己好友的儿子，名叫黄兰阶，在福建候补知县多年也没候到实缺。黄兰阶见别人都有大官写推荐信，想到父亲生前与左宗棠很要好，就找左宗棠。左宗棠见了故人之子，十分客气，但当黄兰阶一提出想让他写推荐信给福建总督时，当时就变了脸，几句话就将黄兰阶打发走了。

黄兰阶又气又恨，离开左相府，就闲蹚到琉璃厂看书画散心。忽然，黄兰阶见到一个小店老板学写左宗棠的字体，十分逼真，心中一动，想出一条妙计。

"给我写柄扇子，落个款。"黄兰阶对店主说。店主取过扇子，落上左宗棠的款。黄兰阶手摇扇子，得意洋洋地返回福州。

这天，是例行参见总督的日子，黄兰阶手摇纸扇，径直走到总督堂上，把扇子一晃："不瞒大帅，外边天气并不太热，只是这柄扇是我此次进京后，左宗棠大人亲送的，所以舍不得放手。"总督听了大吃一惊，心想：我原以为这姓黄的没有什么后台，所以候补几年也没给他放实缺，不成想他却有这么一个大后台。左宗棠天天跟皇上见面，他若恨我，只消在皇上面前说个一句半句，我可就吃不住了。总督要过黄兰阶的扇子仔细察看，确系左宗棠笔迹，一点不差。总督将扇子还与黄兰阶，闷闷不乐地回到后堂，找到师爷商议此事。

师爷一听笑道："大帅放心，左宗棠眼下不会害你，他向来不替人写荐书，这柄扇子其实就等于是推荐信了。大帅只要马上给姓黄的一个官做，左宗棠就会高兴了。否则……"

总督笑了："好！明天就给他挂牌放任知县好了。"

就这样，黄兰阶巧妙地"借"左大人的"光"弄了个七品知县，而且在左大人的"光罩"下，不几年又升到四品道台。

科场舞弊奇案

在中国封建社会，一个人的自身价值大多用官衔的大小来衡量。高官大贵，小官小贵，无官职的则被视为低贱，这也成为古代的读书人一心求取功名，把做官作为最终目的的重要原因。对于那些求取功名利禄的文人谋臣来说，做官就拥有了一切。而通往仕途的常规之路,就是每年令人瞩目的科举考试。

本节揭晓古代科举考试中的种种趣闻、科考案背后的秘密。考官徇私舞弊,考生作弊成风,令人眼红的状元帽究竟好戴不好戴,金榜题名的背后隐藏着怎样的科举潜规则?一桩桩的科举舞弊案妙趣横生,又耐人寻味。

明代南北举子争科榜案:考官"按地域优先录取"

明朝建立后,朱元璋决心恢复宋元时期的科举取士的制度。由于明初南北经济文化发展的不同,发生了震惊全国的南北举子争科考的事件。

公元1397年会试,主副考官刘三吾、白信蹈从全国几百名举人中,点出52名贡生,其中以宋琮为贡生第一,上报给了皇帝。皇帝过目后,会试发榜。贡院的负责官员将贡生的名单的抄在皇榜上,张贴在贡院门口。皇榜刚一贴出,立即群情哗然。皇榜上的北方举子全部落选,从第一名的宋琮到最后一名的刘子信,全都是江南考生。在接下来的殿试中,又是福建闽县的陈某夺得了状元,这势必引起了北方举子的不满。

北方举子认为,来自南方的刘三吾和白信蹈等是有意压制北方举子的。这一说法赢得了大多数北方举子的响应,顿时群情激愤。于是,北方举子们纷纷用泥土石块朝皇榜砸去,随后召集了一批同样有不满情绪的落第学生向礼部走去。礼部得知主副考官刘三吾、白信蹈私取同乡的奏报后,纷纷派请锦衣卫来镇压学子的游行队伍。

事态越来越大。北方考生再次举行游行示威队伍,并且书写了大量的字帖张贴满了南京的街头小巷。礼部见局势发展难以控制,便上报朱元璋。朱元璋非常震惊,决定亲自查问主考官刘三吾。而刘三吾解释说:"连年的战争对北方的文化摧残极大,这些年来北方举子文章远不如南方举子,成绩相差悬殊,已是不争的事实。"

朱元璋本要加强北方边境的防守力量,培养一批北方学子,而对南方地主知识分子心存不满,这次的科考又全部是南方举子中试,更加增添了他的不快。于是,朱元璋下令韩林院张信主持会试复查。复查之后,张信禀报皇帝:"南北考生成绩的确相差悬殊,最后一名的刘子信也比北方的优秀考生高出许多。北方举子的试卷仅列第53名。"朱示璋听后仍不相信,以为他是故意拿成绩差的考生来狡辩,又命令刑部对刘三吾、白信蹈和张信三人严加审问。

刚开始,三人拒不承认。刑部只好用大拷刑讯逼供的方法,将其三人的家眷全部打入大牢,这才查出了这一徇私舞弊科考案。

朱元璋明知是冤案,但为了平息北方学子的激愤,就称刘三吾、白信蹈是蓝党,张信是胡党,有谋逆之心。刘三吾被流放充军,而张信、白信蹈则被凌迟处死。而这一次所有录取的举子也全部取消资格,当科状元按行贿罪被判处死刑。

同年的五月,由朱元璋亲自阅卷,从北方考生中点出61名进士,第一名为韩克忠,第二名为任伯安。此后，明朝科举一律分南北榜取士。至此，明朝的南北榜公案了结。

徐经、唐寅科考案：贿赂买考题，自古已有之

明代中期最大的科考案，即弘治十二年（1499 年）江阴徐经与苏州唐寅的所谓泄漏会试试题案，是一起因官场斗争而进行诬陷所造成的冤案。

徐经（1473～1507），字直夫，是徐霞客的高祖，出身书香门第。他的祖父徐颐在英宗时，因善书法而入中书科为中书舍人；叔祖徐泰，以江阴县秀才入选京师国子监深造，景泰七年（163 年）秋参加北京的顺天乡试高中为解元。徐经的父亲徐元献，于成化十六年（1480 年）应天乡试中经魁（前五名）举人，次年会试落第后返乡。徐经在父、祖的影响下，为了继承父、祖的金榜题名遗志，在弘治八年（1495 年）22 岁时，应天乡试得中第 41 名举人。

唐寅（1470～1523），字伯虎。16 岁时，由老师举荐进入府试考场，得中苏州秀才，一时誉满江南。弘治十一年，唐寅以超群的才气在南京的乡试中一举夺魁，深受主考梁储的赏识。

弘治十二年，京城会试。各省的举人都可应考，考中者称为贡士，经殿试即可赐出身为进士金榜题名。徐经怀着对功名的热望，邀请唐寅同船共赴北京参加会试。

此科的两位主考官，是礼部尚书兼文渊阁大学士李东阳和礼部右侍郎程敏政。

唐寅

唐寅前一年乡试夺魁后，早已名播江南，延誉京都，担任江南乡试主考的梁储回京后，曾拿唐寅的文章给程敏政看，"敏政亦奇之"。唐寅、徐经抵达京城后，遍访前辈，广交名流。唐寅陪同徐经拜见了礼部右侍郎程敏政，程敏政是徐经乡试中举时的主考官，这次又和李东阳一起任此次会试的主考官。结果受到众举子的猜忌和唐寅同乡、学友都元敬的中伤。

会试按例举行三场考试，不料入试两场刚毕，流言蜚语已满京城，盛传富家子徐经贿买试题。弘治帝震怒诏令程敏政立即停止阅卷，听候审查。他已经初选的卷子全由李东阳会同其他考官复核；徐经、唐寅即以科场舞弊的嫌疑犯关进监狱，严刑拷问。

然而，经过李东阳等的复核，程敏政选中的试卷中没有被指控为贿买到试题的徐经和唐寅之卷。明明是诬告。几番拷审，毫无所获。最后，一场大狱竟以"查无实据""各打五十大板"草草结案。主考、礼部右侍郎程敏政被免官；诬告人给事中华昶降职；徐经、唐寅则以进京时曾拜会主考程敏政而被革除举人资格，不准再参加此后的科举考试，唐寅

被发落为浙江藩府小吏。

程敏政出狱后，因忧愤发痈死。《明史·程敏政传》中否定程敏政有"鬻题"之说，并透露"或言敏政之狱"，系他的同事礼部左侍郎、翰林学士"傅瀚欲夺其位（指主考官），令昶奏之。事秘莫能明也"。

江阴明清志书和《梧塍徐氏宗谱》都没有记载徐经的科场案，清代邑人顾心求手辑的《江上诗钞》收录徐经诗时，在所附作者小传中注明"宏治乙卯举人，已未再试礼闱，为飞语所中，廷勘罢归……经与唐寅以才名相引重，为都穆所忌，中伤之"。道出了科场案的真相。

顺天丁酉科场案：暗中操作震惊全国

顺治丁酉年（顺治十四年），正值顺天乡试。顺天即北京，是京师所在地，顺天、直隶（今河北省）、关外以及名隶国子监或籍系满蒙汉军八旗的士子都参加顺天乡试，称为北闱。这一年北闱的正副主考是太子庶子曹本荣、太子中允宋之绳。除正副主考之外，还有同考官，又称房官，负责分房阅卷。

顺天乡试因在北京举行，同考官多为进士出身的闲散小京官。由于考生众多，正副两名主考无法遍阅全部考卷，所以先要经过同考官筛选，而经同考官看中并依比例向正副主考推荐的，十之七八会被录取。从明末开始，每到乡试举行前两三个月要确定同考官人选的时候，就有人竭力钻营，以谋一席。据娄东无名氏《研堂见闻杂记》记载："各分房之所私许，两座师（指正副主考）以及京中贵人之所密嘱，如麻如粟……至北闱尤甚。北闱分房诸公及两座主，大率皆辇下贵人，未入场已得按图挨次，知某人必入，故营求者先期定券，万不失一，不若各省分房，必司理邑宰，茫然不可知，暗中摸索也。"京师消息灵通，参加顺天乡试的国子监监生中又多为贵宦子弟，许多人能预知本科将由哪些人担任同考官，或以势求，或以行贿。

丁酉北闱同考官有大理评事李振邺、张我朴，国子博士蔡元禧等人。这一科考生有5700多人，中额限定为206名，录取比例为28∶1。如果考生中父兄为高官、家内殷实者，"自以为唾手折桂"，所以行贿的现象在当时并不为怪。由于录取名额有限，贿赂者人数过多，闱中考官推敲得失，各同考官为了搜求"走关系"者的试卷，相互翻查。向李振邺一人贿赂的就有25人。因一时难以全部寻获，李振邺竟让亲随书童拿着写有暗号的纸条去各房查对。

榜发以后，落第士子愤愤不平。有人写了匿名传单，到处张贴，揭露内幕。吏科给事中陆贻吉为了压住舆论势头，就为行贿的士子和受贿的考官居间说合。刑科给事中任克溥因未能谋得同考官的位置，心怀不满，趁机上疏皇上。清世祖大怒，传旨严缉所有人犯到案，由吏部、都察院满汉大臣会审。满大臣当时还不懂关节，吏部汉尚书王永吉给他们解释,不料随即审出李振邺所接受贿赂的人中第二名就是他的亲侄子王树德。

经过反复刑讯,结果奉旨将纳贿的同考官李振邺、张我朴、蔡元禧,行贿得中的新科举人田耜、贺鸣郊、邬作霖等人立即处斩,而接受赃银的陆贻吉也被腰斩处死。有行贿情节的王树德等人从宽免死,流放尚阳堡。正副主考曹本荣、宋之绳虽未受贿,但失察渎职,受到降级处分。

清世祖怀疑新中举人通过行贿侥幸登第的还有不少人,就命令吏部速传来京,候朕亲行复试。于是地方官把本地的新举人又监送到京进行复试。复试的结果只黜落了文理不通的士人,大部分的举人身份得到认可。顺天科场案从案发到结案长达半年,其处分之重、牵连之广震惊全国。

江南丁酉科场案:纨绔子弟金榜题名

与顺天丁酉科场案并列为清代科场重案的还有江南丁酉科场案。

江南是顺治初年新设的行省,省会江宁(今南京),设有国子监。江南文风之盛是其他省份难以比拟的,上江(今安徽省)、下江(今江苏省)的士子都参加江南乡试,称为南闱。

丁酉南闱正副主考为翰林院侍讲方猷、侍读钱开宗。发榜后因取中者颇多富贵人家子弟,苏州、常州的落第士子不服,就在两主考北归的途中随舟唾骂,甚至投掷砖瓦。有人甚至撰写一词加以讽刺当时的科考腐败:"命意在题中,轻贫士,重富翁。诗云子曰全无用,切磋欠工,往来要通,其斯之谓方能中。告诸公:方人子贡(孔子的弟子),原是货殖家风。"名士尤侗高才不第,编了一部《钧天乐》传奇,揭露考官纳贿的情状。

清世祖听到传闻,正好又有言官举劾江南乡试的舞弊之风,于是又兴大狱。一年后定案,正副主考及其他同考官全处死刑,妻子家产籍没入官,有行贿嫌疑的举子方章钺等8人流放宁古塔(今黑龙江宁安)。

而这一科取中的举人统统被押解至京复试。时值隆冬,考生僵立在冰雪中,限时交卷,每人由两名护军持刀监视。复试结果,黜落14名,罚停会试两科24名。吴江才子吴兆骞本无行贿情节,纵有真才实学也未能完卷,被认为贿中是实,受重刑。《研堂见闻杂记》记载:"是役也,师生牵连就逮,或就立械,或于数千里外锒铛提锁,家业化为灰尘,妻子流离,更波及二三大臣,皆居间者,血肉狼藉,长流万里。"

顺治年间南北二闱科场案,表面上看来是为了肃清场规,整顿陋风,实质上是借此巩固政权。士人通过科举之道求取仕途功名,然而每次及第者寥寥,名落孙山者居多。那些连科赴考、连科不中的人满怀怨气,对新获科第的举人进士在歆羡之余,不无忌恨。所以,清世祖以科第为诱饵,目的是扩大新朝统治的社会基础。在处理科场案时,一反晚明因循姑息的旧例,使许多无钱无势的贫寒之士大为称快,加强了对新朝的向心力,而少数得中、免祸的人经皇帝亲自复试，更以此为荣。

顺天乡试案发后，他一再强调"朝廷选举人才，科目最重，必主考、同考官皆正直无私，而后真才始得"，"开科取士，原为遴选真才，以备任使，关系最重，岂容作弊坏法"，并下令把定案结果"刊刻榜文，遍行严饬，使知朕取士釐奸至意"，"自今以后，凡考官、士子须当恪遵功令，痛改积习，持廉秉公"。

此外，官僚集团内部结党争利，互相倾轧，也是酿成重案的诱因之一。

江南辛卯科场案：科场"评卷人"行贿黑幕揭秘

辛卯科场案指的是康熙五十年发生在江南乡试的科场案。

这年江南乡试中举者除苏州 13 人外，其余多为扬州盐商子弟。句容县王曰俞所推荐的吴泌、山阳县知县所推荐的程光奎皆属文理不通之辈，竟也榜上有名，于是掀起一阵舆论大波。以廪生丁尔戬为首的苏州生员共千余人集会玄妙观，将财神像抬入府学表示抗议，愤怒的考生还在贡院的大门上贴出一副对联"左丘明两眼无珠，赵子龙一身是胆"，以此讽刺主考官左必蕃和赵晋。两江总督噶礼将丁尔戬等人拘禁，准备按诬告问罪。

张伯行

主考官左必蕃、江苏巡抚张伯行奏报朝廷。康熙帝派户部尚书张鹏翮会同噶礼、张伯行以及安徽巡抚梁世勋在扬州详审。审讯中，噶礼、张伯行发生分歧。张伯行以贿卖举人、包庇罪犯弹劾噶礼，噶礼则弹劾张伯行挟嫌诬陷。结果康熙帝将二人解任，令张鹏翮会同漕运总督赫寿继续审理。在审理过程中，张鹏翮又因袒护噶礼而被解任。康熙帝另派户部尚书穆和伦、工部尚书张廷枢前往再审，并请吏部议复。康熙帝认为，张伯行为官清廉，操守为天下第一，这样处理"是非颠倒"，令九卿、詹事、科道据实再议。后以两人都是封疆大吏，"互相参讦，殊玷大臣之职"，将噶礼革职，张伯行做革职留任处理。

经过一年多的审讯，审出副主考赵晋与同考官王曰俞、方名私受贿赂，取中吴泌、程光奎的情况。赵晋、王曰俞、方名被处斩立决；吴泌、程光奎等均处绞监候；主考左必蕃失察，被革职。

顺天己卯科场案：徇私舞弊还是诽谤

清康熙三十八年（1699 年），顺天府举行乡试。历史将其列为典型的清代科举舞弊大案。

该乡试由皇帝钦定"以翰林院修撰李蟠为顺天乡试正考官,翰林院编修姜宸英为顺天乡试副考官"。二人分别是康熙三十六年(1697年)丁丑科的同榜状元和探花。

试榜一放,立即引起轩然大波。有的记载说:"因中试者多为大臣子弟,落第士子编造歌谣'老姜全无辣味,小李大有甜头'。散发传单,指斥正副主考'纳贿营私,逢迎权要'。"也有的记载说:"(康熙三十八年)九月,己卯顺天乡试科场案发。是科发榜后,物议沸腾,落弟考生揭揭文于市,斥责正考官李蟠、副主考姜宸英瞻顾情面,纳贿徇私,所取皆朝臣及官家子弟。"更有人指李蟠投靠善于玩弄权的内监鲍三老,品行不端,贪财如命,这次考试中收受贿银一万多两。

中堂四五家,部院数十人都金榜题名;大学士王熙、李天馥为子孙行贿三千;工部尚书熊一潇、左都御史蒋宏道、湖抚年羹尧为其子行贿上万;举子史贻直、潘维震之父分别为浙江、福建主考,私下也做了交易;韩孝基、张三第因父官居礼部,掌管复查试卷大权被全部录取,豪富巨商为子弟竟也行贿得中。揭帖指责主考、副主考行为不端,辜负圣恩,呼吁朝中有识之士弹劾李、姜,否则就要挺身而起,把李、姜刺杀。好事者传播流言飞语,推波助澜,攻击矛头无有例外地指向主考李蟠、副主考姜宸英。李、姜有口难辩。

顺天乡试震动清廷。康熙三十八年十一月丁酉(初三日),江南道御史鹿佑上疏康熙皇帝,弹劾顺天乡试正副考官李蟠、姜宸英:"以宾兴论秀之典,为纵恣行私之地,实为有玷清班,请立赐罢斥。"奏章立即引起康熙皇帝的重视。康熙皇帝传旨,"着九卿詹事、科道会同,将李蟠等严加议处"。九卿等部门上奏,提出将李蟠、姜宸英撤职。(康熙三十八年)十一月,谕将已经顺天乡试所取举人,齐集内廷,皇帝亲自复试。圣祖亲命试题,特命严加监试。为保持公正,还增派诸多朝臣参与其事。复试的结果是,录取名单仍是原来乡试中公布的考生。所不同的,只是康熙皇帝将原来的第一名浙江宁波考生姚观,换成了宿迁考生徐用锡。事发后,李蟠、姜宸英被刑部看管起来。因康熙皇帝有言"严加议处",复试后,康熙皇帝将李蟠流放沈阳尚阳堡三年,下旨释放姜宸英。遗憾的是,姜宸英受诬气愤不过,含恨饮药自杀。震动全国的顺天榜乡试案,终于落下了帷幕。

但是,己卯顺天乡试一案是否舞弊案呢?有学者认为,此次乡试不是舞弊案,而是毁谤案。

从江南道御史鹿佑趁机上书康熙皇帝来看,弹劾主考李蟠、副主考姜宸英,虽受康熙皇帝称赞,但并非出以公心,仗义执言,是假公事而泄私愤,挟嫌报复。原来乡试之前,鹿佑对即登门拜访主考李蟠,并有馈赠,委托对其参加乡试之子予以关照,竟为李蟠婉拒,便心怀不满,后借机发难。

复试证明顺天府乡试大体公正公平。康熙皇帝亲自主持复试,目的在于揭露弊情。但是,复试结果,原定举子无一落榜。这就证明,李蟠、姜宸英主持的考试公正公平,并无舞弊。此科京城显贵子弟录取畸多确是事实,也正是由于这一特殊情况,才给落第士子发难以由头。李蟠、姜宸英依卷录取并无不当,只是让某些落榜官僚子弟钻了空子。

从处理结果看,顺天府乡试也并非舞弊大案。历代对科考舞弊案的处分极其严苛,但是,对此案的处理却与其他科考案大相径庭。如果己卯顺天乡试同为舞弊案,作为主考的李蟠无疑要被处以极刑,作为副主考的姜宸英也不会一死了之,而朝廷仅仅对李蟠处以流放三年。

康熙将李蟠放逐三年,实际上是康熙皇帝为维护皇权尊严、平息社会舆论作出的一项折衷举措。为了平息事态,不得不拿李蟠祭刀。三年后,李蟠被赦返里。康熙还欲起用李蟠。

关于己卯顺天乡试一案,李、姜无罪,当时朝野已有共识。康熙皇帝只得作出如此尴尬无奈的处理。但康熙皇帝心中有数,当时朝臣也心知肚明。刑部官员亲自处理此事,亦有"非罪"之论,对姜宸英之死心怀愧疚。

可见,顺天榜舞弊案,基本上是个由诽谤而生的假案。

嘉庆科举冒籍案:吴曰铜是否为"移民"考生

嘉庆十年和十一年妁直隶乡试,直隶河间府吴桥县考生吴曰铜去县里考试的时候,生员段元魁、王中植等人攻击他"冒籍",消息传到直隶学政那里,学政发文到县学要求扣押吴曰铜,不让其参加考试。

"冒籍"就是考生冒充籍贯,参加科举考试。早在宋朝的时候,朝廷为了照顾边远和文化落后地区的发展,在科举名额上有"优先录取"的条件,给予它们更高的录取比例。其他地区的考生为了获得优惠的照顾,就以各种名义转移到这些地区参加科举考试。此举引发了当地考生的不满,因此"冒籍"现象受到了严厉打击。冒籍的考生会被剥夺考试资格,即使考中了被发现也要取消功名,再行治罪。

吴曰铜不甘心被取消考试资格,申明自己是冤枉的,府县调查的结果是吴曰铜的确是冤枉的。吴家祖居吴桥县拓园镇,该镇后拨归山东德州管辖,吴曰铜的祖父吴毓潍即在德州入学。后来因为吴家坟墓都在吴桥县境内,吴毓潍搬回吴桥境内居住。吴毓潍的儿子吴应麟在嘉庆二年(1797 年)呈明官府,仍归吴桥县原籍考试入学。因此,吴曰铜应归吴桥县考试,不算冒籍。

嘉庆十二年(1807 年),训导王樾荫赴京,回任路过河间。吴曰铜的姑父魏如愚担心王樾荫在考试问题上再刁难吴曰铜,就托人向王樾荫央求照顾。王樾荫答应放吴曰铜入学。可就在当年十二月,吴曰铜赴县里应考的时候,又有吴景唐等人指认吴曰铜是山东德州卫军籍,不能参加本县乡试。

清政府规定考生加入某地籍贯的标准是:祖父、父亲人当地籍在二十年以上,坟墓、田宅都确有实据。其中最核心的标准是祖先的坟墓。为了更有效地打击冒籍者,清政府要考生进入考场前核对口音。即使是这样,科举场上也没能完全杜绝冒籍现象。

嘉庆十三年(1808 年)五月,吴曰铜被送到河间府考试。进考场前又被考生季培等人指出有冒籍官司在身,能否考试要"赴学请示"。

收了吴家好处的王樾荫这时竟然要将吴曰铜扣考。魏如愚赶紧又找人说和,许给王樾荫白银一千两。王樾荫同意吴曰铜考试。吴曰铜的族人又送给季培一百千钱帖一纸,季培却以吴家行贿的名义提出控告,吴家则以季培讹诈反告。官司拖到十月临近考试,王樾荫仍不将吴曰铜送考。魏如愚第三次向王樾荫请托,送钱八百千,求其送考。这次王樾荫不肯收受,魏如愚提出控告。三案齐发,酿成了嘉庆年间著名的科场冒籍案。

最后经直隶总督温承惠会同学政吴芳贻审定,相关人员剥夺功名、罚钱流放,案件才得以了结。

晚清科场第一案:考生错卷,牵出连环命案

清朝咸丰戊午年的八月初六,是顺天乡试的日子。此次乡试由皇帝钦点主考官为军机大臣、协办大学士、户部尚书柏葰,两位副主考分别由兵部尚书朱凤标和都察院左副都御史、户部右侍郎程庭桂担任。此次乡试考生有上千人,最后录取 300 名。发榜后不久,咸丰帝认为主考官柏葰功不可没,升其为大学士。

然而,参加科考的士子们在看榜时,发现优伶平龄竟然中了第七名。按清制,娼妓、优伶等不能参加科考。御史言官孟传金呈递奏章,指出士子平龄身份不明,不能录为举人,同时参劾平龄的朱卷和墨卷不一致,应该查究。

咸丰帝当即任命怡亲王载垣、郑亲王端华、兵部尚书全庆和陈孚恩等四人专职会审查办此案。会审团很快查清,平龄并非优伶,只是平素喜欢曲艺,其得中举人,并无不妥之处。但重要的是,平龄的朱卷和墨卷不相符合。

"墨卷"是考生在考场内用墨笔书写的考卷,而为防止考官通过字迹舞弊,命人用红笔誊抄的试卷称为"朱卷"。为了保证试卷的真实性,誊抄人员抄写的朱卷必须与考生的墨卷完全一致。而会审团调阅了平龄的墨卷和朱卷,经过仔细对照,发现其墨卷中的七个错别字在朱卷上都被改正过来。就在会审团开展调查时,争议考生平龄被革去举人身份,投入狱中不久竟不明原因地死去,这无疑使案情更为扑朔迷离。

平龄的同考官邹石麟对此案供认不讳。在披阅平龄的试卷时,他以为是誊抄人员手误所致,就把错别字改正过来。最后,会审团向咸丰帝上奏处理结果:平龄演戏是个人喜好,不属优伶之列,不必治罪;但试卷中多处出现错别字,不足以被选为举人,按律应罚停会试三科,因平龄已死,免去此罚。后又将邹石麟革职,主考官柏葰和两位副主考朱凤标、程庭桂三人罚俸一年。

平龄案发后，咸丰帝怀疑其他试卷也有类似情形，下令严格审查。结果五十多份试卷中错字、别字、谬称等比比皆是，而且都有涂改的痕迹。

咸丰帝没想到作为遴选国家栋梁之材的科考，内幕竟然如此肮脏黑暗。当日，咸丰帝就下旨将主考官柏葰革职，两位副主考暂行解任，听候查办。随后，会审团开始对这件大规模的科场舞弊案展开调查。

罗鸿绎是广东肇庆府阳春县人，家境殷实，他向同考官浦安"递条子"求助。虽然考卷达不到录取标准，但浦安还是向主考官柏葰作了推荐。主考官柏葰和两位副主考经过商议，决定将该卷打入副榜，定为备卷。副榜是正榜之外的名额，如果正榜内有不合格的考生，副榜可以替补。浦安见推荐的考生被打入副榜，觉得很没有颜面。正好柏葰的仆从靳祥奉主子之命来告知此事，于是，浦安便恳求他向柏葰提议一定要录取那份试卷。

靳祥向柏葰建言，说浦安推荐了一份试卷，最好能录取。思虑再三，柏葰同意撤下一张试卷换上罗鸿绎。榜示出来，罗鸿绎中了第238名举人。

被录取后，罗鸿绎给李鹤龄送了500两纹银作为"酬劳"，送10两银子给浦安、3两银子给浦安的侍从，呈给柏葰银16两、门包银6两。

如此乌烟瘴气的科场风气让咸丰帝十分愤怒，于是下旨严惩不贷。刑部将柏葰、浦安、李鹤龄、罗鸿绎逮捕，革去罗鸿绎的举人身份，撤去李鹤龄的兵部主事、浦安的翰林院编修之职。

而主考官柏葰是一品大员，如何处置应由刑部提议，最后由皇上决定。刑部此时却很是为难，毕竟柏葰是宰相。咸丰帝也曾表示过"柏葰早正揆席，勤慎无咎，欲曲待之"，意思是可以从宽处置。

负责审讯此案的会审团成员载垣、端华、全庆和陈孚恩四位大臣经过商议，将审理此次科场舞弊案的情况上奏朝廷，拟处柏葰、浦安、李鹤龄、罗鸿绎斩立决。咸丰帝又向绵愉、彭蕴章、肃顺、赵光、文祥等亲王和大臣询问处斩柏葰的意见。

肃顺说："科举乃取士大典，关系至重，亟宜执法，以惩积习，柏葰罪不可宥，非正法不足以做在位！"咸丰见此，再也无法姑息柏葰，最后下旨："柏葰情虽可原，法难宽宥，言念及此，不禁垂泪。"最后，柏葰、浦安、李鹤龄、罗鸿绎四人被押赴菜市口刑场行刑。

科场尴尬：鲁迅爷爷"为子通关"行贿案

鲁迅的祖父周福清，是丁卯年（1867年）的举人。在同治十年（1871年）的辛未科会试中中了进士，并被钦点为翰林院庶吉士。

鲁迅的父亲周用吉读书至秀才。当时的清朝官场作弊成风，周福清想疏通官员，让周用吉取中举人。

光绪十九年（1893年）是江南乡试之年。京官殷如璋出任江南乡试主考官。绍兴城内阁中书周福清派人前来拜托殷如璋，为长子周用吉"打通关节"。周福清在北京做官多年，和殷如璋相识，就写了一封信附上银票派下人送过去。

周家下人拿着信来到主考官殷如璋处，正好有苏州地方官拜访。周家下人也不看时机，就把信和银票交给随从，让呈给殷如璋。殷某接到信和银票，明白其中的用意，但因苏州地方官在场，也极为尴尬。苏州地方官自然也知道是怎么回事，赶紧端起茶杯喝茶。殷如璋看了看银票，便把它装进了口袋。

周家下人见银票送进去后，也没有回信，就大骂殷如璋"拿了银子不办事"，引得百姓围观。殷如璋恼羞成怒，苏州地方官下令将周家下人缉拿。殷如璋随手拿出周福清的来信和银票，交给苏州府衙查办。

周福清行贿乡试主考一事被告发，案子很快就上报朝廷。光绪皇帝见竟然有官员公然行贿，将周福清判了个"斩监候"。

周家听说消息后，发动周福清的科举旧交、京官同僚疏通官场。时任浙江按察使赵舒翘对周福清的遭遇很同情，就免了他的死刑。周福清在杭州的监狱里待了八年，光绪二十八年（1902年）死于狱中。

主考官殷如璋则受到降级的处分，周用吉被革去秀才功名，贬为庶民。

名额私定：翁彦枢"中举"

《玉泉子》中记载了这样一个故事：苏州人翁彦枢赴长安参加科举考试。当时他有一位同乡僧人经常出入于礼部侍郎裴坦门下，裴侍郎因其年老，对他很是优待，任他在府中自由来往。这一年，裴坦主持进士考试，他的两个儿子裴勋、裴质整天私自在家中商量应该录取谁。由于僧人经常出入，来后总是手持佛珠，闭目诵经，不问世事，两人也不戒备。因此，僧人对他们商量的结果很清楚。

有一天，翁彦枢来拜访僧人，僧人问他希望考中第几名，翁彦枢只道是僧人和自己开玩笑，就漫不经心地说，考中第八名就够了。随后，僧人就来到裴侍郎家，裴勋、裴质正在那里商量录取进士的事。僧人故作生气的样子，指责他们说：是裴侍郎主持考试，还是你们二人主持考试呢？现在全由你们二人决定录取，再说你们准备录取的，都是权豪人家的子弟，没有一个平民士子，这怎么行呢！僧人说着，就把他们二人平时私下商量的录取名单一一说出。二人大惊，想用金钱堵住僧人的嘴。僧人说：我老了，要金钱干什么？只是我的同乡翁彦枢，这次一定要进士及第。二人想把翁彦枢列入丙科，僧人说非第八名不可。二人不得已，只好答应了。这年，翁彦枢果然中了第八名进士。

文字大狱冤案

文字狱是封建制度的特有产物，历朝历代，史不绝书。清朝是大兴文字狱的时代，曾编印的《清代文字狱档》中收录的文字狱案,血雨腥风,力透纸背。

在封建统治下,文字狱十分残酷,出乎常情。因深受文字狱之害的是古代文绅(知识分子),所以,文字狱也可以看做是惩治知识分子的"特种刑庭"。

用"深文周纳,吹毛求疵"形容文字狱不为过。文字狱不同于一般狱讼,它往往是先找出罪人,但又无法确切地定他的罪名,于是就从他的文字作品中找"证据"。大则几十本的专门著作,文集、诗集;小则短文、诗词、断句或者言语。无论是自己做文章,还是传抄、誊录别人的,只要是写出来的文字都可以作为文字狱的罪证。文字狱的罪人则被扣上"叛逆"的帽子,然而文字狱的案件大多却是冤案、假案和错案,罪名也是罗织成立的。

实际上,文字狱只是封建统治者树立权威、维护政权的一种手段,最终目的是要借此迫使全体臣民慑服皇权。

本节列举史上曾震动朝野的几大著名的文字狱案,或生动有趣,或啼笑皆非,或发人深省。看似满纸的荒唐言,实则一面是对昏聩的封建统治者的嘲讽,另一面是对古代知识分子的弱势地位和命运的同情。

焚书坑儒事件:蓄谋已久的政治阴谋

焚书坑儒其实是一场蓄谋已久的政治阴谋。

焚书坑儒

公元前231年,秦朝的群臣们都早早地聚在了咸阳宫中,神色紧张,他们要讨论的是关于大秦帝国国家体制的大问题。

其中以淳于越为代表的"保守派",主张实行分封制,其重要政治基础是一些守旧的儒士;另一派则主张实行郡县制,主要由新势力组成的政治集团,代表人物是李斯。

李斯说:"五帝不相复,三代不相袭,各以治,非其相反,时变异也。"意思是陛下创下千古伟业，迂腐的人是不能理解的。今非昔比，天下一统，法令一出，莫不遵从。

嬴政说："以卿之见，汝之奈何？"

李斯只说了一个字"焚"。

至于如何焚书，李斯说道："臣请史官非秦记皆烧之。非博士官所职，天下敢有藏诗、书、百家语者弃市。以古非今者族。吏见知不举者与同罪。令下三十日不烧，黥为城旦。所不去者，医药卜筮种树之书。若欲有学法令，以吏为师。"

关于坑儒其实是一个传说。秦始皇因迷恋长生不老术，大肆招募术士，于是术士的社会地位得到重视。大批江湖术士奔赴咸阳。但这些术士的仙丹方药并非神通广大，始皇帝勃然大怒，下令诛杀术士。于是坑杀的人从术士变成了儒士。"坑儒"由此而来。

司马迁在《史记·儒林列传》中也有明言："及至秦之季世，焚诗书，坑术士。"故秦始皇主要坑杀乃方士、术士，并非儒生。

北宋乌台诗案：苏轼"语出不慎"蒙冤

北宋熙宁年间，宋神宗重用王安石，令其大张旗鼓地变法，后来变法失利，政府开始改制。就在变法到改制的转折期间，元丰二年，苏轼被贬谪，不料突然遭遇诬陷入狱，史称"乌台诗案"。那么，"乌台诗案"到底是因何而起的呢？

苏轼在奉调时，依例向宋神宗上表致谢。他在表中写了"知其生不逢时，难以追陪新进；查其老不生事，或可牧养小民"一句。由于"新进"是暗指王安石引荐的新人，结果惹怒了一些尚在当政的新进们。他们指责苏轼以"谢表"为名，发泄对新法的不满，于是苏轼被扣上了诽谤朝廷的罪名。为了置苏轼于死地，新进们开始有预谋地整治苏轼，御史李定、何正臣、舒亶等处心积虑地从苏轼的其他诗文中找出个别句子，断章取义地给苏轼罗织罪名。这就是乌台诗案的始末。

苏东坡石雕

北宋中期新旧两党明争暗斗，苏轼站在旧党一方，与王安石为代表的新党属"敌对"状态，在这样的政治背景下，苏轼遭到政治打击也存在必然性。苏轼性情豪放不羁，行文间常见讥讽与尖锐的言辞，也容易被人抓到把柄乘机陷害。

苏轼在御史台的死囚牢里被关押了4个月零12天，司马光、苏辙等30人也受到株连，苏轼的文章诗词被大量毁掉。乌台诗案后，苏轼被贬黄州。

洪武魏观案:"复宫开泾"是否心有异图

魏观案是洪武年间兴起的第一件文人惨案。

魏观是湖北蒲圻人,读书人出身,后加入朱元璋的阵营,是明朝的开国功臣之一。魏观历任国子监助教、浙江按察司金事、礼部主事等职,深得朱元璋的信任。明朝初期,魏观出任苏州知府。为政期间,他宽厚待人,"课绩为天下先",得到了当地百姓的支持。他的教化百姓、移风易俗的政策得到了当地文人的支持,其中包括高启、王彝、王行等人。

洪武七年(1374年),苏州知府魏观进行了"浚河道"与"修府治"等事。苏州府衙曾在元末被割据东南的张士诚占为皇宫,后来在朱元璋攻灭张士诚的姑苏战役中,府衙化为了荒墟。明朝建立后,苏州府衙多年来就设置在水司衙门的旧房中。魏观决定在张士诚府衙废墟的基础上重修府衙,同时治理城中的湫溢(春秋吴国时修的水利工程),计划疏浚河道减轻水患。

苏州指挥使蔡本和魏观有隙,上书攻击魏观:"观复宫开泾,心有异图也。"而御史张度认为此举是在"兴灭王之基,开败国之河",进而魏观被斩杀。

朱元璋将魏观案定性为一次谋逆事件,而事实表明这只是一个诬告。其原因是,魏观已经六十多岁,而且跟从朱元璋多年,深受朱元璋的赏识,所以不可能起谋逆之心。苏州作为重镇,明朝在此设立了苏州卫指挥使司,留有军队镇守。魏观作为知府,没有苏州卫的军权,不具备谋反的兵力。最重要的是,"复宫开泾"只是兴修水利,与谋反无干系。

有人称负责调查此案的御史张度向魏观索贿未果,就做出了不利于魏观的调查结果。然而没有证据表明张度曾经索贿。张度的调查报告是不利于魏观的,但并没有采用蔡本的"异图说",只弹劾了魏观"非时病民"的罪状。认为魏观调拨民工修建两大工程耽误了农民的农时,而且在修建过程中工程过急,有催赶逼工的现象存在。

魏观被杀没多久,朱元璋仔细想想,也觉得是个冤案。于是明朝政府允许魏观以礼归葬,朝廷允许文人们给他编辑了文集,还派诸王和相关官员祭祀,算是给予了实质平反。

实质表明,魏观案是朱元璋为排斥异己、巩固皇权而兴起的大狱。魏观浚河修府的举措,违背朝廷法禁,对朱明王朝的稳定产生了负面影响。于是,朱元璋借"魏观案"警告江南士子:"率土之滨,莫非王臣。寰中士夫不为君用,是自外其教者,诛其身而没其家,不为之过。"

明初高启案:致命的《上梁文》

高启是明朝初期的文坛代表人物,出生于苏州。明朝建立后,高启在名作《登金陵雨花台望大江》中对明朝统一天下表达了欢欣之情:"我生幸逢圣人起南国,祸乱初平事休息。从今四海永为家,不用长江限南北。"而作为明朝开国皇帝的朱元璋自然满心欢喜,于洪武二年（1369年）招揽高启参修《元史》。

高启雕像

高启的态度得到了明王朝的肯定，很快就被授予翰林院国史编修官。

洪武三年（1370年）秋，朱元璋擢升高启为户部侍郎，而高启以"年少，难当大任"为由拒绝任命。朱元璋虽然没有十分勉强，但高启又说自己心力疲惫，提出解除本兼各职的请求。高启当众请辞让朱元璋顿时对他厌恶起来，但朱元璋想到高启是文坛领袖，对他的安置具有标志性的意义，所以忍住了发作的念头，便接受了高启的辞呈。

洪武七年（1374年），朱元璋为了巩固中央集权和皇帝的权力，对苏州等东南各地采取打击豪强、加重赋税的政策，对一些富豪和文人大加挞伐。高启虽反对朱元璋的高压政策，但也权小势微，无可奈何。高启只能将其情感诉诸笔端，曾写诗："女奴扶醉踏苍苔，明月西园侍宴回。小犬隔墙空吠影，夜深宫禁有谁来？"揭露宫廷内争风吃醋的丑闻。

在魏观"复宫开泾"的事件中，高启给苏州新府衙写了一篇《上梁文》。张度看过文章后回京向朱元璋报告说，高启写的《上梁文》不妥当，认为是"典灭王之基，开败国之河"。

朱元璋本农民出身，听说后下令亲自查看高启的《上梁文》。看完以后，朱元璋断定：《上梁文》是在暗射大明朝的衰败。

《上梁文》这篇文章已经失传。根据散落在其他文献中的内容，文章提到了苏州府衙"龙盘虎踞"。这四个字通常是用来形容南京城的。高启用这个词来形容苏州府衙，的确有不妥当的地方。朱元璋见此字句更是疑虑重重：苏州府衙原来是与自己争夺天下的凤敌张士诚的宫殿，用"龙盘虎踞"来形容显然是对自己的贬低。而苏州府衙又正处于魏观的修筑时期，"龙盘虎踞"是否另有其意？联想到高启之前的举动，朱元璋认定他有谋逆之心，要推翻新王朝，所以拒绝任职。

高启还吟诵了一首《郡治上梁》诗。其中有一句"欲与龙廷宣化远，还开燕寝赋诗工。大材今作黄堂用，民庶多归广庇中"。这首诗原意是借上梁称赞魏观是国家的栋梁之材，但是"龙廷""黄堂"等词用在府衙上就犯了"大忌"，而且高启还要魏观"广庇民众"，这让朱元璋又认为是与自己"争夺民心"。

于是，在众多的"造反证据"下，朱元璋一口咬定高启有意谋逆，将高启、王彝等人腰斩于市。高启当时只有 39 岁。

徐一夔《万寿贺表》案：好心致贺词反被杀

明太祖朱元璋统一全国后，觉得文人也会借机讽刺自己，所以对臣子的言谈和奏章非常留意、反复揣摩，如果觉得某些文字是在讽刺自己，他就会毫不留情地大加杀戮。因此，当时有不少文人因荒谬的文字狱而惨遭冤狱。

朱元璋性情多疑，因此很忌讳别人提起他曾经的经历，比如给人放过牛、当过和尚以及后来的参加农民起义，他认为这些都是耻辱。

明朝初期，每当皇帝过生日、册封皇后和嗣立太子的时候，朝廷官员都要进献《贺表》以示祝贺。杭州府学教授徐一夔替杭州知府写了一张《贺表》，其中有这样一句："光天之下，天生圣人，这世作则。"不料朱元璋读过后大怒："这个穷酸的儒生敢用这样的话侮辱我！"大臣们看了《贺表》之后，也不明白哪句话得罪了朱元璋。

朱元璋拿起《贺表》指着说："'光'就是'秃'，这是在骂我是个秃和尚。'生'就是'僧'，也是在讽刺我是个和尚。'则'和'贼'读起来音相近，是说我参加过农民起义，当过贼！这样的小人难道不该杀吗？"大臣们听了朱元璋的解释，一个个惊讶得目瞪口呆。随后，朱元璋下旨，将徐一夔斩首。

庄廷龙《明史辑略》案：清初第一文字狱

庄廷龙《明史辑略》案是清顺治、康熙时重大的文字狱案之一。

清顺治年间，南浔富户庄廷龙购得明大学士、首辅朱国桢生前的部分明史稿后，请了一批江浙学者对尚未刊刻的《明史概·诸臣列传》等稿本进行重编，增补了天启、崇祯两朝史事，辑成《明史辑略》。编纂完成后，庄去世。其父庄允城为遂子遗愿，请闲居在家的原明礼部主事李令析作序后刊刻，于顺治十六年正式出售。《明史辑略》是以清美堂朱史氏的名义刊刻的，除作序者外，还包括"参订者"18 人。

查继佐、范骧、陆圻三人因未参与该书的编写工作，却被庄廷龙列于"参订者"表示不满，向学道胡尚衡提出控告。胡批示湖州府学查报。府学教授赵君宋从该书中摘出数十处"毁谤语"，在府学门前张贴通报。庄廷龙即以高价将已售出的四十多部《明史辑略》赎回，对书中一些忌讳处加以修改，重新刻印。又疏通关节，通过前任守道、时任通政司使的王永祚的关系，由湖州府将书分呈通政司、礼部和都察院三衙门备案。同时，庄廷龙重贿湖州知府陈永命，将书版劈毁置库。

前任归安县令吴之荣因贪赃获罪，赦免后闲居，得知此事后，在李廷枢的唆使下，向庄廷龙敲诈钱财，庄廷龙不理。吴之荣就将庄廷龙告发于镇浙将军柯奎。柯奎又将此事转告浙江巡抚朱昌祚。庄廷龙得知被告发的消息后，一面向有关官员行贿，一面请人向柯奎说情，事情才得以平息。

吴之荣诈财不成，反而被巡道派兵驱出境，恼羞成怒，于康熙元年（1662年）初直接上京至刑部告发庄廷龙的《明史辑略》有"毁谤朝廷"之罪。在告发前，吴之荣将书中序文及参订人员姓名之页撕去，另补刻上朱佑明的名字。

庄廷龙"私修明史毁谤朝廷"一事当即引起朝廷的震怒，执掌大权的顾命四大臣随即指派刑部满族大员赴杭办案。接着，庄廷龙、朱佑明被捕羁押。

同被关押的赵君宋在审问时为朱佑明开脱，称其与庄廷龙的修《明史》之案没有关系，有家藏《明史辑略》初刻本为证，致使此案牵连的人员越来越多，成为清初第一文字大案。

结果，庄廷龙、朱佑明被杀，参与此书的写序者、校阅人、刻字、印刷人员也一同受到牵连，七十余人被处死刑，数百名家属被流放。

黄培诗案：私刻诗文"悖逆"康熙王朝

康熙五年（1666年），山东发生了黄培诗案。黄培是山东即墨人，曾任明末官至锦衣卫都指挥使，接济过于七农民起义军，明亡后隐居在家。

黄培所作诗句如"一自蕉符纷海上，更无日月照山东""杀尽楼兰未肯归，还将铁骑入金徽""平沙一望无烟火，惟见哀鸿自北飞"等，反映出反清的民族思想。

黄元衡本姓姜，是黄培世奴家仆黄宽之孙，在他考中进士、当上翰林后，为了归宗还姓，解除与黄家的主仆名分，就向官府控告黄培，认为黄培私下刻印并收藏有"悖逆"的诗文书籍等。结果，黄培等14人被捕入狱，被处斩。

姜元衡又伙同恶人上了一道《南北通逆》的禀文，指控顾炎武等"故明废臣"和对清廷怀有二心之人，南北之间的通信不是密谋造反，就是诽谤朝廷。在这份居心叵测的禀文中，姜元衡点了约三百人的名字，企图制造一件大案。

此案惊动朝廷，山东总督、巡抚也亲自过问。顾炎武为此被囚禁了近七个月，经朱彝尊等人营救才出狱。

朱方旦《中补说》案：医学新思想是否"诬君逆民"

朱方旦《中补说》案发生在康熙十九年（1680年）。朱方旦是个名医，他的思想主张是，"脑"是思想中枢，而不是传统医学认定的"心"，认为"古号为圣贤者，安知中道？中道在我山根之上，两眉之间"。此说引起医学界极大的震撼。

朱方旦的观点一提出立即遭到群起挞伐，康熙帝力主要斩首。当时征吴三桂有功的顺承郡王勒尔锦十分尊敬朱方旦，想极力营救，康熙帝便先革了勒尔锦的职，再下诏杀死朱方旦，所有著作也一律焚毁。

此案在《清代禁书总述》中也有记载："朱方旦之狱——康熙十九年（1680年），湖广有朱方旦者，自号二眉山人，聚徒横议，撰《中补说》，谓中道在两眉间山根上，……康熙二十年(1681年)七月,侍讲王鸿绪得方旦所刻《中质秘书》,指摘其中有诬枉君上,悖逆圣道,蛊惑民心之处,次年二月,九卿议复'乞正典刑,以维世道'。结果朱方旦被斩,弟子陆光旭、翟凤彩、顾齐宏亦被判为斩监秋后处决。"

实质上,"记忆在脑不在心"一说早在明末许多知识分子就已经流传开来。吴伯娅在《朱方旦》中有评价说:"表现清朝统治者愚昧无知,顽固落后,以致臣民因持一些科学和进步观点成为遭到杀害的典型事例。"

戴名世《南山集》案:修史犯"大清年号禁忌"

戴名世是桐城学派的代表人物。与著名散文家方苞齐名。

戴名世专于治史,一直有想修一部完整的明史愿望。他的同乡方孝标著有《滇黔纪闻》一书,上面记载南明桂王时期的历史,戴名世将此书作参考。后来他的门生余湛先告诉戴名世,一个叫犁支的和尚了解南明桂王的事情,这和尚原是南明桂王府内的一个太监,桂王被吴三桂杀了之后,便出家当了和尚。戴名士急切想求得犁支和尚关于南明桂王的一些言论,以便印证《黔滇纪闻》中的记载。于是,戴名世与余湛先通了几次书信,这几封书信后来被戴名世的学生龙云鄂于康熙四十一年收录于刊刻的文集《南山集》中,取名为《与余生书》。

康熙五十年,左都御史赵申乔根据《南山集》参奏戴名世,指斥他:"妄窃文名,私刻文集,肆口游谈,倒置是非,语多狂悖,逞一时之私见,为不经之乱道,徒使市井书场翻刻,贸鬻射利营生……"由于戴名世的《与余生书》谈到了方孝标的《黔滇纪闻》,因而此案又牵扯到了方孝标,以及为《南山集》作序的方苞、刻《南山集》的龙云鄂等人全部受到牵连。

戴名世的罪名是《南山集》直书南明政权的年号,包括福王的崇光政权,唐王的隆武政权,桂王的永历政权,等等。这些南明政权按清王朝的要求应该以顺治十六年纪年,戴名世不称顺治年号,被指控为对清朝统治的不满。因此,刑部上书道:"查戴名世书内,将本朝年号削除,写入永历年号,乃大逆罪,照例凌迟处死;其第戴世平斩绝;其祖、父、子孙兄弟,伯叔父兄弟及子,俱斩;女眷、15岁以下子孙皆给功臣为奴。"

康熙五十二年降谕旨:戴名世从宽免凌迟,即刻处斩,其书版烧毁,其家人宽免。由此案牵扯出的《黔滇纪闻》案的方孝标之子方登峰、方云旅等人俱从宽免。为《南山集》作序的方苞免其死罪,刊刻《南山集》的龙云鄂被流放宁古塔,与戴名世书信来往的余湛先于康熙五十一年死于狱中。

后来有人考证,戴名世的《南山集》只是《与余生书》中有叙南明弘光帝在南京一段并于文字间写了"永历"的年号,其他并无一处是犯清朝禁忌的。

汪景祺《读书堂西征随笔》案:"天子挥毫不值钱"

汪景祺,字无已,钱塘(今浙江杭州)人。汪景祺为人"豪迈不羁,谓悠悠斯世,无一可为友者"。康熙五十三年,汪景祺考中举人。雍正二年初,汪景祺由抚远大将军年羹尧亲信胡期恒的引见而被年羹尧延请入幕,在年羹尧的西宁大营中当幕僚,在随年羹尧西游期间,著有《读书堂西征随笔》二卷。

一年后,年羹尧因"九十二款大罪"被雍正下令赐死。官府在查办年羹尧案时,从其府中查出了汪景祺的《读书堂西征随笔》。官府将书呈至朝廷,雍正发现,书里面有一首诗曰:"天子挥毫不值钱,紫纶新诏赐绫牋;《千家诗》句从头写,云淡风轻近禾天。"进而"天子挥毫不值钱"被视为是无君之举。

书中有一篇文章《历代年号论》,里面指"雍正"的年号有"一止"之象,又论康熙的庙号不当为"圣祖"。这又被雍正帝定为"大不敬"罪。

在一篇《功臣不可为论》的文章中,汪景祺指出,人臣立了大功之后往往难以君臣相安,他告诫君臣要善于相处,做臣子的要谨慎,做君主的则要包容。此时的雍正刚要赐死年羹尧,一见此言则认为是对自己不善做君主的讽喻,如此当然罪不容诛。汪景祺于是被判"大逆"。后雍正心有不忍,将汪景祺由凌迟改为立斩,将其家人老少流放宁古塔。

按雍正旨意,汪景祺被斩后其头要长悬于北京宣武门外。直到乾隆登基,其头才被取下与身合葬。

钱名世《名教罪人诗》案:"颂扬奸恶"获罪名

钱名世,字亮工,江苏武进人,与年羹尧是乡试同年,彼此有交谊。

雍正二年(1724年),年羹尧进京觐见,钱名世赠诗谀颂,有"分陕旌旗周召伯,从天鼓角汉将军""钟鼎名勒山河誓,番藏宜刊第二碑"等句词。雍正帝给钱名世加的罪名是"曲尽诹媚,颂扬奸恶"。但没有斩杀他,只是把他革职逐回原籍,御书"名教罪人"四字,命钱名世原籍地方官将其制成匾额,挂在钱家中堂上。雍正帝还命常州知府、武进知县每月初一和十五去钱家查看匾额悬挂情形,如未悬挂则呈报巡抚奏明治罪。

"名教罪人"四字不但使钱名世无脸做人,而且使他的子子孙孙都抬不起头。

当钱名世离京时,雍正又命京官自大学士、九卿以下都作讽刺诗为钱名世"赠行",结果共有385人奉诏作诗。雍正帝过目后,交付钱名世辑成专集,题为《名教罪人诗》,刊印后让天下士子人人知晓。

正詹事陈万策有诗评论钱名世,"名世已同名世罪,亮工不异亮工奸"(指戴名世和年羹尧),措意尖刻,造句新巧,得到雍正帝的称赞。而翰林侍读吴孝登则因诗句"谬妄",被发配宁古塔。查嗣庭还批判钱名世"百年遗臭辱簪缨",谢济世批判钱名世"自古奸谀终败露",但是不久,二人也被牵扯进文字狱中。

查嗣庭科场考题案:"维民所止"触犯龙颜

清朝雍正四年(1726年),查嗣庭科场试题案震惊全国。这是继顺治年间庄廷龙《明史辑略》案、康熙年间戴名世《南山集》案和雍正三年汪景祺《读书堂西征随笔》案之后的又一大案。

　　该案受到查处的是当朝二品大臣、内阁学士兼礼部左侍郎、江西正主考官查嗣庭。查嗣庭所出的试题是《大学》中的"维民所止"一句。然而，"维""止"两字，却被人暗含去"雍""正"之首意。雍正帝听后立即下旨将查嗣庭押解进京，下狱问罪。

　　《清代科举考试述录》一书中记载："查嗣庭著有《维止录》，取'明之大厦已倾，得清维止之'之意。世宗（雍正）览之，初甚嘉许，谓其识大体。太监某进曰：'此悖逆书耳，何嘉焉？'雍正询其故，某曰：'纵观之，见其颂扬我朝，若横观之，尽是诋斥满洲耳！'雍正侧而观之，果然。遂大怒。"

　　而查嗣庭解释说："'维民所止'乃《诗经商颂玄鸟》中一句：邦畿千里，维民所止。意味着歌颂皇上的盛德，何来反逆之意？"雍正帝马上找人拿来《诗经》，果真见有"维民所止"一语，顿时语塞。但查嗣庭还是因"维民所止"的犯上之罪而冤死狱中。

曾静、吕留良案：反清"思想罪"，后果很严重

　　雍正六年（1728年）九月廿六日，川陕总督岳钟琪正乘轿回署，突然有人拦轿投书。这就是曾静、吕留良之狱。案结处置，吕留良、吕葆中父子开棺戮尸，枭首示众；吕毅中斩立决；吕留良诸孙发遣宁古塔给披甲人为奴；家产悉数没收；学生沈在宽斩立决；黄补庵（已死）嫡属照议治罪；刊印、收藏吕留良著作的车鼎丰等四人判斩监候，另二人同妻子流放三千里外，还有十数人受杖责。而曾静供词及忏悔录集成《大义觉迷录》一书，刊后颁发全国所有学校，命教官督促士子认真观览晓悉，玩忽者治罪。又命刑部侍郎杭奕禄带领曾静到江浙一带等地宣讲，命兵部尚书史贻直带领张熙到陕西各地宣讲。

　　雍正十三年（1735年），乾隆帝继位，尚未改元就公开翻案，命将曾静、张熙解到京师，于十二月把二人凌迟处死，并列《大义觉迷录》为禁书。

　　吕留良文字狱起自雍正六年的"曾静案"，至雍正十年结案，历时4年半，震惊朝野。凡涉及之人，无一幸免，上至入土已五十年之尸，下及襁褓之婴，或斫棺戮尸、剉骨扬灰，或凌迟处死、斩首立决，或徒刑数年、流放千里。此案牵涉之广，影响之大，处置之严之酷，为清代文字狱所罕见。

　　此案发生后，士人视读书为畏途，治学风气因之而顿塞，影响直至清末。

　　由于吕留良"华夷之分大于君臣之论""华夷中外之别"的观点是曾静等人图谋反清的理论依据和思想根源，而且吕留良本人在江南有着广泛的影响，所以"曾静案"发生后，雍正立即将矛头转向了吕留良，并借此大做文章，欲通过对吕留良等人的严厉打击和镇压，消除南方部分汉族士林强烈的反清情绪，分化反清势力，以服务稳固于自己的政治需要。

又由于在曾静案前三四年，刚发生过汪景祺、查嗣庭两起文字案，为此雍正决心改变"绅衿士庶"的"不良"风气。他说："浙省风俗浇漓，人怀不逞。如汪景祺、查嗣庭之流，皆以谤讪悖逆，自伏其辜，皆吕留良之遗害也。甚至民间氓庶亦喜造言生事，如雍正四年内有海宁、平湖阇城屠戮之谣，比时惊疑相讪，逃避流离者有之。此皆吕留良一人为之倡导于前，是以举乡从属而靡也。"

使吕留良获罪的原因主要是他的著作、日记和书信。他在日记中多有"谤议及于皇考"的言论，被定为"思想罪"。辛亥革命后，吕留良被尊为反清志士，始得昭雪翻案，崇德地方官绅民众筹资为其建亭立碑。

伪孙嘉淦奏稿案：乾隆伪稿追查扑朔迷离

乾隆十六年（1751年），发生了一起伪孙嘉淦奏稿案。孙嘉淦历任左都御史、吏部和刑部尚书及直隶总督、湖广总督等要职，以敢于直言极谏著称，声望很高。

乾隆十五年（1750年）前后，民间出现了一个假托是孙嘉淦写的奏稿，稿中"五不解，十大过"等内容直指乾隆帝，并对朝中大臣全部进行揭露和斥责。全国多省皆争相传抄伪稿，次年六月，伪稿流传到云南时被发现，全国追查伪稿作者的行动由此展开。

山西巡抚阿思哈上奏，山西介休县的直隶民人王肇基呈献诗联，毁谤圣贤。乾隆皇帝立刻命其悉心根究，是否为伪奏稿案的"党羽"。后来，阿思哈查明王肇基进献诗联是为取悦皇上，要求皇上任用他，与伪稿无关。接着，又有人揭发山东巡抚准泰在追究伪奏稿一事时有失职和拖延，被乾隆皇帝革职。此两件事在乾隆帝看来，说明伪稿流传甚广，肯定其党羽不少；地方官员在办理此案时，存在故意推诿、拖延的情况。于是，乾隆帝命军机大臣传谕各督抚，所有诬告撰写、传言之犯均当从重办理。又向各督抚提出警告，不实心查办者均严加处置。

在各省督抚全力缉查下，先后查出伪稿有加注批语的情况：浙江鄞县知县、巡检、千总曾传阅伪稿；甘肃也查出抄传伪稿的人犯若干名，更有甚者在西南的土司境内也有传抄者。到该年年底，各省已查拿不少人犯，其中以湖广、江西最多，而四川一省就捕获了二百八十余人。从乾隆十七年以后，不得不由某些省的秘密缉访转向全国性的公开严查。

而涉嫌者及传抄之人互相指责，有的在严刑逼供下认罪，使案情纷繁复杂。

伪稿一案追查不力，乾隆帝迁怒于督抚官员，事涉封疆大吏，一些朝臣企图劝谏。十二月十九日，御史书成奏称：伪稿一案株连波累，恳请将现在人犯概行宽释，遭到乾隆帝斥责，遂被革职。之后，又有乡居在籍侍郎陈群奏言，其意也是不必查办伪稿，同样遭到乾隆帝痛责。到此无人再敢劝阻。就在这进退两难之际，江西巡抚鄂容安查获传抄伪稿的长淮千总卢鲁生，经军机大臣审讯，供出其稿得自南昌守备刘时达、刘守朴父子。于是卢鲁生、刘时达父子被押到北京，责成军机处进行审讯。

但是又有刘守朴的幕友孔则明供出，封寄伪稿给刘时达系其代为经手，其伪稿乃得自苏州。这样案情横生枝节，又陷入困境。

一年来，全国上下大张旗鼓追查伪稿，乾隆帝既找不出主犯，又不能继续追查，就将卢、刘二犯作为替罪羊。乾隆十八年（1753年）二月，军机大臣向乾隆帝奏报：经审讯，孔则明代书寄稿家信全属子虚。卢鲁生也承认了与刘时达共同捏造伪稿的"实情"。这些复审及奏报，实际上皆由乾隆帝授意。当月，乾隆帝宣布，伪稿一案已全行昭著，"主犯"卢鲁生押赴市凌迟处死，伪稿所有传抄各犯俱加恩宽免；对于传抄伪稿的官员，则照例治罪。另外对审理不力的官员革职，交刑部治罪。两江总督尹继善、闽浙总督喀尔吉善以失察罪交刑部严议。至此，轰动全国的清查伪孙嘉淦奏稿案才算了结。

胡中藻《坚磨生诗钞》案：都是"浊"字惹的祸

胡中藻官拜内阁学士，是满洲大学士鄂尔泰的门生，与以大学士张廷玉为首的一派官僚相对立。鄂尔泰去世后，胡中藻遭到张廷玉一派打压。他心中愤愤不平，写了诗集《坚磨生诗钞》。

乾隆帝厌恶胡中藻为鄂尔泰党羽，于乾隆二十年（1755年）二月，密令广西巡抚卫哲治将胡中藻任广西学政时所出试题及与人倡和的诗文"并一切恶迹，严行查出"。乾隆帝召集群臣，列举了胡中藻《坚磨生诗钞》中的诗句，如"又降一世夏秋冬""一把心肠论浊清""无非开清泰""斯文欲被蛮""与一世争在丑夷""相见请看都益背，谁知生色属裘人""南斗送我南，北斗送我北。南北斗中间，不能一黍阔""虽然北风好，难用可如何"等。乾隆帝批驳："'一把心肠论浊清'，加'浊'字于国号之上，是何肺腑？"认为这些诗句都是在讥贬和仇视满清，于是命将胡中藻捉拿归案，下令以凌迟处死，其家属全部监禁，家产被抄没。

徐述夔《一柱楼诗》案：啼笑皆非的诗文释义

江苏举人徐述夔去世后，其子为纪念亡父而刊印《一柱楼诗》。集中有诗句"举杯忽见明天子，且把壶儿抛半边"被朝廷指责是用"壶儿"比喻"胡儿"，暗指满清。而"明朝期振翮，一举去清都"一句，乾隆帝称"用'朝夕'之'朝'为'朝代'之'朝'，不用'上清都、到清都'，而用'去清都'"，明显是有"兴明灭清"之意。

乾隆四十三年（1778年），仇家蔡嘉树检举其诗有辱骂清廷之意，于是酿成大案，只要是涉及《一柱楼诗》者，均无遗漏。

乾隆帝指示："徐述夔身系举人，却丧心病狂，所作《一柱楼诗》内系怀胜国，暗肆底讥，谬妄悖逆，实为罪大恶极！虽其人已死，仍当剖棺戮尸，以伸国法。"结果，徐述夔及其子已死也遭开棺枭首示众，两个孙子虽携书自首，仍以收藏逆诗罪处斩。

徐述夔的两个族人徐首发和徐成濯,名字连起来是"首发成濯"。根据《孟子》中"牛山之木,若波濯濯,草木凋零也"一句,因此这两人的名字连起来是首"发"成濯,也被指责是嘲笑清剃发之制,二人以大逆罪处死。

乾隆帝的宠臣沈德潜因为给徐述夔写过传记,被"革其职,夺其名,扑其碑,毁其祠,碎其尸"。当地其他徐姓族人被翻箱倒柜抄家,有些徐姓人逼迫无奈隐姓改名以躲追究。

尹嘉铨文字狱案:"古稀罪",何为罪

道学先生尹嘉铨官至大理寺卿,其父尹会一是道学家。乾隆四十六年(1781 年),尹嘉铨离休回到老家河北博野,乾隆帝西巡五台山回跸保定时,尹嘉铨一心要参加接驾盛典。然而并没有圣旨要传召他入觐,尹嘉铨灵机一动,想到其父尹会一,便草拟两份奏折:一是请谥,二是从祀,然后将请谥奏折送至朝廷。

乾隆帝看到他"为父请谥"的奏折,十分生气地批上:"与谥乃国家定典,岂可妄求?此奏本当交部治罪,念汝为父私情,姑免之。若再不安分家居,汝罪不可逭矣!"而尹嘉铨接着又送上一本,请求皇上恩准他的父亲从祀文庙。乾隆帝看后更加大怒:"竟大肆狂吠,不可恕矣!"于是承办官员罗织罪名,给尹嘉铨扣上"大不敬""假道学""伪君子"等罪名。

还有一条罪名被称为"古稀罪":尹嘉铨自称"古稀老人",但乾隆帝认为:"朕称'古稀老人'早已布告天下,尹嘉铨岂敢也自称'古稀老人'?"于是,数罪并罚,尹嘉铨被杀。

蔡显《闲闲录》案:引经据典得罪朝廷被斩首

康熙时,戴名世因著作《南山集》遭到严惩,主犯戴名世被杀头,株连亲戚朋友几百人。乾隆皇帝再次旧事重提,利用"南山集案"大兴冤狱,杀害了 71 岁的举人蔡显,株连24 人。

事情的起因并不离奇。蔡显的诗文集《闲闲录》出版以后,其中有引用古人《咏紫牡丹》的诗句:"夺朱非正色,异种尽称王。"原意是,红牡丹是上品,紫牡丹如果称为上品,就是"异种称王"。然而,诗文本意却被一些官僚们强词夺理地指责蔡显含沙射影,"夺朱"是影射满人夺取朱明天下,"异种称王"是暗指满人建立清朝。

两江总督高晋、江苏巡抚明德把这个案件上报乾隆皇帝,主张按照"大逆"罪凌迟处死蔡显。乾隆皇帝仔细看了高晋和明德的奏折,以及随同奏折附上的《闲闲录》,下圣旨把凌迟改为斩首,同时对高晋、明德大加训斥。

原来,乾隆帝从《闲闲录》中发现有"戴名世以《南山集》弃市"之类的字句,以为蔡显是在发泄对现实政治的不满,而高晋、明德查办此案时竟然没有发现这类字句,于是,乾隆帝认为二人"有心隐曜其词,甘与恶逆之人为伍",故意纵容包庇,理应也承担罪责。把蔡显由凌迟改为斩首,意在警告大臣,务必处心积虑地收集罪证,不能有所遗漏。

结果,蔡显和他的 17 岁儿子被处死,幼子及门生多人充军。

王锡侯《字贯》案:精减《康熙字典》被指大逆罪

举人王锡侯为了给参加科举考试的士子提供方便,把《康熙字典》加以精减,编了一本《字贯》。这一举动被朝廷认为是"大逆不道"。因为,《康熙字典》是康熙皇帝"钦定"的,王锡侯擅自删改,便是一大罪状。何况《字贯》没有为清朝皇帝的名字避讳,构成另一罪状。不但王锡侯遭到严惩,书版、书册全部销毁,经办此案的江西巡抚海成也因"失察"而治罪。

原来,海成在向乾隆皇帝报告说,有人揭发王锡侯删改《康熙字典》,另刻《字贯》,狂妄不法,建议革去王锡侯的举人功名。但他并没有细细审查《字贯》本身的文字是否有问题。乾隆帝在看了海成的奏折后,又仔细审查了随同奏折附上的《字贯》,发现在《字贯》序文后面的"凡例"中,王锡侯居然把圣祖(康熙)、世宗(雍正)的"庙讳",以及玄烨、胤禛、弘历等御名毫无避讳地写出来。

乾隆帝认为这是"深堪发指""大逆不法"之举,应该按照"大逆"律问罪,同时对江西巡抚海成革去举人的职位的建议大加斥责。海成因此被革职查办,押送京城,交刑部治罪。

而王锡侯尽管为自己的蒙冤极力辩解,但皇帝下谕旨"人人得而诛之",王锡侯自然也难逃一死。

酷吏贪官黑案

清官与贪官的区别很明显。清官以天下为己任,廉洁奉公,忠君爱民,刚正不阿,赏罚分明。百姓爱清官,视清官为青天,奉若神明,加以敬仰、崇拜,由衷叹服;贪官多以私利为目标,横征暴敛,阴狠残忍,不顾廉耻,贪污受贿,多遭人唾骂而遗臭万年。

清官受人拥护和爱戴,却也活得疲累和艰难;贪官虽然令人厌恶,但也能够荣华富贵、名镇朝野。

公为百姓做主,私为自己名利双收,是每一位做官者的目标。能够平衡好公私利益的人,成为了能臣、清官;反之,极端的利己者就会成为酷吏、贪官。因此,清官和贪官有时并非在智力和才干上有所差距,而是取决于个人的志向,也受制于环境的制约。

本节介绍了史上比较有名的酷吏和贪官,用生动的事例透视古代封建社会政治的腐朽和黑暗,并借古论今,告诫后人要引以为鉴。

狠毒酷吏李洪之:矫枉过正法严苛

李洪之,本名文通。真君年间,在狄道当护军,被赐给安阳男爵号。他还是魏高宗元后的哥哥,凭着外戚的身份被授予河内太守,爵位晋升为任城侯,一切礼仪待遇都与刺史相同。河内郡北边与上党相邻,南边与武牢相接,地势险要,居民猛悍,经常聚众抢劫,成为一方祸害,当地的官吏都没有办法制止。李洪之到河内郡上任以后,设置了各种严厉的条律禁令,只要征募到斩杀盗贼的人就予以重赏,还劝当地百姓勉励农耕,让他们从事农业生产,于是盗贼得以止息。但李洪之为了诛杀除灭奸邪之辈,矫枉过正,显得过于严酷暴虐。

李洪之任使持节、安南将军、秦益二州刺史。李洪之到了任所之后,设立严禁奸邪的各种制度。凡有带着刀刃行路的人,其罪与抢劫相同,量刑治罪的轻重等级,都分别列具详细的条款。又大摆酒席宴请州中的豪杰之士与有身份的长者,向他们昭示各种严格的法制,并且在夜晚秘密派遣骑兵分别埋伏在各个交通要道,凡是遇上违反禁令的人,立即捉拿解送到州里,公开宣布罪行斩首示众。其中冤枉被他杀害的人数以百计。

当地少数民族羌族的人深居于山谷之中,同当地的人互相攀结。李洪之派人砍伐山林开辟道路,向那里的羌人显示要派兵前来的架势,并把军队开到他们的边境之地。山里的羌人十分害怕。李洪之带领几十名骑兵进到他们的村寨里,安抚他们的妻子儿女,向他们询问痛苦忧患,并给他们送去必要的物资。羌人们皆大欢喜,主动请求把他们编入户籍,课纳户税,从那里所得到的户税收入十倍于以往。李洪之善于治理戎夷,能够做到恩威并举,然而认为他施政苛刻厉害的说法在朝野之中都有所闻。

高祖建立官禄制度时期,法制禁令相当严峻,负责监察的官员听说李洪之接受贿赂之事,都主张严加追究。于是李洪之被逮捕送到京师。有关官员向皇帝启奏李洪之受纳赃物很多,又兼以为官残酷暴戾。但因为李洪之是朝廷大臣,高祖就决定听任他在家中自杀。

李洪之生性激昂慷慨,到他将要自尽的时候,他从容地沐浴完毕,更换好衣服,让守卫他的士卒扶持着,环绕着家中庭院走遍各处,久久地长叹,最后才躺下把毒药喝掉。

残暴酷吏来俊臣:罗织罪名诬陷人

来俊臣是京兆万年人。天生残忍,反复无常。他住在和州时往往为非作歹,被捕入狱,又在狱中上告反叛事,刺史束平王李续审讯后不属实,打他一百杖。天授年间,李续因罪被杀,来俊臣上书得到召见,自己陈说先前上告琅邪王李冲谋反情状,被李绩压制。武后认为他诚实可信,多次升迁后任侍御史,审问皇上特命监禁的犯人。武后的暗地放纵,让他更加狠毒苛刻,前后灭掉一千多个家族。

来俊臣带领手下残酷暴徒诬陷朝中大臣。他们每次告发的时候都事先对好口供细节,当时人们把这种方法称为“罗织”。武则天还专门在丽景门外面设立了监狱,命令来俊臣他们在那里审理谋反事件。而他们经手的犯人,没有一个能得到清白。

来俊臣和手下编写了一本教人专门诬陷别人的《罗织经》,按照书上的做法去罗织罪名。来俊臣对犯人使用的刑罚千奇百怪,不管罪名轻重,一律先把醋灌进鼻子里,让囚犯睡在满是粪尿的地方,不给他们吃饭,除非犯人死了,否则休想出去。他还制造了特殊的大枷刑具,囚犯戴上刑具不一会儿就被活活闷死。很多囚犯还没来得及用刑就吓得认罪。

宰相乐思晦被来俊臣陷害灭族,只有一个9岁的儿子没被杀害,而是送到宫里当奴隶。他对武则天说:"来俊臣是个大坏人,蒙骗圣上,如果陛下编些谋反的案子交给他审理,他同样会弄假成真地结案。我全家都被杀害了,也不求能活命,但我只是痛心陛下的法度被来俊臣这种人亵玩!"武则天这才醒悟了过来,狄仁杰等人才没有被杀。

来俊臣

来俊臣在审问大将军张虔勖和内侍范云仙的时候,张虔勖含冤要向大理寺告状,被来俊臣命人用乱刀砍死,范云仙也被来俊臣割掉舌头而死。此后又听说西突厥酋长有个婢女擅长歌舞,就让人诬告酋长造反,目的是想得到婢女。

来俊臣和同党一起在龙门聚会,他们把想陷害的人的名字写在很多石板上,然后用石头扔那些石板,写着谁名字的石板被击倒他们就先陷害谁。结果他们扔中写着李昭德名字的石板,但没有击倒。李昭德知道这回事后,开始谋划扳倒来俊臣。

来俊臣知道群臣不敢排斥自己,于是有了反叛的意图,打算诬告皇嗣和庐陵王与南北衙的官吏一起图谋造反,藉此实现自己的意图。卫遂忠知道来俊臣一直策划诬陷睿宗和中宗,就告发了来俊臣。曾经被诬告的武三思、太平公主还有张昌宗这些人,觉得报复的机会来了,纷纷站出来作证,武则天便下令将来俊臣斩首。人们知道这个消息后互相庆贺,行刑之后,大家争着挖他的眼睛、割他的肉,又牵来马踩他的骨头。

腐败风起:贞观遗风下的纸醉金迷

唐高宗李治统治初期,能够继承其父唐太宗时的政治清明,注意勤俭,关心民众,抑制贪污,因此社会秩序比较安定。故人们都认为他颇具"贞观遗风";可是没有多久,由于李治本身生性孱弱,办事无能,很快统治实权就落到了皇后武则天手中。社会上的腐败之风也随之越刮越烈,官吏贪污受贿也日益普遍。

武则天任用酷吏,采取奖励、告密等手段,打击、贬斥反对她的异己(如门阀贵族)和过去位高权重的老臣(如长孙无忌和褚遂良等);提拔、重用支持和拥护她的各级官员(如李义府、许敬宗等)。在武则天的卵翼下,其党羽们便有恃无恐,大张旗鼓地贪赃枉法,行贿受贿,卖官鬻爵,无所不为。

神龙元年(705年),武则天退位,在宰相张柬之的拥戴下,唐中宗李显重新复位当上了皇帝,国号也从大周恢复为大唐。可惜唐中宗并未能励精图治,使唐朝中兴,而是纵情享乐,奢侈腐败,不久大权就旁落到皇后韦氏和其女儿安乐公主,以及上官婉儿和武三思等人手中。这些人穷奢极欲,大量侵占民田,营造宫室、别墅、园林、湖池等,耗费了国库巨额的存储和民财民力,破坏了国民经济的发展。为了满足奢侈生活的需要,他们公开纳贿卖官。当时只要有人出30万钱,就可以被御赐官衔。他们终日花天酒地,纸醉金迷。据说安乐公主有一条"百羽裙",价值竟达一亿钱,它是用百鸟的羽毛精心制成的,早、中、晚不同的时间,在不同的角度会显示出不同的颜色。

利欲熏心:唐贪官崔挹与崔湜秘事

公元705年至公元713年,短短的8年间,唐王朝就发生政变7次,更换了4位皇帝。这期间,皇室内部钩心斗角,争权夺利,国家动荡不安。

崔挹与崔湜父子就生活在这种氛围之中。父亲崔挹曾做过礼部侍郎、户部尚书等官。崔挹秉性贪婪,利欲之心特重,尤其爱财,凭借官位贪污中饱,受贿收礼,侵吞了大量钱财。后来退休在家颐养天年,可仍不安分,曾经多次让儿子通过走后门,为别人跑官、说情、办事收取钱财。

早年,崔湜曾经上奏疏建议开凿陕西南山,引丹水通漕运到商州,然后再从商州凿山出石门,往北直接抵达蓝田,可通挽道运输。结果唐中宗采纳了崔湜的建议,并派他专门负责此项工程。为了劈开大昌关,就动用了几万民工。由于工程艰巨,条件恶劣,民工竟死亡了一半以上。为了尽量让人们走新开的路,便禁止大家走旧路,结果由于夏天山洪暴发,冲坏了新路,造成了道路阻塞,人们很有怨言。

崔湜的弟弟崔液、崔澄,以及其堂兄崔准等人,都因文才出众而身居高官,在朝廷中占据着重要位置。他们常常在居家私宴时,把自己的家庭与东晋时的王导、谢安两家的声誉和盛名相比。崔湜一生都在投机钻营、苦心积虑地往上爬,贪欲之心永远也不满足,直至败灭。

后唐贪官赵在礼:巧取豪夺一掷千金

赵在礼,字乾臣,涿州(今属河北)人。年轻的时候在唐末名将刘仁恭手下当一名军校。后来,刘守文被其弟刘守光杀掉,于是赵在礼便投奔到太原的李存勖,在李存勖手下干事。后唐建立后,赵在礼为效节指挥使,率兵镇守瓦桥关,屯兵贝州(今河北清河)。不久,军士皇甫辉等人发动兵变,赵在礼当了叛军的首领。后来辗转各地,历任泰宁、匡国、天平、忠武、武宁、归德与晋昌节度使等职。

赵在礼非常善于聚敛钱财、横征暴敛、巧取豪夺。在赵在礼所到任之处皆邸店罗列、买卖兴隆、财源滚滚,因此他可以大肆搜刮,聚财巨万,珍宝无数。赵在礼用这些钱除了奢靡挥霍外，就是向上行贿，或修庙拜佛，以保佑自己地位安稳腾达。

后晋灭掉后唐后，赵在礼继续做官，在出帝石重贵统治时期，赵在礼被任命为北面行营马步都虞使，率兵攻打契丹，可是没有取得什么战果。后来赵在礼又镇守宋州（今河南商丘南），在此他更是大肆搜刮、巧取豪夺，弄得百姓苦不堪言、怨声载道。后来人们听说赵在礼要被调离此地，宋州百姓欣喜若狂，互相祝贺说："赵在礼若是走了，真如同眼中拔掉了颗钉子，怎么能不叫人高兴呢？"赵在礼听后，勃然大怒，欲报"拔钉"之谤仇，于是他上表请求再在宋州做官一年，得到朝廷批准。赵在礼命令手下官吏核查户口，不论是本地人还是外来人口，每人都要交纳一千钱给他，名为"拔钉钱"。如若逾期不交，就要严惩，大加鞭笞，真比逼租索赋还要厉害。在这一年中，赵在礼共得"拔钉钱"以百万数。

后晋灭亡后，契丹军攻入汴梁（今河南开封），赵在礼跪拜在契丹首领、奚王拽刺马前，请求投降。拽刺并不马上受降，而是逼他交出所有钱财、宝物。赵在礼听说后晋的大臣已经大多数被契丹人所俘，惶惶不可终日。于是在一个漆黑的夜晚，赵在礼偷偷地溜到马厩，解下衣带挂在马槽上自缢，终年 62 岁。

文绅贬值：清代江南奏销案的台前幕后

发生在顺治末年的江南奏销案也称顺治十七年分江南抗粮案。当时清政府财政拮据，军饷告急，很多官兵因缺粮断饷而病死。有的驻军因拿不到军饷而成群逃亡，或出城抢掠百姓。广东、福建等总督上报朝廷以救急。面对财政危机，户部派江苏巡抚朱国治负责追缴欠款欠粮，以供军用之需。江南奏销案由此发起。

清政府发动奏销案的借口是欠粮、抗粮，并以追逼钱粮逋欠为由打击达官士人，而江南士人逋欠最多，因而受到的打击也最严重。朱国治对江南的绅士文人限令在两个月内如数上缴。同时，吏部、户部和礼部三部共同议定了抗粮处分的规定：对拖欠钱粮的贡生、监生等按逋欠程度的轻重加以不同等级的惩罚。如果有官员知情不报者，一律处罚。在追缴过程中，朱国治对人十分严酷，有的人只因欠一厘而被降级或罢黜。没有能力缴纳的则遭到官吏的催逼勒索。

顺治十七年，刑部对嘉定县欠钱粮一案作出处罚，对补交逋欠的人由巡抚拟罪，对没能上缴的人押赴京城定罪。

顺治十八年，朱国治将逋欠的士人上报与朝廷。清人叶梦珠在《阅世编》中记载，朱国治不仅对欠粮的士人进行上报，还对欠粮的衙役进行了上报。当户部接到朱国治所造的欠册后，又按照欠粮人的身份重新造册，再由各部按定例议定。

实际上，朱国治对欠粮的追缴并不得力，拖欠的数额不仅未少，反而增多了。此后他还把征缴欠粮的责任推卸给了当地的衙役。

依照当时的定例，奏销案的上报对象应是抗粮文绅，而朱国治在编写逋欠名册时只根据原有的名册匆忙编造，并没有认真审核哪些人是抗粮文绅。后来为了定罪的需要，清政府才对文绅的范围进行了界定。

后来江苏巡抚韩士琦接替了朱国治的位子,继续处理奏销案。他将朱国治未处理完的三百多宗奏销案一一开始清理,用了8年时间才彻底查清了逋欠钱粮的情况。

对于这场奏销案,清朝史籍却只字不提,明代的一些记载也多是通过私下记载而进行整理的。此案的详细情况仍是个谜。

贪官和珅:乾隆朝贪污黑幕的缩影

清朝贪官和珅承袭了父亲"三等轻车都尉"的世职,20岁时入宫当差。公元1772年,和珅被提为三等侍卫。

和珅深受乾隆帝的恩宠,加上自身的聪明伶俐、眼勤手快、善于逢迎、善于揣摩皇帝的心思,因此官位几乎是年年攀升。从副都统、户部侍郎、内务府大臣、户部尚书、兵部尚书到文华殿大学士,一路升迁。

公元1780年,乾隆帝将自己的第十女和孝公主许配给和珅的长子丰绅殷德,从此,和珅与乾隆成了亲家,成为了皇亲国戚中的一员。

和珅生性贪婪,为了扩大财源,他千方百计地进行盘剥与搜刮,很快就扭转了内务府亏空的局面。在乾隆帝的恩宠之下,和珅在极力聚财敛财的过程中拼命地贪污受贿。和珅当权之时,他自恃有乾隆撑腰,便为非作歹,不可一世。每年四方进贡皇宫的珍品,都要经过和珅的筛选。上等的留给自己,次等的送到皇宫。无论是皇宫内外的奇珍异品,和珅总是先入为主、挑选最好的。

嘉庆帝即位之后,和珅便以太上皇乾隆之名中饱私囊,耀武扬威。

公元1799年,和珅被逮捕入狱,接着被抄家、没收财产。经查抄,和珅的家产共有田地80万亩,生沙金200万两,金元宝1000个,银元宝1000个,银子不少于12亿两。比清宫10年收入的总和还多。其他的诸如玉器珠宝、瓷器、西洋器物等宝贝则数不胜数。

和珅的贪污款项之大,给世人留下了历史第一大贪官的罪名,曾经民间还有"和珅跌倒,嘉庆吃饱"一说。

民间冤案:杨乃武与小白菜案的背后

发生在清同治、光绪两帝期间的"杨乃武与小白菜"一案是晚清四大冤案之首,历时四年才得以沉冤昭雪。这个案件之中也有着许多鲜为人知的真相。

杨乃武是浙江余杭县乡试的举人,自幼勤奋好学,为人正直,好打抱不平。小白菜原名毕秀姑,是葛品连之妻,容貌俏丽。小白菜夫妇曾租住在杨乃武家的一间房子里。因葛品连在外帮工,早出晚归,而杨乃武与小白菜同住一楼,过往甚密。所以传出流言,说杨乃武与小白菜之间关系暧昧。同治十二年十月初九,葛品连突发疾病死。第二天,尸体的口、鼻内竟流出血。葛品连的母亲向余杭县知县刘锡彤要求验尸查明死因。

刘锡彤带着件作沈祥及门丁沈彩泉等前去勘验。结果沈祥向知县禀报说是中毒身死,却未报何毒致死。而沈彩泉则说是砒毒致死。刘锡彤又联想到关于杨乃武与小白菜有奸情的流言,认定小白菜有杀夫嫌疑,将小白菜带回县衙审问。小白菜在刘锡彤的严刑酷法之下,承认了自己用砒霜毒死了葛品连。小白菜供述说她是在十月初五这天从杨乃武手中得到砒霜,在十月初九这天把砒霜倒入药汤中让葛品连一起服下的。

刘锡彤与杨乃武之间本有仇怨,杨乃武曾以滥收钱粮、敛赃贪墨的罪名举发他,刘锡彤因此而断了财路。加上此事件,刘锡彤马上逮捕了杨乃武。但是杨乃武却说自己十月初二到十月初九这段时间根本不在余杭县内,而是去余姚岳母家办事,否定小白菜供认的初五交砒霜的事实。杨乃武拒不认罪,但在严刑酷法的拷问之下最后也不得不认罪。

得到杨乃武和小白菜的供认,杭州知府陈鲁以杨乃武与小白菜通奸共同谋害致死葛品连定案。判处两人死刑。

期间,杨乃武在狱中,书写了关于自己是被屈打成招的申诉材料,由其妻杨詹氏和其姐杨淑英向衙门申诉。经过辗转波折,杨乃武与小白菜案由刑部在北京重审。刑部在审理过程中发现了大量疑点,杨乃武和小白菜酷刑与官员上奏中所说的并无刑讯明显不符。当初提供证词说卖给杨乃武毒药的艾仁堂药店的店主钱坦已经死亡。种种疑点说明这起案子极有可能是冤案,于是刑部决定重新开棺验尸。经过再次验尸,刑部件作认为葛品连因病而死,并无中毒现象。

自此,历时4年多的杨乃武与小白菜案最终得到平反。朝廷下令革去了刘锡彤知县之职,此外沈祥以及其他相关人等三十多位官员被革职、充军或查办。

名伶冤案:杨月楼新婚入公堂

杨月楼是京剧戏班演小生的名伶。同治年间,他在上海租界著名戏园金桂园演出,无论从演技上还是扮相上都赢得人们的赞赏,为此杨月楼在当地名声大震。

同治十二年间,杨月楼在金桂园演出表现男女之情的《梵王宫》等剧时,广东茶商韦姓母女连看了三天而不厌。韦女名叫阿宝,年方十七,对杨月楼心生爱慕,于是回去后便写一封书信向杨月楼表达自己的思慕之情,意欲订婚约。

信传递过去后,韦姓母女又派人叫杨月楼约其相见。杨月楼觉得自己只是一位戏园小生而心里害怕,不敢如约,然而韦女阿宝却相思成病,一天比一天严重。由于韦父长期在外地经商,家内之事全由韦母操持。韦母便顺遂女儿的意思,派人告知杨月楼,令媒妁以求婚。杨月楼这才应约,大备聘礼,开始准备婚事。

阿宝的叔父得知阿宝与名伶杨月楼成婚的消息,以良贱之婚不合礼法而极力表示反对。

虽然遭到叔父的反对,阿宝与杨月楼的婚礼还是照常举行了。阿宝的叔父便召集乡党绅商等人将杨月楼抓捕起来,以拐盗民女罪控告于官府。

结果,在婚礼当天,县差及巡捕将杨月楼与阿宝两人一起抓捕起来,在被押往公堂的路上,新娘阿宝身着红嫁衣,引得沿途路人纷纷观看。

知县叶廷眷负责审理此案,此人心狠手辣,当堂对杨月楼施加严刑;而阿宝也未放过,因阿宝性情刚烈,称嫁给杨月楼"决无异志"而惹怒了叶廷眷,被罚打二百嘴巴。最后二人被押监牢狱,听后处置。

清朝廷得知此案后,慈禧太后还为其澄清。最终,杨月楼案糊涂地作了了结,而杨月楼的妻子韦阿宝却被逐出家门。

财色凶杀命案

一个人如果利欲熏心,将个人欲望无休止地延伸,就必然会碰得头破血流;如果正确地对待人的需要和欲望,正确地处理人的情感、欲望和现实的矛盾,并进行合理调节,就能够活得自在潇洒。可悲的是,古往今来,有很多执迷不悟的人看不清其中的本质,而被欲望的诱惑迷住了双眼,扭曲了心灵,甚至导致犯下难以饶恕的罪行,不仅自己难逃法网,也给别人带来伤害和创伤。

为财为色而发生凶杀案,是为社会为公众所不容的,然而,人类的本性影响着自身的行为,所以,走入极端或者心理人格扭曲的人最容易做出冲动之举。

知足为幸福快乐的源泉。这个道理人人都懂,但是禁不住诱惑的人,爱与他人比较的人,爱意气用事、打抱不平的人,往往把这一信条抛之脑后,等做过错事之后才追悔莫及。

本节的财色命案曲折迷离,跌宕起伏,环环相扣,让人在品读故事的同时引发出对人生、对生命的认真思考。善待生命,追寻人性的善良和美好,才是我们应当从中领悟到的启示。

三国吴帝孙亮巧破陷害案

三国时期,吴国盛产蜂蜜。皇帝孙亮特别喜欢吃蜂蜜,为此宫中设立了一个仓库来存放蜂蜜,又专门派了一个藏吏管理仓库。跟随孙亮左右的一个宦官也喜欢吃蜂蜜,私下宦官经常向藏吏索要。要的次数多了,藏吏害怕万一暴露了就会杀头,不肯给他。宦官便怀恨在心,伺机准备报复。

一次,孙亮来到西苑游玩。他看到园中树上的梅子熟了,就坐在石凳上,准备吃几颗梅子解解渴。他一面叫人上树摘梅子,一面派宦官到仓库中去取蜂蜜来渍梅子。

宦官从藏吏那里领到蜂蜜,正往回走,突然看到一只老鼠从面前窜过。他灵机一动,想了一个陷害藏吏的办法。他拐到一个堆放粮食的仓库墙角,找到一摊老鼠屎,抓了几颗放到盛蜂蜜的银碗里,然后匆匆地往回赶。

孙亮已经等得不耐烦了,拿起洗净的梅子准备渍到蜜中去。突然,他看到有几颗糙米粒大小的黑色鼠屎浸在蜂蜜中。孙亮大怒,命人将藏吏叫来。

孙亮指着银碗中的蜂蜜问藏吏:"蜜中怎么会有老鼠屎? 这是怎么回事?"

藏吏见状,大喊冤枉,说:"启禀陛下,方才宦官去拿的时候,蜂蜜还是干干净净的。从小的那里拿来的时候,里面肯定没有鼠屎。"

孙亮又问宦官:"是不是这样?"

宦官说:"小的去拿的时候,也没有注意蜂蜜里面是否有鼠屎,就拿了回来。"

孙亮皱着眉头,沉思了一下,问藏吏:"宦官以前向你要过蜂蜜吗?"

藏吏不敢隐瞒:"以前曾私自向小的要过多次,小的实在不敢给他。"

孙亮又问宦官:"是不是你索要蜂蜜不成,想要偷放鼠屎陷害藏吏?"

宦官赶紧跪下说:"小的跟随陛下几年来,尽心尽力,侍奉备至,丝毫不敢做有损陛下的事,怎么敢索要宫中的蜂蜜呢? 又怎么敢在蜂蜜中放鼠屎呢? 藏吏工作失责,做出伤害陛下的事,不主动认罪,却来诬陷小的。请陛下明鉴!"

藏吏和宦官各执一词,一时难以明辨是非。

这时站在旁边的侍中说:"宦官和藏吏的说法不一,陛下把这件事交给刑狱部门审断吧!"

孙亮说:"不用,朕自有办法。"于是,他命人用小刀将盛着蜂蜜的银碗中的老鼠屎从中间切开,仔细查看,看到鼠屎里面是干燥的。

孙亮笑着对侍中说:"如果鼠屎长时间放在蜂蜜中,应当里外都是湿透的。现在鼠屎外面湿而里面干燥,说明必定是刚刚放进去的。而放进鼠屎的人只能是宦官。宦官与藏吏有嫌隙,想借机嫁祸于藏吏。"

至此,宦官不得不低下头来认罪。孙亮命左右对宦官行髡(剃发)刑,并鞭笞五十,然后交给刑狱部门治罪。

明洪武年间奇案:床下意气

洪武年间,京师有一名校尉与邻妇通奸。一天清晨,校尉见邻妇的丈夫出门后,溜入邻家登上邻妇的床意欲与之行苟且之事。谁知邻夫中途回家,校尉躲闪不及吓得赶紧钻在床下。

邻妇问丈夫:"为何又回来啊?"

丈夫说:"出门见天气寒冷,想起你还在熟睡,脚露在外面怕你着凉,所以回来给你添些被。"于是,邻夫给妻子添加了些被才又出门。

正在床底下大气不敢出的校尉听完此番话,忽然想到邻夫如此疼爱他的妻子,而邻妇竟背叛他。校尉气愤之下,从床底下爬起来取出佩刀杀死了邻妇,随后而去。

有一位卖菜的老汉平时常常给邻妇家供应蔬菜,这天他进门给邻妇送菜,见家中无人,便转身退出。结果人们认为是卖菜老汉杀害了邻妇,就把老汉抓起来并报官。

卖菜的老汉百口莫辩,最终落个杀人的罪名。然而,就在老汉即将被押赴刑场问斩时,校尉却挺身而出,大声喝道:"是我杀了邻妇,为何要让他人偿命!"于是将实情禀告监斩官,并且要面奏皇上。

在监斩官的引见下,校尉来到朝廷面见皇上,禀报说:"邻妇的确与我通奸,那天我在床下听完其夫的话,因念此妇如此忍心辜负他的丈夫,一时发怒,就将她给杀了。愿陛下赐我一死。"

皇上感慨道:"你杀了一个不忠不义的邻妇,又救了一个无辜的卖菜翁,应该得到嘉奖。"于是,皇上赦免了校尉。

明朝山东荆花鱼汤命案

明朝时候,山东某县一个农妇给在田里种地的丈夫送饭,结果她的丈夫吃后中毒毙命。于是,公公把儿媳以谋杀亲夫罪告上了官府。

农妇不明白其中的原因,申诉说自己根本没有杀夫之念,更不可能在饭食中下毒,而丈夫为何突然毙命,自己也十分不解和惊讶。

公堂上的农妇不肯招认"投毒",经过知府反复审讯,又加上严刑拷打逼供,农妇承受不了酷刑的摧残,最终屈打成招,承认自己佣毒药杀害了自己的丈夫。案件这才得以了结。

然而,与审理此案的陪同巡视官员对此案不禁心生怀疑。如今当地大旱,经济来源都是个问题,农妇如果杀了丈夫,靠什么生活? 这其中必有隐情。负责审理此案的知府一听,也觉得有道理,于是农妇杀夫案重新审理。

知府仔细地看了关于此案的细节,心想农妇的丈夫是在吃了农妇送来的饭菜之后中毒的,那么其中的原因必定与饭食有关,而之前断定的农妇心存杀夫的动机觉得不太可能。想到这里,知府下令带农妇进入公堂。

农妇被带到公堂后,经过细审,果然问题出在饭食本身上。原来,农妇给丈夫送的是鱼汤,送饭的道路要经过一片荆树林,此时正值荆花盛开的时节。传说荆花絮若飘落到鱼汤中,会生剧毒。

官府的巡视官员于是做了实验,把加了荆花絮的鱼汤喂狗吃,结果狗也被毒死了。至此,冤狱得以昭雪,农妇宣判无罪。只是无意中的荆花鱼汤毒害了一条人命。

顺治年间逃犯木子雄连环被擒案

顺治年间,山东知府张立山到浙江开化一带,处理了一起图财害命的事件。此案已结,凶犯名叫木子雄,已于限定之日处斩。当时的监斩官是一个王姓之人。

三年后,张立山任江西县令。在此期间,引发了一起窃贼拒捕伤脑案。张立山在公堂上审讯之时,却发现凶犯的相貌很熟悉,好像在以前见过一样,听其口音又是开化一带人，再问姓名，回答说叫"李雄"。张立山立刻怀疑此人李雄就是三年前的那个木子雄。

张立山非常吃惊，说："你不是已经被正法了吗？怎么今日又出现在这里?!"

李雄抬头看了看县令张立山，知道他就是三年前那个承审官，于是不敢隐瞒，就详细地说明了事情的经过。原来当年木子雄被处斩时正值黑夜，斩刀恰好割断了颈骨，而头和身子还连接着，木子雄因颈部疼痛而昏厥过去。不久，木子雄醒了过来，发现四周已经空无一人，就用力挣脱了身上捆绑的绳索逃走了。

木子雄逃到了江西，改姓李。然而，木子雄又以偷窃小儿来度日，不料又被拒捕归案。张立山很是吃惊，连忙派人查验在大堂下李雄的脑后，果然当年被斩的刀痕还清晰可见。

张立山经询问得知，当年的监斩官是署任王某。于是就将木子雄过去被处斩而后逃脱以及今日又被捕之事报告给了上级，江西巡抚又将此案移交给浙江查办。浙江巡抚听说后也觉得很惊讶。当年的王监斩官已离任到了浙江，被审讯之时，他说："当年木子雄被处斩之时确实是在黑夜，只见刀砍下去后随即身体倒地，便怀疑已死，就用草席掩盖了，等待天亮以后再验收。然而第二天，尸体却不见了，我不敢声扬，就报告说'已斩'。没想到木子雄后来逃到江西，却因为另一桩案件而败露。"

浙江巡抚派人将李雄带到浙江，命令他的亲人来相认，结果证实李雄就是木子雄。后来知府经过审讯，得知司刑的人没有受贿和舞弊之行为，就定了此案。

最后，木子雄被押解回江西结案。

雍正年间麻城涂氏杀妻案

雍正年间，麻城县发生了一起骇人听闻的命案。案情本由麻城县富户涂如松及其妻杨氏而起，经过错综复杂的连环案，牵连出一系列的地方官员、生员之间的明争暗斗，最终真相大白。此桩案件从地方至清廷刑部，上至雍正皇帝，下至平民百姓，几乎无人不知，可谓影响极大。

那么，这桩人命案究竟是怎样一个来龙去脉？其实，案件本身并不复杂：

麻城县殷富人家涂如松本是本分人，其妻杨氏貌美如花，性情活泼，常与涂如松的学友调笑嬉闹，夫妻之间渐生芥蒂。久而久之，涂如松气愤不过就动手殴打杨氏，而杨氏则跑回娘家躲避。有一次，涂如松与杨氏又生嫌隙，他以为妻子又会回娘家而并不在意，结果杨氏并未回自己的娘家。涂如松与其母见杨氏果真失踪，慌忙悬赏发帖，求乡邻们帮助寻访，结果一个月过去仍杳无音讯。

杨家得知女儿失踪的消息后，怀疑是涂如松下了毒手。杨氏的弟弟杨五荣，从小不务正业，养成了无赖脾气。听说姐姐失踪，就鼓动父母去县里告状。

麻城知县汤应求是一个二甲进士出身的清官。他接到状子后，认为涂如松杀妻的可能性很小，并向杨五荣表示"为其做主"。

麻城县西北有一个山村叫九口塘。涂如松在九口塘有一所别院，杨五荣就怀疑他是在别院里害死了姐姐杨氏，于是独自一人悄悄地潜进了九口塘。杨五荣进了一家酒店以探风声，却不料遇上了一个叫赵当儿的青年，两人就聊起了九口塘别院。

赵当儿原是本地的一个无赖，接近杨五荣目的只是为了骗点儿酒钱，就编造了一个事件，说："涂相公的夫人杨氏在三个月前来过别院，结果被涂相公所害，原是有意加害于她。"杨五荣听后激动万分，当即要拉着赵当儿跟他去公堂作证。赵当儿没想到此人就是涂如松的妻弟，一时吓得发愣，但一见有银子可图，就和杨五荣一起奔了麻城县衙。

在大堂上，赵当儿一口咬定涂如松在九口塘别院杀害了他自己的妻子。既然有人证，汤知县只好下令把涂如松缉拿归案。但涂如松对杀害杨氏一事矢口否认。涂家的杂役、管家等人都证明，涂母病重时，涂如松一直不曾离开。但杨五荣却哭诉涂家上下沟通，制造假证欺蒙官府。汤知县见状只得下令暂将涂如松收监，待查出确凿证据再作论处。

正当杨五荣拉赵当儿作证把涂如松下狱之时，一个老妇人告诉杨五荣："令姐与其子冯大有勾结，她与涂如松发生口角以后，为逃避如松的殴打，私自藏匿在自家。本想躲避一阵后再回夫家，不想你误认为她已被涂如松杀害，告到官家，已有人到我家进行查询。"

杨五荣听后惊讶万分，实际上他告状的目的并不是为了给姐姐申冤，而是企图敲涂家一笔竹杠。然而，这一消息让他的企图落空，因为害怕落下诬告的罪名和承受坐监之苦，杨五荣就将其姐姐杨氏送至和自己赌过钱的生员杨同范家中躲避。

杨同范是麻城县的一位生员，在县城内颇有几分名望，他对涂如松的妻子杨氏倾慕已久，如今见杨五荣将其姐杨氏送到自己家中，不禁暗自叫喜。杨五荣把杨氏如何逃匿、如何与冯大成奸、自己又如何状告涂如松的事全都告诉给了杨同范，杨同范当即表示"让杨氏放心在自家躲避风头"。杨氏的姿色令杨同范神魂颠倒，不久二人就做起了露水夫妻。

第二年夏季，刑房书办李献宗没有通报就匆匆走进屋来，向汤应求报告："县城以西三十里的举水河滩上，有一具已经腐烂了的尸体，死者已死去数月，请老爷带人前去验尸。"汤应求很快想到杨氏的失踪，就带着仵作（旧时指官署中检验死伤的吏役）李荣会同捕头何雄一同前往河滩。

仵作李荣验尸查伤颇有经验，重大案件几乎未曾出现失误。就在李荣将要陪同汤应求前往河滩之前，一位不知名的书生前来拜访，从怀里掏出一锭银子，请李荣"证实死者是女性，年纪在二十三四岁之间，系被人用绳子勒死的"。李荣为人坦荡，对此人行贿之举深感愤怒，当即拒绝了他。

汤应求带着李荣等人来到了河滩尸场。人群中的杨五荣，正双眼通红地哭喊着姐姐。在杨五荣旁边有一个衣着华丽、戴相公巾的秀才。正是生员杨同范。而河滩上的尸体早已腐烂得面目全非，男女难辨。

李荣将尸体认真地进行了一番检查，然后禀报："死者是一个童子，男身，乃病疾而亡，死的时间大约在两个月以前，与杨五荣无关。"汤应求还没说话，闪在人群中的杨同范挤了出来，气势汹汹地对李荣说："这样一个重案，怎能被你三言两语就定出结果来？"然后转过身对汤应求说："生员杨同范，久知杨五荣之姐被人杀害，今五荣好不容易认出亲姐姐，大人不给他做主，反而轻信仵作妄词，叫全县百姓怎么心服？"汤应求见双方争执不下，只得下令暂将尸首停放起来，容日后复核。

杨同范和杨五荣写了一纸控诉状将汤应求上告给了湖广总督迈柱。迈柱怒火冲天，立刻传令："着令广济县高仁杰重验尸骨，三天内报结果。"

于是，案子由汤应求转到了代理广济县令高仁杰的手中。

高仁杰生性凶狠、恶毒，声名狼藉。仗着家里有钱，在四川候补一年多，后又用钱买通巡抚，改调湖北候补。如今代理县令之职，让他十分不满意，他借麻城杀妻案之机买通总督府幕僚，捞到了重新验尸的差使，借此机会参倒汤应求。于是传令仵作薛无极立刻准备赴麻城县验尸。

杨同范担心薛仵作也和李荣一样，把尸体断为男尸，就派了一名家人扮做书生前去行贿。薛无极没有李荣的耿直，而是个贪婪、狡猾奸诈之人，杨同范见其受贿，便放下心来。

第二天复审官高仁杰在衙役的簇拥下来到了验尸场。薛无极因受了杨同范的贿赂而假装认真地检验了尸体，然后禀报："死者是个女身，24岁，右肋之下有重伤，显系被人用重物猛击致死。"高仁杰传令，将尸身装在木匣内就地埋葬，苦主且随本县进城再作定论。

这时湖广总督迈柱在同一天里接到两份申报，一份是麻城知县汤应求对涂如松杀妻案的结案详文；一份是广济代理县令高仁杰弹劾汤应求受贿，包庇杀人凶犯的呈文。呈文后还附了一张验尸报单，上面写着死者是24岁的妇女，被重物击伤右肋而亡；而汤应求却硬把女尸当成男尸，显然是有意包庇真凶。最使迈柱怀疑的是，对涂如松杀妻案，汤应求拖了一年多没有结论，偏偏在高仁杰验尸以后审理结案，这明摆着是欺蒙上宪。因此，迈总督对汤应求失去了信任，相比之下他觉得高仁杰能在几天里验明尸体，揭示出案情的重大疑窦，确实是个难得的人才。如果委派他全权审理此案，一定能迅速地使事件真相大白，想到这里，迈柱命高仁杰负责涂如松杀妻案，而停了汤应求麻城知县之职。

高仁杰进入县衙，将涂如松、李献宗、李荣等人拘捕入狱，开始用严刑逼供。第一个受刑的是涂如松。起初在严刑的拷问下，涂如松拒不招认，但后来因实在难以对抗酷刑，就供认"因杨氏与我不和，一时起了歹心，于去年二月将其诓到九口塘用木棍打死。尸体埋在举河河滩上"。

麻城仵作李荣、书办李献宗同样遭受私刑。衙吏夹起烧红的铁链把李荣烧得满堂翻滚，只一会儿工夫就昏死在堂上。五十多岁的李荣惨死在烙刑之下。李献宗此时已是浑身棒伤，鲜血淋漓，但神志尚清醒，他知道自己也难免被烙死的结局，于是不再抵辩，招认了汤应求受贿纹银八千两，自己分得五百两，帮助汤应求写了一道假呈文，李荣受银三百两，故意把女尸断为男尸等情节，高仁杰令他当堂具结画押。

后来高仁杰担心证据不足，又将涂如松押上大堂，令其指出血衣和头发的所在。如松的母亲得知消息，不忍心让儿子继续遭受酷刑，就偷偷地剪掉了自己的头发凑成一束。李献宗的妻子也割破了左臂，以鲜血染红了一套衣裙。这样头发与血衣证据齐全了，高仁杰写了一道结案呈文，报到黄州府。

黄州府知府蒋嘉年是四品正衔官员，颇有政声。接到高仁杰报来的涂如松案，他知道这是总督大人亲自过问的案子，不敢怠慢，立即审阅。当看到案卷夹着的广济仵作薛无极的验尸单时，发现了破绽。根据蒋嘉年多年的经验，纵使肋骨折断也不致身死。麻城仵作李荣已被刑讯而亡，而李荣验尸结果又与薛无极截然相反。李荣作风严谨，深得他的信任。李荣故意把女尸断为男尸实在令人难以置信。为了慎重起见，蒋嘉年决定亲自过问此案，他暗中调了四个县的领班仵作，趁高仁杰不备来到麻城，下令复验河滩上的无名尸。高仁杰只得派薛无极陪同。

蒋嘉年的四位仵作走到尸体旁边，经过认真的检验后，问薛无极："薛仵作，你说尸体是男是女？"薛无极此时正惶恐不安，只得嗫嚅地说："我看是女尸。""因何致死？""右胁被重物击伤而亡。""果真如此吗？"薛无极一惊。其中一位仵作说："这明明是一具男童之尸，身上并没有半点伤痕，你怎么会说是女尸呢？"薛无极一时面红耳赤。高仁杰这时站出来说："想必是尸身被人调换过了。"随即要追查换尸人。蒋嘉年却说："回衙再议。"

就在蒋嘉年等回到县衙不久，一场洪水将停放在河滩上的男尸冲得无影无踪，高仁杰得讯后大喜，一口咬定原验尸体是女尸，并将详文越过府台和巡抚，直接报到了总督台下。

迈柱给黄州知府蒋嘉年写了一封信，通知他将汤应求拘押待审，麻城县令则在得力的候补人员中选择一名。迈柱想通过蒋嘉年提拔高仁杰。但是蒋知府把麻城知县的空缺委派了一个名叫陈鼎的孝廉，而高仁杰仍被送回广济当代理县令。

新任麻城县县令陈鼎只有28岁，但为人秉性公正，深受蒋嘉年赏识。他来到麻城后不到十天，就洞悉内中的冤情。但是定案结论并非易事，他决定暗中调动力量，查访杨氏下落。

不久有一书吏告发陈鼎："杨氏在生员杨同范家中。"原来，有一个名叫张学礼的人，与生员杨同范毗邻，杨同范的夫人临产，请张学礼的母亲前去接生，碰巧遇见了杨氏。杨氏把事情告诉给了张学礼的母亲。张学礼听后不敢隐瞒，就将此消息告发给陈鼎。

此案即将真相大白,湖北巡抚吴应棻吩咐陈鼎将此情况直接向迈柱禀报。陈鼎把高仁杰的位置夺走了,迈柱正心里不舒服。陈鼎不等总督再问,把杨氏并没有死的情况诉说了一遍。迈柱听了嘴角露出一丝傲慢的冷笑说:"那杨氏的尸体已被验明,血衣、头发均已起出,难道那都是假的?"陈鼎说:"杨氏健在,尸体、血衣和头发自然是假的,是高仁杰在重刑逼供所为。"迈柱说:"高仁杰审案是本督委派的,人证物证俱在才动大刑,逼供之词从何说起?"

陈鼎并不示弱,辩解道:"涂如松身上烙伤累累,显然私刑所致,仵作李荣刑下毙命,犹无口供,历来审案,没有这样狠毒的,高仁杰怎能逃脱逼供之嫌?况且麻城乡绅联名递状鸣冤,民声鼎沸,若不审理清楚,如何向朝廷交代?杨氏隐于杨同范家,已有明证,只需搜出杨氏,全案就可真相大白,大人若准予按律查办,卑职当于十天内将案情剖析清楚。"对于陈鼎的陈述,迈柱心中十分恼火,但又无言以对,只得说:"既然你断定杨氏未死,那么限你十天之内拘捕杨氏,审清此案。"说完示意陈鼎退去。

陈鼎返回麻城县,调集差役二十余人直奔杨同范住所。只半个时辰,差役就打破了夹壁,把打扮得花枝招展的杨氏搜了出来。陈鼎当即下令拘讯杨同范,缉拿杨五荣。

公堂上,陈鼎对跪在大堂上的杨氏说:"你私自潜藏,害得你丈夫家败人亡。"杨氏却好似在雾中一般,只是饮泣着说:"我丈夫打骂我,还到官府告我与奸夫拐款潜逃,我怕被官府抓住要上大刑,所以才藏在杨生员家,并没有害人。"陈鼎又将涂如松带上来,涂如松形容枯槁,只有喘息的气力。杨氏被吓得不由自主地向后挪动身子,但很快就认出了这就是自己的丈夫。她猛扑过去,抱住丈夫大哭起来。杨同范、杨五荣二人此时只得低头认罪。

然而,案情并未完全了结。总督衙门送来了一道行文,是迈柱给雍正的奏章抄件,奏章中把最近审讯情况说得一清二楚,请求仍按高仁杰的原判结案。

雍正皇帝分析着湖北省总督、巡抚两位大吏送上来的两道针锋相对的奏折。然后提笔下令:迈柱、吴即刻解除现职,内调京师另行委任,特简户部尚书史贻直督湖广,委两省各司官员,会审涂如松杀妻案,限两个月将结果直报大内。

户部尚书史贻赶到武昌镇。他到任后仔细地看了三天案卷,很快发现了案卷中的漏洞。在物证中,他发现了几根斑白的银丝,被杀的杨氏是一位24岁姣美的少妇,怎会生出白发?从血衣的质料看,针线完整,并没有在土里腐坏的痕迹。说明头发和血衣完全是伪造的。后来史尚书见到涂如松的母亲头发被剪断了一块,而书吏李献宗之妻剜臂染血衣之事,也被查清。他又到河滩附近,暗中寻访在两年前死亡的男童。结果证实,举河岸边富户黄得功有一个书童,两年前得急病而亡,草草埋葬在河滩上。

很快,一张审判文告公布出来:涂如松释放归家;汤应求执法公允,清正廉明,仍复七品功名,留任麻城;李献宗奉公守法,堪称良吏,升任麻城典史;李荣执法拒贿,忠直刚正,为公殉身，以县令礼厚葬；新任麻城令陈鼎，断案公允，主持正义，着调离麻城，升任黄州府；高仁杰居心险恶，伪造证据，重刑逼供，致伤人命，着即革去功名，收监候审；杨同范、杨五荣通伙作弊，行贿伪证，拟判斩罪；杨氏私逃，与人通奸，败坏风纪，着发往边疆苦役终身；仵作薛无极，受贿伪证，致死人命，与杨同范、杨五荣同时处斩；无赖赵当儿贪图钱财，诬陷良民，发配充军。

至此，轰动京城的麻城杀妻案终于得以澄清。

嘉庆年间西安毒馒头事件

嘉庆年间，西安知府邓廷桢正在处理一桩投毒杀人案。某县兵营中有个名叫郑魁的小兵，被人控告用放砒霜的馒头毒死了县民宋某，郑魁被判为死刑。邻妇孙氏与卖馒头的和卖砒霜的人都被作为证人带至西安府。

府衙上下都认为铁证如山，可以批准结案，而邓廷桢却感到此案并非简单，其中必有蹊跷。

随后，邓廷桢将卖馒头的人带入公堂，审问：“你每天能卖多少个馒头？”卖馒头的回答：“两三百个吧。”

邓廷桢又问：“一人大约买几个？”对方答道：“三四个。”

邓廷桢沉思片刻说：“如此看来，你每天要同近百个顾客打交道了，是吧？”

卖馒头的点头说：“是。”

邓廷桢突然问：“这近百人的相貌、姓名，以及哪一月、哪一天来买过你的馒头，你都能记得吗？”

邓廷桢

卖馒头的人摇头答：“不见得。”

廷桢立即反问：“那么，你为什么偏偏记得郑魁是某月某日买过你的馒头呢？”

卖馒头的人经不住追问，就道出内情：“我本来也不记得，县役冯某说，衙门里正审问一桩投毒杀人案，凶犯郑魁已经服罪招供了，只缺少一个卖馒头的证人，就让小人出庭作证。我做小本生意的怎敢得罪衙门里的人，便应允了。”

邓廷桢又传孙氏讯问，原来她也是受县役冯某的唆使，不得已提供伪证的。而卖砒霜的人则确切地承认，郑魁确实在他那里买过砒霜。

邓廷桢经过周密细致的调查，终于弄清了事实真相。原来，宋某与郑魁一直不和，临死之前又与郑魁吵了一架。县官来验尸时，发现他嘴唇发青，便怀疑是中毒身亡。恰巧郑魁这天又买过一包砒霜，于是人们都认为是郑魁投毒。郑魁有口难辩，被屈打成招。

汉中县令又指使县役冯某找来几个"证人"。其实,宋某是死于狂犬病,所以嘴唇发青。而郑魁买砒霜,却是为了毒老鼠。

案情得以大白,邓廷桢当堂释放了郑魁、卖馒头的人以及孙氏,依法惩办了汉中县令与县役冯某。

令人啼笑皆非的嘉庆龙阳秘案

嘉庆九年间,河北邢家村有个男子名叫邢大,年龄 17 岁,长得皮肤白嫩,面容姣好,如同女子。同村还有个洪大,是个孤儿,靠祖上遗留下来很丰厚的家业,过着安逸的生活。此人游手好闲,唯独有龙阳之癖,极好男色。一次偶然洪大途遇邢大,回到家中竟整夜未眠。

这一天,洪大又遇着邢大,便悄悄地尾随其后,来到邢家。邢大发现洪大跟着自己来到家中,居然十分紧张,如同少女初见生人一样羞涩。洪大见邢大生活困苦,就说:"小弟生活实在可怜,不如跟我回去,给我做个伴,我一定会让你吃穿不愁,幸福如意。"邢大感激涕零,于是跟随洪大进了洪家。

洪大当即为邢大置衣备食,关怀备至。两个人一起喝酒,一会儿工夫邢大已是不胜酒力,东摇西晃,脸色绯红。洪大见状,兴奋异常,借着酒性伸开双臂,想拥抱求欢。

邢大惊诧万分,急忙说:"小弟受兄德泽,没齿难忘,可我是个男子,怎么能如此报答你呢?"洪大认真地说:"我只图色,不分雌雄,你若肯蓄发跟我一起,我可以对天发誓,绝不再娶!"邢大经不住他的软磨硬缠,又因其对已有恩又无法回报,只得听之任之。从此,邢大开始蓄发,涂脂抹粉,身穿女服,走路行女步,与洪大成了"夫妻"。

洪大有个结义兄弟名叫刘六,有一次来洪家串门。洪大介绍邢大说:"这是我妹妹!"刘六对邢大颇有好感。三年之后,洪大得了重病,倒卧在床上。这时,对邢大早已生情的刘六提出想以重金聘娶洪大的"妹妹"。

于是,洪大涕泪纵横地对邢大说:"我已病入膏肓,考虑再三,我看刘公子极喜欢你,不如你嫁给他,也有个安身之所,我也心安了!"邢大听罢伤心欲绝,泣不成声道:"话虽然有道理,但是他以后发觉真相,我该怎么办呢?"洪大道:"刘公子为人老实,不至于太糟。"邢大只好点头应允。

次日,洪大便将此事告知刘六,刘六欣喜若狂,当下转告父母,择吉日完婚。成婚那天,父母、亲戚和乡邻见新媳妇温顺柔美都赞不绝口。刘六更是笑逐颜开,喜不自胜。夜深客散,刘六步入洞房。温柔娇妻一下子变成了俊男,刘六顿时目瞪口呆。而邢大却极尽媚态,柔言蜜语劝道:"你千万不要害怕,我早已经想好了出路。我有祖传秘技,能够使仙人附体,治百病有神效。如果我们做这生意,肯定能赚很多钱,今后任你娶妻买妾,养儿育女,我绝无怨言。"事已至此,刘六只得答应。

不久,刘六便告别父母,带着邢大来到附近乡村,告知村民说是有仙姑下凡来给百姓治病。结果在"仙姑"邢大的哄骗下,人们争相就诊,生意兴隆。刘六每日收入颇丰,欣喜万分。

县衙里有一位衙役,听说行医的"仙姑"极其美艳,就假装有病叫邢大来诊治。邢大刚一进屋,衙役突然把他紧紧抱住,并乘势抚摸其下体。邢大躲避不及,被衙役识破真相。衙役十分气愤,要将邢大捆缚起来。邢大见事情败露,惊慌不已,急忙跪地哀求衙役。衙役秉公执法,将邢大连同刘六一起捆绑起来送去县衙。

嘉庆十二年,这一案件被送入刑部,一时朝野震动,舆论哗然。结果,邢大被处斩刑,刘六被刺配为奴。

咸丰年间七涧桥凶杀案

咸丰年间,有一家四口,户主鞠海为人善良、扶贫济困;其妻向氏四十出头,容颜清秀;儿子鞠安,与父亲秉性相同,除了行医外兼种农田;儿媳周氏,是七涧桥出名的美人。鞠海、鞠安父子靠祖传治疗蛇伤为业,方圆百里颇有名望。

然而,就是这样一个其乐融融的四口之家,却发生了一起耸人听闻的事件。鞠氏父子无端被杀了!

知州荣雨田本是一个浪荡公子,花钱捐了一个七品官衔。七涧桥出了凶杀案,重庆知府杜光远接到文告,提笔批道:"限一个月内将人犯拘拿归案。"加上向氏常来县衙鸣冤,哭求知州大人为其丈夫和儿子报仇雪恨。知州荣雨田愁眉苦脸,连忙找书吏陈老伦密谋,陈老伦在接过银子后保证"两个月内结案"。

陈老伦路经七涧桥,找到了鞠家。向氏提起丈夫被杀的事泣不成声、语无伦次,陈老伦只得把儿媳周氏叫出来询问。鞠家儿媳周氏一出现,书吏陈老伦立刻被她的美貌吸引住了,一时忘了断案之事,匆忙中问了一些事情就辞别了向氏婆媳。

陈老伦回来后对荣雨田说:"鞠海的妻子向氏和儿媳周氏,容颜十分秀丽,这在七涧桥一带人人皆知。姿色美就不能不引人注目,那鞠家生活又十分清苦,小人推测可能是她勾引奸夫,杀害了鞠海父子。但目前拿不出实证。不过小人已安排好了一条妙计,保管在两个月内水落石出。"

原来,陈老伦年近 31 岁,但尚未娶亲,回去后竟萌发出了娶周氏为妻的念头。于是他串通一位姓孙的媒婆前去与向氏游说,令其儿媳周氏改嫁,一则因为周氏年纪尚轻,二是改嫁后还能减少鞠家的人口负担。经过孙媒婆的一番巧嘴,向氏思量后觉得在理就同意了。

陈老伦把周氏迎娶过门之后,对周氏百依百顺。而鞠家的底细也被陈老伦摸得一清二楚。不久,陈老伦对周氏说:"实不相瞒,我已经摸清了案子的来龙去脉,杀死你公公和丈夫的就是你的婆婆向氏。"周氏惊愕得一时说不出话来。

两天之后,知州荣雨田升堂。一名中年女子应声呼起冤来,此人正是向氏。知州吩咐喊冤者上堂，大声吼道："鞠海父子系你与奸夫合谋杀死，案发之后岂敢不老实认罪！本州早已查清，你与奸夫通奸已有两年，为掩人耳目，竟合谋杀害丈夫、儿子！"向氏自然不从。

荣雨田见向氏不肯屈服，便派狱卒押解着一名自称金六的彪形大汉走上堂来，认定他就是与向氏合谋的"奸夫"。金六在公堂上承认，二人合谋杀害了鞠家父子。向氏这时才明白，原来是知州早已布好的圈套，自己竟以淫妇的罪名入狱。她请求知州召见儿媳周氏，以当堂对质，结果周氏按照陈老伦的指示也认定"婆婆确曾勾引过奸夫"。向氏一面痛恨周氏竟然也诬证自己与人通奸，但又想到她也是万不得已，于是委屈地表示"民妇愿招"。话刚说完就昏厥了过去。

不久，从嘉陵江上来了一列船队，一只高大的官船停靠在码头上。一大群袍服冠戴整齐的官员，簇拥着一位身穿黄马褂、头戴双眼花翎的中年官员走上岸来。此人是上任不久的四川总督黄宗汉。随同黄总督的还有幕僚李阳谷。

黄宗汉想借此案革掉一批贪官污吏，一振四川的风气。只是这个案子有些复杂，如果自己不掌握实际情况，恐怕难以澄清。于是，他暗下决心，一定要把这个案子弄个水落石出。

李阳谷是知县出身，对民间及官场的事情十分熟悉，特别是对于审理大案、奇案颇有经验，他为人耿烈，善于主持公道。黄宗汉决定派李阳谷协同自己处理这件事。

李阳谷深知此案复杂，于是采用微服私访的方式来逐步深入，以尽快查清实底。当天晚上，他化装成一位仆人，从总督衙门后门出发。

李阳谷的小船刚在码头停靠，突然被一位管家截住，要求他先到自家道署落脚。李阳谷无奈之下来到道署，原来是重庆知府杜光远所邀。

酒席过后，李阳谷回到驿馆，这时一位长者造访。李阳谷意识到他是为合州命案而来。老者说："合州命案中的鞠海父子被杀，凶手连夜脱逃，合州知州就将一名无辜女子当做元凶下狱。道台、按察使失于详查，造成冤狱。然而，此案联系着州、府、按察使三级官吏，并与藩台、巡抚也有些瓜葛，上面惊动了总督、巡抚，下面牵进了藩臬二司，纵使道台大人出面平反也于事无补，还是恳请大老爷高抬贵手、息事宁人为好。道台大人愿敬奉三千两银子，大老爷意下如何？"

李阳谷听后说："合州命案，我虽有耳闻，但并不知详情，此次是偶尔来渝，却被道台大人误解。不过请老先生放心，我早已脱身官场，您方才说过的话我绝不对外张扬就是！"说完不客气地将老者送出门外。

第二天，李阳谷从驿馆出来，从水路登岸，悄悄地潜进七涧桥。李阳谷扮成一位收买山货的行商，以接近乡邻。山庄的农民平日有些山货不知向何处去卖，见到李阳谷十分欢迎。李阳谷只一天工夫就与农民混熟了，很快就从乡亲们嘴里摸出了对错判向氏的极端不满。

他先与亲自到过鞠海父子被杀现场的人进行交谈,弄清了现场的情况;接着从向氏的邻居口中得知,陈老伦派孙媒婆来七涧桥的经过,以及向氏一生贞洁无瑕的节操。他进入合州城,在茶馆四处留意查访,了解到书吏陈老伦为人阴险毒辣,多次栽赃诬陷好人。李阳谷又找到了孙媒婆,询问出陈老伦请她做媒的经过,以及从州狱的衙役中得知,向氏被下狱之前,陈老伦曾三次进入监狱审讯死囚犯金六,不久金六就成了向氏的"奸夫"。

这时,李阳谷对整个案子的来龙去脉已经了如指掌,但是凶手是谁,还是一点儿线索也没有。李阳谷决定暂回成都,先把向氏的冤情辨清。

然而,就在回成都的路上,李阳谷无意中听到了一则最关键的消息,由此也找到了真正的凶犯。

原来,李阳谷在回去的傍晚来到一家客店准备投宿。猛然间,他听到两个人的谈话声。其中一个人对另一个人说:"合州七涧桥出了人命案,你听说了吗?""没听说。""七涧桥有一家人,爷儿俩在一个晚上被人杀了,合州知州抓不到凶手,硬把死者的老婆当成谋杀亲夫的犯人,可合州知州送了礼,从府台到按察使,都硬说这个案子铁证如山。如今那个妇人已被判了凌迟。"另一个人问:"你怎么知道的?"醉汉声音低下了许多,说:"是我干的,那天晚上我路过七涧桥,带来的盘缠全输光了。忽然发现路边一家街门开着就走进去,在堂屋里摸出了一串钱,正要拿着往外走,一个老头追出门来抓住了我,我就抽出藏在腰间的尖刀捅了过去。接着又出来一个青年,我趁他和我夺钱的机会又给了他一刀。我怕被抓住就逃了,如今听说案子已经结了。"

李阳谷听了这些很是激动,但他怕打草惊蛇,就先回镇所,拿出总督大人的书信,讲明自己的身份,随后立即调二十名兵包围客店。不到一个时辰,罪犯被捉拿归案。

咸丰四年,四川总督黄宗汉亲自监审合州人命案。重庆知府杜光远、合州知县荣雨田也在场。承审官员依次提审人犯,合州县先提谋杀亲夫犯向氏上堂,向氏当堂推翻原供。金六也揭出了陈老伦指使他冒充"奸夫"的经过。陈老伦自知无法抵赖,只得承认自己贪图周氏貌美,又禁不住金钱禄位的引诱,才设下毒计诬陷向氏。黄总督当即下令革去荣雨田的功名,拘押听审。在黄宗汉的审讯下,周氏吓得全盘托出,声明自己完全是由陈老伦的指使而诬告婆婆向氏。

公堂上,黄宗汉的一句:"带凶犯!"让藩台和巡抚惶恐不安。那位名叫陈龙的杀人真凶很快被押上堂,详细地交代了当夜杀死鞠海父子的经过。黄宗汉当堂判定陈龙斩立决。

黄宗汉又转身对重庆知府杜光远说:"你位居四品黄堂,无视国法,受贿贪赃,妄加罪名陷害贞洁之妇,乱施刑法,本督革去你的功名,按国法论罪。"杜光远连忙叩头请罪。

最后,黄宗汉下谕宣布:陈老伦与周氏,狼狈为奸,妄加人罪,分判大辟及凌迟,秋后行刑。合州知州荣雨田昏聩无能,草菅人命,行贿营私,欺蒙上宪,拟处斩监候。重庆知府杜光远贪赃枉法,革去官职,发配充军。七涧桥民女向氏,为人淑贤贞洁,遭人诽谤,身陷囹圄,备受酷刑,即日昭雪,当堂释放,发银五十两,养伤治病。总督府幕僚李阳谷公正秉法,拿获真凶有功,任合州知州之职。

至此,七涧桥凶杀案才告完全了结。

太原张百万嫁女惹命案

太原富户张百万因嫌弃穷女婿曹文璜,将二女儿玉珠许给一家姓姚的富翁,但玉珠不贪图钱财,而是与曹文璜私奔了,准备投靠曹家故交交城县令陈砥节。

二人出城前在一家豆腐店歇息,豆腐店主莫老汉父女同情他们的遭遇,将自家毛驴借给了他们。张百万找不到二女儿玉珠,就带领家人前往大女儿金珠家找人。金珠家有一个大衣柜,张百万怀疑是大女儿把玉珠藏在了衣柜中,就命人打开大衣柜,谁知衣柜里有个和尚。

为了找台阶,张百万谎称二女儿暴病身亡,为和尚穿上嫁衣置于灵房。到了半夜时辰,和尚悄悄逃走了。凑巧的是,和尚也来到了莫老汉家的豆腐店,用嫁衣换了一身普通衣服。和尚途中因调戏妇女,被其丈夫吴屠户杀死,将尸体扔到井里。

和尚命案和张家走尸案轰动全城,县令杨重民开堂公审。有人指认和尚所穿为莫老汉家衣物,于是杨重民不管三七二十一就认定莫老汉为凶犯,莫老汉屈打成招,案情上报刑部。

曹文璜回太原时途经吴屠户的酒店。酒后失言的吴屠户吐露了他杀害和尚的秘密。几天后,曹文璜回太原还驴并为莫老汉申诉。

杨重民对冤情虽有所察觉,但害怕暴露自己严刑逼供草菅人命,而将曹文璜认定为同谋。玉珠的丫鬟秀香在探监时得悉全部案情之后,请求晋祠保长监视吴屠户,而玉珠又找到刚从交城县令提升为山西提刑按察司陈砥节。至此,案情才真相大白,莫老汉和曹文璜被无罪释放。

戏言牵出的淄川无首尸案

淄川县有两个分别叫胡成和冯安的人。一天,两人一起喝酒,喝到微醉时,两人开始吹牛。胡成先说起大话来:"我一点儿也不担心贫苦,百金之业轻松就可得到。"冯安家境并不丰厚,因此胡成嘲笑他。胡成又一本正经地说:"实不相瞒,昨天我在途中遇到一位大富商,装载着很多价格高昂的货物,我抢了富商的钱财并将他扔进南山后的一口井里了。"冯安则笑胡成是在吹牛。

恰逢胡成的妹夫郑伦为说合田产,将百金财物放置在胡成家,胡成常常拿着这些金子向冯安炫耀。冯安想起胡成酒后的话不免怀疑起来，如今看到果真有百金财物，就对胡成的作案深信不疑。于是，冯安就一纸诉状将胡成告上了衙门。

县令费袆祉抓捕胡成到公堂对质，胡成就将那天酒后所说的话坦言相告，而后又询问胡成的妹夫郑伦，郑伦所说的自然与胡成的话不相符合。费袆祉便和众人一起来到南山后的那口井跟前，县令派了一名衙役下井查看，井中果然有一具无头之尸。

胡成百口莫辩，连声叫冤枉。费袆祉大怒，将胡成打了数十大板，说："有证据在，你岂敢叫冤！"说完将胡成押进牢狱。随后又回头吩咐，井中的无头之尸先暂且搁置，不必取出，然后告知各村，等待尸体的主人投状。

过了一天，有一位妇人前来投状，自称是亡者的妻子。妇人说她的丈夫带着百两金子出门做生意，结果被胡成杀害了。费袆祉说："井下的无头之尸也未必就是你的丈夫。"但是妇人却坚持说，死者就是她的丈夫。于是，费袆祉命人将尸体从井下抬上来，仔细一看，果然如此，妇人不敢上前接近，站在旁边大哭起来。

费袆祉对妇人说："如今凶犯已知，但是尸体却残缺不全，还需要证实，你先回去，等着找到全尸再通知你，并给予你赔偿。"

费袆祉从牢狱中叫出胡成，说："明日如果找不到尸体的头在何处，你就要被处斩了！"在衙役的押解下，胡成去寻找尸首。找了一天后返回，县令询问是否找到，胡成只是哭着说："想必凶犯当时在夜里慌忙扛着尸体走得急，尸首不知道什么时候掉了，也不知道掉在了何处，怎么能找到呢？"说完胡成痛苦地要求县衙要快些寻找。

过了几天，费袆祉问妇人："你有几个子女？"妇人回答："没有子女。"费袆祉又问："你的丈夫还有其他的什么亲属？"妇人说："有一个叔叔。"说着不觉又哭泣起来。

费袆祉说："如今杀人的罪名已定，只要找回尸首保证全尸，此案即可判决。了结了此案，你还可以再改嫁他人。"妇人感激涕零，退下了公堂。

费袆祉决定亲自审查，寻找尸首。夜晚，他投宿在一家客店中，这时同村有一个叫王五的人前来报告说他知道尸首所在何处，经过查验果真与无首之尸相符合，于是赏给王五一千两银子。

然后，费袆祉派人找来了妇人丈夫的叔叔，对他说："此案已有定论，但人命关天，不是轻易草率就能了结的。妇人没生下孩子为依靠，生活必定艰难，不如趁早劝其改嫁他人。你只需为此案做个证人即可。"妇人丈夫的叔叔开始不同意，但辩驳不过，最后答应了。妇人听了连忙表示谢意。

不久，有一个人前来向妇人提亲，此人正是提供尸首的王五。于是，费袆祉派人把妇人和王五同时叫到公堂上，便问："你们知道真正的杀人凶犯是谁吗？"妇人说："是胡成。"费袆祉说："不是胡成，而是你和王五两人合谋杀了你的丈夫！"妇人和王五吓得连忙辩解，声称冤枉。

费祎祉这时对妇人说:"我早就知道其中的案情了,之所以迟迟不告发出来,是担心有人被冤枉。尸体尚未出井之时,你凭什么确信说就是你的丈夫? 说明你早就知道你的丈夫已死在这里,而且死者身上只穿了件破薄的衣服,那数百两金子从何而来?"然后又转身对王五说:"尸体的头在什么地方,你怎么知道的? 之所以这样着急地想了结本案,其实是你们两人想速合而已。"妇人和王五听后吓得面如土色,一句话也说不出来。

经过费祎祉的审问,两人终于说出了实情。原来王五和妇人早有私情,是二人合谋杀害了妇人的丈夫。而恰巧胡成又在醉酒之时语出戏言,被冯安诬告,于是此案就牵连到了无辜的胡成身上。

至此,本案真相大白。胡成无罪被释放,冯安以诬告罪受鞭笞之刑,妇人和王五也得到了应有的惩罚。费祎祉断案如神,没有冤枉一个人,令众人叹服。

诗扇供出元凶的青州情色案

山东青州府有个名叫范小山的生意人,以贩卖毛笔为业,常年在外经商。四月间的一个夜晚,范小山的妻子贺氏独自在家,结果被强盗杀害。由于案发的当夜下过雨,人们在泥水中发现了一把题诗的折扇,上面标注有"王晟送给吴蜚卿"的字样。

吴蜚卿是范小山的邻居,平常行为不轨,邻居们都怀疑是他杀害了贺氏。县衙把吴蜚卿抓去审讯,吴蜚卿执意不认,受到严刑拷打,被定了杀人罪。吴蜚卿嘱咐妻子倾家荡产去救济穷困孤寡的人家,而自己准备买毒药自尽。但就在夜间他做了一个梦,梦见一位神仙对他说:"你千万不要死,往日'外边凶'如今'里边吉'了"。他感到很奇怪,就打消了死的念头。

青州知府周元亮在审理吴蜚卿的案子时,感到其中可疑,当即传范小山来讯问,范小山说有诗扇为证。周先生打量扇子后,问:"王晟是谁?"范小山回答:"不认识。"周元亮下令,解除吴蜚卿的死囚枷锁,同时气愤地对范小山说:"你是想错杀一个无辜的人吗?"

于是,周元亮传讯人犯南门外某旅店主人,问道:"你的店铺墙上有日照县李秀的题诗,你知道是什么时候题写的吗?"店主人回答:"去年学政大人来青州府时,日照县三位秀才酒醉后题写的。"周元亮于是又派人拘捕李秀。

几天后,李秀到堂,周元亮问:"你身为秀才,为什么要杀人?"李秀一听,连忙磕头否认。周元亮就把题诗的折扇扔到李秀面前,质问道:"明明是你作的诗,为什么假托王晟之名?"李秀细看了扇子后说:"诗是我作的,看笔迹却像是沂州王佐的。"于是又派人去传讯王佐。

王佐到堂后,说:"这是青州的铁商张成求我写的,而王晟是他的表哥。"周元亮却喝道:"杀人凶犯就在这里!"随即命人把张成带到公堂,一经审问,张成果然招供认罪。

原来,张成见到范小山的妻子贺氏貌美,心生邪念,如果假冒吴蜚卿的名字,人们都会相信是他干的,所以就假造了一把吴蜚卿的折扇,嫁祸于吴蜚卿。结果他逼迫贺氏成奸落空,在贺氏持刀反抗的情急之下杀了贺氏,丢下扇子逃跑了。

冤狱平反后,周元亮笑着说:"这桩冤案是最容易查清的。贺氏被杀是在四月上旬,当夜又是阴雨天,哪里用得着扇子呢?我见那个店铺墙上的题诗和扇子上的诗风格相似,所以从李秀顺藤摸瓜,就找到了真正的凶手。"众人无不钦佩。吴蜇卿忽然想起梦中神人所说的"里边吉"正是一个"周"字,顿时恍然大悟。

伪造的阳谷血衣之谜

阳谷人朱生,年轻豁达,喜欢开玩笑。朱生因为死了妻子而去求媒婆做媒,路上遇到邻居的妻子,心生爱慕之情,就跟媒婆开玩笑地说:"您的邻居之妻年轻美貌,如果为我求配偶,她就可以。"媒婆也开玩笑地说:"如果你敢杀了她的丈夫,我就为你谋求这件事。"朱生说:"可以。"

一个多月之后,邻居在野外被人杀害的消息传开。县令抓捕了一些附近的村民审讯,却一无所获。后来追问到媒婆,媒婆就将自己和朱生相互开玩笑的话告诉给了县令,于是县令怀疑朱生就是杀邻居的凶犯。

朱生自然不承认。县令怀疑邻居的妻子与朱生私通,就用严刑拷问她,妇人忍受不了酷刑,就招供了。而朱生却辩解说:"妇人身体柔弱,受不住苦刑,又被强加上不贞洁的名声,她是冤枉的。倒是我想要杀了她的丈夫,娶她做妻子,与妇人无关。"

县令问:"有什么凭据?"

朱生回答:"有一件血衣可证明。"

县令就派人到朱生家搜查血衣,没有搜出。朱生说:"母亲不忍心出示证据让我死,让我自己去把它取来吧。"于是,衙役押着朱生回到家中,朱生对母亲说:"给我那件衣服吧,就算不给,我也是死。既然都是死,故意拖延还不如果断处理的好。"朱母哭着取出衣服交给他。

县令仔细看了看衣服上的血迹,果然是真的,就下令将朱生处斩。然而,将要处斩时,忽然有一个人奔上公堂,怒气冲冲地对县令大骂:"我是关帝座前的周将军!昏官要是敢动,我立刻杀了你!杀人的人是宫标,与朱生无关。"说完,倒在地上,面无人色。

原来这个人就是宫标。后来他在醒来后全部招供了罪状。原来邻居讨债回来路遇宫标,宫标猜想他身上钱财一定很多,就动了杀人劫财之念,结果杀了邻居也没有得到财物。听说朱生被逼承认了诬陷,宫标心中还暗自庆幸。

而朱生血衣的来处,原来是朱生的母亲割破手臂用血染成的,经检查发现,她的左臂上的刀痕还没有平复。结果,县令被免去官职,受罚赎罪。而邻居之妻感激朱生的义气,就嫁给了他。

方士巫蛊怪案

流行于宫廷内的巫蛊案可谓是最神秘莫测的事件,不仅会导致宫廷内乱,还会扩大事态牵连数人。同时,中国封建帝王的求神问药、遍访方士、嗜食仙丹和修行修仙等行为在当时的社会影响下也是十分盛行的。在今天的人们看来,这些行为十分的荒谬和可笑,然而历代皇帝,尤其是唐朝各帝王,对仙丹的迷恋达到了痴狂的程度。皇帝为何对仙丹情有独钟?其中必有玄机。

求仙问药之事早在秦始皇为帝时就已经开始并逐渐流行了。世上果真有长生不老的仙丹和灵药吗?那些为皇帝们崇信的方土究竟用什么方法蛊惑人心的?封建帝王为何对神顶礼膜拜?

本节的故事并不是简单的神话传说,也非民间野史,而是真实的历史再现。透过封建帝王们荒唐之举所酿成的悲剧令我们不得不反思:是所有的皇帝都昏聩无能,还是封建王朝的历史环境使然?

入海求仙:秦始皇执迷求方丹之谜

秦始皇自登上帝位以来,很宠信方士,让他们到处给自己寻找长生不老药。

公元前219年,秦始皇第一次东巡山东。在黄县停留期间,秦始皇诏见了徐福。徐福奉命陪同秦始皇登莱山、祭月神。秦始皇一行人离开黄县之后,经牟平县(今山东省烟台市福山区)到达山东半岛最东端的成山头(今山东省荣成市境内)。在返回的路上,秦始皇等人登上了芝罘岛(今山东省烟台市芝罘区境内),然后南行前往琅琊郡,并在那里住了三个月。

秦始皇

在秦始皇畅游琅琊的时候,徐福等人上书说渤海中有三神山,名叫蓬莱、方丈、瀛洲。山中住着许多仙人,还珍藏着一种人吃了可以长生不老的奇药,他愿求取献给始皇帝。秦始皇很高兴地批准了徐福的请求,命他入海求取仙药。

据说徐福第一次出海求仙,因风大浪急失败而归。他回来对秦始皇说:"臣在海中遇到海神,海神告知'以美好童男童女和各种工匠用具作为献礼,就可以得到仙药'。"秦始皇听后,遂命徐福征发童男童女、工匠用具往求仙药。

公元前218年，秦始皇第二次东巡山东。秦始皇虽然在途中遭到韩国贵族张良派遣的刺客的伏击，但他仍按计划经黄县直赴芝罘，然后再次住进琅琊行宫。这次因徐福入海求仙未归，秦始皇没有拿到长生不老药，最后只好先返回咸阳。

公元前210年，秦始皇第三次东巡山东。这时，徐福闻讯秦始皇驾临琅琊，急忙从家乡赶来面见秦始皇。徐福因没有求得仙药，为了逃避惩罚，只好向秦始皇说，长生不老药本来可在蓬莱仙山求得，只是水神派大蛟鱼守护无法近前取药，请皇帝增派一些射箭能手同去。秦始皇求药心切，当即批准了徐福的请求。

秦始皇一行乘船直到临近芝罘才看见一条大鱼。秦始皇将大鱼射杀以后，西航至黄县北海岸的黄河营港。在此作短暂停留后，秦始皇等人乘船继续西行，至莱州湾西岸的厌次县（今山东省阳信县东南处）上岸。然而，在返回咸阳的路上，秦始皇却病死于沙丘平台（今河北省平乡县境内），至死也没吃上长生不老药。

迷信方士：汉武帝苦寻神仙梦之谜

汉武帝一生信仰鬼神，相信有长生不老之术。他一直认为是有神仙的，之所以没有修炼成功是由于方士的本领太差或者欺骗他。因此，刘彻杀了一个方士，又相信另一个方士，陷入求神的泥潭中不能自拔。

汉武帝早在即位之初，就不停地寻找升仙之路，摆脱死神的纠缠。他并不只想为了自己独尊至上的权力而生存，为了成仙长生，他愿意抛弃一切。

汉武帝崇信鬼神是有家族渊源的。他的母亲王夫人出身卑微，本来已经嫁给了一个姓金的人，后来因为汉武帝的外祖母通过卜卦得知自己的女儿贵不可言，竟然将女儿硬生生地抢了回来，送入皇太子的宫中，随后就生下了刘彻。刘彻由胶东王而被立为太子，王夫人就一跃成为母仪天下的皇后。"一人得道，鸡犬升天"，王氏家族遂拜相封侯，显赫一时，这更加验证了卜卦之灵验。汉武帝小的时候母亲就常常给他讲应验符照之事，刘彻这样长期受母亲的影响，也崇信起鬼神来。

汉武帝相信鬼神，追寻神仙梦，还有一个原因。他即位后，陈阿娇皇后多年无子，导致帝嗣无人。于是，汉武帝祈祷神灵保佑。后来，在他29岁时，卫子夫生下了太子刘据，汉武帝这才遂了心愿。可是，陈皇后嫉恨卫子夫，在宫中兴起了巫蛊之祸。汉武帝感到巫蛊之事直接威胁到了自己的生命安全，于是开始向神祈福，向往神仙的愿望更加强烈了。

汉武帝的神仙梦是从敬祠神君开始的。神君原本是长陵地区的一位妇女，她生下一个男孩，几岁时就夭折了。神君悲痛过度，精神失常，经常胡言乱语，装神弄鬼。起先是她的妯娌们把她供奉起来，招致了乡邻来求神问药，结果神君的话往往灵验。汉武帝的外祖母也曾拜过神君，结果后来自己的子孙们都发达起来，且尊贵无比。

汉武帝即位后，王太后就把神君请到宫中供养起来。每当祭祀的时候，神君只现其声,不现其人。虽如此,武帝依旧把她奉若神明。

如果说汉武帝相信神君还只是对鬼神的迷信和崇拜,那么他接受方士的学说,就是为了实现长生不老、得道成仙的梦想了。

汉武帝相信的第一个方士叫李少君。公元前134年,有个自称活了几百岁、有返老还童仙方的李少君方士到了长安。有一次在别人家里喝酒,李少君看到酒席上坐着一个九十岁的老者,就一本正经地说他曾经和老者的祖父在某个地方打过猎。那个老者不知道这其实是李少君早就打听好了的,只是记得八十年前的确和祖父一起打过猎,就连忙称是。这一下,满堂的客人都十分惊异,把李少君当成了一位"活神仙"。

汉武帝听说这件事后,连忙把李少君请到宫中,问他有什么长生不老的方法。李少君就说,要先虔诚地祭祀灶神,把鬼神请来,然后将丹砂炼成黄金。用这种黄金制作的器物饮酒吃饭,就可以延年益寿、长生不老。他还吹嘘自己曾经在东海上见过仙人安期生,仙人送了他一颗仙枣。一心想成仙的汉武帝对方士之言深信不疑。他一面亲自祭祀灶神,派李少君给他在皇宫里炼制丹砂,一面派人去东海找仙人安期生。可是李少君不久就死了。汉武帝以为他羽化成仙了,反而愈加相信修道成仙。

汉武帝相信的第二个方士是齐人少翁。当时,汉武帝最宠爱的李夫人刚死,武帝常常思念她。于是,少翁声称自己可让汉武帝见到李夫人,通过一番装神弄鬼,加上灯和影的运用,让汉武帝依稀见到了日夜思念的李夫人的影子。汉武帝一高兴就大大赏赐了少翁,并拜他为文成将军。

后来,又有人给汉武帝推荐了方士栾大。栾大和少翁是旧识,他向汉武帝夸口说,自己也曾游于海上,见到过炼制仙丹的神仙,只是自己人微言轻,怕仙人们不肯传授自己神仙之术。汉武帝遂赐给栾大尊贵的地位,后又拜为五利将军。不久,又赏赐给他天士将军、地士将军、大通将军和天道将军四道金印,甚至赐列侯甲第,还把长公主嫁给了栾大。栾大经常在夜间祭祀,说是能迎神送鬼,后又称自己可以入海访仙。但汉武帝后来发现自己上当受骗了,遂把栾大杀掉。

汉武帝牵肠挂肚地求了五十年的神仙,用了数以万计的方士接连不断地入海求仙、入山觅药,不惜挥霍无数的财力、人力、物力,他终究没有见到神仙,更没有成为神仙。后来的"巫蛊之祸"造成了太子刘据冤死,祸乱了国家正常的皇位承嗣。他终于对求仙由怀疑到摒弃,幡然悔悟。

嫔妃内讧朝中乱:西汉巫蛊连环案

西汉巫蛊连环案的事情起因源于汉武帝的一场幻觉。征和元年(公元前92年),内宫出现了妃嫔以巫蛊互相攻击的事件。当时武帝未放在心上,哪知道妃嫔们的斗争愈演愈烈,最后互相诬陷对方用巫术诅咒皇上。汉武帝见状,一怒之下处死了大量宫人和一些外戚臣子。

随后汉武帝总是梦见有人在用木人诅咒他，一时间寝食难安。有一天，他正坐在建章宫内养神，恍惚看到有一个男子带剑走进，吓出一身冷汗的汉武帝认为是刺客，大叫侍卫护驾，并派人到皇宫内翻查，却一无所获。

彻查的结果让他非常失望和生气，不但没有找到刺客，反而在后宫和京城各家百姓当中翻出大量的木偶和咒符。武帝暗道：难怪寻不到刺客，原来分明是有人用巫术制造神魔来刺杀自己。于是，"巫蛊案"就这样掀开帷幕。

"巫蛊案"本来可以很快地过去，但是有人却诬告当朝丞相公孙贺的儿子公孙敬声施用巫蛊之术诅咒皇帝。公孙贺抓了阳陵侠客朱安世，想要借此立功，帮儿子将功赎罪。

朱安世托人上书汉武帝，称公孙敬声和武帝的女儿阳石公主私通，并派遣巫师在天子所驰的马路上埋木偶人诅咒天子。汉武帝立刻相信此事，逮捕了公孙贺一家，交给了当时著名的酷吏杜周查办。杜周公报私仇，不但杀了公孙贺父子，还将阳石公主和与本案没有关系的诸邑公主一起杀了。

汉武帝还是认为有人想要害自己，于是将"巫蛊案"交给了自己的宠臣江充查办。没想到江充却将个人恩怨融入到查案当中。他最想扳倒太子刘据，于是借巫蛊案诬陷太子和皇后卫子夫。但刘据看出江充的歹心，一怒之下发动政变杀了江充一干人等。

恰在此时，有人在武帝耳边说太子想要谋反。一开始武帝并不相信，便派了侍从去长安城探听情况。侍从回甘泉宫禀告武帝，太子的确造反了。汉武帝昏聩之下听信了小人之言，于是向丞相刘屈髦发布敕令：立即发兵出击，对造反者一律杀无赦。刘屈髦本来无心害太子，无奈天子之命不能违抗，便派兵攻打长安城。

刘据根本没有造反之心，只得发动百姓死守长安。但百姓只知道"太子造反"之事大逆不道，所以刘据大失人心，最后兵败，而后逃离了长安自缢而死，其母卫子夫早在他之前上吊自尽。

一年以后，汉武帝才查清楚原来是奸臣搞鬼，害死了自己的皇后和太子，除了为太子平反、追封刘据，再没有什么能够挽回的了。

小小的一桩巫蛊案，其实到头来却发现充满误会与阴谋。

丹药中毒：北魏皇帝拓跋珪死于试毒案

北魏开国皇帝拓跋珪是鲜卑族人，公元386年，代国称王，改国号为魏；公元398年，自称皇帝。在政权刚刚稳固后，拓跋珪因刚愎自用，致使内部分裂，最后被其子杀掉。而这一杀身之祸的原因却是拓跋珪服食丹药中毒导致精神失常。

拓跋珪信奉道教，对仙丹情有独钟，经常妄想自己能够长生不老。当时有个臣子给拓跋珪献上了一部《服饵仙经》，拓跋珪如获至宝，立即设专职人员按照此书炼制仙丹。仙丹炼成后，拓跋珪先让死囚试服，看仙丹是否具有毒性，结果试服的囚犯全都中毒身亡。《资治通鉴·晋纪三十三》记载："仪曹郎董谧《服饵仙经》，珪置仙人博士，立仙坊，煮炼百药,封西山以供薪蒸。药成,令死罪者试服之,多死,不验;而珪犹信之,访求不已。"

拓跋珪见状却仍对炼制仙丹执迷不悟,不断派人寻找长生不老的仙方神药。有道士炼成仙丹"寒食散",拓跋珪取之服下,顿觉阳气上升。"寒食散"本是秦汉时期流行的一种丹药,性燥热,服用后须冷浴或者吃冷食来散热,否则就会危及生命。

拓跋珪雕像

然而,拓跋珪在开始还听从太医的指导来服用,但不久之后便随意服用,甚至大量地吞服丹药,结果中毒。中毒之后的拓跋珪喜怒无常,疑神疑鬼,胡话连篇,见人就杀。朝野上下,人心惶惶。

天赐六年,拓跋珪竟要杀掉皇后,儿子拓跋绍听说后便与宦官等人进入拓跋珪的寝宫杀掉了他。

迷恋"长生不老丹":唐太宗暴亡含风殿案

唐太宗李世民是中国历史难得一见的有为皇帝,可以说,是他一手奠定了中国封建时代最辉煌时期——唐代。这么一位杰出帝王,却因慢性中毒而死。

据史载,贞观二十三年(公元 649 年)四月,"上崩于含风殿,年五十二"。所记很简单。李世民的具体死因,传统认为是死于痢疾。实际并非如此。

贞观二十一年,李世民得了中风的疾病,瘫痪在床上。经御医诊治,半年后病体稍愈,可以三天上一次朝了。如继续边治边养,说不定会逐渐康复的。可是,此时的他却迷恋上了方士们炼制的金石丹药,希望自己长生不老。他先是服食了国内方士炼出的丹药,并不见效,以为国内方士们的道术浅,于是派人四处访求国外高人。

贞观二十二年,大臣王玄策在对外作战中,俘获了一名印度和尚,名叫那罗迩娑婆。为迎合李世民乞求长生不老的心理,把他献给李世民。这个印度和尚吹嘘自己有二百岁高龄,专门研究长生不老之术,并信誓旦旦地说,吃了他炼的丹药,一定能长生不老,甚至成仙。

这番话打动了李世民,遂给这个印度和尚安排住进了豪华的馆驿,每餐都是丰盛的美食。天天有下人侍奉,生活不亚于帝王。印度和尚见李世民对自己深信不疑,就煞有介事地开出很多稀奇古怪的药方,李世民号令天下,按此方采集诸药异石,不论任何代价,只要能采到印度和尚药方中的药,哪怕刀山火海也得取来。一年之后,药配制好了,李世民非常高兴,毫不迟疑地将药全吃了下去,结果七窍流血中毒暴亡。年 52 岁。

留给后人可叹的是,一代王君竟成了中国历史上被"长生药"毒死的第一个皇帝。

执迷成仙:唐高宗李治吞仙丹致死案

唐高宗李治在位32年,他的身体一直不好。《旧唐书·高宗本纪》记载:"帝自显庆已后,多苦风疾,百司表奏,皆委天后详决。"

为了治好自己的头晕病(风疾),李治开始笃信长生不老术,派人征集方士的道术,并要求炼制名为黄白的丹药。有一次,宫内共召集了百人炼丹道士。"化黄金冶丹",耗资千万。

后来,李治又请当时的炼丹名师潘师正、刘道合等人炼丹。二人皆是当时的隐士,刘道合曾经在李治的仪鸾殿前表演"止雨术"而赢得李治的崇拜。

《旧唐书·刘道合传》记载:"高宗又令道合还丹,丹成而上之。"

刘道合死后,他的弟子开棺后发现,尸体只有一层空皮,犹如蝉脱壳。人们都说这是道家

唐高宗李治

成仙后的尸解现象。这一说法让李治对刘道合敬献的丹药疗效深信不疑,于是就加大了服药量,结果导致急性中毒而死。

丹药毒身:唐宪宗李纯走火入魔吃仙丹

唐宪宗李纯与唐太宗李世民、唐玄宗李隆基齐名,即位之初,好学勤政,君臣同心,致使唐朝后期出现"元和中兴"的盛景。

李纯在最初对丹药还有着清醒的认识,称其为"轻怀左道,上惑先朝,医方不精,药术皆妄。俱是奸邪,罪当诛杀"。可是随着唐皇嗜食丹药的流行,李纯渐渐也开始遍求方士为自己炼制仙丹。

李纯曾下诏书,寻求长生不老的偏方。这给一些炼制丹药的江湖骗子提供了可乘之机,身边的大臣们也纷纷向李纯推荐炼丹仙人和术士。李纯在方士的蛊惑之下,对其一些十分荒谬的秘方深信不疑。有的方士在进行了一番神秘的指点之后偷偷溜走,李纯还下令将其召

唐宪宗李纯

回来。

李纯在服用仙丹后表现为"日加躁渴",大臣裴潾力谏李纯不要迷信仙丹,还建议让敬献仙丹的人先试服。然而走火入魔的李纯已经听不进任何劝告,还将裴潾贬了职。众臣见状,再无人敢劝谏皇上。

公元820年,李纯终因服用丹药过量而暴亡于大明宫中和殿,年仅43岁。

嗜丹成瘾:唐穆宗李恒服丹治惊疾

唐穆宗李恒服丹药的疯狂程度不亚于唐宪宗李纯。有术士给李恒进献仙丹时,身边的大臣曾用李纯被丹药毒死一事来提醒唐穆宗李恒,反对李恒服用仙丹。但是李恒不仅不听劝告,反而越发酷爱吃仙丹,甚至达到上瘾的程度。当时,朝野上下议论纷纷,但却无人敢进言。

其实,李恒在此前并未迷信仙丹,只因在一次游猎中不慎摔伤,得到一术士的建议才服用仙丹治病,从此便迷恋起仙丹来。有一次,李恒在与大臣游猎的过程中,忽然有一个人从马上摔下来,受惊的马直奔李恒而来,幸亏有左右护驾才避免受伤。但李恒却因此受了惊吓,双脚抽搐。

这时,有一位方士建议李恒服用仙丹可医治此病,李恒从此上瘾。虽然经大臣的劝谏,李恒也听取了建议,然而并未停止服用,最终病死于长安宫。

食毒引疾:唐宣宗李忱服丹药疽发毙命

唐代的多位皇帝都因丹药中毒而毙命,唐宣宗李忱是道教的反对者,曾经怒杀掉许多道士,积极推广佛教。李忱刚开始的时候与李纯一样,对丹药的毒害有着深刻而清醒的认识,还表示"虽少翁、栾大复生,不能相惑"。然而,不久之后,李忱这个反对道教方术的唐王,居然也依赖起了仙丹。

刚开始服用仙丹的时候,李忱就已经发现了丹药的毒副作用。起初神经烦躁、口渴,随着丹药的继续服食,中毒的症状越来越明显和加剧。后来,李忱的后背上生了脓疮,直至溃烂而死。《资治通鉴·唐纪六十五》记载:"上饵医官李玄伯、道士虞紫芝、山人王乐药,疽发于背。八月,疽甚,宰相及朝臣皆不得见。"

变节投降异案

在中国封建社会,地主阶级和农民阶级是两个主要的阶级,它们的矛盾是中国封建社会的主要矛盾。数千年封建社会的历史,主要是农民阶级和地主阶级对抗的历史,是两个阶级你死我活斗争的历史。

中国自秦汉以后形成了统一的封建中央集权国家,广大农民通常要受封建国家和地主阶级的双重压迫与剥削。地主阶级需要一个强有力的封建中央集权国家来确保对农民超经济强制的实现,这也是中国封建地主阶级建立专制主义的中央集权国家的重要原因。

封建专制主义国家也就是地主阶级国家的实质,历代封建王朝的法律都把维护地主阶级的利益和镇压农民的反抗作为一项重要的任务。而农民革命的领导者坚持斗争的气节,也是对封建社会的政治要求。

本节的史上变节投降事件是有着深刻的历史根源的,这种根源性看似深不可测,然而沿着历史规律的踪迹就会发现,其结果也有着必然性,这也是农民起义大多失败或变节的悲剧原因。

汉代将军李广利:投降匈奴的内幕

西汉时期将领李广利,曾被汉武帝任命为贰师将军。他的这个"将军"名号是靠裙带关系得来的。李广利有一个妹妹,天生丽质,凭借倾城倾国之貌被汉武帝看中,纳为妾,称为李夫人。可是,李夫人红颜薄命,被疾病折磨致死。临终前嘱托汉武帝要照顾好自己的儿子和兄弟。

为了完成李夫人生前的愿望,汉武帝决定赐予李夫人的兄弟高官厚禄,任命李夫人的哥哥李延年为协律都尉、李夫人的弟弟李广利为将军。

然而,李广利在战场上屡战屡败,难为将军。

汉武帝征和三年,匈奴入侵,烧杀抢掠,边民处于水深火热之中。为此,汉武帝特命李广利率大军三次出击匈奴。第一次征匈奴,李广利在天山大战右贤王,先胜后败,差点丧失性命。第二次征匈奴,李广利在蒙古土拉河与匈奴单于十万大军血战,久战不下后匆忙撤军。第三次征匈奴,李广利率七万精锐在内蒙古杭爱山与匈奴决战,全军覆没,李广利本人也投降匈奴。李广利原以为用屈膝投降可以换一条命,苟且一生,但是好景不长,不久之后就在巫蛊之事中被他人害死。

当年李广利究竟为何投奔匈奴,这一历史疑案引发了后人无尽的思考。

有人认为这与李广利的人品密切相关。李广利当初得势是凭借姐姐李夫人的关系才得以实现的。事实上,他本人是一个无品无德无才的庸人。在任大将军期间,阴狠奸诈,结党营私,陷害太子,直接造成汉武帝末年的巫蛊之祸。身为将军,战场上不善谋略,更是嫉贤妒能,排斥异己。征战匈奴期间,坐视李陵孤军被围而不救,断送了一代名将的前程,而自己最后也兵败投降。

还有人认为李广利之所以败降于匈奴,在一定程度上是受到了当年宫廷里发生的巫蛊事件的影响。当年李广利与匈奴厮杀于沙场时,京城长安发生了巫蛊事件,汉武帝被人诅咒。武帝为此专门查访,若发现必斩首。因为此事,宫中人人自危,彼此以巫蛊进行陷害,丞相刘屈氂和李广利也被卷入其中,被密告共同向神祝祷,希望昌邑哀王刘髆将来做皇帝。最终,刘屈氂被处以腰斩,其妻儿也牵连被斩首,李广利的妻儿们被逮捕囚禁。

战场上的李广利听到家中妻儿被捕的消息,忧患重重,最后试图通过戴罪立功拯救妻儿。但由于过于冒进,犯了兵家之大忌,最终导致惨败投降。

英雄难过美人关:洪承畴降清案

清军在对明朝的战斗中获得胜利,但当时明军实力尚存,其中洪承畴的军队三十万人。崇祯皇帝了解到洪承畴是一个唯命是从的人,却不明白他担任三边总督达八年之久,要他承担对清作战的重任,失败是可以预料的。松山的战役,洪承畴指挥无度,战略失策,导致明军部队功亏一篑,洪承畴也被清军所俘虏。

清帝皇太极认为洪承畴容易被收买,所以赐予他丰厚的待遇。当洪承畴解至盛京,饮食供帐等于王侯。初期,洪承畴装腔作势,誓死报

洪承畴

国。清方派人劝导,洪承畴不听,有时还恶语相加。这时清吏部尚书范文程窥伺到洪承畴的情况,识破了他的初衷,知道洪承畴是不会为崇祯皇帝效忠到底的。于是,范文程主动见洪承畴,开始劝慰,继之表示同情。

范文程不谈投降一事,而是谈一些古今兴衰的大事,洪承畴被感动了,逐渐开始回答他的问话。两人交谈间,屋梁上的灰尘落在洪承畴的衣服上,洪承畴取出手帕轻轻地把灰尘擦去。

后来范文程拜见皇太极,将二人的所见所谈告知皇帝,并且还将洪承畴用手帕轻拭灰尘的细节告诉了皇太极,加以解释说:"洪承畴对敝袍犹爱惜若此,况其身耶?"后来,洪承畴在孝庄皇后的美人计下失节,投降清朝。

祖大寿归降:皇太极招降另有其意

公元1631年7月,皇太极为实现清军入关、一统中原的愿望,走出了入关战略的重要一步——亲率大军攻大陵河城。大陵河城是战略要地锦州的门户,并由明朝以祖大寿为总兵率一万六千余人守城。

皇太极率兵围城三月,祖大寿弹尽粮绝,为了城中一万六千将士与三万百姓的安危,祖大寿投降了。皇太极对祖大寿极为礼遇,不顾人的劝阻接受了祖大寿的智取锦州之计。就像皇太极所说:"朕以诚待他,他必不负朕。即使他负朕,朕在所不惜,要的就是心悦诚服。"

然而，令皇太极始料未及的是，祖大寿失信了。回到锦州城的祖大寿，彻底地断绝了与皇太极的联系，甚至他已经顾不得在清军中为质的儿子祖可法以及部将三十余人的性命。面对祖大寿"我绝对不做失信之人"的誓言，皇太极却表现出了空前的宽容和耐性，依然厚待祖大寿的儿子和部将。

历史总是在不经意间显示出其戏剧性的一面。十年之后，清军进攻战略要地锦州城，守卫锦州的依然是祖大寿。因为锦州城是山海关最后的屏障，攻下锦州，就好比是一把利剑直抵明朝的咽喉。那么要如何才能攻下锦州呢？皇太极从满洲贵族的特殊利益和满族本身的具体历史情况出发，决定屯兵义县，将其作为攻取锦州的前沿阵地和后勤基地。面对"塞上之兵，莫劲于祖大寿之兵"的形势，皇太极悉心采取了《三国志》曹丕的话："坐而降之，其功大于动兵革也。"明朝降将张存礼也为皇太极献上了一计：将明军内部的蒙古兵作为争取对象，里应外合就可轻而易举地夺取锦州城。

皇太极的对手依然是祖大寿，采取的方法依然是围城。这次围困让祖大寿又想起十年前的大凌河之围。与大凌河城一样，锦州城也陷入了孤立无援、弹尽粮绝的境地。而城内还有部分有意归降清军的蒙古将领，可谓内忧外患。崇德七年农历二月十八，洪承畴在松山被俘，松山失陷，祖大寿等待明朝援军的希望破灭，又受到已经投降清军的两个兄弟祖大成和祖大乐的劝导，无奈之下于公元1642年农历三月初八再次投降清军。这一次皇太极依然对祖大寿礼待有加，祖大寿被皇太极的诚心所感动，真正地投降了清军。如果说第一次投降是祖大寿无奈之下的背叛，那么第二次他就算得上是真心归降了。

那么，面对祖大寿第一次投降、背叛，为何皇太极还要再次招降祖大寿呢？

皇太极深知祖大寿在军事上的价值，祖大寿抗清二十多年，有多少满洲人都是在"取祖大寿项上首级，夺南朝花花江山"的梦想中长大的，可以说祖大寿是一代满人在军事上的精神目标。而且对皇太极的雄图大业来说，锦州之后的下一个战略目标就是重镇宁远。宁远总兵、辽东提督吴三桂统率了关外明军，成为清军的最大阻力。但是，祖大寿却是吴三桂的舅舅，可想而知，祖大寿在对吴三桂的战役中具有举足轻重的作用。皇太极招降祖大寿的真正目的其实就为了吴三桂。

争议人物施琅：是民族英雄还是叛臣汉奸

施琅是一个颇有争议的历史人物，对他的认识人们往往存在这样的分歧：施琅是收复宝岛台湾、促进祖国统一大业的爱国将领，还是背弃明朝、投靠清朝的叛臣？

顺治三年（1646年），施琅加入郑成功的抗清队伍，不久成为郑成功旗下最为得力的骁将。

早年时的施琅，拥有要强的脾气性格，常与郑成功对立。顺治八年（1651年），施琅对郑成功"舍水就陆"、掠夺军饷的举动提出了异议，引发了彼此间强烈的不满。之后，施琅的部下曾德因犯罪而逃至郑成功处，并在郑军中得以重用。施琅不顾郑成功的意愿，杀了曾德,因而再次得罪郑成功。郑成功下令将施琅父子三人(施琅及父亲施大宣、弟弟施显)逮捕起来,投入大牢。施琅用计逃到大陆,可是其父和弟弟却惨遭杀害,施琅被迫降清,任福建水师提督,与郑成功为敌。

康熙二十二年(1682年),施琅率领清军东征,攻克澎湖,打下台湾郑氏王朝,对完成清朝的统一起了重要的作用。收复台湾后,朝廷内部对是否留台的问题产生了争论,在施琅等少数大臣的力争下,康熙转变了之前"弃台"的观点,采纳了施琅的意见,决定留守台湾。

有人视施琅为"叛徒"。原因是台湾本是他的故土,而他却引狼入室,带领着清廷军队攻打台湾,这是对国家的不忠;明清之争乃满汉之争,施琅投身强大的清政府而欺凌弱小的台湾,是对民族的不仁;施琅进攻台湾,打倒郑氏政权,背叛了曾经的君主,是对君王的不义,由此可见是个十足的"汉奸"。

也有人追捧施琅为"民族英雄"。此时清朝的建立和强大已是不可逆转的趋势,郑氏坚守的台湾与清朝政府不再是两个民族、两个帝国之间的斗争,而是关乎国家统一和领土完整的问题。施琅收复台湾,是从整体的利益出发,维护了整个中华民族的利益,所以说施琅是个忠国忠民的有功之士。

也有人认为,评价施琅,不能够因为他投靠清军,就给他背上"叛臣"的罪名,而否定其作出的贡献,也不可因为收复台湾而一味将其尊奉为"忠义"的圣贤,忽视他易主的事实。施琅到底是不是忠臣,也自有后世来评说。

石达开自投清营:大渡河畔密信写给谁

石达开是太平天国农民起义的杰出领袖,少年投身太平天国,英勇善战,足智多谋,功勋显著,被封为翼王。可惜,太平天国后期,内部混乱,石达开终于在1857年率二十万兵马从天京出走,转战数年,却难觅一足之地,后来他毅然决定进军四川,最终丧师于大渡河畔。

石达开向四川进军,路过大渡河畔,遭到清军与地方土司紧紧围困,成为釜中之鱼。经过六个月的征战,却仍未能摆脱困境。无奈之下,石达开决定用自己的头颅换取数万将士的生命,自投清营,不幸牺牲。

《太平天国文书汇编》记载,石达开在无可奈何的情况下,命军师曹伟人给清军写了一封信。信的内容是:石达开愿意以自己的生命为代价,请清军放过几万将士。这封信被射入了驻守在大渡河对岸的清朝四川重庆镇总兵唐友耕的军营中。因此,人们一直认为此封信是石达开写给唐友耕的。然而,史学界对这封信的收信人提出了新观点。那么,这封信的收信人到底又是谁?

最值得关注的说法有两种:一是收信人是重庆镇总兵唐友耕,另一种说法是四川总督骆秉章。

收信人是唐友耕的说法,来源于 1908 年唐鸿学所编《唐公年谱》。此书中就提到了石达开在大渡河畔所写的信。据《唐公年谱》记载,信的内容是:"惟是阁下为清大臣,当得巨任,志果推诚纳众,心实以信服人,不蓄诈虞,能依清约,即冀飞缄先复,拜望台驾近临,以便调停,庶免贻误,否则阁下迟行有待,我军久驻无粮……"持这种观点的人还有萧一山,他认为《唐公年谱》附录的石达开信函是可靠的,该信的确是石达开写给唐友耕的。萧一山还写成了《翼王石达开致清重庆镇总兵唐友耕真束伪书跋》一书。《广东文物》按照萧一山的说法,著有《石达开致唐友耕书》一书。因此,此种说法一直广为流传。

收信人是骆秉章的说法,主要来源于四川《农报》的一篇标题为《致四川总督骆秉章书》的文章,该篇文章表明收信人应是骆秉章,而不是唐友耕。因为四川农民高某在紫打地偶然发现了石达开的函稿三通,稿中内容说明石达开是要写信给骆秉章的。

人们之所以赞成这种说法,另外一个依据主要是根据书信的内容来分析。《太平天国文书汇编》记载:"惟是阁下为清大臣,肩蜀巨任,志果推诚纳众,心实以信服人,不蓄诈虞,能依清约,即冀飞缄先复,并望贲驾遥临,以便调停,庶免贻误,否则阁下迟行有待,我军久驻无粮……"此处的说法与《唐公年谱》大致相同,但还是有区别。首先,把"肩蜀巨任"改成了"当得巨任",其次把"并望贲驾遥临"改成了"拜望台驾近临"。罗尔纲先生认为,这是唐鸿学为了使人相信此信是石达开写给唐友耕的,而故意做的篡改。因为从唐友耕和骆秉章的职位来看,唐友耕是重庆镇总兵唐,而骆骆秉章是四川总督。能担当"肩蜀巨任"的人只有可能是骆秉章。从当时两人所处的地方来看,当时唐友耕与石达开隔河相望,而骆秉章却在四川,适合"贲驾遥临"的也只有骆秉章。此外,唐友耕是降清太平军,而且作为重庆镇总兵,也无生杀释放大权,石达开又怎么可能会写信乞求唐友耕放守自己的将士呢?显然,此封信的收信者最有可能的就是骆秉章。

总之,石达开到底是写信给了谁,一直也没有统一的定论。

李秀成被俘:投降书真伪质疑

太平天国后期,由于内部存在的弊端,逐渐衰退。太平天国被清军攻破之后,李秀成也不幸被湘军俘虏。李秀成在湘军天牢里写下了一篇长达五六万字的《亲供》,即《李秀成自述》。这篇《自述》成为李秀成戎马一生的最大污点。那么,这封类似于投降书的自述真的是出自于李秀成之手吗?现代很多学者对李秀成投降书的真伪提出了质疑。

《李秀成自述》最先见于清政府宣布的投降书。这份投降书是由曾国藩从李秀成完成的自述之中删改誊抄的一部,而上交军机处,并由九如堂刊刻行世,即"九如堂本"。《李秀成自述》的原本被曾国藩保留下来,从不肯公开示人。但是,人们对曾国藩手中的《李秀成自述》的真伪也有所怀疑。

许多人认为,不论是清政府公布的投降书,还是曾国藩所保留的原本,都并非出自李秀成之手。在清代,清政府极有可能捏造了一篇所谓的《李秀成自述》,伪托是叛军领袖的供状,谎称他们俘获了这个领袖。这篇《李秀成自述》也极有可能是某个俘虏或者是曾国藩的狡猾幕僚所伪造的。但是又有人提出,如果《李秀成自述》是伪本,那么曾国藩又何必把这么一份显然是假造的文书藏于家中呢?

《李秀成自述》一共分为九天写成,每天写成一部上交,那么全书中间应该就有八个间隔。每天随写随交,正品应该就是要分为九个部分。但是现在所见的《李秀成自述》"原稿"的影印本文字相连,每天都写到最后一页纸的最后一行字,看不出天与天的间隔。因此,这份如此一气呵成的"原稿"极有可能是曾国藩派人将李秀成每天所写的真迹抄在一起得来的。另外,从字数上看也存在疑问。据说原稿一共有五万多字,然而影印本却只有三万六千多字,剩下的一万四千字极有可能是被曾国藩删改掉了。从书写形式来看,曾国藩所呈的自述书中对于太平军与湘军的交战情况十分简略,而且这份自述中出现"上帝""天王"并不多,许多避讳也有问题,例如把该避讳的"清"没有避讳,而不该避讳的"青"却写成了"菁"。相反,有许多人认为《李秀成自述》的确是出自李秀成之手。广西通志馆的吕集义来到湖南湘乡曾国藩的老家,有幸见到了《李秀成自述》原稿,并据此而写成了《忠王李秀成自述原稿笺证》。后来罗尔纲先生把《忠王李秀成自述原稿笺证》与李秀成其他书信进行比较,从笔迹、语汇、用词、语气、内容等多方面进行鉴定,他认为这份"原稿"是真品。

对于原稿首尾相连甚好,一气呵成的问题,陈麓先生认为这与个人的书写习惯有关。对于字数缺失的问题,有人认为极有可能是李秀成夸大的说法,因为不论是曾国藩,还是李秀成本人都不可能去掉字数。而曾国藩在誊抄过程中就发现了这个问题,所以在他给不同人的信件之中对于这份自述书的描述也各不相同。

对于曾国藩上呈清廷的文件之中,鲜少提到湘军与太平军交战的问题,也可能是由于曾国藩为了炫耀自己镇压太平天国运动的功劳,而对原本进行了删减。

钱远熔先生也认为这个"原稿"是李秀成的真迹,曾国藩只对它进行了删改,并没有撕毁或是偷换。

谋杀行刺惊案

历史上的谋杀事件数不胜数,在改朝换代、社会进步的变动期,就为刺客的刺杀提供了时机。除了政治和军事上的谋杀外,也有许多基于个人恩仇和信仰,并非受政治势力指使的刺杀行为。自古以来,豪侠刺客都是引人注目的,司马迁的《史记·刺客列传》就是专为他们而著的。历史故事中的刺客杀手更是名不虚传。刺客是神秘的,行如流星,纵横江湖,武艺高强,往往杀敌于无形;刺客是智慧的,能辨识忠奸,能伸张正义,疾恶如仇,化险为夷,塑造史书传奇。刺客有坚毅的决心,为了心中的目标,可以卧薪尝胆,苦练心志,也可以隐姓埋名,浪迹江湖。

项庄舞剑，意在沛公。自古以来，位高、权大者必遭人忌，皇帝的宝座背后隐藏着致命的危机。酒席间的鸿门宴、路途中的遇袭遭劫、寝宫内的喋血传奇、卧榻边的风声鹤唳，带来的是怎样一种惊险和刺激，引发了多少悬疑和谜团？剑拔弩张、刀剑相拼的背后又潜藏着怎样的预谋？

如果说武侠小说中的刀光剑影带给人们的是遐想和幻影，那么历史中的改朝换代留下的则是沉重的教训和惨痛的代价。从一定意义上说，刺杀并不是单纯的政治斗争手段。当它呈现为正义的弱者对邪恶的强者的坚决挑战时，刺客的行为更能引起后人的注目和尊重。

本节描写了历史上有名的谋杀行刺大案，精彩生动，险象环生，让我们在惊心动魄的体验中发现史实背后的真相，在正义和邪恶的较量中领略刺客的侠义豪情。

暗藏杀机：荆轲刺秦王失败之谜

荆轲刺秦王是中国历史上一次颇负盛名的刺杀行动，同时也被多数人认为是最失败的一次。荆轲与秦王近在咫尺而无侍卫在旁，一边是养尊处优的皇帝，一边是精于剑术的刺客，外加一把满是毒液的匕首，为何荆轲在这么有利的条件之下，都无法成功刺杀秦王？荆轲的失败令人百思不得其解。

很多人将荆轲失败的原因归咎于他的助手秦舞阳。据史料记载，起初应该是荆轲捧着樊於期的人头，其助手秦舞阳捧着燕国督亢的地图，两人一同走上大殿献给秦王。然而秦舞阳临阵慌张，被侍卫呵斥，让秦王起了疑心，有所防范。而荆轲一人上殿，又增加了刺杀行动的困难，从而导致刺杀失败。

荆轲刺秦王

除上述说法外，更多的人认为，刺杀不成功是荆轲自身的能力问题。荆轲在"图穷匕首见"后，没能把握时机一击致命，抓着秦王的衣袖却被秦王挣脱。秦王在大殿之上绕着柱子跑，剑客出身的荆轲竟然追不上，甚至躲不开秦王的长剑，连番遭袭，最后死在了侍卫的斩杀之下。也许正如当时著名剑客鲁句践所说："嗟乎，惜哉其不讲于刺剑之术也！"

即便如此，还是有人将原因推究到了太子丹的身上。太子丹在派荆轲刺杀秦王之前曾对他说："诚得劫秦王，使悉反诸侯侵地，若曹沫之与齐桓公，则大善矣；则不可，因而刺杀之。"按太子丹的意思，荆轲首要做的是劫持秦王，逼他归还之前侵吞的各诸侯国的土地，若秦王不答应，才刺杀他。这就使荆轲在最能置秦王于死地的那一刻有所迟疑，不仅劫持不成,更错失了刺杀的先机,才导致彻底的失败。

关于荆轲刺秦王的历史,即便是撰写《史记》的司马迁,都并非亲眼目睹而记录之,其中的因由终究无可定论。

刺客传奇:豫让行刺赵襄子

豫让是晋国人,晋国大臣智伯非常尊宠他,称他为国士。等到智伯攻打赵襄子时,赵襄子和韩、魏合谋灭了智伯;消灭智伯以后,三家分割了他的国土。赵襄子最恨智伯,就把他的头盖骨漆成饮具。

豫让潜逃到山中,说:"士为知己者死,女为悦己者容,我一定要为智伯报仇。"于是更名改姓,伪装成受过刑的人,进入赵襄子宫中修整厕所,身上藏着匕首,想要用它刺杀赵襄子。赵襄子到厕所去,心一悸动,拘问修整厕所的刑人,才知道是豫让。侍卫要杀掉他。襄子说:"他是义士,我谨慎小心地回避他就是了。"最后还是把他放走了。

过了不久,豫让又把漆涂在身上,使肌肤肿烂,像得了癞疮,吞炭使声音变得嘶哑,使自己的形体相貌不可辨认,沿街讨饭。就连他的妻子也不认识他了。路上遇见他的朋友,辨认出来,说:"你不是豫让吗?"回答说:"是我。"朋友为他流着眼泪说:"凭着您的才能,委身侍奉赵襄子,襄子一定会亲近宠爱您。您再干您所想干的事,难道不是很容易的吗?何苦自己摧残身体,丑化形貌?"豫让说:"托身侍奉人家以后,又要杀掉他,这是怀着异心侍奉他的君主啊!我之所以选择这样的做法,就是要使天下后世的那些怀着异心侍奉国君的臣子感到惭愧!"

豫让说完就走了。不久,襄子正赶上外出,豫让潜藏在他必定经过的桥下。马到桥头,蓦地惊叫起来,襄子惊呼:"必是豫让行刺!"手下卫士搜索桥下,果然是他。襄子说:"过去你也曾投奔过范氏,后来又投奔智伯,为何单单忠于智伯,给他卖命?"豫让说:"我在范氏、中行氏手下,他们以平常人待我,我所以用平常人的态度对待他们;至于智伯,他以国士待我,我所以用国士的壮举回报他。"襄子叹息了一声,流着泪说:"念你是忠义之士,第一次杀我,我不忌恨,把你放了。这次你又来杀我,我怎好再放你呢?"豫让知道赵襄子是一位宽宏大量的贤明君主,便对襄子说:"今天我罪当处死,只请求把你的衣服用剑砍几下,以满足我为智伯报仇的愿望,我便死而无憾了。"襄子即脱下衣服传给豫让,豫让奋起举剑,跳起来连砍几下,大呼一声:"我可以到九泉之下向智伯回报了!"说完就拔剑自杀了。

替人行刺:聂政刺韩傀

聂政(?~前397)是战国时期著名的四大刺客之一,年轻时行侠仗义,因除害杀人,与母亲和姐姐一同逃往齐国。

当时,韩国大臣严仲子与国相韩傀结下仇怨,严仲子怕被杀害,逃往他国。严仲子四处游访侠士，希望找到能替他向韩傀报仇的人。

严仲子来到齐国，听说聂政是个勇士，前来登门拜访，求聂政为自己报仇。聂政备办酒席款待严仲子。席间，严仲子亲自为聂政的母亲敬酒，并用黄金百镒为贺礼祝她长寿。聂政明白严仲子的意思，但却说："我屈身在市场上做屠夫，就是为了奉养老母，母亲在世，我不敢以死报答别人。"

聂政的母亲去世后，忆及严仲子知遇之恩，孤身一人前往韩国朝都阳翟（今禹州）刺杀韩傀。

聂政到了韩国都城，找机会进了相国府。韩傀坐在堂上，周围有很多持刀荷戟的护卫。聂政大喝一声，挺剑便刺。卫士们很快从相国被杀中反应了过来，有人喊捉刺客，有人去关闭大门，随后便围攻聂政。而聂政早已经将生死置之度外，他左冲右突，一连击杀数十人，但寡不敌众，他为了保护姐姐和严仲子，而不被人认出，就用剑划破了自己的脸，剜出自己的眼睛，然后切腹壮烈而死。《史记》中记载："自皮面决眼，自屠出肠。"

韩国人不知道刺客是谁，就将聂政的尸体放在大街上让人来认，谁能认出来赏一千镒黄金，但却没有人能够来领这笔赏金。盛怒之下的韩烈侯只好下令将聂政暴尸街头，以诚后人。然而韩国相国被杀无疑是一次重大事件，聂政的姐姐聂荣听说刺杀韩相的刺客不明身份，便立即想到是聂政。聂荣赶到韩国，辨认出尸体果然是聂政的，伏尸痛哭，向来往行人说明刺客的身份："其是吾弟与？嗟乎，严仲子知吾弟。"然后，死在聂政尸体之旁。

鱼腹藏剑：专诸宴座刺吴王

专诸是吴国堂邑（今江苏六合北）人，相貌非凡，口阔目深，熊腰虎背，颇具侠士风范。伍子胥从楚国逃奔吴国，路上遇见专诸与人格斗，钦佩其勇气，于是与他结为莫逆之交。后伍子胥将侠士专诸介绍给公子光，自此三人成了朋友。

一天，公子光向专诸详细地复述了祖父传弟不传子的遗嘱后说："兄终弟及，季札王叔让位，王权宜重归嫡长，嫡长之后，舍我其谁？王僚贪位恃力，不肯退让，我力弱不足以图大事，欲请壮士相助。"专诸慨然应许，问道："不知王僚有何嗜好？"公子光想了想说："王僚喜滋味，极爱吃鱼。"于是，专诸动身前往太湖，寻找名厨，学习制作鱼炙的手艺。鱼炙手艺学成后，专诸返回都城，待公子光之命。

公子光告诉吴王僚说自己新招了一个太湖厨师，做得一手好烤鱼，请国君晚上到自己家中赴宴。随后公子光把武士武装起来，暗藏在密室里；伍子胥带领另外一队武士，埋伏在公子光府邸周围，准备由外向内进行配合。

接到公子光的宴会邀请后，吴王僚随即答应了。但怕公子光有阴谋，于是傍晚出门前，吴王僚穿上三重盔甲，再套上外衣。

吴王僚为了保证安全，下令将公子光府邸严密戒备。公子光府周围三步一岗，五步一哨,从门口到厅堂内外布满甲士。吴王僚还携带了不离左右的亲信,为了保证食物的安全,亲信们仔细检查了食材和调料。每一位上菜的厨师先被搜身,再跪着用双膝前进送菜,整个过程中都有甲士护卫。

公子光心中忐忑,不能确信专诸还能否刺杀成功。公子光频频劝酒之后,以给脚部上药止痛为借口退下厅堂。厅堂中只剩下吴王僚和一些亲信武士。

公子光绕到厨房,见专诸埋头做烤鱼,就像什么情况都没有发生一样。公子光又闪到了密室,然后穿戴好盔甲,佩上利剑,等待厅堂里的变化。

专诸做好烤鱼后,捧着菜盘,进献给吴王僚。在厅堂门口,有人接过菜盘,有人将专诸的衣服剥下,对专诸全身进行了搜查。确信没有武器后,两列武士夹着专诸,将刀架到他的颈部,让专诸赤膊跪地用膝盖前行。吴王僚示意专诸将烤鱼端到案几最靠近自己的一边。专诸跪在地上,挺直腰板,将鱼盘放到吴王僚的前面。就在鱼盘即将放下的那一刻,专诸的右手迅速滑进盘中的鱼肚子里,摸出暗藏其中的鱼肠剑,猛刺向吴王僚。鱼肠剑透过吴王僚的三重盔甲刺穿了他的胸膛。一瞬间血光飞溅,吴王僚仰面倒地而亡。

吴王僚的鲜血沾满了案几,两旁的武士刀戟齐下,将专诸砍为肉酱。公子光听到厅堂的响动后,率领伏兵扑向厅堂,吴王僚带来的人很快就被尽数剿灭。府外的伍子胥也消灭了周围的王宫卫士,赶进府中和公子光会合。

公子光、伍子胥两人戎装进宫。匆促召集的大夫们表示拥戴公子光为新吴王。

问心有愧:要离刺庆忌

春秋末年,吴王阖闾(即公子光)为夺取王位,派专诸刺杀了王僚。阖闾王夺位后,心头大患并没有完全消除,因为王僚的儿子庆忌"之勇万人莫当",所以把这一重任交给伍子胥去处理。于是,伍子胥向吴王推荐刺客要离行刺庆忌。

对于要离刺庆忌,《吴越春秋》有一段详细的记载:

经伍子胥的举荐,吴王一见要离,竟是个不起眼的人物。而要离进言说:"一个人不尽力服务他的君主,是不忠;不去除掉他的君主的忧患,是不义。现在我愿意大王杀了我的妻子和孩子,砍掉我的右手,我装成罪犯逃到庆忌那里,他一定会信任我。"

于是,要离装作有罪出逃,吴王杀

要离刺庆忌

了他的妻子和孩子。要离先在诸侯列国大放怨言,让天下都知道他的怨苦。之后去卫国求见庆忌,说:"阖闾王昏暴,杀我妻儿又焚尸扬灰,我无罪竟蒙受这份诛杀!我了解吴国内情,全部禀告给您。依仗你的英勇,庆忌王是能够擒获的!"庆忌相信了要离,随后带兵与要离一起向吴国进发。

要离和庆忌同乘一条船,当船行驶到江心时,要离坐在庆忌一边,乘着风势用手中的矛钩掉了庆忌的头冠以遮其眼,紧接着矛头直刺进了庆忌腹中。受伤的庆忌返身抓住要离,将他的头浸在江水里。侍从们想要杀掉要离,庆忌却制止说:"这才是天下的大勇士,把他放还吴国吧!"说完,庆忌就咽了气。

要离内心惨痛地说:"杀自己的妻儿以服务君主,很不仁;为新君主而杀老君主的儿子,很不义。现在我贪生弃德更是不义,我有何脸面见天下的人士?"说完自断手足、剑刺咽喉而死。

还有一种说法是,要离回到了吴国,吴王阖闾封他高官,他坚辞不就,说:"我杀庆忌,是为了吴国的安宁,不是贪图富贵。"说罢,自刎而死。据说死后葬于今无锡鸿声镇鸿山泰伯陵旁、专诸墓西首。三座墓成品字形。现在要离冢遗迹依稀可见。

从《吴越春秋》的记载看,这似乎是一段真实的历史故事,汉晋时吴人就郑重祀奉要离,还为他立了墓(在苏州梵门桥弄内)。然而,经研究其中也有着让人无法解析的谜。

为骗取庆忌信任,要离竟让阖闾杀死自己的妻儿,显然有点夸张的成分。他缘何要付出这样的代价去为君主效力?而庆忌为父复仇也是天经地义,并且与要离有交谊,要离为什么非置他于死地?有人认为要离可能为博取阖闾王的厚赏,但结局他却甘心自杀,也令人不明其因。

司马迁的《史记·刺客列传》中有"专诸刺吴王僚"的详述记载,却没有"要离刺庆忌"的记载。究竟这段故事是历史真实事件,还是文人杜撰,则不得而知。

义不容情:完颜亮夜刺金熙宗

金熙宗完颜亶,是金太祖完颜阿骨打嫡子宗峻的儿子。宗峻病死,其母蒲察氏拖着金熙宗被宗峻的异母哥哥宗干纳为侧室。宗干的儿子完颜亮和金熙宗完颜直成了兄弟。

史书记载完颜亮为人臣时所讲的话:"吾志有三:国家大事,皆自我出,一也;帅师伐国,执其君长,问罪于前,二也;得天下绝色而妻之,三也。"金太宗在位时,宗臣宗翰等人力荐太祖嫡孙完颜亶为皇储。看见哥哥金熙宗成为皇帝,完颜亮想到:自己也是太祖之孙,应该有与哥哥一样的权威,所以觊觎帝位也在情理之中。

十二月初九夜,恰逢楚克与思恭在皇宫内。天交二鼓,一行人夜趋禁宫。由于大兴国有符信,守门军不敢拦这位皇帝亲侍。又见其身后是帝婿驸马唐古辩,侍卫们不疑有诈,忙大开宫门。完颜亮诸人继之怀刃而入。行至大殿,守殿门的几个卫士察觉来人有异,刚要喊叫,唐古辩等人皆抽刃加之咽喉。几个人突入寝殿。

金熙宗平日床边常置宝刀一口。听见殿门被踹开,数人闯进,金熙宗心知不妙,忙摸索宝刀想抵抗,但大兴国在他临睡前已经把刀"先取投榻下"。金熙宗慌忙摸索之际,额垺楚克一刀就捅入他的身体,思恭随之又进一刀,金熙宗不支倒地。完颜亮又狠剁数刀,血溅其面及衣。看着血肉横飞倒亡在地的金熙宗,谋弑者们一时愣住,半晌无言。

思恭打破僵局,高声道:"开始谋事时就答应事成拥立平章(指完颜亮),今复何疑!"于是,思恭第一个奉完颜亮坐于仍旧鲜血淋漓的御榻,跪倒高呼万岁。众人随从,皆向完颜亮称臣。

弑了金熙宗以后,待天色见明,几个人又诈称金熙宗之命,召诸王、大臣入宫。完颜亮不忍心杀掉完颜宗敏等人。但完颜乌达走近御座,低声对完颜亮说:"宗敏是太祖儿子,对陛下威胁最大,不杀恐留后患!"完颜亮随即让思恭下殿杀宗敏,完颜宗敏躲闪不及,顷刻间血肉狼藉,被惨杀于殿堂之内。接着,完颜亮又下令卫士把刚刚入殿的宗室完颜宗贤也推出去斩首。至此,完颜亮正式称帝,废金熙宗为东昏王。

情何以堪:才子徐渭发狂杀妻案

徐渭,字文长,山阴人。他自幼聪颖过人,十多岁时就仿效扬雄的《解嘲》作《释毁》,长大后以同里季本为师,在当时非常有名气。

总督胡宗宪将他招到幕府管理文书。一次,胡宗宪得到一头白鹿,打算献给朝廷,令徐渭草拟奏章,并将其他门客所拟奏章一同寄给相处友好的学士,选择优秀的上奏。学士将徐渭所拟奏章上奏皇帝,世宗非常高兴,更加宠爱胡宗宪,胡宗宪因此更加看重徐渭。

徐文长常常与朋友在市井饮酒,总督府有急事找不到他,便深夜开着大门等待。有人报告胡宗宪,说徐秀才正喝得大醉,放声叫嚷,胡宗宪反而加以称赞。当时胡宗宪权重威严,文武将吏参见时都不敢抬头,而徐文长戴着破旧的黑头巾、穿一身白布衣,直闯入门,纵谈天下事,旁若无人。

后来胡宗宪因严嵩一事牵连被逮入狱,死于狱中,他原先的幕僚也有好几人受到牵连。徐文长生性偏激,连年应试未中,精神上很不愉快,此时他对胡宗宪被构陷而死深感痛心,更担忧自己受到迫害,以致发狂。他写了一篇文辞愤激的《自为墓志铭》,而后拔下壁柱上的铁钉击入耳窍,流血如进,医治数月才痊愈。后又用椎击肾囊,也未死。如此反复发作、反复自杀有九次之多。嘉靖四十五年,徐文长在又一次狂病发作中,因怀疑继妻张氏不贞,将她杀死,因此被关入监牢。

在狱中,徐文长身带枷锁,满身虮虱,冬天雪积床头,冷得发抖,连朋友送来的食物也被抢走。后来他的许多朋友为解救他而四处活动,才使待遇有所改善。其中援助最为有力的,先是礼部侍郎诸大绶,后是翰林编修张元忭,他们都是徐文长的至交,又都是状元出身,颇有声望。在这些朋友的解救下,徐文长坐了7年牢,终于借万历皇帝即位大赦之机获释。这是1573年的事,徐文长已经53岁了。

徐渭天生才智过人,诗文超过同辈。擅长草书,善于画花草竹石。他曾经自己说:

"我书法第一,诗其次,文章又其次,绘画再其次。"晚年乡居的日子里,徐文长越发厌恶富贵者与礼法之士,所交游的大都是过去的朋友和追随他的门生。据说有人来访,徐文长不愿见,便手推柴门大呼:"徐渭不在!"他一生不治产业,钱财随手散尽,此时只得靠卖字画度日。但手头稍为宽裕,便不肯再作。倒是一班门生和晚辈的朋友,或骗或抢,常常得到他的杰作。徐文长似乎特别嗜蟹,许多题画诗记载了

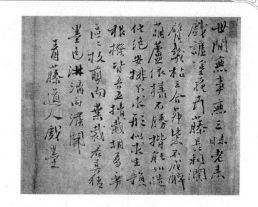

徐渭书法作品

朋友们用活蟹来换他画蟹的经过。最后几年,徐文长身患多种疾病,画也不能常作,生活更为贫苦。《徐文长文集》中有《卖貂》《卖磬》《卖画》《卖书》诸诗,显示出这位大文学家、艺术家凄凉的晚境。1593 年,徐文长去世,年 73 岁。

晚清第一刺杀案:张文祥刺杀马新贻始末

道光二十七年,马新贻跟李鸿章同榜中进士。后在镇压太平天国运动中不断立功,从知县、知府到安徽藩司,一路升官。太平天国平定之后,马新贻被升为浙江巡抚。两年之后,又移任两江总督。

同治九年,两江总督马新贻在江宁练兵。七月的一天,马新贻按例行事,操练检阅,正当练兵结束意欲步行回署的时候,一个中年人向他走过来并双手呈上一封信。原来此人来找马新贻索要军饷。正当马新贻不耐烦地与之搭话时,突然背后传来一个声音:"请大帅伸冤!"马新贻回头正要看来者何人,与此同时一把闪亮的短匕首迅疾地刺进了他的胸膛。顿时鲜血浸染,马新贻倒地。然而,令人奇怪的是,刺客并未逃走,而是大声高喊道:"我是刺客张文祥!"

两江总督马新贻被刺事件,立即在当时引起了巨大的轰动。案件发生后,朝廷十分惊恐,慈禧太后还亲自将曾国藩从天津调来审理此案。另外,又派出众多亲信参与审案。然而,经过一番审讯,案犯张文祥供词闪烁,主审官最后只得含糊结案。

那么,作为两江总督的马新贻为何会得到清政府乃至慈禧太后的重视呢?这里面还有着深层的幕后背景。当时太平天国运动爆发,清政府需要依靠湘军的力量来与之对战,太平军被平定后,湘军的力量大增,这让慈禧太后深感不安,于是她将曾国藩调离出去,任马新贻为两江总督,并裁撤湘军。可是,马新贻非精明强干之官,他为官期间,假报军功,巴结权贵,还与匪盗之徒拜为兄弟,靠着上欺朝廷、下欺百姓实现了官运梦。

对于张文祥刺马一案,清政府的结论是"听受海盗指使并挟私怨而行刺","实无另有主使及知情同谋之人"。

后人在评价此案时,有人认为慈禧太后亲自出面是要掩饰自己杀大臣的预谋。可是马新贻既无兵权,也不属于任何派系,所以这一说法不足为信。

经此案改编的戏曲"刺马戏"似乎从侧面揭露了案件的背景。戏中的两江总督马新贻与曾国藩平起平坐,暗示了马新贻又遭太平军的俘虏,以及案犯张文祥本是湘军等。

高拜石在《刺马案与湘军》中说:"刺马一案,到现在也没有弄清真相,其实,马新贻是死于湘军的嚣张气势之下。"还有学者认为,主使人杀马新贻的是湘军统帅曾国藩或者其亲信。总之,围绕刺马案这一事件众说纷纭,难有定论。

惹祸上身:民国内阁总理唐绍仪被刺之谜

唐绍仪刚接任总理时,勤于公务,注重办事效率,令政府呈现出一派新气象。袁世凯独揽大权的习惯,使他对唐绍仪推行责任内阁制极为不满,两人的积怨日益加深。蒋介石上台后,唐绍仪以党国元老自居,担任一些闲职,对政治几乎是不闻不问。

唐绍仪平时在家中以欣赏古玩自娱自乐,当时他可能万万想不到以后的杀身之祸也与此有直接关系。

1938 年 9 月下旬,日本驻中国特务机关长土肥原来上海,有意向与唐绍仪秘密接洽合作计划,劝其再做总统。军统首领戴笠将有关唐的情报转呈蒋介石过目,同时命令手下加紧监视。唐绍仪的女婿诸昌年劝唐脱离日伪包围,移居香港。戴笠参照蒋介石的意思,叫杜月笙从香港写信给他,劝他赴港居住,但他迟迟没有行动。不久,戴笠发出了刺杀令。

戴笠得知唐绍仪平时喜欢收藏古玩,最喜欢历代瓷器。几天之后,军统安排的内线谢志磐带着军统人员,身着便装,冒充古董商人,直抵唐宅。

待唐绍仪从楼上下来后,谢志磐赶忙上前呈上几个装有古玩的锦绣盒子。唐绍仪拿出放

唐绍仪

大镜,对几件古玩仔细观看,连声称赞。谢志磐随便报了价,随后几位神秘的古董商人便走了。他们发现,唐绍仪对古董的痴迷,对特别珍贵的物件甚至要屏退仆役,关紧房门,不让外人窥见。于是一个周密的暗杀方案定下了。

几天后谢志磐与另外三人又来到唐寓所。特务赵理君扮作古董商,后随军统杀手王兴国、李阿大提着一个大皮箱。箱内装的是一只南宋御制大花瓶,一把宝剑,还有其他的古玩数件,那只南宋大花瓶内有一把锋利的小钢斧。

赵理君先抽出那把宝剑，走到唐绍仪面前，称这把剑是戚继光抗倭时所用，价值连城。唐绍仪接过宝剑仔细查看，认为这把剑是假的。当唐绍仪转身鉴赏其他古玩时，李迅速从南宋花瓶内取出小钢斧，绕到唐的背后，照着其头颅猛然砍下。随后赵理君等众人撤离。

唐绍仪的伤势极重，到达广慈医院时已奄奄一息。当天下午4时，唐绍仪终告不治。第二天，上海各报纷纷登出消息："唐绍仪被刺殒命！"

唐绍仪遇刺后，国民党中的一些老将认为没有掌握唐绍仪失节确证而将其杀害，有很多意见。于是蒋介石下令付治丧费5000元，并将唐绍仪生平事迹存付国史馆，以平息风波。

剑走偏锋：民国刺宋子文疑案真相

民国时期，宋子文被行刺事件究竟有怎样的内幕？战后，当时的日本驻华公使重光葵在他的回忆录中描述："那时，日本樱会军官集团的一些人在上海不断进行策动，想要在日华之间挑起事端……当时的驻华公使馆陆军武官辅佐官田中隆吉大尉也是其中的一员。因为我是他们策动计划的障碍，所以他曾想要杀死我。田中大尉是想要在宋子文和我搭乘同一列车到达上海站，并肩走过来的时候，让他们开枪射击的。直接进行暗杀的人是当时上海恐怖团体青洪帮。但是我们一行提前一步走出了车站，得以幸免于难。"

半个世纪之后，与这件事有直接关系的王述樵（王亚樵的胞弟），在自己的回忆录中却指出是孙中山之子孙科派马超俊到上海，请王亚樵刺杀宋子文，并负责经费。刺宋行动由王亚樵负责……负责刺宋的人员。有南京的郑抱真、张慧中，有上海的华克之。7月23日上午7时8分，宋子文下车时，华克之命令部下开枪。但不料宋与秘书唐腴胪均着白西装，因分辨不清，误将唐腴胪击毙了。

那么到底哪份回忆录才是真实的？

1931年7月22日，宋子文接到青岛电报知母亲病重，决定于当晚回沪。郑抱真获情报后，立即给王亚樵发去密语快电。之后刚刚回到住处，其手下便急切告知：日本特务准备在上海北站刺杀日本驻华公使重光葵，然后嫁祸给王亚樵。

华克之主张立即派发一份加急电报，暗示情况起了变化，并与郑抱真两人商议决定，郑、华同时搭乘当晚快车。与宋子文、重光葵一起去上海，到达北站时，赶在宋子文与重光葵出车厢之前对空鸣枪以做信号，叫他们不要出车厢，以此来破坏常玉清的行刺计划，同时也通知王亚樵撤出战斗。

此时王亚樵却毫不知情。就在他紧张指挥的同时，常玉清也率领人马来到现场开始部署。他在重光葵有可能进入的贵宾室门前，安排了两名刺客待机而动。另外，又在出口处作了重点布置。

宋子文和唐腴胪下了车。负责监视任务的人一见宋子文与一人并行，马上发出信号。郑抱真、华克之眼看宋子文就要进入常玉清的狙击范围内，感到形势危急，便不顾一切跳出车厢，对空鸣枪，以示警告。宋子文的卫士听到枪声立刻拔枪还击。

枪响的同时，宋子文正好在出口处。此时同他并肩的已不是日本公使，而是机要秘书唐腴胪。混在人群里的刺客朝这位"重光葵"射击。唐腴胪连中三弹，倒在血泊中。

退出现场后，常玉清一度得意于这次行动的顺利，等他见到了田中隆吉，才知道击中的是唐腴胪而根本不是重光葵。

国宝失窃重案

中华文化博大精深，国宝文物就是其中的一颗明珠，它的熠熠光辉不仅是中华民族的骄傲，也令世界为之钦佩和赞美。中国的玉器、瓷器、珠宝、金银饰品，琳琅满目，美不胜收；传统的唐三彩、青花瓷、青铜器，不仅是一个时代的产物，更是古代文明的奇迹。精湛独特的手工制艺和千姿百态的造型艺术，向世界昭示着一种含蓄而雅致的东方美。

然而，国宝作为一个令人称羡又充满好奇的富贵象征，正在一点点地流失。价值连城的黄金珠宝不翼而飞，世界罕见的中国珍奇经过重重劫难而流入异国他乡，已经成为一个不容忽视的问题。

在这些精致的文物被转卖收藏的同时，又有多少看似朴实无华但却可能具有更为宝贵的历史文化价值的文物却遭到了不可挽回的破坏。所幸的是，致力于国宝寻踪的学者和考古学家们正努力采取多种方案，帮助遗失的国宝珍玩顺利地实现回归之路。

本节的国宝重案是本书的一大亮点，也是最受世人关注和期待的社会热点。一个个精美的珍宝背后诉说着怎样不凡的经历和道路，一个个稀有的国宝其寻踪谜团又是怎样一层层地被揭开，其中的苦辣酸甜就是一次悸动，一个记忆，一丝欣慰，以及一个值得回味和珍藏的历史收获。

帝王九鼎遗失案：至尊宝鼎下落扑朔迷离

帝王九鼎的铸造代表了我国青铜铸造技术的高超水平。九鼎是王权的象征，后人将争夺政权称为"问鼎"，建立政权称为"定鼎"。

根据《左传》记载，夏朝初年，令九州州牧贡铜，铸造九鼎，将全国各地山川奇异之物画成图形，分别刻于鼎身。九鼎铸成后，陈列于宫门之外。此后，九鼎便成了夏商周三代传国之宝。

关于九鼎的铸造时间和何人所铸，历来说法不一。

《左传》认为九鼎铸于"夏之方有德"之时，而《史记》认为铸鼎的时间在"虞夏之盛"之时，由大禹而铸，本意象征九州。《长墨子》说九鼎铸于夏后启时。这种说法基本认定了九鼎是夏朝建立时由大禹所铸造。

而近代古史辨派学者认为，《战国策》多夸大其词，禹铸九鼎是不可能的事实。也有学者根据当代的考古发掘，认为夏代以前已经出土过铜器和青铜器，证明夏代时完全有能力制造铜器，包括禹铸九鼎，九鼎也可能在夏朝建立之前就已存在。

春秋时期，强大的诸侯国对九鼎产生了觊觎之心。《史记·楚世家》记载，楚庄王八年(前606)，楚庄王带兵攻打陆浑之戎。周定王派大夫王孙满前去慰劳。楚庄王咄咄逼人，问九鼎大小轻重如何。王孙满说："如果本质美好光明，鼎虽小而犹重，反之虽大犹轻。周德虽衰，天命未改，鼎之轻重，未可问也。"楚庄王只好作罢。

关于传承到周朝的九鼎的下落，《史记》中周、秦二本纪都说秦昭王五十二年(前255)，在周赧王死后，终于"取九鼎入秦"。《秦始皇本纪》说九鼎在迁往咸阳的途中，有一鼎落入江苏的泗水中，其余八鼎有可能安置在秦国皇宫中，应当失于秦亡之后。

唐人张守节在《史记正义》中记载："周赧王十九年，秦昭王取九鼎，其一飞入泗水，余八入于秦中。"可是他将秦昭王取九鼎的时间较《史记》提前了41年。

《史记·封禅书》又说："周德衰，宋之社亡，鼎乃沦没，伏而不见。"那么九鼎早在东周末年便已遗失，与秦无关。后来，《汉书·郊祀志》说"周显王之四十二年，鼎沦没于泗水彭城下"。秦始皇派了上千人在泗水打捞，结果未能如愿。说明九鼎并未入秦，至少有一鼎是不知去向。

清朝王先谦在《汉书补注·郊祀志》中认为，周人毁鼎铸钱后诡称丢失，史载秦灭周取鼎的说法并非事实；九鼎沉入泗水也是秦人谬传。而反对此说的人认为，九鼎是王权的象征，即使有他人觊觎也完全不可能自行销毁，况且九鼎铸于夏初，器形不会太大，毁鼎铸成钱更无道理可言。

古籍中对九鼎遗失的时间和地点虽然说法不一，但并无已被销毁的确切记载。经学者分析，九鼎如果失于东周灭亡之前，那么可能流失于关东一带；如失于秦末，那么埋没于关中的可能性比较大；如果项羽破秦后载归彭城，则可能"沦没于泗水下"。

稀世国宝失盗案：西周夔纹铜禁与斗鸡台下落何处

在天津历史博物馆中珍藏着一件稀世珍宝，它就是西周夔纹铜禁。其造型独特古朴，彰显了巧夺天工的青铜铸造艺术。每一个看到此件国宝的人无不为之称奇和赞叹。

然而，这件西周夔纹铜禁如今已经整修一新，或许无人能够想到，曾经的真品被觊觎的盗贼摧残得支离破碎。此次盗宝案的罪魁祸首是军阀党玉琨。

党玉琨少年时期在西安、北京等城市的古董行里当过学徒，对文物古玩略知一二。军阀混战时期，党玉琨投靠了陕西一带的地方军阀郭坚的手下。为了筹措军资，党玉琨挖空心思寻找生财之道，当年古董行学徒的经历让他忽然想到，搜罗文物即可发财，于是他便将目光投向了地下。

此时斗鸡台的一个乡绅为了讨好党玉琨，通过同乡给党玉琨透露消息：在当地的戴家湾村的山崖上有一个宝洞，当地的百姓经常在里面发现古董。党玉琨于是命人前去打探。据史书记载,戴家湾曾经有秦文公、秦宪公的墓葬,还有不少青铜器出土,在暴雨的冲刷下,甚至在田间地头就能找到重要的文物。

党玉琨等人制订了详细的盗宝方案之后就开始行动了。1927年秋到1928年春的8个月中,党玉琨等人的盗宝团伙将戴家湾挖了个底朝天。他们一共盗得青铜器1000多件、青铜禁3件,其中最引人瞩目的就是西周夔纹青铜禁。党玉琨将文物全部运回凤翔,伺机出售。

1928年,冯玉祥部下的陕西省主席宋元哲负责肃清境内的土著军阀,党玉琨的老巢凤翔即在围剿之列。在宋哲元军队的炸墙攻城的战斗中,党玉琨被乱军打死。党玉琨曾经所盗获的青铜文物及大量的金银珠宝也都被宋哲元没收。后来这些文物又被运往西安。

经过多次辗转,党玉琨盗得的文物青铜器被宋哲元的部下萧振瀛通过古董商卖给了外国人,而西周夔纹铜禁在此后的一段时间内,在国内国外都了无踪迹。

这件稀世珍宝是否也被古董商卖给了外国人呢?实际上,它保存在宋哲元的家人那里。

抗日战争期间,日本人派兵抄了宋哲元的家,将西周夔纹铜禁扣押。此时,宋哲元的弟弟宋慧全通过手段从日本人手中拿回了夔纹铜禁,藏在其夫人的住处。期间,西周夔纹铜禁受到了轻微的损坏。文革后期,宋慧全的女儿表示希望将铜禁捐献给国家,但此时几经周转的国宝已经被砸得粉身碎骨。1972年,天津市将破碎的国宝送到了中国历史博物馆,经过专家的修补将国宝恢复原貌。如今,西周夔纹铜禁已是天津历史博物馆的镇馆之宝。

历史黄金第一案:西汉巨量黄金消失之谜

秦汉时期,黄金成为流通的主要货币,当时黄金数量之多以千万计。但到西汉年间,黄金退出流通领域,不仅在商品交换中以物换物,而且以黄金赏赐也极少见。那么,巨量黄金到哪里去了呢?后世学者作出了种种推测和考证,主要有以下几种说法。

一说佛教耗金。佛教传入中国以后,到处建寺、塑像,而佛像无不用金涂身。加之风俗奢靡,用泥金写经贴金作榜,日消月耗,大量的黄金挥霍而光。持反对者认为,史书明确记载,佛教传入中国是在东汉初年,并且只能依附于传统的道教和神仙思想,根本不可能大张旗鼓地修寺庙、塑神像,即便使用黄金,量也微乎其微,不至于巨量黄金突然消失。而且西汉巨量黄金退出流通领域时,佛教还没有传入中国。

二说外贸输出。有人认为,因为对外贸易,西汉巨量黄金大量输出国外。这种说法显然也缺乏根据,因为西汉时期,中国是商品输出国,只有少量的黄金流到西域、南海各国,但并不常见,而且许多还是邻国称臣纳贡而得的,加上和汉朝有贸易往来的国家经济相对落后,对黄金的需求量也很有限。相反,西汉时期丝绸之路的开通,中国向西方国家输入了大量的丝绸和布帛,却换来了大量的黄金。

三说黄金本是黄铜。还有人认为,史书上记载的西汉时期赏赐黄金、府藏黄金都是指的"黄铜",所以数量才会巨大。从秦汉黄金开采量上看,人们有可能把当时流通的铜称做黄金。这种说法缺乏有力证据,因为汉代时金、铜区分已很明显,黄金、铜钱都是当时流通的货币:黄金为上币,计量单位为斤,用于赏赐、馈蹭;铜钱为下币,计量单位为株,主要用于铸钱和铸造器物。

四说窖藏地下。一种说法认为西汉黄金以金币的形式窖藏在地下,另一种说法认为黄金被铸造成各种金器金物随葬在墓中。考古工作者也不断发现地下窖藏的西汉黄金。后因战乱或人祸导致藏主或亡或逃而使藏金失传。

但是这种说法也引起质疑,因为即使窖藏巨量黄金的金库也应留有线索,不会因一场战争或一场天灾人祸后,所有的黄金拥有者都死去或忘记自己的财宝所在。如果说一部分因窖藏而消失还可以理解,而绝大多数黄金都说是因窖藏而不知所终则难以令人信服和理解。

可见,西汉巨量黄金失踪之谜至今仍有待学者的探讨。

旷世典籍被盗案:《永乐大典》流落何方

《永乐大典》编撰于明永乐年间,初名《文献大成》,是中国的百科全书式的文献集,全书目录60卷,正文22877卷,装成11095册,约3,7亿字,这一古代文化宝库汇集了古今图书七八千种。自编成后,就被收藏在南京的文渊阁,却因常遭战火被毁。至今,六百多年过去了,在全世界范围内,所有的《永乐大典》也不过只有800余卷,400册左右。由于《永乐大典》藏于深宫禁地,所以明朝历代史书上很少见到关于它的记载,《永乐大典》的下落也就成了一个谜案。

据史籍介绍,永乐十九年,《永乐大典》的原稿仍藏于南京文渊阁,并在明代中期毁于一场宫中火灾。而正本则被永乐帝带到了北京,藏在宫中的文昭阁。弘治帝时,《永乐大典》曾被查阅。嘉靖三十六年时,宫中大火,紫禁城三大殿被焚毁,《永乐大典》也险遭厄运。据史书记载《永乐大典》是嘉靖帝"殊宝爱之"的珍品。登基以来,他一直将其作为必备的参考经典。嘉靖十一年秋,副本抄写工作开始,持续六年,隆庆元年才完成。这样,《永乐大典》就有了正、副两部。但明朝灭亡以后,《永乐大典》正本却神秘消失了。

清朝康熙年间,为编著《四库全书》,朝廷下大力寻找《永乐大典》,终于发现了踪迹,但此时已经遗失了1000多册。道光之后,《永乐大典》被视为无用之物,一些官员便趁机偷窃,被清朝官员盗走的书又被其后人出售,卖给洋人或者古董商。就这样,幸存的《永乐大典》又大量流到民间。

光绪二十六年时,八国联军入侵北京,翰林院也沦为战场,《永乐大典》几乎丧失殆尽,仅存的数百册也散落世界各地,国内只余60多册。近代战争中,这60多册《永乐大典》被多次转移。曾由美国国会图书馆代为保管的一部分于 1965 年转运中国台湾，现存于中国台北故宫博物院。没有运到美国的部分《永乐大典》则在抗战胜利后运回北京。

新中国成立后，一些藏有《永乐大典》残本的个人纷纷捐献，加上苏联国立图书馆归还的 52 册和德意志民主共和国归还的 3 册，目前中国国家图书馆馆藏《永乐大典》已达221 册，是世界各收藏地中数量最多的。

书画珍品被盗案：屡次被盗的《清明上河图》

北宋画家张择端创作的长卷《清明上河图》，被公认为稀世神品。千年来，它曾五次进入宫廷，四次被从宫中盗走，历尽劫难。

首先收藏此画的是北宋宫廷，被宋徽宗赵佶视为神品。据考证，该图前面应当还有一段，描写的是远郊的山，并且还有赵佶瘦金体的"清明上河图"五字签题和他收藏用的双龙小印。

靖康之祸时，该画流落民间，又为金朝监御府书画官张著所得。元灭金后，此画第二次进入皇宫。元顺帝至正年间，宫中有个姓裴的装裱匠挖空心思，用临摹的赝品将真本换出，暗中高价卖给某真定太守。

清明上河图（局部）

后又辗转易手，到了明朝奸相严嵩手中。据严嵩败后查抄他家财产登记账中，确有此画，在明朝隆庆时收入宫廷。明穆宗不喜欢字画，成国公朱希忠乘机奏请将《清明上河图》赏赐给他，皇帝便让人估成高价，抵其俸禄。这时名画却不翼而飞。不久，宫中传说一个小太监得知《清明上河图》值钱，便将画盗走。出宫时遇见管画人，仓皇之中将画藏到阴沟里，正值阴雨连绵，待三天后来取，画已腐烂。最终此事不了了之。

后来，人们才知此画落入秉笔太监、东厂首领冯保之手。名画"毁尸灭迹"的传说不过是他一手策划的计谋。

清兵入关后，此画相继为陆费墀、毕沅所得。清廷早就对它垂涎欲滴，据说毕家因此家破人亡，《清明上河图》第四次进入皇宫。1911 年，清王朝灭亡，但溥仪仍留住宫中。溥仪以赏赐其弟溥杰为名，将重要文物偷运出宫，《清明上河图》即在其中。

1945 年东北解放前夕，溥仪携大量珍宝至通化，准备乘机亡命日本。飞机还未起飞，就被苏联军队俘获，国宝交回中国政府。《清明上河图》先存放在东北博物馆，后被北京故宫博物院收藏至今。

稀世字帖变卖案:三希堂宝帖天各一方回归难

故宫养心殿西侧的西暖阁有一间小屋名为"三希堂"。由乾隆皇帝所题。

乾隆皇帝的所有书法中有三件宝贝:一件是晋朝书法家王羲之写的《快雪时晴帖》,第二件是王献之写的《中秋帖》,第三件是王珣写的《伯远帖》。乾隆皇帝为这三帖专门设立房间用于收藏,因而命名"三希堂"。

《快雪时晴帖》是晋朝书法家王羲之写的一封书信。但这幅书法却不是王羲之的真迹,而是唐代书法家临摹的,由于年代距王羲之最近,又是唯一的一件,所以后人就一直把这幅《快雪时晴帖》当做真迹。

《快雪时晴帖》一直保存在北京故宫博物院。抗日战争胜利后,国民党政府将大批故宫珍贵文物运往台湾,《快雪时晴帖》也随之去了台湾,存放在台北故宫博物院至今。

相传光绪皇帝的妃子瑾妃深知"三希堂"宝帖价值连城,就想把它们卖掉。因怕被人识破,她先把《中秋帖》和《伯远帖》卖给了一个小古董铺子。恰巧北洋军阀袁世凯的账房先生郭葆昌光顾古董铺,他一见是"三希堂"宝帖中的《中秋帖》和《伯远帖》,深知是深宫宝贝,就一掷千金把它们买了下来,深藏家中,秘而不宣。

1932 年,郭葆昌请当时的故宫博物院院长马衡吃饭,谈到故宫的文物时,郭葆昌将《中秋帖》和《伯远帖》两幅宝帖取出来,展示在马衡面前。当时紫禁城里的大批文物珍宝被偷盗变卖,流散丢失。马衡正在为整理和寻找这些文物珍宝而奔波,不想却在这里见到了《中秋帖》和《伯远帖》。加上《快雪时晴帖》,故宫"三希堂"宝帖正好齐全。

郭葆昌给马衡院长看过宝帖以后,就深藏了起来,再也没有拿出来过。

一百多年后,"三希常"宝帖《中秋帖》和《伯远帖》惊现台湾。而《快雪时晴帖》已经随着大批故宫文物带到了台湾,藏于台北故宫博物院,加上《中秋帖》和《伯远帖》,"三希堂"宝帖正好团圆。然而,台北故宫博物院却因经费紧张无力收购。

1951 年,两幅宝帖又出现在香港的一家英国银行里。宝帖的持有者是郭葆昌的儿子郭昭俊。他把《中秋帖》和《伯远帖》带到台湾,欲卖给台北故宫博物院未成,又转到香港将两幅宝帖抵押给了一家英国银行。抵押期限快到,郭昭俊却无力赎宝,且英国银行也早就盯上了这两幅宝帖,郭昭俊在无奈中准备出卖宝帖。

广东省银行香港分行的经理徐伯郊,得知郭昭俊要卖"三希堂"宝帖,一面阻止一面迅速将此事报告上级。最后,国家派出文物局副局长王冶秋、北京故宫博物院院长马衡和上海文管会主任徐森玉等人以 35 万元重金买下二帖,现藏于北京故宫博物院,而《快雪时晴帖》仍藏于台北故宫博物院。

中国南海沉宝案:万件珍宝流入外国人手

据一本收藏在荷兰东印度公司档案馆里的古航海日志记载:1752 年,一只名为"歌德马尔森"号的中国商船触礁沉没。当年,这只从广州出发的商船满载着瓷器和黄金,准备驶往荷兰首都阿姆斯特丹。200多年后,英国职业海上打捞者迈克·哈彻发现了这个秘密,从"歌德马尔森"号打捞上来了青花瓷器23万多件、金锭120多块。1986年,哈彻将这笔宝藏交给了荷兰嘉士德拍卖行。从此。"南海沉宝无数"的消息不胫而走,一批又一批的寻宝人前来盗捞中国的水下宝藏。

1999年,哈彻在南海又找到了一只载有100多万件康熙年间四大官窑瓷器的清代沉船"泰星"号。为了便于运输和抬高价格,他竟然敲碎了60多万件成色普通的瓷器,将剩下的35万多件运往德国拍卖。

据中国历史博物馆水下考古研究中心统计,在中国的茫茫海域下"沉睡"着2000~3000只古船,其中以宋元时期的船只居多。沉船中还有一些英国东印度公司和瑞典等的外国沉船。这些船满载的中国陶瓷、丝绸、金银珠宝等宝藏随船体下沉被大洋淹没,其数量难以估量。几乎就在考古学者深入海底的同时,逐利而来的各色人等也瞄准了发财机会。

在苏富比拍卖行,一件中国元代青花瓷罐曾拍出了2.3亿元人民币的天价。如此巨大的商业利益,引诱着越来越多的"哈彻"加入到沉船打捞的队伍。他们不惜血本,利用各种手段在各个海域搜寻水下文物。

曾参加过"越战"的美国老兵费尔,格雷科就借与菲律宾政府合作,盗捞了数万件中国古董。为了"开发"南海宝藏,格雷科从当地渔民的讲述中搜集沉船信息。从1997年到2002年,格雷科先后在南海发现了16只沉船,捞起了约2.3万件古董。他将这些文物运回美国,又将古董卖给了私人收藏家。

德国工程师蒂尔曼·沃特法也把目光集中在了南海最重要的海底宝藏。1998年,他在"黑石"号船打捞到了几万件保存完好的陶瓷制品。在接下来的3年里,他先后捞起6万件唐代文物,包括陶瓷酒壶、茶碗以及刻有浮雕的金银餐具等。据考证,"黑石"号上的长沙窑瓷器品种相当丰富,青花瓷也是迄今发现最早、保存最完整的。

比利时人吕克·海曼斯在2004年勘察出了一只来自10世纪的中国沉船,他指挥潜水队,把将近25万件珍宝逐一打捞上来。其中最令人称奇的是精美的瓷器上其纹饰还清晰可见,完好无缺。

除了国际盗捞者,国内也有许多文物贩子在盯着南海的宝藏,从而使地下文物遭到了严重的破坏。

黑城宝藏流失案:西夏古文献经卷"落户"俄罗斯

历史上有关西夏黑水城的传奇故事从来没有停止过。而有关黑城藏宝的故事,流传甚广,甚至传入西方,引起了一些外国探险家对黑城的觊觎。

20世纪初,俄国地理学家科兹洛夫亲率远征队,闯入了巴丹吉林沙漠。半个多月后,远征队找到了黑城遗址。

随后的十几天里，强盗们在城中各处乱挖乱掘，盗得佛经、佛像、雕塑、绢质佛画、钱币、金属碗以及波斯文经书等大量珍贵文物。随后，科兹洛夫将这些黑城文物运往俄国，在当地引起了极大轰动。

1909 年，科兹洛夫又一次率队来到黑城。在离黑城不远的一座佛塔中又发现了大量书籍、文献、佛画等宝物。这是迄今为止在黑城最大和最有价值的发现。

科兹洛夫后来回忆说："这是一座覆体喇嘛塔，高约 10 米，方形基座，塔内底部约 12 平方米，四周摆放了泥、木彩色塑像，中间平台周围是喇嘛像，面前摆放着经卷，塔的北墙有一具坐姿骨架，四周挂满了佛画，塑像和墙壁间隙处叠放着成百上千册书籍，仅佛画就有 537 幅……"因佛塔中的宝物太多，科兹洛夫无法一次运走。在他离开黑城之前把其中的一部分埋在了城南的一座壁龛中。科兹洛夫在黑城到底盗走了多少珍宝？至今也没有准确的统计和说法。

从黑城运到俄罗斯的珍宝，先是放在圣彼得堡俄国地理学会。后来，根据科兹洛夫的建议，把它们收藏在俄国科学院亚洲博物馆。此后不久，珍宝中文献以外的佛像、绘画、雕塑等艺术品先是收藏在俄国民俗学部，后来又转藏于冬宫埃尔米塔什博物馆。许多佛像、绘画、雕塑都是举世无双的珍品。除公开展出的以外，还有多少，至今也不得其详。

中国学者中最早知道和接触黑城遗书的是罗振玉。1912 年，他与圣彼得堡大学教授伊凤阁相见时，看到了西夏文、汉文双解词典《番汉合时掌中珠》中的一页，深知该书的重大学术价值，次年即向伊凤阁借得其中的 9 页，付诸影印。伊凤阁是俄国最早从事黑城遗书研究的汉学家，这部词典是他从圣彼得堡西夏文书中发现的一部西夏人和汉人互相学习对方语言文字时的工具书。

1929 年，北京图书馆购得在宁夏发现的西夏文佛经一百余卷，出版馆刊《西夏文专号》以资纪念，俄国学者龙果夫和聂历山都为专号撰文，并分别提供了俄藏黑城西夏文遗书目录 41 种，公诸于世。黑城遗书中所包含的西夏文文献才得以首次为中国学术界所了解。

此后，中国学者一直没有忘记流散海外的西夏珍宝。但由于历史的原因，中苏之间的学术交流一度中断。直到 1987 年，中国西夏学者史金波和李范文才以中苏交换访问学者的身份来到圣彼得堡，首次亲自披阅了西夏文献。

1993 年，中国社会科学院、上海古籍出版社和俄罗斯科学院东方研究院圣彼得堡分所在北京就中俄双方合作整理出版圣彼得堡分所收藏的中国黑城出土西夏文献达成协议，决定成立组委会，以《俄藏黑水城文献》为名，编辑出版在圣彼得堡收藏的黑城全部西夏文、汉文及部分其他文字文献。按照协议，中国学者来到圣彼得堡东方研究所。当他们看到这批流失在海外的我国西夏文献时,都为数量之大、内容之丰富而感到巨大的震惊。

东方研究所中,除了有大量的西夏文献外,还有相当数量的西夏汉文、藏文、蒙古文和其他文字文献。根据协议,中国学者只能按照东方研究所已整理编目的西夏文献进行工作,而未经东方研究所整理编目的文献数量,不得而知。

至今,上海古籍出版社已出版了其中的 11 卷,其余各卷的整理编辑工作还在进行中。也就是说,黑城宝藏之谜的神秘面纱还有待学者们的进一步探索和发现。

巨额军费搜寻案:石达开藏宝点"太平山"之谜

相传,石达开兵败大渡河前夕,为了保留财物以图东山再起,于是边把军中巨款金银隐藏起来。为了今后能辨认出藏宝地点,令人在石狮旁边的悬崖壁上深深地凿出"太平山"三个大字。

在四川当地的传说中,还有这样一段趣闻:只要找到"太平山"的位置,就能找到石达开藏宝的地方。目前,传闻中的"太平山"已经现身,附近也有石砌的痕迹,可以看出是人工凿刻的,只是传说中的财宝一直没有踪影。在"太平山"下面有一排石砌的遗迹,是否就是传说中藏宝的地方,谁也说不清楚。

抗战期间,国民党四川省主席刘湘秘密调了一千多名工兵前去挖掘。在大渡河紫打地口高升店后山坡下,工兵们从山壁凿入,豁然见到三个洞穴,每穴门均砌石条,以三合土封固。但是挖开两穴,里面仅有零星的金玉和残缺兵器。当开始挖掘第三大穴时,被蒋介石得知。蒋介石速派古生物兼人类学家马长肃博士等率领川康边区古生物考察团前去干涉,并由故宫古物保护委员会等电告禁止挖掘。不久,刘湘即奉命率部出川抗日,掘宝之事被迫中止。根据研究人员赴现场考察后判断:该三大洞穴所在地区和修筑程度,并非为太平军被困时仓促所建。

建国后,也有许多人前往石棉县安顺场寻宝,只是此类民间行为既无财力支持又缺乏理论根据,一无所获也在意料之中。

也有史学专家认为,太平军当时的境况根本不可能有大量的金银财宝,完全是在弹尽粮绝的状况下才全军覆没的。所以,石达开到底有没有埋下宝藏仍旧是个谜。

龙王庙行宫宝藏流失案:战乱中的珍宝劫

龙王庙为清朝皇帝的行宫,位于江苏省宿迁市西北的古镇皂河。该庙始建于清代顺治年间,改建于康熙二十三年。后经复修和扩建,成为大运河畔规模最大的宫廷建筑群。乾隆皇帝六次下江南,五次留宿在龙王庙行宫,并建亭立碑。

龙王庙行宫堪称货真价实的藏宝库。除正殿神像之外,僧人斋舍内供奉的都是鎏金铜佛。各种官窑瓷器应有尽有,仅一件官窑青花瓷就已价值连城。清朝皇帝亲临龙王庙祭祖时留下的匾额、碑刻、书画,加上历年所接圣旨、御赐藏经总共有二百余件。各殿中供奉神祉的陈设用具一应俱全。无数珍贵的银器、铜器、瓷器、玉器,其他的木器、雕像、石刻、清供用品,其数量之丰,精巧奢华,远非一般民间庙宇所能攀比。

随着清朝皇帝多次临幸,加上岁时祭祖封赏,龙王庙行宫的珍藏不断增多。然而,如此丰富精美的宝物却在战乱中毁于一旦。

清朝末期,军阀混战,民不聊生。龙王庙行宫的僧人们屡屡盗取宫中文物变卖,行宫中珍藏的文物也就是从这个时候开始流散了。

民国初年,行宫几次遭遇兵匪抢劫。1929 年,国民党岳继竣部队来宿迁以镇压刀会为名,肆无忌惮地抢劫行宫中文物,损失无法计数。"文革"前后,神像全被摧毁,木刻的大禹王神像也被斧头劈坏。

1983 年,江苏省有关部门对皂河龙王庙行宫进行了解放后的首次大抢修。一位退休工人讲述了这样一件事:在宿迁解放的前夕,当时做小和尚的他奉命和其他几位师兄弟,将庙内方丈珍藏的康熙、雍正、乾隆、嘉庆皇帝的御笔真迹和几大包圣旨,以及一些当时认为价值较高的字画、账本等物品全装入箱中,埋入后大殿内楼梯拐弯处的正下方靠墙边向里的第九块罗底砖下,中心深度 5 ~ 6 尺。后经实地考察,大殿早已面目全非,楼梯拐弯处更无从找起。

20 世纪 90 年代中期,宿迁市文化部门在着手对龙王庙行宫进行建国后第二次抢修的同时,也开始了对龙王庙原始文物流失去向的寻找工作。

1997 年,一个姓蒋的民间鼓乐艺人提供了一个线索。他在附近某镇的农具厂厂长家曾看过一座铁鼎,鼎上的铭文表明曾是皂河龙王庙的物件。得到这个消息的工作人员非常兴奋。龙王庙行宫的铁鼎以精铁铸就,烫金主顶,是宫中一绝。如果能将其寻回,意义十分重大。

该厂长承认自己的确藏有龙王庙行宫的一件铁器,但这件铁器不是千斤铁鼎,只是一个大型铁磬,呈盆状,四壁铸有铭文,为光绪年间皂河龙王庙方丈绪控监铸。

2000 年夏,皂河龙王庙行宫后大殿重修工程动工。施工人员除了挖出一块残破石碑外,其余都是大量的瓦砾、瓷片、木炭、石灰等。根据博物馆人员的比较和分析,在 1957 年左右,那批宝藏就已经被发现,甚至被变卖或盗走。

但是,在这样一个庞大的皇家庙宇中,众多的珍藏财物不可能只埋在一个地方,很有可能会分散藏匿,而且也可能是多人或团伙作案盗走了财宝。所以,龙王庙地底下,极有可能还埋藏着更多的未被发掘的宝藏。

抗战期间国宝劫持案:杨宁史青铜器的追讨之路

德国人杨宁史是抗战期间的禅臣洋行经理,在中国搜集了大批珍贵文物,其中最引人瞩目的是战国宴乐渔猎攻战纹青铜壶。此物是国宝级的珍品,外表精美绝伦,上刻有

178 个人物和 94 只鸟兽,栩栩如生。精湛的工艺和精美的纹饰让人们啧啧称奇。

1944 年,中国政府成立了"清理战时文物损失委员会",开展文物追缴工作,杨宁史青铜器的成功追讨,在当时影响极大。

文博专家王世襄、原故宫文献馆馆长沈兼士和平津区副代表唐兰等人参加了"清损会",自 1945 年 11 月开始了追讨被劫掠文物的工作。

文物的追讨前期并非十分顺利,由于当时社会名流众多、地区广泛,加上文物的转移、藏匿或倒卖,让"清损会"人员一筹莫展。后来,又通过《华北日报》的宣传以及个人的社会关系,为追讨工作提供了一些便利。经过努力,有一个古玩商提供消息:有一个叫杨宁史的德国商人在河南沦陷的时候趁机购买了大批珍贵青铜器。这个消息让王世襄等人精神振奋,但随后又产生了疑问:这些青铜器是否还在国内? 商人杨宁史也是正常的贸易,如果贸然追讨势必会促使他将文物转移别处。

深思熟虑之后,王世襄决定先到禅臣洋行去看看。在洋行里有一位外籍女秘书正在打印文件,王世襄不经意间将目光落在了正在打印的文稿上,谁知这份文件正是青铜器目录。王世襄立刻认定这份目录与杨宁史青铜器密切相关。于是他亮明身份,追问青铜器的下落,外籍女秘书惊慌失措,交代此目录是一个叫罗越的人让她打印的。凑巧的是,罗越是王世襄的邻居,很早两人就相识,这让王世襄很是振奋。

待找到罗越之后,他开始矢口否认,谎称青铜器与自己毫无关系。在王世襄的劝说下,他才承认青铜器目录是自己所列写的。不过,最后他交代,青铜器不在自己手上,而是在杨宁史那里。王世襄得知青铜器还未被运往国外,追回的希望就会更增大一分。

于是,王世襄与罗越一起赶往天津杨宁史处。但狡猾的杨宁史怎肯交出已到手的肥肉,他一方面找理由推托,一方面寻找将青铜器转移并运往国外的途径。在罗越和青铜器目录文件的对质下,杨宁史没有办法,竟撒谎说青铜器已经被国民党九十四军封存。于是,王世襄又与国民党军方联系,但对方不预配合,文物追讨再次陷入困境。

无奈又气愤的王世襄只好回到北平,找教育部的沈兼士寻求帮助。由于沈兼士与国民党教育部长朱家骅有往来,希望他能从中做些工作。而此时的杨宁史正一边得意一边紧急筹划着运送青铜器的方案。

在王世襄等人追讨文物屡遭受挫之际,原北洋政府的代理国务总理朱启钤带来了新的曙光。当他得知此事的来龙去脉之后,表示愿意出力帮忙。朱启钤认为,这一重要案件应当引起时任行政院长宋子文的重视,于是他让王世襄立即写材料陈述有关青铜器追讨事件的始末,然后上交给宋子文。在两人的干预下,问题终于得到了圆满的解决。

从 1945 年到 1946 年期间,王世襄等人成功追讨了杨宁史青铜器 240 多件。后来这些青铜器被北京故宫博物院所接收。在 1946 年 1 月 25 日的《华北日报》上还以《德人杨宁史呈献所藏古铜器经我接收在故宫陈列》为题作了专题报道。

圆明园遗珍夺宝案:十二生肖铜首像的竞拍之旅

享有万园之园美誉的北京圆明园三百年来驰名中外。圆明园汇集中国江南名园胜景,兼取西方古典宫廷建筑艺术特点,是罕见的园林建筑集大成者。其中,海晏堂是西洋楼中最大的建筑物,法国传教士蒋友仁当年为乾隆皇帝在此处设计建造了一组兽首人身的十二生肖水力钟。从清宫廷画家郎世宁的写生图中可以得知,生肖铜像每到一个时辰,相应的生肖动物就会喷出水来,而到了午时,12 只动物便会一齐喷水,十分有趣。这座生肖雕像喷水池采用精炼的红铜打制而成,精致生动,融合了中西文化,堪称艺术精品。

十二生肖四铜首像

然而,世人还未来得及享尽圆明园的繁华,就惨遭帝国主义列强的劫掠,1860年,圆明园被洗劫一空,随后的一把大火将富丽繁华的园林化成了断壁残垣。海晏堂前的十二生肖雕像喷水池其石身被砸毁,生肖的铜头不知去向。

1980 年,在美国的纽约大都会博物馆的展览上,表示申时的猴首铜像和表示亥时的猪首铜像在众人面前亮相。1987 年,猴头像在美国纽约拍卖会上被一位台湾同胞购买,在台湾岛引起巨大轰动。2000 年,圆明园猴首、牛首及虎首三兽铜像惊现香港,香港拍卖行宣布,将对以上流失百年的圆明园国宝进行拍卖。

国家文物局得此消息后,立即致函香港拍卖行,要求停止公开拍卖圆明园文物,因为这些文物在法律上属于战争期间被掠夺的文物,按照联合国教科文组织的规定,此类文物应归还原所有国。

然而,香港与内地的法律制度存在一定程度上的差异,香港拍卖活动照旧进行。在此危急关头,中国保利集团公司毅然出击,以 3000 万元港币的天价拍回猴首、牛首和虎首铜像三件国宝,避免了国宝再次的流失。

随后,保利又开始了寻找猪首的过程。在经历了几个轮回之后,终于在纽约的一位收藏家的手里找到了踪迹。2003 年,澳门赌王何鸿燊以低于 700 万港元购入猪首铜像,其后转赠保利集团,被空运至北京,后被保利艺术博物馆收藏。

至此,十二生肖铜像中的四件国宝已经回归祖国,还有另外八件仍备受海内外人士的关注。据了解,鼠首、兔首由法国人收藏,马首在台湾;而龙首、蛇首、羊首、鸡首和狗首五件国宝至今仍下落不明。

赵王陵国宝被盗案:国宝铜奔马的追捕行动

在河北省邯郸市博物馆里,有三匹古朴的青铜马造型奇特,引人注目。三匹青铜马形或低首伫立,或昂首欲行,生动逼真。经文物专家们鉴定,这三匹青铜马为先秦时代立体圆雕马的造型,具有重要的历史和艺术价值。

但是,就在铜奔马进入博物馆前,一伙利欲熏心的盗宝分子正在把黑手伸向这一国宝。

1997年的一天夜里,河北省邯郸市有一群人正在盗墓,很快三件古朴的青铜马展现在盗墓者的面前。

盗墓者的头目杨巍在墓顶上看到了出土的青铜马后,心中不禁一阵狂喜,他很快将其他几个盗墓工"打发"掉了,将国宝据为己有。此时杨巍不知道,这三匹青铜马出土的地点就是著名的赵王陵。

赵王陵位于河北省邯郸市三陵村的西北部,共有五座古墓封土,俗称"陵台"。但是为了保护文物,赵王陵至今也没有正式考古发掘。

很快,赵王陵被盗的事情被传开,引起了国内外的广泛关注。许多文物专家纷纷表示,这三匹青铜马是难得的稀世珍宝,必须追回。

据被捉拿归案的盗墓者杨巍交代,他将青铜马转交给了幕后老板李强。李强一直在河北省涞源县以开铅锌矿为掩护走私文物。只有抓住李强,才能追回国宝青铜马,如果珍贵的国宝文物流失海外,这会使国家遭受巨大的损失。专案组马上召开紧急会议,最后决定迫使李强归还国宝。

当时李强远在国外,李强的家人收到由邯郸警方送达的拘留证。万般无奈的李强偷偷潜回国内。他回来并没有自首,而是先后通过关系找邯郸警方,甚至不惜花费巨资企图打通"关节"。

为了解决燃眉之急,李强花了2.3万元买了一件宋代磁枕,想带往青岛卖个好价钱。公安机关获悉后,迅速行动,在郑州开往青岛的火车内将李强抓获。